DE UITBREIDING

Piano Regolatore di Tirana
(Gherardo Bosio, 1939-41)

Voor mijn kleinzonen Janek en Kamil. Op een gegeven moment zullen ze vragen stellen. Ik zal dan geen antwoord meer kunnen geven, maar ik kan hun dit verhaal nalaten, over 'toen', mijn nu.

# PROLOOG

Dwergen veroverden de wereld. Tomislav 'Tommy' Vysoky stond perplex toen hem dat duidelijk werd. Hij was een jongeman van twee meter vijf die Transculturele Communicatie studeerde aan de universiteit van Wenen, waar hij ook basketbal speelde bij de Uni Wien Emperors. Om zijn studie te financieren had hij tijdelijke baantjes, en sinds een week werkte hij als suppoost in het Weltmuseum, een dependance van het Kunsthistorische Museum in de Hofburg in Wenen. Dinsdagen woensdagochtenden, en vrijdagmiddagen, dat kon hij prima combineren met studie en trainingen. Hij was ingedeeld bij de wapenkamer, de belangrijkste historische wapencollectie van Europa, met objecten die allemaal te maken hadden met belangrijke politieke gebeurtenissen zoals rijksdagen, kroningen en veldtochten, en die 'vertelden' over opkomst en ondergang van dynastieën en keerpunten in de Europese geschiedenis, zoals dat in de catalogus heette. Tommy Vysoky vond dat een onzinnige formulering, die objecten vertelden helemaal niks, de krijgsuitrustingen stonden stilzwijgend op een rij, je moest er iemand naast zetten die kon vertellen. Maar dat was niet zijn taak. Hij hoefde alleen op te letten dat niemand te dicht bij de wapenrustingen kwam. Middelpunt van de sectie waarop hij toezicht hield was de *Heldenrüstkammer*, een collectie zwaarden, hellebaarden, helmen, harnassen, krijgsuitrustingen en oorlogstrofeeën, vooral vlaggen en vaandels van de beroemdste veldheren uit de vijftiende en zestiende eeuw, veroveraars en verdedigers van het Avondland. Voor Tommy Vysoky hadden die glanzende en blinkende objecten niet het aura van machtige, sterke mannen, van overwinnaars tijdens talloze veldslagen, van heersers over de destijds bekende wereld, maar veeleer verbaasde het hem hoe klein die mannen geweest waren. Als je hun uitrusting zag dan konden ze amper groter zijn geweest dan één meter zestig. Dwergen in feite.

Zouden ze hem een kopje kleiner maken, dacht Tommy, puur denkbeeldig uiteraard, dan was hij nog altijd groter dan bijvoorbeeld die krijgsheer die de naam Skanderbeg droeg, naar wiens helm, die wel gemaakt leek voor een kind, op dat moment een Duitse toerist zeer eerbiedig stond te kijken.

Severin Osterkamp uit Darmstadt, muziekleraar aan het Ludwig Georgsgymnasium in diezelfde stad stond perplex. Hij was de wapenkamer alleen maar binnengegaan omdat het in overeenstemming was met zijn zelfbeeld en ambitie om in een belangrijk museum elke zaal te doorkruisen, elke! Hij had per slot van rekening entree betaald voor het hele gebouw. En je wist nooit of er niet ergens een verrassing wachtte waar je reisgids je niet op wees. En daar was ze. De verrassing. De helm van Skanderbeg. In een vitrine die hem meteen bij binnenkomst had aangetrokken omdat de belichting binnenin de helm liet stralen en glinsteren. De andere helmen die hier tentoongesteld waren, lagen in de schaduw, achter koorden. Daar liep professor Osterkamp gewoon langs.

Hij las de legenda en was verbaasd. Als muziekleraar kende hij natuurlijk Vivaldi's opera *Scanderbeg*. Nog maar een paar weken geleden was er een concertante uitvoering geweest in het Staatstheater Darmstadt. Maar Skanderbeg was voor professor Osterkamp niet meer dan een figuur uit de operaliteratuur, nooit had hij gedacht dat hij op een dag tegenover een helm zou staan die deze figuur daadwerkelijk had gedragen tijdens veldslagen.

Hij trok zijn telefoon, keek vragend opzij naar de zaalwacht, die bemoedigend knikte en fotografeerde die eigenaardige helm met een geitenkop op de kam. Daarna spoedde hij zich verder, er waren nog zoveel zalen en vertrekken in dit museum.

Hoe groot de historische betekenis van de wapenkamer van het Kunsthistorische Museum ook was, een toeristische trekpleister was ze niet. Tommy Vysoky kon soms twintig of dertig minuten lang ongestoord appen met zijn vriendin of met de Emperors voordat er weer een bezoeker kwam. Maar vandaag, dat was raar, kwam de volgende er al weer aan.

David Bryer uit Londen, gepensioneerd journalist van de BBC, maakte, uit frustratie over de Brexit, een uitgebreide *sentimental journey* op het continent.

Hij was van de Ringstraße via de Heldenplatz onderweg naar de beroemde Konditorei Dehmel op de Kohlmarkt, die door zijn reisgids nadrukkelijk aanbevolen werd en waar hij die beroemde *viennese Mehlspeisen* wilde proberen. Voor hij de volgende dag verder reisde naar Praag. Een wolkbreuk, net toen hij langs het Weltmuseum liep, maakte dat hij het museum binnenvluchtte. Onder de indruk van de imperiale praal van de Hofburg liep hij de marmeren trap op, bevond zich plots in de wapenkamer en liep langs een leger van krijgsuitrustingen tot hij uiteindelijk voor de vitrine stond waarin die vreemde helm met geitenkop lag te glinsteren. In tegenstelling tot de andere helmen in de zaal was deze zogezegd haar *unique selling proposition*. Wie zet er nou een geit op zijn hoofd, dacht David Bryer en hij begon de legenda te lezen. Hij was niet weinig verbaasd.

In Londen woonde hij op Inverness Terrace, waar hij elke dag langs het Skanderbeg-monument op de hoek met Porchester Gardens kwam. Tenminste, hij wist dat op de sokkel van het monument de naam Skanderbeg stond, en veertig jaar, nee nog langer geleden, had hij daar met meisjes afgesproken. Laten we bij Skanderbeg afspreken! Maar dat die Skanderbeg een soort Wellington van de late middeleeuwen was geweest, had hij niet geweten. Terug in Londen zou hij het monument op de hoek van zijn straat met andere ogen bekijken. Of überhaupt bekijken.

Tommy Vysoky verwonderde zich. Daar kwam alweer iemand. Een tengere vrouw, zij, ja zij zou wél in een van die wapenrustingen hier passen. Eén meter zestig schatte hij. Ze had lang nat haar dat ze heen en weer schudde zodat de druppels in het rond vlogen, Tommy Vysoky maakte haar er in het Engels attent op, of ze dat alsjeblieft zou willen laten, de ijzeren wapenrustingen zouden door vliegroest beschadigd kunnen worden. Dat was zo'n idee van hem, hij wist niet of het echt zo was, of dat hier voorkwam, roest. Ze verontschuldigde zich, yes, *scusi*, Tommy reikte haar een papieren zakdoekje, *grazie*, waarmee ze haar gezicht afveegde. Ze droeg een grote rugzak, wat hier eigenlijk verboden was, maar dacht Tommy, als ze daar beneden mee weggekomen was, wat zou hij zich hier dan druk maken, ze zou vast geen helm willen stelen.

Patrizia Barella was een muziekstudente uit Rome die naar Wenen was gekomen om haar vioolopleiding te bekronen met privélessen bij professor Höllerer, ofwel door de vermelding op haar cv 'studie in Wenen bij professor Höllerer' haar toekomstkansen te vergroten. Er werd gezegd dat iedere violist op weg naar een internationale carrière op die tweesprong kwam: 'Naar Höllerer of naar de hel'. Nadat ze langs een rij krijgsuitrustingen, zwaarden en helmen was gelopen die fascinerend waren door hun grote aantal, maar niet als afzonderlijk object, stond ze voor die helm met geitenkop die absoluut anders was en anders gepresenteerd werd, als afzonderlijk stuk in een eigen vitrine, en belicht op een manier alsof een man die deze helm opzette daardoor ook een aureool zou krijgen.

Patrizia las de legenda en riep zo extatisch dat Tommy ervan schrok: *Managgia, non posso crederci!* Niet te geloven, krankzinnig!

*Scusi, scusi*, niets aan de hand! In Rome woonde Patrizia bij haar ouders aan de Piazza Albania, en daar stond een monument: 'Atletha Christi Skanderbeg.' Ze had geen idee gehad wie hij was, maar op school had ze indertijd een opstel moeten schrijven over het onderwerp 'Ik verken mijn wijk', en daarin had ze geschreven (herinnerde ze zich nu): 'Op het plein staat een monument van een man met hoorns op zijn hoofd. Mijn ouders weten niet wie hij was, maar hij moet belangrijk zijn geweest, anders stond hij niet bij ons op het plein.' Ze maakte een foto, die moest ze haar ouders sturen en aan haar beste vriendin Lina, met wie ze zo vaak aan de voet van het monument had gezeten.

Opeens spoedde een man zich met doelbewuste passen de zaal binnen, het was evident dat hij wist wat hij wilde zien. Het was Fatos Velaj, een beeldend kunstenaar uit Albanië, die een grote expositie had in een galerie in Wenen. Hij was die dag aangekomen uit Tirana en wilde per se nog voor de vernissage de helm van Skanderbeg zien, puur uit nationale trots, voor hem was die helm een symbool voor de betekenis die de Skipetaren hadden voor Europa. Hij dacht...

Op dat moment zei Tommy Vysoky: Over vijf minuten sluiten we. Begeeft u zich alstublieft richting de uitgang.

Maar...

Over vijf minuten sluiten we!

Nog diezelfde avond maakte Fatos Velaj op zijn hotelkamer een gouache met de titel 'Europa: over vijf minuten sluiten we'.

# EERSTE DEEL

## Het geheel en zijn tegendelen

# 1

Deze naam zullen we moeten onthouden: Fate Vasa. Op 6 september 2019 schreef hij geschiedenis. Tenminste, een geschiedenis zoals een dichter in een wereld die de regeringsleiders ontglipte kon schrijven. Hij had een idee, en geen benul welke dynamiek dit idee in gang zou zetten.

Hij was aanwezig terwijl de Albanese premier telefoneerde met de Franse president.

*Avec respect, monsieur le Président!* schreeuwde de premier in de hoorn, *Ta dhifsha suratin!*

Dat was een uitroep die in Albanië gebruikelijk was en te pas en te onpas gebezigd werd, maar tussen staatslieden een onvoorstelbaar schunnige uitdrukking, die je voorzichtig kunt vertalen als 'Ik schijt je in het gezicht!' Vergeleken daarmee was de volgende zin, niet meer geschreeuwd, maar nog slechts gesist, welhaast gecultiveerd: *Emri tu harroftë!* – Moge je naam vergeten worden!

*Excusez. Je ne comprends rien à vos simagrées.*

Niet dat dit telefoontje tot diplomatieke verwikkelingen leidde, niet tot verwikkelingen tenminste die groter waren dan de onenigheid die er toch al was tussen de twee landen. Dat had natuurlijk te maken met het feit dat de Albanese premier vloekte in zijn moedertaal, terwijl de Franse president voor dit gesprek wel zijn *sherpa*, zijn diplomatieke adviseur en Balkandeskundige van het ministerie van Buitenlandse Zaken erbij had gehaald, evenals de verantwoordelijke minister voor Europese politiek, maar geen tolk Albanees. In het Elysée was immers bekend dat de Albanese premier perfect Frans sprak, dat was standaard in Albanië, waar je – of je nou anarchistisch kunstenaar of dictator was – niets kon bereiken als je niet in Parijs had gestudeerd.

De premier, door zijn intimi ZK (*zoti kryeministër*) of gewoon *chef* genoemd, beëindigde het telefoongesprek abrupt en stelde in grote staat van opwinding aan zijn kring van adviseurs meteen de vraag hoe de naam van de Franse president luidde. Zijn gelaatsuitdrukking en zijn afwerend vooruitgestoken handpalmen maakten duidelijk dat hij geen antwoord wenste. Iedereen die in het vertrek aanwezig was zweeg. Hij knikte tevreden. *Emri tu harroftë!*

Een dag eerder had de Franse president met een veto in de Raad van Europa verhinderd dat de Europese Unie toetredingsonderhandelingen met Albanië in gang zou zetten. ZK had de verkiezingen gewonnen met de belofte dat hij Albanië de Europese Unie zou binnenloodsen. Maar nu bleef Albanië kandidaat zonder concrete vooruitzichten en moest het eerst aan nadere voorwaarden voldoen, monitoring en nog meer monitoring, evaluaties van hervormingen door EU-delegaties, het werd geconfronteerd met nieuwe lijsten met eisen, die, als ze eraan toegaven, zouden leiden tot felle kritiek van de nationalisten.

Toen vroeg de premier opeens hoe de president van China heette, en riep met aansporende handbewegingen op om diens naam te noemen. Gedienstig antwoordden de aanwezigen in koor: Xi! Xi!! Xi Jin! Ping!

Ja! China. Helemaal goed, zei persvoorlichter Ismail Lani, Albanië had op dat gebied immers een eigen geschiedenis, een bepaalde traditie...

'Traditie?' riep de premier opgewonden, 'ook op traditie

schijt ik. De Albanese geschiedenis is toch niet meer dan één lange nachtmerrie van vreemde overheersing en onderdrukking; bezetting door de Turken, de Grieken, Italianen, Duitsers! Een communistische dictatuur. Een dictator die Chineser wilde zijn dan Mao Zedong, dat is toch ook geen traditie. En bovendien de maffia...'

Interessant dat hij ook de maffia noemde, een taboe eigenlijk. 'Nee, wij hebben geen traditie,' ging hij verder, 'wij zijn ontwaakt uit één lange nachtmerrie, en dat alleen om door Europa zodanig voor het hoofd te worden gestoten dat we aangeslagen meteen in de volgende terechtkomen. China is gewoon onze realpolitik-troef in dit spel. Maar...'

De vertrouwelingen van de ZK, bijeen in zijn kantoor, keken elkaar zwijgend aan.

Maar?

Voordat de premier verder kon praten, kwam Ismail Lani tussenbeide:

'Maar... maar.. dat kunt u niet zo zeggen, zoti kryeministër... niet hardop zeggen... geen traditie... geen geschiedenis... ik zeg alleen maar: Skanderbeg. Onze nationale held! Dat is immers onze geschiedenis, de herinnering aan hem, onze identiteit, de trotse traditie waar de natie zich steeds weer aan optrekt!'

De chef maakte een minachtend wegwerpgebaar met zijn hand. 'Skanderbeg. Ach. Beste Ismail, loop alsjeblieft even naar het raam en kijk naar buiten.'

'Ja. En?'

'Vertel me wat je ziet, zie jij Skanderbeg?'

'Ja, die kan ik zien.'

'En, wat doet-ie?'

'Niets. Wat zou hij moeten doen?'

'Hij doet dus niets? Precies. Wat zou hij ook moeten doen? Hij is niet meer dan een standbeeld op een plein daarbuiten waar mensen langs hollen. Zie jij één passant die naar hem opkijkt? En zijn zwaard en zijn helm liggen in een museum in Wenen. Een man uit de zestiende eeuw...'

'Vijftiende eeuw,' wierp Ismail Lani tegen.

'Een man uit de vijftiende eeuw... met hem moet ik het land naar de toekomst leiden? Moet ik nu misschien óók mijn zwaard trekken?'

Zwijgen. Totdat de timide Fate Vasa, wereldwijd de eerste dichter in een denktank van een regeringsleider (op het gebied van personeelsbeleid was de eerste minister origineel, in zijn adviesstaf zaten vijf kunstenaars!), met zijn inbreng bevrijdend gelach en bijval veroorzaakte: 'Zwaard als metafoor uiteraard. Helm en zwaard van Skanderbeg, waar staan die voor? Voor de idee van een verenigd Albanië. Daarom immers is hij onze nationale held, omdat hij de eerste was die de Albanese stammen verenigde. Het gaat hier toch alleen maar om dat signaal, ik zeg nadrukkelijk: signaal. Als Albanië voor de Europeanen te klein is om serieus te nemen, dan moet je als het ware het zwaard trekken, symbolisch, begrijp je, als gebaar: Groot-Albanië! De Duitsers mochten één worden en wij zouden dat niet mogen? Met de Albanezen in Kosovo en de Albanezen in Macedonië... wij stellen die eis, en wat gebeurt er dan? Kan de EU dat willen? Een volgend lont in het kruitvat dat de Balkan is? Ze zal als de wiedeweerga alsnog bereid zijn concessies te doen en toetredingsgesprekken met ons in gang te zetten.'

De chef keek Fate nadenkend aan, die vreemde man die de mooiste gedichten schreef, volmaakte kunst, en die zo lelijk was, een aberratie van de natuur, hij keek hem lang aan, en toen knikte hij.

Persvoorlichter Lani zei: Maar...

De chef schudde zijn hoofd en Ismail zweeg.

Dat was het begin van die geschiedenis. Een paar maanden voor de grote Europese Balkanconferentie in Poznań in Polen. Een lont.

## 2

*Een paar dagen nadat Maria Moeder Gods aan zijn vrouw was verschenen, wist Jaroslaw al dat hij moest gaan scheiden. Met deze vrouw, werd hem duidelijk, kon een man niet gelukkig worden – en zelfs in Polen geen politieke carrière maken. Maar uitgerekend de aanleiding voor zijn wens eindelijk te gaan scheiden, was tegelijkertijd het obstakel: de vroeger zo cynische vrouw die op elk moment bereid was tot elk* agreement *als dat haar maar een leven in luxe garandeerde, wilde nu, verlicht door de Moeder Gods, er niet in toestemmen om het ten overstaan van God met een heilig sacrament gesloten huwelijk te ontbinden.*

Adam Prawdower sloeg het boek dicht. Wilde hij hierin verder lezen? De roman was het gesprek van de dag, een sleutelroman over de politieke elites in de hoofdstad. Is een bepaalde afgevaardigde homo en dus chantabel? Het was niet duidelijk wie die afgevaardigde was, maar iedereen had zo zijn vermoedens. Is een hoge ambtenaar van het ministerie voor Economische Ontwikkeling inderdaad corrupt? Heeft hij EU-gelden doorgesluisd naar zijn eigen bedrijven, die door stromannen worden geleid? Wie werd ermee bedoeld? Heeft een lid van de regering – wie? Iedereen wist: Hij! Nee: hij! – een verhouding met de partijsecretaris, en kreeg zíj opeens een goedbetaalde bestuursfunctie bij de Poolse spoorwegen?

Het was een prulboek vol lasterpraat, maar onkwetsbaar omdat degenen die belasterd werden niet eenduidig te identificeren waren, fictie die op heel simpele wijze wijdverbreide vooroordelen bevestigde, een spel met de fantasie dat voortgezet werd in de sociale netwerken, die borrelende bubbels – wie is die politicus aan wiens vrouw Maria is verschenen. Wie is die homofiele afgevaardigde?

En daarover discussieerde heel Warschau? Over geruchten! Adam was verbijsterd. Maar niemand had het met hem over het echte schandaal dat zich toch voor iedereen zichtbaar afspeelde, het politieke verraad van de minister-president namelijk. Alle idealen uit hun tijd van strijd verraden en verkocht. Wat zij hadden bevochten, hadden bereikt, werd stap voor stap teruggedraaid en vernietigd. Maar de kiezers discussieerden over de vraag wie die politicus was wiens vrouw een Maria-verschijning had gehad. Het was deprimerend.

Dorota maakte zich zorgen. Adam was teruggetrokkener en tobberiger dan anders. Prins der duisternis, zei ze, maar hij lachte niet. Wanneer had ze hem voor het laatst zien lachen? Zaterdag drie weken geleden toen hij na een lange wandeling thuiskwam met een puppy.

Wat is dat?

Een Poolse brak, *ogar polski*. Je ken die hondensalon wel, Une vie de chien in de Avenue de la Chasse. Daar kwam ik langs en ik zag hem in de etalage. Hij zette de kleine hond op de grond op het terras en gaf hem een duwtje. Hij lachte toen de hond omviel en weer overeind krabbelde.

Dorota was woedend.

Ik heb nog maar drie maanden ouderschapsverlof, zei ze. En dan?

De jachthond van koningen, zei hij. Hij beschermt jullie.

Jullie. Wie is jullie? Onze zoon en ik? Waarom zeg je niet ons?

Hij gaf de pup een duwtje en lachte.

Nu hadden ze ook nog een hond die het huis onderpieste. Adam interesseerde dat niet, die kwam laat terug van zijn werk en zat daarna nog een hele tijd op het terras of in zijn werkkamer te tobben in die typische houding van hem, met gebogen hoofd en zijn linkerhand op zijn mismaakte oor, of hij las en maakte aantekeningen.

Dorota hield van haar man. Zijn afstandelijke manier van doen, zelfs wanneer hij 'ik ook van jou' zei, de moeite die hij had met onbekommerde intimiteit – ze moest daar begrip voor opbrengen. En dat deed ze ook, maar soms vroeg ze zich toch af: waarom? Waarom moest ze er begrip voor hebben? Moeten is immers geen categorie binnen de liefde. Maar dan was er weer zo'n moment waarop hij dingen zei die haar het gevoel gaven dat ze haar man weer nader kwam, en meteen zat ze weer gevangen in de val van het begrip. En dan weer dat zwijgen van hem. Maar waar ze geen begrip voor wilde hebben, en nooit zou kunnen hebben, was de haat waar hij de laatste tijd gewoonweg in opging. Hij stond niet toe dat die haat bekoelde, elk relativerend of verzachtend woord veegde hij van tafel.

'Nee, het is geen haat. Het is trouw. We hebben een eed afgelegd.'

De haat vergiftigde zijn ziel en zou mogelijkerwijs ook hun huwelijk, zo niet hun hele bestaan, verwoesten. Die naar haar mening volkomen irrationele haat tegenover zijn voormalig beste vriend Mateusz, zijn door middel van een eed uit hun kinderjaren voor eeuwig met hem verbonden 'bloedbroeder' – de huidige minister-president van de republiek Polen.

Dorota vond het belachelijk, onzinnig en volkomen nutteloos een levenslange vriendschap te verwoesten omwille van het verwijt van een verraad waarin zij zich niet echt kon verplaatsen. Is het echt verraad als er een kloof ontstaat tussen de jeugdidealen en de mogelijkheden van de politieke praktijk?

Is het echt aantoonbaar verraad als je een jeugdvriend die carrière heeft gemaakt bedoelingen toedicht die hij nooit heeft uitgesproken?

'Die heeft hij wel uitgesproken! Hij heeft het klip en klaar gezegd!'

'Klip en klaar? Verkiezingsretoriek!'

Wat hadden zij nou te maken met Poolse binnenlandse politiek? Ze woonden in Brussel in een gerieflijk huis met een mooie achtertuin, in Merode, Rue d'Oultremont, grote rozenstruiken in de tuin, de verkoper was bijzonder trots geweest op die rozen. Hier de roos 'Doktor Kurt Waldheim' vernoemd naar de voormalige secretaris van de VN, die een boodschap voor buitenaardse wezens het heelal heeft ingestuurd, herinnert u zich dat? Nee? Was zeker voor uw tijd. Deze roos hier heet 'Doktor Wolfgang Schüssel', die heb ik meegenomen van thuis, uit Neder-Oostenrijk, helaas erg gevoelig voor luizen, je kunt haar aanvankelijk goed behandelen met een aftreksel van brandnetels, maar daarna heb je sterker spul nodig.

Hebben al uw rozen een academische graad? vroeg Dorota.

Deze hier niet, mijn absolute favoriet, de 'Wiener Blut', dieprode bloemen, geen doorns. Op deze rozen kunt u zich neervlijen als op een zacht bed.

Zwemmen in bloed dus?

De verkoper lachte. Hij liet nog een jerrycan gif achter waarmee Waldheim, Schüssel en Wiener Blut behandeld moesten worden 'om er voor altijd plezier aan te beleven', en Dorota hield van de tuin, van de rozen, van het gietbetonnen terras met de barbecue die in de Brusselse regen stond te verroesten, maar die nog altijd dienstdeed als Adam worsten van Boucherie Lanssens meebracht, de beste barbecueworsten van Brussel. Ze hadden niet alleen het gevoel dat ze geluk hadden gehad en een goed leven hadden, maar ook een zinvol leven, omdat ze niet zomaar een baan hadden, maar professionele verantwoordelijkheden waarmee ze zich identificeerden. Adam werkte bij de Europese Commissie, Directoraat-generaal voor Nabuurschap en Uitbreiding, waar zij hem had leren kennen toen ze na haar studie rechten in Bologna en haar master in European and Transitional Law aan de universiteit Göttingen als trainee naar Brussel kwam. Haar vader was een Pool die na het uitroepen van de staat van beleg naar het Westen was gevlucht, haar moeder Italiaanse. Dorota was net zeven toen het IJzeren Gordijn viel. Ze had een paar keer een bezoek gebracht aan haar Poolse grootouders, eerst met haar ouders, later ook alleen, ze was Italiaanse, voelde zich zeker ook 'van Poolse komaf', maar Pools patriottisme of nationalisme waren haar volkomen vreemd. Ze herinnerde zich hoe ze vol verwondering tegenover haar grootvader zat als die zijn haattirades tegen de Duitsers zat uit te braken, terwijl zij in Göttingen studeerde en verliefd was op een studiegenoot die Hermann heette. Wat waren haar grootouders gelukkig toen ze niet veel later met Adam trouwde, een Pool uit een beroemde familie. Dat ze dat nog mochten meemaken.

Je bent Europees ambtenaar, je speelt geen rol meer in Warschau! Wat kan jou de binnenlandse politiek van Polen schelen? Dorota, alsjeblieft. We zijn bezig met de voorbereidingen van een Balkanconferentie in Poznań. Dat is Europese politiek. En Mateusz is uiteraard de gastheer. Als je eens wist hoe vaak er geïntervenieerd wordt. Telefoontjes, e-mails...

De minister-president belt jou op?

Niet hijzelf, zijn mensen. Die dirigeert hij als een leger. En een leger komt niet met vreedzame bedoelingen.

Adams en Mateusz' families waren al generaties lang nauw met elkaar verbonden. Al sinds de januariopstand van 1863, toen de grootvaders van hun grootvaders in dezelfde partizaneneenheid tegen de Russen hadden gevochten. Zo ver terug gingen de verhalen die in hun families werden verteld. Daarna zaten hun grootvaders van vaderskant samen in het verzet tegen de nazi's, bij de Armia Krajowa, het Vaderlandse Leger. Hun vaders zaten vervolgens vanaf 1981 ook in het verzet, tegen de communisten, die de staat van beleg hadden afgekondigd en Solidarność neersloegen. Ze bouwden het ondergrondse leger Strijdend Solidarność op, met eigen wapenwerkplaats, piratenzender en nieuwsdienst. Ze veranderden voortdurend van schuilplaats, organiseerden sabotageacties, aanslagen met explosieven, ontvoerden en doodden officieren van de Służba Bezpieczeństwa, de Poolse geheime dienst, die in haar kelders mensen martelde en vermoordde. Vreemden waren hun vaders. Adam en Mateusz waren allebei dertien toen hun vaders onderdoken, de moeders zagen hun man daarna maar een enkele keer, in een conspiratieve woning of een schuilplaats in het bos waar ze door medestrijders naartoe gebracht werden. Adams moeder werd zwanger, de moeder van Mateusz een halfjaar later ook. Ze brachten twee dochters ter wereld, die zouden opgroeien als zusjes. Adam en Mateusz werden rond die tijd overgebracht naar de school van de broeders in Poznań; hen onderbrengen aan een priesteropleiding van de Heilige Roomse kerk, waar zelfs de geheime dienst niet zomaar binnen kon vallen, was de best denkbare bescherming voor de zonen van de inmiddels door de SB geïdentificeerde verzetsstrijders. Adams joodse vader werd verzwegen, Adam was gedoopt, dat volstond. Hier begon, door hen allebei nog lange tijd onopgemerkt, de vervreemding tussen de twee jonge mannen, die uiteindelijk zou culmineren in haat. Terugkijkend was alles te herleiden tot deze periode.

Toen ze veertien werden legden ze allebei de eed van Strijdend Solidarność af ten overstaan van een vertegenwoordiger van het verzet die door hun vaders was gestuurd. Na de zegen van de prior werden ze alleen gelaten met de man, die zichzelf Konrad noemde.

Met hem daalden ze af in de catacomben van de Petrus en Pauluskathedraal, naar de sarcofaag van Boleslav de Zesde, hertog van Groot-Polen. Was dat toeval, of wist Konrad van Adams joodse komaf? Boleslav had in 1264 het statuut van Kalisch uitgevaardigd, een acte van tolerantie, die de positie van joden in Polen omschreef en het fundament legde voor een relatief autonoom bestaan, en die tot het einde van de achttiende eeuw in werking bleef. In het statuut werden onder meer straffen voor het schenden van joodse begraafplaatsen en synagoges aangekondigd. Het bevatte instructies voor de bestraffing van mensen die joden beschuldigden van rituele moord. Het regelde de handelsactiviteiten van joden en garandeerde de onaantastbaarheid van hun leven en eigendommen.

Wanneer Adam daar later aan terugdacht, kon hij niet geloven dat het toeval zou zijn geweest dat ze hun eed aflegden ten overstaan van de stoffelijke resten van die joodvriendelijke hertog van Groot-Polen. De mannen van het verzet, de strijders voor een vrij Polen, lieten niets aan het toeval over. Als ze wapens inzetten, dan altijd volgens plan en weldoordacht, nooit spontaan, en even bewust gingen ze om met de symbolen, met de signalen die ze afgaven. Die zekerheid betekende heel veel voor Adam.

Konrad maakte hun duidelijk dat ze uiteraard niet voorbestemd waren voor het priesterschap, dat hun roeping een andere was.

Het was koud, heel erg koud en Adam en Mateusz hadden alleen hun witte seminariepij aan, maar ze gloeiden van verlangen om hier in het ondergrondse van het heilige Polen te worden opgenomen in het leger van hun vaders. Ze sloegen hun armen om elkaars schouders, daarna begon de toelating en had Konrad het over – meisjes.

De tijd was aangebroken dat ze voorbereid moesten zijn, zei hij. Ze zouden belangstelling beginnen te krijgen voor meisjes, ze zouden verliefd worden, hun eerste teleurstellingen meemaken, worstelen met hun onzekerheid, gebukt gaan onder angsten, maar die pijn was niets anders dan de geboortepijn van de vrijheid die ze hadden behouden: de vrijheid om lief te hebben. De liefde neemt vele gedaantes aan, je moet er klaar voor zijn, maar je kunt je er niet op voorbereiden, je reacties niet plannen, met uitzondering van deze: je altijd af te vragen of de liefde een storm van gevoelens is die tot controleverlies leidt, of een fundament voor onvoorwaardelijke solidariteit. Hoe zeker kan ik ervan zijn dat niet uitgerekend de mens van wie ik houd me verraadt, uit angst voor het eigen leven, uit ontgoocheling of uit wraakzucht vanwege krenkingen die hij heeft ondergaan? In geval van twijfel moesten ze zwijgen, ook als ze liefhadden. Iets anders viel er niet over te zeggen. Waarop ze echter voorbereid moesten zijn –

Hij pauzeerde, keek hen aan, priemde zijn vinger in de richting van Adam en vroeg: wat is de kleur van de hemel?

Blauw.

Fout, zei Konrad, helemaal fout.

Verbaasd en verward drukten Adam en Mateusz zich dichter tegen elkaar aan.

Waarop jullie voorbereid moeten zijn, zei Konrad, zijn de verhoren. En als jullie verhoord worden, dan moet duidelijk zijn dat jullie niets weten. Dat moeten jullie met uiterste consequentie volhouden: jullie weten niets. Welke kleur de hemel heeft? Dat weten jullie niet. Laat ze maar uit het raam kijken, jullie weten het niet. Misschien is hij blauw, misschien is hij grijs, misschien is hij zwart omdat er onweer op komst is, hoe kunnen jullie in die verhoorkamer weten welke kleur de hemel heeft? Laat ze maar uit het raam kijken. Ze kunnen het antwoord zelf geven. Op het moment dat jullie antwoord beginnen te geven op heel onschuldige vragen, zijn jullie begonnen met het beantwoorden van vragen, en algauw zullen er ook vragen komen waarmee jullie jezelf in hun ogen, en in hun verslagen, schuldig maken. Laat duidelijk zijn dat jullie niets weten. En dat begint ermee dat jullie niet eens de kleur van de hemel weten als ze daar naar vragen. Ze moeten maar uit het raam kijken, dan hebben ze hun antwoord. Wie zijn je vrienden? Kom, zeg nou maar, wie zijn je vrienden – hij wees naar Mateusz.

Mateusz zei: Mijn vrienden... hij keek Adam aan en... Dat weet je niet, zei Konrad scherp. Dat weet je niet. Wie weet er nou wie zijn vrienden zijn, echte en trouwe vrienden, valse vrienden, verraders die je vriendschap op slinkse wijze verkrijgen, zíj weten zulke dingen veel beter. Je kunt en mag geen antwoord geven. Laat ze maar in hun dossiers kijken, zij hebben verklikkers, spionnen, zij weten beter dan jij wie jouw vrienden zijn. Jij weet dat niet. Jij kunt geen antwoord geven. Geen antwoord, begrepen? Dat is de truc: ze beginnen met eenvoudige, heel banale vragen, en jij denkt, ach dat is makkelijk en onschuldig, daar geef ik antwoord op, daarmee toon ik meteen mijn goede wil, de schijn dat ik bereid ben om mee te werken, dat maakt me geloofwaardiger, en precies dat is de fout, dat je in de val trapt van de bereidheid om mee te werken. Dus moeten jullie vanaf het allereerste begin duidelijk maken dat jullie niets weten. Daarna komen de dreigementen. We hebben je zus. Wat zeg jij?

Alstublieft –

Nee, je vraagt niets. Je zegt niets. Niets. Je moet duidelijk maken dat je niets zegt. Als jij niets weet, hoezo zou je dan iets weten omdat ze je zus hebben? Je moet duidelijk maken dat je liever sterft dan dat je zegt welke kleur de hemel heeft. En dat ook je zus vermoorden geen enkele vraag beantwoordt. Alleen zo stel je hen voor problemen. Als ze begrijpen dat de dood voor jou niks betekent. Dat ze dus ook met de zwaarste dreigementen niets zullen bereiken. U wilt antwoorden? Van een dode zult u die niet krijgen.

Mijn zus, zei Adam.

Wat is er me je zus? zei Konrad. Ik vertel jullie een verhaal.

Het was een verhaal dat naar Adams mening van de held een monster maakte. Adam en Mateusz legden de eed 'op het leven' af. Maar er bleef een restje mysterie in Adams ziel achter, een zwart gat.

Er was eens een boer die heette Erasmus, vertelde Konrad. De Gestapo kwam en vroeg naar partizanen. Maar Erasmus zweeg. Voor zijn ogen brachten ze zijn zoon om het leven. Erasmus zweeg. Ze brachten zijn dochter om het leven. Erasmus zei geen woord. Nog geen zucht was van hem te horen. Ze brachten zijn vrouw om het leven. Erasmus zweeg. Hij heeft levens gered, zei Konrad, de levens van zijn kameraden.

Dat was de opofferingsgezindheid waar het om ging. Dat hadden de twee jongens begrepen. Hand in hand zeiden ze: Ik zweer.

Maar...

Lange tijd drong het niet tot Adam door hoezeer de twijfel aan hem knaagde. Twijfel waarvan zijn leraren de symptomen opmerkten, maar verkeerd begrepen. Zij dachten dat hij, net als een paar andere seminaristen, twijfelde aan zijn roeping tot het priesterschap, en ze bejegenden hem met een milde glimlach. Terwijl ze wisten dat hij niet voorbestemd was om priester, maar om soldaat te worden. Maar in zijn binnenste knaagde de twijfel aan de eed die hij samen met Mateusz had afgelegd. Hoe kon je leven met een eed van trouw die je verplichtte tot zulke onmenselijke onverschilligheid tegenover de dood van mensen aan wie je toch ook iets had gezworen, namelijk liefde en trouw? Zou hij bijvoorbeeld zwijgend en onbewogen kunnen toezien hoe Mateusz voor zijn ogen werd geëxecuteerd? Zou hij dat echt kunnen zolang hij ook nog maar een sprankje hoop voelde dat hij diens leven zou kunnen redden, al was het maar door middel van een daad van verraad die een list was? En andersom: zou zijn beste vriend en strijdkameraad echt zwijgend toezien als...

Die vraag stelde hij Mateusz op een nacht, hun bedden naast elkaar. Zou je dat echt kunnen?

Het was ijskoud in de slaapzaal. Op sommige winterdagen werden de seminaristen wakker met rijp op de deken, en op het kussen. Maar nooit had hij een grotere kou gevoeld dan op het moment waarop Mateusz antwoordde: ik zou je eigenhandig doodschieten, zelfs al zei je alleen maar welke kleur de hemel heeft.

Adam schrok. Tegelijkertijd voelde hij ogenblikkelijk schaamte, een brandend schuldgevoel.

Uiteraard begreep hij dat het om de bescherming van zijn medestrijders ging, niet om het geluk van zijn vriend, maar om de vrijheid van Polen, het geluk van het volk. Maar...

Hij had er destijds geen woorden voor, maar hij voelde een groot onbehagen, angst, verwarring tegenover die onverdraaglijke tegenstrijdigheid: dat er helden nodig waren om een menswaardige wereld te creëren, maar hoe menselijk zou die wereld zijn als die onmenselijke dingen van de helden eiste?

Er mochten geen verraders zijn. Dat was hem duidelijk. Daar mocht je niet aan twijfelen, daarbij was geen compromis mogelijk. Hij wist destijds dat hij Mateusz nooit zou verraden. Maar hij wist ook dat Mateusz geen cent voor hem zou betalen als hij ontvoerd werd en er losgeld voor hem zou worden geeist, want 'je betaalt niet voor het Kwaad'.

Dat had hij klip en klaar gezegd. Maar was er dan niet tóch een compromis mogelijk? Hoe gek het ook mocht klinken, een compromis dat geen twijfel liet bestaan aan hun compromisloosheid?

Het bezorgde Adam slapeloze nachten. Hij trok de eed niet in twijfel, maar tegelijk voelde hij hoe Mateusz sinds die eed die hen op leven en dood verbond, steeds meer een vreemde voor hem werd.

Pas ongeveer dertig jaar later begreep hij het. Of dacht hij het te begrijpen. Het probleem was niet angst geweest en twijfel aan zichzelf, maar Mateusz' onvermogen te twijfelen, zijn dogmatisme, zijn welhaast heilige eigendunk, zijn bereidheid gezin en medestrijders op te offeren met het grote gebaar dat hij daardoor geen verrader van zijn volk werd. Zoals hij indertijd ijskoud en zonder een woord te zeggen, zonder een zucht zelfs, zou hebben toegekeken hoe zijn zus voor zijn ogen werd doodgeschoten, zo zou hij vandaag toekijken als het antisemitische gepeupel hem, Adam, in elkaar zou slaan en bespugen.

Als minister-president pookte Mateusz het antisemitisme op 'ter verdediging van het Poolse volk'. Polen waren principieel onschuldig. De Duitsers en de joden wilden het Poolse volk de schuld voor de Holocaust in de schoenen schuiven, maar de joden waren medeplichtig geweest. Zijn uitspraak over de *joodse medeplichtigheid*, het politieke spel met het antisemitisme, was in Adams ogen schandalig. Dat was het moment waarop hij merkte dat hij werd verraden door de man voor wie hij in het verzet zijn leven zou hebben opgeofferd. Had Mateusz vergeten op wat voor symbolische plek ze hun eed hadden gezworen? Voor de sarcofaag van de jodenbeschermer Bolesłav de Zesde. En Adams vader, een jood, had samen met Mateusz' vader in het ondergrondse leger gevochten. Had hij dat vergeten? Adam was van joodse komaf, dat wist Mateusz op het moment dat hij samen met hem de eed van Strijdend Solidarność aflegde. Hij had dat allemaal vergeten, allemaal verraden. Ze hadden bescherming genoten destijds bij de broeders in Poznań, het priesterseminarie was een dekmantel en niet een opleiding tot religieus fanatisme. Mateusz' militante katholicisme, zijn minachting voor joden, zijn haat tegen moslims en alle andersgelovigen, maakte duidelijk dat hij niet trouw was aan zijn eed, maar dat hij die juist verried, die eed dat hij pal zou staan voor de vrijheid. Ja, ze hadden gevochten voor de vrijheid. En nu, opgeklommen tot regeringsleider, leidde hij het land alsof het nog altijd bezet was en vreemden er de dienst uitmaakten. De joodse bankiers en Brussel. Dat was geen trouw aan de eed voor de vrijheidsstrijd, het was verraad tegenover de vrijheid die ze hadden verworven.

Hij is krankzinnig geworden, een publiek gevaar!

Wie?

Hier! Een interview met Mateusz. Luister:

*Ik zou eraan willen herinneren dat de Polen de eersten waren die zich actief tegen het fascisme teweer hebben gesteld. Dat de Polen als eersten het communisme ten val hebben gebracht, dat de val van de Berlijnse Muur ook onze verdienste is, en ik zeg dat als de Europese Commissie ons nog meer strafmaatregelen oplegt voor onze soevereine besluiten en we in onze ontwikkeling worden gehinderd, Polen dan ook voor het einde van de Europese Unie zal zorgen.*

Het einde van de Europese Unie! Adam alsjeblieft! Hij heeft een grote bek! Wie neemt zoiets serieus?

Deze krant bijvoorbeeld, de *Financial Times*.

Adam was weer eens laat thuisgekomen, zijn zoon Romek lag al in bed. Hij ging met de krant op het terras zitten, zei dat hij bij Exki al een 'broodje gezond' had gegeten en geen honger had. Maar een *Wyborowa* zou hem nu goeddoen. De hond, die hij Maladusza noemde, sprong op zijn schoot, Adam kroelde hem achter zijn oor en Dorota zei: Zou je niet toch even bij Romek gaan kijken? Hij slaapt al. Geef hem een kusje, zodat hij tenminste de geur van zijn vader niet vergeet.

Daarna zaten ze op het terras, het was een van de laatste zachte avonden van het jaar, ze wilden allebei niet opstaan en naar binnen gaan, naar bed, de kaars in de windlantaarn doofde, in plaats daarvan gingen de lichtjes in de hemel aan, en Adam zei: Het probleem is dat Erasmus voor Mateusz een Poolse boer is.

## 3

Dat de vervreemding tussen de bloedbroeders uiteindelijk uitgroeide tot haat had te maken met 19 oktober 2017.

Op die dag kwam een man het postkantoor aan de Plac Defilad in het centrum van Warschau binnen met in zijn linkerhand een jerrycan met brandstof en in zijn rechter- een lompe gettoblaster, aan zijn schouder hing een linnen tasje met de opdruk *Nikt nie ma prawa być posłusznym*, een reclametasje van Boekhandel Tarabuk. Voor de balie zette hij de jerrycan en de radio voorzichtig op de grond en haalde uit zijn tasje een tiental brieven die tot verbazing van de postbeambte gericht waren aan de minister-president, haar plaatsvervanger, aan de leden van de Rada Ministrów, de Poolse regering, en aan de hoofdredacteuren van *Gazeta Wyborca*, *Rzeczpospolita* en andere belangrijke journalisten. De beambte achter de balie legde pedant elke brief op de weegschaal hoewel ze overduidelijk allemaal even groot en even zwaar waren, en bestudeerde de namen van de geadresseerden.

De man keek geduldig toe hoe de brieven werden gewogen, voorzien van postzegels en uiteindelijk heel zachtjes gestempeld, alsof de beambte de hooggeplaatste ontvangers van de brieven niet wilde verwonden.

Dat die man een jerrycan benzine bij zich had gehad, was hem niet opgevallen, zei de postbeambte later tegen de politie. Toen hij aan de balie voor hem stond had hij de jerrycan al neergezet en toen hij wegliep had hij hem niet nagekeken, ook omdat hij meteen zelf naar zijn chef was gelopen. Maar verdacht, ja verdacht had hij die man natuurlijk wel gevonden, absoluut, vanwege de geadresseerden van de brieven die hij had afgegeven. Wie schrijft er nu brieven aan de regering, nietwaar? Mafketels of grootdoeners, toch? Misschien een aanslagpleger. En dat linnen tasje. Hij had alleen het woord *posłuszny* kunnen lezen, gehoorzaamheid, en ook dat had hij raar gevonden. In ieder geval was hij meteen met de brieven naar de filiaalchef gegaan, sinds 2008 moesten ze de geadresseerden en afzenders in zulke gevallen immers scannen, en melden aan de Agencja Bezpieczeństwa Wewnętrznego, de binnenlandse veiligheidsdienst.

In welke gevallen?

In zulke. Als er iets raar is. Hij was maar een lagere beambte, hij kon dat natuurlijk niet beoordelen, daarom was hij meteen naar de filiaalchef gelopen, zodat van hogerhand...

U vond het dus niet nodig om meteen alarm te slaan als er een man met een jerrycan benzine voor u staat?

Die jerrycan heb ik niet gezien, dat zweer ik, ik heb hem niet gezien, bij de heilige maagd Maria. Maar ik heb het meteen hogerop...

Die brieven kwamen in elk geval nooit aan.

De man, die volgens de afzender Piotr Szczęsny heette, betaalde met een groot biljet, haalde uit zijn 'Gehoorzaamheid'-tasje een paar velletjes, strooibiljetten met het opschrift 'Ik protesteer', zei voor u, pakte zijn jerrycan en gettoblaster en liep het postkantoor uit.

Hij betaalde met een *Zygmunt*, aldus de beambte, een biljet van 200 *zlotych*, en liet het wisselgeld gewoon liggen. Dat had hij natuurlijk meteen aan zijn chef... en daarna bij het opmaken van de kassa, natuurlijk... hij had dat echt niet gehouden... haastte hij zich te zeggen. Hoe dan ook...

Piotr Szczęsny posteerde zich op het Defiladplein voor het Cultuurpaleis om zijn strooibiljetten uit te delen. *Ik protesteer.* In vijftien punten beschuldigde hij de regeringspartij, PiS, ervan dat ze de burgerrechten inperkte, mensen tegen minderheden ophitste, de media muilkorfde, de grondwet schond, de scheiding der machten ophief en de onafhankelijke rechtspraak vernietigde.

Piotr was vijf jaar ouder dan Mateusz, die in die tijd vice-premier was en nog geen drie maanden later premier zou worden. Hij kende hem uit de tijd van Strijdend Solidarność, de laatste maanden voor de val van de Muur.

*Daar hebben we niet voor gevochten, Mateusz. Jij was aan mij toevertrouwd, de oudere. We streden tegen een autoritair regime, voor vrijheid. Toen het communisme verdwenen was had ik nooit gedacht dat het nog een keer terug zou komen. Inmiddels heb ik begrepen dat het autoritaire systeem niet als communisme maar als anticommunisme terugkomt.*

Maar deze brief werd, net als alle andere andere brieven die Piotr Szczęsny had afgegeven, niet bezorgd en verdween in het archief van de geheime dienst.

Piotr Szczęsny drukte op de play-toets van zijn muziekspeler en draaide het volume helemaal open. Terwijl het lied ‘Kocham wolność’, ‘Ik hou van de vrijheid’, over het plein schalde, pakte Piotr Szczęsny de jerrycan, schroefde de dop eraf, liet de jerrycan nog een keer zakken en veegde met de rug van zijn hand en zijn onderarm over zijn gezicht. Daarna tilde hij de jerrycan omhoog en goot de brandstof over zijn hoofd, hij hield de jerrycan voor zijn borst en liet de vloeistof over zijn kleding lopen, hij duwde hem weer omhoog, het gulpte over zijn gezicht, hij hoestte en spuugde, diep ademhalend schudde hij de jerrycan heen en weer, de vloeistof plensde en klokte, wat duurde het lang voor die twintig liter er helemaal uit gelopen waren. 'Ik kan zo weinig doen / ik begrijp en hou van vrijheid / die kan ik niet opgeven.' Hij hees de jerrycan weer omhoog en bleef schudden, de vloeistof beet in zijn ogen, zijn lippen, in de slijmvliezen van zijn mond, dat waren nu zijn tranen, die bijtende vloeistof die over zijn gezicht liep. 'Ik had zo weinig / ik heb zo weinig / ik kan alles verliezen / ik kan...', vaag en vervormd zag hij grijze gedaanten in de schemering, niemand keek naar hem, Piotr zong zachtjes alleen deze regel mee: 'alleen blijven. Ik hou van de vrijheid'.

Hij zette de jerrycan neer. De mensen waren in de invallende duisternis niet meer dan donkere geesten, de contouren van de auto's enorme zwarte kevers met stralende, zoekende ogen. Ineens schemerde het paars-rood op het plein, alsof een giftige damp neerdaalde over het tafereel. Dat kwam door de schijnwerpers die het Cultuurpaleis nu in paars, blauw en rood licht zetten. Het Cultuurpaleis, 'Stalins geschenk aan de Polen' achter hem. Voor hem, aan de andere overzijde van het plein, de neonlichten van de drukke Ulica Marszałkowska.

*Zeer Geachte Hoofdredacteur! Ik heb in het verzet gestreden voor de vrijheid van Polen. Die strijd was uiteraard ook een strijd voor de persvrijheid. Talloze mensen, de besten, hebben daarvoor hun leven opgeofferd, en ik denk niet dat ze daartoe bereid zouden zijn geweest als ze hadden geweten dat aan het eind van die strijd de leugenvrijheid heeft gewonnen, die zich bovendien amper nog onderscheidt van de geknevelde partijpers uit de tijd van de dictatuur. U, hoofdredacteur, omschreef de opheffing van de scheiding der machten als een 'patriottische daad', de vernietiging van de met veel slachtoffers bevochten onafhankelijke rechtspraak als 'volkswil' – waaraan doet u dat denken? En wat ziet u als u in de spiegel kijkt? Nog kunt u vechten, en ik wil u daartoe aanmoedigen. U heeft minder te vrezen dan het ondergrondse leger dat gevochten heeft voor uw vrijheid – die ú nu verraadt.*

Ook die brief werd niet bezorgd.

Het lied eindigde in zwak geruis, de cassette draaide verder, Piotr had alleen 'Kocham wolność' opgenomen. Het ruisen van de stilte, dan klikt er een aansteker.

Maar weinig mensen hadden de schrille kreet gehoord, het korte snerpende, sireneachtige geluid dat Piotr Szczęsny uitstootte terwijl hij veranderde in een grotesk dansend gitzwart lichaam in een jas van wilde vlammen. Wie het had gehoord zou dat nooit meer vergeten.

De passanten die in de buurt waren verstijfden, één man slechts probeerde dichter bij de brandende mens te komen, het was een bizar beeld hoe die man naar voren sprong, twee keer met zijn aktetas op het brandende lichaam insloeg alsof hij de vlammen op die manier kon neerslaan, toen achteruitsprong, nog een keer naar voren, weer zwaaiend met zijn aktetas, totdat de mouw van zijn jas vlam vatte, waarop hij zich op de grond liet vallen en heen en weer rollend zijn jas uittrok.

Die dag was Adam Pradower naar Warschau gekomen om als vertegenwoordiger van de Europese Commissie, Directoraat-generaal Uitbreiding, met vertegenwoordigers van de regering en vertegenwoordigers van de oppositie deel te nemen aan een discussiebijeenkomst 'De toekomst van de EU: Uitbreiden, verdiepen of afschalen?'.

Op weg naar het Cultuurpaleis zag hij een brandende menselijke gedaante. Hij zag de menigte die er bijeengedromd was, hoorde kreten en sirenes, blauwe zwaailichten flitsten over het tafereel, de vlammen laaiden en lekten in giftige kleuren op een zwart lichaam, dat zich oprichtte en weer ineenzakte. Nee, dat was geen mens, kon geen mens zijn, het kon niet anders dan dat daar een pop werd verbrand. Was het een demonstratie, een protestbijeenkomst? Oppositie? Anarchisten? Wie moest die pop voorstellen. De Poolse president? De Duitse kanselier? Of werd hier symbolisch de Russische minister-president verbrand?

Nee, hier brandde echt een mens. De sirenes, de zwaailichten, ze waren er nu, brandweer, politie. Hij zag hoe andere mensen probeerden met hun jas, met een deken, met flessen water de man te blussen. Ze sprongen eropaf en deinsden weer achteruit. Het was hopeloos. Toen liep Adam naar voren, weer helemaal de soldaat die bereid was zijn leven... en wierp zich op de brandende man om met zijn lichaam de vlammen te verstikken, juist op het moment dat de brandweer die intussen was komen aansnellen het tweetal bedekte onder een tapijt van blusschuim.

Zodoende kwam Adam ervan af met verschroeide haren en wenkbrauwen, die weer aangroeiden, en bovendien een brandwond van zijn oor tot aan zijn hals, in feite een grote brandblaar, zoals brandblaren in een handpalm, die volledig genazen, 'restitutio ad integrum' zei dokter Rensenbrink, specialist van het Europaziekenhuis in Brussel die Adam na terugkeer behandelde, tevreden. U heeft geluk gehad meneer Prawdower. En die plek waar toch littekenweefsel is ontstaan, hier op uw oor en onder de oorschelp – wel, laat ik het zo zeggen: gevoeligheid van het oorlelletje is niet bepaald van levensbelang! Of... Adam keek de arts verbaasd aan. Die lachte: Het is in elk geval te weinig om te zeggen dat ik u een oor aannaai. Vlaamse humor, dacht Adam mild, haast ontroerd.

Adam had Piotr niet herkend toen hij zich boven op hem wierp. Een ook gedurende de twee dagen die hij in het ziekenhuis doorbracht voor de behandeling van zijn brandwonden, kwam hij niet te weten wie de man was wiens leven hij had proberen te redden. Hij kwam niet te weten dat de man die in de kranten alleen met initialen werd aangeduid een medestrijder was uit zijn tijd in het verzet die hem, Adam, een keer het leven had gered. Kon er een sterkere band zijn met een mens dan deze: hij heeft mijn leven gered!? Maar Adam wist niet dat de man op wie hij zich had geworpen om hem te redden zijn kameraad Piotr was. Dat nam niet weg dat wat hij in de kranten las terwijl hij in het ziekenhuis lag hem boos maakte. Piotr S. stond er, was 'geestesziek' geweest, stond bij de autoriteiten bekend als 'gek', als 'klinisch labiel'. En Mateusz, de aanstaande regeringsleider van Polen beschuldigde in een interview met de *Gazeta Wyborcza* de oppositie ervan dat ze 'met haar hysterie over een dreigende dictatuur labiele mensen de dood injoeg'.

Maar toen hoorde Adam wie die 'gek' was: Piotr Szczęsny, een strijdmakker van Mateusz en hemzelf uit de tijd van het verzet, en hij kon niet geloven dat Mateusz dat niet wist. Een goede kennis van Adam, Paulina Piechna-Więckiewicz, gemeenteraadslid namens de Liberale Partij, die juist uit een vergadering kwam toen Piotr brandend als een fakkel op het plein stond, had een van de strooibiljetten die er lagen opgeraapt en het op Twitter gepubliceerd samen met een foto van het linnen tasje van Piotr waarop stond: *Niemand heeft het recht te gehoorzamen. Hannah Arendt*, eronder het logo van Boekhandel Tarabuk.

Paulina zocht Adam op in het ziekenhuis.

Jij kende Piotr, zei ze.

Ja. Hoe gaat het met hem. Overleeft hij het?

Hij leeft. Maar de vooruitzichten zijn niet goed.

Wat kunnen we doen? En kom nou niet met platitudes als dat we zijn nagedachtenis moeten...

We mogen al blij zijn als die er zal zijn, een nagedachtenis.

Na tien dagen lijden stierf Piotr Szczęsny. Tien dagen waarin de media er elke dag op hamerden dat hij geestesziek was geweest, ontoerekeningsvatbaar, depressief, manisch, beïnvloed door complotdenkers, die uiteindelijk de schuld droegen voor zijn schokkende dood...

Nadat Adam het ziekenhuis had verlaten schreef hij een brief aan de vice-premier, zijn oude vriend Mateusz. Eigenlijk was het geen brief. Hij stuurde hem een krantenpagina met het interview met Mateusz, waarin Adam een aantal zinnen had onderstreept en er in de marge bij had geschreven: denk je dat echt? Of: ben je vergeten wat Piotr voor ons heeft gedaan, voor mij? Of: dat zeg je over een moedige strijder? En helemaal aan het eind van het interview, waar Mateusz praat over patriottisme en over het feit dat joden niet zouden weten wat dat was, maar dat ze zelfs met een zelfverbranding de Polen geen schuldgevoel zouden kunnen aanpraten, schreef hij in de marge: dat moet je me eens recht in het gezicht zeggen!

Hij stopte het vel in een enveloppe en ging naar het postkantoor aan de Plac Defilad. De beambte achter de balie nam de brief in ontvangst, las de geadresseerde en plukte nadenkend aan zijn oor. Dit deed hij niet bewust, maar het wekte de indruk dat hij Adam parodieerde, die voorzichtig aan het verband van zijn jeukende brandwond plukte en krabde. Uiterst langzaam legde de beambte de enveloppe op de weegschaal, plakte een zegel en stempelde hem voorzichtig. Hij keek Adam lang aan terwijl hij het bedrag voor de porto incasseerde. Daarna sloot hij zijn loket en zette er een bordje naast: 'We helpen u graag bij het volgende geopende loket'.

## 4

*Impossible*, *monsieur*, zei Catherine, dat accepteert het systeem helaas niet.

Hoezo, accepteert het niet. Wat bedoelt u?

Als ik 'dienstreis Albanië' invul dan kan ik voor de afrekening niet een ticket naar Griekenland invoeren zonder aansluitende vlucht naar Albanië, monsieur – kijk maar: *erreur!* Invoer niet mogelijk. Afgezien daarvan had u ook geen goedkeuring, u had goedkeuring moeten vragen voor het eraan voorafgaande weekend.

Ik moet goedkeuring vragen voor een privéweekend?

In combinatie met een dienstreis, jawel, monsieur Auer.

Ze sprak zijn naam op zo'n manier uit dat het volgens zijn Oostenrijkse gehoor voor het Frans klonk als gruyère... daar hield Auer helemaal niet van. Deed ze dat met opzet? Vond ze dat grappig?

Die gesprekken in Tirana vonden plaats van maandag tot en met woensdag, zei hij geërgerd. De zaterdag ervoor ben ik naar Corfu gevlogen, en vervolgens met de veerpont naar het zuiden van Albanië overgestoken, naar Saranda, ik dacht dat het een kans was om... privé... een weekend aan de Albanese Rivièra...

Maar het was niet goedgekeurd! Wanneer u in opdracht van de Commissie naar een bepaald land reist voor politieke besprekingen, dan kunt u daar niet zomaar een weekend aan vastplakken, dat zijn de regels. Wie ontmoet u daar, met wie praat u, hoe kunnen we uitsluiten dat u geen belangen heeft die, in combinatie met...

Privé, Catherine, ik verzoek u er rekening mee te houden dat...

Sta me toe u eraan te herinneren dat...

Ik verzoek u vriendelijk nota te nemen van...

Met nadrukkelijke beleefdheid en met moeite bewaard geduld hield hij staande dat een privéweekend aan zee niets te maken had met zijn dienstreis, maar dat de reis ernaartoe wel degelijk tot zijn dienstreis diende te worden gerekend.

Ik was gewoon een weekend aan het strand! Alleen! Ik had het weekend ook hier in Knokke naar het strand kunnen gaan en dan maandagochtend vroeg van Brussel naar Tirana kunnen vliegen, wat zou het verschil zijn geweest?

Karl Auer bracht ook nog te berde dat een ticket naar Corfu goedkoper was geweest dan een een ticket naar Tirana, zeker gezien het feit dat er geen directe vlucht was naar Tirana, en dat hij de veerpont van Corfu naar Saranda evenals zijn huurauto naar Tirana uit eigen zak...

*Je suis désolée, monsieur, je n'ai pas fait les règles. Je ne peux pas changer le système de MIPS.*

Er was het een en ander veranderd. En het minste was nog dat Catherine na de Brexit in plaats van zoals vroeger in het Engels, nu in het Frans communiceerde met de collega's... *L'anglais est maintenant une petite langue en Europe*, zei ze, *qui d'autre que les rares Irlandais parlent anglais dans l'UE.*

Ja, er was het een en ander veranderd. Na de laatste Europese verkiezingen, waarbij miljoenen mensen hun stem hadden uitgebracht, was er een nieuwe voorzitster van de Commissie gekozen met slecht twee stemmen: die van de Franse president en die van de Duitse bondskanselier. De Europese verkiezingen waren daarmee een farce geworden, en de nieuwe voorzitster van de Commissie bracht meteen alles aan het schuiven, de Commissie leek wel een caleidoscoop waar met verve aan werd gedraaid en die uiteindelijk een nieuw patroon vertoonde. Bevoegdheden tussen afdelingen verschoven, taken werden opnieuw gedefinieerd, directoraten-generaal van een nieuwe naam voorzien; oudgediende ambtenaren zaten tijdens steeds langer wordende lunchpauzes in de restaurants van de Rue Stevin of de Rue Archimède, waar ze hun 'élèves', de nieuwe ambtenaren, of de jonge 'trainees' vertelden over de gouden tijd toen Jacques Delors voorzitter van de Commissie was, of over de Barroso-tijd, dan werd het tenminste af en toe onbedoeld grappig, maar ook dat alleen als sentimentele terugblik!

En Karl Auer vond, na jaren in het directoraat-generaal COMP, onder de nieuwe Commissie zijn positie terug in het directoraat-generaal NEAR, Nabuurschap en Uitbreiding. Voor hem aanvankelijk niet bepaald een lot uit de loterij. Ook al waren er natuurlijk topjuristen nodig voor de monitoring van de hervormingsprogramma's van de toetredingskandidaten. Wat betreft functieniveau was het voor Auer overigens een carrièresprong. Maar daar ging het hem niet om. Hij was geen carrièrejager, hij wilde zich kunnen identificeren met zijn werk. Sommigen vonden zoiets ouderwets.

Kijk alleen al naar zijn pak, zei Catherine eens tegen een collega in de kantine. Monsieur Gruyère heeft pakken die eigenlijk helemaal niet meer bestaan. Met een bandplooibroek, ze giechelde, en een riem van kunstleer. En dan die brede revers, ergens is dat, ik weet niet, *grand-père*. En dan komt-ie ook steeds met van die *grand-père-bon mots*... Ze schudde zowat van het lachen.

Karl Auer had nog niet veel tijd gehad om zich in te werken, toen die dienstreis op stapel stond: Albanië, de halfjaarlijkse bijeenkomst van EU-onderhandelaars met de toetredingskandidaat op het hoogste niveau. Vanuit de Commissie de directeur van NEAR en drie hooggeplaatste ambtenaren, van Albanese zijde de minister-president en de vakministers (binnenland, buitenland, justitie en economie), en afsluitend vonden er gesprekken plaats met de oppositie, en met ngo's. Toen kwam Auer op het idee om in plaats van op maandag er zaterdag al heen te gaan, om voorafgaand een ontspannen en misschien ook wel interessant weekend op een Albanees strand door te brengen.

Precies in die tijd begon het Europese Bureau voor Fraudebestrijding OLAF een onderzoek naar de Poolse commissaris Janusz Wojciechowski op verdenking dat hij zijn reizen niet correct had afgerekend. Hij zou 11.250,- euro hebben ontvangen aan niet-gedocumenteerde reisvergoedingen.

Het was onnozel. Dat een man met zijn positie en zijn inkomen dat nodig had! Maar de Commissie was brandschoon. Daaraan mocht geen twijfel bestaan!

Dus betaalde Auer de vlucht uit eigen zak, en kreeg hij alleen het hotel in Tirana vergoed, en drie dagen dagvergoeding, maandag tot en met woensdag.

Hij deed moeite zijn ergernis niet te tonen toen hij met een lichte buiging afscheid nam van Catherine en terugliep naar zijn kamer. Het ging hem niet om die vier- of vijfhonderd euro die hij vanwege formele regels uit eigen zak moest betalen. Wat hem dwarszat was dat er iets was wat hij niet tegen Catherine kon zeggen, hoewel hij het gevoel had dat ze iets wist of op zijn minst vermoedde. Had ze niet een toespeling gemaakt?

Nee, ze kon niets weten, zelfs niet vermoeden. Hoe zou ze?

Maar dat onuitgesprokene was er en hij wist dat hij er tegen Catherine niets over kon zeggen, het geen enkele collega kon vertellen, hij kon niemand in vertrouwen nemen, hij moest het afgrendelen in zijn hoofd, aanvankelijk dacht hij: in zijn hart – maar dat klonk hem te pathetisch. Als hij er al over nadacht dan was het hoofd de bevoegde instantie. Daarin was hij op en top ambtenaar: eerst de bevoegdheid, dan de vraag naar competentie.

Karl Auer was geen luchthartige man. Ooit, lang geleden, had hem een beeld voor ogen gestaan van een zinnelijk, intens romantisch leven, kleurrijk en toch duister, als een glas-in-loodraam in een kloosterkerk. Hij was toen een jaar of zestien, zeventien, leerling aan het Stiftsgymnasium in Zwettl en moest, zoals elk jaar, na de zomervakantie, een opstel schrijven over 'mijn mooiste vakantie-ervaring'. Samen met een regelmatige biecht waren die opstellen als het ware de cookies waarmee opvoeders destijds toegang kregen tot de data van hun leerlingen. Volstrekt naïef deed Karl Auer verslag van de film *La Dolce Vita* die hij in de bioscoop in de stad had gezien in het kader van een Fellini-retrospectief.

Hij was niet zeker of hij de film echt had begrepen, de beelden hadden hem overspoeld, opgewonden had hij zich vastgeklampt aan de armleuningen van zijn stoel, alsof hij in een karretje in de achtbaan zat, maar Anita Ekberg in de Trevi-fontein, en dan die titel 'Het zoete leven' – hem was meteen duidelijk geweest, het leed geen twijfel, dat dit het tegenovergestelde was van zijn strenge leven.

En dus had hij er verslag van gedaan in zijn opstel, haast in de stijl van een beschouwend opstel en in uiterst bureaucratische formuleringen die de latere jurist deden vermoeden: dat hij *in kennis van... met inachtneming van... afwegende dat...* en toen volgden er twee termen die hij waarschijnlijk voor het eerst in zijn leven gebruikte in een opstel: *levensopvatting* en *fascinatie.*

Het zoete leven. Aha. Toen pater Gottfried de schriften met de beoordeelde opstellen uitdeelde aan de leerlingen, riep hij Karl voor de klas.

Zo, dus jij wil een zoet leven. Onthou dan één ding goed: werken maakt het leven zoet (daarbij een klapje tegen zijn achterhoofd), en niet een of andere halfblote vrouw in een Romeinse fontein! (De leraar had de film vast en zeker niet gezien, maar die scène was zo beroemd dat zelfs hij haar associeerde met die titel.) Jij moet verantwoordelijkheid nemen voor je leven in plaats van je over te geven aan zulke onzin. Maar als je – hij glimlachte – als je dan toch zo geïnteresseerd bent in Romeinse fonteinen: voor morgen leer je het gedicht 'Der Römische Brunnen' van Conrad Ferdinand Meyer uit je hoofd. Je vindt een uitgave van de gedichten van Meyer in de schoolbibliotheek. Als ik me juist herinner staat daarin de zevende versie van het gedicht. Je hebt geluk, dat is de kortste.

De pater had nog niet gesproken of de Trevi-fontein was niets anders meer dan een cultuurhistorisch monument dat door Fellini was ontheiligd, terwijl de Fontana dei Cavalli Marini in de Villa Borghese was geadeld door Conrad Ferdinand Meyers gedicht uit 1882, dat Karl de dag erna braaf opzei.

Terug in zijn werkkamer, hij noemde die de cel – ook de werkkamers van hogere ambtenaren waren relatief klein, en erg goedkoop ingericht – viel zijn blik op de scheurkalender met de spreuk van de dag: *Leef elke dag alsof het je laatste is!*

Wat betekende die bureaucratie hier in huis nog, in zo'n situatie? Toen Karl Auer aan zijn bureau zat, de computer aanzette en naar het beeldscherm keek, betrapte hij zich erop dat hij inderdaad nadacht over wat hij zou doen als hij wist dat deze dag de laatste van zijn leven zou zijn. Dan zat hij gegarandeerd niet hier. Wie zou er nog naar zijn werk gaan als hij wist dat het om de laatste dag van zijn leven ging? Maar wat hij zich ook zou voornemen, het zou een ongelofelijke hoop stress worden – al die dingen die nog beleefd konden, moesten, wilden worden. Of niet dus. Enkel uitgelezen genietingen. De echte stress zou zijn om dat allemaal in vierentwintig uur te proppen, in minder, als hij zoals gebruikelijk om halfzeven opstond dan had hij al zesenhalf uur verslapen. En dan nog de vraag of alles waarvan hij wilde genieten ook meteen verkrijgbaar, toegankelijk of mogelijk zou zijn. Waarschijnlijk kon hij op die dag niet eens een tafel in zijn lievelingsrestaurant krijgen als hij die niet al eerder, vóór hij wist dat deze dag zijn laatste zou zijn, had gereserveerd. Zou hij daarentegen weten dat hij nog slechts tien jaar te leven had, nog steeds ruim onder zijn levensverwachting, dan zou hij dat makkelijker kunnen accepteren. Daarover nadenken zou zelfs de moeite waard zijn: hoe zou hij de overgebleven tijd vormgeven? Hij zou in ieder geval niet meer gaan werken. Wat zou dat betekenen? Privéleven. Tot de laatste dag.

Privé. Tegen Catherine had hij gezegd dat het weekend aan het strand, voorafgaand aan de bijeenkomsten in Tirana, privé geweest waren. Privé ja, in de betekenis van eenzaam en vreugdeloos. Toen hij met de veerpont aankwam in Saranda was hij ontdaan. Wat deze plaats vroeger ook mocht zijn geweest – een vissersdorp? Er was niets meer van te zien. Een haven? Van belang kan hij niet geweest zijn, het haventerrein was klein en zag er meer uit als een busstation, de belangrijke haven van Albanië was Durrës – de plaats Saranda was volkomen verpest door zonder enig plan opgetrokken gebouwen, hotels, en appartementencomplexen, en ertussen ruïnes van half afgebouwde huizen, die niet voltooid waren, wellicht omdat de opdrachtgevers zonder geld waren komen te zitten of omdat ze niet konden of wilden betalen voor de bijkomende aanvragen; het was een Potemkin-Manhattan van gipsplaat, doorsneden door een weg waarover hij met de taxi, stapvoets rijdend in de file, veertig minuten nodig had voor de achthonderd meter naar zijn hotel. Voor het hotel lag, als je om een bouwplaats heen liep, het strand, met een strandtent waar discomuziek dreunde op maximaal volume. Als hij verder liep over het strand, kwam hij binnen gehoorsafstand van de volgende strandtent, met weer andere discomuziek, waarbij het op de plek waar de twee geluidsgolven op elkaar botsten klonk als een bouwplaats met pneumatische hamers, wat ergens wel leek te passen bij al die hijskranen en ruwbouw, maar uiteindelijk je reinste toeristentortuur was. Auer had zin zich te bedrinken in de hotelbar, maar dat was ál te strijdig met zijn gewoontes. Hij nam genoegen met een glas witte wijn, kreeg een afschuwelijke gearomatiseerde sauvignon, en bovendien 0,1, wat voor een Oostenrijker geen inhoudsmaat voor een glas wijn is, maar voor een borrel. Zodra hij het drankje had geserveerd, verdween de ober spoorloos. Nadat Auer het lege glas, het lege schaaltje van de nootjes en de tegen een blauwe achtergrondverlichting schemerende destillaten twintig minuten lang had bestudeerd, liep hij naar de receptie om de tweede nacht in dit hotel te annuleren en voor de volgende ochtend om negen uur een huurauto met chauffeur te bestellen. Daarna vroeg hij of ze hem een restaurant konden aanbevelen voor het avondeten, goede keuken, rustige sfeer, geen pizzeria alsjeblieft – hij had op weg naar het hotel meer dan tien pizzeria's gezien – en geen junkfood!

De receptioniste zette een kruisje op een stadsplattegrond die ze hem toeschoof en zei toen iets wat klonk alsof ze moest niezen...

Wat zegt u?

Ze schreef de naam van het restaurant op de kaart: Haxhi, heel leuk, zei ze, uitstekende keuken, op de promenade...

Hoe ver is dat hiervandaan?

Dertig minuten te voet, veertig met de taxi, en de taxi kan niet tot voor de deur komen, alleen bij het begin van de promenade, zei ze met angstaanjagende opgewektheid. *You are welcome.*

Ook al was hij af en toe zwaarmoedig, Karl Auer neigde niet tot depressiviteit. Maar toen hij, na een lange wandeling door het lawaai en de uitlaatgassen, uiteindelijk in restaurant Haxhi op de foto van *moules frites* op de menukaart wees en zich afvroeg waarom hij uitgerekend in Albanië iets bestelde waarvan hij – voorzichtig geformuleerd – in Brussel meer gegeten had dan hem lief was, kwam hij toch een beetje in de gevarenzone. Hij vroeg de ober of die hem een glas witte wijn erbij kon adviseren, de ober knikte, bracht zijn vingertoppen naar zijn mond, kuste ze, verdween en kwam terug met een fles. Auer was zelf verbaasd toen hij drie kwartier later constateerde dat hij die fles had leeggedronken.

De volgende dag reed hij met zijn *driver* naar Durrës, maar eerst, toegevend aan een aanbeveling van de driver, naar de twintig kilometer verderop gelegen ruïnestad Butrint. Auer was als humanistisch geschoold man beslist niet van de straat, maar hij vroeg zich niettemin af waarom hij hier in de verzengende zon tussen duizenden toeristen door Romeinse en Griekse opgravingen strompelde, een kwart eeuw nadat hij met Interrail in Rome op het Forum Romanum was geweest, *Vendi i Trashëgimisë Botërore*, zei de driver. Wat zegt u? *Vendi i Trashëgimisë Botërore, how do you say?*

Geen idee. Bovendien: duizenden toeristen. Dat had hem in Saranda al verbaasd. Hoezo was dit land overspoeld met toeristen uit alle delen van de wereld, terwijl het toch het imago had het zwarte gat in het centrum van Europa te zijn, terra incognita, volkomen onbekend na decennia van afsluiting; zei je Albanië dan had niemand daar een voorstelling bij, een idee van, en anders dachten mensen aan de middeleeuwen of aan grillen als die duizenden kleine bunkers die de gestoorde dictator had laten neerzetten; maar als je dat noemde, ging je al door voor Albaniëkenner... het was even raadselachtig als vermoeiend.

Auer was blij toen hij aankwam in Durrës. Hij had geen interesse om iets te bekijken en wilde meteen naar een hotel. De driver bracht hem naar hotel Villa Pascucci, *you will love it.* Het zag eruit als een slechte, want in zijn afmetingen overdreven kopie van het Witte Huis, intimiderend belachelijk, een indruk die waarschijnlijk meer zei over Auers stemming dan over het hotel. Er was geen standaardkamer vrij, ze konden hem alleen een zogeheten deluxesuite met whirlpool aanbieden, die hij, te moe om nog op hotelzoektocht te gaan, accepteerde. Hij stuurde de driver weg, at in het hotel, dat een mooie tuin had, maar het was helaas te fris om buiten te eten. Zeevruchtenplateau, weemoedig bedacht hij dat je nou juist zeevruchten niet in je eentje moest eten, maar met iemand moest delen die je vergenoegd in de ogen kijkt terwijl je de zinnelijke oesters, schelpen en kreeftenscharen uitzuigt en opslurpt, en je vingers aflikt. Deze gedachte had hij in het licht van de komende dagen al als een teken kunnen opvatten... Daarna ging hij naar zijn suite, hij nam de fles wijn, die hij pas voor de helft had leeggedronken, mee. In zijn kamer goot hij, plotseling gruwend van alcohol, de rest van de wijn in de whirlpool, die hij daarna uitspoelde omdat hij het idee dat de schoonmaakster de volgende dag een plas wijn in de droge whirlpool zou ontdekken gênant vond. Hij ging slapen en nam maandagochtend op tijd een taxi naar Tirana. Dat was zijn 'privé'-weekend. Zo aangenaam als twee dagen halfcoma.

Maar privé echt van betekenis werden uitgerekend de werkdagen daarna in Tirana. In functie. De meetings. De onderhandelingen. Dagen waarvoor hij uiteraard onkostenvergoeding en daggeld ontving uit de EU-kas. Maandag, dinsdag, woensdag, de dagen waarop hij een verrassende ervaring had opgedaan: een onduidelijk verlangen kreeg een doel, een lachend gezicht, hij voelde toenemende energie, en merkte hoe zijn hart bonkte, zonder angst, hij voelde... ja, wat? Een ouderwets woord schoot hem te binnen: blijmoedigheid. Wanneer hij 's ochtends zijn tanden poetste en zich schoor zag hij in de spiegel het gezicht van een man die iets bezat waarvan hij niet wist dat hij erover beschikte: een gave. Hij had iets te geven, en hij ontving iets wat hem rijker, sterker en optimistischer maakte. De gave. Dr. Karl Auer was verliefd.

Hij zette de computer aan en pakte zijn telefoon, in Albanië had hij een paar foto's gemaakt, hij zocht een bepaalde, deze: het vrolijke gezicht van Baia Muniq Kongoli, voorzitster van de commissie rechtshervorming van het Albanese parlement. Een topjuriste met een *postgraduate* van de European University Viadrina Frankfurt (Oder), met een wezen – minutenlang keek Auer naar de foto, met een wezen, een wezen, hij was ontroerd omdat hij dat begrip in de volledige diepte van zijn betekenis ervoer: wezen. Baia!

Hij zat te huilen in zijn cel, nou ja, huilen, hij had in elk geval natte ogen. Dat vertelde Nathalie Bonheur, die even bij hem langsgelopen was om hem, met haar de laatste roker op de etage, te vragen of hij zin had in een rookpauze op de brandtrap. Hij bedankte, snikte...

Hij snikte?

Nou ja, zei Nathalie, hij snoot zijn neus, maar het klonk als snikken.

En hij bracht niet één van zijn achterlijke kalenderspreuken te berde, zoals: *morgen schijnt de zon weer*, of...

Nee. Alleen dat hij nu niet wilde roken en...

En? Wat was er?

Weet ik niet, maar daar kom ik nog achter.

## 5

Madame Delacroix is gearriveerd, zoti kryeministër, van de Franse televisie, met drie mannen, ze wachten...

Ja, ja. Wijst u hun de vergaderkamer, daar kunnen ze hun

camera's en belichting installeren, ik kom zo gauw ik kan.

Ik geef het door. U komt er zo aan.

Zo gauw ik kan.

Ja. Nog één ding: ze vroeg of u het interview in het Frans wilde doen. Ze heeft echter ook een tolk bij zich.

Ik doe het in het Frans. Brengt u hen naar de vergaderkamer. En Mercedes, breng mij een koffie en een raki alstublieft.

In de vergaderkamer?

Nee, hier.

Toen Mercedes terugkwam met koffie en raki trof ze de minister-president gekleed in enkel zijn onderbroek aan. Ze stond bekend als de robuuste Mercedes en was het een en ander gewend wat betreft zijn excentrieke gedrag, maar de blote regeringsleider schokte haar dusdanig dat ze bijna het dienblad uit haar handen liet vallen.

Geen paniek, Mercedes, ik kleed me alleen maar om voor Madame. En nu wegwezen!

Toen Mercedes de werkkamer van de ZK uit kwam, stuitte ze op Ismail Lani, de persvoorlichter.

Je kunt nu niet naar binnen, hij is bloot.

Hij is bloot?

Opgewonden vertelde Mercedes wat ze zojuist had meegemaakt. Het ging als een lopend vuurtje door het pand. Hij is bloot? Wat heeft dat te betekenen, bloot? Zei je nou bloot? Binnen de kortste keren verschenen zes naaste medewerkers van het bureau van de minister-president in de vergaderkamer om op de premier te wachten.

Maar hij nam de tijd. Fate Vasa belde via de interne lijn, maar hij nam niet op. Hij stond voor de dossierkast, hier lagen in een vak een paar reservehemden en zijn uitbundige dassen, bijvoorbeeld een met een varkentje die hij omdeed bij besprekingen met de oppositie, of een met een leeuw, die hij graag gebruikte tijdens gesprekken met de leider van de EU-delegatie in Tirana, en helemaal onderin een sporttas, voor het zeldzame geval dat hij tussendoor of meteen na het werk ging trainen. Uit die tas haalde hij een volkomen verwassen T-shirt dat ooit blauw was geweest, nu min of meer lichtblauw, en rook eraan. Daarna een zwarte korte broek, waarop in rode letters *Glory, glory Man United* was geborduurd. Die short had hij jaren geleden gekocht in de fanshop van het stadion van Manchester United. Dat trok hij aan, eronder de hardloopschoenen die hij allang had moeten weggooien. Maar wanneer kwam een man in zijn positie er nou aan toe nieuwe te kopen?

Hij sloeg de raki achterover. Hij ging aan zijn bureau zitten.

Hij liet Mercedes komen: wat is dat nou? Ik zei: breng me een raki, niet: een drupje raki!

Moet ik, moet ik er nog een...

Dat moet je zeker!

Hij dacht dat het wel passend zou zijn Madame en haar filmploeg dertig, nog beter veertig, minuten te laten wachten. Hij dronk zijn koffie en dacht na over het gesprek dat hij die ochtend met Fate Vasa had gevoerd over de helm van Skanderbeg.

Mercedes bracht, zoals ze streng zei, nog een drupje. Na enige tijd ging de telefoon. Hij nam niet op, keek op de klok. Nog vijf minuten, beter tien. Uiteindelijk stond hij op om naar de vergaderkamer te lopen. Hij aarzelde even, daarna trok hij zijn oude hardloopschoenen weer uit.

Nadat de Franse president een veto had uitgesproken tegen toetredingsonderhandelingen van de EU met Albanië, werd Colette Delacroix van France 2 naar Tirana gestuurd voor een interview met de Albanese minister-president. Ze was het toonbeeld van de elegante Parisienne. Het blonde haar heel klassiek *carré court à la française* – de minister-president moest denken aan een gouden helm, maar hij moest momenteel voortdurend aan helmen denken – het mantelpakje van kasjmier, de zijdeglanskousen, de elegante pumps, als enig sieraad droeg ze een broche, een adelaar van rood goud met een kleine aquamarijn als oog. Had ze daarover nagedacht? Dan was ze slecht geïnformeerd. Albanees was een dubbele adelaar. In het Albanese wapen hangt boven die dubbele adelaar de gouden helm van Skanderbeg. Daar zou haar kapsel dan weer wel bij passen.

Colette Delacroix was een ervaren, zeer vakkundige journaliste van halverwege de veertig die legendarische televisie-interviews met staatslieden en beroemdheden had gemaakt, allesbehalve een poppetje dat zich alleen maar definieerde via de Parijse *chique*. Haar uiterlijk, haar *avoir du style* vormde het grootst denkbare contrast met de verschijning van de minister-president die met uitgestoken hand op haar afkwam. Ze was verbijsterd en nam de hand aan op een manier alsof ze hem wilde wegduwen.

Die enorme, corpulente man in zijn verwassen T-shirt, in korte broek en op blote voeten, regeerde een land? Een klein land weliswaar, maar toch, een land midden in Europa?

Hij keerde zich van haar af en vroeg in het Frans: waarom zijn de vergadertafel en alle stoelen aan de kant geschoven? Waarom staat het buffet met drankjes nu daar in de hoek? En waar komen die twee fauteuils daar midden in de kamer vandaan?

De cameraman zei dat ze die twee stoelen uit de lobby zo hadden neergezet voor het interview, omdat, als ze hier vandaan filmden, de diepte van het vertrek... en die lange tafel met zijn vele stoelen was veel te versplinterd, in termen van beeld, als het ware...

De ZK lachte: U bent dus niet geïnteresseerd in de werkelijkheid? U wilt een gesprek met mij opnemen in mijn werkvertrekken, maar verandert eerst de ruimte? Wat wilt u? Moet ik ook nog een kostuum aantrekken? Een masker opzetten? Wilt u uw kijkers voor de gek houden?

Pardon, zei de cameraman, maar.

Brengt u de kamer weer in de oorspronkelijke staat. Dan komt er een interview.

Hij keek madame Delacroix aan. *N'est-ce pas, madame?* Ben ik een toneelspeler voor wie u hier een decor moet bouwen?

Hij grijnsde terwijl hij toekeek hoe de mannen van het filmteam met behulp van zijn bureaumedewerkers de meubels terugschoven, terwijl hij van een microfoon werd voorzien. Daarna ging hij aan de tafel zitten en maakte een uitnodigend gebaar naar madame.

Alstublieft, neemt u hier toch plaats!

Hij deed zijn best om een zo ongegeneerd mogelijke zithouding aan te nemen.

Hij was vastbesloten zich te wreken. Hij vernederde die Franse journaliste, maar bedoelde de Franse president.

Alsof dat veto tegen de toetredingswens van Albanië hem helemaal niets kon schelen, gaf hij botte antwoorden, nadrukkelijk verveeld.

Of hij teleurgesteld was door de beslissing dat er geen onderhandelingen met Albanië voor toetreding tot de EU in gang werden gezet?

Nee, hij voelde zich niet teleurgesteld, maar bevestigd.

Bevestigd? In welk opzicht?

Een staatsman zet nooit alles op één kaart, zei hij, dat heb ik altijd gezegd en nu is gebleken dat ik daarin gelijk had.

U heeft dus nog andere kaarten in uw mouw? Aan welke opties denkt u?

Ik denk dat uw president of zijn doorgaans goed geïnformeerde adviseurs weten welke kaarten ik nog heb. Laten we dus zeggen: een aas en een joker.

Madame Delacroix duwde met een hand voorzichtig tegen de zijkant van haar kapsel, alsof ze haar helm recht wilde zetten. Ze glimlachte een beetje als een boer die kiespijn heeft.

Toetreding van Albanië tot de EU was nu weer verder weg, zei ze, vreesde hij daardoor politieke problemen in eigen land? Een sterker wordende oppositie, van nationalisten?

De beslissing van uw president heeft er eerder toe geleid dat de bevolking zich achter de regering heeft geschaard. Politieke problemen in eigen land? Alstublieft! Heeft u hier ergens gele hesjes gezien? En als u me vraagt naar de nationalistische oppositie: ik zie niet dat die sterker is geworden, maar misschien is de nationalist in mij sterker geworden.

Madame Delacroix keek hem verbluft aan, en zocht met zichtbare moeite naar een reactie, naar een zin, een vraag toen hij na een korte geeuw verderging: maar dat betekent niet dat ik niet meer verder kijk dan mijn neus lang is. Zoals u misschien weet is onze neus niet erg lang, dus wij hebben van oudsher een open oog voor de wereld.

Madame Delacroix keek nu naar haar schrijfblok met de vragen die ze had voorbereid, haalde diep adem en stelde meteen de volgende. U bent kunstenaar, u heeft internationale exposities gehad, zelfs in het Guggenheim New York. Waarom hebt u uw artistieke werk opgegeven om de politiek in te gaan?

Ik heb mijn artistieke werk niet opgegeven madame, ik schilder nog steeds, ik teken zelfs tijdens de vergaderingen in het parlement. Maar ik moet zeggen: als ik u nu had getekend in plaats van uw vragen te beantwoorden, dan was uw bezoek productiever geweest.

Hij stond op en verklaarde daarmee het interview afgelopen. Zijn adviseurs en bureaumedewerkers die het interview vanaf de zijkant hadden gevolgd wisten zichtbaar niet goed hoe ze moesten reageren, persvoorlichter Ismail Lani trok een scheef gezicht, Fate Vasa, de dichter, applaudisseerde geluidloos en gaf de minister-president een teken dat deze met een knikje beantwoordde. Ja, we praten zo meteen!

Zou u alstublieft nog tien minuten op me willen wachten, terwijl uw collega's hier de spullen afbreken en inpakken, ik ben zo terug, zei de minister-president tegen madame Delacroix, ik wil u nog iets meegeven, madame, ik ben zo terug.

Een kwartier later kwam hij terug in een elegant donkerblauw pak van Versace, lichtblauw hemd, alumni-das van Oxford (die had hij jaren geleden gekocht op de vlooienmarkt in Londen, op Old Spitalsfields, voor een pond, *a bargain!*), en gehuld in een geurwolk van Jean Patou D'Artagnan, een exclusief parfum met een uitgesproken toets van muskus dat hij regelmatig liet opsturen vanuit Parijs. Daarbij uiteraard handgemaakte schoenen uit Boedapest.

Neemt u plaats, alstublieft, zei hij, en madame Delacroix ging hopeloos verbluft, als door een afstandsbediening gestuurd, tegenover hem zitten.

We kunnen het interview nu graag overdoen, zei de minister-president, en ik zal u heel eerlijk antwoorden.

Maar de camera's zijn ingepakt, het geluid... ze keek om zich heen, het team stond al met de tassen klaar om te vertrekken...

O, dat is nu jammer! Ziet u, u verspreidt gezwets, holle frasen, maar als het om de waarheid gaat dan zegt u eerst: de inrichting klopt niet, de aanblik, we moeten alles veranderen, en dan zegt u: we hebben alles al ingepakt. Maar hoe dan ook: uw president is een man met visie, hij zal het blikje conserven dat u meebrengt wel begrijpen. En hij zal er nu over nadenken of het wel zo'n verstandige beslissing was om Albanië te dwingen zich niet op Brussel te richten maar op Beijing. Denkt u aan onze kopermijnen. Europa's grootste kopervoorraden bevinden zich in Albanië.

Colette Delacroix beduidde haar team dat ze de camera's weer moesten uitpakken, ze wapperde met haar hand: snel, snel!

Weet u wat geestig is, madame? We geven de ontginningsrechten aan de Chinezen, maar de EU betaalt de benodigde infrastructuur omdat we immers nog kandidaat zijn en de bijbehorende subsidies krijgen! *Faites vite! Vite!* Met hectische gebaren spoorde ze de cameraman en de geluidstechnicus aan.

Uw president is een man met visie. Hij begrijpt vast waarom we de luchthaven van Tirana aan China verkopen, maar eerst, wat goed is voor de prijs en dus goed voor onze begroting, een tweede terminal laten financieren door de EU.

*Faites vite!*

En nu vertel ik u iets wat eenvoudige realpolitik is en wat uw president-met-visie uiteraard zal begrijpen: Albanië komt in de EU. Hetzij Albanië komt in de EU, of de Albanezen komen. Als verpleegsters, als zwartwerkers, als – ik formuleer het maar even voorzichtig als volgt: – families met bepaalde belangen. Linksom of rechtsom.

*We are ready madame!* Geluid! Geluid loopt!

Toen stond de minister-president op. Bedankt voor het inspirerende gesprek, zei hij en stak haar een hand toe, die zij deze keer aannam met een gezicht alsof die klauw besmet was met een virus.

Wat er aanvankelijk uitzag als een anarchistisch spektakel was in wezen een meesterstuk van symboolpolitiek. Eén ding was de minister-president duidelijk: je kon ontwikkelingen, veranderingen in trends of nieuwe dynamieken in gang zetten met een eenvoudige maar uiterst symbolische handeling. De Franse president zou de boodschap begrijpen. En de ZK wist hoeveel hij in dit verband te danken had aan Fate Vasa. Hij omringde zich altijd graag met kunstenaars, benoemde ze ook demonstratief op politieke posten, maar Fate Vasa was niettemin een uitzonderlijk geval. Hij was de enige die behalve zijn literaire talent ook politieke ervaring meebracht, vanuit zijn jeugd. En dat talent en die ervaring vermengden zich in het geval van Fate tot een nagenoeg onfeilbaar neusje voor politiek effectieve symbolen, metaforen, lyrische beelden en retorische verlokkingen. Hij was degene die toen hij burgemeester van Tirana was tegen hem zei: je hebt nu vier jaar de tijd om van het grauwe Tirana een kleurrijke stad te maken. Het wordt lastig, maar je kunt het binnen enkele maanden voor elkaar krijgen, nee, laat ik zeggen voor elkaar schilderen.

Wat?

Jij bent schilder, of niet? Wat ligt er meer voor de hand: jij deelt emmers verf uit en zegt: schilder jullie huizen in een kleur! De gemeente koopt de verf, bij Bojra dhe llaque ylberi hier in Tirana, dat bedrijf staat op de rand van een faillissement. Je redt het bedrijf, redt arbeidsplaatsen en alles bij elkaar kost het waarschijnlijk nog geen 900.000 lek, waarvan een deel sowieso weer terugkomt via de omzet- en winstbelasting. Jij bent schilder – roep de mensen toe: Schilder! En jullie stad krijgt kleur!

En warempel, het werkte. Daarna herverkiezing. Uiteindelijk de stap van burgemeester van Tirana naar minister-president van Albanië, nadat hij, de onafhankelijke kunstenaar – voorzichtig uitgedrukt – de Socialistische Partij had gekaapt nadat hem duidelijk was geworden dat de partij er klaar voor was om zich te verlagen tot zijn persoonlijke kiesvereniging. Ook dat had hij aan Fate te danken, aan diens neusje voor wanneer een moment momentum wordt: het momentum kwam toen de sociaaldemocraten begrepen dat ze hetzij aan de macht zouden komen mét die gestoorde kunstenaar, of zónder hem in de gevangenis. Macht of gevangenis, in feite ging het in de Albanese binnenlandse politiek zelden om iets anders. De oude partijkaders hadden hem nodig, ook al minachtten ze hem stiekem, alleen al dat vreemde gesticuleren van hem, dat helemaal niets van een staatsman had, je zag aan die enorme man dat hij ooit basketballer was geweest, alleen leken zijn handen zonder bal wel op hol geslagen, ze deden denken aan Charlie Chaplin zonder zijn wereldbol.

Tijdens de strategievergadering die ochtend had Fate de uitspraak gedaan die de ZK, net als alle anderen in de kamer, in eerste instantie vrolijk had gestemd, alsof het een mop was. Maar daarna – de minister-president snapte meteen dat het weer eens Fate was die het juiste neusje had...

Onlangs zei ik dat je symbolisch het zwaard van Skanderbeg moest trekken, zei Fate. Jullie moesten lachen, zei hij en hij liet zijn kleine verfijnde vingers in de richting van de aanwezige leden van de adviseursstaf fladderen, maar... wacht! Wacht! Het is grappig inderdaad, maar als symbolische politieke handeling krijgshaftig op een manier die belachelijk en volkomen ongeloofwaardig is. Dat wij Kosovo zouden annexeren, delen van Noord-Macedonië, om zo het gehele Albanese grondgebied te veroveren en te verenigen – alsjeblieft! Dat kan toch niemand serieus nemen. En wat niemand serieus neemt, functioneert ook niet als symboolpolitiek. Maar... wacht! Wacht alsjeblieft! Desondanks is het idee niet helemaal verkeerd. Ik heb erover nagedacht. Het gaat niet om het zwaard, het gaat om Skanderbegs helm. Die helm, beste vrienden, is het wapen!

Hij wendde zich tot de chef en zei: jij moet Skanderbegs helm opzetten!

Gelach.

Nu wordt de grap surrealistisch, riep Ismail Lani. Met een handbeweging herstelde de regeringsleider de rust.

Ja, lach maar, zei Fate. Elke Albanees weet: al heeft de leeuw nog maar één tand dan nog kan hij een prooi verscheuren. Zoti kryeministër, jij moet duidelijk maken dat je, zij het in een schijnbaar zwakke positie, die leeuw bent. Ten eerste kaap je het thema van de oppositie, want die heeft Skanderbeg op haar vlag geborduurd, de man die de Albanezen verenigde. Maar als jij jezelf kroont met zijn helm dan ben jij de man die de eenheid van de Albanezen vertegenwoordigt, dan krijg jij de nationalisten aan je zijde. Dat bereik je met die helm, daar heb je geen zwaard voor nodig. Ten tweede is dat het beste antwoord aan Brussel: Je herinnert ze eraan dat Skanderbeg het Europese christendom beschermde tegen de Osmanen. Jij verschaft de Albanezen met de Skanderbegtraditie meer gewicht, meer betekenis voor Europa, meer dan je ooit voor elkaar zou krijgen als je in Brussel alleen maar bedelt om meer welvaart. Dáár staat die helm voor. Vergeet niet: de Europeanen zijn geïnteresseerd in afzetmarkten of in symbolen, voor symbolen interesseren ze zich heel wanhopig, omdat ze er zelf geen meer hebben, zij noemen dat een narratief. Als markt is Albanië niet interessant, maar als symbool hebben we met Skanderbegs helm een harde kop! En ten derde laat je, gekroond met Skanderbegs helm, zien dat je een plan B hebt voor het geval de EU ons bedelend buiten laat staan: Groot-Albanië! Waar Skanderbeg óók voor staat, evenals voor de vaardigheid om steeds weer nieuwe bondgenootschappen aan te gaan, waarmee we terug zijn bij China. En het beste is: het kost niks, en een helm is geloofwaardiger dan een zwaard. Hij hoeft alleen maar in de lucht te hangen, als idee, en onrust te veroorzaken in bepaalde hoofden.

Die helm ligt in een museum in Wenen, zei de minister-president.

Ja, zei Fate. Gisteren in het parlement reageerde je helemaal verkeerd. Maar niet de fout van gisteren maar de aankondiging van morgen is bepalend. Je hoeft nu alleen maar bekend te maken dat je de helm terugeist.

De helm was in bruikleen van het Kunsthistorisches Museum Wien voor de tentoonstelling 'Honderd jaar Albanië' naar Tirana gestuurd. Nu kwam de oppositie, gebruikmakend van het gunstige moment – ofwel de ongunstige houding van de EU – om in het parlement een nationalistische oprisping te veroorzaken, met de kritiek dat de helm, die van zulk eminent belang was voor de Albanese identiteit, teruggegeven was aan Wenen. Waarop de minister-president de leider van de oppositie had toegeroepen: wie een helm nodig heeft, heeft een gaatje in zijn hoofd!

Oké, dat was fout. Maar nog is dat niet belangrijk, zei Fate. Jij verklaart dat de helm teruggegeven werd omdat er een bruikleenovereenkomst is. Teruggeven bewijst dat Albanië overeenkomsten naleeft, het naleven van overeenkomsten is in Europa van doorslaggevend belang. Maar nu dien je een eis tot teruggave in. Nu wil je niets lenen, je wil geroofd nationaal erfgoed terug.

Fate maakte zijn afgedragen tas van gebarsten leer open en haalde er een map uit. Hier, zei hij, nieuwe gedichten van mijn hand. Ik hoop dat je je herkent in die leeuw met één tand.

De minister-president keek hem aan, die magere man met een bierbuik die eruitzag als de opgeblazen buik van een hongerlijder, dat gezicht met dat verwarrende contrast tussen de dunne, welhaast glazige huid op het voorhoofd, waar blauwe aderen doorheen schemerden, en de hamsterwangen met baardstoppels, ook de kleine handen waren verwarrend, kinderhanden – de man was optisch niet bepaald een toonbeeld van harmonie en klassieke schoonheid. En de minister-president, die reus, had die rare dwerg het liefst in zijn handpalm genomen en hem beschermd als een uit het nest gevallen vogeltje.

Hij nam de map aan en bedankte hem.

En toen zei Fate iets wat de minister-president nog lang zou bezighouden en wat zou leiden tot de meest meedogenloze vete tussen Albanese families sinds de dood van dictator Enver Hoxha in 1985:

Misschien moet je een kopie van de helm laten vervaardigen, op maat gemaakt. De originele helm is sowieso veel te klein voor jou. Je kondigt de eis tot teruggave aan, laat de procedure vastlopen in een papieren oorlog, en kroont jezelf na enige tijd met de kopie, die jou, en jou alleen, perfect past.

Serieus?

We denken erover na. Mijn persoonlijke mening: voor jouw kroning met de helm zou de Dag van de Onafhankelijkheid en de Vlag ideaal zijn… dat zou twee weken voor de Balkanconferentie in Poznań zijn…

## 6

Bij zijn geboorte leek Fate een waterhoofd te hebben. Maar zijn vader zei geruststellend: mijn zoon heeft geen water in zijn hoofd, maar meer hersens dan jullie allemaal! En die hebben ruimte nodig! (Dat was, vertelde Fates moeder ooit, een verbluffende interpretatie voor een man die met raki zijn eigen hersens kapotgezopen had!) Het enige probleem dat hij zal hebben, ging zijn vader verder, is dat hij een grotere hoed nodig zal hebben dan hoedenwinkels op voorraad hebben. Maar wat is er in Albanië nou op voorraad? Niets. Dát is het probleem!

Niet veel later was zijn vader verdwenen. Of hij had zijn kind toch niet kunnen verdragen, of hij had in zijn roes al te onvoorzichtig waarheden verteld – tijdens de Hoxha-dictatuur had een man die een zin uitte die kon worden geïnterpreteerd als regimekritisch een levensverwachting van vierentwintig uur. Dat was een groot verschil met andere stalinistische staten, waar regimecritici weliswaar steeds weer in hechtenis werden genomen, maar niettemin vaak overleefden en na de Wende president of diplomaat werden.

Het kind was ziekelijk, maar op de een of andere manier sleepte de moeder de jongen erdoorheen, ze huilde veel, zij het nooit waar hij bij was. Ze zei steeds weer dat ze hem erdoorheen moest slepen. Het magere kind met zijn grote hoofd, dat bij buren en op school medelijden opwekte. Ze was tot elke vernedering bereid om hem 'erdoorheen te slepen', dat was haar levensvervulling – tot ze hem kwijtraakte. En ze raakte hem kwijt toen het Albanië waarbinnen zij taai strijdend haar plaats had, met zijn systeem dat ze natuurlijk haatte, maar waar ze alle trucs en alle mogelijkheden binnen het onmogelijke kende, toen dát Albanië ten onder ging en een ander land werd. Een beter land, maar een land waar zij geen mogelijkheden en geen kansen meer had.

Een beter land? Ze zei: wat betreft het laagje vernis. Zij beschouwde politici principieel als niets anders dan schilders die de trieste werkelijkheid overschilderden met schitterende kleuren. Zo zag zij dat. Maar wat ze helemáál niet begreep was dat zij, die haar hele leven de politiek had ontdoken, die niet aan politiek wilde raken, om te overleven, dat zij nu moest toezien hoe haar zoon achter de politiek aanliep. Niet dat ze hem had nagezwaaid, maar hij keek ook niet om, en zou het ook helemaal niet hebben gezien.

Pas veel later, zijn moeder was toen allang dood, vertelde Fate: Het politieke engagement kreeg me in zijn greep en vormde me, want het was tijd. Ik dacht echt dat er objectieve maatschappelijke belangen bestonden en dat het de moeite waard was daarvoor te vechten. Iedereen die ik kende dacht zo. Niemand van ons zou hebben gedacht dat de nobelste politieke ideeën zouden verworden tot frasen in een zondagse preek. De tijden. Was ik twintig jaar later geboren, dan was ik misschien cynicus geworden, of een fijngevoelig dichter, goed, het een sluit het ander niet uit. Wat me dwarszit aan deze hele zaak: zou ik twintig jaar eerder een fanatieke stalinist zijn geworden?

Het was geen bewuste woordspeling, het overkwam Fate gewoon dat hij als hij vertelde over zijn kinderjaren in plaats van ziekenhuis *ziekenthuis* zei.

Heel jong had hij geleerd ziekenhuizen te beschouwen als zijn eigenlijke thuis. Hij was altijd een ziekelijk kind geweest, jong vaderloos, met een moeder die – wat hij lange tijd niet begreep – haar liefde alleen kon uiten door middel van hardheid en strenge discipline. Hij zag haar vechten, maar niet liefhebben, voelde in haar hardheid de liefde niet. Er was wel sprake van liefde. De liefde van Jezus Christus. Zijn moeder was katholiek, behoorde dus tot een kleine minderheid in een overwegend islamitisch land, en binnen die minderheid tot de minderheid van strenggelovigen, in een land dat, islamitisch of niet, er trots op was dat het zich in zijn grondwet atheïstisch noemde.

Het was tijdens de terugkerende ziekenhuisverblijven dat

hij zich beschermd wist en met zorg omringd, tijdens koortsdromen de koele hand van een verpleegster op zijn voorhoofd, de infusen die in zijn aders drupten en hem het gevoel gaven dat hij werd voorzien van levenssappen, daarna de vragen van de artsen tijdens de visite. Thuis had niemand ooit naar zijn welbevinden gevraagd, zeker niet het geestelijke – geest, dat was iets waar het alleen op zondag over ging, tijdens de mis – zelfs 's zomers had hij het koud in de kerk – en bij begrafenissen, van zijn grootvader, zijn grootmoeder, een oom, nog een oom, een oudtante, dan was er sprake van geest en dat die nu in Gods handen was bevolen omdat het lichaam gestorven was, dat vehikel van pijn, maar het leven was geestloos, een van pijn bevrijde geest bestond niet in een gespannen lichaam dat pijn deed, dat in de rij moest staan voor brood, dat in de rij moest staan voor alles wat niet echt bestond, wat bestond waren bonnen, en er bestond in de rij staan met die bonnen, in de hoop dat een stukje papier of karton in een levensmiddel veranderde; maar in het ziekenhuis stond er geen rij, daar lag je in bed en kreeg je voeding uit een zak die aan een galg hing en in je aders leegdrupte, zonder wachttijd, zonder geduw en getrek, zonder aan het lijntje te worden gehouden, je kreeg je leven toegediend terwijl buiten een overlevingsstrijd woedde, voor de winkels die geen zak met levenssappen hadden, maar alleen een tekort aan levensmiddelen.

Toen Selina Vasa haar zoon weer eens afhaalde uit het Moeder Theresa-ziekenhuis, het was 21 juni 1998, kwamen ze algauw vast te staan in een file in de Rruga e Dibrës, een file zoals de stad Tirana nog nooit had gezien. Ze zaten in een taxi, minuten verstreken, nog meer minuten, de taxichauffeur vloekte, alles stond stil, geen meter vooruit, ze wachtten, maar er gebeurde niets, ze bewogen niet.

Dat zijn die hoerenjongen van de Sigurimi, riep de taxichauffeur.

Dat wil ik niet gehoord hebben, zei zijn moeder.

Niet gehoord? Nee? Bent u doof? Maar ook de doven wordt een oor aangenaaid! Is toch duidelijk dat de staatsveiligheid die chaos wil gebruiken om –

Praat niet zoveel onzin! Rij verder!

Mens! Ben je nog blind ook? Zie je niet dat alles stilstaat?

Sinds de Wende was het autoverkeer in Tirana gestaag toegenomen, toegejuicht door statistici van de regering die het bejubelden als feitelijk bewijs voor economische groei en groeiende welvaart onder de bevolking, maar er had zich nog nooit een situatie voorgedaan als die op 21 juni, toen het verkeer in grote delen van de stad tot stilstand kwam. De krant *Koha Jonë* schreef de volgende dag: *Nu moeten we naast de twee bekende Duitse leenwoorden Kindergarten en Rucksack een nieuw woord opnemen in onze taal: Blechlawine.*

Maar die lawine van blik was geen gebruikelijke file. Het was, als dat in combinatie met auto's niet zo vreemd zou klinken een *grasroot*-beweging, de eerste grote demonstratie van de Albanese *civil society*. Het was een even wanhopige als vastberaden poging om na het ineenstorten van de staatsorganisatie een nieuw begin op weg naar een democratisch Albanië af te dwingen.

Verrassend veel autobezitters hadden gehoor gegeven aan de oproep van oppositie, kunstenaars en universiteitsprofessoren om naar een verkeersader in de stad te rijden, de auto dwars op de weg te zetten en zo het verkeer in de hoofdstad tot staan te brengen. Tirana had indertijd in vergelijking met andere Europese hoofdsteden nog een betrekkelijk laag percentage autobezitters. Maar op die dag was het nog achtergebleven Tirana als een metropool die stikte in zijn verkeer.

Fate zat achter in de auto tegen zijn moeder aangeleund, hoorde de chauffeur *loterijopstand*, *burgeroorlog*, *Sigurimi*, *grondwet* en *Europa* zeggen, termen die hij niet kende maar die hem belangrijk leken in deze ondoorgrondelijke situatie, en hij haatte zijn moeder omdat die het gesprek met de taxichauffeur steeds weer smoorde en niets van dit alles wilde weten.

Hij had dan ook geen idee hoeveel zijn moeder moest betalen, smeergeld, hoeveel ze onderdanig moest lenen, hoe hopeloos ze zich in de schulden moest steken en hoe vaak ze zelf hongerleed opdat hij zijn zakken, zijn conserven in het Moeder Theresa kreeg, terwijl de allerarmsten al blij mochten zijn als in het ziekenhuis het lijk van hun familielid werd gewassen. Hij wist niks van de ineenstorting van de staat, die hem nog leek te verzorgen omdat zijn moeder daarvoor alles verkocht, en hij zou er nooit achter komen wat dat betekende: *alles.*

Uiteindelijk stapten ze uit, Fate vond het pijnlijk zijn moeder te zien ruziën met de taxichauffeur, ze wilde niet betalen, hij had hen immers niet daarnaartoe gebracht waar ze heen wilden, naar huis namelijk, en ze wilde al helemaal niet betalen wat de meter aangaf, die onafgebroken verder tikte terwijl zij stilstonden.

Terwijl zijn moeder discussieerde met de taxichauffeur, wandelde Fate nieuwsgierig langs de auto's, voor het eerst leidde zijn moeders strijd, een simpele ruzie met een taxichauffeur, ertoe dat ze haar zoon uit het oog verloor. De bestuurders hadden hun portier opengezet, er werd getoeterd, je hoorde sirenes, sommige draaiden het volume van de radio voluit, met verbazing constateerde Fate dat veel mensen het gaandeweg eens werden over het radioprogramma, over de muziek die nu met verenigd geluidsniveau schalde, en veel mensen, oudere en jongere mannen en vrouwen, kinderen en tieners bewogen tussen de auto's, knipten ritmisch met hun vingers, roffelden op autodaken, zongen een refrein, uit een auto schalde *It's my life*, en sommigen vielen in, *It's my life*, steeds meer mensen stemden hun radio af op die zender, en bij het volgende refrein schreeuwden er nog meer, en ten slotte brulden honderden mensen *It's my life*, en de kleine Fate liep met kippenvel tussen de auto's langs die geëxalteerd blèrende en klappende mensen, betrapte zich erop dat hij met zijn heupen wiegde en hoorde hoe zijn moeder zijn naam gilde, haar kreten gingen uiteindelijk ten onder in het harde geroffel en geschreeuw *It's my life*, en steeds weer riepen ze in koor *Genoeg! Genoeg! We hebben er genoeg van!* Genoeg van corruptie, genoeg van geweld, genoeg van oplichters. Ze eisten het aftreden van iemand die Fate niet kende, een naam die hij nog nooit had gehoord, maar hij wist dat hij aan de kant stond van de mensen die die naam scandeerden, brulden, die dansten en trommelden. En steeds weer *Wij zijn Europa!*

Hij hoorde zijn moeder nog een keer gillen, *een kreet die in het daverende lawaai onderging als een kiezel die in de branding van de zee wordt gegooid*. Dat was de eerste zin die hij de volgende dag in een schrift zou noteren, het begin van zijn pogingen tot literatuur. Later was hij niet trots op die zin, evenmin als op het goedkope schoolschrift met de kinderlijke tekening van een pandabeer op de voorkant, *made in China*. Maar hij zou het koesteren als zijn begin.

Fate wandelde verder. Hij voelde dat hij zich verwijderde van zijn moeder, en wel principieel, hij voelde dat er een leven bestond buiten het strenge regime van zijn moeder en de zorg van de verpleegsters, buiten die schommel die zijn leven was, en die buitenspel stond in de werkelijkheid.

Fate, geboren op 17 december 1981, was die dag nog geen achttien en zag er met zijn grote hoofd en veel te kleine voeten uit als een jongen van veertien die je makkelijk omver kon duwen. Maar op die dag leerde hij dat het van jezelf afhing of je omvergeduwd werd – of duwde.

Zo jochie, ben je je ouders kwijtgeraakt?

De jongeman die Fate aansprak was maar vier jaar ouder,

maar hij dacht dat Fate een kind was. Des te verblufter was hij door diens antwoord:

Ik zoek niet mijn ouders, ik zoek mijn toekomst. En hij moest lachen toen Fate verderging: mijn vader is bevrijd van zijn leven, mijn moeder maakt ruzie met een taxichauffeur.

Zo leerde Fate tussen het dreunen van de muziek uit de radio's, het getoeter en de sirenes Ismail Lani kennen, de latere persvoorlichter van de minister-president, destijds activist in een groep van rechtenstudenten die zich sterk maakte voor een nieuwe grondwet voor Albanië. Dat zou de eerste democratische grondwet worden sinds de jaren twintig, verklaarde hij, een desideratum!

Een destillaat, zei Fate.

Ismail lachte, nee, een desideratum dat is...

Ik weet wat een desideratum is, zei Fate, een destillaat van noodzakelijkheid!

De dag erna nam Ismail dat letterlijk opmerkelijke kind Fate mee naar een bijeenkomst van activisten. Daar leerde hij driekwart jaar later de legendarische voormalige sterspeler van het Albanese basketbalteam kennen, die als onafhankelijke kandidaat bij de burgemeestersverkiezingen de steun van de studenten zocht. Rond die tijd verscheen zijn eerste dichtbundel *Sirene en drietoon* bij Shypi Universitar, de University Press Tirana.

## 7

Alle dictaturen zijn gelijk, maar onderdrukt voelt iedereen zich op zijn eigen manier.

Adam was hoogst verbaasd toen Mateusz die zin uitsprak, uitgerekend tijdens een grote demonstratie in Warschau tegen het regime, die op hem juist de tegenovergestelde indruk maakte: onderdrukking maakt mensen immers gelijk, verenigt ze in hun verlangens en eisen, wat duidelijk zichtbaar wordt in een gemeenschappelijk en openlijk verzet tegen het regime. Hier komen toch niet op verschillende manieren onderdrukten in opstand, maar op dezelfde wijze onderdrukten!

De tijd van het ondergrondse verzet liep af in die tijd, april 1989, toen een golf van stakingen en demonstraties onderhandelingen met de regering afdwong, wat niet veel later leidde tot de rehabilitatie van de vakbond Solidarność.

Adam en Mateusz, de piepjonge verzetsstrijders, halve kinderen nog, stonden die dag voor het raam van het advocatenkantoor Guciński i Synowie, de officiële vertegenwoordiging van Solidarność aan de Ulica Marszałkowska, naar de met vlaggen zwaaiende menigte beneden te kijken. Naast hen stonden, als getuigen van het groteske gesprek tussen Adam en Mateusz, advocaat Jakub Guciński en Piotr Szczęsny, soldaat van Strijdend Solidarność, die vlak voor de bevrijding euforisch was, maar na de Wende ontgoocheld raakte, depressief werd en zichzelf later in brand zou steken.

Ze dronken wodka, met uitzondering van Mateusz, Piotr hief zijn glas en zei: We zullen zegevieren!

Mateusz deed het raam dicht: Het is koud, en pathos warmt me ook niet op, zei hij. Daarna sprak hij die zin uit: Alle dictaturen zijn gelijk, maar onderdrukt voelt iedereen zich op zijn eigen manier.

Adam was zo verbijsterd dat hij naar woorden zocht. Die gemeenschappelijkheid hier... juist hier zie je toch... de gemeenschappelijke eisen...

Mateusz glimlachte. Wat mensen eisen in hun verzet tegen een dictatuur, zei hij, vormt nog geen basis waarop je een vrije staat kunt regeren.

Adam: Pardon?

Kijk dan daarbeneden, zei Mateusz. Wat willen ze? Persvrijheid. Dat is wat ze nu roepen. Persvrijheid. En als ze die hebben, wat kopen ze dan? Pornoblaadjes en modetijdschriften. Hij deed het raam weer open, leunde naar buiten.

Horen jullie dat? Onafhankelijke rechtspraak. Roepen ze nu. Maar als ze die hebben willen ze alleen dat zij gelijk krijgen, en dat betekent algauw dat hun vooroordelen bevestigd worden, waarin de televisie kan voorzien. Of er echt onafhankelijke rechtspraak bestaat of niet interesseert de mensen in het leven van alledag amper nog, zolang zij niet hoeven te vrezen dat ze onschuldig worden gearresteerd, maar wel van tijd tot tijd een van 'die hoge heren' terecht zien staan. Wat verwachten ze van democratie? Ik zeg je wat ze verwachten: toenemende welvaart. Maar er bestaat geen democratische grondwet, geen model van democratie waarin is vastgelegd dat elke keuze moet leiden tot meer welvaart. Kijk naar China, daar heb je meer welvaart zonder democratie, zonder recht op vrijheid. Kijk naar India, de grootste democratie ter wereld: totale misère. Enzovoort. Geloof me, Adam, iedereen daarbeneden wil iets anders, heeft zijn eigen voorstelling van het leven. Nu hebben ze gemeenschappelijke slogans waarvoor ze samen de straat op gaan. Als het regime valt, en het regime zal vallen, daarin hebben jullie gelijk, en daar hebben we ook voor gestreden, dan stelt die abstracte vrijheid niemand meer tevreden, dan zullen er heel concreet winnaars zijn en verliezers, dan zullen sommigen zo vrij zijn dat ze zich steeds meer kunnen veroorloven, en anderen zullen de onvrijheid geheel anders ervaren dan vroeger, namelijk als gebrek aan kansen in de jacht op welvaart. En iedereen zal daar andere redenen voor aanwijzen, maar één ding zal hen zeker niet troosten: formele democratie. Waarom zouden ze tevreden zijn dat het tenminste een democratie is waarin ze kansloos zijn en mislukken? En dan zullen we andere slogans moeten aanbieden om de eenheid te herstellen. Slogans die net zo onrealistisch zijn als die over een persvrijheid die niet meer zal zijn dan de vrijheid van mediamagnaten, zo was het en zo zal het op een andere manier weer zijn: tot dusverre was het de Partij, nu zullen het private persbonzen zijn. De slogans zullen even onrealistisch zijn als die over de wereldvrede die de Sovjet-Unie garandeert. Democratie betekent immers niet meer dan vrijwillige in plaats van gedwongen instemming met slogans. Bijvoorbeeld: jij kunt nu je geluk beproeven omdat wij je meer kansen geven, zonder al die ideologie, en je wordt niet gearresteerd als je een grap maakt over de regering. En als de mensen veiligheid willen, dan geef je ze een politiestaat met porno en modetijdschriften, ik garandeer je, als ze zich veilig voelen dan hebben ze lak aan democratie!

En voor zulk cynisme is je vader gestorven? vroeg Adam. Mateusz haalde zijn schouders op en glimlachte. Adam dacht: hij meent het niet, het is de wodka.

Maar Mateusz was de enige die geen wodka gedronken had. Zijn waarheid berustte op zijn nuchterheid.

En Jakub Guciński zei: doe het raam weer dicht, het is koud.

En Piotr hoorde terwijl het raam werd dichtgedaan, nog net het woord dat uit duizend kelen klonk: *wolność*. Vrijheid.

Jakub schonk wodka bij. Er was niets meer te horen, de ramen waren geluiddicht.

Toen Adam Prawdower, inmiddels een hoge ambtenaar bij het Directoraat-generaal NEAR, binnen de directie D, Western Balkans Strategy Unit, een mail stuurde aan zijn bloedbroeder Mateusz, inmiddels minister-president van Polen, schoot dat tafereel hem weer te binnen, en ook de scène die nacht in het seminarie toen Mateusz zei: ik zou je neerschieten, en ook de zelfverbranding van Piotr, en Mateusz' reactie...

Hij zat er een hele tijd zonder dat hij kon schrijven. Toen begon hij eindelijk te tikken, hij zocht naar een zakelijke toon.

*Beste Mateusz, geachte Minister-President,*

*Uit naam van het* DG NEAR *(Directoraat-generaal Nabuurschap en Uitbreiding) van de Europese Commissie ben ik belast met de voorbereiding van de Balkanconferentie die aanstaande november zal plaatsvinden in Poznań. Aangezien we elkaar al sinds onze kindertijd kennen, ~~wat ook hier in huis bekend is,~~ zou het toch voor de hand liggend en nuttig zijn als wij tweeën, nog voor aanvang van de onderhandelingen met de* EU27 *en de vertegenwoordigers van de Balkanlanden die een kandidaatsstatus hebben, informeel bilateraal van gedachten zouden kunnen wisselen. Aangezien jij als minister-president van Polen die voor de toekomst van de Balkan zo eminent belangrijke conferentie in Poznań zult voorzitten, lijkt onze oude vriendschap mij een buitenkans te zijn die ons in staat zou stellen onze posities vooraf duidelijk te maken, te harmoniseren en de gespreksthema's dienovereenkomstig te formuleren.*

*Je weet dat de Balkanpolitiek van de Unie al geruime tijd ~~hulpeloos argeloos~~ ongelukkig is, en nog onlangs is er met het veto tegen toetredingsonderhandelingen weer een grote fout gemaakt. Er is mij en het* DG NEAR *veel aan gelegen dat die conferentie een succes zal worden, dat wil zeggen tot concrete perspectieven voor de landen van de westelijke Balkan zal leiden.*

*Ik hoef vast niet te zeggen dat ik deze mail privé schrijf, ofschoon mijn directeur, de heer Ambroise Bigot er informeel van op de hoogte is.*

*Ik zie uit naar je antwoord,*

*Je*

~~*Bloedbroeder*~~

~~*Strijdmakker*~~

~~*Oude vriend*~~

~~*Je oude hofjood*~~ Nee, nu werd hij onserieus, cynisch. Hij vloekte, wiste en ondertekende ten slotte met
*Adam*
En zijn elektronische handtekening.

Dat Adam directeur Bigot had geïnformeerd over zijn initiatief was natuurlijk gelogen, tenminste, zwaar overdreven. In feite had hij alleen terloops verteld dat hij de Poolse minister-president al sinds zijn kinderjaren kende en nog steeds sporadisch contact met hem onderhield. Wat Adam zich hier permitteerde was in wezen ongehoord. Het was ambtenaren vanzelfsprekend verboden om privé politiek te bedrijven en persoonlijke belangen na te streven onder de vlag van de institutie. Maar Adam wist niet zeker of Mateusz zijn mail überhaupt onder ogen zou krijgen als hij niet de suggestie wekte dat hij handelde met medeweten en in opdracht van de Europese Commissie.

De afspraak zou inderdaad verrassend snel tot stand komen. Omdat Mateusz meende te moeten reageren op een suggestie van de Commissie? Of vanwege hun bloedbroederschap waarmee de inmiddels zo machtige Poolse regeringsleider zich toch nog verbonden voelde? Of zag hij in die informele ontmoeting simpelweg een kans om, als het ware zonder vingerafdrukken, een bom te deponeren in het huis van de Europese Commissie? Was Adam te naïef? Of zo verblind door haat dat hij de consequenties van zijn handelingen niet meer overzag? Daarna maakte Adam ook nog de fout dat hij verslag uitbracht van zijn 'privéontmoeting met de Poolse minister-president' – wat binnen de NEAR nogal wat deining teweegbracht.

## 8

Mensen zoeken naar levensgeluk, en zo drukken ze dat ook uit: levensgeluk – maar wie het vindt heeft het ineens niet meer over geluk, maar over een prestatie. Het overgrote deel van de mensen realiseert zich niet dat hun geluk vaak op de prestaties, maar ook de misdaden, van ouders of voorouders berust, of simpelweg op een toeval dat zich lang geleden voordeed en het leven van generaties heeft bepaald. Uiteindelijk zijn de prestaties die vermogende mensen leveren niet meer dan de woekerwinst van degenen die al bij hun geboorte een winnend lot hebben getrokken. Dat is hun levensgeluk.

Zo zat Karl Auer wat voor zich uit te redeneren, waarbij hij zich heus wel afvroeg: waarom zo abstract en algemeen, waarom zo zakelijk, terwijl het toch de bedoeling was dat je elkaar als persoon nader kwam? Maar hij was niet zeker of het al zover was.

Aan de rechtenfaculteit, vertelde hij, was er een studiegenoot die tegenwoordig een van de grootste advocatenkantoren van Oostenrijk leidde. Natuurlijk zag die man zijn vlijt en prestaties als fundament voor zijn succes. Had hij soms niet hard gestudeerd? Werkte hij soms niet vaak tot diep in de nacht? Had hij tijdens slapeloze nachten soms niet geworsteld met beslissingen die hem huis en haard hadden kunnen kosten, maar die uiteindeljk het risico, dat anderen misschien zouden hebben genomen, waard bleken te zijn geweest...

Maar hoe zou dat leven zijn verlopen als zijn overgrootvader als middelmatig advocaat níét een succesvol joods advocatenkantoor had geariseerd? Als zijn grootvader in de jaren vijftig en zestig níét met alle denkbare juridische trucs de aanspraken op teruggave succesvol had afgeweerd, en een vaste kapitaalkrachtige clientèle had gevonden in de biotoop van de oude elite die hem, ook weer om redenen van familiegeschiedenis, vertrouwde?

Auer kon zijn vriend niets verwijten. Hij was erfgenaam van een geariseerd kantoor, maar hij bagatelliseerde de grote misdaden van de nazidictatuur niet, en hij was ook geen parvenu, hij was hardwerkend, cultureel belangstellend en, zoals in bepaalde situaties zou blijken, een betrouwbare vriend. En toch: wat zou hij geworden zijn als hij geen geariseerd kantoor had geërfd?

En wat heb jij geërfd?

Niets.

En zie wat er van jou terechtgekomen is. Was dat alleen jouw verdienste of zijn er ook beslissingen geweest vóór jouw tijd die...

Het was de eerste avond, het waren de eerste uren die Karl Auer en Baia Muniq Kongoli met elkaar doorbrachten, en ze hadden het al over levensgeluk. Later, nadat ze haar kind had verloren, vertelde Baia dat ze destijds zo teut waren geweest dat ze allebei – daarvan was ze overtuigd, allebei! – het gevoel hadden gehad dat ze, welhaast om redenen van geschiedslogica, voor elkaar bestemd waren, als gevolg van paden die lang voor hun tijd waren ingeslagen. Dat was opmerkelijk omdat Baia, de zuiver redenerende juriste, niet geneigd was tot zulk speculatief gefantaseer. Anderzijds, hoezo speculatief? Er waren precedenten.

Na de eerste ontmoeting van ambtenaren van de Commissie met vertegenwoordigers van de Albanese regering vond er een diner plaats aan een lange tafel in Mulixhiu, dat eruitzag als een stokoud, traditioneel lokaal, met grofhouten blank geschuurde tafels, een vloer van brede afgetrapte vloerdelen, en in de hoek een open haard met fel brandende houtblokken. Maar Auer begreep dat het restaurant nieuw was, zorgvuldig ingericht aan de hand van oude foto's van de blokhut van een Noord-

Albanese molenaar, terwijl achter in de vermeende blokhut een moderne professionele keuken schuilging. Het restaurant had zijn succes te danken aan de herontdekking van oude Albanese recepten. Chefkok Bledar Kola, een jonge man, dirigeerde met zijn pollepel de keuken, bejubeld door internationale restaurantkritiek, maar zijn hand werd geleid door grootmoeders en overgrootmoeders van wie hij de aantekeningen had geërfd, die hij hier *modern interpreteerde*, zoals Ismail Lani de gasten uit Brussel uit de doeken deed tijdens een korte tafelrede. Eerst was er *Pllaqi me veshka keci*, daarna *Roshnica* en als hoofdgerecht *Mish qengji në qumësht*, wat Auer noteerde in zijn opschrijfboekje – iets wat hij normaal nooit deed, maar hij had de behoefte de avond vast te leggen, nog afgezien van het feit dat hij later misschien wilde googelen wat hij nou precies had gegeten. Maar hij fotografeerde het eten tenminste niet, hij zat niet op Facebook. Als nagerecht was er *Tortë kosi*, dat betoverde hem: *kosi*! Wat betekent dat, vroeg hij, en glimlachte naar de vrouw tegenover hem, die briljante juriste die hem tijdens de eerste meetings was opgevallen omdat ze een paar keer ter zake kundig het woord had genomen over de hervormingen van de Albanese rechtspraak en over Europees recht. Hoe heette ze ook weer? Baia? Baia Muniq Kongoli. Meester Kongoli.

Heet dit gerecht echt *kosi*? Hij sprak het nadrukkelijk Engels uit, hoewel hij allang had gemerkt dat ze perfect Duits sprak.

Törte kosi was een kaastaart met kastanjes, blauwe bessen en – wat was dat? Tijm? Ja, tijm. Interessant. Hij had gedacht dat hij geen hap meer door zijn keel kon krijgen, maar nu lepelde hij zijn nagerecht op, Baia aankijkend alsof hij... en toen die gedachte in hem opkwam, dat 'alsof hij...' legde hij zijn lepel weg.

De sprookjes van duizend-en-één-nacht kende Karl Auer niet, hooguit kende hij sprookjes van één nacht uit eigen ervaring.

Ook al waren daar soms zelfs vriendschappen uit ontstaan, en was het zo nu en dan tot een herhaling gekomen, het was wat het was, maar liefde was het niet.

Al langere tijd had hij het gevoel dat hij klaar was voor de liefde, voor een gezin in wezen. Maar hoe kan een man in permanente staat van gereedheid zich onderscheiden als er nooit alarm wordt geslagen? Hij was een man die bij oudere vrouwen de impuls tot bemoederen losmaakte, dat kon heel aardig zijn, maar was geen perspectief dat verenigbaar was met zijn kinderwens. Maar jongere vrouwen, en zelfs vrouwen van zijn eigen leeftijd, zagen in hem een oudere heer die je beleefd groette als je hem tegenkwam in het trappenhuis.

Nadat de maaltijd was afgelopen zag je ineens een paar mannen in het zwart met oortjes in, die met beschaafd ingehouden opwinding telefoneerden, waarna er limousines voor kwamen rijden om de regeringsvertegenwoordigers naar huis en de vertegenwoordigers van de Europese Commissie naar hun hotel te brengen.

Ik zou nu liever een stukje lopen, zei Auer, hoe ver is het naar het hotel?

In welk hotel logeert u? vroeg Baia.

Het Tirana International.

Dat is van hier ongeveer een halfuur. Vindt u de weg?

Auers lachte aangeschoten.

Niet dus. Ik vergezel u graag. Ik voel ook wel voor lopen. Zeg je dat zo?

Ik woon in de Rruga Quemal Stafa, dat is in de buurt van uw hotel.

Het was hen allebei om het even wat de anderen dachten. Waarschijnlijk dachten of merkten die helemaal niets in de chaos van het vertrek, terwijl ze nog een paar holle afscheidswoorden uitwisselden en in de limousines doken die kwamen voorrijden, wegreden, aansloten, wegreden.

De enige die het niet ontging dat Auer geen auto nam maar met Baia, de strenge Baia, te voet op pad ging, was Ismail Lani, die als taak had om – als *last man standing*, zoals hij het uitdrukte – te blijven tot het laatste lid van de delegatie afscheid had genomen en in een auto was gestouwd.

Hij glimlachte en bedacht dat – voorzichtig geformuleerd – nauwere betrekkingen tussen afgevaardigden van de regeringspartij en EU-beambten de zaak alleen maar ten goede konden komen. En hij wist natuurlijk wie hij moest vertellen wat hij hier had waargenomen.

Ze liepen langer dan een halfuur. Ze slenterden zwijgend. Dat zwijgen was niet pijnlijk, het was dromerig.

Uiteindelijk zei Baia: Ben je eigenlijk niet verbaasd over mijn naam?

Nee, waarom? Baia is een mooie naam.

Je bent de eerste sinds lange tijd die er niets aan opvalt. En je hebt me ook nog niet gevraagd waarom ik Duits spreek.

Je Duits is voortreffelijk!

Ze liepen verder, langs de piramide voor de overleden dictator, die hij en zijn collega's al hadden gezien tijdens de rondrit door de stad, voorafgaand aan de onderhandelingen, die kon hij topografisch plaatsen, dus hij wist dat het niet ver meer was naar het hotel, en hij bedacht dat hij er misschien toch naar moest vragen. Waarom zou hij verbaasd moeten zijn over haar naam? En waarom sprak ze zo goed Duits?

Mijn vader, vertelde ze, heeft Duits gestudeerd in China, in 1975. Zo was het in die tijd. Je kon weg. Naar China, om te studeren. Mijn vader heeft Duits gestudeerd, in China! Omdat het kon. Waarom Duits? Geen idee, hij had een idee van een

Duitsland dat hij bevrijdend of voorbeeldig vond in vergelijking met Albanië, met de realiteit die hij kende, en die hij niet mocht bekritiseren. Hij kon niet zeggen Albanië is smerig, maar hij kon Duitsland zeggen, want dat was synoniem voor schoon. Hij kon niet zeggen dat in Albanië rechteloosheid heerste, afgezien van de *Kanun*, het gewoonterecht, dat weliswaar verboden was, maar nog steeds functioneerde, maar hij kon wel Duitsland zeggen, omdat dat een synoniem was voor rechtsstatelijkheid. Hij kon niet zeggen corruptie in Albanië, maar hij kon wel Duitsland zeggen, begrijp je? Het was uiterst ambivalent. Ook als hij 'sterke man' zei bedoelde hij Duitsland en niet onze dictator. En vooral wilde hij ooit D-mark verdienen, dat was zijn droom, welvaart met een harde munt, dat was wat de D-mark beloofde, daarmee kon je hier destijds alles krijgen, alles. Oké, nu begin ik te interpreteren, ik weet het niet precies, hij heeft het me nooit uitgelegd. Maar stel je voor dat Duitsland je droom is en...

Auer slikte.

En de enige mogelijkheid in die tijd is naar China gaan.

Dat is krankjorum, zei Auer.

Dat was de realiteit. Je gelooft niet hoeveel Albanese studenten Duits er indertijd in China waren. Alleen ingenieursstudenten waren er nog meer.

Ze kwamen langs cafés en bars, zaken met terrastuinen, allemaal vol met mensen, door de straten suisde het verkeer, Auer was verbaasd dat de stad zo pulseerde, dat Tirana zo dynamisch was, hectisch, begerig.

Hoe dan ook heeft hij heel goed Duits geleerd in China, en na terugkeer studeerde hij verder, aan het Lenz-Institut, dat nog steeds bestaat...

Lenz?

Ja, opgericht door een Duitse jood die gevlucht was uit nazi-Duitsland, en op de een of andere manier hier terechtkwam en bleef. Daarheen, naar de Shkolla e gjuhës Lenz, stuurden de partijbonzen hun kinderen, binnen de Partij gold het als gunstig voor je carrière als je brieven in het Duits kon schrijven. Vanwege import, export, precies weet ik het ook niet, het ging geloof ik om deviezen. Tegenwoordig is Lenz een particuliere taalschool, een gevestigde naam, het Goethe-Institut in Tirana werd immers pas een paar jaar geleden opgericht. Doet er niet toe. Na de dood van Enver Hoxha kreeg mijn vader in elk geval een beurs voor Duitsland, daar waren de Duitsers snel mee, met hulp, beurzen, het geven van hoop. En met zijn cv kreeg mijn vader makkelijk een beurs voor München, Goethe-Institut, om zijn Duits te vervolmaken. Drie maanden, hij zei: drie maanden om mijn Chinese Duits te vergeten.

Ze kwamen op het Skanderbegplein. Voor Hotel Tirana International zouden ze hier links af moeten slaan, maar Baia zei: Laten we nog een stukje doorlopen, zo meteen komen we langs Café Sophie, daar zouden we nog iets kunnen drinken, het is leuk, erg populair, oké? En zie je daar de toren van je hotel? Daar. Precies. Oké. Dat kun je dan niet missen.

In München kreeg mijn vader een stageplaats bij de Bayerische Rundfunk. Hij wilde radiojournalistiek studeren. Duitsland was in die tijd zo ongelooflijk ruimhartig, ze hadden echt een plan. Ik denk dat ze dachten dat iedereen die ze opleidden na terugkeer een bruggenhoofd van Duitsland in eigen land zou zijn.

Wat zou zijn?

Een bruggenhoofd...

Jouw Duits is echt... heel Duits!

Ze kwamen bij Café Sophie, vonden nog net een vrij tafeltje. Zij bestelde bier, hij witte wijn. Sprak dat zijn ervaring tegen? Alles sprak nu zijn ervaring tegen!

In feite, zei Baia, was mijn vader in Duitsland wat hij thuis niet wilde zijn. Begrijp me alsjeblieft niet verkeerd, ik houd van mijn vader en respecteer hem zeer, maar het is interessant: hoe je radicale assimilatie als bevrijding kunt beleven, als bevrijding van een andere assimilatie, namelijk die die thuis van je geëist wordt. Van pure assimilatie werd hij een karikatuur-Duitser, een Beier, compleet met lederhose en een ongeloofwaardige voorliefde voor *Weisswurst* en zo. Hij verdiende niet veel, maar een ding permitteerde hij zich, dat moest: een seizoen...

De drankjes kwamen. Auer nam een slok, wist dat hij dit glas niet zou leegdrinken, keek naar Baia, die een slok bier nam en toen net als in de reclame een snor van schuim had... Hij ging met zijn tong over zijn bovenlip en vroeg: Wat voor seizoen?

Ik weet niet hoe hij het voor elkaar gekregen heeft, maar hij had een seizoenskaart voor de thuiswedstrijden van Bayern München. En voor zover ik weet ging hij naar elke wedstrijd in lederhose en mét trompet.

Aandoenlijk, dacht Auer.

En toen kwam ik ter wereld, zei Baia. Een verzoek voor gezinshereniging werd afgewezen omdat het visum van mijn vader tijdelijk was, maar mijn moeder mocht op bezoek komen. Weer thuis constateerde ze dat ze zwanger was. Het visum van mijn vader liep af en dus ging ook hij terug. En zo kwam ik ter wereld in Tirana, zeven weken te vroeg, maar mijn vader had D-marken en kon alles betalen wat nodig was om te zorgen dat ik een prematuurtje werd dat niet doodging. Mijn vader was extreem zuinig, gunde zichzelf niets, legde elke mark opzij. De enige luxe die hij zich ooit had veroorloofd was de seizoenskaart van Bayern München. Dat kon hij betalen. En het leven. Mijn leven.

Karl Auer keek haar aan. Hij wachtte op het moment waarop het vanzelfsprekend zou zijn dat ze elkaar kusten. Ontroerd. Verliefd.

Zo ben ik aan mijn naam gekomen, ging ze verder. Hij wilde dat ik hetzelfde heette als zijn geliefde voetbalclub, die hij met zijn trompet had aangemoedigd, in de, zoals hij zei, gelukkigste tijd van zijn leven. De ambtenaar van de burgerlijke stand schreef de naam in het geboorteregister in zoals hij hem hoorde: Baia Muniq. Wat voor Albanezen wonderlijk klinkt, maar Albanees voor mensen zoals jij!

En daarna: Vind je van hier de weg naar je hotel?

Ja.

Die eerste kus vond pas plaats laat op de avond van de volgende dag.

Baia Muniq. Auer moest glimlachen toen hij zich in zijn hotelbed onder de deken vlijde. En met zijn ogen dicht zag hij haar glimlach.

## 9

Adam Prawdower had spijt van zijn beslissing om de vlucht naar Warschau en terug naar Brussel op dezelfde dag te boeken. Hij had verwacht dat hij na zijn gesprek met Mateusz alleen maar naar huis zou willen, naar zijn gezin. Maar na het gesprek voelde hij de onbedwingbare behoefte te drinken, in een oude Warschause kroeg, met oude vrienden en medestrijders, in de Gospoda Stanisław II bijvoorbeeld, in de wijk Zoliborz, als die tenminste nog bestond en niet plaats had gemaakt voor een of andere modieuze pub. De goeie ouwe Stanisław, waar ze tegen het einde van het Jaruzelski-regime zo opgewonden, zo euforisch en dronken van toekomst hadden gediscussieerd, in rookwolken die tegenwoordig niemand zich meer voor kan stellen – zijn toenmalige vriendin was een keer de zaak uit gevlucht met de woorden dat het een gaskamer was. Later verontschuldigde ze zich gelukkig voor die weinig fijngevoelige opmerking... Hij zou zijn oude strijdmakkers zo graag hebben verteld over het gesprek met Mateusz, wat eigenlijk niet mocht, samenzweerderig dus, net als destijds, maar even noodzakelijk: ter verlichting namelijk.

Het gesprek duurde korter dan verwacht. Of zo kort als Adam had kunnen verwachten. Na afloop had hij ruim vier uur de tijd tot zijn terugvlucht, dat was lang, maar niet lang genoeg om af te spreken met vrienden. Dus reed hij van de Willa Parkowa, de ambtszetel van Mateusz, meteen door naar de luchthaven, waar hij plaatsnam in de businesslounge en zich tegoed deed aan wodka en nootjes. Hij had zich tenminste de luxe van de businessclass gepermitteerd. Was het een officiële dienstreis geweest dan had hij alleen het goedkoopste ticket mogen boeken en declareren, maar dit was een officieus initiatief dat hij uit eigen zak betaalde.

Nog drie uur.

Het gesprek met Mateusz was open en eerlijk geweest, dat moest Adam erkennen, maar hem was niet duidelijk of die openheid te danken was aan hun oude vriendschap of aan de machtswellust van Mateusz, die zich veilig voelde in zijn sterke positie tegenover Brussel.

Mateusz begon het gesprek met herinneringen aan vroeger tijden, twee, drie anekdotes... Weet je nog, zei hij, of: onlangs moest ik weer denken aan...

Maar het leidde niet tot een sentimentele stemming, niet tot ontroering.

Weet je nog, die geschiedenis met Mirosław, welke Mirosław, een klasgenoot, iets ouder dan wij, zijn vuisten waren groter dan zijn hersens, Mateusz lachte, nou ja, je weet wel, die klikspaan, en onlangs, nadat jij me had geschreven, moest ik weer denken aan die keer dat ik ruzie met hem had en jij bijna flauwviel.

Adam vroeg zich af waarom Mateusz dit vertelde, een onbeduidende geschiedenis, maar ergens toch vernederend. Dat hij flauwviel – een koude grijns. Waar wilde hij naartoe? Hij vertelde dit niet om het ijs te breken. Hij draaide pirouettes op het ijs. Het was een demonstratie dat hij de baas was op deze koude en spiegelgladde baan – waarop hij Adam nu meetrok om hem eens flink te laten uitglijden.

En daarom, zei Mateusz, kan ik, na alles wat wij samen hebben meegemaakt, open tegen je zijn.

Die openheid was openlijke lompheid.

Wat Adam had verbijsterd was dat Mateusz niet het minste begrip toonde voor de problemen en de hoop van de Balkanstaten die het lidmaatschap van de EU trachtten te verwerven.

*Het Poolse standpunt is...*

*Het Poolse belang is...*

*De Poolse regering heeft duidelijk gemaakt dat...*

En toen Adam zei: Je hebt geen greintje empathie... antwoordde Mateusz: empathie tonen is ook niet meer dan een symptoom van narcisme.

Het einde van het gesprek werd niet bepaald door het feit dat alles was gezegd, maar door het feit dat Mateusz alles had gezegd wat hij wilde zeggen. Er was geen wederzijds begrip, geen slotakkoord, al was het maar in de vorm van frasen die de twee standpunten op goedkope wijze aan elkaar knoopten, de belangen van de Commissie en de zogeheten nationale belangen van Polen, het eindigde abrupt, toen een medewerker als geroepen binnenkwam om Mateusz te herinneren aan het telefoongesprek zo meteen met de Amerikaanse president...

Daar geloof ik niks van, dacht Adam, maar Mateusz sprong overeind, kuste hem, en het afschuwelijkste was dat Adam zichzelf op dat moment van buitenaf zag, en zich de foto's of filmopnames herinnerde van tsaren van de USSR die vazallen uit de zogenaamde broederstaten kusten.

Twee uur nog.

Adam was geen alcoholist, ook al had hij geleerd grotere hoeveelheden wodka over een langere tijdsspanne op zo'n manier te drinken dat hij nooit dronken leek of ongecontroleerd.

Nu dronk hij te snel.

Hij haalde nog een glas, schonk het tot de rand toe vol.

Adam had het moeilijk gevonden zich op het gesprek te concentreren, alert te blijven, sommige zinnen van Mateusz nam hij te laat waar omdat hij secondenlang bijzaken registreerde. Bijvoorbeeld Mateusz' overhemd – kon het zijn dat Mateusz zijn hemden liet stijven? Hij keek naar zijn eigen verkreukelde overhemd – en ergerde zich omdat hij er met gebogen hoofd waarschijnlijk uitzag als een schuldbewuste seminarist. Waarom schuldbewust?

Polen, zei Mateusz, kon er als katholiek land – en Adam was weer bij de les – geen belang bij hebben dat een land als Albanië lid werd van de EU, een land waar zestig procent van de bevolking moslim was.

Zestig procent van twee miljoen, zei Adam. Niemand heeft Europa ervoor gewaarschuwd Polen met zijn bijna veertig miljoen katholieken in de EU op te nemen.

Waarom zou iemand daarvoor hebben moeten waarschuwen, in het christelijke Avondland, vroeg Mateusz en glimlachte.

Joden bijvoorbeeld, zei Adam, en Mateusz trok zijn wenkbrauwen op, of boeddhisten, voegde Adam er snel aan toe, of protestanten, of ja: Europese moslims, omdat door de toetreding van Polen het gewicht van de katholieken met het oog op de relatie...

Mateusz maakte een wegwerpgebaar. We hebben het hier toch niet over zaken die strikt privé zijn. Tot welke god ik bid voor het slapengaan, hoe een ander bidt, mijn buurman? Iedereen moet geloven wat hij wil, ik heb vrienden die jood zijn...

Adam schrok.

Wat ik duidelijk wil maken is dat wij geen islamitische staat in de EU willen. Staat! Begrijp je? En je weet toch dat Albanië, net als Turkije overigens, lid is van de organisatie voor islamitische samenwerking.

Maar

Het is een atheïstische staat.

Maar

Je ziet er geen gesluierde vrouwen.

Maar

In Tirana zie je moslims alcohol drinken.

Maar

Maar

Maar

Jij zegt: Zestig procent moslims vormen het probleem. Ik zeg je: negentig procent van de Albanezen wil lid worden van de EU, heeft hoop, verwacht kansen, kansen die helemaal niks met religie te maken hebben. Moslims, nou en – het is een klein land!

Een klein land, ja, daarvan ben ik op de hoogte. Dat is dan ook het volgende probleem, als jij de religie dan niet als probleem ziet. Het land is zo klein dat het als markt oninteressant is. Maar het zou met zijn krap twee miljoen inwoners wel een zetel krijgen in de Raad van Europa, een stem die even zwaar telt als de stem van Polen met zijn bijna veertig miljoen inwoners. Dat is waanzin. Polen kan er geen belang bij hebben zulke landen op te nemen in de Unie, die dan samen met andere ministaatjes ons Polen overstemmen. Of tegenhouden door middel van een veto.

Nog een uur.

Adam stond op, hij merkte dat hij toch te veel gedronken had, haalde bij de koffieautomaat een dubbele espresso, en ging nog even zitten. De herinnering aan het gesprek met Mateusz was als een nare droom.

Wat ik niet begrijp, zei Adam, is waarom je tijdens de zitting van de Raad op 15 oktober geen veto hebt uitgesproken tegen toetredingsonderhandelingen met Albanië en Noord-Macedonië. Jij zegt nu tegen mij dat de Poolse regering ertegen is, maar officieel was Polen voor, toch?

Mateusz lachte. Ik wist, zei hij, dat Frankrijk, Nederland en Denemarken een veto zouden uitspreken. Daar kon ik van op aan. Op ons rust immers altijd de verdenking dat we niet echt pro-Europees zijn, dat we Europees recht schenden enzovoort, dat weet je wel. Nu konden we laten zien dat we goede Europeanen zijn en de aanbevelingen van de Commissie volgen.

De Franse president heeft het werk voor ons gedaan. Waarom zouden wij dan onze kop boven het maaiveld uitsteken? Wij konden achteroverleunen.

En hoe hij lachte!

Daarom, beste vriend, één goede raad: jullie kunnen je binnen de Commissie een heleboel werk besparen als jullie nota nemen van het volgende: er komen geen toetredingsonderhandelingen met Albanië en Noord-Macedonië, en al helemaal niet met Kosovo. Vijf lidstaten van de EU hebben de onafhankelijkheid van Kosovo niet eens erkend. Dus hoe zie je dat voor je?

Maar Polen heeft Kosovo wel erkend!

Nu was Mateusz echt in zijn nopjes. Ja, hebben we, zei hij, omdat we brave Europeanen zijn, maar tegelijkertijd weigeren we diplomatieke betrekkingen aan te knopen met Kosovo omdat we in werkelijkheid de Republiek Kosovo niet erkennen. Begrijp je? Zo werkt politiek. In feite is politiek een spel met decorstukken, net als theater: op de voorgrond heb je de symbolische handeling, daarachter de toneeltechniek. En precies zo zullen we het ook bij de conferentie in Poznań aanpakken. We modereren die pro-Europees, maar verdedigen nationale belangen. Daarvoor hoeven we geen open kaart te spelen, het volstaat om al modererend kennis te nemen van het feit dat er lidstaten zijn die tegen uitbreiding en verdieping van de Unie zijn, tegen het Europa dus waarvan de bureaucraten in de Commissie dromen.

Adam was sprakeloos en Mateusz genoot met volle teugen van zijn sprakeloosheid. Maar de clou bewaarde Mateusz tot helemaal op het eind. Toen hij door de lakei werd opgehaald, zogenaamd voor dat gesprek met de Amerikaanse president, zei Mateusz, terwijl hij opstond: trouwens, je wilde dat ik dat recht in je gezicht zou zeggen…

Je hebt mijn brief dus gekregen destijds? vroeg Adam verbaasd, maar Mateusz ging er niet op in en vervolgde:

En dit zeg ik je graag en te allen tijde recht in je gezicht: Ik moet de belangen van een vrij Polen verdedigen, niet de fantasieën van wortelloze kosmopolieten.

Mateusz verdween door de beklede dubbele deur, en tegenover Adam stond ineens een man die hem zijn jas aanreikte.

Adam huiverde. Hij trok de jas aan, zo koud was het. Voor mensen die ervan *beschuldigd* werden dat ze 'kosmopoliet' waren, bestond er geen aangename kamertemperatuur. In geen enkele natie. Nooit. Nergens.

Adam liep naar de gate. Toen hij thuiskwam sliepen Dorota en de kleine Romek al. Op de eettafel lag een briefje: *Heb je nu trek in* zywiec *en* bigos*? Denk het niet. In de koelkast staat chili con carne die je kunt opwarmen en een koude Mort Subite – niet je lievelingsbier, maar na de showdown (was het er een?) met M. misschien wel toepasselijk? Ik hou van je!*

## 10

Karl Auer kwam om halfnegen op kantoor, hing jas, sjaal en hoed op de Thonet-kapstok die hij uit Wenen had geïmporteerd en die met zijn wijd uitstekende rondhouten veel te veel plaats innam in zijn cel, daarna pakte hij de revers van zijn jasje beet en trok er even aan terwijl hij tegelijk zijn schouders ophaalde. Al zijn jasjes hadden een vettig glimmende plek op de revers omdat hij er steeds weer aan trok, om de pasvorm in orde te brengen, maar in wezen bracht hij niks in orde, het was gewoon een tic. Daarna zijn kalenderritueel. Aan de muur achter zijn bureau hing een dagkalender.

IEDERE DAG IS EEN GESCHENK.

Daaronder vellen die je kon afscheuren. Op elk vel stond de maand, week, dag, dag van de week, verjaardagen, naamdagen en een spreuk, citaat of aforisme. Zwart op wit, alleen de zondagen waren rood. Hij scheurde het vel van de dag ervoor af. Vandaag was het september, week 39, de 23ste, woensdag, geboren op deze dag was Jimi Hendrix (1942), naamdag hadden Jakob, Ute, Virgilius en Modestus. Daaronder stond de spreuk van de dag: *Ongeduld eist het onmogelijke, namelijk het bereiken van het doel zonder de middelen.* G.W.F. Hegel

Hij dacht na of hij een Modestus kende die hij zou kunnen feliciteren. Nee, grapje, haha, daarna las hij de spreuk van de dag nog een keer.

Hij knikte – terwijl hij natuurlijk nog niet wist wat hem zo meteen te wachten stond, wanneer hij zijn computer aanzette.

Hij was dol op die scheurkalenders, die al bij zijn grootmoeder in de keuken hadden gehangen. Als kind was het zijn voorrecht om elke dag voor het ontbijt een vel af te scheuren en, zodra hij kon lezen, de dag van de week te noemen en de spreuk voor te lezen. Tegenwoordig betrok hij die kalenders, die zijn oma indertijd bij de kruidenierszaak in het dorp had gekocht, elk jaar via internet, ze werden nog steeds geproduceerd door dezelfde drukkerij en aan de lay-out was sinds zijn kinderjaren niets veranderd.

Op 28 januari – nog zo'n ritueel waarop hij zich welhaast sidderend had verheugd – vroeg zijn grootmoeder: En wat nog? Kijk eens goed! Wat staat er bij naamdag?

Karl! jubelde hij.

Dan kreeg hij een naamdagontbijt met ham en ei, en een kleine verrassing, Milka Naps, of Heller Zuckerl of Mozart-Taler.

Maar niet alles achter mekaar!

Nee oma.

Dat had hij serieus genomen. Spaarzaam zijn met het snoepgoed dat hij zelden, alleen bij speciale gelegenheden kreeg, was zijn leerschool voor uitstel van lustbevrediging geweest.

Hij was opgegroeid bij zijn grootmoeder. Zijn vader kende hij niet. Zijn moeder had altijd geweigerd te zeggen wie zijn vader was. Oma was er vast van overtuigd dat het die politicus was, die minister van de christendemocratische partij voor wie zijn moeder als secretaresse had gewerkt. Maar moeder had dat nooit bevestigd.

Wie zijn vader ook was, hij had zich vrijgekocht. Geld was er, niet veel, maar omzichtig beheerd kwam je er een heel eind mee. Tot Karls afstuderen.

Soms is het beter als er geen vader is, beter voor het kind en beter voor de tafel, had oma een keer gezegd.

Het klonk als een spreuk van haar kalender.

Waarom?

Omdat er vaders zijn, zei ze, die denken dat ze voortdurend op tafel moeten slaan.

Toen Karl zes was, net voor hij naar school zou gaan, kwam zijn moeder om bij een ongeluk met een motorfiets. Zij zat achterop. De naam van de bestuurder had zijn grootmoeder nog nooit gehoord. Zijn moeder was op dat moment nog geen dertig. Ze was jong en ze wilde leven, zei zijn grootmoeder, nu heeft ze het eeuwige leven en past ze op jou.

Zo kwam hij bij zijn oma terecht, die zelf al drie keer weduwe was. Ze had geen belangstelling meer voor mannen, die sterven toch maar onder je handen vandaan. Zitten daar te roken en dan zijn ze weg.

Wat was ze trots toen de pastoor haar kleinkind een aanbeveling gaf voor het Stiftsgymnasium in de districtshoofdstad. Toen hij slaagde. Toen hij rechten studeerde 'helemaal in Wenen' en na drie semesters een talentenbeurs kreeg.

Als hij als student bij zijn grootmoeder op bezoek ging mocht hij net als vroeger het kalendervel afscheuren, de spreuk voorlezen, dat hoorde zo, maar de beste spreuk sprak ze zelf: Je vader is gestraft – want hij weet niet dat hij een zoon heeft op wie hij trotser kan zijn dan op zichzelf!

Hij wist niet dat zijn grootmoeder als ze over zijn vader praatte in bedekte termen ook iets zei over haar eigen vader, hij wist niets van haar vaderprobleem. Dat er een besluit genomen was dat haar leven zou tekenen, en ook dat van haar dochter, Karls moeder. En uiteindelijk het leven van Karl zelf. Een onheil dat geen kalendervel kon goedmaken, maar het ging niet om weer goedmaken, het ging om het leven dat verderging.

Een halfjaar voor zijn promotie stierf oma. Hersenbloeding. De situatie was, voor zover hij de stem aan de telefoon verstond, dramatisch. Hij scheurde naar het ziekenhuis. Ze leefde nog en lag op de intensive care. Ze schudde en hijgde toen hij aan haar bed stond. Meervoudige hersenbloeding. Wat er zich in het hoofd van deze vrouw afspeelt, zei de dokter, is een onvoorstelbaar vuurwerk, onafgebroken flitsen en sterren.

Vuurwerk, dacht Karl, flitsen en sterren – oma had zo gehouden van het vuurwerk met Nieuwjaar, en de vuurwerkfeesten in haar dorp! Zou het kunnen dat ze van haar sterven geniet als van het Nieuwjaarsvuurwerk? Laat het alsjeblieft zo zijn!

Wie moest dat zo laten zijn?

Hem was dat om het even, God of de chemie. Hij had al lang niet meer gebeden tot God en daarna nooit meer aan God gedacht. Toen hij het huis leegruimde vond hij een klein doosje met daarin een gouden onderscheiding '50 jaar lidmaatschap van de SPÖ' en ernaast een gouden kruisje. Vredig naast elkaar in fluweel gebed.

Na zijn promotie legde hij zijn doctorsbul in de rode kartonnen koker op haar graf. En zei: Ik zal een dochter met jouw ziel in een wereld met betere kansen zetten.

Dat met die dochter was nog niet gelukt. Dat was ook zo'n tic: bij elke vrouw die hij leerde kennen vroeg hij zich niet af of ze zin zou hebben met hem naar bed te gaan, maar of hij zich kon voorstellen een kind met haar te hebben, hét kind. Nee. En naarmate de tijd verstreek werd het steeds lastiger. Omdat hij tics en grillen ontwikkelde, en steeds nadrukkelijker uitte, die hem in de ogen van andere mensen vreemd en soms zelfs belachelijk deden lijken. Tegenover vrouwen in zijn omgeving gedroeg hij zich nadrukkelijk beleefd, op welhaast ouderwetse wijze. Maar er vonkte niks. Zo werd uiteindelijk het oude woord jonkman op hem van toepassing. Dat is niet per se grappig, ook al lees je op je kalender: IEDERE DAG IS EEN GESCHENK.

Af en toe liet het verlangen zich voelen, wanneer hij 's avonds laat thuis nog een glas wijn dronk en hij zich voorstelde vader te zijn, van een dochter, zoals hij aan het graf van zijn grootmoeder had beloofd. Dan dacht hij: als ik het kind van de kleuterschool ophaal zouden de andere ouders denken dat ik de opa ben.

Dan kon het wel gebeuren dat zijn ogen vochtig werden.

We kennen het fenomeen moederskindje, en dat heeft zoals bekend geen goede naam. Maar van een andere orde is het fenomeen grootmoederskindje: het grootmoederskindje mist niet alleen de vader als oriëntatiepunt voor de ontwikkeling van zijn identiteit en bewustzijn als man, hij mist een complete generatie! Zulke kinderen zijn buiten de tijd gevallen.

Maar misschien wortelen ze dieper in de geschiedenis?

Karl Auer nam plaats aan zijn bureau en zette zijn computer aan.

Hij keek snel de binnengekomen mails door, om te zien wat meteen beantwoord moest worden en wat hij tot minstens na de lunchpauze kon uitstellen, en bleef haken aan een bericht dat gemarkeerd was met de hoogste prioriteit. Die mail van collega Prawdower was niet aan hem gericht, maar aan Ambroise Bigot, de directeur van Directie D Western Balkans Strategy. Een secretaresse van de directeur had de mail ingevoerd in ARES, het archiveringssysteem voor belangrijke correspondentie. Niets wees erop dat de directeur het bericht gelezen had. De mail was blijkbaar opgepikt door een van zijn medewerkers, die toen echter de fout maakte hem te laten archiveren in ARES, zodat iedereen die door het systeem grasduinde, erbij kon. Had de medewerker de mail alleen als print voorgelegd aan de directeur, dan zou nu niemand weet hebben van die authentieke beschrijving van het cynisme van de Poolse minister-president – dit document, dat zelfs een halfjaar later nog een zekere invloed had op het Europees Gerechtshof, dat Polen in maart 2020 veroordeelde wegens schending van het Europese recht.

Hoe dan ook: een collega had die mail van Adam Prawdower, die eigenlijk een informeel verslag moest zijn, ontdekt en doorgestuurd aan iedereen die zich bezighield met Polen, Albanië, Balkanpolitiek en de Balkanconferentie.

Toen Karl Auer de mail las hingen er al zes commentaren onder. Hij leunde achterover, trok even aan de revers van zijn jasje en dacht: als dit klopt, en daaraan twijfelde hij geen seconde, dan moet de Commissie haar Balkanpolitiek en vooral de voorbereiding van de Balkanconferentie volledig opnieuw bepalen.

En mijn werk, dacht hij, kan dan in de prullenmand. Of naar het historische archief van de EU in Florence.

Florence! Voor het eerst voelde hij bij de gedachte aan een historisch archief een kleine romantische opwelling. Hij dacht aan Baia en...

Hij liep naar buiten de brandtrap op, rookte tot hij het koud kreeg anderhalve sigaret, ging terug naar zijn kamer en trok zijn jas aan. Dat was zijn leven, dacht hij, zo gestoord: hij ging zonder jas naar buiten en trok zijn jas aan als hij terug was in zijn verwarmde kamer.

Huiverend liep hij heen en weer, drie stappen tot aan het raam, drie stappen terug tot bij de Thonet-kapstok. Nog een keer, drie stappen van de deur naar het raam en toen, na twee stappen, stond hij weer voor de kalender achter zijn bureau en las daar het antwoord op zijn vraag hoe hij op deze mail moest reageren. De spreuk van de dag. Ja. Hegel had gelijk. Ze moesten eindelijk de passende middelen inzetten om het mogelijke af te dwingen in plaats van met ongeduld, dat zichzelf mettertijd zelfs als geduld beschouwde, het onmogelijke te eisen. Hij liep nog een keer, zij het nu met jas, naar de brandtrap.

Adam Prawdowers verslag had inmiddels zoveel stof doen opwaaien dat voor de volgende dag een meeting *ond. Balkanconferentie Poznań, dringend* werd aangekondigd: *11 uur, meeting room*.

## 11

Adams verslag, dat door het opslaan in ARES abusievelijk voor veel ophef zorgde, leidde er ook toe dat de directeur-generaal Adam bij zich riep. Dat was zeer ongebruikelijk. Een ambtenaar die in de hiërarchie op het niveau van Adam stond kreeg zijn directeur-generaal zo goed als nooit te zien. De directeur zat daar nog tussen, als chef van de werkvloer, en alles boven hem bevond zich op ijle hoogten, het Oog Gods als het ware, bestaande uit de driehoek Directeur-generaal, Commissaris en Commissie-voorzitster.

Adam had onlangs nog een roman gelezen die hem was aangeraden door collega's, een roman over een ambtenaar die niets hartstochtelijker verlangde dan een harmonieus huwelijk te leiden met zijn vrouw, maar die elke dag doodop en niet tot communiceren in staat thuiskwam van kantoor omdat hij tot uitputting aan toe aan taken werkte die alleen nog in zijn fantasie in het belang van zijn superieuren waren. Wat was de titel van die roman? *De Moloch*? Nee *Het bureau*. Aanvankelijk meesmuilde hij telkens weer onder het lezen, maar na een bladzijde of tweehonderd was hij toch gestopt, in toenemende mate gedeprimeerd, hij wilde niet in een spiegel kijken als hij een roman las, hij wilde de wereld in kijken.

En nu stond hij tegenover de directeur-generaal en dat was geen fictief personage, maar een van vlees en bloed, waarbij Adam overigens de indruk kreeg dat dat vlees en bloed slechts dienden als vulmateriaal voor een sjabloon: de iedere individualiteit uitwissende invulling van het cliché van de correcte topambtenaar. De bril met gouden montuur, de coup van het serieus grijs geworden en in een precieze scheiding gekamde haar, het conservatieve pak, de das in een niet duidelijk identificeerbare gedekte kleur ergens tussen duifbeige en muisantraciet, alles in de ideale vorm van het correcte geperst – het was niet terecht, maar het was nu eenmaal Adams eerste indruk.

En die indruk werd na de begroeting allerminst getemperd door de stijve opgewektheid van de directeur-generaal: ik heet weliswaar Thor, maar ik donder niet. Neemt u plaats, alstublieft, neemt u plaats. Koffie?

Directeur-generaal Thor Gustafsson, een Zweed, zat kort voor zijn pensioen. Hij had na de laatste Europese verkiezingen al aangeboden afscheid te nemen om tegelijk met de scheidende voorzitter van de Commissie met pensioen te gaan. Dat zou het logische einde van een bewogen carrière zijn geweest, maar de nieuwe voorzitster van de Commissie wilde geen afstand doen van een man met zijn ervaring op die positie. Misschien telde ook mee dat Zweden na het wegvallen van Thor Gustafsson ondervertegenwoordigd zou zijn geweest op dit niveau in de hiërarchie. Ook al mocht dat aspect volgens de ethiek van de Commissie – iedere ambtenaar is vooral gebonden aan de Europese idee en niet aan zijn natie van origine – geen rol spelen, de nieuwe voorzitster van de Commissie was er zeer op bedacht om bij de bezetting van hogere posities het evenwicht tussen de nationale belangen, dan wel de nationale ijdelheden van de afzonderlijke lidstaten te bewaren, want ze wist dat haar eigen succes in deze functie aan zeventwintig touwtjes hing waaraan zevenentwintig staats- en regeringsleiders van de Unie trokken. En ook al voelde ze zich uiteraard niet hun marionet, ze wilde niet in die touwtjes verstrikt raken. Thor Gustafsson leek met het oog op dat evenwicht welhaast onmisbaar want het uitzonderlijke van zijn loopbaan was dat hij de diplomatieke dienst van Zweden steeds weer had afgewisseld met functies bij de Europese Commissie. Zo was hij eerst ambassadeur van de permanente vertegenwoordiging van Zweden bij de Europese Unie geweest, voordat hij als *Expert National Détaché* overstapte naar de Europese Commissie, om vijf jaar later terug te keren in Zweedse diplomatieke dienst als ambassadeur van Zweden in Turkije. Weer vijf jaar later keerde hij terug naar de Commissie en werd hij *Head of Unit*, verantwoordelijk voor de coördinatie van de toetredingsonderhandelingen met Turkije. Zo werd zijn carrière, zijn weg omhoog binnen de Commissie, steeds weer onderbroken – en bevorderd – door enkele jaren als Zweeds topdiplomaat. Beschouwde hij zichzelf nu meer als Zweeds staatsdienaar of als Europees ambtenaar? Niemand is ooit op het idee gekomen hem die vraag te stellen. Zijn aanzien berustte erop dat hij de doorsnede vertegenwoordigde van de verzameling Europese beambten en nationale diplomaten: correct, vriendelijk beleefd, loyaal, pragmatisch en in toenemende mate illusieloos.

Hij heette zeer uitgekookt te zijn, maar onlangs scheen hij in kleine kring te hebben gezegd dat wanneer hij terugdacht aan zaken waar hij vroeger warm voor liep, hij eerder afgekoeld was. Kortom: hij was moe. Als Zweeds ambassadeur in Ankara had hij van Turkije leren houden, daarna had hij als ambtenaar in de directie-generaal voor uitbreiding met grote betrokkenheid de toetredingsonderhandelingen met Turkije gecoördineerd en bespoedigd. Maar binnen de lidstaten van de EU groeide de negatieve houding tegenover een toekomstig lidmaatschap van Turkije, steeds meer regeringsleiders uitten hun bedenkingen en uiteindelijk werden de toetredingsgesprekken bevroren – en Thor Gustafsson werd bevorderd, letterlijk de allerhoogste hemel in geprezen, en nu keek hij als directeur-generaal bij NEAR van grote hoogte neer op het laagland van zijn inspanningen.

Dat wist Adam allemaal. Hij had zich voorbereid. En toch had hij zich een volkomen verkeerde voorstelling gemaakt van de directeur-generaal. Adam had op begrip gehoopt, sterker nog, begrip verwacht. Thor Gustafsson had immers in het geval van Turkije moeten toezien hoe zijn engagement en de inspanningen van de Commissie gefrustreerd werden door het kijken naar en rekening houden met nationale gevoeligheden. En datzelfde spel zou zich nu herhalen met de westelijke Balkanstaten: eerst werd bij die landen hoop gewekt, werden perspectieven in het vooruitzicht gesteld, werden met veel geld hervormingsprocessen opgestart en stappen naar harmonisatie gezet – om vervolgens op een veto van nationale regeringsleiders te stuiten, waarna er alleen nog zo'n beetje een bevroren situatie te administreren viel. Had Adam serieus gedacht dat hij en die man die scheef naar hem glimlachte een soort handlangers zouden kunnen worden?

Dat gezochte grapje meteen bij de begroeting dat hij weliswaar Thor heette maar niet donderde, bracht Adam in verwarring. De directeur-generaal ging er natuurlijk van uit dat zoiets Europees cultuurgoed was en dat Europeanen dus vanzelfsprekend moesten weten dat Thor de noordse god van de donder is, maar Adam keek hem niet-begrijpend aan.

Koffie?

Thor Gustafsson wees met uitgestrekte arm naar de zithoek in zijn kamer en verzocht hem plaats te nemen. Zithoek klinkt bombastisch, in wezen was het een tweezitsbank en haaks daarop een stoel, licht verende frames van rvs, de zitting en rugleuning bekleed met gladde blauwe stof. Adam nam plaats op de tweezitsbank, Thor Gustafsson op de stoel, met het raam in de rug. Daardoor zag Adam de directeur-generaal in tegenlicht, *pod światło*, zeg je in het Pools, *onder het licht*, maar hij vond dat de Franse uitdrukking *contre jour* hier toepasselijker was: *tegen de dag*.

Het was een zonnige dag met snelle wolken, waardoor rond het hoofd van de directeur-generaal kransen van licht en duister elkaar afwisselden.

U weet uiteraard, of zou moeten weten, dat het een no-go is, een absoluut no-go...

Thor Gustafsson drukte twee, drie keer op de thermoskan op de rookglazen tafel voor hem, en pruttelend drupte slappe koffie in een kopje dat hij Adam toeschoof, met duister gelaat ging hij verder: ...dat ambtenaren op eigen houtje politiek bedrijven, met persoonlijke belangen en dan ook nog doen alsof ze... nog een keer het gepruttel van de thermoskan, Thor Gustafsson pakte zijn koffiekopje met twee handen vast en bekeek het nadenkend...

...alsof ze een opdracht of zelfs maar de instemming van de Commissie hebben. U kunt toch niet zomaar contact opnemen met de regeringsleider van een lidstaat en doen alsof u iets met hem te onderhandelen heeft?

Wat nu? Dacht Adam. Moest hij rekening houden met disciplinaire maatregelen? Waaruit zouden die bestaan? Het was hem om het even. Het duistere gezicht van de directeur-generaal voor het grijze raam. Zijn scheve mond. Adam had als kind, destijds toen hij werd voorbereid op zijn opname in het ondergrondse leger, geleerd, en steeds weer moeten oefenen, om de lichaamstaal en mimiek van mensen te bestuderen, om de kleinste signalen op te merken en in te schatten. Het was belangrijk je eigen reacties daar zo mogelijk op af te stemmen. Het maakte verschil of iemand vriendelijk of alleen gespeeld vriendelijk was, of iemand serieus dreigde, of alleen wilde intimideren, zonder dat hij iets in de hand had. Er waren tekenen die het je mogelijk maakten dat te onderscheiden, en er kon veel van afhangen of je die signalen juist interpreteerde. Maar de scheve mond van Thor Gustafsson maakte Adam radeloos. Uit dit duistere gezicht tegen het nu helder oplichtende raam kon hij niet opmaken of die mond nou cynisme tegenover hem uitdrukte, of dat die deel uitmaakte van de basisfysionomie van de man, erin gebeiteld door decennialange ervaring.

De linkermondhoek wees naar boven, alsof hij glimlachte, de rechter hing omlaag, verbitterd en streng. Het waren twee mensen. Met wie had hij te maken?

Zo is het niet gegaan, zei Adam.

Buiten brak nu blijkbaar de zon weer door, fel licht omgaf het hoofd van de directeur-generaal.

Hoe ging het dan?

Ik was op een vrije dag bij mijn tandarts in Warschau.

U heeft een tandarts in Warschau?

Ja. Hij is de familietandarts. En omdat ik toch in Warschau was, heb ik natuurlijk ook een bezoek gebracht aan familie en oude vrienden. De minister-president is een vriend uit mijn kindertijd, onze vaders waren al goed bevriend. In eerste instantie bezocht ik dus een oude vriend en niet een politicus. Als kleine ambtenaar van de Commissie had ik anders toch ook nooit toegang tot hem gekregen.

En? U streefde tijdens die ontmoeting toch duidelijk politieke belangen na!

Nee. Zo kun je dat niet zeggen. Je streeft geen belangen na alleen omdat je over iets praat wat je belangstelling heeft. Het is toch logisch dat we tijdens onze ontmoeting ook hebben gediscussieerd over zaken waarmee we beroepshalve te maken hebben. Het was een gedachtewisseling tussen vrienden.

Tussen vrienden, aha. En dan schrijft u een verslag voor de Commissie. Doet u dat na elke gedachtewisseling met vrienden?

Zijn gezicht werd weer grauw, de neerhangende mondhoek donkergrauw. Die man is een cynicus, dacht Adam. Hij vergiste zich. Maar op één punt vergiste hij zich niet: anders dan in zijn tijd in het Poolse verzet kon je binnen het Europese bestuur vermeend cynisme zonder gevaar met cynisme beantwoorden. Als ik, zei hij, tijdens een gedachtewisseling met vrienden iets interessants te horen krijg, dan breng ik daarover natuurlijk ook verslag uit aan andere vrienden.

En na een korte pauze om die zin te laten inwerken, voegde hij eraan toe: de minister-president zei dingen waarvan ik van mening was dat mijn directeur die moest weten. Omdat ze met ons werk te maken hebben. Mijn mail aan hem was informeel en dat zijn secretaresse hem in het netwerk heeft opgeslagen was een vergissing, maar niet mijn schuld.

En na nog een pauze, tijdens welke licht en schaduw flakkerden achter de directeur-generaal, zei Adam: het was loyaliteit, geen eigenmachtigheid.

Gepruttel. De directeur-generaal schonk nog een keer koffie in, dacht na.

En in uw verslag... heeft u niets, hoe zal ik het zeggen, gedramatiseerd?

Nee. Hij – Adam herademde – gewoon, wat hij zei, wat hij van plan is, maakte me...

Gustafsson maakte een wegwerpgebaar en zei: U weet wat dat betekent?

Ja.

U weet dat dat maar één oplossing suggereert.

Ja.

En u weet dat die niet uitvoerbaar is

Ja. (Adam keek onopvallend op zijn horloge, hij verlangde ernaar thuis te zijn, zijn zoon naar bed te brengen en daarna met zijn hond te spelen.)

Daar sta ik dan, arme bliksem.

Adam keek de directeur-generaal verbluft aan. Weer een gezochte grap die hij niet begreep.

Thor Gustafsson wierp het hoofd in zijn nek alsof hij een oplossing zocht op het plafond, wipte met zijn stoel en zei ten slotte:

Maar er moet een compromis zijn. Welke mogelijke compromissen ziet u?

Meneer, zei Adam nerveus, ik heb mijn hele leven in dit huis niets anders gezien dan smerige compromissen.

Geen gevoelsuitingen, alstublieft, mister Prawdower. We hebben het hier over realpolitik. Daarin bestaat niets anders dan compromissen. Een compromis is een succes en een succes is nooit smerig. Smerige compromissen, dat is een contradictio in adjecto, als u begrijpt wat ik bedoel.

Jazeker, directeur-generaal.

Dus. We hebben een compromis nodig vóór de Balkanconferentie, zei hij, een aanbod waarmee we de achtergrondgesprekken ingaan, en waarmee we weer naar buiten komen als het resultaat van de conferentie. Een toonbaar resultaat moet natuurlijk vooraf – ik ga u nu iets zeggen wat u moet onthouden voor uw toekomstige carrière: wie bij de voorbereiding een mislukking incalculeert, bereidt de mislukking voor. Dus: het resultaat van de conferentie moet voorbereid worden. De Balkanstaten moeten een belofte mee kunnen nemen van de conferentie, een perspectief hebben, maar Polen moet, net als Frankrijk, Denemarken, Nederland en ook Hongarije tegelijkertijd worden bevestigd in de afwijzing van uitbreiding.

Adam keek hem aan. Dat is een onoplosbare tegenstrijdigheid, zei hij.

Filosofisch gezien mag dat een tegenstrijdigheid zijn, mister Prawdower, politiek is het een compromis: die belofte wordt niet bekrachtigd, maar geopperd. Allemaal slechts een kwestie van formulering. Als u dan al van het giftige bloed van die man hebt gedronken, of ben ik verkeerd geïnformeerd? Er wordt gezegd dat u bloedbroeders bent!

Adam schrok. Ze weten sowieso alles. De hemel verduisterde.

...dan moet u toch, vanuit uw beste kennis van...

Thor Gustafsson aarzelde, wilde al psyche zeggen, maar zei toen belangen...

...kennis van de belangen van de Poolse minister-president een passend paper kunnen opstellen...

Ja, meneer.

Een mislukking van de conferentie, verharde standpunten dus en een vernedering van de Balkanstaten, zou betekenen dat de Commissie heeft gefaald, en dat is uiteraard ondenkbaar.

Uiteraard.

Een oceaanstomer kan zijn koers niet volledig verleggen, als u begrijpt wat ik bedoel. Dus...?

Dus hebben we een reddingsboot nodig.

De directeur-generaal haalde diep adem, keek in verwarring

naar het verminkte oor van Adam, vroeg zich af of die malle ambtenaar het niet wilde begrijpen of gewoon niet goed kon horen, drukte zijn rechterhand tegen zijn slaap alsof hij hoofdpijn had en zei: Nee, mister Prawdower, we hebben geen reddingsboot nodig. Waarom zouden we van een oceaanstomer overstappen op een kleinere boot? Nee, wat wij nodig hebben is instemming met het volgende compromis: we blijven op koers, en over de precieze bestemming worden we het later eens.

Nu regende het, regendruppels gleden over de ruit achter het gezicht van de directeur-generaal omlaag, de beelden liepen in elkaar over, en Adam had de indruk dat de directeur-generaal huilde. Of tranen met tuiten lachte. Hij was twee mensen.

Adam stond op.

Eén ding nog mister Prawdower, voor de toekomst...

Ja?

Ik kan u een goede tandarts in Brussel aanbevelen.

Adam liep terug naar zijn cel, nam plaats achter zijn bureau.

Niet voor het eerst, maar voor het eerst sinds langere tijd dacht hij erover ontslag te nemen. Daarna dacht hij aan zijn gezin. Zijn vrouw Dorota zou hier, na haar ouderschapsverlof, kansen hebben, alleen hier in Brussel. Vergelijkbare kansen in Italië of Polen waren er niet. Europese lidstaten boden opvallend weinig kansen voor mensen als Dorota, die in Italië Poolse was en in Polen Italiaanse, ook al sprak ze Pools, zij het met een accent. En dan zijn zoon Romek: Polen (nationaliteit van de vader), Italië (nationaliteit van de moeder) en België (geboorteland van de zoon) konden het er niet eens over eens worden wie er verantwoordelijk was voor de kinderbijslag. Met zijn inkomen als ambtenaar bij de Commissie kon hem dat om het even zijn, maar het was niet om het even. Uit principe niet. Het was een symptoom voor de idiote moeilijkheden waarmee Europa mensen opzadelde die een echt Europese biografie hadden. Er waren redenen om wanhopig te worden, over het idee, nee, niet het idee, over de praktijk, de hindernissen en compromissen, maar moest je daarom het bijltje erbij neergooien? Romek zal naar de Europese school in Brussel gaan, talen leren, kansen krijgen die hij verder nergens... Nee, Adam moest doorgaan. Hij was bereid zich te voegen en vroeg zich af of hij een zwijn was. Het varken is een intelligent dier, dacht hij, en op de een of andere manier het wapendier van de Commissie.

Ondertussen schreef Fate Vasa in Tirana voor zijn minister-president een brief aan de Oostenrijkse regering, *onderwerp: Teruggave helm van Skanderbeg.*

Thor Gustafsson had met het oog op de onderhandelingen met de staten van de westelijke Balkan aangedrongen op realpolitik. Maar het probleem was: het werd nu onwerkelijk.

# TWEEDE DEEL

## Als tragedie, als farce, alsof

# 1

Wie de helm van Skanderbeg opzet, wat zou neerkomen op een Oost-Europese, postmoderne variant van de zelfkroning van Napoleon, zou de aanvoerder worden van alle Albanezen, heerser over de grootste bevolkingsgroep van de Balkan, over de Albanezen in Kosovo, in Noord-Macedonië, in Montenegro en Servië, maar ook over de niet te onderschatten aantallen Albanezen in Griekenland, en de grote Albanese gemeenschappen in Zuid-Italië, Duitsland en Turkije.

Politiek verenigde Albanezen zouden een Europese macht vormen, legde Fate Vasa uit, en hun aanspraak op een gemeenschappelijk grondgebied en zelfbeschikking was in overeenstemming met de fundamentele axioma's van het handvest van de Verenigde Naties, artikelen 1, 2 en 55.

Fate had zich zo goed voorbereid als mogelijk was voor een dichter die wat grasduint in de hem onbekende wereld van het volkerenrecht. Hij had daarbij wel competente assistentie: van Baia Muniq, expert op het gebied van internationaal recht en voorzitter van de justitiecommissie van het parlement. Van Baia hoorde hij dat noch het volkerenrecht noch het handvest van de Verenigde Naties meer garandeerde dan de *gerechtigde belangen* van de grote, voormalige imperialistische natiestaten.

Een voorbeeld, zodat je begrijpt wat ik bedoel, zei Baia. Arm Koerdistan! Begrijp je? De Koerden hebben binnen dit systeem van volkenrechtelijke overeenkomsten weliswaar gelijk, maar maken geen kans op verwezenlijking van hun rechtsaanspraken.

Maakt niet uit, zei Fate, wij baseren ons op de in het volkerenrecht vastgelegde rechtsaanspraken. Kan ik dat zo formuleren?

Natuurlijk kun je dat zo formuleren, zei Baia, formuleren kun je alles. Zeker jij. Maar er is geen instantie waar je je recht kunt opeisen. Want, hoe heet dat ook weer zo mooi: *de hoogste instantie binnen het volkerenrecht is de wil van de volkerengemeenschap.*

Wat betekent dat?

Aangezien er op internationaal niveau geen centrale wetgever bestaat, kan binnen het volkerenrecht elke wederrechtelijke toestand worden gelegitimeerd door internationale erkenning. Alleen internationale erkenning definieert de wil van de volkerengemeenschap. Letterlijk staat er: *Het volkerenrecht is gebonden aan de aanwezigheid van objectieve voorwaarden.*

Geef eens een voorbeeld!

Nou, laten we bij Koerdistan blijven: de omvang, de geopolitieke en economische betekenis van Turkije, en niet in de laatste plaats het lidmaatschap van de NAVO, dat zijn allemaal objectieve voorwaarden. Die wegen zwaarder dan de behoefte van de Koerden aan een eigen staat. En: de eis om alle Koerden te verenigen in één staat, op een grondgebied dat delen van Turkije, Syrië en Irak omvat, zou strijdig zijn met het in het volkerenrecht vastgelegde principe van de onaantastbaarheid van het staatsgebied en de grenzen van erkende staten. Er is zo goed als geen staat die zoiets kan erkennen, want door zo'n precedent zou hij meteen zijn eigen soevereine grondgebied ter discussie stellen. Want dan zou Spanje nogal een probleem hebben met de Basken en de Catalanen, Frankrijk met Corsica, Groot-Brittannië met de Schotten enzovoort. Dat is de tweede invloedrijke objectieve voorwaarde. Als je serieus de erkenning van een verenigd Albanië nastreeft: vergeet het!

Fate beet op zijn duimnagel, knabbelde rondom de nagel, zoog ten slotte nadenkend aan het topje van de duim. Oké, zei hij, mij gaat het om de rechtsaanspraak, niet om het krijgen van dat recht. Het gaat immers slechts om een symbool. Daarvoor heb ik de instemming van de internationale gemeenschap van staten niet nodig, alleen het effect dat het op die gemeenschap heeft. En daarom wil ik die symbolische eis onderbouwen met alles wat het volkerenrecht te bieden heeft. In dat geval is die eis niet krankzinnig maar fantastisch.

Typische Fate-formulering, dacht Baia, wat een vreemde man! Hij fascineerde haar als een pad die orakelspreuken ten beste gaf.

Want dat heb ik wel geleerd, ging Fate verder: Als een idee krankzinnig is werkt het niet, maar als het fantastisch is kan het effect sorteren.

Als we ervan uitgaan, ging hij verder, dat wie de helm in zijn bezit heeft alle Albanezen vertegenwoordigt. Vertegenwoordigt! Begrijp je? Alle grondgebied waar Albanezen wonen te willen samenvoegen tot een verenigd Groot-Albanië is natuurlijk onmogelijk, daartoe ontbreekt ook, hoe noemde jij dat? De wil van de volkerengemeenschap. Geen internationale erkenning. Maar alle Albanezen, om het even waar ze wonen in Midden- en Oost-Europa, symbolisch verenigen onder een leider wiens legitimiteit berust op een half millennium geschiedenis, dat zou toch reële macht betekenen. Stel je voor wat het zou betekenen als de Albanezen in vijf of zes landen hun loyaliteit aan Tirana zouden betuigen! Dat zou toch ongetwijfeld reële politieke gevolgen hebben! Dát zou pas realpolitik zijn! Als gevolg van een symbolische handeling, omdat iemand een helm op zijn hoofd zet!

Fate lachte. En hoe hij lachte.

De verschuivingen die dat teweeg zou brengen in alle landen die het betreft, moet Europa dan eerst maar eens zien te verwerken, het zou de man met de helm moeten paaien, met hem tot compromissen zien te komen, hem tegemoetkomen en...

Fate praatte steeds opgewondener, wat Baia in toenemende mate verwarde. Ze onderbrak hem: Je hebt me gevraagd een paar vragen over internationaal recht te beantwoorden. Maar op het gebied van fantasieën ben ik geen expert.

En omdat ze waar het fantasieën betrof een amateur was, wist ze ook niet meteen hoe ze moest reageren op de app die ze op dat moment van Karl Auer kreeg: dat hij komend weekend naar Tirana zou kunnen komen, privé. Of hij welkom was. En daarna een kalenderspreuk: *Geef het lot een kans als het op je deur klopt!*

Na de ontmoeting met Fate ging ze te voet naar huis en liep zo te piekeren dat ze tot twee keer toe struikelde over een oneffenheid in het trottoir, maar gelukkig niet viel; ze kwam langs Café Sophie en besloot er naar binnen te gaan. Ze bestelde een glas bier en... plotseling had ze zin om te roken alsof dit een situatie was als toen haar vader overleed of toen ze de afsluiting van haar *postgraduate* vierde, of de laatste keer, na de verkiezingsoverwinning van haar partij – ze vroeg of ze hier sigaretten hadden. Nee, zei de ober, maar daarginds, ziet u, daar is een kiosk.

Ik ben zo terug.

Ze dronk haar bier, rookte drie sigaretten en tikte op haar smartphone, wiste, tikte opnieuw, zat naar de zinnen te staren die ze had geschreven, wiste die, zocht naar woorden voorbij haar juridische precisietaal, en antwoordde uiteindelijk op Auers vraag met 'Oké'.

Ze wist natuurlijk dat die drie letters niet bepaald konden doorgaan voor een concentraat van romantische fantasie, maar ze hoopte dat Karl Auer het niettemin zo zou opvatten: als instemming om samen met hem het uitgestrekte gebied van de romantiek te betreden.

Daarna ging ze naar huis, het pakje sigaretten liet ze liggen.

## 2

De minister-president had een persconferentie gegeven waarin hij bekendmaakte dat hij de helm van Skanderbeg terugeiste van Oostenrijk, daarna informeerde hij de afgevaardigden tijdens een toespraak voor het parlement, waarbij hij die eis uitvoerig politiek onderbouwde, om vervolgens, diezelfde avond, op de Televizioni Shqiptar een toespraak tot de natie te houden waarin hij alle Albanezen beloofde dat hij Skanderbegs helm zou heroveren voor de natie en daarmee de belangen van *alle* Albanezen historisch gewicht en identiteit en toekomst en vrijheid en Europa enzovoort... Het script was van Fate Vasa.

Het idee dat de minister-president in het bezit zou komen van de helm van Skanderbeg en zich daarmee tot leider van alle Albanezen zou kunnen uitroepen, verontrustte de leider van de oppositie buitengewoon. Tijdens een vergadering met het partijbestuur eiste hij op gebiedende toon dat hij absoluut zelf in het bezit van de helm moest komen. Langs officiële weg was dat niet meer mogelijk nu de regering de eis langs diplomatieke weg had gesteld – welke mogelijkheden waren er verder nog?

Op legale manier in het bezit komen van de helm en je

ermee kronen, als ik dat zo mag zeggen, voorzitter, is inderdaad onmogelijk. Er is maar één mogelijkheid, wij moeten verhinderen dat de minister-president de helm in handen krijgt.

En hoe? Moeten we tegen de Oostenrijkers zeggen dat ze de helm moeten houden? Als dat bekend wordt...

Nee, voorzitter. De helm moet verdwijnen.

Verdwijnen? Ja, precies, dan kan niemand... maar is dat te doen?

Dat gaan we uitzoeken, voorzitter.

De minister-president hoorde hierover door een bericht van een officier van de Sigurimi.

Wat? Bestaat de Sigurimi dan nog? vroeg Fate.

Natuurlijk niet. Maar voormalige Sigurimi-medewerkers hebben ook een gezin dat moet eten. En een tiental verbitterde, werkloze officieren van de geheime dienst met alle connecties van dien is gevaarlijker dan werkloze arbeiders. Ze zijn in ieder geval deskundig, hoe zou ik het zonder hun kennis moeten stellen? Tegenwoordig zijn ze loyaal aan *mij*.

En?

Ze melden dat de oppositie zelf iets van plan is met de helm van Skanderbeg.

En... wat? Hoe wil die dat... aanpakken?

In ieder geval niet langs diplomatieke weg. Meer weet ik ook nog niet.

Natuurlijk had Fate Vasa een reactie van de oppositie verwacht. Dat was te voorzien geweest. Dat ze *de ware Skanderbeg* zouden claimen tegenover de ideologische vervalsing ervan door de regering, dat ze, onderbouwd met vele voorbeelden, de geloofwaardigheid van de regeringsleider met betrekking tot de Albanese geschiedenis en tradities in twijfel zouden trekken, of dat ze zich vrolijk zouden maken over de vergeefsheid van die onderneming om de helm van Skanderbeg terug te krijgen van Oostenrijk.

Maar wat hij niet voor mogelijk had gehouden, wat hij niet had zien aankomen: dat de oppositie die geschiedenis zo serieus nam dat de leider van de oppositie per se zelf in het bezit wilde komen van de helm van Skanderbeg, alleen maar om te verhinderen dat de minister-president politieke munt zou slaan uit die helm, zich zo meer aanzien zou verschaffen bij het volk. Hij geloofde blijkbaar echt in de politieke legitimatie die de helm verschafte aan wie hem in zijn bezit had.

Deze reactie bevestigt ons idee, zei Fate tegen de chef, en dat is goed. Enerzijds. Anderzijds hebben we nu een probleem, zei hij, omdat we niet weten wat hij in zijn schild voert. We weten maar één ding: hij wil die helm ook. Hij is weliswaar een idioot, maar tot alles in staat.

Zo begon de jacht op de gouden helm.

## 3

De officiële weg. Het Albanese ministerie van Buitenlandse Zaken bezorgde het officiële schrijven waarin de teruggave van de helm van Skanderbeg aan de Republiek Albanië wordt geëist bij de Oostenrijkse ambassade. De ambassadeur stuurde het door aan het Ministerium für Europa, Integration und Äußeres in Wenen, zoals hij verplicht is, ook al vindt hij de aangelegenheid bespottelijk. Maar die kwalificatie schriftelijk vastleggen was niet zijn taak. In het begeleidende schrijven moest hij erop wijzen dat het woord *Gif* in het kenmerk van het schrijven kennelijk de schuld was van een vergissing van de vertaalafdeling van de Albanese regering. Er werd geen Albanees *gif* teruggeëist van Oostenrijk, maar de als nationaal heiligdom geldende *helm*. Kennelijk was eerst het Albanese woord voor helm, *përkrenare*, in het Duits vertaald, waarna tijdens het corrigeren het woord *helm* weer was geïdentificeerd als Albanees woord, dat in het Duits dus *gif* betekende.

Binnen het kabinet van het ministerie besprak men na 'ontvangst van het schrijven', dat in het vervolg alleen nog ironisch de *giftige brief* werd genoemd, wie er belast zou worden met het schrijven van een antwoord, dat uiteraard afwijzend zou moeten zijn. De discussie was of Sectie II, Bilaterale Aangelegenheden verantwoordelijk was voor de beantwoording of Sectie V, Culturele Betrekkingen met het Buitenland.

'Een ouwe helm is, als-ie al iets is, cultuur. Daarom ligt-ie ook in 'n museum! Dus de vijfde sectie,' zei doktor Wondracek met nasale stem. Meester Wurbala stemde daarmee meteen in en permitteerde zich eraan toe te voegen: 'Maar dan zouwe we ook het Kunsthistorisch d'rbij betrekken moeten!'

Uiteindelijk werd de volgende beslissing genomen: het hoofd van Sectie V stuurt het schrijven door aan de directrice van het Kunsthistorische Museum Wien, met het verzoek na te gaan of er met betrekking tot die Albanese helm omstandigheden zouden zijn die restitutie zouden afdwingen of een aanspraak op restitutie zouden staven, en daardoor een bilateraal juridisch conflict tot gevolg zouden kunnen hebben.

Mocht het onderzoek naar afkomst geen aanleiding voor een dienaangaande restitutie geven dan kon het hoofd van V een schrijven dienaangaande opstellen aan het Albanese ministerie van Buitenlandse Zaken...

Dat was het laatste woord van dr. Wondracek. Hij was dol op het woord *dienaangaande*. Het smeedde zijn wereld aaneen.

Toen de directrice van het Kunsthistorische Museum met grote verbazing het verzoek van het Ministerie van Buitenlandse Zaken las, wist zij niet dat juist op datzelfde ogenblik – en dat zou haar niet alleen hebben verbaasd, maar hebben gealarmeerd – twee bezoekers van het museum bijzondere belangstelling toonden voor de helm van Skanderbeg, en bovendien de anders nogal desolate ruimte waarin de helm stond opgesteld buitengewoon nauwkeurig inspecteerden.

*De helm bevindt zich in een glazen vitrine met een aan de voorkant afgesloten deur. De vitrine is beveiligd met een contactalarm in de deurlijst (dunne draad zichtbaar onder in de deurlijst), dat betekent dat het alarm alleen in werking wordt gesteld bij het met geweld openen van de deur, door het verbreken van het contact in de deurlijst met de draad. Met een glassnijder is het mogelijk toe te slaan zonder het alarm in werking te stellen.*

*Twee bewakingscamera's in de ruimte. Evident oud systeem: analoge beeldregistratie die vanzelf wordt overschreven, waarschijnlijk na vierentwintig uur. Met twee personen, een rechts, een ander links van de vitrine wordt de derde persoon tijdens de uitvoering afgeschermd, en na vierentwintig uur zou de opname gewist moeten zijn.*

*Buiten openingstijden een bewegingsmelder bij de toegangsdeur van de zaal. Op zestig centimeter hoogte.*

*Looptijd van vitrine, Zaal* VI, *via de staatsietrap naar de uitgang van het museum bij vlotte pas, maar zonder haast: één minuut twintig seconden.*

BELANGRIJK: *Museum is op maandag geopend. Aangezien musea in de regel op maandag gesloten, op die dag meer bezoekers en maar twee personen toezicht per etage (!). Vandaar advies uitvoering op maandag, tijdens de openingsuren – geen bewegingsmelder die alarm in werking stelt!*

Dat meldden de twee bezoekers wier belangstelling voor de helm van Skanderbeg niemand was opgevallen, laat staan verdacht had geleken. Ze werden weliswaar gefilmd door de bewakingscamera, maar de beelden werden niet opgeslagen en waren vierentwintig uur later gewist.

De directrice van het museum beantwoordde de brief van het ministerie van Buitenlandse Zaken per omgaande, kort en bondig: dat er niet de minste reden was om met Albanië te onderhandelen over de helm van Skanderbeg als nationaal eigendom van Albanië. Ten eerste betwijfelde de wetenschap over het algemeen of die helm ooit de huid van Skanderbeg had beroerd. Vaststond alleen dat de helm rond 1460 in Italië was gemaakt. Zij het dat de kam haast onmogelijk origineel kon zijn, ook al had die met zijn geitenkop als opzetstuk de basis gelegd voor de nationale emblematiek van Albanië. Wat de herkomst betrof was het zeker, en aantoonbaar, dat aartshertog Ferdinand de Tweede de helm in Italië had verworven, hetgeen in 1593 werd vermeld in de inventaris van de Ambrosiana-collectie van de hertog. Er hoorde een koopcontract bij met een zekere Irena Kastrioti die, zwaar in de schulden, beweerde een nazaat en erfgenaam van Gjergj Kastrioti, genaamd Skanderbeg te zijn, en die de aartshertog, die wapens verzamelde, allerlei ~~oudijzer~~ heiligdommen van de destijds legendarische veldheer tegen de Osmanen ~~in de maag splitste~~ verkocht. De helm lag in het museum als schoolvoorbeeld van historische legendevorming, en níét als koloniale buit. Teruggave was daarom onmogelijk omdat alleen iets teruggegeven kon worden wat eerder eigendom van een ander, in dit geval eigendom van de Republiek Albanië, was geweest.

In de hoop van dienst te zijn geweest en met de meeste hoogachting etc.

Daarmee was voor de directrice van het Kunsthistorische Museum de zaak afgehandeld, ze dacht er niet meer aan en begreep het daarom helemaal verkeerd toen een maand later die beste meneer Swoboda van Security binnen kwam stormen, hij had zelfs de secretaresse 'u kunt toch niet zomaar... halt... u kunt niet...' opzijgeduwd en opgewonden geroepen: 'De helm! De helm! De gouden helm!'

'Is die alweer uitverkocht?' vroeg ze, geïrriteerd door de storing. Ze dacht aan de goudkleurige fietshelm, die in de Museumshop werd verkocht en die was uitgegroeid tot een verkoophit. Van die gouden helm met het logo van het museum bestond ook een variant voor skiërs en snowboarders, half Oostenrijk was op fietspaden en skipistes onderweg met de gouden helm van het Kunsthistorische Museum. 'Maar waarom sturen ze ú' de irritatie van de directrice maakte plaats voor verbazing, 'wat heeft Security met de shop te maken? Een fietser zal toch niet met geweld in de shop...'

'Nee, nee, niet die uit de shop! Die uit Zaal VI, de wapenkamer!'

Zaal VI? Welke helm? Nu begon het haar te dagen, er was onlangs iets met die Albanese helm, Skanderbeg, wat, wat is er met die helm?

Weg is-ie, directeur, mevrouw, weg, spoorloos.

'Spoorloos' kon je niet zeggen, maar de sporen wezen vooralsnog niet in de richting van mogelijke daders, terwijl de verdenking die de directrice helaas uitte tegenover de politie niet alleen in de verkeerde richting wees, maar ook gecompliceerde diplomatieke verwikkelingen tot gevolg had.

Op de beelden van de bewakingscamera was een zeer corpulente breedgeschouderde man met een volle baard te zien... 'Is die baard echt? Lijkt me eerder een vermomming!' 'Moeilijk te zeggen, lage resolutie...!' Zonnebril en baseballpet. Aan zijn zijde een zwangere vrouw. 'Dat haar dat steeds voor haar gezicht valt, ik gok op een pruik.'

Ze lopen langs een aantal tentoongestelde objecten, zoals mensen al slenterend in een museum gewoonlijk doen, houden steeds even in, lezen af en toe een toelichting, tot ze blijven staan voor de vitrine met de helm van Skanderbeg. Op dat moment komt nog een man Zaal VI binnen en loopt recht op de vitrine af. 'Een handlanger!' 'Duidelijk!'

Het stel en de man die erbij komt begroeten elkaar echter niet, ze gaan voor de vitrine staan. De zwangere vrouw bevindt zich nu tussen de twee mannen in. Beide diagonaal de zaal in gerichte bewakingscamera's tonen een brede mannenrug, terwijl amper op te maken is wat de vrouw doet die tussen de twee mannen in staat. 'Kijk!' Een van de mannen bukt en zet een uitgesneden rond stuk glas uit de vitrine op de grond. Op dat moment is heel even te zien hoe de vrouw de helm uit de vitrine pakt, haar positiejurk optilt... 'Die is helemaal niet zwanger!'

'Nu wel, van de helm.'

'Stop, hoelang duurde dat?'

'Van binnenkomst tot het verlaten van de zaal twee minuut zeventwintig.'

'En waar was de suppoost, als ik vragen mag?'

'Het is maandag mevrouw! Maandag! Vanwege de geringe bezoekersaantallen slechts twee mensen per etage!'

'Hebben we beelden van de daders terwijl ze het museum verlaten?'

'Ja, hier zien we ze in de foyer, iets meer dan een minuut later.'

'Zijn die beelden geschikt als opsporingsfoto?'

'We zullen ze gebruiken, maar het zal niks opleveren.'

Helaas antwoordde de directrice van het museum ook tijdens een persconferentie op de vraag of er aanwijzingen waren wie de daders konden zijn, respectievelijk of er een verdenking was: ja, er was een verdenking. Een maand geleden had de Albanese regering teruggave geëist van deze helm, die een nationaal heiligdom van Albanië was. Zij had deze eis met een afwijzing moeten beantwoorden aangezien de herkomst van de helm eenduidig was en hij niet als roofgoed kon gelden. Het was op zijn minst opvallend dat de helm, die de Albanese staat in zijn bezit wilde krijgen zo kort na dat afwijzende antwoord gestolen werd. Natuurlijk gold de onschuldpresumptie, maar ze verwachtte toch van de Oostenrijkse politie en van het ministerie van Buitenlandse Zaken dat die dit – voorzichtig geformuleerd – toeval nagingen.

Daarop riep de Oostenrijkse minister van Buitenlandse Zaken de Albanese ambassadeur op het matje, wat aanvankelijk slechts tot de uitwisseling van frasen leidde, maar daarna toch ook tot harde stellingnames. Natuurlijk zou de Albanese regering alles doen wat in haar vermogen lag om bij te dragen aan de oplossing van deze strafzaak, waarmee noch de Albanese regering noch enige andere staatsinstelling of aan de staat gelieerde institutie iets te maken had. En hij memoreerde dat enige tijd geleden uit hetzelfde museum een Italiaanse *saliera* was gestolen, een door Benvenuto Cellini voor Frans de Eerste van Frankrijk vervaardigd tafelzilver (de ambassadeur had zich grondig voorbereid), zonder dat daarbij de verdenking was gevallen op de Italiaanse of de Franse staat. Het was het werk gebleken van een kleine Oostenrijkse boef. Dus... hij liet onuitgesproken dat hij de insinuatie dat de Albanese staat iets met de diefstal van de helm van Skanderbeg te maken zou kunnen hebben beschouwde als je reinste racisme van Oostenrijkse kant. Hij toonde zijn woede niet, glimlachte en nam afscheid met de woorden: ‘*Ta dhifsha suratin!*’

‘Pardon?’

‘O, neemt u me niet kwalijk! Dat was een Albanese groet: *Grüß Gott!*’

De Oostenrijkse ambassadeur in Tirana kreeg een afspraak bij de Albanese minster van Buitenlandse Zaken. In zijn verslag kon de ambassadeur het niet laten te schrijven: ‘Als de minister van Buitenlandse Zaken in staat was de onwetenheid die hij tegenover mij tentoonspreidde te acteren, dan was hij niet slechts minister van een klein land geworden, maar een ster in Hollywood.’

De boulevardpers hijgde, omschreef de Albanese regering als Albanese maffia, *de onschuldpresumptie geldt*, wat ondanks regelmatige herhaling van die frase tot ontstemming tussen beide landen leidde, want geen van beide ging van de *onschuld* van de ander uit.

Tien dagen eerder was Fate Vasa met een edelsmid bij de chef geweest. De smid legde steeds opnieuw een meetlint om het hoofd van de minister-president, rondom, boven over, hij maakte aantekeningen, daarna legde hij het lint langs de zijkant van de slaap tot aan de wang.

‘Wat doet hij nou?’

‘Stilstaan, alsjeblieft!’

‘Wat is dit?’

‘Hij maakt de helm van Skanderbeg voor je, op maat!’

Die smid was een ingetogen man die amper media tot zich nam, voornamelijk Radio Dardania Tirana, de volksmuziekzender, tijdens het werk. Hij was trots op zijn ambacht, hij hield van het materiaal waarmee hij werkte, de veranderlijkheid ervan, van vloeibaar tot hard, van gloeiend heet tot steenkoud, hij beschikte over het benodigde vakmanschap, van de harde hamerslag tot extreme finesse, en hij was bovendien trots dat hij zijn gezin fatsoenlijk kon onderhouden, niet in luxe weliswaar, maar ze leden geen gebrek. De opdracht van de regeringsleider beschouwde hij als een onderscheiding, een hoogtepunt in zijn leven. En als hij dit werk tot tevredenheid uitvoerde, dan kon de machtigste man in het land misschien... hij durfde het zich amper voor te stellen... een goed woordje doen voor zijn dochter... zodat ze misschien in staatsdienst... Hij glimlachte, zijn hart gloeide als zijn door de hitte rood geworden gezicht. Hij puddelde – een in de middeleeuwen ontwikkelde techniek die hij als jongen indertijd nog had geleerd van zijn meester – koolstof en slakken uit het witgloeiende, door afkoeling deegachtiger wordende brittanniametaal, het materiaal waaruit ook de originele helm gesmeed was, en ja, hij glimlachte. Hij moest oude technieken toepassen om die oude helm getrouw na te maken. Met moderne methodes, zonder de oude ambachtelijke kunst zou hij niet meer dan een goedkope vervalsing produceren. Het was helder dat de klok van de helm uit één stuk gedreven moest worden en niet vervaardigd uit twee delen die dan aaneengeklonken en gelast werden. Wie beheerste die techniek nog? Zoals elke een beetje patriottische Albanees had hij natuurlijk een beeld voor ogen van de helm van Skanderbeg, maar Fate had afbeeldingen van internet voor hem uitgeprint met de helm vanuit alle denkbare perspectieven, en uitvergrote details. Die had hij met spijkers op de zwarte muur achter zijn aambeeld bevestigd. De rand van de helm moest worden belegd met een messing band en worden versierd met knoppen. Dat was geen probleem. Lastig was de band centraal op de helm. Was die van goud? Of verguld? En er waren letters in gegraveerd die hij op de foto's niet goed kon lezen. Hij deed navraag bij Fate, die de gevraagde informatie leverde: verguld koperen band met erin gegraveerd de letters IN PE RA TO RE BT, elk letterpaar gescheiden door een gouden rozet. Dus gebruikte hij koper, hoewel een goedkope band van aluminium, dat je na het vergulden niet meer zou herkennen, ook had gekund. Maar hij legde er eer in om precies en authentiek te werken. De schedelkam van de helm bestond uit een geitenkop met gouden hoorns. Fate: niet van goud, verguld brons.

Bij zijn vriend Beqë, de slager in zijn straat, haalde hij een geitenschedel. Drie dagen lang was hij met geen enkele schedel die hij bij Beqë vond tevreden, het moest een heel jonge geit zijn, het was raar om hem op de achterplaats van de slachterij in het slachtafval te zien staan en zijn meetlint om geitenschedels te zien leggen. Uiteindelijk vond hij er een die hij als model kon gebruiken als een schoenmaker een leest. Het was omslachtig. Hij vervaardigde een gipsnegatief, legeerde koper en tin en goot het af. Dat moest hij drie keer doen omdat hij traditioneel wilde werken, dus zonder siliconenrubber, al ontstonden daardoor breuken die niet meer dichtgesmolten konden worden. Vervolgens moest hij in de blinde oogholtes nagemaakte ogen plaatsen, kleine cirkels op een vlakke ondergrond, zonder dat er klink- of lassporen te zien waren. En toen dan eindelijk de geitenkop op de kam van de helm stond, blonk en straalde de helm als nieuw. Nu moesten er verouderings- en gebruikssporen aangebracht worden. Die veroudering voltooide hij in twee dagen tijd.

Zo kwam het dat de replica van de helm net klaar was toen Europol begon met de zoektocht naar het origineel.

## 4

Dorota had het hem al vaker afgeraden, maar Adam was er niet van af te brengen om 's morgen online Poolse kranten te lezen.

De *Gazeta Wyobrcza* uiteraard, die was opgericht als spreekbuis van de vakbond Solidarność, ook al deed ze eerlijk gezegd vandaag de dag evenveel denken aan die tijd van strijd als *globoli* aan handgranaten. Daarna las hij meestal nog de *Dziennik* die de pretentie had dat ze de Poolse versie van het Duitse *Die Welt* was.

Absurd, zei Adam, ze heeft niet de pretentie, ze heeft dezelfde eigenaar. En ik geloof, maar kan het niet bewijzen, dat Mateusz er op de een of andere manier bij betrokken is. Met een groep investeerders of een dochter van zijn gedurfde constructie van bedrijven of een stroman.

En al was dat zo?

Die krant noemt zichzelf onafhankelijk!

Omdat ze niet verbonden is aan een partij.

Mateusz is geen lid van een partij?

Adam, ik hou die haat van jou niet meer uit!

Dorota had wel eens gekscherend gezegd dat Adam die kranten alleen las om 's morgens zijn bloedsomloop op gang te brengen. Hij begon te lezen en raakte meteen geïrriteerd, zijn pafferige ochtendgezicht kreeg kleur en het vermoeide lichaam kwam op spanning en werd soepel. Maar op een gegeven moment was het niet leuk meer. Een taart in je gezicht kon je een keer grappig vinden. Maar elke dag, en in je eigen gezicht?

Kleine Romek gilde. Hij probeerde zijn vuistje in zijn mond te proppen. Hij kreeg tandjes. Dorota gaf hem de borst. Ik wil hem langzaamaan gaan spenen, zei ze. Adam zat over zijn laptop gebogen, zijn linkerhand op zijn oor, met zijn rechter veegde hij croissantkruimels van zijn borst en riep: Dat is toch ongelooflijk!

Adam, heb je gehoord wat ik zojuist zei? Ik wil het kind niet lang meer de borst geven!

Ja, zei hij, luister...

Dorota stond op en liep met het kind naar de slaapkamer.

Adam kon niet geloven wat hij daar in de krant las. Mateusz. Die verrader!

Het was een stormachtige, gure dag, maar hij ging te voet naar kantoor. Hij wilde de tegenwind in zijn gezicht voelen, hij lachte hysterisch toen een windvlaag zijn hoed van zijn hoofd blies, hij rende er niet achteraan, hij hield niet van die hoed, die hem niet warm hield, als zijn oude pet, en hem geen bescherming bood, als een helm. Dorota zei altijd: neem de hoed. Nu was hij weggewaaid.

Het was maar één halte met de metro van Merode naar Schumann, door het Jubelpark, langs het Autoworld Museum met zijn collectie oldtimers. Hij was er nooit geweest, hij had geen belangstelling voor auto's. Oldtimers waren voor nostalgische mensen. Hij was niet van mening dat vroeger veel zaken beter waren, en mooier, zeker auto's niet. Wat was er beter aan een historische Mercedes die je met veel moeite moest starten met een zwengel, en welke idioot voelde van vreugde zijn hart zwellen als hij een oude Fiat Polksi zag, die roestbak van de communisten? Aan de andere kant, het Musée Royal de l'Armée, ja, daar was hij een keer geweest. Maar het was deprimerend om naar gevechtsvliegtuigen van de geallieerden uit de Tweede Wereldoorlog te kijken, die van alles en nog wat hadden gebombardeerd, maar niet de spoorlijnen naar Oświęcim. Nu liep hij al onder de triomfboog door, langs het Rond-Point-Schuman naar de Rue de la Loi waar zijn kantoor was. Wat hij in de *Dziennik* gelezen had maakte hem zó woedend! Nu begreep hij beter, nee, nú pas begreep hij het slot van het gesprek dat hij onlangs in Warschau met Mateusz had gevoerd.

Ze waren inzake de Balkanconferentie in Poznań niet nader tot elkaar gekomen over de kwestie welke wenselijke doelen er onder het Poolse voorzitterschap nagestreefd moesten worden, en Adam had een laatste poging ondernomen: als het zakelijk niet lukte, dan maar persoonlijk. Hij stelde Mateusz voor een wandeling te maken. Naar de Plac Defilad.

Waarom, wat wil je bij het Stalin-paleis?

Ik wil samen met jou de plek bezoeken waar onze strijdkameraad Piotr Szczęsny zich...

Hij kreeg het niet over zijn lippen: in brand heeft gestoken.

Je herinnert je hem toch wel, en dat hij...

Mateusz keek hem aan.

Ik heb anjers gekocht, je secretaresse was zo vriendelijk die ondertussen in een vaas te zetten. Ga er alsjeblieft met me naartoe, dan leggen we ze neer bij de plek waar... laten we hem en die tijd gedenken. Nog steeds leggen mensen er bloemen bij, of zetten kaarsen neer. Ik wilde je al langer voorstellen er een gedenksteen te laten plaatsen met een tekst die blijvend aan hem en zijn strijd herinnert. Het was onze gezamenlijke strijd.

Mateusz keek hem aan, fronste zijn voorhoofd en zei: Ten eerste heb ik geen tijd om te wandelen. Op de tweede plaats begrijp ik niet waarom je een monument wil voor... hem. Zodat er nog meer gekken komen die zich van kant maken en denken dat er dan een monument voor ze wordt opgericht? Ik ga daar niet heen. Ja, we hebben voor de vrijheid gestreden, maar Piotr had een waanidee van vrijheid.

Adam keek hem vol ongeloof aan, Mateusz zei: Piotr wilde een wereld waarin hij elke dag kon zeggen: de hemel is blauw. Maar kijk uit het raam! Zo werkt dat niet.

Die ochtend had Adam in de *Dziennik* gelezen dat Mateusz samen met de burgemeester van Warschau op de Plac Defilad de eerste spade zou steken voor een groot bouwproject. Hier zou de toekomstige hoofdlocatie van het Muzeum Sztuki Nowoczesnej w Warszawie komen. Het gebouw maakte onderdeel uit van een omvangrijker plan om het hele gebied rondom het Cultuurpaleis opnieuw in te richten. De opening was gepland voor december 2022. In de krant stond een model afgebeeld van het geplande bouwwerk, en Adam meende te zien dat de plek waar Piotr was gestorven in de bouwput van het museum zou verdwijnen, letterlijk begraven zou worden.

Uit de krant maakte Adam op dat tijdens de planning van het gebouw verschillende keren vertraging was ontstaan, er was ruzie en onenigheid geweest bij de architectuurprijsvraag, uiteindelijk was er een tweede internationale prijsvraag uitgeschreven die had geleid tot een resultaat waarmee republiek én stad konden instemmen.

Waarom? Omdat eerdere plannen niet het resultaat hadden opgeleverd – hetgeen in de prijsvraag uiteraard niet expliciet als voorwaarde gesteld kon worden – dat het gebouw dusdanig op het plein ingepast werd dat de plek van Piotrs zelfverbranding achter de bouwhekken en uiteindelijk in de bouwput zou verdwijnen? Die plek moest... ja, uitgewist worden!

Adam was niet zo gek dat hij daadwerkelijk geloofde dat Mateusz had ingegrepen in de planfase om dat voor elkaar te krijgen. Maar hij kon zich maar al te goed voorstellen hoe Mateusz, die niet met hem naar de Plac Defilad had willen gaan, juist daar, met uitzicht op de bloemen en kaarsen die Piotr herdachten, glimlachend naar de fotografen, de eerste spade zou steken. En dat maakte hem gek.

Bij de lift kwam hij Catherine tegen. Ze had een alpinopet op die als een rode helm op haar hoofd stond. Ze keek naar zijn verwaaide haar dat alle kanten op stond en zei: Wat een storm hè, monsieur? Die brengt – ze glimlachte – de ziel in beroering.

*Vous avez raison, Catherine!*

Zoals altijd begon Adam de dag met het beantwoorden van e-mails. Maar die ochtend kon hij zich niet concentreren. Niet op e-mails. Hij stopte, sloot de mailbox af. Hij keek op de klok. De vergadering was gepland voor elf uur. Nog bijna twee uur. Zijn woede liep er al op vooruit. In de meetingroom, die even leeg was als de fantasie van zijn collega's, zouden ze rond de tafel met het kille formica blad zitten, het zou gaan over zijn verslag van het gesprek met de Poolse minister-president en wat die informatie betekende voor hun verdere werk, iedereen zou er met een meer of minder groot geweer op schieten, daarna zouden de kogels terug in de loop verdwijnen – was dat niet mogelijk? Jawel! Heel veel andere dingen waren onmogelijk in dit huis, maar een kogel terug de loop in krijgen was een kunstje dat binnen de Commissie tot in perfectie beheerst werd. En het resultaat? Niks was afgeschoten, dus konden ze tevreden zeggen: we hebben ons kruit droog gehouden. De beroemde compromiscultuur. Alsof er een compromis kon bestaan tussen een bloem en een bulldozer.

Voor de vergadering had Adam Prawdower een paper voorbereid met een paar punten waarmee hij wilde pleiten voor het afzeggen van de Balkanconferentie in Poznań, respectievelijk een afzegging van de Commissie voor deelname aan die goedkope komedie. Natuurlijk wist hij dat dat niet haalbaar was, en na zijn gesprek gisteren met de directeur-generaal was hem volkomen duidelijk dat het niet eens zin had erover te discussiëren om bij de collega's tenminste een besef van een probleem te laten ontstaan. Hij opende het document op zijn computer, las de punten door, goede argumenten, maar niet goed genoeg, veel te idealistisch om de koers van de tanker te kunnen beïnvloeden. Hij staarde naar zijn beeldscherm. En... staarde... en sloeg met zijn vlakke hand tegen zijn voorhoofd. Niet echt natuurlijk, bij wijze van, hij had een idee, een revelatie in wezen. Het was alsof er met een snelle ruk een gordijn opzij werd getrokken en er licht het vertrek binnenviel, en hij zag wat hij eerder niet had gezien: hij was gefixeerd geweest op het afzeggen van de conferentie in Poznań. Dat kon natuurlijk niet. Die conferentie moest uiteraard doorgang vinden. Alleen – en dat was zijn plotselinge idee – niet in Polen! Hij had iets willen verhinderen, wat kansloos was, maar geen alternatief ontwikkeld. En precies dat, een alternatief, was de oplossing. De Balkanconferentie moest plaatsvinden in een van de Balkanstaten die kandidaat voor toetreding tot de EU zijn. Dat zou de conferentie de juiste *spin* geven, dat was een teken dat de Commissie het streven van die staten serieus neemt. In Tirana bijvoorbeeld, of in Skopje. Waarom niet in Pristina... dat zou pas een signaal zijn! Maar in geen geval in Poznań.

En de motivatie? Omdat hij van mening was dat de Poolse regeringsleider een verrader was? Nee. De motivatie moest zijn dat de Commissie Polen kortgeleden had aangeklaagd bij het Europese Gerechtshof omdat de Poolse regering Europees recht schendt, de onafhankelijkheid van de rechtspraak ondermijnt en rechters onder politieke controle van de uitvoerende macht brengt. Waarom had Piotr anders zijn signaal afgegeven, zijn schokkende daad begaan? Precies om die reden: vanwege de rechtsondermijning door de Poolse regering, waartegen de Europese Commissie nu eindelijk een procedure was gestart.

Hoe kon je met kandidaten voor toetreding tot de EU onderhandelen over bijvoorbeeld hervormingen van de rechtspraak als het gastland van de conferentie, een lidstaat van de EU, zelf Europees recht schond? Dat was cynisch en volkomen contraproductief.

Hier zouden de aanhangers van realpolitik in de Commissie niks tegen in kunnen brengen, dacht hij.

Adam wiste het document dat hij had voorbereid en noteerde gehaast wat een daadwerkelijke mislukking van de conferentie ondanks alle mooipraterij zou betekenen: groeiende invloed van China in Europa, aangezien de gefrustreerde, door Europa verraden staten van de westelijke Balkan zich natuurlijk meer op China zouden richten. Dan een paar punten waarom het verplaatsen van de conferentie naar de hoofdstad van een van de kandidaatslanden een grotere kans op een succesvol resultaat bood. De vraag was nu of je dit alternatief op zo korte termijn kon realiseren en organisatorisch voorbereiden: niet Poznań, maar...

Tirana, zei Karl Auer.

Behalve Karl Auer (D.4 – Albania, Bosnia and Herzegovina) waren de deelnemers aan de meeting van Directoraat D van de NEAR: Nathalie Bonheur (D.1 – Montenegro), David Charlton (D.3 Kosovo, North Macedonia) en natuurlijk Ambroise Bigot (Directeur van Directoraat D, Western Balkans). Niet gekomen was Mikhel Müürisepp (D.2 – Serbia)

Adam Prawdower was verrast, ja, verheugd dat collega Auer zijn voorstel zo snel steunde. Albanië, zei Auer, zou als locatie een krachtig signaal afgeven, we weten uit enquêtes van de Euro-barometer dat meer dan tachtig procent van de Albanezen voorstander is van lidmaatschap van de EU, de hervormingen van bijvoorbeeld het juridisch apparaat in Albanië zijn indrukwekkend, ik denk dat het een goed idee is zo'n signaal af te geven en...

Ja, ik vind dat Adam en Karl gelijk hebben, zei Nathalie. Het kan niet in ons belang zijn als de Poolse minister-president zich ten koste van ons profileert als strijder tegen de islam en zogenaamde schurkenstaten, om daar in eigen land politiek een paar procent mee te winnen, ik bedoel, dat kunnen we niet verhinderen, maar we kunnen in dit geval de voorwaarden veranderen...

*Yeah*, zei David Charlton, hij vond het volkomen logisch. Zelf was hij niet lang geleden van nationaliteit gewisseld, hij was een Engelsman die na de Brexit een Ierse overgrootvader had ontdekt en Ier was geworden. Alleen met flexibiliteit komen we verder, zei hij.

U stelt dus voor om Polen voor het hoofd te stoten! wierp directeur Ambroise Bigot tegen, die met toenemend ongenoegen had geluisterd.

Nee, ik stel voor Polen te herinneren aan de Europese waarden, om die tegenover de Balkanstaten op geloofwaardige wijze te kunnen vertegenwoordigen, zei Adam.

*Well...*

Dat is toch niet in tegenspraak met onze taak, precies dat ís onze taak, om de waarden...

Well, laat ik het als volgt formuleren: wanneer de lidstaten verschillende belangen hebben, dan wordt onze verdere handelwijze niet afgeleid uit abstracte waarden, waar sowieso iedereen ja bij knikt, maar uit de krachtsverhoudingen. En ineens, van het verkeers-Engels overschakelend naar een uiterst geaffecteerd Frans: *J'espère de m'être exprimé clairement!*

Zwijgen. Adam was ontdaan. Hij keek de kring rond, boog zich ten slotte ver over de tafel heen – directeur Bigot zat tegenover hem, de man die hij vooraf informeel op de hoogte had gebracht van zijn reis naar Mateusz in Warschau, de man die *allez-y* tegen hem had gezegd, *go ahead, doe maar*, de man die hem aangemoedigd had, maar toen o zo per ongeluk zijn verslag openbaar maakte – Adam boog zich ver naar hem toe en zei haast toonloos: Ik heb het niet begrepen, meneer.

En voordat Bigot kon antwoorden, zei Adam: Ik meen namelijk begrepen te hebben dat u zich hopelijk helder heeft uitgedrukt. Maar dat heeft u vast niet gezegd.

Bigot keek hem met vlammende ogen aan, op zijn pas geschoren wangen glom de baardschaduw. Hij wist niet of hij daar nu op in moest gaan door het te beamen: jawel, dat heb ik wel gezegd. De vraag was immers retorisch, die hoefde hij niet te beantwoorden... maar, ging Adam al verder: Dat kunt u niet gezegd hebben. Want een man in uw positie moet toch weten dat een verkeerde beslissing niet beter wordt als je trots benadrukt dat je die helder hebt uitgedrukt.

Adam stond op. Hij was zo woedend dat hij met wellust voelde dat hij de controle verloor. Als je, zei hij, een domme beslissing neemt, dan is het de kroon op de domheid te benadrukken dat je je immers helder hebt uitgedrukt.

Nu schoot Bigot overeind.

Maar ik heb u vast verkeerd begrepen, zei Adam snel, u weet immers, een verkeerde beslissing kan alleen zonder gezichtsverlies herzien worden als je je niet helder uitgedrukt hebt!

Geen notulen van deze bijeenkomst! riep Bigot en holde de kamer uit.

*Oui monsieur*, riep Adam hem na, *zróbmy naszą robotę*!

David Charlton grijnsde en zei toen op theatrale toon: *By the pricking of my thumbs, something wicked this way comes*. Karl Auer lachte, die uitspraak beviel hem. Nathalie Bonheur keek Karl Auer aan, bracht vragend wijs- en middelvinger naar haar mond, en Karl Auer maakte een instemmende kleine buiging. Adam Prawdower liep naar buiten. Karl Auer vergezelde Nathalie naar haar kamer, hielp haar in haar donsjack, daarna gingen ze naar de brandtrap om te roken.

Heb je het niet koud?

Het is oké.

*Non, non*, zei Nathalie. Haal je jas. Je bent gek, het is veel te koud. *Vite!* Ik hou zolang je sigaret vast.

Toen Karl Auer terugkwam, zei ze: alsjeblieft, Charles, zeg me dat dit niet gebeurd is. Dat daarnet was niet waar, toch?

Dat de meeting niet heeft plaatsgevonden is officieel, je hebt directeur Bigot immers gehoord: geen notulen!

Nathalie trok aan haar sigaret en knikte. Karl Auer mocht haar echt, niet alleen vanwege hun gezamenlijke rookpauzes als 'laatste der rokende Mohikanen', ze was een buitengewoon capabele, competente en hulpvaardige collega. Maar hij hield niet van hoe ze rookte: ze kneep haar ogen samen en hield tussen de trekjes door de sigaret met gestrekte arm van zich af. Dat had niets elegants. Het had iets verwarrends: enerzijds roken, je anderzijds de sigaret van het lijf houden.

Ze nam een trek, blies de rook uit, wapperde met haar linkerhand een paar keer voor haar gezicht en zei: weet je wat mij wonderlijk toeschijnt?

Daar hield Auer van, van zulke uitdrukkingen.

Dat tijdens de meeting niemand eraan herinnerd heeft dat de Commissie te allen tijde een conferentie kan organiseren, zonder toestemming van de Raad, zonder deelname van de ministers van Buitenlandse Zaken, een... conferentie, begrijp je? Wij investeren zoveel geld in de kandidaatslanden dat het volkomen legitiem is, en ons goed recht om een conferentie te beleggen tijdens welke we de investeringen evalueren, de vooruitgang bij de hervormingen bespreken, perspectieven formuleren enzovoort, alleen wij, de vertegenwoordigers van de Commissie en de staten van de westelijke Balkan. Vlak voor de conferentie in Poznań kunnen we dan...

Ze haalde een zak-asbak uit haar jack, drukte haar sigaret uit, hield Karl de asbak voor, die er ook zijn sigaret in drukte, daarna stak ze een nieuwe op... kunnen we de Balkanstaten laten zien: vergeet de frustratie van Poznań, de Commissie werkt aan een concreet perspectief. Wat denk jij? Voor mij zou dat heel belangrijk zijn. Ik heb wat Montenegro betreft mijn nek al heel ver uitgestoken.

Nu stak Auer een nieuwe sigaret op. Je hebt gelijk, zei hij.

Ik begrijp dat monsieur Bigot die mogelijkheid niet ter sprake heeft gebracht...

Adam wel!

Hij wilde alleen de conferentie in Poznań boycotten en in plaats daarvan een conferentie op een andere locatie. Dat kan natuurlijk niet, niet voor het Parlement, niet voor de raad. Maar hé, je hebt gelijk, niemand kan ons beletten om als Commissie een conferentie met kandidaatlanden te beleggen.

Ik praat met Adam, zei ze. En dat is precies wat ik tegen hem ga zeggen: niemand kan ons beletten! En we houden die conferentie in...

In Tirana.

Jij houdt van Tirana, nietwaar?

Ja, Tirana is... is...

Oké, zei Nathalie, Tirana is oké, maar de locatie kunnen we later beslissen, ik praat eerst eens met Adam.

Karl schoot zijn sigaret naar de binnenplaats beneden.

Milieudelinquent, zei Nathalie.

Nou geweldig, dacht Karl Auer. Als Nathalie het voor elkaar kreeg hadden ze twee conferenties.

## 5

De politie had bijna twintig minuten nodig vanaf de Schottenring naar de plaats van het misdrijf. Terwijl zij nog met zwaailicht en sirene door de file in de Landesgerichtsstraße ploeterde, waren de dieven in hun Mercedes Sprinter al via de Neustiftgasse, gebruikmakend van de vrije busbaan, bij de Westbahnhof aangekomen. De twee mannen en de vrouw hadden zich tijdens de rit in de bestelbus omgekleed, geen baard meer, geen baseballpet, geen spijkerbroek, geen positiejurk, geen pruik. Zakelijke kostuums, nu, een elegant mantelpak, de helm in een Louis Vuitton-trolley gepropt.

Op de Westbahnhof ging het drietal uiteen: de vrouw ging voorin bij de bestuurder zitten en werd naar de luchthaven gebracht. De corpulente, zwaargebouwde man nam tramlijn 18 en was vijftien minuten later bij de Hauptbahnhof. De tweede, een elegante slimfit man liep met zijn trolley snel naar de Westbahnhof.

Op het moment dat de politieagenten in het Kunsthistorische Museum zich een eerste indruk van de situatie verschaften, reed de trein naar Salzburg net weg. Zo reisde de helm in een richting precies tegenovergesteld aan die die de politie later zou vermoeden. In de Business Class.

De man met de trolley was ontspannen. Hij wist dat een opsporingsbevel op zijn vroegst na vierentwintig uur zou worden uitgevaardigd. Eerst moesten de resultaten van het sporenonderzoek door de technische recherche worden afgewacht, de evaluatie van de vingerafdrukken (negatief), DNA-sporen (negatief), gezichtsherkenning op de beelden van de bewakingscamera (negatief).

Daarna moest de leidinggevende rechercheur overleggen met de verantwoordelijke officier van justitie, die op basis van de feiten (uiterst mager) de opdracht tot onderzoek gaf. Zo'n opdracht was een routinekwestie en het enige effect ervan was dat er dossiermappen gevuld raakten.

Commissaris Starek was al lang geleden opgehouden na te denken waarom die routine niet ter discussie werd gesteld als die zo goed als nooit resultaat opleverde.

Als het aan hem lag zou hij uit een heel ander vaatje tappen: aangenomen dat de buit het land uit gebracht moest worden zou hij onmiddellijke sluiting van de grenzen verordonneren, en scherpe controles aan alle grensovergangen, op luchthavens, en ook in alle treinen die Oostenrijk verlieten. Maar zijn handen waren gebonden omdat er geen middelen waren, zelfs niet met steun van het Openbaar Ministerie, om binnen het Schengengebied grenzen af te sluiten. Een kunstdiefstal rechtvaardigde niet dat een Europese verworvenheid als het vrije verkeer van mensen en goederen werd opgeheven of zelfs maar kortstondig onderbroken. Afgezien daarvan was er ook gebrek aan personeel. En er was gebrek aan alles wat nodig was om meteen een net uit te kunnen werpen. Hij mocht graag zeggen dat hij niet eens een hengel ter beschikking had, dat hij zijn vissen moest vangen met een dossiermap.

Hij liet de zaak opnemen in het internationale register van kunstdiefstallen (formaliteit), om Europol op de hoogte te brengen (formaliteit). Navraag bij vertrouwensfiguren in het wereldje van helers (negatief). Aanvraag bij telefoonmaatschappij voor een analyse van mobiele telefoondata, bewegingsprofielen rond het bewuste tijdstip rond de plaats en omgeving van het misdrijf (in eerste instantie afgewezen met het oog op de Wet Persoonsgegevens, daarna via de rechter afgedwongen: negatief). Wat restte was dus wachten, onder de noemer OOD, onderzoek naar onbekende daders.

En hij was de onbekende speurder. De collega's van de afdeling Moordzaken, Drugscriminaliteit of Economische delicten stonden steeds weer in het middelpunt van de publieke belangstelling, behaalden successen, golden als helden. Maar Kunstdiefstal had van alle afdelingen het laagste percentage opgehelderde zaken, wat de statistici bij de politie dwarszat, maar door het publiek helemaal niet waargenomen werd omdat het in de regel weinig spectaculaire zaken betrof. Diefstal van een muziekinstrument, maar nooit eens een Stradivarius, of diefstal van een kelk uit een kerk, maar nooit uit de Stepahnsdom of Karlskirche, een gestolen schilderij na een inbraak in een villa in Hietzing, maar nooit een Picasso, meestal een Waldmüller. Natuurlijk was er geen foto van het schilderij, geen familiefoto waarop het schilderij op de achtergrond te zien was, of een reproductie ervan in een catalogus, ook de herkomst was niet gedocumenteerd, altijd was het een erfstuk van opa, maar natuurlijk wel tonnen waard. Daarna verhuisde de zaak vanwege de verdenking van verzekeringsfraude naar de afdeling Oplichting. Dat was nog de beste oplossing.

In de twintig jaar dat commissaris Starek de afdeling leidde was er maar twee keer een opzienbarende zaak geweest: de diefstal van een Renoir uit het Dorotheum en de diefstal van die saliera van Cellini uit datzelfde Kunsthistorische Museum dus, dat nu eindelijk eens zijn beveiligingssysteem zou moeten laten nakijken. In beide zaken had niet onderzoek naar de dieven geleid, maar een toeval waarop Starek helemaal niet meer had gehoopt terwijl hij over zijn dossiers gebogen zat. En de daders kregen acht respectievelijk veertien maanden.

Als ik niet bij de politie zat, zei Starek een keer in zijn stamcafé, Gaststätte Pistauer in de Simmeringer Hauptstraße, en ik van inbraak moest leven, dan zou ik me in kunstdiefstal specialiseren. Normaal word je niet gepakt en als ze je toch snappen dan krijg je een milde straf. Weten jullie wat de dief van de Renoir in de rechtbank zei? Dat hij eigenlijk vrouwen wilde leren kennen, zei-ie. De rechter begreep niet wat hij daarmee bedoelde, ze heeft het twee keer gevraagd, maar met slechts acht maanden gaf ze hem een zo milde straf dat het leek alsof ze begrip had voor zijn verlangen, waarin hij helaas zijn doel een beetje voorbijgeschoten was.

Zijn tarokpartner bij Pistauer, Prochaska, een gepensioneerde gymnasiumleraar zei: En als ik moest leven van kunstvervalsingen zou ik me specialiseren in Kasimir Malevich.

Starek dacht aan het kantoor van de hoofdcommissaris en zei: Of in Otto Mühl.

En nu zou hij, de onbekende rechercheur, vanuit de schaduw van zijn afdeling in het schijnwerperlicht van een persconferentie stappen, samen met de hoofdcommissaris van politie, die met brede gebaren naar hem zou wijzen opdat later duidelijk zou zijn wie gefaald had als de daders niet konden worden opgespoord. Natuurlijk, het was een spectaculaire zaak van groot publiek belang, maar wat moest hij zeggen in dat boeket van microfoons? Dat hij net als in het geval van de saliera hoopte op wat geluk en de dommigheid van de dader, dat er geen andere mogelijkheden waren, en dat hij in de tussentijd geroutineerd aan zijn bureau zou zitten?

Nee, je zegt: we volgen een veelbelovend spoor.

We hebben geen veelbelovend spoor.

Denk aan wat de directrice zei.

Ik kan toch niet zeggen dat we onderzoek doen in de richting van de Albanese regering? Bovendien: hoe doe je onderzoek naar een regering? Daartoe zou ik toch helemaal niet bevoegd zijn?

Je hoeft ook niet te zeggen Albanese regering, alleen: Albanië, veelbelovend spoor.

Die perslui gaan doorvragen.

Dan zeg je: ik vraag uw begrip dat we lopende het onderzoek nog niet, blabla, we werken onder hoogspanning, en blabla.

Ik ga toch niet voor televisiecamera's zeggen dat we onder hoogspanning werken.

Maar dat willen ze weten!

Maar daar kunnen ze toch van uitgaan! Wat ze zich verder ook voorstellen bij onder hoogspanning.

Dat kun je ze toch uitleggen.

Als ik dat uitleg, dan kun jij aftreden.

Oké, dan doen de minister van Binnenlandse Zaken en ik het alleen.

Commissaris Franz Starek was ten diepste een lethargische man. Je moest zijn lethargie echter niet verwarren met gemoedelijkheid, soms was hij juist het tegendeel daarvan. Hij had zo zijn onwrikbare voorstellingen van moraal, van de juiste manier van leven en van fatsoen, en na twintig jaar in een leidinggevende positie, die vanwege zijn muurbloempjespositie binnen de institutie tegelijkertijd een doodlopend carrièrepad was, een gelatenheid ontwikkeld die in Wenen wordt aangeduid met '*sich nix scheißen*'. Wanneer iets hem in hoge mate irriteerde of als hij iets als fout beschouwde, dan kon hij zelfs tegen hooggeplaatste politiefunctionarissen zo tekeergaan dat ze met ziekteverlof gingen vanwege een mogelijke tinnitus.

En hij was een familieman. In die hoedanigheid had hij een grote nederlaag geleden: de scheiding van zijn vrouw. Op een dag had hij moeten vaststellen dat hij haar niet langer begeerde. Maar dat zou voor hem nog geen reden tot scheiding zijn geweest. Hij had geen buitenechtelijke relatie, hij vond dat hele gedoe rond seks maar overdreven. Als iedereen zo was als hij dan zou de psychoanalyse nooit zijn ontstaan, en de porno-industrie al helemaal niet. Tederheid vond hij belangrijk, gedeelde belangstelling, solidariteit. Dat klonk zo serieus. Maar nee, vrolijkheid moest er natuurlijk ook zijn. Maar zijn vrouw maakte hem niet meer vrolijk als hij thuiskwam. Dat was een eigenaardig besef, hij dacht erover na wat het te betekenen had als hij tegen zichzelf moest zeggen: ze maakt me niet meer vrolijk. En er waren ook geen tekenen van tederheid meer. Wanneer, vroeg hij zich af, had ze hem voor het laatst uit zichzelf een kus gegeven? Toen ze elkaar leerden kennen, op een van hun eerste avonden hadden ze bij een worstkraam op de Schwedenplatz lachend een stuk braadworst tussen hun monden heen en weer laten gaan, en nu was er niet eens een kusje als hij thuiskwam van zijn werk. En later moest hij toegeven dat het hem afkeer inboezemde om als ze stond te koken een kus in haar steeds vleziger wordende nek te drukken, een hand op haar volumineuze achterste, zoals vroeger, toen hij zin had gehad haar rok op te schorten. En zij ja zei, ja.

Hij zette de scheiding door zonder de vuile was buiten te hangen, zonder rozenoorlog. Hij had graag drie of vier kinderen gehad, maar het bleef bij een dochter, Sabine, zijn Bienchen, die tegen hem papa zei en tegen haar moeder Elfi. Zij was nu ook al vierentwintig, vorig jaar had hij haar een plekje kunnen bezorgen bij het districtsbestuur, waar ze, naar hij vernam, zeer capabel bleek te zijn, wat hem met trots vervulde. Sinds haar tijd bij de Rote Falken was ze een felle sociaaldemocraat wat binnen het college misschien hielp. Het raakte hem, ook hij was een rooie, hoewel de moraal van die partij hem...

Ach wat, zei Prochaska de gymnasiumleraar, laten we daarover niet kibbelen. Dat is een ingewikkelde kwestie.

Stafoverleg: de directrice van het Kunsthistorische Museum zou hebben verklaard dat vlak voor de diefstal de Albanese regering had gevraagd om teruggave van precies die helm. Opvallend was dat de diefstal plaatsvond kort na haar negatieve deskundigenadvies.

Dan gaan bij mij alle alarmbellen af, zei commissaris Huber, Albanese maffia, duidelijk!

Ik zou het op prijs stellen, zei Starek, die lethargisch in zijn stoel hing, benen languit gestrekt, lichaam ver achterovergebogen, als we de aanduiding van de Albanese regering als maffia niet in het dossier zouden opnemen. Laten we schrijven: niet bevestigde aanwijzingen in de richting van belangen van bepaalde kringen in Albanië.

En toen, na een plotselinge ingeving, nee, beter: aanwijzingen in de richting van nationalistische kringen in Albanië.

Dus, als we ervan uit kunnen gaan dat de gouden helm via de

kortst mogelijke weg naar Albanië werd gebracht, zei de jonge Huber opgewonden, dan komen er twee routes in aanmerking: via Slovenië, Kroatië en Montenegro of via Hongarije, Servië en Macedonië.

Noord-Macedonië, zei Starek.

Ja. Hoe dan ook...

Interessant om uit te wijden over de kortste weg, een week na de diefstal, dacht Starek. Interessant voor het dossier.

De politie-eenheden in die landen zijn via Europol op de hoogte gebracht, zei hij, maar we hebben geen enkele aanwijzing van ze ontvangen. Ik zeg niet: bruikbare aanwijzing, ik zeg alleen aanwijzing. Nul.

En toen kreeg hij een idee, dat hij aanvankelijk niet liet vastleggen. Hij had toch die achterneef, zei je dat zo? Zijn grootvader en diens grootmoeder waren broer en zus. In de tijd dat hij op school zat en zijn grootvader nog leefde, gingen ze tijdens de zomervakantie steeds weer verplicht op visite bij opa's zuster, tante Hilda, die malle oude vrouw, die haar niet minder rare kleinzoon opvoedde. Dan reed mama met oma en opa in haar 2cv naar Waldviertel, in het noorden van Neder-Oostenrijk, vlak bij de Tsjechische grens, ze schommelden naar boven, nog voor Ziersdorf moesten ze stoppen omdat hij moest uitstappen om over te geven, daarna kotste hij in Göpfritz, en meestal nog een keer in Schwarzenau, maar dan waren ze er al bijna.

Na de dood van grootvader had zijn moeder het contact nog enige tijd onderhouden, het was familie. Maar toen grootmoeder overleed en haar gekke kleinzoon in het buitenland studeerde, was het contact met de zogenaamde 'neef' verbroken – hun ouders en grootouders hadden als ze samen aan de koffie met gebak zaten en de kinderen de tuin in stuurden om te spelen, nooit 'achterneven' gezegd, maar altijd: mooi dat ze het zo goed kunnen vinden, de neefjes.

Hij had lang niets meer van zijn 'neef' gehoord, afgezien van een kaartje met Kerstmis, Pasen en op zijn verjaardag. In dat opzicht waren ze correct, ze waren familie. Zo wist Starek in ieder geval dat zijn neef nu in Brussel werkte, voor de Europese Commissie. Nabuurschap en Uitbreiding? Had hij ook met Albanië te maken? Misschien kon hij informatie leveren die verder ging dan de updates van Europol, die enkel nieuwe toevoegingen aan het dossier noodzakelijk maakten. Hij had vast contacten met kringen in Albanië die er belang bij hadden dat de regering níét in verband werd gebracht met die kunstdiefstal, en die in staat zouden zijn informatie te leveren waar je via de gebruikelijke politiemethodes, via routine, niet aan kon komen.

Dank u, heren, zei hij, dank je Fritz, zei hij tegen Huber, daarna ging hij naar zijn kamer om een mail te sturen aan zijn rare neef Karl Auer.

## 6

De smid trok zijn goeie pak aan, dat van textielfabriek Tirana, die lang geleden eerst naar Stalin en daarna naar Mao Zedong vernoemd was geweest, en die nu Hijeshi heette, *Elegantie*, en voor een deel nog steeds werkte met Russische machines uit de tsarentijd, en op basis van Duitse patronen uit de jaren zeventig. De stof was katoen met polyester, indigoblauw, wat hij bijzonder elegant vond, maar door jongeren minachtend 'Mao-pakblauw' werd genoemd. Daarna wikkelde hij de helm in een zachte vilten lap en propte hem in de Adidas-sporttas, de eerste luxe die hij zich na zijn meesterproef had veroorloofd. Zijn *Duitse tas*, waarop hij erg trots was.

Toen hij in dat pak en met die tas het regeringskantoor binnenkwam leek hij uit de tijd gevallen, of tussen de tijden door gegleden.

Hij wilde naar de minister-president, hij werd verwacht.

De man van de receptie vroeg naar zijn naam en keek in een lijst. Die lijst was niet erg lang, de smid zag dat er maar vijf namen stonden, en achter elke naam een tijdstip. Drie keer vroeg de man hoe de smid heette, drie keer gleed zijn vinger langs de vijf namen om uiteindelijk spijtig het hoofd te schudden. Hij was niet aangemeld. Of hij iets moest afgeven, vroeg hij, met een blik op de sporttas.

Ja, zei de smid, met alle kalmte die je leert tijdens het werk met taai materiaal in de grootst denkbare hitte, maar dit moest hij de minister-president persoonlijk overhandigen.

U kunt de tas hier bij mij achterlaten, zei de man, ik laat haar dan naar het bureau van de minister-president brengen. Maar eerst, dacht hij, naar de bewaking, want wie weet wat die rare man daar in die tas had.

De smid zei dat hij dat niet wilde, hij moest de helm van Skanderbeg persoonlijk aan de minister-president overhandigen.

Nu was de man van de receptie er helemaal van overtuigd dat hij met een gek van doen had. Wie weet, dacht hij, hoe die *verdachte* (dat zei hij later tijdens een ondervraging verscheidene keren: *de verdachte*) zou reageren als hij hem de toegang tot de minister-president bleef weigeren. Misschien was hij gewapend of zat er een bom in zijn tas. Wat moest hij doen? De bewaking alarmeren? Hij vreesde dat daardoor de situatie kon escaleren. Hij dacht na.

De smid keek hem geduldig aan. Hij mocht die man niet, dat vale gezicht. Als as.

De man glimlachte. Ik meld u aan bij het bureau van de minister-president, zei hij.

*Faleminderit shumë*, hartelijk dank, zei de smid beleefd.

Nóg ervoer hij het niet als onredelijk dat die man van de receptie zulk misbaar maakte, terwijl hij toch werd verwacht. Hij had respect voor de macht en begrip voor het feit dat die zich principieel onbenaderbaar moest tonen. Maar hij was ervan overtuigd dat het binnen enkele ogenblikken opgehelderd zou zijn, dat de minister-president hem persoonlijk zou willen ontvangen en dat hij trots langs deze man zou kunnen lopen.

De smid glimlachte.

De man belde naar het bureau van de minister-president.

Receptie hier. Er staat hier een meneer... een meneer... met de helm van Skanderbeg... klopt dat? zei hij en keek de smid aan, die knikte. En die wil hij persoonlijk overhandigen aan de minister-president. Klopt dat, zei hij nog een keer en keek de smid aan, die knikte. Hij zegt dat hij verwacht wordt. Met de helm van Skanderbeg! Kan ik...

De minister-president zit in een belangrijke bespreking, zei Mercedes, hij kan nu niemand ontvangen. Zegt u tegen de smid dat hij de helm bij u achter moet laten, dan laten we hem later halen. Nu gaat dat niet.

Heel slim, dacht de man. Bij gekken moet je altijd net doen alsof je serieus neemt wat ze allemaal bij mekaar fantaseren. Zo snel als mevrouw Mercedes de situatie had doorzien, en erop ingegaan was: de helm hier laten, had ze gezegd, zonder veel na te vragen, wat de gek waarschijnlijk zou hebben geïrriteerd, en daarna zelfs agressief doen worden.

Voor de smid was de tas hier achterlaten echter geen optie, niet zijn Duitse tas. En de in een doek gewikkelde helm uit de tas halen en hem aan die man toevertrouwen, wilde hij al helemaal niet. Zijn meesterstuk. Dat liet je toch niet bij een portier achter. Hij knikte, draaide zich om en verliet het gebouw.

De man van de receptie was opgelucht. Hij had het gevoel

dat een uiterst gevaarlijke situatie met een sisser was afgelopen.

Er stak een wind op, windstoten als van een blaasbalg die de hitte doet opgloeien, de wijd uitlopende pijpen van het Hijeshipak fladderden bij elke stap, de tas sloeg tegen zijn knie, hij liep als versuft, begreep niet wat er zojuist was gebeurd. Vijf dagen geleden had hij met meneer Vasa, die ongeduldig had nagevraagd wanneer de helm klaar was en afgeleverd kon worden, deze afspraak voor de overhandiging gemaakt. De minister-president verheugde zich, hij kon het amper afwachten, had Fate Vasa gezegd... en nu dit. Dat begreep hij niet. Hij had verwacht dat de minister-president zijn werk zou bewonderen en zou vragen hoe hij ooit zijn dankbaarheid kon uitdrukken. Voor dat moment had hij een kleine verwijzing met betrekking tot zijn dochter ingestudeerd. De materiaalwaarde van de helm was bijzonder hoog. Alleen al door het koper, waaraan een absoluut gebrek heerste, al het Albanese koper was immers bestemd voor de export, dat hij alleen op de zwarte markt had kunnen krijgen, tegen een belachelijke prijs. Hij vond het pijnlijk, als er uiteindelijk naar de prijs van de helm werd gevraagd, wilde hij niet overkomen als iemand die schaamteloos eisen stelt. Wat wisten die heren nou van prijzen op de zwarte markt? Daarom had hij voor zijn arbeid maar een heel kleine opslag boven op de materiaalkosten gerekend, wat neerkwam op honderd lek per uur, wat belachelijk was, daar kon niemand van leven. En de artistieke waarde van zijn werk was helemaal niet in de prijs verdisconteerd.

Hij was versuft, alsof hij dronken was. Hij was niet woedend omdat hij niet wist op wie hij woedend moest zijn, hij kende de achtergronden niet, en achtergronden waren er nu eenmaal altijd. Maar toch was hij overstuur op een manier alsof iemand hem met een ferme klap van een hamer in een andere vorm had geslagen, een toestand die hij niet kende van zichzelf. Hij liep met knikkende knieën over het Skanderbegplein, langs het Skanderbegmonument toen hij kortweg besloot aan de voet van het monument te gaan zitten. Het was niet gerieflijk, de grof behouwen sokkel van het monument deed pijn aan zijn rug, hij lachte alsof hij bezopen was, deed zijn Adidas-tas open, wikkelde de helm uit de lap en zette hem op.

Hij dacht daar niks bij, hij wist niet wat hij deed: dat trots op zijn werk hem dwong dat werk te tonen. Zo zat hij daar, diep in- en uitademend, starend in het niets. Boven hem Skanderbeg met het geheven zwaard en de beroemde helm, onderaan de sokkel de man in het Mao-pak met dezelfde helm.

Voorbijgangers wierpen munten in zijn Adidas-tas. Hij werd gefotografeerd. Twee Chinese toeristen gingen links en rechts van hem zitten en maakten een selfie met hem tussen hen in.

Hij ontwaakte uit zijn trance en dacht: er bestaat geen respect meer.

Hij stond op en liep weg. Dwars over het plein, in zijn linkerhand droeg hij zijn tas, onder zijn rechterarm de helm. Hij voelde zich alsof hij zijn hoofd onder zijn arm droeg.

Hij voelde de blikken van de voorbijgangers, ging voor Café Opera op een bank zitten, wikkelde de helm weer in de lap en stopte hem in zijn tas. Daarna liep hij verder, tussen het Historische Museum en Hotel Tirana International door kwam hij op de Bulevardi Zogu 1, en hij liep maar door, dit was niet de weg naar huis, zonder doel verwijderde hij zich alleen maar steeds verder van het regeringskwartier.

De smid was niet toegelaten tot de minister-president omdat die een crisisberaad bijeen had geroepen en Mercedes aanwijzing had gegeven hem te vrijwaren van enige storing, elk bezoek, elk telefoontje, geen uitzonderingen, zonder eerst na te vragen. Dus was hem natuurlijk ook niet meegedeeld dat de smid er was. De bijeenkomst verliep zo dramatisch dat ook Fate aanvankelijk helemaal vergat dat met de smid was afgesproken op dit tijdstip de helm af te leveren.

Behalve Fate Vasa namen aan die bijeenkomst deel: persvoorlichter Ismail Lani, minister van Binnenlandse Zaken Maksun Demaçi, minister van Buitenlandse Zaken Dardan Agolli, hoofdcommissaris van politie Endrit Cufaj, Jeton Pashku, kabinetschef van de minister-president, en Baia Muniq.

Waarom Baia? fluisterde Ismail.

Waarom vraagt hij dat? Heeft hij inderdaad een probleem met vrouwen? De seksuele oriëntatie van zijn medewerkers – of van mensen in het algemeen – liet de minister-president volkomen koud zolang die niet leidde tot moeilijkheden op het werk, of de grenzen van de wet of het fatsoen overschreed.

Hem was onlangs ingefluisterd dat Ismails verlangens uitgingen naar jonge jongens, haast kinderen nog, jonger dan de wettelijk beschermde leeftijd, en als daar iets van uitkwam... maar nu had hij geen tijd zich daarmee bezig te houden, hij had een ander probleem. Wel zou hij Endrit na de bijeenkomst kunnen vragen of er bij de politie al iets over bekend was, als je dan toch de hoofdcommissaris van politie over de vloer had. De minister-president was op van de zenuwen. Wij hebben een probleem van Europese dimensies, antwoordde hij, en zij is mijn expert voor Europees recht.

De zenuwen van de minister-president lagen bloot. Zijn medewerkers waren gewend dat hij telkens weer origineel en onverwacht reageerde, dat hij problemen die de adviseurs zorgen baarden weglachte of dat hij slechtgehumeurd was ook al gaven de peilingen aanleiding tot gejuich, en het was ook wel voorgekomen dat hij tijdens onderhandelingen over de hervorming van het gezondheidswezen in tranen uitbarstte toen hem de statistieken over vermijdbare sterfgevallen als gevolg van tekortkomingen in de publieke gezondheidszorg werden voorgelegd. Maar wat zich hier vanmiddag afspeelde was in de ogen van Ismail Lani nog vernederender dan zijn gedrag onlangs tegenover die Franse journaliste. En des te pijnlijker omdat het zijn eigen mensen waren, zijn eigen loyale ploeg, die hij kleineerde.

Hij had hen niet uitgenodigd in de vergaderkamer met de lange tafel, maar op zijn werkkamer waar ze zich moesten opstellen voor zijn bureau. De minister-president zat achter zijn bureau en zweeg tot iedereen er was.

We staan erbij als stoute leerlingen tegenover meneer de rector. Dat is niet bevorderlijk voor de teamgeest. Dat moet ik hem straks onder vier ogen vertellen, dacht Fate Vasa.

Toen begon de minister-president: dat hij een probleem had dat als een koekoeksei in zijn nest was gelegd.

In vergelijkingen en metaforen moet hij zich nog verder bekwamen, dacht Fate.

En wie heeft dit ei daar gelegd?

Dit was al erg hard, maar Fate Vasa was nog steeds niet gealarmeerd want het bleef binnen de gebruikelijke volumelimiet.

Ik word ervan verdacht opdracht te hebben gegeven voor de diefstal van die godverdomde helm. Alleen omdat ik kort daarvoor de teruggave ervan heb geëist, wat afgewezen werd. Wat wij langs officiële weg niet kunnen krijgen, dat stelen of roven we... dat is hoe we er nu op staan. En aan wie... zijn stem werd nu wel heel hard... en aan wie, vraag ik, heb ik dat te danken?

In zijn kamer stond een sideboard waarop souvenirs uitgestald stonden, foto's waarop hij te zien was met de Amerikaanse of Franse president en andere regeringsleiders, uiteraard met een opdracht en handtekening van de betreffende regeringsleider – maar ook een porseleinen beeldje in voornaam wit uit de Manufaktur Augarten van een lippizaner die op zijn achterbenen stond, een cadeau van de Oostenrijkse president.

Op het board stond ook een schaal van Tsjechisch loodkristal waarop een basketbal lag. Zijn geluksbal. De bal die een held, een legende van hem had gemaakt tijdens die gedenkwaardige beslissingswedstrijd van het Albanese nationale team tegen de DDR tijdens de kwalificatie voor de eindronde van het EK basketbal.

De minister-president stond op, liep naar het sideboard, pakte de bal, haalde met gesloten ogen diep adem alsof hij zich concentreerde voor een strafworp. En toen zei hij, en het klonk als een zucht: aan wie? Hij liet met gebogen hoofd de bal tussen zijn handpalmen draaien, aaide de bal, drukte hem tegen zijn borst, tilde hem hoger, draaide hem rond, en voor hem stond een rij van zes mannen en één vrouw – zeven politiek en maatschappelijk uiterst belangrijke persoonlijkheden in dit land – te kijken naar de minister-president, die een bal leek te liefkozen.

Later wisselden ze indrukken uit, hun interpretatie van dat vreemde moment, hun vermoeden wat er nu eigenlijk was gebeurd. Had de minister-president blijk gegeven van weemoed, van heimwee naar de tijd toen hij een gevierd sportman was, een held van de natie? Aldus de minister van Buitenlandse Zaken. En niet te vergeten, zei de minister van Binnenlandse Zaken, sporthelden hebben geen oppositie! Hij is gevormd door zijn successen als basketballer en hij kan niet begrijpen dat er tegenwoordig kritiek is, en tegenspraak, terwijl hij naar zijn eigen mening toch de ene na de andere geslaagde bal speelt. Nou, ik weet niet, zei de hoofdcommissaris van politie, mij deed hij op dat moment denken aan Charlie Chaplin, ik had de indruk dat hij elk moment met de bal kon gaan jongleren, alsof die bal de wereldbol was. The Great Dictator! Gelukkig hield hij zich in, maar de neiging was er.

Maar dat klopt dan toch, zei de kabinetschef, hij duldt geen tegenspraak. Als politicus wil hij hetzelfde eerbetoon als hij gewend was als sportman. Hij wil de geniale bal spelen, bijval, klaar.

Helaas is Baia er niet meer, zei Fate tijdens die nabespreking, ik had het wel interessant gevonden hoe zij dit zou interpreteren. Als vrouw. Ik bedoel...

En wat vind jij?

Moest hij zeggen dat hij zich gekleineerd gevoeld had, los van hoe je de situatie interpreteerde? En toen zijn blik die van Ismail Lani kruiste... moest hij zeggen dat hij zijn voormalige mentor Ismail minachtte vanwege zijn gedrag tijdens de bijeenkomst? Hij haalde zijn schouders op en zei: Ik weet het niet.

'Ik weet het niet,' is geen erg origineel antwoord voor een dichter, zei de minister van Buitenlandse Zaken met dat – vond Fate – verwarrend scheve lachje van hem.

Luister, zak, dacht Fate, en hij zei: Dichters zijn de enigen die nog 'ik weet het niet' durven zeggen.

Hoe het verderging? De minister-president keek op, zei: Wie is er schuldig aan die onzin? En gooide de bal naar Fate.

Fate ving de bal op en zei: Ik... hij wilde zeggen: Ik weet het niet...

Ja, jij! schreeuwde de minister-president en gebaarde ongeduldig naar Fate dat hij de bal moest teruggooien. Jij!

Als jij me niet had aangepraat dat ik die helm moest terugeisen van de Oostenrijkers, dan zou nu geen mens op het idee zijn gekomen dat ik iets met die diefstal te maken zou kunnen hebben.

Dan was hij waarschijnlijk helemaal niet gestolen, waagde de hoofdcommissaris van politie te berde te brengen. We hadden immers aanwijzingen dat de oppositie...

Fate gooide de bal weer naar de regeringsleider.

...dat de oppositie koste wat kost wil voorkomen dat u in het bezit van die helm zou komen, minister-president.

En? gilde de minister-president en wierp de bal woedend op de grond, de bal stuiterde omhoog tegen de muur achter het bureau en tegen het grote olieverfschilderij 'Vrij Albanië' van Sadri Velaj, de lievelingsschilder van de minister-president. Kijk dan! Het vrije Albanië is geraakt en gewond! En? Wat heeft uw onderzoek opgeleverd?

Wij hebben verder geen onderzoek ingesteld! zei Endrit Cufaj. Die diefstal is verder niet onze zaak. De helm is immers niet uit een Albanees museum gestolen!

Ismail Lani schoot achter de bal aan die de hoek in hobbelde, en overhandigde hem aan de minister-president. Fate vond dat devote gebaar walgelijk. Laat de chef zelf zijn bal oprapen als hij meent dat hij hier zo nodig zijn groteske spelletje moet spelen. En sowieso: deze Ismail leek in niks meer op de strijdlustige en creatieve man die Fate had leren kennen, en die hem in deze kringen had geïntroduceerd. Hij was alleen nog maar de goedprater die genoot van zijn privileges en bang was voor de luimen van zijn chef.

Nu zult u toch een onderzoek moeten instellen, zei de minister-president zachtjes, met een uitdrukking van plots verdriet, om meteen weer zijn stem te verheffen: want inmiddels is het toch ook onze zaak!

Dat kan ik bevestigen, zei minister van Buitenlandse Zaken Agolli, internationaal zijn we door die geschiedenis... hij hief afwerend zijn handen voor het geval de chef de bal nu naar hem zou gooien.

Internationaal zijn we... wat?

In diskrediet geraakt. Verdacht als maffiastaat.

Met de bal in zijn handen keek de minister-president de kring rond. Alles in Fate kwam in opstand. Het was een grotesk beeld: iedereen behalve Baia stond er in een afwerende houding bij, handen op borsthoogte, handpalmen naar buiten. Hij wilde iets zeggen, iets obsceens en de kamer uitlopen. Hij zag dat Baia een gezicht trok alsof ze wilde zeggen: dit hoeven we ons niet te laten aanleunen!

Hoe komen we hier uit? vroeg de chef.

Dat had Fate ook graag willen weten. Hij stak een sigaret op, waarop de minister van Binnenlandse Zaken meteen kuchend het raam opendeed, met een vragende blik om toestemming op de regeringsleider.

Als de daders Albanezen zijn, zei hij toen, dan moeten wij met onze middelen, met ons apparaat, die zaak toch kunnen oplossen.

En als dat gelukt is, zei de minister van Buitenlandse Zaken, geven we de helm terug aan de Oostenrijkers. Daarmee tonen we onze redelijkheid en onze bereidheid tot samenwerking.

Dat is krankjorum! gilde de minister-president. Wij geven de helm terug aan Oostenrijk nadat wij hen hebben opgeroepen ons de helm terug te geven?

Het kan niet anders. We geven hem terug en dan eisen we hem weer terug van hen.

Nu praatte iedereen door elkaar.

Voorlopig mag je onder geen beding, zoals het plan was, die helm opzetten, althans die nagemaakte helm.

Internationaal, ik zeg internationaal, zou de indruk ontstaan dat u in het bezit bent van de helm.

En als hij duidelijk maakt dat het een replica is?

Dan staat hij binnenlands te kijk als vervalser. Dat was niet het plan. Het plan was om met veel kabaal de helm terug te eisen, wat tijd te laten verstrijken en dan met die nagemaakte helm symbolisch de vertegenwoordiger van alle Albanezen te worden. Dat had in Wenen niemand een zier kunnen schelen, aangezien de echte helm immers nog altijd daar in het museum zou liggen, terwijl de Albanezen zouden geloven dat onze minister-president de helm had heroverd. Maar nu wekt die replica in het buitenland de indruk dat hij opdracht heeft gegeven tot museumdiefstal, en in het binnenland dat hij een vervalser is.

Een andere mogelijkheid is er niet, we moeten de gestolen helm vinden en hem teruggeven aan de Oostenrijkers.

Maar met het voorbehoud dat we hem daarna weer terugeisen.

Dat is krankjorum.

Dat doet er nou niet toe, eerst moeten we... hoofdcommissaris! Heeft u een verdenking, een aanwijzing welke clan wellicht...

Stil! gilde de minister-president. Niet allemaal tegelijk! Woedend gooide hij de bal op de grond, de bal stuiterde zijdelings op en vloog door het open raam naar buiten.

Nee, alsjeblieft! Dat niet! Zijn geluksbal, zijn fetisjbal, de bal van zijn grootste triomf. Toen ze de DDR met 106-108 eronder hadden gekregen, in mei 1989. Dankzij zijn driepunter, één seconde voor het eindsignaal.

Snel! Wie haalt de bal!?

Ismail Lani kwam meteen in beweging.

Overigens, zei Fate, die bedacht dat op dat tijdstip met de smid was afgesproken voor de levering van de replica van de helm. Hij maakte de minister-president erop attent, terwijl Baia zei dat ze vast niet meer nodig was hier.

Wat zeg jij?

Baia ging. Ze ging gewoon.

En Fate herhaalde: de smid, die zou nu toch die helm komen brengen.

En waar is hij?
Geen idee.
De chef rukte de deur open en riep: Mercedes! De smid! Als hij komt, meteen naar boven brengen.
Die is al geweest.
Die is al geweest? En niemand vertelt mij iets? Hoe zit het met de helm?
Ik heb gezegd dat hij hem beneden bij de portier moest achterlaten. U wilde immers niet gestoord worden, door niemand.
Laat hem meteen naar boven brengen.

De portier zei dat de smid, de verdachte, gelukkig met zijn tas vertrokken was, en niets had achtergelaten.

Dat kan niet waar zijn. Wat een nachtmerrie! Is iedereen hier nou krankzinnig geworden? Fate! Ga naar hem toe, jij had contact met hem. We moeten die helm hebben voordat bekend wordt dat ik opdracht heb gegeven een vervalsing te maken.

Fate ging op pad. Maar hij kon niet uitstaan hoe de chef – en dat was zíjn interpretatie – zijn team gebruikte om te oefenen hoe hij zich onder dit probleem uit kon wurmen.

In de werkplaats trof Fate Lepur aan, de leerling. Die zei dat hij van niks wist. In de woning boven de werkplaats deed Flaka open, de vrouw van de smid. Zij wist alleen dat haar man zijn goeie pak had aangedaan omdat hij blijkbaar naar een afspraak op het regeringskantoor moest. Ze was verbaasd dat hij niet allang terug was.

Nou geweldig, dacht Fate, nu zijn er twee helmen verdwenen. Hij verzocht mevrouw Flaka hem meteen te bellen als haar man thuiskwam.

## 7

Hoelang had Karl Auer al niks van zijn neef gehoord, afgezien van een kaartje met Kerstmis? Was het drie jaar geleden, of vier, dat Franz hem een handgeschreven brief had gestuurd over zijn scheiding? Daarna hadden ze getelefoneerd, en elkaar een paar weken later, toen hij weer eens in Wenen was, in Gasthaus Pistauer ontmoet voor een glas bier. Hij had verwacht dat Franz zijn hart wilde luchten, wilde uithuilen zelfs, maar niets was minder waar. Geen zelfmedelijden en ook geen kwaad woord over zijn ex. Ze gingen ver terug in hun herinneringen, dachten aan de zomervakanties die ze gezamenlijk hadden doorgebracht, praatten over de verwachtingen die ze destijds van het leven hadden, of eigenlijk dat het juist een gelukkige tijd was omdat ze nog geen verwachtingen gehad hadden, omdat alles was wat het was. Ze filosofeerden over het verstrijken van de tijd en dat ze die plotseling niet meer in overvloed hadden.

Soms denk ik dat niet de tijd verstrijkt, maar dat wij verstrijken, zodat we er niet meer in passen, in de tijd zoals die is.

Jij met je wijsheden!

Daarna weer zwijgen, nippen van bier. Ten slotte een omhelzing. Dank je, had hij gezegd.

De scheiding had Karl verbijsterd, hij had Franz altijd beschouwd als een zondagskind wiens leven iets lichts en zwevends had, zonder dieptepunten, en die, als hij hoger vloog, niet te dicht bij de zon kwam. Hij had een sterke vrouw aan zijn zijde en een 'geslaagde dochter', zoals hij dat noemde. En ook professioneel had zijn neef goeie kaarten gehad: hij kwam al jong in vaste dienst bij de recherche en kreeg spoedig een leidinggevende functie. Hijzelf had toen net zijn eerste stage achter de rug. In wezen was Franz een vroegbloeier, dacht hij.

Ja, de zomerse vakantiedagen die ze samen hadden doorgebracht. Zijn neef had altijd detectives meegenomen, goedkope pockets, zogeheten niemendalletjes, die zijn oma nooit voor hem zou hebben gekocht, maar als hij er was, had ze er ook niks over gezegd, laat staan dat ze ze had afgepakt. Kinderen! Wat jullie allemaal lezen! had ze gezegd omdat ze moest lachen om sommige titels, die hem nu weer te binnen schoten: *Rustige kamer met eigen lijk*; of *De rechtbank trekt zich terug voor doodslag*. Ze zaten naast elkaar in de tuin en verslonden die boeken. Karl Auer glimlachte toen hem de titel *Lang niet gezien* te binnen schoot, een detective over een blinde moordenaar. Waanzinnig, had Franz gezegd, één ding moet je begrijpen, de oplossing schuilt nooit in het voor de hand liggende. En later werd Franz met zijn voorliefde voor detectives inderdaad politierechercheur.

Indertijd, toen ze de ene detective na de andere lazen waren ze al vijftien of zestien... daarvoor, herinnerde Karl zich, was er een korte fase van Karl May, een zomer lang, Franz had een paar deeltjes meegenomen die zijn vader als kind ook al had gelezen.

Karl Auer kon zich nog herinneren hoe Franz het deel *In de rotskloven van de Balkan* had dichtgeslagen en gezegd: saai! Wat is de Balkan? Winnetou was beter.

Wat de Balkan was wist Karl indertijd ook nog niet, maar in het Wilde Westen wisten ze de weg.

Naast elkaar op een deken op oma's bloeiende grasveld liggend, keken ze naar de smetteloos blauwe hemel, hoorden het zoemen en snorren van insecten, de morsetekens van een specht. De geur van hooi dreef hun neus binnen. Over het grasveld liepen merels, ze vlogen niet, ze liepen. De dag vergleed traag alsof de tijd zo meteen tot stilstand zou komen.

Toen vroeg Franz: heb jij al een meisje?

Hij herinnerde zich dat moment precies. Hoe hij schrok. Het was een vraag uit een andere wereld. Waarin de tijd niet stilstond, en die geen geduld met onschuld had. Die aandrong op iets wat moest komen.

Ik weet toch wel dat je nog geen haar hebt, zei Franz.

En jij? had hij toen gezegd, maar hij bedoelde of Franz al een meisje had. En Franz... en op dat moment schoot hem te binnen wat ze die Karl May-middag hadden gelezen: *Door het land der Skipetaren.*

Hij had in geen tijden meer aan dat moment gedacht. Zeker. Het was *Door het land der Skipetaren.* Aan het verhaal bewaarde hij geen precieze herinneringen, heel vaag, er was iets met de bijzondere betekenis van gastvrijheid, maar ook met de dreiging van bloedwraak, die de held echter kon afwenden, steeds weer probeerden ze hem in de val te lokken, en hij had een truc – hoe ging die? – waarmee hij de Skipetaren versteld deed staan, waarna hij als onkwetsbaar gold; daarna ontmaskerde hij een clanbaas, dat was een meesterzet van Kara ben Nemsi.

Ja, hij was in het land van de Skipetaren, toen Franz, de vroegbloeier hem liet zien dat hij al schaamhaar kreeg.

De blauwe hemel, de hitte, zijn verhitte gezicht.

En morgen zou hij naar het land van de Skipetaren reizen. Privé. Baia.

Hij stond op, zijn blik viel op de scheurkalender, *De kortste weg naar jezelf voert rond de wereld.* Hij rekte zich uit. Hoe ver was hij op die weg gevorderd? Tot Brussel.

Daarna voerde hij een paar telefoongesprekken om de mail van zijn neef te kunnen beantwoorden.

*Beste Franz,*
*Wat goed om weer eens van je te horen, ook al geef je op de jou bekende wijze niets prijs over jezelf ; ) hoe het afgezien van je professionele probleem met je gaat en of er nieuws is. Heb je* (hij wilde

al schrijven: een meisje) *een nieuwe* (vrouw? liefde?) *vrouw* (hij pauzeerde even en voegde eraan toe) *aan je zijde? En hoe gaat het met Bienchen? Wat je vraag betreft: ik vrees dat ik daar weinig behulpzaam bij kan zijn. Ik heb – je vermoeden was juist – met Albanië te maken, ik kan me echter niet voorstellen dat mijn contacten in Tirana over informatie beschikken die jou verder kan helpen. Maar ik beloof je dat ik tijdens* (die zou morgen zijn. Maar privé. Nee) ~~*mijn volgende reis*~~ *mijn volgende meeting in Tirana* (wat? Navraag zal doen? Hé mensen, weten jullie toevallig wie in Wenen die helm van Skanderbeg heeft gestolen?) *na afloop in informeel verband voorzichtig het gesprek op dat onderwerp zal brengen. Eens zien wat er zoal is aan vermoedens en mogelijke aanwijzingen. Wat ik je nu aan informatie kan geven, weet je zelf waarschijnlijk ook allang. Ik heb gesproken met een collega, Adam Prawdower, hij is hier in huis de Balkandeskundige* (deskundige voor de rotskloven van de Balkan :) ) *en van hem kreeg ik de tip mevrouw Jana Maly te bellen, die in het Europees Parlement de* D-AL *leidt, de delegatie binnen de parlementaire stabilisatie – en associatiecommissie* EU-*Albanië. En daarna heb ik nog gebeld met Antonio Bennato, hij zit in de* DSEE, *de delegatie voor betrekkingen met Bosnië-Herzegovina en Kosovo. Ik denk dat je ook naar Kosovo moet kijken als je uitgaat van Albanese belangstelling voor die helm. Ik moet je zeggen dat geen van die deskundigen serieus van mening is dat de Albanese regering iets met die zaak te maken heeft. De Albanese regering doet haar uiterste best om Albanië als rechtsstaat naar westers model de* EU *binnen te loodsen, zij zou niets ondernemen wat hun het imago van schurkenstaat geeft. En de Albanese maffia? Lijkt ook zeer onwaarschijnlijk. Waarom zou die het hebben gedaan? Mijn Balkandeskundigen wezen er eenstemmig op dat de Albanese maffia nog nooit in beeld is geweest in verband met kunstroof. En mochten ze nu toch in die 'branche' actief zijn geworden, dan hadden ze ten eerste een waardevoller object gestolen, en ten tweede zeker niet een waarbij je meteen aan Albanese daders denkt. Volgens* De Tijd, *een serieuze*

*Belgische krant, is ook de waarde van die helm niet erg hoog, aangezien het als uiterst onwaarschijnlijk geldt dat hij ooit in bezit van die Albanese nationale held was. Naar verluidt is het geen origineel. Hier in Brussel gaat men uit van een gelegenheidsdiefstal. Gunstige gelegenheid, geen toezicht, evident slecht beveiligingssysteem, en toen was daar toevallig die helm. Hier in Brussel maken ze er al grappen over. De directeur van de Musées royaux des Beaux-Arts de Belgique zei in een interview dat hij nieuwe aanwinsten in het vervolg niet meer op een dure veiling in Londen zou kopen, maar zou gaan ophalen in Wenen.*

*Hoe dan ook: wie het ook heeft gedaan, hij zal die helm niet kunnen verkopen. Dus zal hij losgeld eisen. Dat vermoed ik tenminste. En ik denk (neem me alsjeblieft niet kwalijk dat ik me dat advies als leek, maar in ieder geval als jouw compagnon tijdens de zomerse detectivelectuur permitteer) dat je op dit moment niet meer kunt doen dan wachten op die eis voor losgeld. Alleen op die manier kun je in contact komen met de daders en ze uiteindelijk ontmaskeren.*

*Houd me op de hoogte alsjeblieft voor zover dat niet een of andere ambtseed schendt. Je hebt me hoe dan ook nieuwsgierig gemaakt. Bovendien doet het me altijd plezier van je te horen.*
*Meest hartelijk, Karl*

## 8

Aan het voeteneind van het bed stonden een arts en een verpleegster. Hij vertrouwde hen, hij was heel kalm. Maar waarom had hij geen naald in zijn elleboogholte, waarom kreeg hij geen infuus? Dat verbaasde hem. Toen kwam er een man die met snelle voetbewegingen de remmen op de wieltjes van zijn bed losmaakte, het bed naar achteren trok en het daarna de kamer uit duwde. De man was dik, zijn witte broek zat strak om hem heen en hij knapte bijna uit zijn bloes. Dat merkte hij nog op, daarna doezelde hij weg.

Hij ging dood. En hij voelde paniek noch euforie. Dat verbaasde hem, dat het zo ging, een oneindige verbazing die voelde als een zachte bries die door de lange gang naar de eeuwigheid blies. Hij wilde iets zeggen, iets uiterst belangrijks, laatste woorden: *De verbazing is het begin en het einde.*

Maar hij kon niets meer zeggen, zijn laatste woorden werden een getallencode in zijn hersens, 8 voor de oneindigheid, 1 voor het begin, 9 voor het einde en 0 voor het niets, 8190 – die code moest hij onthouden om de laatste deur te kunnen openen.

Toen zei een stem: nee!

Nu waren er alleen nog 1 en 0, die in eindeloze combinaties en reeksen door zijn brein raasden.

De dikke witte man duwde zijn bed nog steeds, steeds verder.

Nee!

Nu hoorde hij sirenes, drietonen en hij merkte dat hij weer letters kon maken van de 1 en 0, woorden, zinnen uiteindelijk, en hij vroeg waarom de man zo dik was in tijden van levensmiddelenschaarste?

De man lachte: dat is geschiedenis en de geschiedenis is niet meer echt.

En hoe hij lachte. Al het voorbije, zei hij, voor de een is het een droom, maar die is niet echt, voor de ander is het een nachtmerrie, maar die is niet meer echt.

Toen werd Fate Vasa wakker, niet kortademig, niet met hartkloppingen.

De avond ervoor had hij op weg van de smidse naar huis in een goedkoop eethuisje aan de Rruga Luigj Gurakuqi meer dan tien *kërnacka* gegeten, gegrilde lamsgehaktrolletjes met extra veel ui – hij at soms een ui zoals andere mensen een appel, hij zwoer erbij, voor hem waren uien de smaak van zijn kinderjaren en tegelijkertijd een tovermiddel: als zijn moeder niets meer had, had ze altijd nog uien, waarmee ze brood belegde of uiensoep maakte, en ze zei dat hij daar sterk van werd en onkwetsbaar, en dat een ander die zo vaak naar het ziekenhuis moest als hij, zonder uien allang was doodgegaan. En zo kwam het dat hij op een dag zonder uien niet helder kon denken, zoals hij niet kon dichten als hij in zijn hoofd niet een sirene hoorde, als een tinnitus – dus bestelde hij kërnacka met extra veel ui omdat hij piekerde en een heldere gedachte wilde grijpen, met een groot bier erbij, wat hier een liter betekende, klein was een halve liter, kleinere hoeveelheden hadden ze niet in deze populaire tent. Hij was nerveus. Waarom kwam de smid niet naar huis met zijn helm, tenminste, zo interpreteerde hij het feit dat mevrouw Flaka niet belde. Hij zat er twee uur, maar er kwam geen telefoontje. Toen belde hij haar. Nee, haar man was nog niet thuisgekomen, ze maakte zich zorgen en wist ook niet wat er aan de hand was. Dat was het moment waarop hij raki begon te drinken. Na vier raki wankelde hij naar huis als een man die medelijden wekte bij de tegemoetkomende voorbijgangers, die niet zagen dat hij de beroemde dichter in de antichambre van de macht was.

Toen de smid tijdens zijn dwaaltocht vanaf de Bulevardi Zogu een zijstraatje insloeg kwam hij in een doodlopende steeg waarvan er in Tirana honderden zijn. De Rruga Hamit Shijaku.

Op de trappen voor de ingang van een huis zaten twee jonge mannen van nog geen twintig. Even verveeld als geneigd tot overmoed. De een maakte zwijgend een beweging met zijn hoofd in de richting van de smid en keek de ander aan, die knikte. Ze begrepen elkaar, het ging om de Adidas-tas.

De smid zag dat hij in een doodlopende steeg terechtgekomen was en bleef staan. Op dat moment liepen de twee jongeren hem tegemoet en deden alsof ze hem wilden passeren. Toen ze achter hem waren duwde een van hen de smid zo ruw opzij dat hij viel en daarbij zijn tas losliet. De ander greep de tas en ze renden weg. De smid was zeer ongelukkig terechtgekomen. Toen hij opstond voelde hij een gillende pijn in zijn linkerschouder, elleboog en knie. Op dat moment was het tweetal al weg, zonder dat de smid had kunnen zeggen of ze vanuit de doodlopende steeg links of rechts afgeslagen waren. Hij deed een paar stappen, maar de pijn in zijn knie liet niet toe dat hij achter het tweetal aan rende, die twee onnozele knapen die hij normaal gesproken bij hun nekvel zou hebben gegrepen, opgetild en hebben laten spartelen als kleine brutale katjes.

Nu had hij een probleem. En meneer Vasa krijgt een probleem en waarschijnlijk ook de minister-president. Die gedachte en de schaamte, het schuldgevoel, het gevoel van onmacht, de woede en de angst voor de gevolgen, het laaide allemaal in hem op, een brandend gevoel dat op dit moment meer pijn deed dan de kneuzingen en schaafwonden.

Maar ook die twee knapen hadden een probleem. Toen ze op een binnenplaats de tas openmaakten en zagen was ze buitgemaakt hadden, was hun meteen duidelijk: dit was te groot voor ze.

De smid sleepte zich naar de Rruga Sami Frashëri, waar, zoals hij wist, het hoofdbureau van politie was. Toen hij eindelijk voor het gebouw van de Drejtoria e Policisë Tiranë stond, aarzelde hij. Dit had hij nog nooit meegemaakt, het gevoel afgewezen, ja teruggeduwd te worden door een gebouw. De geblindeerde ruiten van die rijen ramen in het gelid kwamen hem voor als de plexiglazen schilden van een falanx van politieagenten die optrad tegen demonstranten, provocateurs en asociale elementen. Boven op het platte dak stond als een vaandel een ijzeren stang waarop het staatswapen was gemonteerd, ernaast in grote letters: POLICIA E SHTETIT (Staatspolitie). Geïntimideerd keek hij naar de Albanese adelaar en hij werd bang. Hij moest niet alleen aangifte doen van een straatroof, dat werd hem nu volkomen duidelijk. Hij moest aangifte doen van een probleem dat hij de staat had bezorgd. Hij was niet zomaar slachtoffer van straatcriminaliteit geworden, hij was een probleem voor de staat geworden. Hij wist niets over de achtergrond en het belang van de opdracht die hij had gekregen, maar er waren altijd achtergronden, en aangezien het om een symbool van de Albanese identiteit ging, en de opdracht vanuit het regeringskantoor was gekomen, moest het een zaak van groot belang voor de staat zijn. En dus keek hij op naar de adelaar in het staatswapen en dacht dat hij geen aangifte moest doen, maar dat hij moest bekennen wat er was gebeurd.

Op dat moment ging de glazen deur voor hem open, geüniformeerde mannen renden naar buiten, hij deinsde achteruit en botste met zijn rug tegen een boom aan de rand van de stoep, hij kreunde, de mannen renden links en rechts langs hem, sprongen in een patrouillewagen en reden met zwaailicht en sirene weg.

Daardoor kreeg de smid vertrouwen in de slagvaardigheid van de staat en ging het gebouw binnen. Hij zei dat hij aangifte moest doen van iets belangrijks.

Aangiftes bij de dienstdoende agent alstublieft, zei de man bij de receptie en wees hem de weg.

Ik ben overvallen en beroofd, zei de smid tegen de dienstdoende agent, en...

Uw naam? Adres? Uw adres! Niet het adres van de plaats van het misdrijf.

Waar? Hier moeten we nu invullen waar de daad heeft plaatsgevonden.

Een zijsteeg van de Bulevardi Zogu i Parë? Welke. Kunt u het preciezer aangeven?

De smid vond het niet vreemd dat de agent een formulier invulde met een typemachine, maar was verbaasd hoe gelaten, welhaast verveeld en ongeïnteresseerd hij dat deed.

Luistert u, commissaris, het is van eminent belang dat u...

Ja natuurlijk, weet u welke zijsteeg?

Nee, het was een doodlopende steeg en...

Kijkt u eens op die plattegrond daar. Probeert u na te gaan hoe u bent gelopen.

Daar, in die buurt, en het is belangrijk dat u meteen...

Natuurlijk. Kunt u een steeg noemen? Ik moet dat invullen.

Hier. Het moet de Rruga Hamit Shijaku geweest zijn.

Rr u ga Ha mi t... ratelde de agent.

Wanneer? Tijdstip!

Wat werd er van u ontvreemd? Een tas? Kunt u die beschrijven?

En wat zat er in de tas? Waardevolle spullen?

Eindelijk kon de smid duidelijk maken hoe dramatisch het probleem was. De helm van Skanderbeg. En die had hij moeten afleveren op het regeringskantoor.

De helm van Skanderbeg?

De politieagent wist van de internationale zoektocht naar de helm, de informatie was aan alle politieposten in Albanië gezonden.

U zegt dus dat de helm van Skanderbeg zich in die tas van u bevond?

Ja, ik heb...

De agent stond op en onderbrak de smid: Wacht!

De kunstdiefstal in Wenen. En nu stond er een man voor hem die beweerde dat hij in het bezit was geweest van die helm.

Wacht u hier. Ik ben zo terug.

Tien minuten later was de smid gearresteerd. Twee uur later was van de kant van het Openbaar Ministerie het besluit tot voorlopige hechtenis bevestigd. Een politiearts documenteerde de verwondingen van de smid en legde in het dossier vast dat hij die al voor zijn arrestatie en eerste verhoor had gehad.

Hij kreeg toestemming voor één telefoontje met de diensttelefoon. Hij belde naar huis, maar hij kreeg in gesprek omdat zijn vrouw op dat moment juist met Fate Vasa belde. Hij hing op en wilde het nog een keer proberen, maar de politieagent zei: Eén telefoontje maar! En bracht hem naar zijn cel. Dat is alleen voor vannacht, zei hij. Morgen word je overgeplaatst naar gevangenis 302. Je hebt geluk, er zijn ergere.

Toen de twee kruimeldieven op een binnenplaats de tas van de smid openden en de helm zagen, schrokken ze. Natuurlijk herkenden ze wat ze hier in handen hadden. Het was een nationaal heiligdom. Ze wisten niets van de diefstal uit het museum in Wenen, ze zouden niet eens hebben geweten waar die helm werd bewaard – in het Nationale Museum? Of in een brandkast in het regeringsgebouw zelfs? Maar hij moest gestolen zijn, hoe kwam hij anders in die sporttas terecht? De man die ze omvergeduwd hadden en bestolen, moest tot een uiterst machtige en slagvaardige organisatie behoren, hoe had de helm, die ongetwijfeld optimaal beveiligd en bewaakt werd, anders gestolen kunnen worden? Ze raakten in paniek. Er was maar één organisatie die tot zoiets in staat was. Het met haar aanleggen betekende...

We zijn erbij, wat een waanzin, waarom heb ik meegedaan met dat achterlijke idee van jou, ik had meteen een slecht voorgevoel...

Hou op!

Vanwege zo'n stomme Adidas-tas! Waarschijnlijk is het nog namaak uit China ook! En daarvoor moeten wij nu...

Hou je mond! Hou op met jengelen! We moeten nu het hoofd koel...

Hoofd koel? Binnenkort hebben we geen hoofd meer! Ik schijt je in het gezicht! We moeten van dat ding af, het laten verdwijnen, meteen! Het mag niet bij ons...

Nee! Nu schreeuwde hij: Nee! Luister nou eindelijk es! Achter elk raam zitten ogen. Wij weten niet wie ons heeft gezien. Als de politie vragen stelt, hebben ze misschien niks gezien, al is zelfs dat niet zeker. Maar wanneer iemand van een zekere familie beleefd informatie gaat inwinnen, dan weten ze een uur later onze naam en adres. Dan staan ze bij jou en bij mij voor de deur. En als wij dat ding dan niet hebben omdat we het hebben laten verdwijnen, dan zijn we pas echt de sjaak. Nee, er is maar één mogelijkheid om hier uit te komen: we moeten dat ding, nog voor ze ons zoeken, teruggeven.

Ben jij gek geworden? Hoe wil je die gast vinden? Jij bent gestoord. Moeten we nu de straten afgaan en rondvragen, hé, kennen jullie toevallig die gast die we overvallen hebben? We zouden hem graag iets teruggeven.

Nee, niet hem. Zijn familie. En ik denk dat ik weet hoe we ze kunnen bereiken.

Mijn vader, zei hij, kent Zotin Kalorës, de weldoener, hij heeft mijn vader geholpen toen die werkeloos werd. Hij is een keer bij ons thuis geweest, ik moest zijn ring kussen. Dat was nogal angstaanjagend. Ik ben toen weggerend. Maar ik geloof dat als mijn vader nog contact met hem heeft, hij de man is die weet aan wie de tas teruggegeven moet worden. We hebben geen andere keus. We moeten die helm teruggeven.

Hij bekende tegenover zijn vader wat hij had gedaan en welk probleem hij daardoor hoogstwaarschijnlijk de wereld in had geholpen.

Laat zien!

Zijn vader stond verbaasd en vol ongeloof naar de helm te kijken, wikkelde hem daarna weer voorzichtig in de vilten lap, stopte hem in de tas, knielde en schoof de tas voorzichtig onder het bed. Daarna kwam hij weer overeind, de zoon had de indruk dat zijn vader groter en groter werd, nog nooit had hij hem zo groot gezien, zelfs niet toen hij een klein kind was en zijn grote vader zich over hem heen had gebogen. Zijn vader spreidde zijn armen en leek links en rechts de muren van de kamer aan de kant te schuiven, daarna deed hij zijn polshorloge af, legde het op tafel, dat probeerde de zoon nog grappig te vinden, dat hij in die situatie zijn horloge afdeed.

Zijn vader schreeuwde niet. De zoon moest schreeuwen.

Zijn vader zei met zachte stem: Niet alleen breng je schande over ons...

Hij sloeg, zo hard dat de zoon zijn evenwicht verloor, achterover tuimelde en op de grond viel. Hij krabbelde weer overeind en stond meteen weer kaarsrecht voor zijn vader.

...je brengt ons gezin in gevaar.

Hij trok de riem uit zijn broek en sloeg in op zijn zoon, ranselde hem van de ene hoek van de kamer naar de andere.

De zoon schreeuwde niet, huilde niet, smeekte niet. Hij wist dat die klappen zijn levensverzekering waren, de pijn een teken van leven was, beter dan zonder pijn dood zijn.

Tot zijn moeder genoeg! zei, ophouden, het is genoeg geweest! Hij heeft gelijk, je moet Zotin Kalorës inlichten.

Fate Vasa kon zich zijn droom niet meer herinneren, maar op de een of andere manier woelde die nog in hem. En tijdens een kop sterke koffie kreeg hij een ingeving hoe de chef en hij zich van het probleem konden ontdoen én het oorspronkelijke idee redden. Had de directrice van het Kunsthistorische Museum in Wenen niet geschreven dat Skanderbeg 'met de grootst mogelijke waarschijnlijkheid die helm nooit heeft aangeraakt'? Die geschiedenis was dus niet waar, en de helm die uit het museum in Wenen was gestolen dus niet de originele helm van Skanderbeg, maar een historische vervalsing. Dát moesten ze communiceren. De desbetreffende passage uit het rapport van de Weense museumdirecteur moest openbaar worden gemaakt.

Hij schoot overeind, nam een redenaarspose aan en sprak luid, op zijn cheftoon, die mengeling van pathos en ironie die zo typerend voor hem was:

Denken ze in Wenen in alle ernst dat de republiek Albanië belangstelling heeft voor een helm die weliswaar aan onze nationale heilige wordt toegeschreven, maar die een vervalsing is? Dat deze helm het hoofd van Skanderbeg nooit heeft beroerd (*waarschijnlijk* nooit heeft beroerd? Nee: nooit beroerd) werd bevestigd door een rapport van de directrice van het museum in Wenen.

Hij glimlachte.

Laat de Oostenrijkse politie en Europol die vervalsing maar zoeken, dan zoeken wij ondertussen het origineel!

Ja, precies dat moet de chef zeggen. En dan kon hij, enige tijd later, de replica opzetten en zeggen: deze helm is het origineel. Laat de Weners maar verder zoeken naar hun vervalsing, de chef kroont zich ondertussen met het origineel tot vertegenwoordiger van alle Albanezen. En de Weners mochten, als ze dat wilden, de helm onderzoeken en vaststellen dat het niet de gestolen helm was. Dan was de ZK verlost van het verwijt opdracht tot diefstal te hebben gegeven, en ook van het verwijt dat hij een vervalser zou zijn. Geniaal! Dat had iets poëtisch! Dit was de oplossing! Maar dan moest die smid wel weer opduiken met de helm. Hij belde mevrouw Flaka op. Ze huilde en zei dat haar man nog steeds niet thuisgekomen was, ze had niets van hem gehoord, ze was de wanhoop nabij.

U moet me helpen, zei ze.

Ja, zei Fate, en vroeg zich af wie hij op zijn beurt om hulp kon vragen.

Zoti Kalorës kwam, monsterde de inhoud van de tas, en glimlachte. Hij hield niet meer op met glimlachen, hij glimlachte als een pop die alleen was geprogrammeerd om met vochtige lippen te glimlachen. Hij tilde de helm in de hoogte, draaide hem om en om. Door het raam viel een lichtstraal die als een korte flits door de helm werd gereflecteerd.

Hij knikte, hij knikte lang, peinzend, zijn glimlach werd breder. Jullie hebben er goed aan gedaan mij op de hoogte te brengen, zei hij. Deze helm wordt gezocht.

Hij gaf de vader een envelop, voor de studie van je zoon, zei hij, we hebben intelligente jonge mensen als hij nodig om Albanië op te bouwen, een rechtvaardig Albanië. Daarna vroeg hij of de vader tevreden was met zijn werk...

Ja, zei hij, ik ben zeer dankbaar dat ik...

Je hoeft niet dankbaar te zijn. En mocht er een probleem zijn, je weet hoe je me kunt bereiken.

De vader maakte een buiging. Ineens werd hij zo klein. Hij maakte een buiging en leek daarbij te krimpen, hij werd een kleine, slijmerige slak, niks uitgestrekte armen, niks dwingende aanwezigheid. De benauwenis van de zoon ebde weg. Hij bedacht dat hij geen geluk in het leven had, maar in ieder geval was zijn leven gered.

Twee dagen later kreeg Karl Auer een appje van commissaris Franz Starek. *Beste neef, je zou bij de politie moeten solliciteren, je hebt er een neus voor! Het Kunsthistorische Museum heeft inderdaad een eis tot losgeld ontvangen!*

## 9

Maar weinig mensen, daarvan was Adam overtuigd, beleefden kinderjaren die vervuld waren van de schitterende mogelijkheden van het kind-zijn, en toch herinnerden de meeste mensen zich die tijd waarin hun ziel werd gebroken alsof dat hun kinderjaren waren geweest, en niet de verwoesting ervan.

Moest je die mensen gelukkig noemen? Of alleen vergeetachtig? Adam was geen van beide. Zijn kinderjaren waren al heel vroeg verwoest, door de verdwijning van zijn vader, die voor hem een geestverschijning werd die hij wilde behagen. En toen hij wegging bij zijn moeder en in het klooster kwam, was hij een kind dat tussen dertig kinderen eenzaam was en 's nachts in de slaapzaal stilletjes lag te bidden, niet omdat het in een god geloofde, maar omdat het nog geen andere vorm had leren kennen om zijn verlangen mee uit drukken en te smeken om de kracht die nodig was om een geest te behagen. Ooit zou alles samenvallen en zou zijn vader er weer zijn en tegen hem zeggen dat hij trots op hem was. Hij wilde dat hij dat ooit zou kunnen zeggen.

Na de zelfverbranding van Piotr was Adams conflict met Mateusz geëscaleerd, maar het was een bijwerking van hun gesprek onlangs in Warschau dat hij plotseling steeds weer aan zijn kinderjaren en vroege jeugd moest denken, aan bepaalde belevenissen uit hun tijd samen. Herinneringen die al lang in hem begraven lagen, klommen uit hun graf in zijn achterhoofd en zweefden naar zijn voorhoofd, maar zonder enig sentiment, zonder ontroering, het was je reinste geheugenterreur.

Daarbij viel het Adam op dat zijn leven al geruime tijd was gekrompen tot de korte biografie die je op de homepage van de Europese Commissie of op Wikipedia na het invoeren van zijn naam kon bekijken, iets uiterlijks, als een jas die je aantrok als je het huis uitging, en die je met een paar summiere kenmerken kon beschrijven.

Geboren school studie professionele loopbaan gehuwd vader.

Dat was hij, dat volstond om iemand te zijn.

Maar nu, nu er steeds weer beelden uit zijn verleden opdoken in zijn kop, werd die abstracte versie van zijn leven verbrand in de hel van het concrete. Dat dacht hij letterlijk zo... en hij schrok van het woord 'verbrand'. Hij schrok telkens weer wanneer die herinneringen bovenkwamen, omdat hij schaamte voelde, of pijn, dat ging in elkaar over, schaamte en pijn, woede en zelfmedelijden. Waarom schoten hem nu steeds alleen maar momenten uit zijn kinderjaren en jeugd te binnen, die terugblikkend pijnlijk waren, hem pijn deden, de onzekerheden van een zwak, stiekem huilend kind dat loog en opschepte om sterk te lijken, een kind dat meende een rinkelende wapenrusting te moeten dragen omdat het geen dikke huid had, of helemaal geen huid, die wapenrusting was zijn huid geweest, een wapenrusting die in zijn vlees drukte en sneed en die veel te zwaar voor hem was, waardoor hij steeds weer wankelde en viel. Waarom had Mateusz hem meteen aan het begin van hun onderhoud in Warschau herinnerd aan die geschiedenis met hun medeleerling Mirosław? Een banale geschiedenis in wezen, Adam was die allang vergeten, maar toen Mateusz haar kil glimlachend vertelde met dat weet-je-noggebaar, was ze hem uiteraard weer voor ogen gekomen, en hij had zich vernederd gevoeld. Dat was ongetwijfeld de bedoeling geweest: hem vernederen.

Op een keer was Mateusz bedreigd door een oudere leerling, die Mirosław dus. Mateusz had hem een spion genoemd die telkens weer anderen verklikte. Wat viel er nou helemaal te verklikken, kleinigheden, zonder drastische gevolgen, maar het ging Mateusz om het principe. Mensen die de macht bezitten om te straffen, vertel je niks over anderen. Aanvankelijk had Mateusz hem voor schut gezet in de refter: Niet praten als die daar het kan horen, had hij geroepen, en naar Mirosław gewezen, kijk naar hem! Hoe hij zijn haar laat groeien en het dons op zijn gezicht bijeenspaart voor een Jezus-baard! Hij wil op onze heer Jezus Christus lijken? Nee, hij is het tegendeel, niet iemand die onze zonden op zich neemt, maar die zijn schuld op anderen laadt. Een Judas, een spion aan wie het doopwater verspild is geweest.

Silentium!

En de pupillen bogen het hoofd boven de erwtensoep.

En toen, na de middagpauze, kwam Mirosław onze klas binnen – Weet je nog? had Mateusz met een glimlach gevraagd. Ja. Adam zag de situatie weer voor zich.

Mirosław maakte zich breed tegenover Mateusz en gaf hem een duw. Adam wilde Mateusz meteen te hulp schieten, hem terzijde staan, hij schoot overeind, wurmde zich tussen de groep joelende en aanvurende klasgenoten door, toen hij ineens het koude zweet op zijn voorhoofd voelde, het werd hem zwart voor ogen, hij zag nog net Mirosław vlak voor zich, de agressie, de brutale vastberadenheid in diens gezicht, toen deed hij als verdoofd wankelend een stap opzij, hield zich met zijn ogen dicht vast aan een schoolbank en liet zich op een stoel vallen. Toen hij zijn ogen weer opendeed zag hij de aanvaller op de grond liggen, Mateusz had hem kennelijk onderuitgehaald, door een stevige duw of een vuistslag zelfs. Daardoor had Mateusz het respect van zijn medescholieren verworven, die nu allemaal aan zijn kant stonden, waarna de oudere afdroop. En hij, Adam, rende naar de wc omdat hij het gevoel had dat hij het in zijn broek had gedaan. Wat vreselijk, wat pijnlijk!

Adam sneed een banaan klein in zijn müesli en vocht tegen de tranen.

Hij was naar de wc gerend, maar er was niks, bijna niks, dat kon je in orde maken zonder dat de anderen er iets van konden zien, maar hij had minutenlang op de wc-pot gezeten en zich met zijn handen voor zijn gezicht geschaamd. En hij schaamde zich nu hij eraan terugdacht.

Waar denk je aan, schat?
Niets.

Maar was het echt angst geweest? En falen? In diezelfde tijd kwam hij in de puberteit, en dan konden hartritme en bloeddruk wel eens op hol slaan, dan kon je flauwvallen omdat je te snel overeind sprong, dat gebeurde inderdaad wel vaker op het seminarie en dan heette het telkens: de puberteit!

Maar in zijn herinnering was het zwakte en falen. En dan die speldenprikken van Mateusz: Weet je nog?

Op dat moment liet hij zijn koffiekopje vallen, het viel rinkelend kapot op de tegelvloer.
Wat was dat, Adam?
Niks, niks. Een ongelukje.

Hij was een kind dat veel huilde, zij het stiekem, 's nachts in zijn kussen, maar dat tegelijkertijd soldaat wilde zijn in de compagnie van zijn vader. Had hij zich in die tijd kunnen voorstellen dat hij op een dag in een mooi huis in Brussel zou wonen, met een vrouw die 's ochtends yogaoefeningen deed? Andersom: als hij nu hield van dít leven... wat had dat dan te maken met zijn leven in het katholieke ondergrondse verzet tegen een regime dat niet meer bestond? Moest hij als jood – hij verafschuwde de term halfjood, dat was een term van fascisten en antisemieten die geloofden in verschillende soorten bloed en mengverhoudingen – moest hij zichzelf definiëren vanuit een wel degelijk sterk vormende periode op een katholiek seminarie, of – wat ook lastig was – gewoon, zonder voorgeschiedenis zijn wat hij was: een goedbetaalde Europese ambtenaar die terwijl hij ontbijt maakte, verliefd naar zijn lenige vrouw op een yogamat keek?

Hij veegde de scherven bij elkaar.

Hij was zwak. En Dorota verweet hem de laatste tijd steeds weer dat hij genadeloos was. Van staal. Hij, de ridder zonder huid.

Dorota had naast haar yogamat een deken uitgespreid waarop de kleine Romek met fascinerende bezetenheid en met een kracht die heel zijn lichaam onder spanning zette zijn eerste pogingen tot kruipen ondernam. Hij drukte zich op, zwaaide een arm naar voren, steunde erop en zwaaide zijn andere arm naar voren. Maar het lukte hem nog niet daarna zijn beentjes op te tillen en die bij te trekken, hij probeerde zich met zijn kleine vuistjes, die hij in de deken klauwde, vooruit te trekken, en plofte weer op zijn buik.

Adam schrok toen het kind begon te blèren. Hij wilde het kalmeren zodat Dorota haar oefeningen kon afmaken, ze was nu bij de oefening ter versteviging van haar bekkenbodem, maar het kind gilde en kronkelde in zijn armen, en Dorota nam het van hem over. Hij heeft honger, zei ze.

Hij keek naar het achterhoofd van zijn zoon, het was een

mooi rond achterhoofd, niet afgeplat. Hij was ontroerd.
Dat was de toestand waarin hij verkeerde.

Hij wilde deze vrijdag vroeger stoppen op kantoor en in ieder geval thuis zijn voordat zijn zoon sliep. En dan moest het een gezellig, een – zoals hij resoluut dacht – liefdevol en teder weekend worden, hij was geschrokken van de vervreemding die tussen Dorota en hem was ontstaan, van haar verdrietig afwijzende manier van doen als hij laat thuiskwam van zijn werk. Hij wilde zijn best doen en hij glimlachte toen hij de ontbijttafel dekte en dacht: ik ben een vechter.

Het liefste was hij voor het weekend naar het strand in Knokke gegaan, maar dat was een idioot idee in deze tijd van het jaar. Langs het strand wandelen, de zee in lopen en achteruit springen voor de aanrollende golven, elkaar zoenen terwijl de kleine in het zand graaide, en – nee, nee! Niet in je mondje! En ze lachten... dat was een romantische voorstelling, met de hoop op intimiteit, wat in deze tijd van het jaar in België volkomen onrealistisch was. Het was winderig en regenachtig. Dus hadden ze besloten het thuis gezellig te maken, open haard aan, hangen op de bank, lezen, met hun kind spelen, samen koken, Adam had bij Boucherie Lanssens een prachtige lamskroon aangeschaft, daarnaast groente van de markt – bovendien mocht er geen enkel, dat had hij zich voorgenomen, geen enkel woord over Mateusz vallen. Woorden vallen als soldaten.

Een paar dagen geleden was hij langs boekhandel Passa Porta in de Rue Antoine Dansaert gekomen, had een beetje gegrasduind en uiteindelijk een boek gekocht van een hem onbekende auteur, alleen omdat het omslag hem beviel toen hij het zag liggen, hij het daarom oppakte, opensloeg en meteen geraakt werd door het motto:

*Helden zijn ook maar zonen.*

Dat boek wilde hij dit weekend lezen, of ook niet, hij was er alleen klaar voor voor het geval Dorota wilde lezen, op de bank tegen hem aangevlijd, terwijl Romek sliep en het beukenhout gloeide in de open haard. Belangrijk was voor hem dat het een intiem weekend zou worden.

En geen woord over Mateusz. Zeker omdat hij, met betrekking tot de Balkanconferentie had gehoord dat er zeer verheugende ontwikkelingen waren.

## 10

Karl Auer woonde in de Rue du Peuplier, het metrostation Sainte Catherine lag bij hem om de hoek. Hij had met de metro rechtstreeks naar het station Bruxelles Central kunnen gaan en vandaar met de volgende trein naar de luchthaven. Maar Karl hield niet van dat station. Dat hij het haatte was te veel gezegd, maar hij had instemmend gelachen toen collega David Charlton een keer op die droge Britse manier van hem zei dat voor architecten zoals die die het Central had ontworpen het standrecht moest worden heringevoerd.

Het station bestond uit een volstrekte warboel van trappen, omhoog, omlaag, met doorgangen op verschillende niveaus, waar je je niet eens veilig kon wanen als je de trap omlaag naar het juiste spoor had gevonden, omdat een van de specialiteiten van het station was om treinen, ongeacht de informatie op de informatieborden, naar believen om te leiden naar een ander spoor, waarvoor menigeen een dronken wisselwachter verantwoordelijk achtte, anderen noemden het een 'typisch Belgisch' geprogrammeerd algoritme. Als er weer eens zo'n fout gemaakt was, hoorde je een blikkerig omroepbericht, waarna alle mensen op het betreffende perron de trappen bestormden

– roltrappen waren er amper! – waar ze hun rugzak of trolley als vernietigingswapen tegen concurrerende bestormers inzetten, om vervolgens tussen de pilaren op de tussenverdieping onder de stationshal wanhopig de toegang tot het juiste spoor te zoeken – waar de trein niet op hen wachtte.

Karl Auer had op die manier twee keer een trein gemist en sindsdien vermeed hij Bruxelles Central als het even kon. Hij reed liever vier haltes verder met de metro, tot aan Schumann, om daar, in de Rue Archimède, pal achter het gebouw van de Commissie, op bus 12 te stappen, die betrouwbaar in ongeveer dertig minuten naar de luchthaven reed.

Toen Karl Auer van de uitgang van het metrostation via het Rond-Point Schumann naar de bushalte liep, kwam hij Adam Prawdower tegen, die, komend van het Jubelpark op weg was naar kantoor. Bijna had hij hem niet herkend, Adam had een oude pofpet van nappaleer op, diep over zijn voorhoofd getrokken.

Adam bleef staan en groette. Nu pas herkende Karl Auer hem. Hij lichtte zijn Panizza Gregory, die hij had gekocht bij Nagy op de Wollzeile in Wenen, een fantastische ouderwetse hoed waar hij bij zwoer in het Brusselse weer. Hij hield zijn hoofd warm en bood ook bij regen meer bescherming dan een paraplu. Zijn moeder had gezegd: het hoofd koel houden is even dom als koude voeten willen hebben. Jouw opa ging nooit zonder hoed het huis uit.

In oma's voorkamer, boven het kastje met de telefoon hadden vier foto's in een zwarte lijst gehangen, drie van zijn grootvader, die voor Karls geboorte was overleden, en een foto 'van mijn papa', zoals oma ooit had gezegd, van Karls overgrootvader dus. Inderdaad, allemaal met hoofddeksel: op een ervan stond zijn grootvader als jongeman met een strohoed op lachend op een akker met bijeengebonden korenschoven. Op de tweede was hij iets ouder, daar kijkt hij met jasje en das en een elegante vilthoed op ernstig in de lens. Op de derde was hij te zien als lid van de vrijwillige brandweer van het dorp, met een brandweerhelm op. Erboven een foto van zijn overgrootvader, met stahlhelm in het uniform van de Duitse Wehrmacht, op de rand onderaan de foto stond in inkt: 'Voor mijn Hilda als db. herinnering uit het veld. Vinzenz.'

Die hing daar zo. Karl had dat als kind verder niet – hoe zei je zoiets? – geproblematiseerd. Niet in twijfel getrokken. Die foto hing daar. Pas later...

Karl Auer vond de ontmoeting onaangenaam. Adam keek naar Karls trolley: Op reis? Dienstreis? Albanië?

Albanië ja, maar geen dienstreis. Privé. Maar juist dat wilde Karl Auer nu niet zeggen, niet uitleggen.

Hij zei alleen: ja! Daarna zei hij: nee.

Adam keek hem aan.

Ja, ik vlieg naar... ik heb vandaag vrij genomen. Ik moet naar... Wenen, privé.

En voegde eraan toe: familie.

Misschien zou Adam het hebben begrepen als Karl had gezegd dat hij naar Tirana vloog omdat hij verliefd geworden was. Maar zo was hun relatie niet. Ze waren bevriende collega's, maar geen vrienden.

Het regende. Adam sloeg de kraag van kunstbont van zijn jack omhoog, en in een reflex zette ook Karl de kraag van zijn jas op.

Ben je maandag terug?

Jazeker.

Er is belangrijk nieuws! Nathalie heeft...

Weet ik, zei Karl Auer. Maandag praten we verder. Ik moet...

Van alle kanten kwamen vrouwen en mannen aan met trolleys die over het Brusselse plaveisel ratelden, ze dromden bijeen bij de bushalte.

De ontmoeting met Adam had Karl Auer in verwarring gebracht. Het had hem geconfronteerd met het feit dat hij iets te verbergen had. Maar waarom? Had hij dat echt? Wat deed hij daar? Hij stond achteraan de drom mensen, letterlijk een randfiguur, en bespeurde een toenemende agressie tegenover de gehaaide types die na hem aankwamen en er op de een of andere manier in slaagden tussen de wachtenden door voor te dringen om een betere uitgangspositie te hebben bij het instappen, zoals hij ook waanzinnig werd van mensen die er als een pilaar bij stonden, waar mensen als hij gewoon niet langs kwamen. Hij botste tegen mensen op die in zichzelf stonden te praten. Natuurlijk praatten ze niet in zichzelf, ze telefoneerden. Hij hoorde meer dan vijf verschillende talen, ze praatten met gebogen hoofd zonder te kijken wat er om hen heen gebeurde, in één hand het handvat van hun trolley, in de andere het snoer dat hun oortjes met hun telefoon verbond. Sommige mensen hebben de neiging om heen en weer te lopen als ze bellen, wat in deze drom van mensen onmogelijk was. Dus zetten ze een stap en het begin van een tweede, draaiden zich dan om en zetten weer een kleine stap, waarna ze meteen weer moesten omkeren en draaien, het was een grotesk ballet: vrouwen en mannen die in een drom heen en weer bewogen en keerden, iedereen pratend alsof hij alleen op de wereld was, terwijl Karl Auer er zwijgend bij stond en zich uiterst eenzaam voelde aan de rand van de drom mensen.

De bus kwam er aan, Auer hoorde de zucht van de oude pneumatische deuren, en natuurlijk bemachtigde hij geen zitplaats meer toen hij eindelijk kon instappen. Hij moest staan – of half hangen aan een lus, en na tien minuten had hij het gevoel dat hij slappe knieën kreeg. Hij dacht aan de reden voor zijn reis, aan zijn doel, en kreeg slappe knieën.

Daarna op de luchthaven de vermoeiende veiligheidscontroles. Die waren na de terreuraanslagen van maart 2016 op luchthaven Zaventem verdubbeld. Nog voor de ingang van het luchthavengebouw moest Karl Auer door een tent waar zijn ticket werd gecontroleerd en zijn bagage gescand, vervolgens de lichaamsscan bij de gates, daar klonk een signaal, hij werd gefouilleerd, moest zijn schoenen uittrekken, zijn riem afdoen, Karl Auer was zo gestrest, buiten zichzelf en de kluts kwijt dat hij zijn stropdas afdeed en bij zijn schoenen in de plastic bak gooide.

Uw riem, monsieur, uw riem! Uw das had u gerust om kunnen houden, monsieur.

Ik wilde de indruk vermijden dat ik daar zo meteen iemand mee wurg.

Maar hij had geluk dat zijn uitspraak van het Frans slecht was, zijn Frans was weliswaar toereikend voor de eisen die zijn beroep stelde, maar in het alledaagse verkeer klonk het als een Weens dialect. De securityman verstond hem dus niet, hij had *étrangler*, wurgen, verkeerd beklemtoond en het klonk nog het meest als *triangle*, wat in verband met een stropdas onzin was. De man ging er verder niet op in, knikte alleen en wachtte tot schoenen, riem en das nog een keer door het doorlichtkastje waren gehaald. Daarna permitteerde de securityman zich een jolige opmerking: u kunt alles weer aantrekken, maar haalt u riem en stropdas niet door elkaar alstublieft.

Auer begreep hem niet, hij had helemaal niet geluisterd, hij was met zijn hoofd ergens anders. Hij knikte, zei dank u wel. Het had allemaal niets te betekenen, het was je reinste surrealisme, wat misschien ook wel iets zei over Karl Auers stemming in verband met zijn Albaniëmissie.

Hij was er nog niet doorheen. Zijn trolley lag nu niet aan het einde van de lopende band, maar was zijwaarts omgeleid. Nu vroeg een beambte hem: Is dat uw bagage?

Ja.

Zou u die alstublieft open willen maken?

Auer opende de trolley, de man begon erin te wroeten.

Wat zoekt u?

De man wroette.

Wat zoekt u? Misschien kan ik u helpen het te vinden.

Toen haalde de man zijn manicure-set eruit, zijn mooie reismanicure-set van Horns in Wenen in een etui van zwart leer, opende hem en trok de nagelvijl eruit.

Die mag u niet meenemen aan boord.

Dat is absurd, ik heb die al talloze keren meegenomen op een vlucht.

De man legde de nagelvijl langs een meetlat en zei: Ziet u, een centimeter te lang.

Alleen als u de handgreep meetelt.

Ze is te lang, hield de man vol, hij keek Auer aan en wierp de vijl ten slotte in een vuilnisbak.

Dank u, zei Auer, u heeft zojuist een aanslag met een nagelvijl verijdeld!

De man keek Auer aan, hij had hem niet echt verstaan, maar reageerde op de evidente agressie. Komt u alstublieft even hierheen, hier, *oui monsieur, merci.*

Nu moest hij nog een keer door de scanner, maar hij had zijn schoenen en riem weer aan (en de stropdas), prompt klonk er een piep en werd hij nog een keer gefouilleerd, terwijl er een man met een wapen – Auer wist niet veel van wapens... was dat een machinepistool? – naast hem stond.

Dat alarm, zei Auer op geërgerde cynische toon, werd waarschijnlijk veroorzaakt door mijn genitale piercing.

De man die de handscanner langs Auers lichaam bewoog, stopte, keek naar zijn gezicht, greep in zijn kruis, kneep stevig zodat Auer kreunde, en zei: hier zit niks.

Hij grijnsde en maakte een handbeweging: Verder!

Met een knalrode kop liep Auer naar de gate. Hij vloog via Wenen naar Tirana. Maar dat had niks te maken met het feit dat hij Wener was en de gelegenheid wilde benutten om familie of vrienden te zien. De korte tussenstop op de relatief kleine luchthaven van Wenen was hem liever dan de chaos op London Heathrow, waar al eens een koffer van hem spoorloos verdwenen was, of de eindeloze afstanden op de luchthaven van Frankfurt.

Het was niet echt gelogen toen ik Adam sprak, dacht hij toen hij eindelijk bij de gate stond. Hij vloog immers echt naar Wenen.

In de dutyfreeshop van Brussel had hij bonbons gekocht, de 'Desire' van Neuhaus natuurlijk, tijdens de tussenstop in Wenen kocht hij nog Mozartkugel en, omdat hij nog steeds tijd over had, een sachertorte. Voor Baia.

Hij had nog een uur voor hij verder vloog. Hij ging naar Buch&Presse om een Oostenrijkse krant te kopen. Hij kocht de Weense *Kurier*, en een pocket over Albanië die hij in een molen met reisgidsen vond.

Hij wilde de krant al verveeld wegleggen nog voor het vliegtuig zijn kruishoogte had bereikt, sloeg nog een pagina om en zag op pagina 5 een foto van zijn neef Franz.

Hoe oud was die foto? Ze waren even oud, maar Franz zag er op deze foto een goeie tien jaar jonger uit. Zo jong zijn we niet meer, dacht hij. In een flits, en met een steek van gêne, werd Karl Auer zich bewust van zijn leeftijd, zijn uiterlijk en de hubris waarmee hij speculeerde op de liefde van een jonge vrouw...

Nee, de foto was vast afkomstig uit het archief van de persdienst van de politie, ze was niet recent, het artikel verwees ook helemaal niet naar een persconferentie die Franz had gegeven en waarbij hij was gefotografeerd, maar naar een perscommuniqué van de politie waarin Franz was geciteerd. Er was een spoor. Sporen zijn in kranten altijd warm. Dat was de kop, vetgedrukt: HELMDIEFSTAL: EEN WARM SPOOR. Zij het dat het warme spoor tijdens het lezen van het artikel geen spoor bleek, maar een nieuwe misdaad die de dieven van de helm blijkbaar hadden begaan. De interne databank van het Kunsthistorische Museum was namelijk gehackt, en daarin stond ook de verzekeringswaarde van objecten van het museum die al eerder intermuseaal uitgeleend waren. Opvallend was dat het losgeldbedrag dat voor de gestolen helm werd geëist exact overeenkwam met de verzekeringswaarde van de helm.

En toen kwam commissaris Franz Starek aan het woord: hij interpreteerde dit als...

Zoet of hartig?

Karl Auer keek op. De stewardess. Winegums in de vorm van vliegtuigjes of kleine zoute krakelingen.

De stewardess glimlachte. Ze zei nog een keer: Wilt u zoet of hartig?

Nee. Haar glimlach ergerde Karl. Hij ervoer het als een masker van vriendelijkheid dat je opzet om mensen die misschien niet geheel toerekeningsvatbaar waren te kalmeren. Het masker van een hoofdverpleegster in een psychiatrische instelling, een ontspant-u-maar-, een alles-komt-goedglimlach. Hij deed zijn ogen dicht en zei: nee, dank u!

Wat wilt u te drinken?

Niets. Dank u!

Waarom was hij zo geïrriteerd? Niemand had hem tot deze reis gedwongen, het moest immers...

Hij ademde diep in, en uit.

Het moest immers een plezierreisje worden.

Plezier? Het was veelzeggend dat plezier altijd weer in één adem werd genoemd met zin. Plezier en zin. Als appels en peren. Maar die kun je niet vergelijken. Hoeft ook niet. Ze heffen elkaar op. Appels en peren zijn fruit. Plezier en zin zijn geestelijke reflexen. Punt. Maar was dat echt het punt? Telkens wanneer hij die reflex had, zin, begeerte, verlangen, kwam al snel het ogenblik waarop hij zich afvroeg: kan ik me voorstellen een kind te hebben met deze vrouw, preciezer gezegd: kan ik me deze vrouw voorstellen als moeder van mijn kind, maar dat betekende ook: in voorspoed bij elkaar blijven, onder een baldakijn van harmonie en wederzijds respect, waar niet zomaar de bliksem kon inslaan. Want één ding was niet onderhandelbaar: het kind mocht onder geen beding een scheidingskind worden. Hij was zo nu en dan verliefd geweest – een keer zo neurotisch dat hij de constante tranen van wanhoop had aangezien voor een bewijs van zijn onwrikbare begeerte – maar telkens wanneer hij zich uiteindelijk afvroeg of dit echte liefde was, dan was dit zijn lakmoesproef: wilde hij met deze vrouw, per se met déze vrouw, een kind? Hij heeft nooit een lange relatie gehad. Ging het nu weer zo? Checken of Baia...

Hij dacht dat hij gek was. Dit reisje naar Albanië was de karikatuur van een dienstreis waarbij hij in een land dat de status van toetredingskandidaat had moest nagaan of die kandidaat voldeed aan de voorwaarden voor serieuze toetredingsonderhandelingen. Het acquis is niet onderhandelbaar. De toenadering moet komen van de aanvrager van toetreding. Dat was tot... Toen schoot hem een moment te binnen na het diner in dat beroemde restaurant in Tirana. Iedereen vertrok, ze stonden voor het restaurant op de limousines te wachten, hij kwam achter Baia terecht en zag in haar nek een heel fijn blond dons waarin twee zweetdruppels hingen. Parels.

Hij opende zijn ogen weer, keek in de krant.

Franz Starek. De interpretatie van zijn neef luidde als volgt: als het losgeldbedrag beduidend hoger was geweest dan het verzekerde bedrag, dan zou het museum hoogstwaarschijnlijk niet betalen, maar liever het verzekeringsgeld incasseren. Waarom zou het met verlies een object terugkopen dat niet van grote betekenis was voor de collectie van het museum? Was de losgeld-eis daarentegen beduidend lager dan het verzekerde bedrag dan zou het museum natuurlijk betalen en door de verzekering schadeloos worden gesteld, zij het dat voor de dieven de winst dan lager was dan die had kunnen zijn.

Die aanval van hackers op de databank van het museum toonde volgens commissaris Starek dus aan dat we hier, anders dan bij de diefstal van de saliera, te maken hadden met professionals.

Professionals worden in Oostenrijkse kranten altijd voorzien van het adjectief – *epitheta ornantia*, dacht Karl Auer – 'ijskoude' of 'uitgekookte.' In het vervolg van dit artikel waren ze uitgekookt, het spoor was immers warm.

Nu waren deskundigen bezig het spoor van de inbraak in de databank van het KHM terug te volgen.

Dat was dus het 'spoor.' Niet meer dan een zwart gat op internet.

Karl Auer propte de krant in het vak op de rugleuning voor hem. Hij deed zijn ogen dicht.

Hij was zo onrustig.

Hij pakte de reisgids voor Albanië.

Nog iets meer dan een uur tot de landing in Tirana. De foto's van de bezienswaardigheden tijdens een rondreis die hij niet zou maken, interesseerden hem niet. En de – hoe moest hij dat noemen? – impressies al helemaal niet. Een schoonheid in bikini voor een bunker aan de kust in Zuid-Albanië. Nog meer foto's van bunkers. De makers van deze reisgids waren blijkbaar gefascineerd door de kleine bunkers met een schietgat die binnen plaats boden aan een of twee man. Wat voor het immense China de Chinese Muur was, was voor dit minuscule staatje die serie betonwratten in het landschap. De erfenis van een paranoïde dictator en massamoordenaar die met het bloed van zijn volk niet een piramide van Cheops had gebouwd, geen Stalin-Allee of Ceausescu-paleis, maar – als de kleinburger die hij in al zijn grootheidswaan bleef – deze Hoxha-bunkers, niet meer dan puisten in het gelaat van zijn land – en zoiets moest een toeristenattractie voorstellen? Hier: nog een bunker, daarnaast op een landweg een kar, getrokken door een os, op de bok een lachende boer die een snijtand mist. Wat wil die reisgids hiermee zeggen? Dat je reist in een land waar de mensen arm en achterlijk gebleven zijn, maar wel opgewekt? Mensen die heel authentiek met een ossenkar langs de relicten van stalinistische terreur rijden? Ze zijn misschien een tand kwijtgeraakt, maar niet hun ossenkar of hun levensvreugde. En dan hun gastvrijheid. Er volgde een hoofdstuk over Albanese gastvrijheid.

Geërgerd bladerde Karl Auer verder. Hij wilde de Duitse reisgids al dichtslaan toen hij op het onderdeel 'basisvocabulaire/zegswijzen/veelgebruikte uitdrukkingen' stuitte.

Hij zag een lijst met woordjes en begon die meteen te leren. Waarom deed hij dat? Zijn buurman bestudeerde een excel-sheet op een tablet, en Karl Auer probeerde zich woorden en zinnetjes in te prenten, hij deed zijn ogen dicht en memoriseerde ze. Goedendag. Neemt u me niet kwalijk. Ik zou graag. Dat is te duur. Hij keek weer in het boek. Hoeveel woorden zou hij voor de landing uit zijn hoofd kunnen leren? *Sa kushton kjo? Sa kushton kjo? Sa kushton kjo?* Zei hij bij zichzelf, met zijn ogen dicht.

Nee. Hij sloeg het boek dicht. Baia sprak toch perfect Duits? Waarom zou hij in het Albanees 'ik heet' en 'dat is te duur' moeten kunnen zeggen? Als hij daarna niet eens in staat was tot een beetje smalltalk in die taal. En is het niet een mensenrecht om, met het oog op het eigen geestelijk welzijn in andere landen zo min mogelijk te verstaan? Hij herinnerde zich een verblijf in Poznań, ongeveer een halfjaar geleden, toen hij door de directeur van het Europejskie Centrum Solidarnośći na de vergadering en een rondleiding door het indrukwekkende museum voor het eten werd uitgenodigd in een bijzonder traditioneel restaurant.

Als u hier een typisch restaurant krijgt aanbevolen, had de directeur gezegd, dan is dat folklore voor toeristen. Dat hoeft niet slecht te zijn, zei hij, negen van de twintig beste decorontwerpers in de wereld zijn Pools, dat kunnen wij. Maar dit restaurant is niet typisch, het is authentiek, begrijpt u?

Karl Auer bewonderde de oude gelagkamer, de houten lambrisering van het vertrek, het patina. En het eten hier, zei de directeur, klassieke Poolse keuken, zonder concessies aan de eetgewoonten van westerse toeristen. *Rosół* bijvoorbeeld, dat is kippensoep, maar niet als Duitse kippensoep, die meer soep dan vlees is, maar... toen klonk er daverend gelach aan de tafel naast hen. Auer keek. Een grootfamilie dacht hij ontroerd. Blijkbaar drie generaties aan één tafel, samen etend en lachend. Een man met wit haar, de grootvader wellicht, straalde van genoegen vanwege het succes van wat hij zojuist had verteld. Een familieanekdote? Een jonge man nam het woord, en meteen klonk er weer gelach. Op zijn schoot zat een kind dat hij hoppaardje-hop op en neer liet gaan, het kirde van plezier.

Wat mooi, zei Auer.

Ze vertellen antisemitische moppen, zei de directeur.

Nee, het is beter niets te verstaan, nergens. Alleen zo kun je lol beleven aan plezier. *Unë nuk kuptoj*.

Hij deed zijn ogen dicht.

We zetten de landing in.

Het vliegtuig schudde door de hevige turbulentie. Atmosferische storingen rammelen de aerodynamica door elkaar – maar hoogwaardige polymeerverbindingen en de intelligente aansturing van de aandrijving compenseren de turbulentie en dempen de vibraties in het vliegtuig. Heel normaal. De man op de stoel naast hem bleek een vliegtuigmechanicus. Dat kon Auer niet geruststellen. De buurman glimlachte. Maar Auer had het gevoel dat hij tijdens het aanvliegen van zijn liefde in de dood zou storten. Zijn maag stuwde zuur in zijn mondholte, hij slikte. Zoet of hartig? En zijn laatste gedachte: geen kus met deze mond. Zo'n mond met een geur van braaksel wil toch niemand kussen?

## 11

Commissaris Franz Starek beweerde dat hij genoot van zijn eenzaamheid. En steeds weer waren er dagen dat hij dat ook echt geloofde.

De laatste anderhalf jaar van zijn huwelijk, nadat zijn dochtertje Sabine het huis uit was gegaan, had hij met toenemende ergernis moeten constateren dat zijn vrouw en hij hadden verleerd in tweezaamheid genoeg te hebben aan elkaar, of er zelfs van te genieten. Als hij 's avonds na het werk zat te roken aan de keukentafel en zijn vrouw hem daarover terechtwees, terwijl op het fornuis de boter spetterde en verbrandde omdat zij weer eens aardappelkoekjes maakte, dan was dat een training geweest: hoe mooi het zou zijn om alleen in de woning te zijn, te roken en gewoon een boterham met kaas te eten. Alleen!

Aardappelkoekjes! Hij hield er niet erg van, hij at ze natuurlijk, omdat hij alles at wat op tafel kwam, zij was degene die dol was op aardappelkoekjes, dat beweerde ze tenminste, maar op een gegeven moment geloofde hij dat niet meer. Hij verdacht haar ervan dat ze er alleen maar dol op was omdat het goedkoop eten was, ze was dol op het bezuinigen op haar huishoudgeld. Ze schoof drie of vier aardappelkoekjes op zijn bord, maar at er zelf altijd maar een.

Een mens die liefheeft wil meer.

Als de liefde zich toont in begeerte, in verlangen, tederheid – waarin anders? – dan was hij als het ware het aardappelkoekje van hun echtelijk bestaan geworden: niet meer dan aardig en goedkoop.

Mis je de tederheid niet, die je tijdens je huwelijk had, de vaste vrouw in bed? vroeg zijn vriend, gymnasiumleraar Prochaska, tijdens een glas bier na het werk in Gasthaus Pistauer.

Neem me niet kwalijk als ik je met die vraag te na kom, zei Prochaska, maar...

Prochaska was weduwnaar, hij had zijn vrouw vroeg verloren aan borstkanker. De kanker had hem van zijn vrouw beroofd, zei hij.

Tederheid? Ik kan toch niet missen wat ik al zo lang niet meer had ervaren, zei Starek. Ik was eraan gewend.

Daarna voegde hij eraan toe: gewoontes die je moet opgeven, die mis je. Al het andere is... hij haalde zijn schouders op.

Na de scheiding was Starek zijn leven in de nieuwe woning vanaf dag één begonnen met gewoontes... in die zin dat hij alles precies zo deed als eerst, maar dat het nu niet meer werd becommentarieerd, of dat hij het zo deed zoals hij het altijd al had willen doen, zonder dat hij werd gehinderd omdat hij rekening moest houden met zijn vrouw of beter: problemen met zijn vrouw uit de weg gaan. Hij wilde heel simpel weer een vrolijke man zijn, tenminste – en dat was aanvankelijk hetzelfde – een man die zich niet voortdurend ergerde.

Vanwege zijn professionele positie en zijn eeuwige lidmaatschap van de sociaaldemocratische partij had hij heel snel een aardige gemeentewoning gekregen, in de Rosa Jochmannhof in de Fickeystraße, tweeënhalve kamer met inbouwkeuken. Hij hield van het uitzicht op de groene binnenplaats, het lawaai van kinderen, de stemgeluiden op de binnenplaats die hij door zijn open raam hoorde, het herfstige avondlicht dat de binnenplaats in een rood-gouden licht dompelde, de bomen, het verkleurde loof, dat uiteindelijk afviel, in de novemberwind danste en dan door meneer Petrovic met een bladblazer in het gareel werd gebracht en opgeruimd.

En hij kon daarvandaan te voet naar zijn stamcafé Pistauer.

Hij had ook een woning kunnen krijgen in het burgerlijke 9de arrondissement, op maar enkele minuten lopen van het bureau, maar hij was een Simmeringer, hij wilde niet weg uit het stadsdeel waar hij was opgegroeid, waar hij zijn hele leven had doorgebracht en waar hij op een dag ook begraven zou liggen, op de Zentralfriedhof namelijk, aan het einde van de Simmeringer Hauptstraße, een van de grootse begraafplaatsen van Europa, waar 's nachts *die Pforrer Tanz'n met die Hur'n, und Juden mit Araber* zoals men in Wenen zong. Soms nam hij een paar haltes tram 71, die de Gieterexpress werd genoemd, naar de Zentralfriedhof om er te wandelen. Hij bracht graag een bezoek aan Groep 47, dat was het deel van de begraafplaats waar de overleden rechters, officieren van justitie en hooggeplaatste politiebeambten lagen, legendarische types als Hans Wener Ruf, na 1955 het eerste hoofd van de afdeling Kunstdiefstal bij het Bundeskriminalamt, een voormalig verzetsstrijder die grote verdiensten had in het opsporen van naziroofkunst en die tegelijkertijd jonge kunstenaars had ondersteund.

De avonden dat hij zwaarmoedig was omdat hij in z'n eentje thuis zat en in z'n eentje in het bed stapte dat eigenlijk weer eens verschoond zou moeten worden, werden zeldzamer. En de zeldzame avonden dat hij met een 'kennis' zoals hij dat noemde thuis in bed belandde, bevestigden uiteindelijk alleen het geluk dat hij alleen was. Wanneer een kennis na een moeizame, alcoholdoordrenkte nacht in alle vroegte meende voor huisvrouw te moeten spelen en in de keuken kastjes en lades openrukte om een ontbijt bij elkaar te zoeken, terwijl hij alleen maar zwarte koffie en sigaretten wilde, zei hij: laat dat, deed zijn ogen dicht en wachtte tot ze ging, tot hij eindelijk de lucht van haar mond en oksels, überhaupt de beproeving van de intieme geur van een vreemde, niet meer in zijn neus had. En dan nog dat andere mysterie: waarom bevonden de dag na het binnendringen van kennissen in zijn leven allerlei voorwerpen zich niet op hun gewone plek? Dat maakte hem razend. Waarom lag de kurkentrekker niet op de kurkentrekkerplek? En waar was zijn asbak, zijn koffiemok? Ja, op zulke dagen geloofde hij echt dat hij alleen in zijn eentje thuis gelukkig was.

Zijn beddengoed werd nu een keer per week door de schoonmaakster verschoond.

Het had een tijd geduurd voor hij een schoonmaakster vond. Alle vrouwen die hij via zijn kennissenkring had gevonden wilden het geld handje-contantje, ze wilden niet wit uitbetaald worden, maar dat kon en wilde Starek zich in zijn positie niet veroorloven. Een politieagent die iemand zwart laat werken, nee, dat was uitgesloten. En toen kwam, op aanraden van Hans, de oberkelner bij Pistauer, mevrouw Bessa.

Wit werken is goed. Ik ben, zeg ik altijd, zzp, zeggen ze toch zo tegenwoordig, zzp, ik heb geen man, moet ingeschreven zijn, alleen zo verzekerd. En weet wel, vluchteling met status niks status meer als zwartwerken.

Ja, Starek mocht zijn nieuwe leven als single wel. Dat zei hij ook steeds weer tegen zichzelf. Maar de laatste tijd betrapte hij zich erop dat hij zich op de vrijdag verheugde, wanneer mevrouw

Bessa kwam schoonmaken, om zeven uur 's ochtends en hij anderhalf uur lang, tot hij zelf naar zijn werk moest, gadesloeg hoe ze als goede fee door zijn woning ging, dat dacht hij inderdaad: goede fee, dat was hij haast vergeten, hoe mooi het kon zijn leven te voelen in je woning, iets als een alledaags leven binnen de vier muren van zijn eenzaamheid, een fee, haar lach. En wat ze zei: ze leverde geen commentaar op hem maar op de buitenwereld, is buitenlandminister gek geworden die wil buitenlanders wegsturen, zou ziek moeten worden, minister, en dan niemand wat voor hem zorgt, want buitenlanders weg, en de manier waarop ze lachte, is toch waar, eerlijk gezegd, zei ze, en hoe ze bewoog, en hij dronk zijn zwarte koffie en rookte en keek vrolijk, en tegelijkertijd met een schuldgevoel toe – per slot van rekening had hij de BKA-cursus 'preventie van seksuele initimidatie op het werk' gevolgd, terwijl wat hen daar geleerd werd volgens hem sowieso vanzelfsprekend was – keek dus naar haar kont wanneer ze de stekker van de stofzuiger uit het stopcontact trok, met welbehagen, dacht hij. Met welbehagen. Met plezier. Was dat al grensoverschrijdend? En op een dag vroeg hij haar of ze niet even bij hem kwam zitten voor een kop koffie, en ja, zei hij verheugd, natuurlijk mocht ze ook roken.

En ze stak een sigaret op, vertelde dat ze hem drie dagen geleden in de krant had gezien. Vanwege die Albanese helm.

Ja, zei Starek, hij was inderdaad de commissaris, die...

En? Is helm gevonden?

Nee, we hebben de dieven nog niet geïdentificeerd.

Heeft u melk, ik heb melk nodig in mijn koffie.

Starek sprong meteen op, pakte de melkfles uit de koelkast en zette hem op tafel.

Ziet u, zei mevrouw Bessa.

Wat?

Ik wil melk. U haalt melk.

Dat is toch normaal...

Is normaal ja, maar als normaal, waarom u zoeken wie helm gehaald heeft? U moet vragen wie helm *wilde*. Dan u vinden, anders niet vinden. U wil melk? Is niks meer in koelkast, is nu bij mij. U moet dus niet zoeken wie was bij koelkast, maar wie wilde melk? U weet wat betekent helm van Skanderbeg? Nou, wie kan gebruiken die helm? Is hij daar!

Zei schoonmaakster mevrouw Bessa, Albanese uit Noord-Macedonië.

Starek moest naar zijn werk, Bessa maakte nog drie uur schoon, en toen Starek 's avonds thuiskwam deed het hem deugd hoe schoon en opgeruimd de woning was, hij had het gevoel dat er voor hem gezorgd werd. Hij maakte een boterham met kaas, zoog de broodkruimels meteen met de handstofzuiger van het aanrechtblad, pakte een fles bier uit de koelkast, en... waarom was hij nu droefgeestig, alleen met zijn boterham en bier, en desondanks gelukkig?

Later ging hij onder de douche en hij vond zichzelf belachelijk omdat hij aan de gestolen helm moest denken terwijl hij de douchemuts over zijn hoofd trok. Hij wilde niet met nat haar in bed stappen. Wie wilde waarom die helm op zijn hoofd zetten? Daar stond hij onder de straal van de douche, een blote Skanderbeg met een douchemutshelm op. Waarom had hij niet allang informatie vergaard, literatuur die hem uitlegde welke betekenis die helm had, die misschien meer was dan zomaar een gestolen object uit een museum? Misschien. Bessa's redenering was interessant. Maar onwaarschijnlijk. Als iemand echt in het bezit van die helm had willen komen, dan had hij toch geen losgeld geëist? Dat had hij tegen Bessa gezegd, maar zij: Geloof ik niet. Wie heeft helm, wil geen geld. En wie wil geld, steelt niet dit helm.

Hij ging naar bed. De milde bloesemgeur van het fris gewassen beddengoed. Die geur verbond hij met Bessa, hij drukte zijn gezicht tegen haar boezem, nee, in het kussen, propte het dekbed tussen zijn benen en... nee! Hij sprong uit bed.

Aan de keukentafel zittend verdoofde hij zich met schnaps en sigaretten. Gelukkig? Hij wilde nergens meer aan denken. En die vraag wilde hij al helemaal niet toelaten.

De volgende dag, volkomen apathisch en hersendood vanwege zijn koppijn, zou hij te horen krijgen dat de zaak van de helm een volstrekt krankzinnige wending had genomen.

## 12

Na de landing in Tirana haastte Karl Auer zich meteen naar het dichtstbijzijnde toilet om zijn mond te spoelen. Hij plensde koud water in zijn gezicht om het angstzweet weg te wassen, dronk, gorgelde, liet een slok water door zijn mond heen en weer gaan, gooide nog een keer water in zijn gezicht en keek toen links en rechts: er was geen handdoekdispenser!

Er was alleen een heteluchtdroger voor de handen.

Hij ging een toilethokje binnen en droogde met wc-papier zijn gezicht af, knoopte zijn hemd open, depte zijn borst en buik droog. Maar vanwege zijn nervositeit, misschien ook als nawee van zijn angst tijdens de landing en zijn stress, zweette hij weer meer, in paniek rolde hij verscheidene meters wc-papier af, wiste en depte, ten slotte ging hij op de wc-deksel zitten en haalde diep adem. Waarom dit alles? Baia?

Hij zat in een denkerspose, in zijn vuist een dikke prop wc-papier. Hij vroeg zich af...

*Do you need help?*

Karl Auer keek op. In de deuropening stond een andere passagier die erg bezorgd of verbaasd op hem neerkeek, een verziende man wiens opengesperde ogen nog vergroot werden door zijn brillenglazen. Auer had in de hectiek vergeten de deur dicht te doen en af te sluiten.

*Can I help you?*

Nee, nee, Karl Auer zei dat het goed ging, alles was oké, hij sprong op, drukte op de spoelknop, wat de man pas echt verbaasde aangezien Auer immers met mijn broek dicht op de dichtgeklapte wc-deksel had gezeten. De man deinsde achteruit en Auer holde met zijn trolley het toilet uit, holde langs de bagagebanden de aankomsthal in.

Toen Karl Auer verliefd was geworden op Baia Muniq, tijdens de gesprekken met Albanese parlementariërs destijds, en zeker na het diner op weg van het restaurant naar het hotel, was hij van mening geweest dat deze vrouw, wat ze ook aan zou trekken, alleen al vanwege haar uitstraling een elegante indruk zou maken, niet alleen in dat zakelijke mantelpak, maar zelfs in een juten zak. Hij kon zich haar zelfs in paars voorstellen. Die uitspraak over een vrouw was een frase die terugging tot zijn schooltijd, toen hij moest beslissen of hij supporter van de burgerlijke voetbalclub Austria Wien (paars) wilde zijn, of van de proletarische vereniging Rapid Wien (groen). Hij had destijds gekozen voor groen, logisch gezien zijn afkomst. Maar die kleuren kregen ook betekenis buiten het voetbal. Als een groene gymnasiast zei dat hij zich een bepaald meisje 'zelfs in het paars' kon voorstellen dan bedoelde hij dat ze in zijn ogen een meisje was dat er zelfs in extreem onflatteuze kleding nog goed uit zou zien.

Maar toen hij Baia in het oog kreeg in de aankomsthal, besefte hij dat haar charme destijds nog niet eens in volle omvang tot hem doorgedrongen was.

Hij zag haar meteen – en hij zag haar helemaal nieuw, hij had het gevoel dat hij nu pas haar volledige persoonlijkheid waarnam, haar uniciteit. Nee, paars was voor haar in geen geval een optie.

In het kleurrijke gekrioel van mensen sprong ze meteen in het oog, ze hoefde niet eens haar hand op te steken en te zwaaien omdat ze had gezien dat hij haar meteen had ontdekt. Ze droeg een eenvoudig zwart jurkje. Om haar heen mensen in pak, in een jurk, in een jack, hemd, T-shirt, joggingbroeken in alle denkbare kleuren en patronen, paars, gifgroen, oranje, glanzend blauw in plasticlook met witte strepen, gezinnen die iemand afhaalden, opgedirkt in nachtlila of muisgrijs met zilveren draden, jongeren in de kleur van alle mogelijke voetbalclubs, het merendeel met overgewicht en rugnummer 10, toeristen in felle functionele kleding, die 'actief ademend' werd genoemd hoewel ze iedere gevoelige toeschouwer de adem benam. Zo zag Karl Auer het tafereel. Een confettistorm in grove pixels.

En Baia in haar kleine zwarte jurk, een koraalketting als enig sieraad, haar lippenstift in hetzelfde rood. Haar in al hun individualiteit volkomen regelmatige gelaatstrekken, ongetwijfeld de uitdrukking van een harmonische ziel. Hij bleef staan staren. Het kleine zwarte jurkje was als een lijst die als het ware terugtrad om het portret van de vrouw volledig op de voorgrond te laten treden.

Waarom dacht hij: vernietigende aantrekkingskracht?

Ze glimlachte.

Toen liep hij op haar af, liet zijn trolley los om zijn armen te spreiden, de trolley viel met een klap om en hij zei: *shumë shtrenjtë*. Als hij dan toch een paar woordjes Albanees had geleerd tijdens de vlucht, dan wilde hij nu in het Albanees *goeiedag* zeggen, om haar te verrassen, maar hij haalde de uitdrukkingen door elkaar en zei: *te duur*.

Zijn uitspraak was zo slecht dat Baia hem niet verstond, ze dacht dat hij iets in het Weens had gezegd, *shumë* klonk een beetje als *schau'ma*, ze glimlachte en zei dat ze weliswaar Beiers verstond, maar dat het beter zou zijn als hij zijn best deed Hoogduits te spreken.

Voorlopig zeiden ze lange tijd niets, glimlachten alleen naar elkaar, tot ze in de taxi zaten, nadat Baia blijkbaar een donderpreek had afgestoken tegen de taxichauffeur.

Wat was dat nou?

Hij wilde de vaste prijs voor toeristen, die is drie keer zo hoog als het tarief met de meter.

Gebeurt dat vaak?

Ze lachte. Dat is normaal.

Normaal? Als Albanië bij de EU wil dan moet...

Luister eens, ten eerste is me dat in Praag ook overkomen, en de Tsjechische republiek is lid van de EU, maar helaas kon ik me niet verdedigen, ik kan geen Tsjechisch en ten tweede...

Tweede?

We brengen nu je koffer naar het hotel, dan rijden we verder naar een restaurant dat ik je wil laten zien, zodat je Albanië beter leert kennen. Daar kunnen we iets eten, je hebt in het vliegtuig vast niks gehad.

Ja. Ik bedoel nee. Niks gehad. Ja, laten we wat eten.

Ja. Juist. Ten tweede, nu je het toch over de EU hebt – strikt gescheiden rekeningen.

Wat heeft dat... met de EU... te maken?

Dat moeten we meteen duidelijk maken, zei Baia. Geen gesprekken over het werk, geen cadeaus en bij gezamenlijke uitgaven, gescheiden rekeningen.

Wil je een contract opstellen?

Baia lachte. Contract? Heb ik niet opgesteld. Wij hebben als parlementariër een gedragscode en bovendien heb ik de complianceregels van de Europese Commissie gelezen. De gemene deler: discretie met betrekking tot de interne zaken van de instituties en ons politieke werk, verbod om cadeaus aan te nemen. Gastvrijheid mag alleen worden geaccepteerd in overeenstemming met de diplomatieke gewoontes en in het kader van officiële ontmoetingen. Dat wil zeggen: het Albanese parlement kan vertegenwoordigers van de Europese Commissie na sonderingsgesprekken uitnodigen voor het eten, of omgekeerd, maar ik als parlementariër kan zonder officiële opdracht niet een ambtenaar van de Europese Commissie uitnodigen, en mag me ook niet door hem laten uitnodigen. Dat is de gedragscode, of hoe zeggen jullie, *Code of Conduct*, in het ambtsblad van de Europese Unie is dat document C65/7.

Kan het zijn dat je juriste bent? zei Auer.

Baia lachte niet.

Zo streng?

Moeten we niet streng zijn? En dat zegt een ambtenaar van de Commissie?

## 13

Commissaris Starek wist natuurlijk dat een mail traceren over het algemeen kansloos is als de afzender ook maar een beetje professioneel te werk was gegaan om buiten beeld te blijven.

Hij greep naar zijn hoofd. Waarom moest die man dit allemaal zo omstandig en langdradig uitleggen?

Maar soms was traceren verrassend eenvoudig en kwam je algauw bij het IP-adres van een internetcafé. Dat hoefde er niet per se op te wijzen dat je met amateurs van doen had, integendeel. De locatie van het internetcafé zei immers niks over de plek waar de gestolen waar zich bevond, juist internationaal opererende bendes hadden een voorkeur voor deze methode om zonder veel moeite een vals spoor uit te zetten.

Starek knikte.

De helm kon zich, dit slechts bij wijze van voorbeeld, in Helsinki bevinden, maar het internetcafé waarvandaan de losgeld-eis was gemaild in Bari, zoals in ons geval. Het gevoel van succes, dat je bij het traceren van een mail inderdaad bij de locatie van de afzender was beland, betekende dus helemaal niks voor het verdere onderzoek. Voor een bende maakte deze simpele methode echter vlotte communicatie mogelijk. Een Yahoo- of gmail-account kon je heel makkelijk anoniem aanmaken in een internetcafé. Dan kregen de daders direct antwoord op hun chantagemail en konden zij weer meteen hun aanwijzingen doorgeven over de manier waarop het losgeld overhandigd diende te worden. De volgende mail kon vanuit een internetcafé in een heel andere stad worden verstuurd, maar de communicatie vond plaats in real time, anders dan wanneer de afzender de chantagemail door middel van ingewikkeld *hop routing*...

Wat?

Hop routing, dat is...

Ja, ja.

...en daardoor dus ongrijpbaar werd. In dat geval moesten met veel moeite andere communicatiekanalen worden opgezet, met miniadvertenties in dagbladen, codes en anonieme postbussen en dergelijke.

Met andere woorden, zei Karl Hammerschlag...

Geen andere woorden alsjeblieft, ik heb het wel begrepen, dacht Starek en masseerde zijn voorhoofd.

Dat de chantagemail zo makkelijk getraceerd kon worden betekent dus niet per se... een vergelijkbaar patroon bij het Van Gogh Museum in Amsterdam, destijds... professionals... internationaal...

Juist, juist, ik heb het begrepen, zei Starek. Waarom praten die ICT'ers altijd zo snel, waarbij Hammerschlag ook nog eens de irritante gewoonte had tijdens het praten wel zijn lippen van elkaar te doen, maar niet zijn tanden, hij perste zijn informatiebytes tussen zijn gebit door. En waarom altijd dat verzaligde glimlachje dat Starek alleen kende van oude dames die bij Konditorei Aida Malakoff-taart zaten te eten. En waarom moest die jongeman een baardje hebben als een vrouwenarts van rond 1900? Hij ademde diep in en zei: Dankjewel, dat was erg waardevol.

De mail met de losgeld-eis was dus verstuurd vanuit een internetcafé. Normaal gesproken was dat niet per se een aanwijzing waarmee ze verder kwamen. Dat was hem wel duidelijk. Maar er was toch iets opvallends dat Starek bezighield: dat internetcafé bevond zich in Zuid-Italië, in Bari, en de naam van het café was Vlora.

Uitgerekend Vlora. Starek googelde en vond meteen meer dan een tiental internetcafés in Bari, met namen als World Connection, Caffé Mezzaluna, Frizz, Console, Carlo's Ponti enzovoort. Een café heette Mahmudul Islam en je zat er waarschijnlijk niet naast als je aannam dat dat voornamelijk door moslims werd gefrequenteerd. En als een café Vlora heette dan was het even waarschijnlijk dat het in Albanese handen was, en voornamelijk werd gebruikt door de Albanese gemeenschap in Bari. En dat wees dan misschien toch op de mogelijke daders. Vlora was niet alleen de naam van een havenstad in Zuid-Albanië, ergens aan het smalste deel van de Adriatische Zee, het was ook de naam van het Albanese koopvaardijschip dat in 1991 met een lading suiker uit Cuba aanlegde in de haven van Durrës en werd bestormd door duizenden Albanezen die naar Italië wilden vluchten. Het gekaapte schip zette daarna inderdaad koers naar de Italiaanse kust en mocht uiteindelijk afmeren in Bari, waar de Albanezen om humanitaire redenen toestemming kregen aan land te gaan. Dat was de zogeheten

Grote Albanese Exodus, destijds hadden alle media het erover. Het was zijn vriend Max-Otto die Starek daaraan herinnerde en hem tijdens een lang telefoongesprek informeerde over de Albanese maffia in Zuid-Italië.

Max-Otto Hagenbeck was een Hamburgse politieman met vele onderscheidingen die sinds vijf jaar bij Europol werkte als Assistant Director in het Operations Department O2 (*organized crime*). Starek had hem twee jaar daarvoor, tijdens een 'schoolreisje' zoals hij dat noemde, in Den Haag leren kennen, hoge Oostenrijkse politiefunctionarissen waren daar rondgeleid, Starek herinnerde zich met misnoegen lange gangen, donkere kamers, dat leek het belangrijkste te zijn: alles in het donker, daarna powerpointpresentaties met veel felgekleurde vakjes en pijlen in alle richtingen, hoe Europol was gestructureerd en hoe het functioneert of zou kunnen functioneren, als het zou mogen doen wat het kon doen, als er niet allerlei kinnesinne was tussen de *national units* en hun bevoegdheden niet werden beperkt door lidstaten die *baas in eigen huis* wilden blijven en die niet begrepen dat ze slechts in grotere of minder grote, slecht ingerichte kamers van een gezamenlijk huis zaten, zoals Max-Otto het zonder blikken of blozen had uitgedrukt.

Soms weten we iets, maar kunnen we niet ingrijpen, zei hij, soms kunnen we helpen, maar wordt de hulp niet aanvaard. Het is een wonder dat we bestaan, en geen wonder dat onze successen te overzien zijn.

Het was inderdaad een leerzame dienstreis geweest, al was het geleerde nogal deprimerend. Maar wat bleef was die eigenaardige vriendschap van de Wener met die Hanseaat, die vriendschap hartelijk noemen in de Weense betekenis zou overdreven zijn, maar haar koel noemen was een understatement, en in tegenspraak met de vriendschappelijke gevoelens die ze ongetwijfeld voor elkaar koesterden. Niet koel, maar cool, zou je kunnen zeggen, ja, een coole vriendschap, het was de enige keer dat het woordje 'cool' zinvol klonk voor Starek, en onmogelijk vervangen kon worden door een Duits adjectief. Een keer, voor Stareks scheiding, hadden ze samen de zomervakantie doorgebracht, met hun vrouwen, aan de Noordzee, op Wangerooge, gedachteuitwisselingen tussen de twee mannen tijdens lange strandwandelingen, geen gezeur over privéaangelegenheden, stevige tegenwind, het was echt cool.

Heel veel van de Albanezen die indertijd in Bari belandden, trokken verder, naar de industriesteden in Noord-Italië, of nog verder, naar Duitsland, om daar hun geluk te beproeven. Maar er bleven er ook veel, en dat waren, om het beeldend uit te drukken degenen met een dolk tussen hun tanden, zei Hagenbeck. Criminelen die al in het stadion van Bari waar de vluchtelingen aanvankelijk werden vastgehouden het commando hadden overgenomen. Die bouwden daarna met een paar vanouds in Zuid-Italië gevestigde families en hun eigen familiecontacten ginds in Albanië een netwerk op dat binnen de kortste keren de drugssmokkel via de havens van Bari en Brindisi onder controle kreeg.

Zijn er vanouds gevestigde Albanese families in Bari?

Ja, in Bari, in Brindisi, oude Albanese families vind je in heel Zuid-Italië, tot op Sicilië aan toe. De zogeheten Arbëresh. Die zijn in de loop der tijden tijdens kleinere en grote migratiegolven van de Balkan naar Italië gekomen. Na de dood van Skanderbeg en de onderwerping van de Albanese stammen door de Osmanen...

Maar dat is een eeuwigheid geleden, middeleeuwen.

Alleen eeuwig als je het afzet tegen een mensenleven. Maar dit ging generaties lang zo door, tot het moment waarop de Grieken Albanië binnenmarcheerden en de bevolking terroriseerden, daarna de fascisten van Mussolini, vervolgens de nazi's, steeds weer waren er redenen om te vluchten, en uiteindelijk vluchtten ze voor de communisten, als daar al iemand in slaagde. Weet je wat eigenaardig is? Een met betrekking tot maffiaorganisaties uniek fenomeen dat alleen te verklaren is vanuit die onophoudelijke Albanese migratiegolven? Albanezen zijn gek op stambomen, voor hen zijn die heilig. Tien, twintig generaties kunnen ze terughalen, en soms nog meer, het is echt een idee-fixe van ze. Stel dat een Albanees, die laten we zeggen de naam Velaj draagt, in '91 tijdens de grote exodus naar Bari kwam, waar een oud ingezeten familie Velaj leefde, dan wisten ze dat er in Albanië ooit twee broers waren, laten we zeggen in de zeventiende eeuw, van wie er één naar Italië is gegaan. En dat de Velaj die nu arriveert, afstamt van die andere broer. Op dat moment treedt meteen de wet van de familiesolidariteit in werking. Sommige Arbëresh-families in Zuid-Italië hebben in de loop der tijden een zakelijke niche gevonden tussen de cosa nostra en de *'ndrangheta*. Daarop kon die nieuwe Albanese migratie in Italië voortborduren, en zij konden door de versterking hun zakelijke bereik vergroten. Maar wat belangrijk is, wat je moet begrijpen: Albanezen zeggen altijd dat er geen Albanese maffia bestaat, dat er alleen families zijn, en die koesteren een groot wantrouwen tegenover iedereen die niet door bloedbanden met hen verbonden is. Dat onderscheidt ze inderdaad van Italiaanse maffiaorganisaties, waar je lid van kunt worden en waar je vertrouwen kunt winnen, bijvoorbeeld door te beginnen met koeriersdiensten, en uiteindelijk te moorden in opdracht. De Albanezen zeggen: een vreemde die bereid is in opdracht van mij een moord te begaan, als beroep als het ware, kan morgen al, eed of geen eed, een verzoek indienen voor opname in een getuigenbeschermingsprogramma, en mij in het gevang doen belanden. Maar een familielid zou zoiets nooit doen.

Grappig, zei Starek.

Ik vind dat helemaal niet grappig, zei Hagenbeck. In ieder geval, ging hij verder, op zijn laatst op de dag dat in de haven van Bari padrone Santino Tiralongo zittend in de etalage van Adria Ferries werd aangetroffen – Adria Ferries verzorgt de verbinding van Bari en Brindisi naar Durrës en Vlora – op zijn laatst tóén werd duidelijk dat de heerschappij van de 'ndrangheta hier ten einde was, en ook werd duidelijk wie het nu voor het zeggen had. Want Tiralongo had niet alleen een zuiver kogelgat in zijn voorhoofd, in zijn met een tiewrap geboeide handen hield hij voor de kijklustigen voor de etalage een foto op van Moeder Teresa, de nationale heilige van Albanië.

Ik ben er tamelijk zeker van, zei Hagenbeck, dat we zoals de zaken er nu voorstaan definitief kunnen uitsluiten dat het bij de diefstal van die helm om een gelegenheidsdaad ging. De daad was gepland, het ging om die helm, en er is blijkbaar een Albanees belang. Albanezen hebben deze daad begaan. Daarvoor spreekt niet alleen dat overduidelijk Albanese internetcafé in Bari, maar daarvoor spreekt Bari alleen al. We weten natuurlijk niet of de helm nu in Bari is, maar we kunnen aannemen dat hij deze weg heeft afgelegd... niet rechtstreeks naar Albanië dus, via Servië, Kosovo, Noord-Macedonië, allemaal niet-Schengenlanden met grenscontroles, dat zou onlogisch zijn geweest en veel te riskant als de dieven wel ongehinderd naar Zuid-Italië konden reizen. En daar de veerpont nemen naar Albanië was betrekkelijk ongevaarlijk. En het hoeft niet eens de veerpont te zijn geweest. Daar *weven*, zoals wij het uitdrukken, de smokkelaarsbootjes, weven omdat die bootjes heen en weer schieten. Vanuit Albanië komt marihuana naar Europa en van Italië gaat cocaïne naar Albanië en wordt daarvandaan gedistribueerd over de westelijke Balkan en de landen van Oost-Europa. Dat is de zogeheten Blauwe Banaan, zei Hagenbeck. De coke komt uit Latijns-Amerika naar de havens van de Benelux en wordt vandaar via de belangrijkste Europese doorgangsroute, die op de kaart blauw ingetekend is en de vorm van een banaan heeft, naar Italië getransporteerd. Grappig genoeg ook nog eens in bananendozen uit Latijns-Amerika. En nu moet je me vragen, vriend, wat we daartegen doen.

Wat doen jullie?

Het enige wat we doen is het weten. Hebben we operationele bevoegdheden? Nee. Dat weet je. We zijn de FBI niet. Hoe dan ook: die helm is vast en zeker niet rechtstreeks vanuit Wenen naar het zuiden gegaan, maar eerst naar het westen en daarna pas naar het zuiden. Goed, als het Albanezen waren, wie had er belangstelling voor die helm en waarom?

Bessa's vraag, dacht Starek.

En dan, zei Max-Otto Hagenbeck, rijst er een vraag die niet in het patroon past. Waarom wordt er losgeld gevraagd? Als de daders Albanezen waren, waarom zouden die bereid zijn dit nationale icoon tegen losgeld terug te geven? Alles klopt, en wij kunnen ons de vraag stellen wie er belang bij heeft die helm in zijn bezit te krijgen. Wat echter niet in het patroon past is die losgeld-eis.

Die vraag werd een uur later al op verbluffende wijze beantwoord.

Maar eerst breiden Hagenbeck en Starek een vriendschappelijk einde aan hun telefoongesprek.

We zouden weer eens een gezamenlijke vakantie moeten plannen, zei Hagenbeck.

Je weet dat ik gescheiden ben.

Weet ik. Deze keer zonder vrouwen. Een reis die alleen voor ons mannen interessant is.

Wijn proeven in Frankrijk?

Nou ja, kan interessant zijn. Maar wij Hamburgers drinken liever bier en een jonge klare. Nee, ik heb een ander idee.

Waar denk je aan?

Let op!

Franz Starek hoorde door de telefoon hoe Max-Otto op zijn toetsenbord ramde.

Hier! Ik heb het. Op 28 november laat de Albanese rederij Drejt-Flote een nieuw schip van stapel lopen voor haar maidentrip. 28 november is de belangrijkste feestdag in Albanië, de dag van de bevrijding. Dat wordt een enorme gebeurtenis. Het nieuwe schip is een cruiseschip, en hoe heet het?

Nou?

ss Skanderbeg. Ja, echt, het schip heet Skanderbeg. Het is niet zo groot als die krankjorume Symphony of the Seas of de Queen Elisabeth, slechts een derde daarvan, en ook kleiner dus dan de Titanic, ik stuur je de link dan kun je virtueel door het schip wandelen. Niet door het hele schip omdat er speciale luxesuites zijn voor de minister-president, de leden van de regering en hoge staatsgasten, een afgesloten diplomatenwijk op een boot als het ware, waar je niet binnenkomt. Het is een prestigeproject van de regering, impuls voor het toerisme enzovoort, maar ik heb de indruk dat het niet in de laatste plaats het prestige dient van de politieke elites van Albanië. De Skanderbeg zal een cruise maken door de Adriatische en de Ionische Zee, van Durrës naar Bari en Brindisi, oversteken naar Saranda en afzakken naar Catania en Syracuse. Er zijn nog suites met balkon vrij. Wacht ik stuur je... zo! Het aanbod en de prijslijst. Kun je vrij nemen? Ik heb nog genoeg vrije dagen. Wat denk je? Moeten we boeken? Dan kunnen we onderzoeken, zei Max-Otto...

Franz Starek masseerde zijn slapen.

...of een dergelijke vakantie ons goeddoet. Met een plaid over je benen op een deckchair zittend...

Franz Starek wist dat Max-Otto nu naar zijn telefoon grijnsde.

Ik ga het bekijken en laat het je weten, zei hij.

Hij had tijdens het telefoongesprek twee aspirines opgelost in water en dat opgedronken, nu had hij ook nog maagpijn. Hij vroeg zich af of het niet beter was geweest een slok schnaps of tenminste bier te drinken om zijn kater te bestrijden, maar die gedachte was zinloos, hij was niet het type dat een fles of tenminste een zakflacon in zijn bureau verstopte. Hij wist dat er collega's waren die stiekem 'een beetje pimpelden' zoals dat op kantoor vergoelijkend werd genoemd, hij kende ze allemaal. Huber met dat rooie gezicht bijvoorbeeld, die plotseling Stareks kamer binnen kwam stormen.

Chef, chef, we moeten meteen naar het Kunsthistorisch!

Hoezo? Wat is er aan de hand?

Het KMH heeft, zoals we ze hebben aangeraden de mail van die, van de, nou ja, met de losgeld-eis beantwoord met de eis dat ze een foto moesten mailen van de gestolen helm, zodat zeker is dat ze echt in het bezit van de helm zijn. En ze hebben per kerende post een foto gestuurd.

Ja, en?

Er is een verrassing. We moeten naar het museum komen. Ze verwachten ons en zullen het ons laten zien.

Wat?

Nou, die verrassing. Ze zeggen dat het absurd is, dat het alles op zijn kop zet.

Starek stond op, nam zijn jas van de haak. Huber, jij hebt toch een fles in je bureau.

Ik? Fles? Wat voor fles?

Maakt me niet uit wat voor fles. Geef me een slok.

## 14

In de foyer van het museum werden ze opgewacht door een dame die met snelle passen voorging naar het kantoor van de directrice, het klakken van haar hakken deed pijn in Stareks oren, maar voor Huber klonk het als tromgeroffel dat een sensatie aankondigde.

De directrice ontving hen zichtbaar opgewonden. Haar handen roeiden als tentakels toen ze groette, naar haar medewerkers wees, die ze voorstelde, en aan haar toelichting begon. Ze probeerde een beleefde glimlach op te zetten, maar Starek had de indruk dat ze van spanning alleen maar haar tanden liet blikkeren.

*Grüß Gott*, dank u wel dat u zo snel... we hebben een ontdekking gedaan die... ik weet niet wat we ervan moeten denken... hoe we die... moeten interpreteren, ik geloof dat dit alles op zijn kop zet. Alles op zijn kop zet. Maar dat zullen mijn medewerkers, mijn medewerkster, dit is doctor Kratky, hij is directeur Collecties en curator van de jacht- en wapenkamer, praktisch het brein achter het wetenschappelijke werk aan de collectie waarvan de helm, deze helm... En...

Starek had nooit gedacht dat die man wetenschapper was. Het slanke fitnesslichaam, zijn stramme, rechte houding, het iets te krappe blauwe pak... Starek vond dat hij eruitzag als een van die nieuwe christendemocratische politici, maar niet als een kunsthistoricus.

...en doctorandus Liska, restauratrice en wetenschappelijk medewerkster, zij heeft zich intensief beziggehouden met de helm van Skanderbeg.

Zij was het tegenovergestelde van de doctor, allesbehalve slimfit, ze had een zwarte spijkerbroek aan, oversized, en een wijde zwarte trui, met die slonzigheid die duidelijk maakte dat ze onderweg naar haar kunstwerken niet lang voor de spiegel stond. Ondanks haar gewichtige fysieke aanwezigheid maakte ze de indruk dat ze met haar non-kleur zwart wilde wegvallen in deze wereld van belangwekkende museumstukken. Starek had meteen vertrouwen in haar.

En vroeg zich af...

Dus, op de man af, zei Huber, wat heeft u voor ons?

Mag ik u verzoeken hier aan tafel te komen, zei dr. Kratky, hier...

De directrice strekte uitnodigend haar arm uit en wees naar de lange vergadertafel waarop documenten en foto's lagen.

Kijkt u hier, zei dr. Kratky, dit is de foto die we zelf hebben gemaakt van Skanderbegs helm voor de website van het museum. En dit hier is een print van de foto die de vermeende dieven ons hebben gemaild. Valt u iets op?

Zei u nou net vermeende dieven? vroeg Starek.

Huber boog over de tafel heen: dit hier is een professionele foto, en dat een eenvoudig snapshot, waarschijnlijk van een smartphone. Zoals de helm er toevallig lag, naast een krant.

Dat wilden wij zo, zei mevrouw Liska, dat ze naast de helm...

De krant, precies, dat is cruciaal, aldus dr. Kratky, wij hebben geëist dat ze een foto maakten van de helm naast een dagblad.

Bijzonder slim, zei Starek.

Ja, we wilden zien of ze echt in het bezit zijn van de helm, zei dr. Kratky en niet een of andere foto zouden sturen die ze van internet hebben geplukt. En ze hebben in overeenstemming met onze wens de krant ook zo neergelegd en de opnamehoek zo gekozen dat je de datum kunt lezen. Ziet u?

En toen viel mij op, begon drs. Liska...

Precies, zei dr. Kratky, toen viel ons op dat er iets niet klopte.

Hij glimlachte als iemand die weet dat hij zo meteen bijval krijgt.

Is de helm toch in de foto van de krant gemonteerd? vroeg Huber.

Nee, duidelijk niet. Het punt is iets heel anders. Kijkt u nog eens naar die krant.

*Gazetta del Sud*, zei Huber.

Als dat voor het onderzoek zo belangrijk is maak dan alstublieft uw punt, doctor, of dat nou hét punt is of niet.

Wat werkte hem dat op de zenuwen. Hij keek naar drs. Liska, die zich geroepen voelde iets te zeggen: Het gaat om de verhoudingen...

Dr. Kratky ging ogenblikkelijk verder: hier kent natuurlijk niemand die krant, in Zuid-Italië wordt hij veel gelezen, maar in heel Wenen is er geen exemplaar te krijgen.

Met Google had ik het binnen een minuut, zei mevrouw Liska, namelijk...

Wat ons opviel, zei dr. Kratky, was iets in de proporties van de helm, vooral wat betreft de hoorns van die geit boven op de kam van de helm, ziet u, daar. En daar. Vergelijkt u nu de twee foto's nog een keer.

Hm, zei Huber, bedoelt u dat er een verschil is? Lastig te zeggen, de foto's zijn immers niet genomen vanuit hetzelfde perspectief.

Wij waren er ook niet zeker van. Daarom wilden we het formaat van de krant weten. Grappig, nietwaar, we wilden een krant op de foto vanwege de datum, en toen hadden we die krant nodig vanwege het formaat.

Tabloid, zei drs. Liska, 235 mm breed, 315 mm hoog. Daarmee was het mogelijk...

Daarmee, zei dr. Kratky, was het mogelijk de helm op de foto na te meten. Kijkt u nu naar dit vel. Van de brede zijde van de krant hebben we een virtuele liniaal of meetlint gemaakt en die langs de helm gelegd. Lengte van de horens, omvang en hoogte van de helm.

Hij straalde.

En? vroegen Starek en Huber als uit één mond.

Vertel de heren nou eindelijk eens welke ontdekking we hebben gedaan, zei de directrice.

De horens van de geit op de kam van de helm zijn inderdaad iets langer dan we hier in huis bij het origineel hebben gemeten en gedocumenteerd. Maar er is nog meer. De helm op deze foto is in totaal, oneerbiedig uitgedrukt, ongeveer vier hoedenmaten groter dan het origineel, hij is als het ware voor een ander hoofd gemaakt!

Dat betekent? (Huber)

Dat het niet de gestolen helm is. (Starek)

Exact. (Kratky)

Houdt u het voor mogelijk dat de dieven van de helm een kopie hebben laten vervaardigen om die voor losgeld aan te bieden, en het origineel zelf te houden? vroeg Starek.

Eerlijk gezegd, nee, zei dr. Kratky. De losgeld-eis is al niet erg hoog. De verzekerde waarde van Skanderbegs helm is veel en veel lager dan een Albanese nationalist zou denken. En wij zouden ook nooit een euro meer dan de verzekerde waarde hebben betaald. De kopie lijkt erg goed, en als je arbeid en materiaalkosten aftrekt van het losgeld, dan staat de winst in geen enkele verhouding tot de moeite en het risico van een diefstal. Bovendien zou ons als we hadden betaald, uiteindelijk wel zijn opgevallen dat de helm die we in ruil daarvoor hadden gekregen een vervalsing is. Dat wil zeggen, de dieven zouden er niet eens de zekerheid mee kopen dat ze niet langer gezocht werden.

Dit zet alles op zijn kop, zei de directrice.

Waarom, zei Starek. De zaak is juist van zijn kop weer op zijn pootjes terechtgekomen. Waar die kopie vandaan mag komen, is een heel andere vraag. Maar wat de gestolen helm betreft klopt alles weer. Er bestond belangstelling voor díé helm, en niet voor een of ander object waarmee je makkelijk het museum uit kon komen. En wie belangstelling heeft voor die helm heeft geen belangstelling voor losgeld.

Alstublieft, zei mevrouw Liska. Ik denk... zei dr. Kratky.

Wacht even, zei Starek, wat wilde u zeggen, mevrouw Liska?

Alstublieft, zei ze, ik weet niet of dat u nu verder helpt, maar ik heb in de vakliteratuur een interessante aanwijzing gevonden. Albanië is een paar jaar lang een monarchie geweest, toen de toenmalige president van de republiek, Ahmet Zogu, zichzelf uitriep tot koning Zogu de Eerste. Dat was in 1928. Hij was dol op de Wiener Staatsoper...

De Wiener Staatsoper? Mooi! En hoe helpt ons dat dan verder? (Dr. Kratky)

Tijdens een bezoek aan de Wiener Staatsoper, begin 1931, werd op de oprit naar de opera een aanslag op hem gepleegd, met een revolver. Door twee Albanezen in ballingschap die hem niet erkenden als koning van de Albanezen. Hij overleefde de aanslag – en dat is interessant – en gaf daarna opdracht om een kopie van de helm van Skanderbeg te maken, hij beweerde een oerachterkleinzoon van de held te zijn, en kroonde zichzelf met die kopie tot Skanderbeg de Derde, na Skanderbegs zoon, legitiem heerser over alle Albanezen. Toen Mussolini in 1939 Albanië binnenviel, ging Zogu in ballingschap in Frankrijk, waar hij later overleed. De Albanese elite moet immers hetzij in Frankrijk hebben gestudeerd, of tenminste in Frankrijk sterven... ze glimlachte. Starek glimlachte terug.

In ieder geval, zei ze, is er in de literatuur sprake van een kopie van de Skanderbeghelm, ook al bestaat daar geen afbeelding van.

En? Alstublieft collega! Die kopie is een gerucht, zei de doctor. Als gezegd: nergens een afbeelding, nooit beschreven, gelooft u nou serieus dat die kopie uitgerekend nu het origineel is verdwenen als op bestelling opduikt? Wat een toeval. Overigens: als die Zogu-helm inderdaad zou bestaan, dan was hij niet zomaar een kopie, maar zelf van historische betekenis, nietwaar, mevrouw de directrice? De helm waarmee de enige koning van Albanië zichzelf probeerde te legitimeren! Nietwaar, mevrouw?

Ja, zei de directrice, ik bedoel, dat is zeer interessant, maar terug naar ons probleem. Heren, het is dus duidelijk dat de helm die ons tegen losgeld werd aangeboden, niet de gestolen helm is. Wat raadt u me nu aan en hoe ziet u de verdere gang van zaken voor zich?

Als u die kopie wilt hebben, dan moet u betalen. Als u er niet in geïnteresseerd bent, dan hoeft u helemaal niet meer te reageren. Dank u, dit was zeer waardevol!

’s Avonds ging Starek naar Pistauer, dronk twee grote glazen bier en speelde een potje tarok.

Wat is er met jou aan de hand, vroeg Prochaska. Je biedt voor een koning en weet niet wie hem in de hand heeft. Je bent er niet bij met je hoofd.

Je hebt gelijk, zei Starek, ik kan beter naar huis gaan.

Hij smeerde een boterham met kaas, zoog de kruimels van het aanrecht, dronk nog een glas bier, piekerde. Daarna stuurde hij een mail aan zijn neef:

*Je had toch geen gelijk. Er is geen losgeld-eis voor de gestolen helm. De vraag is nu: wie heeft er belang bij in het bezit van die helm te komen en zich er tot heerser of leider van alle Albanezen mee te kronen? En waarom? Om territoriale eisen te kunnen stellen, twee derde van Kosovo en een deel van Noord-Macedonië terug te brengen bij Albanië? En misschien nog een plakje Griekenland afsnijden. En dan hebben we het nog niet eens over de grote Alba-*

*nese kolonie in Zuid-Italië. Dit is een politieke bom.*

Hij dacht even na, wiste *bom*. *Politiek probleem*? Nee, dat was te zwak, hij schreef weer *bom*.

## 15

Baia Muniq had voor Karl Auer een kamer in het Dream Hotel gereserveerd, tien minuten lopen van het centrum, van het Skanderbegplein. Tijdens de taxirit keek hij demonstratief nieuwsgierig uit het raampje om achter die belangstelling voor het stadsbeeld zijn nervositeit te verbergen als hij Baia, die naast hem zat, aankeek en niet wist wat hij moest zeggen. Baia kon dat waarderen, ze had meer dan eens bezoek gehad uit Europa, zakelijk en privé, mensen die meteen ongelooflijk veel praatten, en geen oog leken te hebben voor de plek waar ze zojuist waren gearriveerd. Ze had dat altijd egocentrisch gevonden, een miskenning van haar stad, van haar levenswerkelijkheid, haar leven. Ze vond het onbegrijpelijk waarom al die Brusselse bureaucraten als ze hier kwamen voor evaluaties of gesprekken zich alleen maar in een zwarte limousine met geblindeerde ramen van hun hotel naar afspraken lieten rijden, en ondertussen nog over een of ander dossier gebogen zaten, zonder ook maar op het idee te komen het raampje open te doen, naar buiten te kijken, de stadslucht op te snuiven, laat staan dat ze, al was het maar vijf minuten, een stuk te voet zouden afleggen. Ze kenden hun gegevens en statistieken, op papier wisten ze veel van de Albanezen, maar ze hadden geen idee van de kleuren, het licht en de geuren van deze stad, ze kenden de lobby's van de internationale hotels met hun internationale gasten onder prachtige kroonluchters, maar ze bewogen zich nooit te midden van de stroom mensen in de straten van Tirana.

'Bezoek uit Europa.' Zolang Albanië geen lid was van de EU bleef Europa zelfs voor Baia iets vreemd abstracts, als een droom die bevolkt werd door vreemde figuren.

Ik heb voor je gereserveerd in het Dream Hotel, zei Baia.

Dream Hotel? Hoe moest hij dat interpreteren. Blijf lekker dromen, Karl! Had hij dan gedacht dat ze hem bij haar thuis... nee! Ja, natuurlijk niet.

Het hotel ligt in dezelfde straat als waar ik woon.

Toen de taxi de Rruga Qemal Stafa insloeg – we zijn er zo, zei Baia – vond Karl, met zijn neus tegen de ruit, de straat meteen sympathiek, de taxi kwam langs winkeltjes, langs open gevels met kleine werkplaatsen, groente en fruit, bakkerijen, fietsverkoop en -reparatie, schoenmakers, een kiosk met kranten en sigaretten, er waren kleine cafés met tafeltjes op de stoep en bijzonder opvallend was een rij architectonisch bekoorlijke villa's met een kleine tuin, hij zag Italiaanse restaurants, tenminste, de restaurants in deze straat droegen Italiaanse namen.

Het Dream Hotel bleek een klein familiepension, de opgewekte vriendelijkheid van het meisje aan de receptie onderscheidde zich weldadig van vriendelijke frases van het personeel in de grote internationale hotelkolossen.

Hij kreeg zijn kamersleutel, Baia zei dat ze de trolley op zijn kamer moesten zetten.

Ik zou graag even naar mijn kamer gaan om een ander hemd aan te trekken, zei hij.

Ze schudde haar hoofd. We moeten snel verder.

Tegenover het hotel zag Karl een restaurant, A Tavola met een mooi terras. Zouden we niet meteen daar iets gaan eten, zei hij, het ziet er erg sympathiek uit.

Het is niet slecht, zei zij, maar nu wil ik je iets anders laten zien.

Ze stapten weer in een taxi en reden weg.

Dat zijn fraaie villa's, zei Karl.

Vind je ze mooi? Ze zijn allemaal uit de tijd dat Mussolini Albanië bezette. De Italianen hebben die villa's voor zichzelf gebouwd. Hier woonden – ze wachtte even – de ambtenaren van de bezettingsmacht. Ook een vorm van Little Italy!

Ze boog naar voren en viel uit tegen de taxichauffeur.

Wat zei je tegen hem, wat is het probleem?

Hij moet harder rijden.

We hebben toch geen haast.

Jawel. We mogen het vrijdaggebed niet missen.

Zei je nou vrijdaggebed?

Ja.

Karl Auer keek haar vragend aan. Baia zei niets en wendde haar hoofd af, nu was zij degene die ingespannen uit het raam keek. Maar Auer meende in haar mondhoek een flauwe glimlach te zien.

We zijn er.

Baia betaalde de taxichauffeur.

Hoeveel was het? Wat is mijn deel? vroeg Karl. Niets, het is oké, zei ze. Maar je wilde de rekeningen toch strikt... Ja, maar er is ook zoiets als de oude Albanese wetten van de gastvrijheid. En volgens die is het... ach laat maar!

Karl glimlachte, het deed hem plezier. Dat is een klassieke tegenstrijdigheid tussen twee rechtssystemen, zei hij, tussen de Albanese canon en de Europese code of conduct, hier moeten we de niveaus van rechtssystemen...

Baia maakte een wegwerpgebaar. Kijk waar je hier bent.

Karl keek haar aan, verbluft. Wat was dat? Begreep hij het teken dat meester Kongoli hem zojuist had gegeven?

Dit is Birrari Tymi, zei ze, een oud biercafé. 'Tymi' betekent rook. Dat komt van de rook van de grill, of van de rook van de sigaretten van de kunstenaars en intellectuelen, die hier met rokende hoofden, en hoe... Hier. Karl keek. Het café was aan de straatkant open, als een dubbele garage, met een houten afdak als opengeklapte garagedeur. Op de stoep stonden tafels tussen oude platanen, een biertuin in de schaduw van immense boomkronen. Ze wurmden zich tussen de geparkeerde auto's en de tafeltjes voor het café door. Hier, zei ze, hier hebben ze Zon van Albanië.

Er was een tafel vrij. We hebben geluk, zei ze, kijk, daar gaan we zitten.

Maar... zei Karl.

Voor het café stond een lange rij mensen, dwars door de biertuin heen.

Karl keek Baia vragend aan. Ga zitten, zei ze.

Maar die dan...

Ga zitten, zei Baia, die bidden.

Op dat moment, knielden de mensen als op commando en wierpen hun bovenlichaam voorover. Nu pas hoorde hij de stem van een voorbidder die blikkerig uit de luidsprekers klonk.

Kijk, pal hiernaast is een kleine moskee. De Xhamia Dine Hoxha.

Wat?

Zo heet die moskee. Maakt niet uit. Hoef je niet te onthouden. De oude moskee in het centrum wordt momenteel gerestaureerd. De gelovige moslims die daar altijd bidden, wijken nu uit naar andere moskeeën. Maar zoveel zijn er niet, en deze hier is erg populair, hier preekt een poëtische en *i gëzueshëm*, hoe zeg je, levenslustige. Ja? Een levenslustige imam, maar ze is te klein voor de grote aanloop, op vrijdag komen er veel te veel mensen, daarom staat er een rij vanuit de moskee tot op de stoep, dwars door de biertuin hier...

Weer lieten de mensen naast hun tafeltje zich vallen, Karl keek naar de gebogen ruggen...

Een ober stapte over twee biddende mensen heen naar hun tafeltje, Baia bestelde, zonder hem te vragen wat hij wilde, dat was oké, hij zou niet hebben geweten wat hij hier zou willen.

Er arriveerden twee grote pullen bier, Tirana, zei Baia, mijn lievelingsbier, die braadworsten, huisgemaakt, krijg je alleen hier, ze smaken als die van mijn grootmoeder.

Grootmoeder?

Ja, die maakte nog zelf worst! Lang geleden. Maar hier, die witte kaas komt uit Gjirokastra, daar komt de beste kaas vandaan, en proef die olijven, die zijn heel anders dan Griekse of Italiaanse, dit zijn radicale Albanezen, het lijkt wel alsof ze zich ertegen verzetten te worden gescheiden van hun pit, bijt erin, ze schudden je beet af, merk je dat? Maar je moet niet opgeven, iedereen heeft tot dusverre Albanië veroverd, en de smaak te pakken gekregen, wat denk je?

De mannen die geknield naast de tafel zaten stonden weer op, mompelden iets. Niet harder dan het verkeerslawaai en ermee vermengd hoorde Karl de prediker, aan sommige tafels werd betaald, er kwamen tafels vrij, toen bracht de ober een pan, eigenlijk was het geen pan maar een ronde metalen vorm met een gele dampende substantie erin, waarin vanuit het midden naar de rand toe bruine strepen liepen. Dat is onze *Fli*, zei Baia, genaamd de zon van Albanië.

Op dat moment viel de rij mensen uit elkaar, de mannen die zo-even nog op hun knieën hadden zitten bidden, liepen nu door elkaar heen, gingen aan vrije tafeltjes zitten, in de tuin, of binnen in het café, en binnen tien minuten hadden ze een bierpul voor zich staan.

Alcoholvrij bier? vroeg Karl.

Baia lachte. Proef nou eindelijk die fli, zei ze, dan ben je aangekomen. En dit hier moet je erbij eten, *turshia*, groenten in het zuur.

Mixed pickles, zei hij.

Turshia, zei ze. En: Dat was les nummer één, inleiding in het land Albanië. Wat heb je gezien? Frankrijk en Nederland zijn bang om een islamitisch land op te nemen in de EU. Nu heb je onze moslims gezien. Ik vertel je nog iets: de Turkse president bemoeit zich ermee en laat een immense moskee bouwen in Tirana, waar vijfduizend gelovigen kunnen bidden. Dat is gigantisch. Maar zoveel zijn er hier niet. Die Turkse moskee zal leeg blijven, en ik wed dat het over tien jaar een discotheek is.

En hoeveel vrouwen met hoofddoek heb je op weg hierheen gezien?

Ik weet niet.

Vijf? Of tien? Meer?

Nee, minder, veel minder, geen idee, nog geen vijf.

Dankjewel. En is je niks opgevallen? Voor later: als je hier vrouwen met hoofddoek ziet zijn het meestal christelijke vrouwen die de hoofddoek dragen uit respect voor Moeder Teresa. Maar proef nou eindelijk van die fli, die zul je vaak aangeboden krijgen als ze je iets typisch – ze trok haar wenkbrauwen op en zette zo 'iets typisch' tussen aanhalingstekens – willen serveren, maar alleen hier...

Op dat moment kwam er een oude vrouw aan hun tafel, ze zei iets, Baia antwoordde en wees uitnodigend naar het mandje met brood, de oude vrouw keek Karl vragend aan.

Wat zei ze? Wat wil ze?

Ze vroeg of ze wat brood mocht pakken.

Natuurlijk! Toch?

Heb ik tegen haar gezegd.

*Nga vjen ky zotëri?*

Wat zei ze?

Waar je vandaan komt.

*Nga Evropa.*

Dat verstond je wel. Ik zei dat je uit Europa komt.

*Eshte mire. Edhe ne e duam atë. Apo Zoti mendon se ne jemi kinezë?*

Baia lachte.
Wat?
Ze vindt Europa goed, zegt ze. Daar wil ze ook bij horen. Of dat je denkt dat wij Albanezen Chinezen zijn?
*No*, *no*, zei Karl gauw.
Nee is *jo*, zei Baia.
De vrouw had een gegroefd gezicht en een brede lach. Ze knikte Karl toe en praatte vrolijk op hem in.
Wat? Wat zegt ze?
Ze krijgt, omgerekend, ongeveer vijftig euro pensioen, zegt ze. Maar ze heeft gehoord dat je in de EU – Baia vroeg het na – ja, ze heeft gehoord dat je in de EU meer dan honderd euro pensioen zou krijgen. Wat mooi als Albanië bij de EU zou komen. Terwijl ze – Baia luisterde even, knikte – terwijl ze met tachtig al tevreden zou zijn, zegt ze.
Vraag haar eens wat haar grootste wensen zijn.

Ze zegt dat ze geen verwarming heeft, ze wil niet kleumen als het straks koud wordt. En, moment! Baia luisterde, knikte en zei: ze heeft een kleinkind van twaalf, het gaat braaf naar school. Ze zou zo graag een boek willen kunnen kopen voor haar kleinkind, zodat ze eraan bijgedragen heeft dat het een slim kind wordt.

Vreselijk dacht Karl Auer, dit is sociale kitsch, maar het is echt, ik maak dit echt mee.

De vrouw weigerde geld aan te nemen, zei dankjewel voor het brood, lachte en zei… wat?
Dat het je goed moge gaan in Albanië.
Dank u, riep hij haar na.
*Faleminderit*! Dat onthou je wel, zei Baia, je kunt het altijd gebruiken.

Ze boog voorover en zei zachtjes: ik zag dat je ogen vochtig werden.

Al aan het tafeltje naast het hunne was niet meer te verstaan waarover ze het hadden. En nog een tafel verder zat toevallig Ismail Lani, of niet toevallig, in zoverre dat hij vaak naar Tymi ging, en wat hij zag, ook al kon hij niets horen, was spannend genoeg. Was dat niet Baia Muniq, kamerlid, commissie voor Justitie, en hij was die ambtenaar uit Brussel die hij al een keer... zij zat met haar rug naar hem toe, kon hem niet zien, en die beambte, kon kijken wat hij wou, hij wist van niks, argeloos, Ismail Lani hoefde niet eens te verbergen dat hij zat te staren, hij sloeg gade hoe hun hoofden steeds dichter bij elkaar kwamen, hoe zij een weids gebaar maakte, alsof ze de wereld wilde omhelzen, daarna fluisterden ze iets tegen elkaar, hoofd tegen hoofd... aha, geheimen.

## 16

De sirene begon als een schrille aanhoudende toon, Fate Vasa drukte zijn handen tegen zijn oren, nee, daarmee sloot hij het schrille geluid alleen maar op, de klank botste en schopte nu tegen zijn gehoorgang, zijn schedeldak, alsof hij zijn hoofd wilde openbreken en buiten verder klinken. Fate trok zijn handen weg en de sirene ging over in een aanzwellend en weer wegebbend jankgeluid, hij sprong overeind, liep, met gesloten ogen diep in- en uitademend door zijn kamer heen en weer, botste tegen het bureau, de stoel, de stellingkast, zoals de krijsende toon tegen zijn schedelbot. Hij bleef staan, hijgend. Hij moest schrijven. Telkens wanneer hij de sirene hoorde moest hij schrijven. En hij zag de beelden al, beelden die schreeuwden om zijn woorden, die schreeuwden om verlossing in zijn gedichten, en zo hém verlosten. Hij ging aan zijn bureau zitten, waar was zijn vulpen? Hij schreef zijn gedichten altijd met de hand, zoals de inkt uit zijn pen vloeide, zo vloeide de toon uit zijn oren, tot hij wegstierf.

Maar de beelden werden duisterder, wankelden en schommelden alsof een camera heen en weer gezwaaid werd in een donkere ruimte, en Fate zag er geen betekenis in, niets wat welke metaforische betekenis dan ook zou hebben gehad. En dat was toch zijn eigenlijke kunst, dat waarom hij werd geroemd, bijvoorbeeld dat hij een adelaar met dubbele kop in een kooi, die op haar beurt in een grotere kooi stond, zo kon beschrijven dat de Albanezen, en hopelijk alle mensen, maar in elk geval de Albanezen in dit beeld hun ziel verdicht zagen, of dat hij een rij stilstaande auto's zo kon bezingen dat zijn tijdgenoten hun eigen stemloze klaagzang hoorden terwijl ze met al hun hoop en verlangen, ingekapseld in een blikken doos werden tegengehouden aan een dichte grens, de grens waarachter eindelijk hun toekomst zou beginnen.

De toon stierf weg, weer sprong hij overeind, liep naar het raam, hij hoorde verkeerslawaai, verder niets. Hij ging terug naar zijn bureau, las wat hij geschreven had... nee, dat was niks. *De smid niet aan zijn aambeeld / de helm op niemands hoofd / de herders zitten in bunkers / en ik...*

Hij verfrommelde het vel, gooide het weg.

Hij haalde een Korça uit de keuken – zelfs bier drinken was hem niet mogelijk zonder symbolische lading. Korça was voor hem het zinnebeeld voor de identiteit en de verlangens van de Albanese drinker: van de oudste brouwerij van Albanië, opgericht door een Italiaan, met hop uit Duitsland en Tsjechische technologie, geëxporteerd naar België. Heel wat anders dan het waterige Tirana-bier met zijn verschaalde nasmaak van tijden waarin je niet blij kon zijn met de dingen waarvan je blij moest zijn dát je ze kon krijgen. Een kleine raki Rrushi erbij. Sinds hij het zich als adviseur van de ZK kon permitteren, betrok hij zijn raki uit het dorp Kallmet, waar de Illiërs al wijnstokken hadden geplant, en waar de oude bedreigde druivensoort *gomaresha* nog werd verbouwd. Zoiets had zijn prijs. Fate zou liegen als hij zou beweren dat hij het verschil proefde met een raki die hij beneden op straat kon krijgen. Maar de wetenschap dat het een exclusieve raki was maakte dat smaak en genot duidelijk toenamen.

Een kleintje maar!

Hij doopte zijn wijsvinger in het glas en schudde hem heen en weer zodat er twee of drie druppels in het rond vlogen. Hij was ervan overtuigd dat de geest van zijn moeder hier nog op de een of andere manier aanwezig was. Zij, die zichzelf tijdens haar leven nooit iets had gegund. Wier uitgedroogde en gebarsten lippen hij de laatste dagen alleen met wat water had kunnen deppen. Haar tranen had hij nooit gezien.

Daarna sloeg hij de raki achterover, nam een slok bier uit de fles, liep met de bierfles heen en weer en voelde zich beter.

De smid niet aan zijn aambeeld, dat was hem nu duidelijk, de helm op niemands hoofd, ja, dat was wat het alarm in werking had gesteld. Een teken, een vingerwijzing, hij moest...

Ben je thuis? Zet de televisie aan!

Mercedes aan de telefoon, de chef de bureau van de chef. Fate pakte de afstandbediening. Kanaal Ora, snel!

Wat Fate zag was grotesk, spookachtig. En voor hem als een klap in zijn maagstreek, of op zijn achterhoofd, of tegen zijn borstkas, moeilijk te lokaliseren, in ieder geval daar waar het geweten zetelt.

Mevrouw Flaka Tahiraj, de vrouw van edelsmid Hekuri Tahiraj is naar het hoofdbureau van politie getogen om navraag te doen waar haar man zich bevindt, die sinds een week vermist wordt, waarvan ze vijf dagen geleden aangifte heeft gedaan. Alle inlichtingen zouden haar geweigerd zijn. Naar we hebben vernomen nogal bot geweigerd. Live uit Rruga Sami Frashëri, we staan voor het hoofdbureau van politie. Mevrouw Flaka is vervolgens teruggekeerd naar huis, heeft met hulp van haar zoon het aambeeld en zware ijzeren kettingen uit het atelier gehaald en ze met de bestelwagen van haar man hiernaartoe getransporteerd.

Hoe heeft ze dat voor mekaar gekregen?

Live uit Rruga Sami Frashëri. Volgens onze informatie zit mevrouw Flaka Tahiraj, de vrouw van edelsmid Hekuri Tahiraj, hier vastgeketend aan een aambeeld voor het hoofdbureau van politie en eist...

Mevrouw Flaka. Zoals ze daar op straat aan dat aambeeld geketend zat, in het blauwe zwaailicht van de patrouillewagens links en rechts, zag ze eruit als een engel met ijzeren vleugels. Naast haar, tegen een boom aan, een stuk karton met een foto van de smid en eronder de zin: '*Kryeministër! Ku eshtë burri im?*' ('Mijnheer de minister-president! Waar is mijn man?')

Live uit de Rruga Sami Frashëri. We proberen mevrouw Flaka te vragen... mevrouw Flaka, wat is de reden voor uw protest hier?

Mijn man heeft een opdracht uitgevoerd voor de minister-president en...

Voor de minister-president?

Ja. En sindsdien is hij verdwenen. En de politie...

Spoorloos verdwenen?

Ja, en ik krijg...

De politie dringt ons terug, ik kan het gesprek niet... mevrouw Flaka! Mevrouw Flaka!

Ja!

Achteruit, gaat u achteruit.

We worden teruggedrongen. Live uit de Rruga Sami Frashëri...

Fate Vasa had vergeten dat hij de telefoon nog steeds aan zijn oor had, nu hoorde hij Mercedes' ademhaling.

Maar dat is toch die smid die...

Ja, zei Fate.

## 17

Baia Muniq en Karl Auer betaalden en Ismail Lani observeerde geamuseerd dat er blijkbaar enige onenigheid was wie de rekening zou voldoen. Daarna vertrokken ze, Ismail Lani verwachtte dat het tweetal een taxi zou aanhouden, wat hem deed stressen of hij dan zelf snel genoeg een taxi zou vinden om hen te kunnen volgen. Tot zijn verrassing slenterden ze echter te voet verder, de Rruga e Kavajës op tot aan de Rruga Kajo Karafili waar ze plotseling bleven staan, hij zag hoe de ambtenaar iets in een etalage aanwees, ze keken en lachten, de ambtenaar nam haar hand alsof hij haar de zaak binnen wilde trekken, zij maakte zich los, sloeg met een vlakke hand tegen zijn voorhoofd, hij boog het hoofd alsof hij zich wilde verontschuldigen, maar dat was, voor zover Ismail dat van die afstand kon beoordelen, ironisch theatraal, ze slenterden verder en hen volgend kwam Ismail nu zelf langs de etalage en zag dat de scène zich had afgespeeld voor fotostudio KOTONI, waar in de etalage foto's van huwelijks- en liefdesparen stonden uitgestald, erg ouderwetse foto's, zij zittend in een rieten stoel, hij staand achter haar, voor een decor waarop de Eiffeltoren te zien was, of wang aan wang iets schuin het beeld binnen stekend, maar bijzonder populair bij jonge stellen was het Vrijheidsbeeld in New York als achtergrond.

Nu sloegen ze de Rruga Ded Gjo Luli in, Ismail vroeg zich af waarnaartoe ze op weg waren, hij volgde hen vastberaden, niemand met hun positie slenterde zomaar wat door het leven, op een gegeven moment zouden hun bedoelingen duidelijk worden, en mochten die... nou eh... erg privé van aard zijn dan zou het politiek misschien op enig moment ook nuttig kunnen zijn dat te weten.

Na ongeveer twintig minuten kwamen ze in de Rruga Qemal Stafa, wat Ismail verbaasde, want hij kende daar of elders in die omgeving geen adres dat politiek van belang zou zijn, hij zag hoe de ambtenaar Baia nu zijn arm aanbood, zij nam hem aan en ze liepen vrolijk – die indruk had hij, ondanks de afstand en hoewel hij hen alleen van achteren zag – vrolijk in de pas.

Daar! Ze gingen... een hotel binnen! Dream Hotel. Ismail bleef staan, wachtte even, liep een paar passen verder, ja, geen twijfel mogelijk, ze waren dat hotel binnengegaan. Hij keek om zich heen, hij kon hier niet gewoon op straat blijven staan, hij zag aan de overkant restaurant A Tavola met een terras aan de straat, daar ging hij aan een tafeltje zitten waarvandaan hij het hotel zo'n beetje in het oog kon houden. Hij bestelde koffie, keek. Zou Baia zo meteen weer naar buiten komen? Of – toen zag hij het tweetal helemaal boven, op de bovenste verdieping van het hotel, een balkon opkomen, ze stonden vlak bij elkaar, sloeg hij nou zijn arm om haar middel? Het was niet met zekerheid te zeggen. Zij strekte haar arm uit, wees ergens naar... wat? Het uitzicht over de daken van de stad. Aan de horizon de Dajti, de huisberg van de inwoners van Tirana, waarschijnlijk was dat precies wat ze met uitgestrekte arm tegen hem zei: Dat is de Dajti, voor ons even belangrijk, even heilig als de Fuji voor Tokio, dat zegt iedereen altijd tegen bezoek, met nauw verholen woede, omdat iedereen wél de Fuji in het verre Japan kent, maar de prachtige, heilige, ten diepste Europese noodlotsberg Dajti moest je altijd uitgebreid toelichten, in de wetenschap dat het bezoek tien minuten later de vraag naar de naam van de berg al niet meer zou kunnen beantwoorden. Het ergst waren de wereldburgers, die prat gaan op wat ze wel niet allemaal van de wereld hebben gezien, en die o zo allergisch zijn voor nationale trots en nationale oogkleppen; juist zíj zijn degenen die als ze de Dajti zien onverbiddelijk beginnen te bazelen over de Fuji en dat ze daar... kersenbloesem beneden... ijs boven... en gegrepen door het heilige... door iets, en dan moest je nog vriendelijk blijven ook als je zei: maar dit hier is de Dajti.

Ismail Lani zag dat het tweetal zich terugtrok, van het balkon naar de kamer, trok zij hem mee? Hij gooide een biljet van 100 lek op tafel voor de koffie en dacht: kijk aan, en vertrok.

## 18

Ze gingen van het terras de kamer weer in en Baia zei: Ik moet nog even naar kantoor terug, ik haal je tussen halfzeven en zeven weer op, oké? Jij kunt ondertussen uitrusten, of een beetje gaan wandelen.

Karl knikte en keek Baia na, die zich in de deuropening nog een keer omdraaide en glimlachte. Het was vreemd: Karl had op dat moment het gevoel dat zijn armen fremdkörper waren die aan zijn schouders hingen, nutteloze extremiteiten die niet door hem bestuurd konden worden. Toen werd Baia opgeslokt door het donker van de gang.

Hij stond daar naar die geopende kamerdeur te kijken, hij liep ernaartoe om hem dicht te doen, nee, hij liep de kamer uit, de trap af, langzaam, heel langzaam, Baia moest niet de indruk krijgen dat hij haar volgde. Aan de receptie vroeg hij of hij bier kon krijgen, buiten, aan een tafeltje voor het hotel.

Het was een kleine fles Korça en al snel vroeg hij om een tweede. Hij keek de straat af, zag hoe voorbijgangers in het licht stapten en meteen weer de schaduw in, opkomen, afgaan, de zon viel in stroken tussen de bomen door, als spots, of zoeklichten? Kleuren glinsterden en glommen, en verduisterden en lichtten weer op, zo snel joegen de wolken langs de hemel, en toen schoot hem – terwijl hij op zijn derde bier wachtte – schoot hem Christa te binnen, eerste semester Rechten. Hij had haar leren kennen tijdens de eerstejaarswerkgroep strafrecht en had een paar keer in het oude Gasthaus Batzenhäusl tegenover de uni, dat later een McDonalds werd, een glas rode wijn met haar gedronken... ze hadden destijds allebei weinig ervaring met alcohol, het was niet zo dat ze nou juist rode wijn lekker vonden, ze dachten gewoon dat rode wijn romantisch was. Aan het begin van de zomervakantie nodigde hij haar uit om een weekend met hem in het huis van zijn grootmoeder door te brengen. Het zou een vage herinnering zijn geworden als er niet dat letterlijk lichte moment was geweest: ze besloten een wandeling te maken, liepen over landwegen langs aardappelvelden, weilanden, tarweakkers, langs oude fruitbomen, kwamen bij een karpervijver die op een open plek in het bos lag, het bos als een beschermende adelaarsvleugel langs de oever aan de overkant, ze liepen over een houtvesterspad naar het bos, en hij was zo gelukkig hoe mooi alles zich daar aan de blik van zijn vriendin presenteerde, bij wie hij misschien een beetje te veel aandrong in zijn geluk, zijn verlangen naar geluk, een zomerdag met een paar trage wolken en zo stralend als de dag was, zo verzadigd waren de kleuren, het groen van de weilanden en het aardappelloof, het goud van de aren, het moerasbruine wateroppervlak, het antraciet van de zwerfstenen, de krachtige arcering van de sparren, het donkere mos, er bestond geen bleekheid in dit glinsterlicht, geen pastel, alleen maar donkere, aangelichte kleuren, en Christa zei: bij ons in Kärnten is het licht heel anders.

Hij had geglimlacht, er niet op gereageerd, niet veel belang gehecht aan die zin. Later pas, toen ze kort na de zomer uit elkaar gingen en zij zo verbluffend snel ging samenwonen met die studiegenoot die ook uit Kärnten kwam, heette hij niet Geowulf? Wat een naam. In ieder geval schoot hem toen dat moment weer te binnen:

Bij ons in Kärnten is het licht heel anders.

En ineens kwam die zin van toen hem voor als een aankondiging of een verklaring. Waaraan ze, bewust of onbewust, uitdrukking had gegeven, was: dat zij had geleerd de wereld in een ander licht te zien dan hij. Hun wandeling was een abstract en volkomen puur voorbeeld voor wat het betekent als je geleerd hebt de wereld in een bepaald licht te zien, en je niet te kunnen, of willen, voorstellen die wereld anders te zien. Christa, dochter van een topadvocaat met een groot kantoor in Klagenfurt, hij, de getalenteerde pupil die door een pater was bevrijd uit een boerenhuis waarnaar hij steeds weer terugkeerde – zag ze dat in dit licht? Zij kon zichzelf niet uit haar wereld tillen zoals je een viooltje uit de grond steekt en ergens anders weer plant, onder een andere zon – waarom schoot hem dat nu te binnen, en hij vroeg zich af...

*One more beer?*

Hij keek op.

*Alles gut?*

U spreekt Duits?

*No. Only: Danke, bitte alles gut?*

*Alles gut, faleminderit*, zei Karl Auer.

Hij ging naar zijn kamer om te douchen en zich om te kleden.

## 19

Fate Vasa en hoofdcommissaris van politie Endrit Cufaj.

De hoofdcommissaris had juist een broodje lever laten brengen, dat was zijn lievelingsbroodje, en tevens zijn idee van homeopathie: bij zijn alcoholconsumptie dacht hij, moest hij zo veel mogelijk versgebakken lever eten. En niemand maakte zo'n lekker klassiek Albanees broodje lever als Naim Frashëri in zijn kraam daarbeneden, die onlangs van een of andere idioot te horen had gekregen dat die kraam geen vergunning had en dus moest verdwijnen. Nou goed, hij betaalde niet, maar in dit geval... de commissaris had toen hij ervan hoorde meteen duidelijk gemaakt dat Naim Frashëri zijn bescherming genoot.

Hij wilde juist een hap van zijn broodje nemen toen Fate binnen kwam stormen en op de gastenstoel tegenover zijn bureau ging zitten.

Het zou belachelijk zijn het broodje nu aan zijn ongevraagde gast aan te bieden hoewel de wetten van de gastvrijheid dat zouden vereisen. Anderzijds: kon je iemand die als het ware het hoofdbureau van politie overviel inderdaad een gast noemen? Maar ervan eten waar hij bij was, was evenzeer ondenkbaar. Wat werkte dat misbaksel hem op de zenuwen, al een hele tijd, hij kon maar niet verklaren hoe die harses, die eruitzagen als die van een alien, zoveel invloed op de ZK konden hebben. Hij veroorzaakte niets dan chaos en verwarring binnen de oude vertrouwde structuur van de politieke cultuur, waarin je nog als vanzelf wist wie je moest betalen, en wie bedreigen, wie je moest steunen en wie je moest vermorzelen, en vooral: wie je dank verschuldigd was voor je eigen verzekerde bestaan.

Endrit Cufaj schoof het broodje op zijn bureau geërgerd aan de kant, leunde achterover, keek met vooruitgestoken kin naar die gek, die serieus dacht dat je stemmen kon winnen zonder ze te kopen, enkel met symbolen, met die rare politieke lyriek van hem, en hij zei: Goed je te zien.

De chef wordt ongeduldig, zei Fate.

De gestolen helm in Wenen. Wat hij wist, wat hij te weten was gekomen. Het deed er niet toe of dat via contacten met bepaalde families was, via – Fate glimlachte – gepensioneerde vrijetijdsactivisten van de voormalige Sigurimi, of via Europol, wat had hij – Fate glimlachte niet meer – verdomme te melden?

Stand van zaken, zei de hoofdcommissaris: De helm bevindt zich in Zuid-Italië, in Bari. Maar het is niet de gestolen helm.

Fate keek hem vragend aan en Endrit Cufaj zei: Ja, het is de helm van Skanderbeg, hij ziet eruit als de helm van Skanderbeg, en er werd losgeld voor geëist. Maar de Weners zeggen dat het niet de echte is. Weet ik veel. We kunnen met behulp van de Italiaanse collega's een inval organiseren in Bari. Dat heeft de Direzione Investigativa Antimafia me toegezegd, maar voor hen is dat klein bier.

Fate keek hem aan.

Dat is de stand van zaken, aldus de hoofdcommissaris, hij schoof het broodje naar Fate toe en zei: Stel je voor dat je een broodje wilt. Dit hier is niet het broodje dat je wilde en had besteld. Maar het is wat je kunt krijgen.

Hij pakte het in zijn hand, deed alsof hij het van alle kanten bestudeerde en zei: Maar het is helemaal niet warm meer.

Fate keek naar hem, naar dat walgelijke heerschap dat de chef allang uit de weg had moeten ruimen. Hij sloot zijn ogen, nu had hij een vermoeden wat de helm, respectievelijk de helmen betrof. Hij stond op en zei: regel die inval. Daarna pakte hij een balpen van het bureau en een vel papier dat er lag en schreef daar de naam van de smid op.

De chef wil vandaag nog weten waar deze man zich ophoudt.

## 20

Karl Auer lag met zijn kin in zijn hand gestut te rekenen. Baia's lippen gingen open en dicht, maar even drong niet tot hem door wat ze zei. Hij herinnerde zich dat ze verteld had dat haar vader na de dood van Enver Hoxha een beurs had gekregen voor Duitsland, voor München. Enver Hoxha was, als hij zich niet vergiste, gestorven in 1985. Haar vader zal die beurs waarschijnlijk niet meteen daarna hebben gekregen, dus misschien in 1986 of 1987, toen het regime al iets minder gesloten was. Een klein jaar later was zij ter wereld gekomen, in 1987 of 1988 dus. Dat betekende dat ze ongeveer acht jaar jonger was dan hij. Acht jaar maar. Hij had haar minstens vijftien jaar jonger geschat. Of had haar vader die beurs pas gekregen na de val van het communistische regime, na 1990 dus, wat eigenlijk waarschijnlijker was, in dat geval zou Baia in 1991 of 1992 zijn geboren, dus elf of twaalf jaar jonger zijn dan hij. Maar dan moest ze extreem snel hebben gestudeerd en meteen pijlsnel carrière hebben gemaakt. Nee, wat tijd betreft ging het niet helemaal op.

Wanneer ben jij ter wereld gekomen? vroeg hij.

November 1989. Waarom?

Dan was ze dus bijna tien jaar jonger.

Ze had rode vlekken in haar gezicht, een laagje zweet op haar voorhoofd.

Waarom vraag je dat? Wil je kijken of we wat betreft leeftijd bij elkaar passen?

Wat betreft leeftijd bij elkaar passen? Hoe kom je daarbij?

Omdat je niet vroeg wanneer ik jarig ben, maar wanneer ik ter wereld ben gekomen. We hebben allebei de oude wereld niet meer meegemaakt.

Ik wel, dacht Karl.

En zo ja, zei ze, dan zonder herinnering eraan. Ik was erbij op de dag van de massaexodus, toen de Vlora bestormd werd. Maar ik bewaar daar uiteraard geen herinnering aan.

Jij was daarbij? Hoe dat?

Augustus 1991. Ik was nog geen twee en zat op de schouder van mijn vader. Heeft hij me verteld. We waren naar de haven van Durrës gegaan omdat de broer van mijn vader en zijn vrouw en de zus van mijn vader en haar man en hun twee zoons, dus ooms, tantes en neven, hadden gezegd dat ze wilden proberen op de een of andere manier op de Vlora te komen. Ze hadden afscheid genomen. Er ging een gerucht dat de Vlora naar Italië zou varen, je hoefde er alleen maar voor te zorgen op de een of andere manier aan boord te komen. Dat gerucht was blijkbaar wijdverbreid geraakt. Twintigduizend mensen bestormden de Vlora, en blijkbaar nog eens tienduizend dromden bijeen op de kade, langs de hele pier, tientallen mensen werden in het gedrang in het water geduwd, klampten zich vast aan de scheepstouwen van de Vlora, er klonk zulk gebrul dat je de sirenes van de politie en hulpdiensten niet meer hoorde, en te midden daarvan mijn vader, met mij op zijn schouders.

Wilden jullie ook weg?

Welnee. Mijn vader was naar Durrës gegaan omdat hij zijn broer en zus ervan wilde weerhouden, hij wilde hen overhalen om te blijven. Dat het gekkenwerk was. Hij was met een beurs in Duitsland geweest en was ervan overtuigd dat je niet meer hoefde te vluchten, dat er zich nieuwe mogelijkheden zouden aandienen, en daar stonden we op die pier, die zich zo snel met mensen vulde dat mijn vader doodsbang werd, bang om in het gedrang te vallen of omver te worden geduwd en vertrapt, hij schreeuwde naar zijn broer en zus, vond ze niet in het gewoel, hij wist niet of ze zich nog ergens in de menigte op de kade bevonden of al op het schip waren, en ineens was het enige waaraan hij nog kon denken ons in veiligheid brengen, veiligheid híér, niet ginds, in Albanië, niet in Italië. En hij gilde, hij gilde aan één stuk door en trapte en stompte mensen om uit die massa te geraken, hij brulde als een mager varken werd me verteld, en ik op zijn schouders terwijl hij zich een weg baande, een weg uit die waanzin, hij had de indruk dat de hele meerkade trilde, vertelde hij steeds weer, duizenden mensen sprongen op en neer, stampten met hun voeten, verlegden als menigte hun gewicht omdat iedereen in de richting van het schip drong en de kade leek op en neer en heen en weer te bewegen, en wij worstelden tegen de stroom in, weg van de pier, naar de toegangsweg tot de kade, en mijn moeder vertelde dat mijn vader daarna twee weken lang geen stem had en alleen maar kon fluisteren, en ik zat er middenin, telkens wanneer erover werd verteld, zat ik daar middenin, op mijn vaders schouders, en mijn vader heeft ons leven gered, maar ik heb er geen herinneringen aan, geen beeld bij, beelden kun je googelen, maar daarin zie ik de beelden van mijn vader niet, die beelden van Google zijn geschiedenis en geen biografie. Nee, ik heb de oude wereld en de ineenstorting ervan niet meegemaakt.

En je familie? Ooms? Tantes? Waren die op de boot?

Ja. Ze moeten het hebben gered. Ik heb ze nooit leren kennen, nooit iets anders over ze gehoord dan dat ze indertijd op de Vlora...

Nooit?

Nee, nooit. Ik weet niet of mijn vader daarna ooit nog iets van ze heeft gehoord. Dat zou hij hebben verteld. Tenminste, ik denk dat hij dat zou hebben verteld.

Karl wiste over haar voorhoofd, veegde het zweet in haar haren, gaf haar een kus. Ze had het dekbed van zich af getrapt. Hij trok het weer omhoog, tot aan haar kin, zij legde haar hoofd op zijn borst en een been over zijn benen.

## 21

Het was donker, de schemerlamp brandde, maar liet niet meer dan een schijnsel op de vloer druppelen, Baia had haar zwarte jurk over de lampenkap gegooid. Donker avondblauw lag achter de ruiten van de balkondeur.

Niet in slaap vallen, zei ze, de nacht is als een kind. Laten we iets gaan eten. Ik wil wijn. Goede wijn.

Toen ze haar jurk van de lamp pakte werd het licht, ze drukte de jurk tegen haar gezicht, alsof ze verblind was. Nee, ze rook eraan en zei: Bijna was hij verbrand.

Ze staken de straat over naar A Tavola, bestelden antipasti en Italiaanse witte wijn die voor Karls Weense keel niet rins genoeg was, maar *potabile* zoals hij zei, daarna bestelden ze kaas en nog meer wijn. Waarover ze praatten? Kaas!

Die daar moet je proberen, die is fantastisch!

Pauze. Daarna: mmm. En die?

Ik hou eigenlijk niet van blauwschimmelkazen.

Geen antwoord.

Die daar is te rijp, vind je niet?

Een vragende of verbaasde blik. Zwijgen.

Toen Karl een sigaret opstak, zei ze dat ze er ook een wilde, bij wijze van uitzondering.

Hij gaf haar vuur en zag dat haar hand een beetje trilde. Ze leek een beetje gespannen. Dat was hij ook. Het was raar, ze waren juist met elkaar naar bed geweest, maar de spanning was nu groter dan ervoor. Bevreemding. Zoals ze naar hem keek! Door spleetjes. 'Een blik uit schietgaten,' dacht hij. De kaasdialoog: geforceerde beleefdheid. Had hij iets verkeerd gedaan? Haar teleurgesteld? Hij was, zoals hij het ooit had geformuleerd 'niet het dierlijke type', eerder het tedere, knuffelige. Maar hij wist helaas dat een 'scharrel' (het begrip 'onenightstand' kreeg hij niet uit zijn strot) in haar vriendinnenkring (het begrip 'wijvenclubje' was voor hem ook uit den boze) had verteld dat hij in bed maar 'een zeer bescheiden performance' had geleverd. Dat hij er 'alleen maar bij lag en zich liet bedienen' en 'ondertussen debiel glimlachte'. Performance! Mijn god, wat waren het voor tijden? Hij had zich gekwetst gevoeld, natuurlijk, het daarna verdrongen en in het vervolg nog beter opgepast geen aanleiding te geven tot geroddel. Dat maakte eenzaam. En nu haalde het hem weer in. Maar hij had alles ondernomen, en beslist actief, om Baia te ontdekken. Dat woord beviel hem: ont-dekken. Nee, toch niet. Waarom? Omdat... hij was in de war. Wat dacht ze, wat voelde ze?

Geen twijfel mogelijk, Karl Auer was verliefd. Maar...

Hij kende haar niet. Intimiteit bewerkstelligt aanvankelijk immers alleen een nabijheid waarin het onbekende groter lijkt dan van een afstand bezien. Maar toch vroeg hij zich nu al af hoe het zou zijn met deze vrouw, die haar ogen misschien alleen maar zo dichtkneep vanwege de rook, de vrouw van wie hij hield, ongetwijfeld, hij hield van haar, want hij kende dat gevoel als vraag en wist dat het antwoord de som van vele gevoelens was: de indrukken die hij had opgedaan bij zijn eerste meisjes waren ingevroren, en nu ontdooiden ze, de tranen van ontroering nadat hij een liefdesfilm had gezien, en die allang opgedroogd waren, wilden nu weer stromen, en de hitsige beelden van verlangen in eenzame tijden, die donker geworden waren en afgekoeld, verhitten nu zijn hoofd weer, en in zijn vingertoppen voelde hij nog steeds wat hij daarstraks – ja, letterlijk – had be-grepen, en hij vroeg zich af hoe het was om met deze vrouw een leven van alledag te leiden. Van alledag! Hij bevond zich in een uitzonderingstoestand, zo moest je dat toch noemen, en hij vroeg zich af...

Waar denk je aan?

Ja, waar dacht hij aan? Dat ze hem onzeker maakte... dat ze anders was dan hij zich haar had voorgesteld... was dat zo? Dat hij zich niettemin een gezamenlijke toekomst probeerde voor te stellen? Niet kón voorstellen. Wílde voorstellen. Herinneringen, zei hij. Wat je daarstraks vertelde. Ik bedoel...

De kaas was lekker, maar het witbrood was karton. Hij probeerde te slikken, nam een grote slok wijn. Het kan toch niet dat je je niet herinnert... toen de staat ineenstortte, tijdens de opstand in 1997, was je acht. Dan moet je je toch iets herinneren. Toen ik acht was viel het IJzeren Gordijn, en ik weet nog precies...

Ze veegde haar mond af, haar rode lippen stonden nu op het servet. Ze glimlachte flauwtjes. Er werd geschoten, zei ze, en ook dat weet ik alleen uit verhalen. Er was geen school meer. Ik kan me herinneren dat ik leerde lezen en schrijven en rekenen. Thuis. Dat is wat ik me herinner. Het is geen herinnering aan een oud systeem, het is een herinnering aan een meisje van acht. Ik mocht het huis niet uit. Ik weet niet eens meer of ik vroeg waarom niet. Het was wat het was. Ik leerde lezen en schrijven met mijn moeder en grootmoeder. Mijn vader ging het huis uit en kwam weer thuis. Met levensmiddelen. En ik las in die tijd mijn eerste echte boek.

Welk? *Door het land der Skipetaren*?

Ze keek hem niet-begrijpend aan en zei: Nee, de Kanun.

De Kanun? Alles over bloedwraak? Dat fascineerde je? Op je achtste?

Je hebt geen flauw benul. De Kanun is niet een verzameling van archaïsche, bloeddorstige wetten, maar een alomvattende rechtsorde, even oud als het Romeins recht en gebaseerd op de *mos maiorum.* Thuis vond ik in een kast de schriftelijke versie van de *Kanun van Lekë Dukagjini.* Ik leerde heel snel lezen en ik zocht leesvoer. Ja, bloedwraak, veel dingen zijn vanuit hedendaags perspectief bezien erg lastig, andere dingen juist verlicht of zelfs utopisch, en toch, het was echt. In feite gaat het in de Kanun steeds om de vraag wat gerechtigheid is. Ik heb er destijds ongetwijfeld weinig van begrepen, maar ik deed toch mijn eerste indrukken op van recht en gerechtigheid. Alleen daarom ging het. Hoe recht en gerechtigheid elkaar kunnen overlappen. Dat interesseert een aanhanger van de pure rechtsorde natuurlijk niet. Veracht je dat? Geef me nog een sigaret. In ieder geval is dat mijn herinnering aan die tijd: niet dat het oude systeem ineenstortte, daar heb ik niks van gemerkt, maar dat mijn toekomst werd bepaald, namelijk dat ik rechten moest studeren.

Ik begrijp wel, ging ze verder, dat een jurist uit Brussel zichzelf die vraag niet kan stellen. Wat is gerechtigheid? De vraag alleen al is de spelbreker. Jullie opvatting van recht is zo abstract dat het in concreto archaïscher is dan de Kanun.

Hoe bedoel je?

Nou, wat is er archaïscher dan het recht van de sterkste? Duitsland wil iets en dat is recht en redelijk. Frankrijk wil iets en dat is recht en onredelijk. Maar als Albanië iets wil – o, dan wordt er glimlachend toegekeken hoe wij een roltrap op lopen die naar beneden gaat. De vooruitgang in de hervorming van de Albanese rechtspraak beoordelen jullie alleen naar het aantal pionnen dat opgeofferd wordt, iets wat jullie als de sterkeren afdwingen. EU-leden als Polen en Hongarije bedrijven anti-Europese politiek en ondermijnen de rechtsstatelijkheid, terwijl landen als Albanië bedelen om opgenomen te worden in de EU omdat hun burgers er rechtsstatelijkheid van verwachten. Dat gaat allemaal niet samen. Burgers denken bij recht aan gerechtigheid. Maar in jullie karikatuur van de pure rechtsleer is recht niet meer dan een abstractie van politieke en economische macht.

Klinkt ergens... marxistisch, zei hij, nee, dacht hij. Weet je zeker dat je niks hebt meegekregen van die oude wereld?

Alsof ze zijn gedachten had gelezen, zei ze: De wereld is ouder dan een paar decennia. Ware tijdgenoten ben je over een afstand van eeuwen. Jij hebt toch Europees recht gestudeerd, of niet?

Karl Auer knikte.

En wat dacht je toen je je bezighield met het Nederlandse rechtssysteem?

Nederlandse rechtssysteem? Daar heb ik me niet mee beziggehouden. Ik ben geen specialist voor de eigenaardigheden van nationale rechtssystemen. Temeer daar die systemen geleidelijk aan geharmoniseerd worden.

Geharmoniseerd? Waar heb je het over? Toen ik mijn Advanced Master aan de European Law School in Maastricht volgde, werd me duidelijk dat jullie harmonisatie alleen maar een parallel universum schept. Gewoonterecht als onderdeel van het rechtssysteem is in Nederland even vanzelfsprekend als 's morgens een broodje gezond in de universiteitskantine.

Waar heb je het toch over?

Het Nederlandse rechtssysteem kent drie pijlers: het Franse burgerlijk wetboek, invloeden van het Romeinse recht en tatatata: het traditionele Nederlandse gewoonterecht. Je kunt harmoniseren zoveel je wilt, dat geven die Hollanders niet op. Dat is zo oud, dat zit intussen in hun genen.

Ze lachte. Jullie hebben dus midden in Europa een Kanun, en tegelijkertijd hebben jullie met Hongarije of Polen midden in Europa mensen die de verlichte moderne rechtssystemen willen verwoesten, en jij wil mij uitleggen...

Ik wil je helemaal niks uitleggen...

Morgen, zei ze, ga ik met je naar Taalschool Lenz, die is daarbeneden, aan het begin van de straat, bij de Nieuwe Markt. Ik wil dat je de oude mijnheer Lenz leert kennen en luistert wat het feit dat hij bestaat, dat hij leeft, te maken heeft met de Kanun.

Baia haalde diep adem en zei dat ze naar huis wilde. Ze wilde niet dat hij haar vergezelde. Ze woonde maar een paar huizen verderop. Even speelde hij met de gedachte haar stiekem te volgen, hij wilde weten of ze in een van die Italiaanse villa's woonde. Nee, dat kon hij niet maken. Dus lag hij alleen in bed in zijn hotelkamer, onrustig, haar geur in het kussen, een eigenaardig wantrouwen in zijn hoofd. Er klopte iets niet, hij geloofde haar niet. Hij kon niet geloven dat ze op haar achtste of negende niets meegekregen had van de ineenstorting van de staat, van de anarchie, de crises, maar de Kanun, die had ze gelezen, zij, de topjuriste met internationale opleiding sloeg hem om de oren met het Albanese gewoonterecht, dat was toch zo, wat was het wat ze hem op de mouw wilde spelden, en waarom. En gewoonterecht in Nederland... het was idioot. Dat moest hij uitzoeken. Nam hij zich voor. Zijn hart klopte zo hard dat hij weer opstond en door de kamer heen en weer begon te lopen. Hij wilde nog iets drinken, maar er was hier geen minibar. Uiteindelijk ging hij in pyjama op het balkon staan roken en keek naar de Rruga Qemal Stafa onder hem. Voor een café, nog geen vijftig meter verderop zaten twee oude mannen schaak te spelen. Jawel, ze speelden, want na een kwartier verplaatste een van beiden een stuk.

Het was geen droom. Het was een herinnering. Maar die kwam als in trance, een dagdroom. Zo was het, op de een of andere manier was het zo. Toen hij zo oud was, acht jaar, en alles ineens anders werd, nog een keer anders, anders in het groot, want voor hem was in zijn kleine leven twee jaar eerder ook al alles anders geworden, toen zijn moeder verongelukte en hij bij zijn oma ging wonen, op het platteland, bij de grens met Tsjecho-Slowakije. Op het oude *Waffenrad* van zijn oma had hij leren fietsen en een bewijs van moed geleverd: langs de grens fietsen *Achtung! Pozor! Staatsgrens loopt langs de weg!* Als je in de greppel viel, viel je in het niemandsland, en hij fietste langs het prikkeldraad, de wachttorens, de corridors van afrasteringen waartussen valse honden liepen, niet opkijken naar de soldaten met hun machinegeweer boven op de wachttorens, zij keken op je neer, zo scherp dat hij voelde hoe ze keken als hij langsfietste, even keek hij op, daarna meteen weer naar de weg, hij was nog geen geoefend fietser, dat was het bewijs van moed. Wat lag er achter die grens? Een andere wereld. Hoe was het daar? Waarom werd die andere wereld zo streng bewaakt? Hij sloot niet uit dat daar het paradijs was en dat het werd bewaakt om te voorkomen dat het zou worden bestormd. Geen enkel paradijs doorstaat een massale bestorming. Je moest het paradijs verdedigen, anders was er voor niemand meer een paradijs. Daarom keken die mannen met die machinegeweren zo streng, daarom waren die torens er en die hekken en die wilde beesten.

Toen hoorde hij dat de mensen achter die grens verdrietig waren, omdat ze dachten dat juist aan deze kant het paradijs was, maar ze konden de grens niet over om naar ons toe te komen. Arme familie, zei oma. De communisten, 'kommernissen' zeiden anderen. Dat was iets verfoeilijks. Afhankelijk van je standpunt was het paradijs altijd aan de overkant, zo stond het ervoor toen hij zeven of acht jaar oud was. Maar hij vond niks van wat hij van de 'kommernissen' wist verfoeilijk, hij was dol op het kinderprogramma van daar. Als je de antenne geduldig draaide en verschoof – je kreeg daar behendigheid in, algauw ging het vlot – dan kon je de Tsjecho-Slowaakse (de 'Boheemse' zoals oma zei, eigenlijk zei ze 'boomse') televisie ontvangen. *Večerníček*, dat was het avondprogramma voor kinderen, kende hij, oma mag ik *Večerníček* kijken, algauw praatte hij als vanzelfsprekend mee met het begin van het programma *dobry večer!* En aan het eind *dobrou noc!* Hij was dol op Krtek de kleine mol, die makkelijk te verstaan was omdat hij niet praatte maar alleen schattig piepte. Pas veel later begreep hij dat ze aan de andere kant hun antenne zo draaiden dat ze de Oostenrijkse televisie konden ontvangen. Waar hadden ze naar gekeken? Reclame? In feite was voor hen de complete Oostenrijkse televisieprogrammering reclame. Werd hem verteld. Maar dat was later. Wat hij nu voor zich zag was de zomer van 1990. Het opengaan van de grenzen en het afbreken van de grensversterkingen in december 1989 en januari 1990 had hij alleen indirect meegemaakt, dat was niet de periode om te fietsen. Er werd veel gepraat tijdens de kerstvakantie. En in de supermarkt, als hij oma vergezelde bij het boodschappen doen, zag hij veel mensen die anders waren, ze hadden winterjacks aan die hij nooit eerder had gezien, nylon aan de buitenkant, kunstbont aan de binnenkant, jacks waarin de mensen er een beetje uitzagen alsof ze opgezet waren, als een teddybeer, dat herinnert hij zich, en opeens waren er zoveel teddyberen, dat zijn de 'Boomse' zei oma. Toen zei hij *dobry večer!* Maar het was geen avond en de teddyberen lachten vriendelijk en zeiden *ahoj chlapče.*

Het zijn slechts herinneringsflarden, grijs-donkerblauwe beelden. Maar wat hij nu zo duidelijk, helder en kleurrijk voor zich zag, was een dag in de nazomer van 1990, aan het einde van de zomervakantie. De dag waarop hem als negenjarige duidelijk werd wat het opengaan van de grens betekende: het opengaan van de wereld.

Het was een onbewolkte, buitengewoon hete dag, de zon brandde alsof ze alles, absoluut alles in een schel licht wilde zetten en aanlichten, zelfs de schaduwen van de fruitbomen waren lichter dan je je schaduwen gewoonlijk voorstelt. Witschaduw. Oma had hem de strohoed van haar grootvader zaliger opgezet – die associatie was typisch voor hem: dat in zijn herinnering aan die schel stralende dag de gestorven grootvader zalig was – en ze had hem gevraagd de groentebedden water te geven. Niet met de tuinslang! Met de gieter. Met de straal van de slang zou je de planten alleen maar platspuiten, omverduwen, ontwortelen, de aarde wegspoelen, nee, ze moesten behoedzaam begoten worden, als door de milde regen waarop ze al dagen zo wanhopig wachtten, en ze moesten verschillende keren water krijgen omdat eerst alleen de oppervlakte nat werd, maar het vocht moest geleidelijk aan doorsijpelen naar de wortels, en dus liep hij met de gieter heen en weer van de kraan bij het huis naar de groentebedden, met gebogen hoofd omdat de rand van de hoed er dan voor zorgde dat hij niet verblind werd, en hij was dankbaar voor de hoed, maar ook chagrijnig dat zijn oma zoveel van hem vroeg, alleen voor een paar wortelen, boontjes, en sla, waarvan de bladeren sowieso al reddeloos aan het verdorren waren. In de supermarkt kreeg je die zonder bloed, zweet en tranen.

Hij schaamde zich voor die gedachte. Dat was frivool. Maar hij was naïef in die tijd. Anderzijds: waarschijnlijk had hij die gedachte helemaal niet gehad destijds, hoe had hij daar op kunnen komen als negenjarige, *met bloed, zweet en tranen*.

En zo stond hij met de gieter in zijn hand toen een man het

tuinhek opendeed, door de tuin op hem af liep en zei:

...Water.

Of wat hij ook zei, hij verstond intuïtief het woord: Water.

De jongeman had een propvolle rugzak op zijn rug en een grote map onder zijn arm.

De jongeman lachte. Een grote, open, verwachtingsvolle lach.

De jongeman was zwart.

Hij kon zich niet meer precies herinneren hoe ze hadden gecommuniceerd, met handen en voeten zoals mensen zeggen, in ieder geval bleek op de een of andere manier dat die jongeman een Engelse kunststudent was voor wie het opengaan van het IJzeren Gordijn de aanleiding was geweest om *door Europa* te gaan trekken, het onbekende Europa, liefst achter het IJzeren Gordijn. Hij liet het zien op een grote kaart die hij later uit een zijvak van zijn rugzak haalde en op tafel uitspreidde, er hier en daar op tikkend marcheerde hij met twee vingers over de kaart om routes aan te duiden die hij had genomen of wilde nemen. Hij was juist op weg van Praag naar Wenen, vandaar wilde hij verder naar Boedapest. En zijn vingers marcheerden meteen verder, naar Joegoslavië en Albanië...

Dat fascineerde de kleine Karl. Best mogelijk, dacht hij, dat hij daarom later met zijn neef Franz Starek tijdens de zomervakanties die boeken las: *In de rotskloven van de Balkan*, *Door het land der Skipetaren*, maar wat hij nu in het schelle licht van de herinnering vooral zag, was hoe hij de man het huis binnen bracht om hem water te geven en dat oma er was en zei: *Megot* (mijn god), *dat ik zo oud heb moeten worden voordat ik mijn eerste neger zie!*

En ze kookte voor hem, en *zette hem alles voor wat haar kelder en keuken te bieden hadden*, bood hem een bed aan voor de nacht en was onverzadigbaar nieuwsgierig naar wat hij te vertellen had. Steeds weer had ze nieuwe vragen, zei tegen Karl: Vraag hem dat! En ze vroeg: Wat zei hij?

Waarom dacht oma dat hij Engels kon? Ze dacht, dit is de nieuwe tijd en die jongen is de nieuwe tijd en leert dat vast op school, maar het Engelsonderwijs op de lagere school beperkte zich tot Engelse telrijmpjes en het zingen van Engelse kinderliedjes, of je die nu verstond of niet, en Karl gesticuleerde wanhopig en als de gast iets zei dan probeerde hij te interpreteren wat de woorden en gebaren zouden kunnen betekenen, hij had weinig verstaan, maar hij fabuleerde, hij had een rijke fantasie, en uiteindelijk werd hem duidelijk: zo spannend is het Europa van de open grenzen.

Hoe zag hij dat tegenwoordig? Hij voelde een beetje schaamte, anderzijds: hij was een kind en wat hij had verzonnen was niet per se fout, en zo precies wist hij het ook niet meer, maar wat hij nu in zijn trance duidelijk voor zich zag was hoe oma de gast verwende, met liefde en nieuwsgierigheid. Haar *eerste neger.* En toen die zijn map opensloeg en vel voor vel zijn werk wilde laten zien, tekeningen van zijn impressies van zijn Europareis, waarmee hij die reis financierde, zei oma beslist: *Neu, neu daar hebben we het geld niet voor* – en ze schoof nog een aardappelknoedel op zijn bord. *Eten moe-je! Je heb' kracht nodig.*

Naast de eettafel hing de kalender met de spreuk van de dag. Was het mogelijk dat Karl nu echt nog wist welke spreuk het die dag was geweest? Erover nadenkend dat het eigenlijk een belachelijke spreuk was, viel hij in slaap.

*De toekomst kan alleen hij vormgeven die gelooft in de waarachtigheid van zijn dromen.*

## 23

Na een week had de smid eindelijk begrepen wat in dit wereldje *pak kohë* betekende, zo makkelijk met een glimlach gezegd: *een poosje, een tijdje.* Het betekende: een eenheid van de eeuwigheid. Toen hij gevangenis 302 binnengebracht werd had de man die de opnameformaliteiten afhandelde hem uitgelegd dat hij aan de rechter-commissaris zou worden voorgeleid die verder alles zou beslissen. Maar hij moest zich erop voorbereiden dat dit een *pak kohë, een poosje* zou duren.

De smid, volkomen in de war omdat hij niet wist wat hem overkwam, keek alleen maar naar de man, die deze blik als vraag interpreteerde. Waarom? Daarom! Je mag de Europese Unie bedanken.

Dat maakte natuurlijk niet dat de smid zijn situatie helderder zag, hij stond hulpeloos voor het bureau van die man, die het klaarspeelde om, hoewel hij zat, neer te kijken op de man die voor hem stond. Zo ervoer de smid het: wat uit de ogen van de man sprak was minachting en geestelijke kilte.

Nu pas sprak de smid dat woord: Waarom?

Het was een klap met een hamer: *Pse?*

De man lachte. Blijkbaar verschafte het hem een hels genoegen deze nieuweling de wereld te verklaren, die slechte wereld waaronder ze allemaal, ook hij, hadden te lijden. Meer dan de helft van onze rechters-commissarissen is als gevolg van de hervormingen in de rechtspraak ontslagen wegens corruptie, zei hij, dat wilden de Europeanen zo. Mensenrechten, snap je? Een mens heeft het recht eeuwig met presumptie van onschuld in voorlopige hechtenis te zitten vanwege een tekort aan rechters, maar het is onrecht als je wordt voorgeleid aan een rechter met wie je de zaak heel snel kan regelen. Nou ja, zo is dat, nummer 236! Dat is je nummer, als je wordt aangesproken of je iets wordt gevraagd, dan moet je dat nummer zeggen. Duidelijk allemaal, gevangene?

De smid knikte.

Nog een keer! Wat zei ik? Gevangene?

236. Duidelijk allemaal.

Niks was duidelijk. Hem was niet eens duidelijk hoeveel geluk hij had dat hij terechtkwam in een vierpersoonscel waarin ze maar met zijn zessen waren. Hem was, na een week, alleen duidelijk wat *pak kohë* hier betekende: een tijdseenheid van de stilstaande tijd.

In de cel waarin hij terechtkwam had de lethargie allang iedereen in zijn greep gekregen. Van tijd tot tijd brak ze open als een wond waar etter uitkomt. Agressie of autoagressie.

Zo was daar de jonge Artan, een melkmuil met onschuldige ogen en wonderschone lange wimpers die steeds nerveus fladderden. *Vajzë* zeiden ze tegen hem. Meidje. Een paar weken geleden zou een van de celgenoten hebben geprobeerd Meidje te verkrachten, als een dier, zo werd er verteld, als een dier, maar de anderen hebben die kerel zo in elkaar geslagen dat hij op de ziekenafdeling belandde en daarna waarschijnlijk in een andere cel, want teruggekomen was hij niet. En of hij na het vermorzelen van zijn ballen ooit nog een dergelijke poging zou kunnen ondernemen was uiterst twijfelachtig. De bescherming die Artan had ervaren was vanzelfsprekend, dat vereiste de Kanun.

Artan was wanhopig. Waarom was hij hier? Hij was ervan overtuigd dat hij meteen vrijuit zou gaan als hij eindelijk zou worden voorgeleid aan een rechter-commissaris.

Hoelang wachtte hij daar al op?

Negen weken.

Dat hoorde de smid op dag twee in deze cel.

De dag erna begon Meidje zichzelf te verwonden om zo de aandacht op zich te vestigen. Met een verroeste schroef die hij op de een of andere manier uit zijn brits had geschroefd of gebroken. Met die schroef kraste hij in zijn linkerarm en bovenbenen, drukte, boorde, maar die kleine wondjes met dat beetje bloed interesseerden de cipiers niet. Inderdaad kwamen er snel korstjes op de wonden – met uitzondering van een snee in zijn linkeronderarm, die ontstoken raakte en begon te etteren, de huid vuurrood, de randen van de wond bijna zwart. Had hij koorts?

Van brandwonden had de smid verstand. Van kleine brandwonden, zulke die voorkwamen in een smidse, waar de vonken in het rond vliegen en gloeiende vijlsplinters wegschieten. Maar een ontsteking als deze had hij nooit gehad. En de middelen en mogelijkheden om de jongen hier in de cel te helpen waren meer dan beperkt. De cipiers wuifden het weg. Waarom kraste die idioot dan ook zijn vel open? Dat genas wel weer.

De smid gaf de anderen opdracht alle papier, en ook alles wat maar brandbaar was en ze konden missen te verzamelen en aan te steken in de wastafel, in de hoop dat het vuur voldoende was om een beetje water in een blikken nap die ze erboven moesten houden aan de kook te brengen en er het beetje zout dat een van hen kon bijdragen doorheen te roeren totdat het helemaal opgelost was. Die keukenzoutoplossing liet de smid afkoelen en hij reinigde er de wond mee. De jongen gilde, tegelijk spande hij al zijn spieren aan om niet te schokken, niet te kronkelen, er stonden dikke tranen in zijn ogen. Goeie jongen, dacht Hekuri, de smid.

Nu kwam het aan op Sjamir. Een teruggetrokken figuur die naar verluidt moest zitten vanwege een bloedwraakgeschiedenis, wat hij nooit had bevestigd omdat hij überhaupt amper met de anderen praatte. Zijn familie had een pot honing voor hem laten bezorgen, die hij streng bewaakte. Een lepel vol, alsjeblieft! Sjamir reageerde niet. Of leek niet te reageren. De smid had nog vijfhonderd lek, die hij hem voorhield. Een lepel honing alsjeblieft, voor de jongen! Sjamir haalde de honing onder zijn brits vandaan, gaf hem aan de smid en duwde diens hand met de vijfhonderd lek weg.

Als het echte honing was moest hij een zeker antibiotisch effect hebben. Dat kon hij alleen maar hopen. Kleine brandwonden afdekken met een verband met honing was een huismiddel dat zijn leermeester hem jaren geleden tijdens zijn opleiding had bijgebracht. Maar of het ook werkte bij zo'n wond als deze, die al etterde?

Verband. Er was niets dat als verband had kunnen dienen. De smid trok zijn hemd uit, waste het in koud water, warm water was er maar vijftien minuten per dag, en natuurlijk niet nu, hij wrong het hemd steeds weer stevig uit, daarna scheurde hij het in stroken, bracht op een van de stroken een dun laagje honing aan en legde het aan als een verband.

Op dat moment ging de celdeur open: arrestant 236!

De smid zei: hier.

Daar stond hij met ontbloot bovenlijf, achter hem zat Meidje met een verbonden arm.

Hier!

Meekomen!

Gevangenis 302 in Tirana had een grote ijzeren schuifpoort en die poort was vreemd... hoe moest je dat zeggen? Vormgegeven? Versierd? Hij zag eruit als een enorm geruit vel en in elk vierkant stond een grote X.

Alsof een reusachtige hand een X had ingetekend telkens wanneer iemand... wat? Ontslagen? werd. Een verslaggeefster van de *Deutsche Welle* die enige tijd geleden een reportage had gemaakt over de verbeterde omstandigheden in Albanese gevangenissen vond dat de poort aan het spel 'Zeeslag' deed denken.

In elk vierkant een X. Hier was iedereen tot zinken gebracht.

Rechts van de poort hing een blauw bord met een gouden sterrenkrans en een opschrift. *Me fondet e Bashkimit Evropian.*

Het bord vermeldde dat de renovatie van deze gevangenis en de bouw van nieuwe gevangenissen in Albanië werd gefinancierd met middelen van de Europese Unie. De aanvrager van het lidmaatschap moest ook op het gebied van strafvoltrekking aan de standaarden van het Europese recht gaan voldoen.

Toen schoof de poort open, het blauwe bord verdween achter het grote veld met de vele X'en en de smid trad het schemerlicht van vrijheid binnen. De zon zond haar laatste stralen over het plein voor de gevangenis, de lantaarns voor het gevangenisgebouw brandden al.

De smid in zijn beste pak, dat nu gekreukt was en onder de vlekken zat, zonder hemd, in zijn hand had hij een bruine envelop met zijn ontslagpapieren en het attest van de dienstdoende arts dat zijn bloeduitstortingen al waren vastgesteld toen hij werd binnengebracht. Verder een kopie van de door hem ondertekende bevestiging dat hij de persoonlijke bezittingen die hem waren afgenomen in hun geheel en onbeschadigd had teruggekregen: 1 polshorloge van het merk Guangzhou, China, mechanisch, met rood wijzerblad en de inscriptie 1944-1974, 30 jaar Volksrepubliek Albanië, 550 lek in biljetten, 70 lek in munten, 1 broekriem, kunstleer, 1 paar schoenveters, bruin.

Hij keek op het horloge. Dat stond natuurlijk stil. Hoe laat was het nu? Hij wist niet eens welke dag van de week het was. Hij ademde diep in en uit en keek op.

U wordt afgehaald, had de gevangenisdirecteur gezegd. Ik

heb geen idee hoe u het voor elkaar hebt gekregen, maar u bent vrij en u wordt afgehaald.

Voor de gevangenis stond een zwarte limousine. Een deur zwaaide open. *Zoti Hekuran?* Stapt u in alstublieft.

## 24

Dat had hij nou niet verwacht: een ss-divisie!

Maar voor die opdook, was er andere informatie.

Commissaris Starek googelde Skanderbeg, hij wilde meer weten over die man wiens helm blijkbaar zo'n enorme symbolische betekenis had, want, daarvan was Starek inmiddels overtuigd, om de geldwaarde van de helm was het bij de diefstal van de helm zeker niet te doen geweest. Dus moest er een ander belang spelen om in het bezit van die helm te willen komen. Starek ging ervan uit dat het hoogst onwaarschijnlijk was dat een of andere zonderlinge Albanese oligarch de opdracht tot de diefstal had gegeven omdat hij in de kelder van zijn villa in Ticino in Zwitserland of op het terras van zijn penthouse in Parijs die helm op zijn hoofd wilde zetten om zich dronken van zelfoverschatting de vorst van alle Albanezen te voelen. Waren er überhaupt Albanese oligarchen? Hij googelde. Hij tilde zijn benen op omdat mevrouw Bessa om hem heen en onder hem de vloer wiste. Toen was hij even afgeleid.

Hoe dan ook Skanderbeg. Vorst der Albanezen. Verzetsstrijder tegen de Osmanen. Verdediger van het christelijke Avondland. Tuurlijk, dat was in Europa een zeer politieke symboliek. Maar wie kon het zich permitteren om met die helm in het openbaar te treden om zijn politieke bedoelingen symbolisch gewicht te verlenen – en daardoor uit de kast te komen als dief of opdrachtgever tot diefstal? Dat was ondenkbaar. Temeer omdat hij zich maar moeilijk kon voorstellen dat in een inmiddels in meerderheid islamistisch land iemand zich in de traditie van een christelijke verzetsstrijder wilde plaatsen – wat viel daarmee te winnen? En dan was er nog die geschiedenis met die kopie die tegen losgeld was aangeboden aan het Kunsthistorische Museum. Wie had die kopie laten maken, en waarom? Zeker niet om die te verkopen aan het museum, dat haar immers meteen zou herkennen als vervalsing. Maar afgezien van wie die vervalsing had laten maken om welke reden dan ook, was die vervalsing misschien ook gestolen? Mogelijk door dezelfde daders?

Er was te veel informatie, allemaal puzzelstukjes die zijn blik vertroebelden. Als hij net als zijn oude vriend Karl Auer een spreukenkalender aan de muur zou hebben, dan zou vandaag, nu het toeval belang had bij een kloppende compositie, de spreuk over de bomen en het bos te lezen zijn geweest, de moeder van de kennisleer.

Bessa, riep hij, koffiepauze?

Ben ik overgehaald, zei ze.

Hier is de melk Bessa, u weet veel van Albanese geschiedenis, nietwaar?

Weet ik alles wat we niet willen vergeten.

Aha, ja, dus misschien weet u wie er politiek belang bij heeft vandaag de dag de helm van Skanderbeg op te zetten?

Nieuwe Alexander, zei ze.

Wat bedoelt u met nieuwe Alexander?

Nou, betekent Skanderbeg in Duits, heer Alexander. Beg is als *bey* in het Turks, is heer of leider. En Skander is Alexander. Waarom werd heer Kastrioti, wat is echte naam van Skanderbeg, genoemd heer Alexander? Weet toch dat men zei: is nieuwe Alexander de Grote. En heb je foto van helm? Kijk daarnaar! Heb ik geleerd op school in Skopje: helm is gemaakt naar voorbeeld van Macedonische koningskroon, kijk op computer, zie, daarboven, en daar! Dus helm is kopie, gemaakt voor nieuwe Alexander die vecht tegen nieuwe Perzen, wat waren de Osmanen. En wie wil nú nieuwe Alexander weer zijn? En wie is nieuwe Osmanen?

Wie?

Weet ik? Wie wil nu veroveren Albanië? China? EU? Of weer Turken? Waarom betaalt Turkse president miljoenen voor nieuwe moskee in de Tirana? Moet grootste worden op hele Balkan.

Starek stond paf: het origineel was dus zelf al een kopie, of tenminste een duidelijke navolging van een voorbeeld. Met die helm streed de nieuwe Alexander tegen de Osmanen als de nieuwe Perzen. De vraag is dus: wie zijn nu de nieuwe Osmanen? En wie wil nu als de volgende nieuwe Alexander een verdedigings- of bevrijdingsoorlog voeren, als een kopie van vroegere veldslagen? Bessa's vermoedens leken hem idioot, anderzijds: zelf had hij helemaal geen idee. Het enige wat Starek duidelijk leek was dat deze kunstdiefstal geen gewone kunstdiefstal was, maar een politiek menetekel dat uiterst ingewikkeld was, het liet hem niet met rust, hij had allang naar kantoor gemoeten, maar hij googelde verder, en toen kwam de treffer die Starek verblufte, volkomen in verwarring bracht, en hem naar een nieuw spoor lokte.

In maart 1944 werd een Kosovaars-Albanese SS-divisie opgericht, de 21ste bergdivisie van de Waffen-SS 'Skanderbeg.' Op hun vaandel de helm van Skanderbeg in goud op een bloedrood veld, daaronder een stralenkrans rond de letters CC.

Militair leider van de SS-divisie 'Skanderbeg' was de Kosovaars-Albanese Esad bey Demolli, een fanatieke nationalist die droomde van een Serven- en jodenvrij Groot-Albanië onder protectie van het Duitse Rijk. In een brief aan Heinrich Himmler beloofde hij honderdtwintigduizend Albanese mannen te rekruteren en vroeg hij om wapens. Zoveel werden het er bij lange na niet, slechts een kleine negenduizend mannen sloten zich aan bij de ss-divisie 'Skanderbeg', maar met uitstekende uitrusting, dankzij de steun van Hermann Neubacher, de voormalige burgemeester van Wenen die tijdens de rijksprogromnacht de brandweer ervan had weerhouden brandende synagoges te blussen, en daarna in 1942 Hitlers bijzonder gevolmachtigde voor Zuidoost-Europa was geworden en die in die hoedanigheid in rang gelijkstond aan de militaire commandant zuidoost in Servië. Neubacher had door zijn studie Volkerenkunde en niet in de laatste plaats door de lectuur van Karl May een romantisch geïdealiseerd beeld van Albanezen als strijders met ware doodsverachting, en aan dat beeld leek Esad bey Demolli geheel en al te voldoen, zoals Neubacher Himmler berichtte:

Die priemende blik in lichtgrijze ogen, in contrast met het stugge zwarte haar en vooral de vorm van de schedel, toonden ontegenzeglijk aan dat Demolli een *illyrische ariër* volgens de categorisering van Dr. Josef Gall was, aldus Neubacher. Uit de uitgesproken dikke wenkbrauwen, die doorliepen boven de neuswortel, en het brede voorhoofd bleken strijdlust en moed, zoals je uit het lange achterhoofd onmiskenbaar trouw kon afleiden. Kortom, Demolli beg was precies de man die nodig was voor de zuivering van de Balkan, aldus Neubacher, en hij beval aan om hem in te zetten als leider van een Albanese divisie van de Waffen-ss, met alle operatieve bevoegdheden. Heil Hitler.

Dat is waanzin, dacht Starek, na de diefstal van de helm uit het Kunsthistorische Museum Wien is er nu een connectie met Oostenrijk. Dat verandert de betekenis van de helm drastisch. Die was nu plotseling een nazisymbool. Commissaris Starek vroeg zich af wat er na de oorlog zou zijn gebeurd met het vaandel van de Skanderbegdivisie. Bestond het nog? En zo ja, waar bevond het zich nu? Toen hij op kantoor aankwam riep hij meteen Huber bij zich.

Bel eens naar het Kunsthistorische Museum en vraag of zij iets weten van het bestaan van een vaandel van Waffen-ss-divisie Skanderbeg.

Waffen-ss?

Ja, Waffen-ss. In Albanië was er een divisie die Skanderbeg heette. Op hun vaandel stond de helm van Skanderbeg afgebeeld. Ik bedoel, het Kunsthistorisch had de helm, ze hebben het zwaard van Skanderbeg, misschien hebben ze dat vaandel ook wel, maar hebben ze het niet op zaal. Als ze het niet hebben vraag dan of zij een museum kennen dat dit vaandel in zijn collectie heeft, misschien zelfs op zaal heeft staan. Het museum voor legergeschiedenis in Wenen misschien. Die kun je ook meteen bellen. En er is een Nationaal Museum in Tirana. Vraag ook daar eens na.

Waarom?

Ik heb zo'n gevoel. Als dat vaandel zich in een museum bevindt dan is het misschien het volgende object dat de dieven stelen. Of er is bekend dat het vaandel zich in particulier bezit bevindt, in dat geval zullen we daar ook de helm vinden. Alleen een neo-fascistische ondergrondse groepering kan belangstelling hebben in het bezit van zulke relieken te komen zonder ze publiekelijk te willen tonen. Ondergronds dus, begrijp je? Daarmee legitimeren ze tijdens hun clandestiene bijeenkomsten hun waanzin, kunnen ze zich superieur en bevestigd voelen, met een historische opdracht als het ware, weet ik veel. Gevaarlijke idioten. En daarom moeten we ook weten of er neonazistische of neofascistische groeperingen zijn in Albanië, ik bedoel dat zou toch niemand hoeven te verbazen na de ineenstorting van een stalinistisch systeem, kijk naar Oost-Duitsland. Verzoek om inlichtingen bij Europol dus, bij de militaire inlichtingendienst én de Albanese veiligheidsdienst. Zijn er leiders of leden van dergelijke groeperingen met naam en toenaam bekend, hun adressen achterhaald, zijn er observaties?

Neonazi's in Albanië? vroeg Huber. Ik weet niet hoor...

Hubers roze gezicht met die vele rode adertjes, het stond Starek zó tegen. Precies, Huber, zei hij, als je niets weet moet je veel vragen stellen.

Hijzelf wilde meer weten over die SS-divisie en besloot inlichtingen in te winnen bij een deskundige. Universiteit van Wenen. Daar moesten toch mensen zijn die gespecialiseerd waren in deze geschiedenis. Op de website van de universiteit vond hij een instituut voor Oost-Europese geschiedenis, en daar zat een professor die misschien de juiste man was: Dr. Albert Wehrschütz, belangrijkste onderzoeksterreinen: 'Fascisme in Oost-Europa binnen het kader van vergelijkend fascismeonderzoek' en 'Socio-culturele ontwikkelingen op de Albanese Balkan.' Hij belde het nummer en liet zich doorverbinden met de professor die er inderdaad was, en tijd had.

Ja, inderdaad, zei de professor, die Skanderbegdivisie heeft bestaan en kende een korte, maar tegelijk uiterst merkwaardige geschiedenis.

In de strijd tegen het Joegoslavische Volksbevrijdingsleger, de Tito-partizanen, was de Skanderbegdivisie niet bepaald succesvol. De Albanezen, die het toen ze dienst namen bij de divisie vooral te doen was om warme kleren – al was het dan een uniform – en regelmatige maaltijden – overigens was het Duitse woord 'nachschub' als leenwoord in het Albanees nog jarenlang synoniem voor 'maaltijdverzorging' – gingen gevechten zo veel mogelijk uit de weg, ze drukten zich en liepen weg als het tot openlijke gevechtshandelingen kwam. Die crisis in de slagkracht van de Skanderbegdivisie werd nog verergerd door de genadeloosheid van de Duitse officieren die als kader de divisie compleet maakten. Ze fusilleerden 'lijntrekkers' om 'een voorbeeld te stellen', het ene voorbeeld na het andere, wat er weer toe leidde dat steeds meer mannen ervandoor gingen.

Professor Wehrschütz had een monotone schraperige stem die aan het eind van de zin altijd iets hoger werd om dan meteen weer in een diepe afgrond te vallen.

De leider van de divisie, Esad bey Demolli besefte dat de 'Skanderbeg' met zijn afnemende mankracht en slechte gevechtsmoraal hopeloos vermorzeld zou worden tussen de klappen die Servische partizanen haar toebrachten en de executies door Duitse officieren binnen de eigen gelederen, en hij probeerde te redden wat er van zijn strijd te redden was: de fanatieke vervolging van joden die uit verscheidene door de nazi's bezette landen waren gevlucht en het tot in Albanië hadden weten te redden. Met de partizanen zou de Duitse Wehrmacht wel afreken, dacht hij, maar hij zou de eer hebben Albanië vastberaden en consequent jodenvrij te maken, zonder zijn mannen te verwikkelen in schermutselingen waarvoor ze niet opgeleid waren. En dus week hij van Kosovo uit naar Noord-Albanië waar zich joden verborgen zouden houden in de afgelegen bergdorpen.

Albanië had van oorsprong maar een piepkleine joodse gemeenschap, in de stad Shkodra, maar na 1933 vluchtten steeds meer joden uit Duitsland en Oostenrijk naar Albanië omdat onder koning Zogu ruimhartig visa werden verstrekt aan joden. Aangezien verder reizen naar de andere kant van de oceaan steeds lastiger werd, kregen ze ook permanente verblijfsvergunningen. Er kwamen steeds meer joden, uit Midden-Europa en uit de door de Wehrmacht bezette buurlanden Joegoslavië en Griekenland. Ze konden hun identiteit openlijk uitdragen en hun feestdagen vieren. Vanaf 1939 was Albanië bezet door Italiaanse troepen, maar die bekommerden zich niet erg om de joden in het land. Zo werd er ineens joods leven zichtbaar in Albanië. Dat veranderde toen de Duitse Wehrmacht Albanië bezette, in september 1943. En in die tijd werd de Albanese nationalist Demolli een fanatiek nationaalsocialist, want het Duitse Rijk erkende de verenigde Albanese gebieden formeel als zelfstandige staat.

In ruil daarvoor verwachtten de Duitsers uiteraard gewillige collaboratie.

Kameraden van Esad bey Demolli, destijds nog in een reguliere Kosovaarse eenheid, herinneren zich dat hij een krantenpagina met een foto van Xhafer Deva, de Albanese minister van Binnenlandse Zaken op de deur van de officiersmess prikte en er brullend het complete magazijn van zijn dienstwapen op leegschoot. De minister van Binnenlandse Zaken had namelijk geweigerd gehoor te geven aan de wens van de Duitsers om alle joden in Albanië te registreren, lijsten met namen en adressen op te stellen en die te overhandigen aan de Duitsers. Verrader van de Albanese zaak! Verrader van *Mbrotjës Hitler* (Demolli noemde Hitler nooit *Uhdëheqës*, Führer, maar *Mbrotjës* wat zoveel betekent als begunstiger, beschermheer).

De kogels scheurden niet alleen het portret van Xhaver Deva aan flarden, ze doorboorden de houten deur en raakten de jongen Clirim Chami die ongelukkigerwijze juist binnen wilde komen om Demolli de door hem gevraagde tabak te brengen. Toen Demolli zich over de jongen heen boog en zag dat hij nog rochelde, eiste hij met uitgestrekte arm het wapen van een kameraad op en 'verloste hem' met een schot in het voorhoofd. Daarna richtte hij zich op en zei met rauwe stem en – ook dat wil de legende zo – 'met blikkerende grijze ogen die deden denken aan een wolf': hier ligt de eerste martelaar in onze strijd tegen de joodse vijand van Albanië!

Dit is weliswaar oral history, een schriftelijke bron is er niet, kraste professor Wehrschütz, maar Demolli slaagde er inderdaad binnen de kortste keren in om de arme jongeman binnen nationalistische kringen met een dubieuze legende bekendheid te geven als martelaar voor Groot-Albanië. Vandaar ook dat de initialen CC op het vaandel van de SS-divisie Skanderbeg werden geborduurd.

Om het moreel van de troepen met het oog op juist deze taak, de jacht op verborgen joden, te vergroten, hield Demolli een pathetische, opzwepende redevoering voor de mannen, en schetste hen een jodenvrij Groot-Albanië als het paradijs waarin de slang die het internationale jodendom was zou zijn vertrapt. Er kwamen steeds meer joden het land binnen. Waarom? Om het Albanese volk uit te zuigen, maar de rijkdommen van Albanië moesten toebehoren aan de volksgemeenschap der Skipetaren, brulde hij, hij preekte, hief zijn handen, balde ze tot vuisten alsof hij de vruchten van de hemel plukte, ze fijnkneep, hij strekte zijn kin naar voren alsof hij het zoete sap van de hemelse vruchten in zijn geopende mond wilde laten druipen, hij fleemde, de mannen begrepen het niet helemaal. Ze kenden geen joden, ze hadden geen probleem met joden. De sterke zonen van Albanese boeren, die gewend waren aan zwaar werk, maar niet aan het vermoorden van andere boerenzonen in een achterbakse strijd, begrepen alleen dit: wat Demolli bej beloofde betekende niet langer moord en doodslag in een genadeloze oorlog, maar eenvoudige afhaalacties, ja zo begrepen zij het: dat er mensen waren die zich ver weg van het slagveld verstopt hielden, dat ze die gevangen moesten nemen, en dat er daarna *mazë të zier*, *fasule me pastërma* en raki in overvloed zou zijn, en dus schreeuwden ze hoera!

Het Duitse kader van de Skanderbeg was onder de indruk. Hij is een idioot, maar een geboren leider, zei luitenant Martin

Krass. Kapitein Rudolph von Fritthoff echter bleef sceptisch. We zullen zien, zei hij, maar ik vrees dat hij een nutteloze idioot is.

Dat kwam misschien omdat Rudolph von Fritthoff, een officier van de oude stempel, geen reden zag om omwille van jodenhaat, 'dat pepmiddel voor idioten', wapens en menselijk materiaal in te zetten, en uiteindelijk te verkwisten.

Ik weet niet of jij dat weet, van alle landen die bezet werden door de Duitse Wehrmacht is Albanië het enige waar na de oorlog meer joden woonden dan ervoor. En dat heeft te maken met de Kanun. Jij bent jurist, ik wil dat je dat begrijpt, zei Baia Muniq, en daarom wil ik dat je meneer Lenz leert kennen en naar zijn verhaal luistert. Karl Auer was niet in de stemming voor grapjes, maar probeerde het toch: Ik dacht al dat je mijn Oostenrijkse Duits zo slecht vond, dat je me hier voor een cursus Duits wilde inschrijven.

Baia antwoordde niet. Het was een stralende, onbewolkte late herfstdag, veel te warm vond Karl Auer, zulke dagen had je in Brussel zelfs hartje zomer amper, hij haalde een zakdoek tevoorschijn en wiste het zweet van zijn voorhoofd, hij was een van de laatste mannen die nog stoffen zakdoeken gebruikten, met monogram. Halverwege de Rruga Hoxha Tahsim was de zakdoek al zo nat dat hij het onaangenaam vond hem terug in zijn broekzak te stoppen. Hij drukte hem tegen neus en mond, er hing een bijtende geur in de lucht, als een giftig gas, hij zag dat arbeiders bezig waren nieuwe wegmarkeringen aan te brengen, Karl en Baia liepen nu exact ter hoogte van het zuchtende wegmarkeringsapparaat dat een ononderbroken streep op de weg trok, mannen schilderden een fietssymbool op de afgescheiden rijstrook, hier was een fietspad in de maak. De hitte maakte de uitwaseming van de net aangebrachte verf nog sterker, hij brandde in de ogen en de slijmvliezen van neus en mond, daarbij het getoeter van de auto's die nu op één rijstrook moesten samendrommen. Zoveel Mercedessen. Heel Tirana leek Mercedes te rijden. Bedrijvige mensen haastten zich heen en weer, andere zaten met bier of koffie op een terras en sloegen de chaos stoïcijns gade. Toen kwamen ze bij een grote rotonde, Baia sloeg rechts af, terug naar de Qemal Stafa en zei: We zijn er.

De taalschool was een klein huis van één verdieping in rode baksteen, boven de poort een houten bord, een beetje verweerd, maar mooi als uit een vergane tijd, overduidelijk gemaakt door een reclameschilder. Op een rode ondergrond was een opvliegende adelaar te zien met in zijn snavel een tak met gele bloesem. Ernaast stond *Instituti i gjuhës gjermane Lenz*.

Links en rechts van de poort een kleine vitrinekast, Auer keek wat er uitgestald was, verwonderd, toen Baia riep: Kom! Wat is er? Kom!

Auer ging naar binnen en kreeg ineens de lang vergeten geur van zijn schooltijd in zijn neus: boenwas, lysol en zweet. En toen stond hij tegenover de oude heer Lenz, een ascetische man met wit haar en glanzende bruine ogen, alsof hij zijn ogen van tijd tot tijd bevochtigde met een traan. Komt u verder, zei hij.

Op een dag in juli 1944 kwam Esad bey Demolli, leider van de ss-divisie Skanderbeg, na een mars door ontoegankelijk karstgebergte en groene beukenbossen met een troep van dertig man bij het huis van de familie Baxhaku in het dorp Sose. Hij had gehoord dat hier een joodse vluchteling werd verstopt.

Demolli beukte met de kolf van zijn geweer tegen de deur, die was niet afgesloten en vloog open, en hij schreeuwde of dit het huis van Baxhaku was en dat de heer des huizes naar buiten moest komen. De boer Adnit Baxhaku kwam uit het duister van de gang tevoorschijn, deed voor het huis een paar stappen schuin naar links zodat hij de zon in de rug had, waardoor de aanvoerder van de troep wanneer hij zich tot meneer Baxhaku wendde, verblind werd door de zon.

Adnit Baxhaku was welgesteld, hij bezat een ezel en meer dan tien geiten en hij vroeg zich af of de soldaten nu zijn vee kwamen confisqueren. Nee, niet het vee. Diep vanbinnen vermoedde hij al dat hij was verklikt en dat die mannen kwamen voor de vluchteling die hij in huis had genomen. Van hem wist hij, of meende hij te hebben begrepen, dat de Duitsers overal joden zochten die ze dan naar een kamp brachten en als slaven gebruikten. Hij zag hoe de ogen van de leider zich vernauwden en hoe hij zijn vlakke hand omhoogbracht, niet om de Duitse groet te brengen maar om zijn ogen af te schermen.

Demolli brulde. De jood! Hier verstopt. Wij weten. De jood. Waar zit hij. Voor de dag ermee. Anders.

Adnit Baxhaku vreesde niet voor zijn leven. Deze soldaten waren Albanezen, ook al droegen ze een Duits uniform. Hij herkende ze aan de gekleurde kousen van dikke wol die ze over hun broekspijpen hadden opgetrokken tot aan hun knieen, en aan de mutsen van vilt die ze droegen in plaats van een Duitse legerpet... en hij wist dat ze hem niet zouden doden omdat hij een joodse vluchteling verstopt hield, waarmee hij gehoorzaamde aan de Kanun, zoiets zou geen enkele Albanees doen, niet hier, in de wetenschap dat de familieleden van de vermoorde tot het laatste lid van de clan aan toe niet zouden rusten voor de moordenaar op zijn beurt was vermoord, de moordenaar zou van zijn leven geen minuut rust meer hebben, zou eeuwig op de vlucht zijn of zich ergens moeten verbergen. Een Albanees die een Albanees doodt, was vroeger of later zelf dood, Duits uniform of niet. Dat gebiedt de Kanun.

In deze situatie, terwijl boer Adnit Baxhaku in de houding

stond voor de verblinde, schreeuwende Esad bey Demolli, kwamen twee wetten van de Kanun in botsing: de wet van de bloedwraak en de wet van de gastvrijheid. Hij was er zeker van dat hij voor het verstoppen van de jood niet zou worden geëxecuteerd. Maar hij wist tegelijkertijd dat wanneer hij de jood uitleverde, wat hij niet kon verhinderen, hij sociaal dood zou zijn. Want hij had de *besa* gebroken, het erewoord dat je elke gast, en in bredere zin iedereen die bescherming zoekt, 'je brood, je zout, je huis en je hart geeft'. Wie een gast uitleverde in plaats van hem bescherming te garanderen, handelde eerloos, bracht schande over zichzelf en zijn familie en werd buitengesloten door de gemeenschap. Dat kwam neer op zijn dood en die van zijn familie.

Dus zei hij: ik haal hem. Hij ging het huis binnen waar zijn zoon hand in hand zat met de jonge jood, die ongeveer dezelfde leeftijd had, iets meer en iets minder dan zeventien, en zei tegen zijn zoon: jij gaat met ze mee. En je zegt geen woord. De zoon, Agan heette hij, begreep het, stond op, knikte. Zijn vader omhelsde hem, kuste hem op de mond, bracht hem naar buiten en zei: hier is hij.

Zo had hij zijn gast beschermd, zoals de Kanun voorschreef. Op die manier werd de Duitstalige Praagse jood Egon Lenz gered.

Het succes van de Skanderbegdivisie was minder dan bescheiden, aldus professor Wehrschütz. Twee joodse gezinnen en twee jongemannen (een van hen was Agan Baxhaku) werden met veel moeite naar een kamp in Skopje overgebracht, waarvandaan de Duitsers hen op transport zetten naar het concentratiekamp Bergen-Belsen. Meer werden er niet opgespoord. De Albanezen stelden de traditionele wetten van de gastvrijheid boven de eisen van de bezetter. In het dorp Dobësitë staken een paar leden van de divisie op bevel van een hysterisch brullende Demolli alle huizen in brand en vermoordden tweehonderddertig inwoners, onder wie vijfennegentig kinderen. Omwille van drie joden die in het dorp verstopt zouden zijn. Bijna honderd Albanezen deserteerden bij het zien van het helse schijnsel van de brandende huizen en liepen over naar de partizanen. Twee Duitse officieren, die de groep als kader begeleidden, werden in de vlammen geduwd door Albanezen, die daarbij zelf verbrandden, het was hun eer, die stierf daarbij niet.

Een paar keer was de divisie op oprukkende Tito-partizanen gestuit, zonder militair succes, het grootste verlies van de divisie werd ook hier gevormd door het hoge aantal deserteurs.

Steeds meer leden van de Skanderbegdivisie namen de benen, reden waarom de Duitse legerleiding in september besloot haar een halfjaar na haar oprichting alweer te ontbinden. En de Wener Hermann Neubacher beschikte dat het restant van de divisie werd omgevormd tot een strijdgroep onder de naam 'Prinz Eugen.' De strijdgroep Prinz Eugen werd naar Skopje overgeplaatst om te helpen bij het dekken van de terugtrekking van de Duitse strijdkrachten.

Natuurlijk moest iemand de schuld krijgen voor het falen van de ss-divisie Skanderbeg. Esad bey Demolli, die de massale desertie niet tot stoppen had kunnen brengen, die de divisie had geleid als een kippenstal en haar tot een mikpunt van spot had gemaakt, een aantasting van de naam van de Waffen-ss die gelijkstond aan hoogverraad, werd standrechtelijk ter dood veroordeeld. Omdat hij een officier was werd hem de genade verleend te sterven door de kogel in plaats van de strop. Toen ze hem naar de executiemuur sleepten, ja ze moesten hem slepen, schreeuwde hij hysterisch: Verraad! Hitler moet een jood zijn! Een jood. Als dit hier uit zijn naam...

Toen werd hij gekneveld en geblinddoekt.

Luitenant Krass gaf het bevel tot vuren. Later zei hij: We hadden die idioot moeten opknopen.

En Hermann Neubacher, die het dossier Skanderbegdivisie sloot, dacht teleurgesteld: Karl May had toch ongelijk.

In december 1944 hoorden de inwoners van het dorp Sose dat de Duitse Wehrmacht vertrokken was, en Albanië vrij.

Egon Lenz bleef in huize Baxhaku. Hij wist niet waar hij heen moest. Het oorspronkelijke plan dat hij tijdens zijn vlucht had opgevat, namelijk om te proberen een Albanese haven te bereiken en vandaar met een of ander schip naar de overkant van de oceaan te gaan, was overbodig geworden. Waarom zou hij naar de overkant van de oceaan vluchten als hij niet meer vervolgd werd? En naar Palestina? Hij was geen jood geweest, hij zag daar geen toekomstig vaderland. Pas de jodenvervolging had van hem en zijn Praagse familie joden gemaakt. Terug naar Praag? Hij wist niet of de oorlog echt ten einde was en ook Tsjecho-Slowakije al bevrijd was. Maar zelfs als dat zo was dan kon hij zich heel goed voorstellen hoe het de Duitstalige Tsjechen zou vergaan na de Duitse bezetting. Hij besloot het Rode Kruis te schrijven met het verzoek na te gaan of zijn ouders hadden overleefd (Adres? Hij ging ervan uit dat er in de hoofdsteden van bevrijde landen Rode Kruiskantoren moesten zijn. In januari 1945, toen de Albanese posterijen het werk weer oppakten schreef hij eenvoudig 'Aan het Rode Kruis te Praag.') Het sterkste was hoe dan ook het gevoel dat hij zijn redders niet in de steek mocht laten. Vader Baxhaku had zijn zoon opgeofferd om hem, de gast, te redden, zoals de besa vereiste. Gedurende de maanden daarna had hij nooit het gevoel gekregen dat Adnit Buxhaku en zijn vrouw Fisnike hem nu als vervangende zoon hadden aangenomen. Nooit, niet één keer, had een van tweeën 'mijn zoon' tegen hem gezegd. En Donika, de dochter, een ernstig meisje van vijftien, had hem nooit 'broer' genoemd. Ze noemde hem Edon, een gebruikelijke Albanese voornaam die erg op Egon leek, en Egon/Edon begreep dat je voor ouders niet zomaar de plaats van hun zoon kon innemen, of voor een meisje die van haar broer. Hij kon diens taken binnen het gezin overnemen, dat wel, hij kon zijn werk doen, hij kon het meisje beschermen zoals haar broer had gedaan, maar hij bleef wat hij was: een gast. Een gast die niet kon weggaan zolang hij iets schuldig was en nodig was. Binnen enkele maanden leerde hij heel goed Albanees en het raakte hem dat hij in de ogen van de ouders zag dat ze van hem begonnen te houden. Van de gast. En zijn Albanees was nu zo goed dat hij begreep wat zijn naam betekende: de liefhebbende. Vooral tijdens gesprekken aan tafel leerde Edon veel over Albanese geschiedenis en cultuur. De Baxhaku's waren analfabeet. Adnit Baxhaku hield ervan de verhalen te vertellen die hem waren verteld. De mondelinge overlevering was zijn bibliotheek. Edon hoorde dat ook de vrouw van Skanderbeg Donika had geheten, maar daaraan had hij echt niet gedacht toen hij zijn dochter die naam gaf, zei Adnit Baxhaku, het was in die tijd gewoon een populaire vrouwelijke voornaam geweest in Albanië.

Egon wist niet waar hij heen moest. Tenminste voorlopig was zijn plaats hier. Hij dacht niet meer aan de gouden daken van Praag. Goud heette nu *ari*, zo glansde het loof van de bossen in de Albanese zon, de brem, de koningskaars, het koolzaad, de grassen, ari, een Albanees woord dat hem aanvankelijk onaangenaam raakte omdat het hem deed denken aan *arisch*. Tot hij de ogen, de lach, het wezen van Donika als *ari* ervoer. En Edon, de liefhebbende, begon Donika lief te hebben.

Donika wilde leren lezen en schrijven, en Edons taal leren. Hij bracht haar de letters bij, het Duitse alfabet omdat hij het Albanese zelf nog niet beheerste, hij wist niet eens dat daar verschil tussen bestond, elke avond oefende hij met haar, eerst Duitse woordjes, daarna zinnen, elke avond na het werk op het land en voor het werk in huis. Ze leerde lezen en schrijven in het Duits. Later zou Donika vertellen dat ze Duits altijd associeerde met het invallen van de duisternis, dat bleef zo, totdat jaren later haar zoon op klaarlichte dag zijn eerste Duitse woordjes begon te spreken.

De zoon. Dat was later, al in Tirana. Het geluk van Edon en Donika begon met een ongeluk. Haar vader wilde een lek in het dak repareren, viel ervan af en brak zijn nek. Drie maanden later werd haar moeder ziek, haar buik begon te groeien, werd steeds voller, alsof ze zwanger was. Maar dat kon niet. Op haar leeftijd, en bovendien: zwanger van een dode. De vrouwen in het dorp Sose met hun kruiden en smeersels waren radeloos. Toen er eindelijk een volksdokter kwam kon ze alleen nog hennep kauwend in bed naar het plafond liggen kijken, soms murmelde ze iets onverstaanbaars. De dokter zei dat het een gezwel was. Dat is als een dier binnen in de buik van je moeder, het vreet haar van binnenuit op en wordt daardoor zelf steeds dikker, zei hij. Hij had jaren geleden in Parijs gestudeerd, alleen hij, dacht Donika, kon haar moeder redden. Kunt u dat dier eruit halen, dokter? vroeg ze. Nee, zei hij. Jullie moeten afscheid van haar nemen.

Toen haar moeder met haar laatste krachten de lepel waarmee Donika haar wat soep wilde voeren wegduwde was duidelijk dat...

Hoe droevig het ook was, het moment waarop was gelukkig. Het was 1950. Edon en Donika besloten naar de hoofdstad te verhuizen. Het was een periode waarin hun lot zich nog enigszins gelukkig kon voegen. De collectivisatie van de landbouw in de republiek Albanië was al in gang gezet, maar nog niet tot Sose doorgedrongen. Ze konden hun eigendom, het huis, het vee en het land nog particulier van de hand doen. Het was een bescheiden startkapitaal voor de stad. Maar niet veel later zou verhuizen van het platteland naar de stad niet eens meer toegestaan zijn geweest. In het geval van Edon en Donika bleek zelfs dat ze welkom waren. Tachtig procent van de Albanezen was analfabeet, en de jonge republiek investeerde op grote schaal in onderwijs, de bouw van scholen en de oprichting van een universiteit. En Edon Lenz wilde een school oprichten. Overal kwamen er scholen, basisscholen, scholen voor voortgezet onderwijs, vakscholen, en dus stemden de autoriteiten in met Edons plannen voor een taalschool. Het *Instituti Lenz*. Aanvankelijk eiste het ministerie van Onderwijs wel dat de naam in het Albanees werd vertaald *Instituti Pranverë*, 'instituut lente' dus. Lente! Dat sprak de bureaucraten van de jonge staat in opbouw aan, maar Edon Lenz betoogde dat een instituut voor Duitse taal ook een Duitse naam moest hebben (vreemd dat hij dat zo belangrijk vond. Hij dacht aan zijn ouders, zijn familienaam was het enige wat van zijn familie was overgebleven), en zodoende werd ook dat ingewilligd. Formeel was de school een staatsschool en Edon Lenz werd aangesteld als directeur. Maar voor hem was het voortaan zijn levensproject. Hij had een eigen nieuwe methode voor taalverwerving ontwikkeld, gebaseerd op zijn eigen ervaringen: hij had Albanees geleerd zonder woordenboek, zonder grammaticaboeken, en op dezelfde manier had hij Donika het Duits bijgebracht, het was, dacht hij, simpelweg de manier waarop baby's hun moedertaal leren, hij noemde het de 'natuurmethode' en beweerde dat iedereen daarmee een vreemde taal kon leren spreken als zijn moedertaal, heel natuurlijk, met gevoel en zonder accent. Instituut Lenz kreeg snel vaste voet aan de grond, de nomenclatura stuurde haar kinderen ernaartoe, en ook beginnende diplomaten en ambtenaren die belast waren met de economische betrekkingen met de beide Duitslanden, of met het deviezenbeleid, en niet in de laatste plaats ook medewerkers van de Sigurimi.

Het ging Edon en Donika voor de wind. Edon was politiek nerveus, maar vooralsnog vestigde hij, die in Praag tot verdriet van zijn vader lid was geweest van de Mezinárodní unie socialistické mládeže, zijn hoop op de Volksrepubliek en haar onderwijsoffensief. De toekomst. Pas later, kort voor zijn dood in 2007 zei hij: De tijd komt niet. De tijd verstrijkt. In het beste geval hoeven we niet meer te verwachten dan een terugblik van een zo groot mogelijke afstand.

Maar zover was het nog niet. In maart bracht Donika een kind ter wereld, weer zo'n robuust bewijs van toekomst. Een zoon. Edon en Donika besloten het kind een Duitse en een Albanese naam te geven. Ik wil dat hij Adnit heet, zei Donika, naar mijn vader. Dat was snel beslist. Over de Duitse naam dacht Edon lang na. Het kind was geboren na de overwinning op de nazi's en zou in vrede opgroeien, zijn naam moest ook refereren aan de Duitse cultuur en beschaving. Siegfried, zei hij uiteindelijk, mijn zoon moet Siegfried heten.

Zo, zei de oude Siegfried Adnit Lenz tegen Karl Auer, nu kent u mijn geschiedenis.

Het is de geschiedenis van uw vader, zei Karl Auer.

De geschiedenis van een mens begint niet pas met zijn geboorte, zei meneer Lenz, niemand begint het verhaal van zijn leven op een onbeschreven blad.

Begrijp je nu, zei Baia, wat de Kanun betekent?

Karl Auer voelde zich niet op zijn gemak. Aangedaan, ja, maar...

Buiten, bij de ingang van het taalinstituut had hij in de linkervitrinekast een boek gezien: *Siegfried Lenz, Deutschstunde*.

Karl Auer vroeg ernaar.

Meneer Lenz glimlachte. Een voormalige leerling, zei hij, die nu in Duitsland werkt ontdekte het boek in een stationsboekhandel en stuurde het me toe. Hij vond het grappig en schreef ook, in zeer goed Duits overigens, dat het mijn aanzien misschien zou vergroten als ik het boek in de vitrinekast zou zetten. Dat er in Duitsland een boek was verschenen over mijn instituut.

Karl Auer keek de sneeuwwitte man met zijn glanzende ogen en dikke traanzakken aan, en meneer Lenz zei: Ik heb het boek gelezen en het om een andere reden in de vitrinekast gezet. Wie daarin geïnteresseerd is zal het begrijpen: het is een oproep om ook hier de geschiedenis te verwerken.

Het kan toch niet dat die geschiedenis volledig uitgedoofd is, zei commissaris Starek. Hij had geen enkele aanwijzing gevonden waar het vaandel zich zou kunnen bevinden, ja of het nog wel bestond.

Uitgedoofd, zei mevrouw Bessa, als vuur door schuim? Wat anders is geschiedenis?

## 25

De *tellak* pakte een handschoen van grof geweven sisal, hield hem Karl Auer voor en zei opgewekt: *Qualité biologique*. Karl Auer begreep niet wat hij bedoelde: biologische kwaliteit? Grapje, monsieur, zei de *tellak* en lachte. Zag die reus met zijn dichte zwarte lichaamsbeharing op borst en rug de bleke Karl Auer aan voor iemand die zelfs hechtte aan biokwaliteit voor massagehandschoenen? Was dat de grap? Hij trok de handschoen aan, vroeg Auer op zijn buik op dit marmeren blad hier te gaan liggen, *oui, exactement comme ça, monsieur*, het marmer was aangenaam warm, daarna wreef en schrobde hij krachtig zijn rug, schouders en armen. Hier en daar drukte hij stevig, pookte welhaast in zijn weke delen, spieren en pezen alsof hij

Karl Auer wilde demonteren en opnieuw in elkaar zetten.

Die namiddag was hij geland in Brussel, moe, sterker nog, volkomen apathisch en had daarom besloten niet naar het busstation te lopen, maar een taxi te nemen en zich thuis te laten brengen. Maar thuis aangekomen had hij juist dat gevoel niet: dat hij was thuisgekomen. Zijn spartaanse vrijgezellenflat. Die had hij indertijd gemeubileerd gehuurd en sindsdien had hij nog geen schilderij opgehangen. Het enige wat je als persoonlijke geurvlag zou kunnen duiden in deze woning waren de volle asbakken die overal stonden en zijn eau de toilette Knize Ten op de etagère in de badkamer. Waarbij de term badkamer overdreven was, het was geen kamer, de kleine ruimte was inderdaad niet meer dan een natte cel.

Hij liet zich op de bank vallen. Aan het groteske patroon van de bekleding was hij allang gewend, hij zag het niet eens meer. Pastelrode stof met rijen zwarte cirkels erop, elk met een blauwe stip erin. Toen hij zijn intrek nam had het hem doen denken aan honderden ogen. Op een gegeven moment zag hij het niet meer. Maar deze keer keek hij even op, verward, haalde er in gedachten zijn schouders over op en rookte een sigaret. Daarna kleedde hij zich uit om een douche te nemen.

Hij stond bloot voor de douchecabine en duwde met uitgestrekte arm de hendel van de mengkraan omhoog, hij wilde niet onder een koude straal staan tot het warm werd. Er kwam niets. Geen water. Open, dicht, open, dicht, geen water. Hij liep naar de wc, trok door. Ja, natuurlijk, er zat nog water in het reservoir, maar nu stroomde het niet vol.

Wat was hier aan de hand? Karl Auer was geen man van snelle oplossingen voor problemen. Hij ging op de bank zitten, rookte een sigaret en dacht dat hij nadacht. Er viel niks na te denken. Hij kleedde zich aan en belde aan bij de buren.

Ik heb geen water, zei hij, ik wilde vragen, neemt u me niet kwalijk als ik stoor, of u ook...

Monsieur Bataille, docent filosofie aan de Université libre de Bruxelles, glimlachte vriendelijk en zei: *Avez-vous besoin d'eau?*, draaide zich om, verdween en kwam meteen terug met een fles mineraalwater.

Het misverstand was snel opgehelderd. Op vrijdag was er een breuk in een waterleiding geweest, de toevoerleiding was gesprongen en daardoor moest de hoofdkraan voor het hele pand worden dichtgedraaid. Professor Bataille was ervan uitgegaan dat monsieur Auer dat wist, ze zaten inmiddels immers al twee dagen zonder water, bovendien hing er een mededeling dienaangaande in de hal, en daarom had hij gedacht dat de buurman alleen wat drinkwater nodig had, om thee of koffie te zetten.

Vandaag is het zondag, zei Karl Auer, weekend dus, maar morgen zal het toch wel gerepareerd worden. De professor lachte, hij was overigens Wittgenstein-specialist en zodoende onverstoorbaar onder alles wat het geval is. Morgen? Hier is nog nooit iets morgen gerepareerd, zei hij. We zijn in Brussel, monsieur, hier weet zelfs onze lieve Heer niet wanneer de werklui komen.

Karl Auer overwoog of hij naar een hotel zou verhuizen tot de waterleiding gerepareerd was. Dream Hotel. Schoot hem nu te binnen. Hier had je geen Dream Hotel. Nee, geen hotel. Dan was hij nog minder thuis. Maar hij moest douchen, in bad. Hij ging naar buiten, het was niet ver naar de kade. Hij stak de brug over naar de overzijde van het Charleroikanaal, naar de Rue de l'avenir/Toekomststraat, voor het eerst viel de naam van de straat hem op: Toekomststraat, hij liep de toekomst binnen, in de wijk Molenbeek, het beruchte stadsdeel waar vooral islamitische immigranten woonden, en dat onder een algemene verdenking stond een broeinest van terrorisme en IS-strijders te zijn. De mensen achter de bomaanslagen op het metrostation Maelbeek en luchthaven Zaventem woonden hier, net als de daders van de mislukte aanslag op het station Bruxelles-Central. Maar Karl Auer vond de hysterie met betrekking tot Molenbeek rijkelijk overdreven, hij hield van deze wijk. De markt op zondag rond de Saint-Jean Baptiste, met zijn klokkentoren die meer gelijkenis vertoonde met een minaret dan met een kerktoren, was een kleurrijke en vrolijke bazaar, geurend naar de spreekwoordelijke reukwerken van Arabië, mooier dan enige andere markt die hij kende. En als hij naar een café wilde om bij de koffie ondanks het algehele verbod een sigaret te roken, dan ging hij naar Molenbeek. Daar werd shisha gerookt en niemand die er iets van zei als hij een sigaret opstak. Of er uitzonderingen waren voor shishalounges of dat ze zich gewoon niks aantrokken van het verbod, wist hij niet. Waarschijnlijk trokken ze zich er niks van aan. De politie liet zich niet zien. En dat was het enige wat hij in Molenbeek aan wetteloosheid meemaakte. En er waren hier, dat had hij tijdens eerdere wandelingen, cafébezoeken en boodschappen op de markt gezien, ontzettend veel hamams. Niet van die chique lifestylespa's maar eenvoudige badhuizen, die mensen uit de wijk elke dag bezochten. Pragmatisch, functioneel, zonder die oriëntaalse Walt Disney-decors. Hij ging de eerste de beste binnen: *Mesopotamië. Hamam traditionnel.* Hij vond Tweestromenland een zinvolle naam voor een badhuis, en traditioneel was ook goed. Hij betaalde en kreeg een badlaken en een messing beker.

Toen hij met het laken om zijn lendenen het stoombad binnenkwam zag hij vijf mannen voor een emmer zitten waaruit ze met hun beker water schepten dat ze over hun hoofd en lichaam goten. Ze spraken Arabisch. Maar toen de mannen hem zagen schakelden ze meteen over op Frans. Dat raakte hem. Dat was beleefdheid. Respect. Ze wilden hem niet buitensluiten.

De tellak nam Auer nu flink te grazen, hij kuchte zachtjes, onderdrukte zijn gekreun, hij hield van Baia Muniq, maar tegelijkertijd – hij kreunde harder – zag hij geen perspectief, hij had het gevoel – nu deed het pijn, achter zich hoorde hij gelach – dat ze niet nader tot elkaar kwamen, de behoefte was er, maar... wat? Wat wilde de tellak nu? Hij begreep het niet. Hij was niet vertrouwd met de rituelen hier. Ach zo, omdraaien – ja, de behoefte, de begeerte zelfs, van zijn kant bezien tenminste, maar... wat maar? Hij zag Baia voor zich in haar kleine zwarte jurkje en hoe ze het in het Dream Hotel had uitgetrokken en over de kap van de schemerlamp had gegooid, even stond ze naakt in het licht en meteen daarna in het halfdonker – hij richtte zich op, een korte pijnkreet. *C'est la foie, monsieur*, de tellak streek een paar keer zachtjes over Auers buik alsof hij de harde greep van zojuist wilde wegvegen, *ne pensez á rien, monsieur*, zei hij, concentreert u zich helemaal op de reiniging – en Auer dacht aan die ochtend, toen Baia Muniq hem voor zijn vertrek nog gauw het House of Leaves in Tirana had laten zien, dat moet je nog zien voor je vertrekt, had ze gezegd, ik moet je iets laten zien, en hij had gevraagd: House of Leaves? Is dat een broeikas, een botanisch instituut? Nee, het is het Museum van de Geheime Observatie, het voormalige hoofdkwartier van de staatsveiligheid. En waarom heet het 'House of Leaves'? Dat was de naam van het pand in de volksmond, omdat het schuilging achter zoveel planten, stammen, slingerplanten en klimop. Door de bladeren zie je het huis amper nog. Daarbinnen werden mensen afgeluisterd, werd er gemarteld en – een guts water! Auer proestte en ging rechtop zitten. Liggen blijven, monsieur, zei de badmeester en schrobde en kneedde nu Auers benen.

Het pand was van origine een verloskundige praktijk, had Baia verteld. Toen de Duitsers Albanië bezetten vestigden ze er het Gestapo-hoofdkwartier in. Als dat niet cynisch is: eerst kwamen hier mensen ter wereld, daarna werden hier mensen naar de andere wereld geholpen. Na de bevrijding van de Duitsers nam de Albanese Staatsveiligheid, de Sigurimi, het pand over. Hier hadden ze al alle infrastructuur die ze nodig hadden, maar...

De mannen hadden het over een huwelijk. Een man, kennelijk de vader van de bruid, vertelde dat hij een lening had willen afsluiten voor het huwelijksfeest, maar dat geen enkele bank hem krediet had verleend, maar dat xxx hem toen had geholpen. (Auer verstond de naam niet. Suleyman?) En de bruidegom, hoe is de bruidegom? Een goeie jongen. Onze families zijn sinds jaar en dag bevriend. We hebben vertrouwen.

Hij wilde een kind. Was Baia de vrouw bij wie hij dacht en voelde: Ja! Met haar!

Ja, dat dacht hij. Maar. Wat betekende dat 'maar'? Hij begeerde haar, hij bewonderde haar, maar. Niks maar. Haar handen. Die zo teder... hij kreunde, dat deed pijn daar, de tellak lachte en zei: *vous êtes très tendu, monsieur*, ontspan u, heel rustig! Waarom kon hij niet gewoon ja zeggen? Zijn verlangen! Nu, een paar uur na het afscheid al, maar... de organisatie van hun leven, daar moest je toch ook aan denken: zou zij voor hem naar Brussel verhuizen? Wat moest ze hier doen, zou er een baan voor haar zijn? Hij zou zeker niet in Albanië willen wonen, wat moest hij daar, behalve verliefd zijn? Hoelang? Maar zelfs al zou dat allemaal op te lossen zijn omdat de liefde groter was dan die problemen... was ze dat echt? Wat heet groot, moest ze niet onvoorwaardelijk zijn? Maar. Wat maar? Kon er echte intimiteit zijn als hij haar steeds weer niet begreep, haar gedachten, haar achterliggende gedachten, haar bedoelingen, haar toespelingen. Steeds weer begreep hij niet wat ze dacht achter haar woorden. Hij kon haar innerlijk niet horen. Zou hij dat ooit kunnen? Haar innerlijk horen?

In het House of Leaves waren allerlei apparaten, toestellen

en instrumenten te zien waarmee de mensen in de Volksrepubliek Albanië waren afgeluisterd en in de gaten gehouden, tientallen, honderden zo niet duizenden werden er tentoongesteld, je zag verhoorkamers, op geïllustreerde panelen de martelmethodes, Auer was geprikkeld omdat Baia hem er zo snel doorheen wilde loodsen, kom, verder, kom nou, terwijl hij over een object gebogen stond. Dat was gek: alle technische apparatuur, de microfoons, de geluidsbanden, de telefoons met hun afluister- en opnamevoorzieningen, de peilzenders, camera's enzovoort, het kwam allemaal van Duitse firma's, Duitse kwaliteitsproducten. Oost-Duitsland? Nee, de Bondsrepubliek had het stalinistische Albanië tot op het laatst voorzien van de allernieuwste technologie. Op het eerste gezicht zag hij logo's van Telefunken, Siemens, Bosch, Uher. En hier: JVC, Japanse apparaten. De voormalige machten van de facistische as, dacht hij verwonderd, waren onschuldige zakenpartners van het stalinistische terreurregime van Albanië geworden.

Hoe had Albanië betaald voor al die apparatuur? Dat stond op een paneel: met bodemschatten, koper en chroom. In de mijnen werkten politieke gevangenen, regimecritici en...

Wat is er? Kom nou, ik wil je iets laten zien, zei Baia. Ze gingen een trap op naar de bovenste etage. Is het niet gruwelijk, zei Baia, hoe goed het regime toegerust was om af te luisteren en vast te leggen wat de mensen dachten, de stalinisten hadden permanent een koptelefoon op, ze wilden ieder binnenste horen. Die lompe apparaten, die onhandige spoelen, die afluisterapparaten en microfoons, nu maken ze een haast belachelijke indruk, zo ouderwets, maar destijds waren ze het beste van het beste, niet lang voordat internet en Facebook voet aan de grond kregen. Het regime wilde weten wat we aten en waarover we spraken tijdens het eten. Ze moesten honderdduizenden woningen van afluisterapparatuur voorzien om een fractie te weten te komen van wat tachtig procent van de

Albanezen tegenwoordig vrijwillig online zet. Kom, hierlangs! Stel je voor, de stalinisten hadden het maar een paar jaar langer hoeven uithouden en dan waren ze met de huidige mogelijkheden even onaantastbaar als de Chinezen. Ja, hier, kom! Dit wilde ik je laten zien!

Ineens stonden ze in een woonkamer. Zo zag het eruit. Als een woonkamer, beetje ouderwets, bescheiden welstand, meer snuisterijen dan boeken in het boekenrek, gehaakte kleedjes op de bijzettafel. Er stond behalve een oude bakelieten telefoon, die hij kende uit zijn kinderjaren in het huis van oma, geen enkel technisch apparaat, je zag nadrukkelijke gezelligheid in plaats van martelwerktuigen. Karl Auer keek Baia Muniq vragend aan. Hij had ook het informatiebord bij de ingang van het vertrek kunnen lezen.

Nu wordt hij ingezeept, zijn lichaam gehuld in geurend schuim. *Ne pensez à rien*, denkt u nergens aan, geniet van de reiniging, zei de tellak.

Dit is een typische woonkamer van een doorsnee-Albanees gezin, zei Baia. Hier kun je proberen erachter te komen waar overal afluisterapparatuur verstopt zat. Maar kijk naar die meubels, in de jaren zestig of zeventig, meen ik, was dit in het Westen het nieuwste van het nieuwste, kijk de bekleding van de bank, die kleur! Het patroon, die cirkels met stippen, net ogen! Met enige vertraging arriveerde zoiets dan bij ons, mijn vader geloofde in die tijd dat ook wij welvarend zouden worden. Het is gek, zei Baia, maar je moet je voorstellen dat onze woonkamer er ongeveer net zo uitzag als deze. Goed, we hadden geen telefoon, die moet je wegdenken. Maar verder. Hier aan die tafel tekende ik eerst cirkels en daarna letters. Daarna aten we eraan. In die stoel zat ik als kind te lezen...

De Kanun!

Ja, en ook andere dingen, onder die schemerlamp, die soms flakkerde, er waren stroomschommelingen, soms lichtten de bladzijden fel op, of ze verdwenen in diffuus grijs.

Ik wilde dat je dit zag, zei ze. Kijk hier, de kachel, zo klein en onooglijk, maar een degelijke allesbrander, hoe vaak ik niet in de winter op die stoel naast de kachel heb zitten lezen. En ik hoorde het tikken van die klok daar. Wat denk je als je dit ziet? Zeg op, wat denk je? Niks? Zie je, dat wilde ik je laten zien, het is zo onschuldig dat je er niks achter zoekt. Ziehier mijn kinderjaren en mijn jeugd.

Karl Auer was vroeger twee of drie keer, hij dacht even na, ja, drie keer door een vriendinnetje bij haar thuis uitgenodigd omdat ze hem wilde voorstellen aan haar ouders. Of moest. Toen had hij inkijkjes gekregen, hoe zo'n gezin woonde, in welke omgeving het meisje opgegroeid was. En telkens was hij geïntimideerd, door de grootburgerlijke welstand en het zelfbewustzijn van die Weense families, de talloze vierkante meters woonoppervlak die ze hadden, de grote openslaande deuren tussen de kamers, de glimmende stijlmeubelen en de wandmeubels vol boeken en loodkristal. Van oma's huis naar zulke woningen dat was een reis naar een andere planeet, en dan de vaders, een arts, een ondernemer, een vakbondsbons, na het kennismakingsbezoek hadden ze hun dochter die rare armlastige student bliksemsnel uit het hoofd gepraat. In wezen was hij een kind van kleinburgers dat zijn opleidingskansen had gegrepen, hoe dan ook een kleinburger, en vandaag werd hij nu eens uitgenodigd in een kleinburgerlijke woonkamer – die' zich in een afluister-, verhoor- en martelhuis bevond. Heel onschuldig. Baia had hem iets willen uitleggen, laten inzien, maar hij begreep haar niet.

Weer een plens water. Die alles wegspoelde, het schuim. De tellak dankte met een lichte buiging en wees naar de douche. Daarna ging Karl Auer in een hoek op de warme stenen vloer zitten, leunde tegen de muur, strekte zijn benen, ademde diep in en uit en hoorde en van de mannen zeggen: *Oui, elle l'aime vraiment.* Natuurlijk is ze een gehoorzame dochter, maar ik heb de indruk dat ze echt van hem houdt.

Toen ze hem naar het vliegveld bracht regende het. Baia had een trenchcoat aan, dichtgeknoopt, de kraag omhoog. In de vertrekhal omhelsden ze elkaar, Baia nam de hoed van Karls hoofd en woelde door zijn haar.

Die hoed... zei ze.

Wat is er met die hoed?

Maakt niet uit, zei ze. Ga! Je moet naar de gate.

Bij de securitycontrole piepte er weer eens iets, Karl Auer moest gefouilleerd worden, handen omhoog! Daar stond hij dan en had het gevoel dat Baia er nog steeds was, hem nakeek en hem zo met opgeheven handen zag staan, hij voelde zich belachelijk, verschrikkelijk belachelijk.

Terug uit de hamam kleedde Karl Auer zich uit en stond bloot voor de spiegeldeur van zijn kledingkast. Daar stond hij dan na dat weekeinde van verwarring – drukken zegekransen ons de slapen? Was hij een aantrekkelijke man? Kon hij zichzelf bekijken met de ogen van een vrouw? Er tekenden zich geen spieren af, maar er lilde ook geen vet, bijna geen, rossig, goed doorbloed schemerde zijn volledig gevolde huid, *maar huppelt, bij een eed'le gastvrouw, luchtig*, hij zuchtte, bekeek het vreemde lichaam in de spiegel, het lichaam dat het zijne was,
*Doch ik, geenszins gevormd voor snaaksche grappen,*
*Of om verliefde spiegels 't hof te maken,*
Enzovoort tatatata, wat schoot hem te binnen,
*Van schoonheid stump'rig door natuur verstoken*

Of door schoonheid stump'rig van natuur verstoken, ach wat, dacht hij, trok zijn pyjama aan en zijn ochtendjas, vreemd dat dat 'ochtendjas' heette en dat hij zelf ook altijd ochtendjas zei, hoewel hij hem alleen maar 's avonds droeg. Zo was het bij oma geweest. Als hij gewassen was en 'bedklaar' mocht hij de ochtendjas van opa aantrekken, die hij nooit had leren kennen, maar in wiens huid hij dan in zekere zin kroop, zwaar bruin fluweel, zwarte kraag, dan was hij de grootvadersochtendjasvuller en aan grootmoeders keukentafel mocht hij nog wat lezen tot het echt tijd was om naar bed te gaan. Lezen stimuleerde oma altijd, ontwikkeling, dat was een rijkdom die je kon verwerven en vergroten, ook al had je niet de bijbehorende burgermanswelstand, dit was de vorming van een schat, de oorspronkelijke accumulatie voor het kapitaal van de toekomst. Oma was lid van de Buchgemeinschaft Donauland, je moest minimaal één boek per kwartaal bestellen, maar de boeken waren goedkoper dan in de boekhandel, en de kleurrijke catalogus die eens per kwartaal in de bus viel was zo verleidelijk dat oma vaak een tweede of zelfs derde boek bestelde. Toen Karl klein was de jeugdedities van *Robinson Crusoe* en *Gullivers reizen*, Erich Kästner, Karl May was een tijdlang onvermijdelijk, maar oma dacht: het belangrijkste is dat hij leest, en daarna de klassiekers. Stond er 'klassieker' bij in de catalogus dan bestelde oma prompt, en Karl las in de opahuid aan de keukentafel, en vreemd genoeg: het verveelde hem niet, integendeel, voor hem was het dé wereld. Hij had immers geen andere naast die van het internaat door het jaar heen en de afzondering bij oma tijdens de vakanties. Hij leerde gedichten van buiten, nee, hij onthield ze van buiten als hij ze een paar keer had gelezen en ze hem raakten, onschuldig raakten, en ze vlogen en stroomden, gleden in elkaar over, speciale edities van de Buchgemeinschaft, het heette immers een gemeenschap, het was het ritme en het waren de uitdagende woorden die alles aaneensmeedden tot één gemeenschap, tot één groot wereldgezang, het geneuzel van de kritiek kende hij nog niet.

*Warum am lichten Sommertag das Zittergras wohl zittern mag, wir schaufeln ein Grab in den Lüften, da wächst das Rettende auch, spielt auf nun zum Tanz, nun hebt sich der Schenkel, nun wackelt das Bein, Gebärden, da gibt es vertrackte, über allen Gipfeln ist Ruh? Es ist wie es ist, sagt die Liebe.* Maar veel liever leerde hij, of onthield hij, de grote monologen van de theaterklassiekers. Wat zij te zeggen hadden werd voor hem het toonbeeld van iets wat de moeite waard was, treffend was om te zeggen. Tijdens de zomervakantie voetbalde hij met andere jongens in het dorp, ze voetbalden en speelden 'wassen.' 'Wassen' interesseerde hem niet, hij hield er niet van. 'Wassen' betekende dat een kind een slachtoffer uitzocht, het verstootte, het daarna opjaagde en als het was ingehaald (wat in het dorp onvermijdelijk was) een afranseling gaf, het 'waste'. Van voetbal hield hij wel. Maar ook daar mocht hij algauw niet meer meedoen. Omdat hij zo 'hoogdravend' praatte. Kan je niet normaal praten, zei Rainer, de woordvoerder van de voetbalbende, wie denk je wel dat je bent?

Voor hen was een treffer een doelpunt, tegen iemand 'dat is treffend' zeggen vonden ze idioot. Een idioot stond als een koe een treffer in de weg. Ze imiteerden hem smalend, niet echt goed, dus niemand had talent voor cabaret, maar toch, eigenlijk was het zo slecht niet als ze Karl bespotten als *geachte heer, gelachen sir, genachte beer.* Gebruikte Karl het woord *onderwijl* dan krijsten zij *immergeil*, maar *voorts* ging het niet om de kwaliteit van de woordspeling, om de grap, maar om de pure vernedering, uiteindelijk om de sociale moord, om het wassen. *Groeit er een korenveld uit mijn vlakke hand?* Nee, die vlakke hand kreeg hij als *muilpeer* in zijn gezicht. *Dat maakt Auer blauwer haha.* En dus toog Karl het bos in, steeds weer, ging op een open plek zitten, en probeerde uit zijn zwaarmoedigheid een levensdoel af te leiden, maar zijn zwaarmoedigheid bestond uit niets dan zwijgen. Wanneer hij las was dat anders. Oma spoorde hem daartoe aan. Hij zat aan de keukentafel in zijn opahuid onder de lichtkegel van de lamp te lezen terwijl de wereld buiten in het donker lag.

Minder zwaarmoedig, behoorlijk opgewekt zelfs, werd het wanneer neef Franz drie weken lang bij oma werd geparkeerd, omdat het nog zomervakantie was, maar zijn ouders geen vakantie meer hadden. Dan werden de avonturen in het hoofd gezamenlijke avonturen, ze zaten op een deken in oma's tuin en waren in het land van de Skipetaren of aan de Rio Plata, op de Mississippi of in het verre Londen waar ze een dop op hun kop droegen. Franz Starek was ook degene die, heel onschuldig, oma's vadertrauma blootlegde: de foto van de man in uniform boven de telefoon. De kinderen hadden er nooit zo op gelet. Maar in de laatste zomer voor zijn eindexamen vroeg Franz wie dat was op die foto en waarom hij een Duits uniform aanhad. Dat wist hij wel: dat het een Duits uniform was. Oma wilde niet veel zeggen. Dat was haar vader. Ze haatte het uniform, maar ze had geen andere foto van hem. Had ze een andere gehad dan hing deze niet hier. Maar ze wilde hier gewoon een foto van haar vader hebben, ondanks haar haat jegens het uniform. Of hij in de oorlog was gesneuveld? Oma ging de woorden 'oorlog' en 'gesneuveld' uit de weg, zij zei 'doodgeschoten', wat Karl verbaasde en deed schrikken, 'doodgeschoten' klonk immers veel harder dan 'gesneuveld'. Hij werd in oktober 1944 doodgeschoten, zei ze, in Lublin, een stad in Polen. Karl Auer wist niet meer hoe ze erachter gekomen waren, had oma het uiteindelijk toch verteld, of hadden ze het later van iemand anders gehoord? Het was als onder een deken, je zag de contouren van wat omhuld was, maar tegelijk zag je niet echt wat het was. En hoe kwamen ze erachter: een vrouw had zich... nou ja aangeboden. Een Poolse jodin. Hij dacht waarschijnlijk dat zij dacht dat ze haar leven kon redden als ze... hoe moest je dat zeggen? En als ze hem een huis zou wijzen waar joden verstopt zaten? Hij volgde haar ernaartoe.

Maar in het huis zaten geen joden verstopt. Twee mannen van het Poolse verzet. Ze schoten zodra hij het huis binnenkwam. Hij heeft nooit gevochten. Hij is in een val gelopen.

Hij dacht dat hij heer en meester was over leven en dood en toen was híj dood. Had oma dat gezegd?

Hij was een misdadiger die bestraft werd voordat hij de misdaden waarnaar hij had uitgezien kon begaan. Iets anders kon je er niet van zeggen. Hij had zich er met begeerte op voorbereid. Het lustgevoel om deel uit te maken van een superieur ras, van een natie die ertoe was voorbestemd te heersen over anderen. Over zijn jodin. Voor hem gold geen enkele rechtsinstantie, zelfs het nazirecht niet. Hij beging zogeheten rassenschande, maar beschouwde dat als zijn heersersrecht. Hij stierf zonder het te hebben begrepen. Zo-even had hij nog het heerszuchtige stampen van zijn laarzen op de kinderkopjes tussen de gedrongen huisjes in die armoedige wijk gehoord, en toen was hij dood, nog voor hij goed en wel de flitsen uit de revolverlopen had gezien. Het waren twee verzetsstrijders. Hoe wisten ze dat? In het lichaam van oma's vader zaten twee kogels met een verschillend kaliber. Dus moesten er twee mannen hebben geschoten. 's Nachts sleepten ze het dode lichaam naar het centrale plein van Lublin, voor Hotel Europa. De Duitse bezetters hadden het omgedoopt in 'Deutsches Haus', maar voor die Polen bleef het 'het Europa'.

De volgende dag werden willekeurig eenenveertig Polen opgepakt, een voor elk levensjaar van oma's vader, en op het centrale plein gefusilleerd. Hun bloed moest het bloed van *Sturmbannführer* Weisgram, zo heette oma's vader, van de stenen van het centrale plein van Lublin wassen.

Hoe dat allemaal bekend kan zijn? De Duitsers hadden dossiers aangelegd, alles gedocumenteerd, aan Berlijn doorgegeven, en gearchiveerd. Dubbel gearchiveerd. Daar en ginds. En neef Franz vond die geschiedenis zo spannend dat hij een onderzoek was begonnen, en hij kwam alles te weten wat ook maar ergens was vastgelegd, hij volgde elke aanwijzing. Destijds bleek voor het eerst dat hij politieagent zou moeten worden.

Wat was Karl Auer naïef geweest! Jarenlang had hij telkens weer die foto van zijn overgrootvader zien hangen boven het tafeltje met de telefoon op de gang, en nooit had hij iets gevraagd, of misschien één keer, maar aan oma's reactie gemerkt dat hij beter niets kon vragen. Zij had haar vader in de ogen willen kijken, vandaar zijn foto op ooghoogte boven de telefoon. Maar ze had hem nooit kunnen begrijpen, hem nooit willen vergeven, die vader-man die brieven naar huis schreef die Karl na oma's dood had gevonden, waarin hij haar aansprak als zijn 'prinses'. Ze was destijds veertien. Wat had ze begrepen? Daarna het nieuws van zijn 'heldendood'. Hij was geil in de val van verzetsstrijders gestruikeld. Heldendood.

Neef Franz kwam in het Poolse Verzetsarchief uiteindelijk zelfs de namen te weten van de twee mannen die overgrootvader Weisgram vermoedelijk hadden doodgeschoten. Helden van het Poolse verzet. Destijds hadden die namen Karl Auer uiteraard niks gezegd. Hij vond het gewoon geweldig dat Franz ze te weten was gekomen. Daarna vergat hij ze. En als iemand hem er nu aan zou herinneren, hem die namen zou noemen? Zou Karl Auer iets opvallen? Dat de Poolse minister-president dezelfde achternaam had als die ene verzetsstrijder en dat de collega in de kamer naast Karl Auer net zo heette als de tweede? Zou hij zich afvragen of ze familie waren van die twee mannen, mogelijkerwijs hun directe nakomeling, kleinkind misschien?

Als gezegd, Karl Auer had de namen allang vergeten, maar nu zou hij aan die naamovereenkomst geen betekenis hechten, het zou hem belachelijk toeschijnen, hij zou denken: het zijn vast veelvoorkomende Poolse namen...

Hij zat in zijn ochtendjas op de bank met de honderd ogen te roken, keek naar de terrasdeur, zag hoe de nacht neerdaalde.

## 26

Adam Prawdower had zijn aangename weekeinde in harmonie doorgebracht zoals gepland. En als dat telefoontje er niet was geweest. Al was dat pas op zondag, laat in de middag. Tot dat moment had hij qualitytime met het gezin gehad, zoals hij dat noemde, heldhaftig zo voelde hij dat, hij had zich gevoegd naar de behoeften en verwachtingen van zijn vrouw en zoon. Poolse kranten lezen op zijn laptop? Nee. Want nu wilde zijn vrouw dit of dat, en het was goed zo, hij was ontroerd door de kleine Romek die zich optrok aan zijn knieën en *ata* zei – het was zijn eerste woordje, als je heel goed luisterde: *papa!*

Hoorde je dat, hij zei papa, zijn eerste woord is papa.

Hij zei niet *papa*, hij zei *ata*!

Nou ja, hij kan de p nog niet zeggen, maar hij wilde...

Hij zei *ata*, maar misschien ook wel *atak!*

Waarom zou hij *atak* zeggen tegen mij?

Juist tegen jou! Hij is jouw zoon. Overigens was zijn eerste woord *ormi!*

Waarom zou hij *ormi* zeggen? Wat zou dat moeten betekenen? Wie beweert dat? Er is geen kind dat als eerste woord *ormi* zegt.

Het kindermeisje. Waarschijnlijk wilde hij *dormir* zeggen, slapen.

Maar hij wil toch nooit slapen!

Ze zal het wel heel vaak tegen hem gezegd hebben. Dat hij moest slapen. Hij ziet haar en zegt *ormi* tegen haar. Net zoals hij *mama* zegt als hij mij ziet.

Zegt hij *mama* tegen jou?

Ja, ik zeg steeds weer tegen hem ik ben je mama, mama! Maar als hij jou ziet? Wat zeg jij tegen hem? Dus zegt hij tegen jou atack!

Adam was ervan onder de indruk hoe Romek zich onvermoeibaar en consequent aan alles probeerde op trekken, niet alleen aan de knieën van zijn vader, ook aan een stoel, aan het bijzettafeltje, de bank. Hij richtte zich op, probeerde twee, drie passen te zetten, plofte weer neer, tijgerde naar de volgende stoel, trok zich eraan op en schoof de stoel als een rollator door de kamer. Adam zag in die bezetenheid zichzelf terug, ook al noemde hij het niet bezetenheid, maar... wat? Zonder het op die manier voor zichzelf uit te spreken: plichtsbetrachting! De taak van de kleine Romek was om te leren lopen, en het fanatisme waarmee hij zich probeerde op te richten was voor Adam dus plichtsbetrachting. Hij kon niet anders denken.

Dan was Adam vader. Zijn vader.

Het regende onafgebroken. Het was natuurlijk lastig dat ze niet naar buiten konden. Anderzijds woonden ze lang genoeg in Brussel om de regen stoïcijns te accepteren. Ze hadden een grote, comfortabele bank waarop ze uren doorbrachten, ze sloegen hun zoon gade die probeerde te lopen, ze applaudisseerden, ze troostten, ze pakten hem op en knuffelden hem tot hij zich weer vrij worstelde, ze lieten hem rondkruipen terwijl zij lazen of praatten.

Of praatten. Adam had verwacht, misschien zelfs gevreesd, dat Dorota principiële discussies zou beginnen, echtelijke kritiek, verwijten die van hem zouden eisen dat hij zijn leven beterde, maar niets van dat alles, ze kletsten en babbelden onbekommerd, niks belangrijks, en juist dat was nu zo belangrijk.

Als de tijd maar niet zo ondraaglijk langzaam verstreken was.

Op het moment dat Adam bezig zijn met Romek verlammend saai begon te vinden en hij ook niets meer wilde horen over de roman die Dorota aan het lezen was en waaruit ze hem steeds weer passages wilde, ja 'moest!' voorlezen – een Italiaanse bestseller over een vrouwenvriendschap voor zover hij het had begrepen – toen dat hem allemaal te veel werd, bood hij aan te gaan koken.

Helaas konden ze vanwege de regen niet barbecueën. Hij hield van barbecueën, de aandachtige beschouwelijkheid tijdens de vele kleine handelingen die noodzakelijk waren om de juiste gloed te verkrijgen... het was vreemd hoeveel die door vuur getraumatiseerde, ja letterlijk verbrande man van barbecueën hield. Maar misschien ging het daarom: de controle over het vuur, er mochten geen vlammen uitslaan, er mocht niets verbranden, ja, daar ging het om, om vuur dat niets mocht verbranden, maar dat de levenslust voedde.

Maar nu moest hij de worsten en karbonades bakken in de pan op het fornuis, en juist op dat moment gebeurde het: zondag laat in de middag, hij had zich al teruggetrokken in de keuken om het avondeten klaar te maken,

Nu al? Wil je echt zo vroeg eten?

Ja, dat is gezonder ook!

Toen zijn mobiele telefoon overging, hij zag dat het een Pools nummer was, nee, dat kwam nu helemaal niet uit, niet dit weekend, hij bleef overgaan, en hij nam het gesprek aan. Het was Paulina, voormalig gemeenteraadslid in Warschau voor de liberale partij, met Adam bevriend sinds de dag van Piotrs zelfverbranding, zij was degene die Piotrs strooibiljet via Twitter had verspreid, en ze was destijds ook bij Adam op bezoek geweest in het ziekenhuis. Bij de laatste verkiezingen had haar partij haar niet meer op de kandidatenlijst gezet, ze had dus geen mandaat meer en genoot van haar pensioen, beter gezegd; ze zou er graag van hebben genoten.

Leven jullie op de maan, op de donkere kant? Wat is er met jullie aan de hand? Wat is er met jullie?

Paulina was verhit, ze praatte, voorzichtig uitgedrukt, erg hard. De Poolse regering heeft er afgelopen week een wet doorheen gejast die de bezetting van nieuwe rechtersposten aan het hooggerechtshof regelt, het einde van de onafhankelijkheid van rechters, we hebben een hervorming van de rechtspraak die... hallo! Ben je er nog? Ja? Ja! Goed, dus de regering heft de scheiding der machten op, hoor je me? Ja? Ze vernietigt de rechtsstaat, de democratie en... waarom zeg je niks? Ben je er nog? En wat doen jullie, wat doet de Commissie, horen we iets? Vertel eens, Adam, is Brussel echt zover weg van Warschau? Wat is er? De Commissie is de hoedster van de verdragen, ja? Ha ha ha! Wat is dat voor hoedster als een lidstaat naar believen het recht kan schenden en een reactie uitblijft? *Cholera jasna!* Neem me niet kwalijk maar ik heb er genoeg van! Zeker sinds vandaag! Ben je er nog? Ja? Waarom zeg je niks? Vandaag dus, weet je het nieuws al? De voorzitster van de Commissie had een onlineboodschap aangekondigd. En wij wachtten, wilden weten wat ze zou zeggen, wat ze zou aankondigen... reactie van de Commissie, sancties, ja, wat gaat ze zeggen. En daar kwam haar nieuwste videoboodschap: zij doet hoogstpersoonlijk voor hoe je op de juiste manier je handen wast!

Wablief?

Ga maar kijken, je vindt het op YouTube. De voorzitster wast haar handen. Waar associeer jij dat mee? Het Poolse plebs eist dat de rechters gekruisigd worden, en zij...

Wacht, wacht! Dat moet ik zien. Ik bel je terug!

Ze streek telkens weer over de rug van haar handen, wreef daarna de lange handpalmen tegen elkaar, waste heel precies tussen haar vingers, nog een keer zeep, en nog een keer dat vaardige handenwringen, nog een aanwijzing over de juiste manier om je handdoek weg te gooien, en aan het eind van de clip hield de voorzitster met dat kapsel dat eruitzag als een gouden helm, haar handen voor de camera, het beeld van haar handen, heel groot, heel schoon, bevroor...

Dorota kwam de keuken binnen, wat is er aan de hand? Ze rukte de pan van het fornuis, deed het raam open en zette de afzuigkap aan, wat is er met jou aan de hand? Merk je niet dat alles aanbrandt? Wat sta je daar op je telefoon te kijken?

De voorzitster, zei hij, manipuleerde.

Wat zeg je?

Hij had ironisch *mani pulite* willen zeggen, maar het was hem al om het even, hij haalde zijn schouders op. En hij hoorde dat kleine Romek gilde, wanhopig schreeuwde.

# DERDE DEEL

## Samenlopen

Een strook licht van de laagstaande zon viel schuin door het raam en trof precies als een volgspot de helm. Het witte metaal van de helmklok en de messing strook met de gouden rozetten fonkelden en glinsterden terwijl de tafel waarop de helm was neergelegd en de dossierkast erachter slechts roodbruin glansden, ze vormden de achtergrond en het kader waartegen de helm oplichtte. Een toneelbeeld. De man die de gouden helm droeg, had die zojuist afgezet en was vertrokken. Zo zag het eruit. En in zekere zin was het ook echt zo.

De twee mensen die zich in de kamer bevonden hadden er evenwel geen oog voor, integendeel, ze probeerden niet te kijken naar het kunstwerk, zo moet je het noemen, alsof het iets obsceens was, op zijn minst iets gênants. Plots werd de lichtstraal onderbroken, de helm hield ineens op met stralen en loste op in het grijs van de schemering, want Mercedes was in de baan van het licht gaan staan, ze deed het raam open en leunde naar buiten, en Ismail Lani dacht heel even dat ze zich in de diepte zou storten. Zulke dingen fantaseerde hij, dat het voor vrouwen die hun leven volledig ten dienste van één man stelden, zoals Mercedes deed voor de ZK, op een dag ernst werd, en dat ze het opgeven van een eigen leven verwezenlijkten, letterlijk. Ze sprongen uit het raam, sneden hun polsen door of zochten in het bos giftige planten of paddenstoelen, die vrouwen in dit land van generatie op generatie leren herkennen en gebruiken.

Waarom? Die vraag stelde hij zich niet meer. Omdat hij er nooit een antwoord op gevonden had. Hij begreep die vrouwen niet. Ze deden het. Net als zijn moeder. Haar levensproject, de loopbaan en vooraanstaande positie van haar man, zijn vader, werd in twijfel getrokken, de wereld waarin ze leefde was in twijfel getrokken, en – waaraan had ze nog gedacht nadat ze het giftige brouwsel had gedronken en wachtte tot haar hart ophield met slaan? Ismail Lani was destijds vier jaar. Hij keek naar de rug van Mercedes, keek hoe ze naar buiten boog. Hij ging naast haar bij het raam staan en trok haar zachtjes een stukje naar achteren.

Als je je ogen dichtdoet, zei hij, klinkt het als een op hol geslagen hart. Vind je niet? Hoor je?

Mercedes begreep meteen wat hij bedoelde. Het bonken dat beneden op de binnenplaats klonk, heel snel, alsof het hart raasde, en ineens langzaam, heel langzaam alsof het er zo meteen mee zou kunnen ophouden, daarna klonk het kloppen weer krachtig, een perfect ritme, dan weer een doffe klap, een korte pauze en meteen weer van die wilde, snelle slagen.

De ZK had vlak nadat hij regeringsleider was geworden op de binnenplaats achter het regeringskantoor een eigen basketbalveld laten aanleggen. Daar speelde hij nu, alleen, liet de bal ritmisch op de speelvloer stuiteren, dribbelde over het veld, speelde onzichtbare tegenstanders uit, danste met de bal, gooide hem door de ring, rende achter de wegstuiterende bal aan, maakte weer vaart, maakte schijnbewegingen tegenover imaginaire tegenspelers, de bal stuiterde tussen zijn benen door, achter zijn rug om, dan weer zijwaarts naar voren, rolde over zijn arm omhoog naar zijn schouder, die hij even ophaalde, waardoor de bal op zijn hoofd hupte waar hij onbeweeglijk bleef liggen, er was geen klap meer te horen en de bal begon welhaast teder op zijn hoofd te hupsen...

Hij denkt na, zei Mercedes.

Ze zei dat even bewonderend als bezorgd.

Bewondering noch bezorgdheid kon Ismail Lani nog echt plaatsen. Ja, ze hadden een probleem, maar hij zag het niet zo dramatisch in. En dat de chef het zo dramatiseerde bevestigde voor Ismail alleen maar dat hij hem simpelweg overschat had. Ooit had hij hem bewonderd, van hem gehouden, haast net zo fanatiek als Mercedes, had al zijn hoop op hem gevestigd, zich op kantoor volledig ondergeschikt aan hem gemaakt. Dat was in de tijd toen hij ook de jonge Fate Vasa had ontdekt en geïntroduceerd in de familie. Ze hadden zichzelf als een familie beschouwd, met in het middelpunt de chef op wie alle bewondering was gericht, rondom wie eenieders bewondering georganiseerd moest worden. En wat waren ze ervan overtuigd dat het lukken zou, lukken moest. De chef was anders. En dat was precies wat de nieuwe tijd vereiste: mensen die anders waren, die pal stonden voor het Andere, die het Andere beloofden, vertegenwoordigden. Politiek? Geen mens wist indertijd wat dat precies was, maar alles leek mogelijk. In een dictatuur bestaat politiek enkel uit geweld, willekeur en waan. Ismails vader was het slachtoffer geworden van het waanidee dat ook dát hoe dan ook politiek was, rationeel handelen in het belang van de staatsburgers, dat het om compromissen tussen uiteenlopende belangen ging, en uiteindelijk om de verbetering van de leefomstandigheden van zo veel mogelijk mensen. En dat politiek ook, en vooral, betekende dat je de tekenen des tijds herkende. Hij had geloofd dat hij in zijn positie wel een paar kleine hervormingen en eerste stappen in gang kon zetten. De tekenen des tijds. Hij werd het laatste vooraanstaande slachtoffer van het oude regime. En zijn vrouw, Ismails moeder, offerde zich mee op. Ze liet een vierjarige zoon achter.

Hoelang is het geleden? Niet zo heel veel later zouden ze in de ogen van sommige mensen helden van het verzet zijn geweest, en voor anderen een garantie voor continuïteit. Zoals dat gaat met keerpunten in de geschiedenis. Laat, maar toch, gaf dat Ismail Lani te denken. Als student had hij de chef net zo verafgood als Mercedes, die zijn bureauchef werd, hij werd zijn woordvoerder. Op dezelfde manier had zijn moeder indertijd alles gedaan voor zijn vader en diens chef. Wat is het verschil tussen loyaliteit en loyaliteit? Zijn tante Xhulieta vertelde hem het volgende verhaal: Nadat zijn vader lid was geworden van het Centraal Comité had de 'Eerste Kameraad', de man voor wie in alle steden van het land tijdens zijn leven monumenten en standbeelden werden neergezet, met een uitgestoken arm die naar de toekomst wees, die man dus, had zijn hoed voor haar afgenomen en haar hand gekust – zo vaardig en charmant, scheen zijn moeder te hebben gezegd, 'echt Weense School', en dat ze in zijn ogen had gekeken en alles geweten.

Wat wil dat zeggen, 'alles geweten'?

Dat was wat ze zei, aldus tante Xhulieta. De speelse glimlach in zijn mondhoeken, zijn blik na de kushand, en ze wist alles. Dat hij een bijzondere man was voor wie ze alles zou geven. Het waren haar woorden. Hij had zijn hoed afgenomen! De Eerste Kameraad had bijna altijd een hoed op – maar wie had gezien dat hij die voor iemand afnam? Op een dag merkte ze echter dat die 'geliefde leider' en 'Eerste Kameraad' aan wie haar man zijn leven had gewijd, alleen nog een zieke man met waanideeën was, en haar leven lag in puin. Het bouwmateriaal dat bedoeld was voor woningen gebruikte hij om bunkers te bouwen, duizenden en nog eens duizenden nutteloze kleine bunkers, die niets en niemand beschermden. Je vader verdween en je moeder werd niet meer toegelaten tot de man die ooit zijn hoed voor haar had afgenomen. De beslissing die je moeder toen nam was zo bezien alleen maar consequent, en je mag van geluk spreken, zei tante Xhulieta tegen Ismail, dat ze jou niet heeft meegenomen. Jij was hem immers ook volledig toegewijd. Je werd opgedoft en op tafel gezet als hij bij jullie thuis kwam, vroeger waren er bij jullie thuis avondjes ter ere van hem... jullie woonden in Blloku immers schuin tegenover hem, wat een privilege, wat een signaal aan de anderen...! en jij moest een lofzang opzeggen...

Nee!

Jawel. Niks ingewikkelds, altijd heel kort, want je was nog heel klein. *Bergen zullen vliegen/ met Enver zullen we zegevieren.*

Nee!

Jawel! Daarna bleef het stil in de kamer. De Eerste Kameraad glimlachte en na een ondraaglijk lange seconde begon hij te klappen. Dan brak er gejuich los, je moeder kuste je en tilde je van de tafel op de grond, en hij aaide een keer over je hoofd. Dat was een zegen die ook in een atheïstische staat mogelijk was.

Nee!

Jawel. Je was een gedresseerd aapje. Je was schattig, schattig en gewillig, en daarna mocht je gaan slapen. Gedresseerd aapje... dat zeiden ze over je! Achter je rug.

Dat is idioot. Wat betekent dat überhaupt: Bergen zullen vliegen?

Dat de Eerste Kameraad het onmogelijke mogelijk maakt, wonderen kan bewerkstelligen, weet ik veel. Zo moeilijk te begrijpen is dat toch niet.

Het bracht Ismail van zijn stuk dat hem dit juist nu te binnen schoot. Hoe werken associaties? Zo primitief. Zo gênant, zo pijnlijk. Die anekdotes over zijn moeder, haar fanatieke onderwerping aan een massamoordenaar... Hijzelf had natuurlijk geen concrete herinneringen aan haar, maar hij voelde lange tijd een diepe en nooit eerder toegegeven haat als hij aan haar dacht. Want naar zijn idee had ze niet alleen zichzelf van het leven beroofd, maar was ze vooral uit het zijne weggelopen. Nadat ze een *gedresseerd aapje* van hem had gemaakt. Ook daar herinnerde hij zich natuurlijk niks van. Echt niet. Maar sinds tante Xhulieta het had verteld, voelde hij steeds weer schaamte wanneer het hem te binnen schoot en hij zich voorstelde dat er getuigen waren van die avonden in Blloku die nog leefden en die de verhalen vertelden wanneer ze hem, de woordvoerder van de minister-president op tv of in een krant zagen. *Is dat niet het gedresseerde aapje? Hoezo gedresseerd aapje? Wat? Ken je dat verhaal niet? Luister! Ik heb gehoord dat die Ismail Lani als kind lofzangen...* Enzovoort. En hij was vaak op tv, dus zou er elke dag wel weer ergens iemand dit verhaal doorvertellen, kon hij nog wel over straat zonder in de glimlach van voorbijgangers te lezen dat ze *gedresseerd aapje!* dachten?

En juist nu eiste de chef onvoorwaardelijke solidariteit, blind vertrouwen in de wijsheid van zijn beslissingen. Maar de chef daarbeneden dacht liever na met zijn bal in plaats van de situatie te bespreken met zijn team en zijn vertrouwelingen. Dat was idioot. En hij, de goeie, trouwe Ismail Lani zal naar buiten moeten om tegenover de media een lofzang op de wijsheid van de chef te houden.

Waar was Fate eigenlijk?

Indertijd, toen zijn tante hem het verhaal van het gedresseerde aapje had verteld, kende hij Fate Vasa nog niet. Nu het verhaal hem weer te binnen geschoten was, dacht hij dat Fate het vast meteen zou hebben begrepen: bergen zullen vliegen. Dat was helemaal Fate: steeds weer kwam hij aanzetten met metaforen en symbolen waarmee hij zijn politieke engagement glans probeerde te geven. Maar in wezen was het belachelijk. Elk reclamebureau zou bruikbaarder zijn dan die eigenaardige gnoom. Hij had van meet af aan geweten dat dat idee met die helm onzin was, maar hij mocht niks zeggen, de chef was weer eens enthousiast over die Fate van hem. Eigenlijk zou de chef hem er vierkant uit moeten schoppen! Je kon toch niet regeren als je je liet adviseren door zo'n gek. Dat was nu toch wel duidelijk.

Waar is Fate eigenlijk?
Mercedes haalde haar schouders op.

Terugkijkend bedacht Ismail dat hij zijn onvoorwaardelijke loyaliteit aan de chef voor het eerst in twijfel had getrokken toen Fate voorstelde dat de ZK de helm van Skanderbeg zou opzetten... en de ZK daadwerkelijk enthousiast was over dat idiote idee. Hij draaide zich om. Daar lag de helm. En de chef zou het liefst willen dat die in rook op zou gaan.

Het was een idioot idee van Fate. Dat was helder. Maar het probleem was nu ook weer niet zó groot. Het werd alleen maar groter omdat de chef het bijna hysterisch dramatiseerde: waarom kreeg de oppositie plotseling een strafworp, terwijl hij geen overtreding had begaan?

Ik geloof dat hij hiernaast zit, in de vergaderkamer, zei Mercedes.

Wie?

Nou, Fate. Hij liep daarstraks naar buiten en zei dat hij moest nadenken. We moeten vandaag beslissen. Ik ben benieuwd wat hij gaat zeggen.

Wie? De chef?

Nee, Fate. Naar hem vroeg je toch?

Tja, wat zal hij zeggen? Iets in de trant van *Bergen zullen vliegen!*

Mercedes keek Ismail verbluft aan. Daarna glimlachte ze genoeglijk en zei: dat is geniaal! Dat is fantastisch.

Ismail stond paf. Waarom? Hoe interpreteer jij dit?

Dat er een wonder zal gebeuren. Bergen zullen vliegen. Dat is de boodschap. Wat zei de chef voor hij naar beneden ging? We hebben een wonder nodig, zei hij. Ja, je hebt gelijk, dat moeten we communiceren: dat de oppositie benepen discussieert over een museumstuk, over een helm uit de middeleeuwen, terwijl de ZK wonderen verricht!

Zou ik daarin geloven? dacht Ismail en vroeg zich af hoe hij zijn ziel kon redden. Hij dacht dat in die bewoordingen: ziel, dacht hij verbaasd, is dat een synoniem voor zelfrespect?

In de kamer ernaast stond Fate eveneens uit het raam te kijken hoe de ZK daarbeneden zichzelf eruit dribbelde. Het tafereel in zijn kantoor zo-even was spookachtig geweest, een tragische farce. Het tafereel van de ZK die de helm op zijn hoofd zette, hij zat als gegoten, en die daarna wat stijfjes en stram, alsof hij de helm op zijn hoofd in evenwicht moest houden, naar de spiegel liep en ervoor poseerde. Iedereen in de kamer wist dat de spiegel op de plaats hing waar vroeger het grote portret van Skanderbeg had gehangen, vanaf 1930, toen het regeringsgebouw onder koning Zogu was gebouwd, en daarna had dat monster in olieverf elke oorlog, elke bezetting, vrijheidsstrijd, systeemverandering en burgeroorlog overleefd – tot de ZK het doek naar het depot liet brengen en verordonneerde dat in plaats ervan aan dezelfde oude muurhaak een grote spiegel moest komen te hangen. En nu dat tafereel: de minister-president die met de helm van Skanderbeg op zijn hoofd in een spiegel kijkt op de plek waar al zijn voorgangers een schilderij van Skanderbeg met zijn helm hadden gezien. Het was het moment, of beter gezegd de generale repetitie voor het moment dat Fate Vasa eigenlijk voor ogen stond: de minister-president zet de helm van Skanderbeg op zijn hoofd en verbeeldt zo de eenheid van alle Albanezen, waardoor hij niet alleen binnenlands zijn statuur bewijst, hetgeen de nationalistische oppositie verzwakt, maar ook aan macht wint, en zijn positie tegenover de Europese Unie verstevigt. Had de EU een symbool voor haar eenheid? Nee. Maar de Albanezen hadden er een, de helm. En dat symbool maakt hen groter, die eenheid maakt hen sterker, díé wordt een politieke factor in het spel van tegenstrijdigheden binnen de Unie. Is Albanië te klein voor de EU, te onbetekenend, als markt niet interessant? Een verenigd Albanië loopt door tot diep op het grondgebied van EU-lidstaten en EU-toetredingskandidaten. En als Frankrijk, of het niet bepaald enorme Nederland, dit eerst versplinterde en plotseling verenigde Albanië nog steeds beschouwt als klein: het gaat niet alleen om de omvang van het grondgebied, maar ook om de diepte ervan. En in de diepten van Albanië sluimeren koper, chroom, zeldzame bodemschatten, aardolie, en door die diepte wordt Albanië groter dan het oppervlak van Frankrijk en legt het wellicht meer gewicht in de schaal dan die Nederlandse kastomaten. Met die helm bedelen we niet langer om toetreding tot de Europese Unie, maar denken we kalm en zakelijk na of we de EU deel laten uitmaken van het Verenigde Albanië. Misschien overwegen we wel om de ontginningsrechten voor ons koper aan de Chinezen te verkopen, en dan kan de EU ons koper in China kopen... is de EU daarvan wel onder de indruk?

Dat was het idee, en Fate begreep niet waarom de ZK ineens in paniek raakte en nu daarbeneden als een koppig kind met die bal liep te spelen. Jij bent dus voor een vlucht naar voren, had hij gezegd voor hij naar de binnenplaats ging. Fate vond 'vlucht naar voren' een domme frase. Waarom zou consequent zijn een vlucht zijn?

In de foyer van het regeringskantoor was een regelmatig petsen te horen, en een steeds luider wordend gehijg. Maar er was niemand te zien, de receptie leek niet bemand. De als altijd stralende schoonmaakster Diellza, die na een verordening van de ZK 'hoofd gebouwenonderhoud' werd genoemd, glimlachte geamuseerd toen ze aan kwam lopen om de vloer te dweilen. Ze wist waar die geluiden vandaan kwamen en wat ze te betekenen hadden. Haar ronde gezicht glansde, haar volle lippen vormden zachtjes een *një dy një dy dhe hop dhe hop*, terwijl ze in hetzelfde ritme haar mop in de emmer duwde, uitwrong en *një dy një dy* voor- en achterwaarts de vloer wiste. *Eén twee één twee en hop en hop*, en wis! De vloer moest blinken, ze was zeer rap, zette de mop en de emmer op het karretje, wierp nog een blik op de receptie waar nog steeds niemand te zien was, en alleen het petsen en hijgen te horen was, en Diellza riep bij wijze van afscheid luid *një dy një dy*, lachte en duwde het karretje de lift binnen. Nu dook achter de balie Gulivër op, de man van de receptie, hij steunde op de balie en haalde een paar keer diep adem. Hij had van het rustige moment gebruikgemaakt – er was geen bezoek aangemeld, geen afspraak ingepland – om achter de balie push-ups te doen. Hij was al zover gevorderd met zijn spieropbouw dat nadat hij met zijn borst bijna de grond had geraakt bij het aansluitende strekken van de armen zijn handen zover loskwamen van de vloer dat hij erin kon klappen. Hij haalde twee series van twaalf push-ups. Dat was nog niet voldoende. De wasbleke man had een knalrood hoofd. Maar toch kwam hij snel weer tot zijn rustpols van vijfenzeventig. Aangezien er nog steeds niemand was aangemeld, verliet hij zijn post om koffie te zetten. De dubbele kookplaat stond achterin, op de koelkast in de nis naast het toilet. De kookplaten waren tamelijk verroest, maar ze werkten, waarom zou roestig metaal niet heet worden? Vroeger was het probleem niet die primitieve en gammele kooknis geweest, maar het gebrek aan koffie. Maar daar had zoti kryeministër een eind aan gemaakt, sinds hij regeringsleider was was er genoeg koffie, zelfs speciale soorten, die de ZK meebracht van buitenlandse reizen. Hij dacht altijd aan zijn team, zoals hij dat noemde, hij verwaardigde zich tot de omgang met de medewerkers op de begane grond, en ineens was Gulivër, de man van de receptie, niet een van die mensen daarbeneden, maar lid van een team, en koffie was er genoeg. Münchhausen-koffie uit Duitsland, Aida uit

Oostenrijk, Illy uit Italië. Gulivër, was, net als de ZK, bijzonder dol op de Münchhausen. Hij zou evenwel nooit beweren dat hij verstand had van verschillende brandingen, hij genoot gewoon van zijn koffiepauzes, dankbaar dat er geen gebrek aan bonen meer was, en de Münchhausen was gewoon bijzonder krachtig maar niet bitter. Er zat nog een restje in het blik, dat deed Gulivër in zijn molen, die hij tussen zijn knieën klemde, en hij maalde, krachtig en geduldig, want alle bonen moesten heel fijn gemalen zijn, en toen zag hij door het raam van de kooknis hoe zoti kryeministër op het basketbalveld op de binnenplaats de bal steeds weer opgooide, liet stuiteren en met de bal danste. Gulivër was dol op die grote man die vertrouwelijk kon praten met iemand als hij. Dat was ook de reden voor zijn spieropbouwprogramma, de push-ups die hij deed achter de balie: Gulivër wilde van de receptie overstappen naar de beveiliging, hij had zich opgegeven voor een test, hij wist wat de vereisten waren, en ook al voldeed hij daar nog lang niet aan, hij doorliep consequent zijn spieropbouwprogramma achter de balie. Hij bewonderde de mannen van de security in hun zwarte hemd, het snoertje dat vanaf hun oor achter in dat hemd verdween, de letters 'security' op de rug. Ze werden ook beter betaald dan de portiers, die nog een salarisschaal hadden uit de tijd dat zulke posten werden bemand door invaliden. Nee, het was hem niet om het geld te doen. Zijn wens over te stappen naar de beveiliging was ontstaan toen hij bedacht had dat hij bereid zou zijn zich voor deze man, voor deze minister-president, in de baan van een schot te werpen, om hem het leven te redden.

Hij zag door het kleine raam van de kooknis hoe de minister-president elegant de bal gooide, die in de ring viel en door het net gleed, en hem meteen weer oppikte en na drie of vier keer stuiteren opnieuw vanuit de pols door de ring gooide. De man van de receptie stopte even, ja, de koffie was nu wel fijn, hij deed er drie kleine lepels van in de *cecve*, met een beetje suiker en twee kardamompeulen zonder schil, en wachtte tot de koffie borrelde, om precies op dat moment de cecve van de kookplaat te pakken, daar kwam het schuim al omhoog en juist op dat moment zag Gulivër, dat wil zeggen hij hoorde het eerst en zag het toen, hoe de ZK schreeuwde, de bal wegsloeg en schreeuwde, blijkbaar ongelooflijk woedend, hij schreeuwde met gebalde vuisten en naar achteren geworpen hoofd, terwijl de bal verloren weghobbelde, en Gulivër sloeg het met grote ogen gade, terwijl de overkokende koffie op de kookplaat siste en verbrandde.

Wat was er gebeurd? Het probleem, voor zover het een probleem was, was te herleiden tot het bezoek van Fate Vasa aan hoofdcommissaris van politie Endrit Cufaj. Daar had Fate Vasa te horen gekregen dat de helm waarvoor losgeld werd geëist niet de gestolen helm uit Wenen was en hij had meteen begrepen dat het dus om de kopie moest gaan die voor de ZK was vervaardigd, en die van de smid gestolen was. Volgens informatie van de Italiaanse Direzione Investigativa Antimafia bevond die kopie zich in Bari, en de Italiaanse collega's hadden volgens Endrit Cufaj aangeboden zich om de zaak 'te bekommeren', en de helm aan Tirana over te dragen. Fate had Endrit Cufaj dringend verzocht opdracht te geven voor die actie.

Wat Fate niet had bedacht was dat hoofdcommissaris Cufaj weliswaar begreep dat men op het regeringskantoor wat graag wilde weten wie de helm in Wenen had gestolen, want die diefstal werd in de Europese media de Albanezen in de schoenen geschoven, en dat kwam uiteraard de positie van Albanië met het oog op de onderhandelingen met de Europese Unie niet ten goede. Maar Endrit Cufaj begreep niet waarom Fate Vasa, of de minister-president zelf, belangstelling zou hebben voor een kopie van de gestolen helm. Dat leek onlogisch, maar hoezeer de neus van Endrit Cufaj ook was aangetast door alcoholinname, zijn signaalrode gok met grove poriën kon nog prima ruiken waar makkelijke buit en groot voordeel te halen vielen. En als hij iets zou vinden wat hij vervolgens tegen Fate Vasa en zijn onberekenbare baas kon gebruiken, was het voor hem feest.

Hij hoefde niet lang na te denken. Fate Vasa had aan het eind van het gesprek de naam opgeschreven van een man van wie de chef wilde weten waar die zich ophield. Endrit Cufaj telde een en een bij elkaar op. Die man moest iets met de kwestie te maken hebben. Hij kwam er natuurlijk heel snel achter dat het om een smid ging die op een of andere manier in verband stond met de diefstal van de helm en daarom in voorarrest zat. Voor hij dat aan het regeringskantoor meldde, voerde hij hoogstpersoonlijk het verhoor. Daarna was alles duidelijk. Terug in zijn kantoor bestelde de hoofdcommissaris een broodje lever en een grote raki, hij at het broodje met smaak op, alsof hij Fate Vasa tussen zijn tanden vermaalde, en sloeg de raki achterover alsof hij de ZK uit zijn kantoor spoelde.

Hij had de vreemde gewoonte om na het eten met de achterkant van zijn stropdas zijn mond te deppen. Niet alleen omdat servetten op zijn bureau een slechte, zij het niet geheel onjuiste, indruk zouden hebben gemaakt, maar vooral uit stil protest tegen een van de vele naar zijn menig zinloze 'hervormingsmaatregelen' van de regering volgens welke mannen op een positie als de zijne op het werk een stropdas moesten dragen. Jouw stropdassen zien eruit als de onderbroek van andere mensen, zei zijn vrouw.

Hij glimlachte. Depte zijn mond. Nu hoefde hij alleen maar te wachten tot de Italiaanse collega's de helm zouden afleveren.

Wat hij daarna deed was een meesterstuk van perfide correctheid. Hij maakte de inbeslagname van de helm openbaar, gaf een persconferentie waar hij naar waarheid bekendmaakte dat *de in opdracht van de minister-president vervaardigde kopie van de helm van Skanderbeg* dankzij het werk van de Albanese politie en haar goede contacten met de Italiaanse maffiabestrijding, en bla, en nogmaals *maffia* en bla, en dat hij verheugd was *deze kopie van Skanderbegs helm bij de opdrachtgever, zijne excellentie de minister-president, terug te kunnen bezorgen*, met genot zei hij: *aan zijn bestemming te overhandigen*, waarbij hij ook de volgende informatie niet verzweeg: dat *deze helm, naar uit het onderzoek was gebleken, op maat was gemaakt voor de minister-president... Het pijnlijke verlies voor de minister-president* – Endrit Cufaj glimlachte schijnheilig bij deze woorden – *kon dus door het uitstekende werk van de politie* en bla.

Dat was volkomen onnodig. Maar de feiten klopten. En de hoofdcommissaris speelde de vermoorde onschuld: waarom zou hij een succes niet communiceren?

Zoals hij had gepland sloeg het in als een bom. Vooraf had hij ook een paar politici van de oppositie vertrouwelijk op de hoogte gebracht, zodat die na de persconferentie heel snel konden reageren met een georkestreerde actie, gebruikmakend van alle middelen om kunstmatige opwinding te creëren.

Wat zich afspeelde in het avondjournaal na de persconferentie, grensde al gevaarlijk aan het openlijk bespotten van de regeringsleider, met ironische, overdreven zakelijk getoonzette staatkundige statements vanuit de oppositie: zíj trokken de toerekeningsvatbaarheid in twijfel van een minister-president die zich wilde verkleden als een middeleeuwse legende, zíj zagen dat de waardigheid van het ambt werd aangetast door een regeringsleider die politieke representatie leek te verwarren met carnaval of een kinderfeestje, en ze dichtten hem grootheidswaan toe omdat hij zich kennelijk identificeerde met de grootste nationale held van Albanië, of verlies van realiteitszin als hij dacht de republiek te kunnen regeren als een oude Albanese vorst. De oppositieleider naar wie overgeschakeld werd, zei in het staatsjournaal dat hij zich probeerde voor te stellen hoe de minister-president met de helm van Skanderbeg op door het regeringskantoor rondspookte, en voegde er na een retorische pauze met een even bezorgd als vastberaden gezicht aan toe: We moeten een einde maken aan dit spookuur in de Albanese geschiedenis.

Enkele minuten na de uitzending van het journaal belde de ZK zijn woordvoerder. Ismail slikte de zin: Ik heb het zien aankomen in. En hij zei ook niet: Dat heb je aan Fate te danken met zijn idiote ideeën. Hij zette zijn telefoon op luidspreker, legde hem naast zijn bierglas, luisterde naar de op opgewonden en woedende toon geuite complottheorieën van zijn chef, vijlde ondertussen zijn nagels en zei ook niet dat je toch moeilijk van een complot kon spreken als de essentie van het verhaal was gebaseerd op feiten. Hij zei niet: Interpretaties zijn geen complot.

Toen hijzelf aan het woord kwam zei hij dat hij hem afraadde nu snel te reageren. Een verklaring moest heel goed doordacht zijn, ze moesten anticiperen op alle denkbare valstrikken en die uit de weg gaan, en wat absurd scheen aan dit verhaal moest naar het plausibele worden omgebogen en een plaats krijgen in een verhaal dat bij het publiek op begrip kon rekenen, en op instemming van een meerderheid. Dat ging niet met een schot uit de heup, een spontane reactie. Afgezien daarvan was hij zelfs van mening dat een openbare reactie, die hoe dan ook uiterst precies moest worden voorbereid, helemaal niet nódig was. Want wat de oppositie zei was één ding, maar wat zou het volk zeggen? Waarschijnlijk zou het volk de geschiedenis met die helm afdoen als de zoveelste gril van hun regeringsleider, die bekendstond om zijn originele manier van doen.

Ze zullen hun schouders erover ophalen, zei hij, ze zullen vragen wat het nieuws is, zo is hij nu eenmaal, zo kennen we hem, en wij hebben hem gekozen. De oppositie maakt hem zwart bij iedere gelegenheid die zich voordoet, maar het volk heeft beslist.

Aan de andere kant van de lijn werd het stil, toen zei de chef: oké, tot morgen.

Ismail schoof de telefoon aan de kant, nam een slok bier en vroeg zich af of hij zelf nog geloofde wat hij zei. De vraag was verkeerd gesteld. In termen van realpolitik en pragmatisme had hij gelijk. De eigenlijke vraag was of hij nog geloofde in de man voor wie hij werkte.

Maar de volgende dag stak er op de sociale media een shitstorm op die zo hevig werd dat uiteindelijk ook correspondenten van Europese media erover berichtten. Van ironische, beledigende en cynische commentaren tot minachtende en agressieve posts over de 'autist in het regeringskantoor', duizenden keren geliket en gedeeld, en erger nog: er volgden kwaadaardige insinuaties en verdachtmakingen, niet alleen over de regeringsleider maar ook over zijn 'familie', zijn medewerkers dus, adviseurs en ministers, die in het regeringskantoor een cultus met vreemde rituelen zouden bedrijven rond de zelfbenoemde reïncarnatie van Skanderbeg. Dat maakte op zijn beurt de afgevaardigden en functionarissen binnen de partij nerveus, die bij dalende popular iteitscijfers van de ZK en het dreigende gevaar dat hij niet werd herverkozen, vreesden voor hun eigen baan en positie. Zo kwam de chef in de mangel tussen de virtuele openbaarheid enerzijds en de reëele dynamiek binnen zijn partij anderzijds.

Na het persbericht van de hoofdcommissaris van politie stelden vertegenwoordigers van de media de vraag wanneer de in beslag genomen helm zou worden overhandigd aan de minister-president. Endrit Cufaj zei dat hij daarover niks kon zeggen.

Dat kon hij echt niet, hoe graag hij het ook gewild had. Een mediaspektakel waarbij hij de minister-president de helm overhandigde, zou een kroon op het werk zijn geweest. Kroon – hij glimlachte om dat woord. Maar in werkelijkheid bevond de helm zich niet meer in het bezit van de politie. Albanië was een rechtsstaat. Dat moest hij erkennen in dit geval. Formeel was de smid eigenaar van de helm. Die had hem in opdracht vervaardigd en zolang er niet voor was betaald, bleef hij zijn eigendom. Nu was de smid er niet de man naar om, zodra hij uit hechtenis was ontslagen stoer te zeggen: ik weet wat mijn rechten zijn. Maar hij was wel een man met gezond verstand en een sterk ontwikkeld rechtvaardigheidsgevoel. En hij vond het gewoon terecht dat zijn eigendom nu weer aan hem werd teruggegeven. Dat zei hij ook. Daartegen was niks in te brengen.

Nu kon Endrit Cufaj weliswaar een succes bekendmaken, dat de helm in beslag was genomen, maar hij kon hem niet laten zien, dat wil zeggen hij kon hooguit een foto van de helm verspreiden via de persmap, en hij kon ook niet zeggen wanneer, of zelfs óf de helm zou worden overhandigd aan de regeringsleider. Aangezien hij zich in die kwestie op de vlakte hield, belegerden de media nu het regeringskantoor en wachtten tot ze beelden konden vastleggen van hoe een afvaardiging van de politie, zoals zij vermoedden, de helm zou komen brengen. Zal de minister-president hem persoonlijk in ontvangst nemen? Of laat hij zich niet zien, zodat de helm gewoon aan een van zijn bureaumedewerkers wordt overhandigd? Vermoedens gonsden, cameralui en fotografen verdedigden de plek waarvandaan ze het best mogelijke zicht hadden bij aankomst van de politie en de overdracht in de foyer, ze belaagden de man van de receptie, vroegen of hij wist wanneer de helm verwacht werd en of de minister-president persoonlijk... De man van de receptie maakte zich steunend op de balie breed, een schildwacht voor zijn chef, en zei dat er geen informatie was in dezen, hij belde de collega's van security, en samen verzochten ze 'de meute' nadrukkelijk het gebouw te verlaten en buiten te wachten tot er nadere informatie was.

Waar de mensen van de media in die drukte niet op letten, wat hen niet eens opviel, was de man in een ouderwets, armoedig pak in Mao-blauw die met een plastic zak van de SPAR langs hen heen naar de receptie liep.

Herkuri Tahiraj.

De naam stond op de lijst. Als enige die middag.

U? zei Gulivër, de man van de receptie, keek naar de tas van de man, zijn wenkbrauwen opgetrokken alsof het twee lussen waren waaraan een masker hing. U. Wordt verwacht.

De smid knikte, liet zich de weg wijzen.

Twintig minuten later verliet hij met lege handen onopgemerkt het gebouw.

Mercedes, zei de chef, bel de receptie. Zeg tegen Gulivër dat hij die meute naar huis moet sturen. Hij moet zeggen dat ik een persconferentie zal geven, het tijdstip horen ze morgen.

Zo gaat dat niet, zei Ismail Lani, dat kun je niet door de portier laten mededelen.

Hij ging naar beneden, stond de wachtende journalisten te woord, beantwoordde ontwijkend drie, vier vragen:

Of het klopte dat de minister-president een kopie op maat had laten vervaardigen van de helm van Skanderbeg?

Voor zover hij wist waren er verschillende kopieën, zelfs het origineel dat in Wenen was gestolen, scheen een kopie te zijn. De regering stond in verband daarmee in contact met de Oostenrijkse politie en Europol.

Of de minister-president zich met die helm van Skanderbeg als het ware wilde kronen?

Dank u voor die vraag, omdat u kroning zegt. De minister-president heeft nog maar twee weken geleden tijdens het vragenuurtje in het parlement verklaard dat de consequente doorvoering van de hervormingen van de rechtspraak, en als vervolg daarop het begin van de toetredingsonderhandelingen met de Europese Unie, de kroon op zijn werk zou zijn.

Of het klopte dat, zoals wel werd verteld, de minister-president met die helm op zijn hoofd door het regeringsgebouw... nou ja, wandelde.

Ik heb de minister-president nog nooit met een hoofddeksel op gezien, met uitzondering misschien van een baseballpet in zijn vrije tijd.

Ismail zwaaide met zijn armen, verzocht om stilte en kondigde de persconferentie aan tijdens welke de minister-president alle vragen met betrekking tot de helm van Skanderbeg zou beantwoorden.

De journalisten pakten hun *equipment* in en vertrokken een voor een, toen ontwaarde Ismail die... hoe heette ze ook weer? Ze stopte een microfoon in haar schoudertas en keek naar hem. Hoe heette ze? Hij kende haar van de universiteit vroeger, ze was de jongste op de bijeenkomsten waar enthousiaste studenten bespraken hoe ze de latere minister-president zouden kunnen steunen, zich voor hem inzetten.

Hun blikken kruisten elkaar en Ismail dacht dat ze spottend lachte. Toen maakte ze haar lippen rond, geen pruilmondje, en zeker geen kusmond, het was de mond van iemand die wat hij juist geserveerd had gekregen niet lustte.

Ze had nog steeds kortgeknipt, heel dik haar, geprononceerde jukbeenderen, een slank gespierd lichaam, en Ismail herinnerde zich dat hij indertijd al, vele jaren geleden op de uni, dacht dat dit jongensachtige meisje wel een *burrnesha* leek, een gezworen maagd, die in Noord-Albanië nog steeds voorkwamen. Hij had er nog nooit een gezien, zoiets bestond in de hoofdstad niet, maar indertijd had hij het meteen gedacht: ze is er een of: zo ongeveer moeten die eruitzien. Een maagd die zich tot man verklaarde omdat er in haar familie geen mannelijk opperhoofd was, of omdat ze een gearrangeerd huwelijk wilde ontlopen. Ze legde een eed af ten overstaan van de oudsten van de gemeenschap of de stam, zwoer seksuele onthouding en werd voortaan erkend en behandeld als man. Ze kleedde zich als een man, droeg een wapen, en mocht alcohol en tabak gebruiken.

Ja, dat kon Ismail zich heel goed herinneren, dat ze destijds excessief rookte en bier dronk. Hoe heette ze nou toch?

Gezworen maagden kregen naast alle andere privileges van een man ook zitting in de stamraad – nu schoot Ismail te binnen hoe ze heette: Ylbere, en ook dat ze indertijd inderdaad als lid van de studentenraad was gekozen. Hij was overigens niet de enige die bij Ylbere de associatie met een gezworen maagd had. De voorzitter van de sociaaldemocratische studenten begroette haar met de woorden *A je burrnesh?* Ben je sterk als een man?

Ik ben sterker dan een man, had ze geantwoord en daarna geen acht meer op hem geslagen.

Ismail deed een stap in haar richting. Ciao Ylbere, zei hij, daarna ging zijn stem de hoogte in alsof zijn woorden over een hoge muur die tussen hen in stond moesten klimmen: Eeuwen geleden. Gaat het goed met je?

Waarom was zijn stem zo hoog, hij vond het pijnlijk, hij klonk als een krassende vrouw, hij schraapte zijn keel. Op haar microfoon had hij het blauwe logo van RTSH24 gezien, het journaal van de staatsomroep.

Ben je nu bij...

Maar voor hij zijn zin kon afmaken, knikte ze en zei: Je bent er goed in geworden.

Wat?

In het soort politiek dat we destijds verafschuwden. Vragen beantwoorden zonder iets te zeggen.

Ze boezemde hem angst in, op zijn minst maakte ze hem behoorlijk nerveus. Hij keek haar aan, zweeg en verbaasde zich. Waarom? Omdat hij moest toegeven dat zijn nervositeit niet in de laatste plaats voortkwam uit het feit dat hij zich sterk aangetrokken voelde tot haar, op een eigenaardige manier: hij wilde haar partner, haar vertrouweling, haar medeplichtige zijn in de minachting voor datgene wat hijzelf zojuist had vertegenwoordigd, hij wilde over de muur springen en aan de andere kant samen met haar roddelen over de man die hij tegenwoordig kennelijk was.

Je kon niet beweren dat Ismail dik was, hooguit een beetje sponzig, slonzig slank zogezegd, maar tegenover deze strakke, pezige vrouw trok hij onwillekeurig zijn buik in en zei: Laten we praten!

Zijn stem was nu zo ruw alsof ze kraste op de muur tussen hen in.

Ze knikte. Laat van je horen, zei ze en vertrok.

Hij keek haar na. Laat van je horen! Ja, maar hoe? Hij wist waar ze werkte, hij zou haar vinden.

Hij ging terug naar het kantoor van de ZK en zei: Ze zijn weg.

Daarna volgde dat onvoorstelbare tafereel van de ZK met de helm. Hoe hij voor die spiegel stond, de helm op zijn hoofd even rechtzette – en zichzelf bewonderde. Dat was Ismails indruk, dat de chef zichzelf heel even bewonderde met die helm op. Zijn stralende blik, het trekken van de mondhoeken die een glimlach onderdrukten. Wat was het? Het beeld van de strijder dat vanuit de spiegel naar hem keek? De symbolische kroning? Het gewicht van de geschiedenis dat hij op zijn hoofd voelde rusten?

Maar dat duurde maar eventjes, daarna rukte hij de helm van zijn hoofd, smeet hem op tafel, schoof hem weg, als een kind wiens plezier in het speelgoed vergald is.

Bekritiseerd word je altijd als politicus, zei hij, kritiek moet je kunnen verdragen, zeker, het hoort erbij, en als je op de juiste manier reageert, staat de criticaster voor gek.

Dat zei hij nog op relatief kalme toon, daarna verhief hij zijn stem: maar een politicus die belachelijk gemaakt wordt en wordt uitgelachen, een politicus die door iedereen wordt bespot – nu schreeuwde hij: verliest elk respect, ook dat van zijn trouwe kiezers. Hij strekte zijn rechterarm en zwaaide met de hand op en neer...

Wie wordt uitgelachen staat voor gek, systematisch uitgelachen, om het even wat ik zeg, zij zullen lachen, zij zullen zeggen: die schertsfiguur, die wannabe-Skanderbeg... en weer zwaaide hij met zijn hand op en neer... wat zeggen de mensen? Wat zeggen ze? Waarover praten ze? Wat twitteren ze? Dat ik Albanië terug wil voeren naar de middeleeuwen? Dat ik doorgedraaid ben en denk dat ik een vorst ben? Nee, ik wil het niet weten. Net als Skanderbeg een vorst uit het geslacht van de Kastrioti? Kastrioti, zo heten tegenwoordig de tankstations in Albanië, haha! Hij brulde: HAHA! – en steeds opnieuw en steeds sneller zwaaide hij met zijn vlakke hand op en neer, dat was het: hij liet een denkbeeldige bal stuiteren, zijn lichaamstaal gaf hem het sein: je moet de bal hebben, pak de bal!

Hij stokte, pakte de bal van het dressoir en verdween naar de binnenplaats. Ook Fate liep naar buiten, Ismail en Mercedes bleven achter en zodoende stonden ze bij het open raam te kijken naar hun spelende chef, achter hun rug de helm. Even had Mercedes het idee dat de helm tikte als een bom. Nee, het was het ketsen van de basketbal.

Wat zou jij hem adviseren, vroeg Mercedes.

Ismail Lani trok zijn schouders op, liet ze zakken. Hij wist niet eens of hij nog advies wílde geven. Wat betekende dat, willen? Zin. Competentie. Gevoel vooral. Het gevoel dat het zin had.

Ismail Lani wist dat hij zelf genoeg stommiteiten had uitgehaald in zijn leven, hij had volkomen zinloze conflicten uitgevochten, alleen maar uit stom ressentiment, gedicteerd door zijn haat tegen de 'gelukkigen' die hun kansen geserveerd hadden gekregen op een zilveren dienblad, zíj hoefden nergens voor te vechten, ze hoefden zelfs hun kansen niet te benutten, want hun kansen wierpen vanzelf vruchten af, ja, hij had haat gevoeld tegenover al diegenen die dansend op de graven van de bedrogen generaties champagne dronken, die over stapels lijken naar de toppen van de maatschappij klommen, gesteund en gezekerd door een kongsi die hij, het weeskind, niet had: familie. Zijn politieke engagement werd lange tijd gedreven door die energie, die gloeiende haat tegen familie. Het was idioot, doldriest in een land waar familie alles vervangt waarvan Ismail politiek droomde; verzorgingsstaat, carrièremogelijkheden, rechtsstatelijkheid, onafhankelijke rechtspraak. En toen de chef ineens het podium bestormde en begon te dribbelen had Ismail gedacht dat dit dé kans was voor iemand als hij.

De gloeiende energie van het ressentiment had hem ver gebracht. Er waren journalisten die hem tegenwoordig de 'paleiswoordvoerder' noemden. Maar was dat echt wat hij had willen bereiken? Goedpraten wat zonder zijn inbreng was beslist, zelfs smerige deals en nietszeggende compromissen? Niet langer aanvaller zijn, maar verdediger? Niets meer ter discussie stellen, maar vragen uit de weg gaan, vraagstellers op de een of andere manier inpakken, of helemaal geen vragen meer toestaan? Maar hij was meer dan alleen een mooiprater, de praatjesmaker van de regeringsleider. Steeds weer ging ook zijn agressie met hem aan de haal. Bijvoorbeeld in de zaak Manaj. Die was letterlijk gevallen, diep gevallen, Etrit Manaj. Hij was een redacteur binnenlandse politiek bij de staatsomroep die naar Ismails mening zijn belang en invloed mateloos overschatte, maar tegelijk een luis in de pels was. Ismail was er zeker van dat hij werd betaald door de oppositie, en wel door de Democratische Partij, door Ismail altijd 'de zogenaamde Democratische Partij' genoemd, en intern noemde hij Manaj 'het corrupte zwijn aan de trog van de zogenaamde democraten'. Toen vond dat persgesprek plaats waarbij Etrit Manaj door eindeloos door te vragen in een wond van de ZK bleef poken, met geen enkele uitspraak tevreden, met geen enkele mooie formulering te sussen. Een wond, dacht Ismail, die alleen maar bestond omdat zulke corrupte zwijnen als Etrit Manaj simpelweg beweerden dat die bestond, en er vervolgens, als het beweerde schijnbaar een feit was geworden, met alle ter beschikking staande middelen zout in bleven strooien, tot ze konden zeggen: zien jullie hoe het ettert?

Toen kwam het punt waarop Ismail niet langer verdediger, niet langer paleiswoordvoerder wilde zijn, toen werd hij aanvaller, bloedrechter.

De geconcentreerde agressie waarmee Ismail Etrit Manaj van zijn eer beroofde, hem met veelvuldige, deels verzonnen, deels op geruchten gebaseerde 'bewijzen' confronteerde met zijn corruptie, prikkelde de publieke opinie. En het werkte. Want deze regering was aangetreden met de belofte corruptie in al zijn vormen en op elk terrein te bestrijden, dat was wat van haar werd verwacht. En dat iemand die onder de vorige regering een plaats had gekregen bij de staatsomroep, die zijn baantje te danken had aan iemand die hij nu... genoeg. Iedereen die zich benadeeld voelde, die hoop koesterde, maar weinig kansen kreeg, begreep dat, het prikkelde iedereen voor wie elke zondebok welkom was. En daar had Ismail Lani geniaal mee gespeeld. Hij zorgde ervoor dat Etrit Manaj werd ontslagen. Natuurlijk moest de chef dat in gang zetten. Ismail zei tegen hem toen hij aarzelde: Waartoe ben je staatsleider als je niet de bezem door de staatsomroep haalt?

Iemand schreef destijds in een roddelblad: 'De minister-president mag dan de machinist zijn, de trein rijdt omdat Ismail Lani de stoker is.'

Dat vond Ismail dom. Hij vroeg: En wie is Fate dan op die trein?

Fate had geglimlacht en gezegd: Ik ben degene die de dienstregeling maakt.

Wat een pretentie! Je kunt niet zeggen dat dit het moment was dat had geleid tot de onmin met Fate Vasa. Er waren veel van dergelijke kleine momenten, speldenprikken, die zijn verhouding met Fate vertroebelden. Onmin was een te groot woord. Maar het was wel zo dat hij spijt had dat hij die bijzondere en, zoals hij destijds had gedacht, originele en welhaast geniale jongen op de trein had laten stappen. Die geschiedenis met de helm was een schoolvoorbeeld voor de onnodige problemen die hij zich met die *alien* ('Ziet Fate er niet uit als een alien?' aldus Ismail tegen Mercedes) op de hals had gehaald.

En meteen schaamde hij zich voor dat woord. Alien. Zo neerbuigend praatte je niet over een mens, ondanks alle onenigheid die je met hem had gehad. Mercedes gaf geen antwoord. Het overkwam Ismail steeds vaker dat hij zich schaamde voor wat hij spontaan zei of deed, of als hij eraan terugdacht welke stommiteiten of rotstreken hij vroeger had uitgehaald, zonder nadenken, verbeten, agressief. Lange tijd had hij gedacht dat het bij het vak hoorde, dat het symptomen waren van zijn warme engagement, maar nu gloeide hij alleen nog van schaamte. Na zijn moeders dood en zijn ervaringen in het staatstehuis, tot tante Xhulieta hem daar weghaalde, dacht hij dat hij tot op zekere hoogte recht had op agressie, hij had zich gedragen als een deurwaarder die op de deur van het lot bonkte om een inbeslagname uit te voeren. Alles wat de wereld hem schuldig was. Alles. De tijd dat zijn ouders nog leefden kon hij zich niet herinneren, maar hij ging ervan uit dat hij destijds gelukkig moest zijn geweest, aangezien hij ook geen herinneringen had aan ongeluk. Het gedresseerde aapje, nou ja. Maar zijn moeder had hem gekust en geliefkoosd, dat had tante Xhulieta toch ook verteld? Zijn probleem was dat hij uit het paradijs verdreven was voordat hij in de gaten had dat hij naakt was. Het schaamtegevoel had hij pas ergens buiten moeten opdoen.

Hij was tegenstrevers of politieke tegenstanders altijd naar de strot gevlogen, terwijl hij knappe jonge mensen die als vrijwilliger actief waren voor de partij, wel eens om de hals viel. Hij gloeide van schaamte als hij eraan dacht. Hij mocht daar niet aan denken omdat de pijnlijke beelden anders in een *loop* zouden veranderen.

Etrit Manaj begon na zijn congé bij de staatsomroep als zelfstandig blogger. Maanden later kwam Ismail hem toevallig tegen op de Bulevardi Dëshmorët e Kombit. Aanvankelijk wilde hij zijn blik ontwijken en langs hem heen lopen, maar Etrit groette en bleef voor hem stilstaan. Ismail vond de situatie pijnlijk, hij kon nu niet zomaar doorlopen, hij stond daar en wist geen antwoord te geven op de vraag hoe het met hem ging. Etrit glimlachte. Ironisch? Cynisch? Neerbuigend?

Moest hij gewoon antwoorden dat het goed met hem ging? Was dat niet ook puur cynisme, tegen iemand wiens leven je vermoedelijk had verwoest zeggen dat het met jezelf goed ging? Prima. Dank je.

Maar hij kon ook niet antwoorden: slecht. Hij kon tegen

de man met wie het door zijn toedoen slecht ging toch niet zeggen dat het met hemzelf slecht ging.

Aan de andere kant. Hij voelde plotseling dat dat de waarheid zou zijn: het ging slecht met hem. Het moest slecht met hem gaan omdat hij zich schaamde. Omdat hij naakt was. Omdat de naakte waarheid was dat hij een slecht mens was. Dacht hij.

Hij kon zich niet herinneren wie van hen beiden had voorgesteld om naar hotel Rogner daarginds te gaan om te praten. Ze gingen in de tuin zitten, keken lang in de drankenkaart. Dat was het laatste uitstel. Ismail wilde gul zijn en bestelde een fles Grüner Veltliner uit Oostenrijk.

Aan het eind, toen de fles leeg was, was het Ismail zonder meer duidelijk: Etrit Manaj was een bedachtzame en ernstige man die volledig beantwoordde aan het westerse ideaalbeeld van serieuze journalistiek, die niks boosaardigs had, als je grondig onderzoek en doorvragen niet als vervelend boosaardig beschouwde. En in het geheel niet corrupt. Hij had bij de staatsomroep zaken onderzocht die de hoofdredacteur onder het tapijt wilde vegen. Behalve moeilijkheden had het hem nooit iets opgeleverd. En hij zou zijn baan niet zijn kwijtgeraakt als hij echt een politieke kongsi, een familie had gehad.

Ismail praatte alsof zijn leven ervan afhing, hij wilde van deze man, die hij zo beschadigd had inderdaad begrip – begrip waarvoor? Hij merkte terwijl hij praatte hoe absurd dat was, schaamde zich en zocht naar woorden waarvoor hij zich niet hoefde te schamen. Die waren er niet. En bovendien leek niets hem grotesker en ongepaster dan de eenvoudige woordjes: vergeef me!

Alsof Etrit Manaj zijn gedachten had gelezen zei hij: Ik vind het groots van je dat je met me hebt gepraat en naar me hebt geluisterd. Maar zelf heb ik niet de grootsheid om jou te vergeven.

Hij dankte voor de wijn en vertrok. Een man van middelbare leeftijd met een ernstige blik, zeer rechte lichaamshouding en, zoals Ismail opmerkte toen hij hem nakeek, een broek die glom op de kont.

De schaamte. Ismail vroeg zich af of het inmiddels niet een obsessie was geworden dat hij zich steeds weer momenten uit zijn leven voor de geest haalde waarvoor hij zich schaamde.

Hij stond met Mercedes voor het raam van het kantoor van de chef en hoorde het wilde bonken op de binnenplaats, het op hol geslagen hart. De bal. Die crisisvergadering onlangs, tijdens welke de chef de bal door de kamer had gegooid. Zoals ze daar allemaal in de houding hadden gestaan. De vernederingen. Ook dat was familie. Als je behoorde tot de nauwe kring van mensen die niet publiekelijk vernederd werden door het opperhoofd. En toen de bal door het openstaande raam naar buiten vloog was hij degene geweest die gedienstig naar beneden was gerend om de bal te halen. Schaamte. En niemand die kon begrijpen dat hij achter die onderwerping en volgzaamheid niets anders meer verborg dan de vervreemding van zijn chef. Maar waarom had hij gedacht dat hij die moest verbergen? Nog. Dat was het antwoord. Hij had gedacht: nog!

Waarom? Omdat hij nog! niet wist wie en waarheen en wat, en alle vragen die zich opdrongen en die nog! niet eens helder te formuleren waren. Moest hij openlijk breken met de chef, of moest hij gewoon om een kort verlof vragen zodat hij kon nadenken, of moest hij zich ziek melden, of gewoon stilzwijgend vertrekken? Gewoon vertrekken. Naar buiten, dat grote zwarte gat waardoor verleden, schaamte en angsten werden opgeslokt, en verdwenen. Misschien.

Daar. De galmende woedekreet van de chef. Mercedes en Ismail zagen hoe hij daarbeneden de bal wegsloeg, zijn vuisten balde en schreeuwde.

Mercedes schrok. Ismail keek haar aan, haar wijd opengesperde bruine ogen, de open mond en haar 'sidderende boezem' (maar dat voegde hij er pas later in zijn herinnering aan toe... niet erg origineel, hij was dan ook geen dichter zoals Fate, maar persvoorlichter), draaide zich om en liep naar de tafel waarop de helm lag.

Mercedes boog weer ver uit het raam om te zien wat de chef nu deed, Ismail riep: Hé! Hij pakte de helm, zette hem op, hij gleed tot over zijn ogen... wat had de chef een groot hoofd! Hé!

Mercedes draaide zich om en keek Ismail aan, de helm stond scheef op zijn hoofd en was over zijn rechteroog gezakt, met het linker knipoogde hij, dat was grappig, dat was niet grappig. Mercedes zei: hij past je niet.

Ze draaide zich om, boog weer uit het raam.

Spring! dacht Ismail Lani en ging.

Hij liep over het plein langs het Skanderbegmonument naar de opera en ging op het terras aan een van de tafeltjes zitten. Hij hield van dit café, van het uitzicht dat je er had. Ismail was de laatste jaren door bezoeken aan het buitenland met de chef op veel plaatsen geweest en hij was geneigd overal meteen het typerende te zien. In Parijs het typisch Parijse, in Londen het typisch Britse, in Rome het Romeinse en het Skanderbegplein was voor hem het toneel voor het typisch Albanese. De mensen die in een eigenaardige dynamiek het plein overstaken: duidelijk bedrijvig maar toch niet hectisch, het was geen haasten maar ook geen slenteren, de mensen hadden een doel, dat was duidelijk, het ging ze om doelgerichtheid niet om hectiek. De open ruimte was zo groot dat de ministeries en het regeringsgebouw aan de rand er geen schaduw op wierpen. De klokkentoren ginds, hét herkenningsteken van Tirana, waarvan de klok gedurende de laatste jaren van de dictatuur chronisch achtergelopen had, en die nadat het uurwerk was gemoderniseerd met de nieuwe tijd mee kon. Het grote standbeeld van Skanderbeg waar toeristen tegen de sokkel geleund water zaten te drinken. De schaduwzijde van Skanderbeg was populair. Ismail bestelde bier en besloot na te denken. Het was vreemd dacht hij, hoelang je niets kon denken, absoluut niets wanneer je jezelf opdroeg om na te denken. Hij dacht alleen die ene zin: ik moet nadenken. Verder niks. Alleen oog voor de beelden van het plein. Hij dwong zich ertoe zinnen te formuleren, alsof hij een verklaring moest afleggen Ik maak bekend dat ik mijn functie neerleg. Waarom zoti Ismail? Ja, waarom? Ik kan me niet langer identificeren met de poppenkast die zoti kryeministër opvoert. Poppenkast, zoti Ismail? Kunt u dat toelichten?

Hoe kwam hij aan die formulering? Het Skanderbegplein was van origine door Oostenrijk-Hongarije aangelegd als publieksplein van de stad. De officiersmess die de Oostenrijkers destijds bouwden staat er nog, ginds aan de rand van het plein, tegenwoordig is hij in gebruik als poppentheater. Nadat eerder het parlement er ondergebracht was. Als je een denkbeeldige lijn trekt dan spiegelt het huidige poppentheater het gebouw uit de fascistische periode dat tegenwoordig het regeringskantoor herbergt. Ja, het Skanderbegplein verklaart alles.

Het bier deed goed. Het bluste. Ismail wilde er nog een bestellen en werd niet agressief toen de kelner zich minutenlang niet liet zien. Uiteindelijk lukte het, en na zijn derde bier werd hij sentimenteel. Het 'project Skanderbegplein' was het prille begin geweest van zijn betrokkenheid bij de ZK. Die had toen hij burgemeester van Tirana werd beloofd het plein om te vormen tot een 'van de toonaangevende pleinen in Europa'. In die tijd was Ismail, student nog, dolenthousiast over de toespraak waarin de chef zijn plannen uiteenzette:

*Op dit plein, in het centrum van de stad, vind je vandaag nog steeds wat er helemaal aan het begin stond: de moskee, het hart van dat*

*Osmaanse dorp van honderd jaar geleden. Vandaag vormen het plein en de boulevard die er ontspringt het hart van de stad. Omringd door gebouwen uit de Italiaans-fascistische tijd, en het Cultuurpaleis, dat het symbool is van onze politieke liefdesaffaire met de Sovjet-Unie. Niet ver daarvandaan bevindt zich Hotel Tirana, het symbool van onze liefdesaffaire met China, dan het Nationale Museum, een symbool van ons narcisme en onze zelfisolatie. En dan is er nog de lege ruimte die de omvergeworpen standbeelden hebben achtergelaten, en die ons herinnert aan de leegte waarin we nog steeds gevangenzitten, in het spanningsveld tussen verleden en toekomst. In die leegte zullen we het plein van de toekomst, 'een van de toonaangevende pleinen in Europa' aanleggen.*

Een geweldige toespraak vond Ismail, die niet alleen inging op waar zij als jongeren destijds naar verlangden, maar ook aankondigde, nu direct, hier en nu, een Europees plein aan te leggen om te laten zien dat Albanië een plaats in Europa opeiste. Dat de stad het project liet financieren door de Verenigde Arabische Emiraten, nou ja, dat was Albanese sluwheid. Het enige wat bekendgemaakt werd was dat het ontwerp uiteraard in handen was van architecten uit Brussel. Toen kreeg het plein de European Prize for Urban Public Space. Een Europese prijs die tot gevolg had dat duizenden mensen op het Skanderbegplein met blauwe vlaggen stonden te zwaaien, en een flashmob van rond de honderd muzikanten het Europese volkslied speelde. In die tijd leek alles zo eenvoudig, het verlangde zo dichtbij. Je hoefde niet te hollen, dacht men, je hoefde alleen maar doelgericht en bedrijvig door te lopen.

De weg naar Europa. Dat was... Nog één keer de vraag, zoti Ismail! Alstublieft, zoti Ismail Lani! Staat het echt vast dat u uw functie neerlegt?

Het was lastig zijn loyaliteit aan de chef op te zeggen. Want er was een overtuigende reden om dat niet te doen, en ook al was het de enige, hij woog zwaar: de ZK had van begin af aan beloofd en er duidelijk alles aan gedaan om toetredingsonderhandelingen tussen de EU en Albanië te realiseren. Hij was de enige partijleider die zich daar consequent en geloofwaardig voor inzette. En lid worden van de EU was voor Ismail het belangrijkste politieke project, alles wat in dit land moest worden hervormd en ontwikkeld, zou alleen in combinatie met dit ene doel geleidelijk aan te realiseren zijn. Daarvan was hij rotsvast overtuigd. Zoals de chef al jaren geleden had gezegd in het Sportpaleis van Tirana: *Toen we ons kwalificeerden voor het Europees Kampioenschap Basketbal was immers ook voor iedereen duidelijk: om mee te kunnen doen moet je de internationale regels accepteren. Moesten we dat de mensen uitleggen? Precies. Natuurlijk kun je ook volgens je eigen regels spelen, maar dan speel je alleen. Willen jullie dat?*

Nee, natuurlijk niet. Een schreeuw uit duizend kelen: Nee!

En daarna hadden ze in een of andere cabine in het Sportpaleis raki en bier gedronken met de uitgeputte en goedgehumeurde chef, het bier was lauw, maar de raki deed goed, en in zijn euforie had Fate gezegd: een historisch ogenblik! Voor het eerst in de geschiedenis van politieke redevoeringen schreeuwden de massa's 'Nee!', steeds weer 'Nee!' Om een regeringsleider te bevestigen.

Destijds was Ismail nog van menig dat Fate iets origineels en verfrissends had. Hij doorzag zijn cynisme nog niet.

Ismails onverwoestbare loyaliteit in deze kwestie was in elk geval ook de reden waarom hij onlangs Baia Muniq door de halve stad was gevolgd toen hij haar toevallig had gezien met een EU-beambte. Zou het voor de chef met het oog op zijn Europese inspanningen niet belangrijk zijn te weten welke contacten parlementsleden onderhielden met Europese beambten? Ja natuurlijk, misschien, maar om je te gedragen als een karikatuur van een Sigurimi-agent, zo pijnlijk, wat had hij echt willen zien, of verwacht te zien, toen hij voor het Dream Hotel stond waarin het tweetal verdwenen was? Hij had zichzelf vernederd toen hij achter het tweetal aan gegaan was en... genoeg! Had hij zich er zojuist niet over verbaasd dat je absoluut niet kunt denken als je je voorneemt om na te denken? Dus liever niet denken... hij bestelde nog een glas bier en sloeg met de hartkloppingen van een man die zich geneert de mensen op het Skanderbegplein gade die doelgericht en tegelijk kalm... waarheen liepen?

Inderdaad werd in die tijd de kans dat de Europese Unie toetredingsonderhandelingen met Albanië zou beginnen groter.

Brussel, Europese Commissie, meeting van de directie 'Western Balkans'. Nathalie Bonheur bracht het *good news*. De Franse president had zijn veto tegen toetredingsonderhandelingen met de staten op de westelijke Balkan ingetrokken.

Karl Auer had zich willen afmelden omdat de breuk in de waterleiding in zijn huis uiteraard nog niet gerepareerd was en hij voor negen uur 's ochtends ook niet naar een hamam kon gaan om zich te wassen. Maar hij voelde zich schuldig en vreesde scheve blikken nadat hij afgelopen vrijdag ook al vrij had genomen om een lang weekend met Baia in Tirana te hebben. Als hij dan meteen op maandag ook niet op het werk verscheen... nee, geen sprake van. Hij sprenkelde mineraalwater in zijn oksels, gooide mineraalwater in zijn gezicht, boende met een washandje dat hij in mineraalwater had gedrenkt zijn schaamstreek, zijn geslacht dat de afgelopen dagen zo gelukzalig actief geweest was en dacht: dat moesten ze thuis eens weten! EU-ambtenaren wassen zich met mineraalwater! Daarna spoot hij overvloedig Knize Ten op, kleedde zich aan, ging naar kantoor en was op tijd voor de meeting.

De Franse president had zijn veto dus ingetrokken. Dat was sensationeel want nooit eerder in de geschiedenis van de Unie was een veto van een regeringsleider na zo korte tijd herzien. Maar het was een sensatie die geen enkele politieke waarnemer verraste. Het was immers volstrekt helder dat de Franse president bij zijn veto aan de Albanese maffia had gedacht en niet aan het Albanese koper, of überhaupt aan de Albanese bodemschatten, of aan de strategische betekenis van de Albanese Middellandse Zeehaven Durrës. Maar toen de republiek Albanië meteen na het Franse veto onderhandelingen begon met de volksrepubliek China, die grote belangstelling toonde voor zowel de ontginningsrechten voor het Albanese koper als voor de koop van de haven van Durrës, kwamen Frankrijk en Nederland, dat ook een veto had uitgesproken tegen toetredingsonderhandelingen met Albanië, binnen de Unie meteen onder grote druk te staan. Waarbij natuurlijk niet alle EU-lidstaten druk uitoefenden. Polen bijvoorbeeld hield zich op de vlakte en wachtte af. Dat was Adam duidelijk. Met de vraag of de EU in de toekomst toegang kreeg tot Albanees koper of niet, kon je in Polen geen verkiezingen winnen, maar met een defensieve strijd tegen een in meerderheid islamitisch land wel, zei hij. Bodemschatten, dat betekende voor Polen de oogst van brave Poolse boeren op Poolse grond, onder een hemel die zo blauw was als de mantel van de madonna. Ook de Hongaren en Bulgaren zagen aanvankelijk geen reden om de bodemschatten van een toetredingskandidaat belangrijker te vinden dan het nationale staatsbelang. Racisme is een voedingsbodem die belangrijker is dan welke bodemschat ook. Dat was een tegenwerping van Karl Auer die echter niemand begreep omdat hij die in het Duits maakte. Het bevreemdde Adam Prawdower dat Karl Auer giechelde, Nathalie Bonheur ging onverstoorbaar verder met haar verslag: maar Duitsland oefende druk uit. En die druk was zo groot dat die er inderdaad toe leidde dat de Franse president en de Nederlandse minister-president bijdraaiden. We zien dat het rationalistische staten zijn, zei Nathalie grijnzend, en rationalisme is tegenwoordig de rationele afweging van economisch voordeel.

*What else*, zei David Charlton. Volgens hem was economisch nut de rationele basis voor elke politieke beslissing, of zou dat moeten zijn. Tot wat voor aardverschuivingen het leidde als je die gulden regel buiten beschouwing liet, kon je bij de Brexit zien. Maar in dat geval had hij, na een persoonlijke afweging van voor- en nadelen, zonder enig sentiment zijn Engelse nationaliteit opgegeven om dankzij een Ierse overgrootvader Ier te worden en zo burger van de Europese Unie te blijven.

Die beslissing was misschien de reden waarom hij Nathalie nu kuchend in de rede viel en een voorstel deed dat de indruk wekte dat de pragmaticus Charlton plotseling een fantast was geworden, maar dat in werkelijkheid alleen maar aantoonde hoe groot de overlap tussen pragmatisme en fantasie soms kan zijn: Er komen dus toetredingsonderhandelingen met de westelijke Balkan, *I presume*, zei hij. Met elk land afzonderlijk. Maar is het niet zo: zowat elke Kosovaar kan op enig moment Albanees worden omdat hij immers Albanees is. Albanezen die voorouders in Noord-Macedonië hebben, en dat zijn er nogal wat, kunnen een Noord-Macedonisch paspoort aanvragen, en omgekeerd, als dat in hun voordeel is. In Zuid-Albanië bestaat er een Griekse minderheid, de mensen daar kunnen direct Grieks staatsburger worden, of hebben al een dubbele nationaliteit. Serviërs, Bosniërs en Montenegrijnen zijn generaties lang kriskras onderling getrouwd, zijn naar de dichtstbijzijnde stad vertrokken, die niet noodzakelijkerwijs in dezelfde provincie, binnen de grenzen van de huidige staat lag – welke nationaliteit hebben die mensen? In principe kunnen ze hun eigen paspoort kiezen. Als we dat voor ogen houden, wat betekent dat?

Ja, wat betekent dat, zei Nathalie met een wervelende beweging van haar hand die waarschijnlijk betekende: zeg het gauw, dan vinken we dit af. Ze wilde eindelijk overgaan tot het volgende onderwerp.

*Well*, zei David Charlton, ik zou denken dat het zinvol zou zijn als we de volgende mogelijkheid in aanmerking zouden nemen: dat we de naties niet afzonderlijk toelaten, maar gewoon de hele regio.

Ik begrijp je idee niet, zei Nathalie, zo gaat het toch ook. We onderhandelen met alle landen tegelijk en parallel, en aan het eind...

Ik denk, zei Karl Auer, dat David bedoelt dat we hier een voorbeeld kunnen geven, door een eerste stap in de richting van het Europa van regio's...

Onze onderhandelingspartners zijn de nationale regeringen, en uiteindelijk krijgen alle mensen een Europees paspoort en bestaan er geen grenzen tussen hun landen, zei Nathalie, alleen op die manier werkt het. In elk geval...

We zouden toch kunnen... (David)

Ja, we kunnen van alles en nog wat, maar alleen binnen het kader van wat we moeten. Wat we niet kunnen is het systeem veranderen. De beslissing ligt bij de staats- en regeringsleiders en niet bij de Commissie. Dat ik een Engelsman daaraan moet herinneren!

Ier, alsjeblieft!

Hoe dan ook! Belangrijk is nu het volgende. De directeur is van mening, en ik denk dat iedereen het daarmee eens zal zijn, dat ons idee om samen met de Balkanstaten een donorconferentie te organiseren, alleen maar om ze na die veto's een enigszins positief signaal te geven met betrekking tot hun vooruitzicht op toetreding, dat dat idee nu dus achterhaald is. Temeer...

Ze keek glimlachend de kring rond. Nu kwam er iets wat

haar kennelijk erg amuseerde. Temeer, zei ze eindelijk, omdat een dergelijke conferentie al zal plaatsvinden, informeel en buiten onze verantwoordelijkheid. Op een schip. Ja, op een schip dat een cruise zal maken door de Adriatische, Ionische en Middellandse Zee.

Ze laste een pauze in, genoot van de vraagtekens in de ogen van haar collega's. Ja, zei ze ten slotte, we kunnen ons verheugen op een cruise. 28 november is de belangrijkste feestdag in Albanië. De Dag van de Onafhankelijkheid. Op die dag loopt bij de nationale rederij van Albanië een groot cruiseschip van stapel en de Albanese minister-president heeft regeringsleiders van de Balkanstaten, de ministers van Buitenlandse zaken en Europese Zaken van de EU-lidstaten en vertegenwoordigers van de Europese Commissie uitgenodigd voor die maidentrip. Het directoraat-generaal heeft al toegezegd. Er vinden informele gesprekken en uitwisselingen plaats, eten van Bledar Kola...

Wat is dat? (Adam)

Wíé is dat? De beroemdste kok van Albanië. 's Avonds concerten van het Albanian Philharmonic Orchestra, maar ook – ze keek in haar papieren – *muzika popullore*, ja, hier staat: muziek met traditionele dans...

De conferentie danst! (Karl Auer)

En valt jullie iets op? vroeg Nathalie. De datum! Nou? Die cruise met de elite van Europa vindt precies twee weken voor de Balkanconferentie in Poznań plaats. En is pas een paar dagen ervoor afgelopen. Hoe zal de stemming in Poznań dan zijn?

Neemt Mateusz, ik bedoel de Poolse minister-president, aan die cruise deel?

Zoals het er nu uitziet, ja.

Dan komt er zeker een schiettent op het schip.

Ach Adam!

Serieus, zei hij, jij veegt dat zo van tafel, maar ik denk dat we erover moeten discussiëren.

Waarover? Wat bedoel je?

Ik bedoel dat we een probleem hebben waarvan we ons de draagwijdte nog niet bewust zijn, en ondertussen verheugen we ons als er iets leuks plaatsvindt in de marge van dat probleem, een cruise, nou geweldig. En Frankrijk en Nederland hebben hun veto tegen toetredingsonderhandelingen met een paar staten op de westelijke Balkan teruggetrokken, nou geweldig. Ik weet niet of jullie de Albanese dichter Fate Vasa kennen, onlangs is er een Franse vertaling verschenen van een dichtbundel van hem, *Le chant des sirènes*, ik ontdekte die toevallig in Boekhandel Passa Porta, nou, ik vind hem opmerkelijk, hij schrijft, ik weet het nu niet letterlijk, ongeveer het volgende: *Wat daar zo rood glimt op velden en beemden, straten en pleinen, is niet het licht van de nieuwe ochtend maar in het ochtendlicht het bloed dat niet wegsijpelen wil.* Anders uitgedrukt, Nathalie, je denkt ahistorisch en apolitiek, dat is idioot. Neem me niet kwalijk, ik bedoel... ja, ja, ik zei toch: neem me niet kwalijk! Dus, wat ik zeggen wilde: we mogen ons niet voor de gek laten houden, wat wij zien is niet het ochtendrood. Wacht! Laat me het samenvatten. Dus, de Albanese minister-president nodigt mensen uit voor een cruise, en hij nodigt iedereen uit die twee weken later in Poznań bijeen moet komen. Is die datum toeval? Oké, de aanleiding, de belangrijkste feestdag van Albanië en tegelijkertijd een nieuw schip dat van stapel loopt, een schip dat alles in de schaduw stelt wat de zeevarende natie Albanië ooit heeft gebouwd, het maakt een onschuldige indruk, die feestdag valt nu eenmaal op die dag en het schip is nu eenmaal klaar, dus laat je het van stapel lopen, maar: moet je met het van stapel laten lopen op een nationale feestdag werkelijk vooruitlopen op een conferentie die, al lang geleden gepland, twee weken later zal plaatsvinden? Toeval? Of zit er toch een plan achter? Indien ja, waarom vragen wij ons dat dan niet af, waarom discussiëren we daar niet over? Ter herinnering: We hebben gehoord dat de Albanese minister-president ervan wordt verdacht dat hij opdracht heeft gegeven tot de diefstal uit een Weens museum van een helm die toebehoord zou hebben aan een nationale held van Albanië. En laatst kwam het bericht dat hij ook een kopie heeft laten maken van die helm, op maat... wacht! Luister! Ja, dat klinkt onwerkelijk, maar het is geen wartaal, het is heel simpel, luister! Alles bij elkaar is het namelijk... wacht! Ik zei: LUISTER! Luister, een minuut maar, ja? Dus: alles bij elkaar ontstaat er een duidelijk beeld: toen Albanië werd afgewezen door Frankrijk en Nederland, toverde de Albanese regering de nationale troef uit haar mouw. Als de Albanese minister-president die helm van een nationale heilige uit de middeleeuwen op zijn hoofd zet, is hij de vorst aller Albanezen. Vraag bij de afdeling research maar na wat dat politiek betekent! Goed. En die helm zit hem als gegoten, dus ziet iedereen dat de minister-president de reïncarnatie is, de legitieme opvolger. Geen wonder, hij heeft die helm immers op maat laten maken. En als iemand zou zeggen, nee, nee, het is een vervalsing, de echte helm ligt in Wenen in het museum, dan kan hij zeggen: daar wordt hij vermist. Duidelijk? Zo zie ik dat. Maar er zit heel iets anders achter. Waarom heeft hij die cruise nu nodig, twee weken voor de Balkanconferentie in Poznań? Frankrijk en Nederland hebben hun veto tegen toetredingsonderhandelingen ingetrokken, maar de minister-president weet natuurlijk dat Polen binnen de Raad heeft gelobbyd tegen Albanië, maar zich nu op de vlakte houdt. Nu moet Polen, over helmen gesproken, met open vizier strijden. In Poznań, tijdens de conferentie zouden ze dat niet hoeven, daar zijn ze gastheer, moderator. Overigens wordt bij zulke conferenties het slotcommuniqué altijd met alle delegaties vooraf afgestemd en geformuleerd. En wel zo wollig dat de realpolitici kunnen zeggen: zand erover! Niemand weet dat beter dan wij. Maar tijdens die cruise, geheel informeel, als je niet te gast in Polen bent, maar zelf de gastheer, een gastheer bovendien die zich presenteert met een air van nationale grandeur, dan kun je wel een keer duidelijke taal spreken. Bijvoorbeeld: Wij Albanezen voeren juridische hervormingen uit die een onafhankelijke rechtspraak garanderen, zoals jullie hebben geëist, en jullie kijken hulpeloos toe hoe Polen de onafhankelijke rechtspraak knevelt, de rechtsstaat verwoest terwijl de voorzitster van de Commissie haar handen wast alsof...

Oké, kwam Nathalie tussenbeide, we nemen voor kennisgeving aan dat jij je het hoofd breekt ten behoeve van de voorzitster, dat is erg aardig van je, maar...

Rookpauze, riep Adam, ik stel voor dat we een rookpauze nemen!

Sinds wanneer rook jij?

Ik rook niet, maar jij wel. Misschien ben je wat minder onstuimig en agressief als je even naar buiten gaat.

Nathalie rolde met haar ogen en schudde haar hoofd. Ze liep er gewoon voor weg. Met de staart tussen de benen, dacht Karl Auer.

Ze haalde diep adem, trok een vel papier uit haar map en liet dat rondgaan. Hier, een foto van het schip. Indrukwekkend, toch?

SS Skanderbeg!? Hoezo SS? Wat betekent SS? (Adam Prawdower)

Sailing Ship? Maar ik zie geen zeilen. (David Charlton)

Stormstapelloop? (Karl Auer)

Jullie weten ook niks, zei Nathalie.

Vijf minuten later stonden Nathalie en Karl op de brandtrap en staken een sigaret op. Ik vond het interessant wat Adam zei, zei Karl, ik vind...

Toen gooide Nathalie de sigaret waarvan ze pas één trek had

genomen op de binnenplaats. Was dat een antwoord? Karl Auer keek naar haar. Ze was een knappe vrouw. Dat was een feit, om het even wat een man nou precies zo mooi aan haar vond. Haar ponykapsel gaf haar iets brutaals, haar groene ogen – dat wist Karl zeker – hadden al heel wat mannen betoverd. Plotseling stelde hij zich voor hoe haar mond zachtjes lachte naast het oor van een minnaar. En ineens was ze een vreemde voor hem. Ze draaide zich om en liep weg. Wat was dat nou? Nu werkte hij al zo lang met haar samen, maar nog nooit had hij zo naar haar gekeken, haar waargenomen als bijzonder aantrekkelijk, raadselachtig en een volkomen vreemde. Hij dacht aan Baia. Wat was er nog nodig om te begeren?

In zijn kamer las Karl eerst maar eens het vel van zijn scheurkalender: *De les van Columbus: het mooiste doel bereikt hij die een ander doel had.* Dat was de spreuk van vrijdag. Hij scheurde het vel af. Zaterdag: *Verstandig kan iedereen zijn. Vooropgesteld dat hij geen fantasie heeft.* Hij scheurde het af. Zondag: *Ieder mens wordt met vleugels geboren, maar de meesten hebben vliegangst.* Hij scheurde het af. Maandag, vandaag: *Sommige mensen leven met zoveel routine dat het moeilijk te geloven is dat ze voor het eerst leven.* Hij keek er een paar seconden naar en wilde het al afscheuren, nee, morgen pas. Hij ging aan zijn bureau zitten, opende zijn mailbox. Er was een bericht van Baia Muniq. Onderwerp: Skanderbeg?

Op hetzelfde moment overlegden commissaris Franz Starek in Wenen en Europol Assistent Director Max-Otto Hagenbeck in Den Haag via Zoom met elkaar.

Hagenbeck meldde dat het hem gelukt was een 'junior suite' op de ss Skanderbeg te boeken.

Die is zestig vierkante meter en kan drie mensen herbergen, ideaal dus voor ons. De suite heeft ook een privézonneterras van zesentwintig vierkante meter. Panoramisch uitzicht vanuit de kamer. Een toilet in de badkamer en een apart toilet. Vind ik ook goed. En het geheel kost maar weinig meer dan drie kleine eenpersoonshutten van vijftien vierkante meter met zicht op zee door een kleine patrijspoort. Jij zei dat ik de vrije hand had, zei Hagenbeck, ik hoop dat je het eens bent met mijn beslissing.

Franz Starek wist natuurlijk dat het begrip 'junior suite' niet betekende dat die bedoeld was voor jeugdige passagiers, een kinderkamer als het ware, terwijl de ouders in de senior suite sliepen, toch trof het woord hem pijnlijk. Hij zag Max-Otto op het beeldscherm en zichzelf in klein formaat aan de zijkant, het kwam waarschijnlijk doordat hij 'junior' hoorde precies op het moment dat hij dacht dat zijn vriend de laatste jaren schrikbarend ouder geworden was. Max-Otto had nog steeds een volle bos haar, maar die was grijs geworden, waardoor zijn gezicht met de baardzweem en de donkere oogkassen (waarschijnlijk door de weinig flatteuze belichting) de indruk maakte van een ouderwetse zwart-witfoto. De rimpels rond zijn mond leken met inkt getekend. En hijzelf: beginnende kaalheid, hangwangen en zijn mond – die verwarde hem nog het meest: zijn vroeger volle lippen, die zijn ex-vrouw in hun gloriejaren als 'ideale kusmond' had omschreven, waren een dunne streep geworden die twee webben van rimpels verbond. En dan...

Hoorde je wat ik zei? Wat denk je?

En dan had hij zich nog wel afgevraagd of hij niet een modernere bril moest aanschaffen. Ja, ja, zei hij snel, natuurlijk, dat klinkt goed! Ik bedoel, ik heb geen ervaring met cruiseschepen...

...en hij wist niet zeker of hij zo'n ervaring überhaupt wilde opdoen...

Maar ik denk dat je een goeie beslissing hebt genomen. In elk geval, ja, beter dan een piepkleine singlehut.

Korte pauze. Toen zei Starek: ik vind de naam van het schip verwarrend: SS Skanderbeg. A propos: heb je iets kunnen ontdekken over de SS-divisie Skanderbeg?

Nee, we hebben daar de bevoegdheid noch de middelen voor. Dat moeten historici onderzoeken. En die SS in de scheepsnaam heeft niks te maken met...

Ja, wat betekent dat?

Je bent nooit te oud om te leren, zei Hagenbeck. Het prefix MS of SS in scheepsnamen staat voor motor- respectievelijk steamship. Ik als Hamburger weet dat, maar het is eigenlijk verouderd. Er worden immers geen stoomschepen meer gebouwd, stokers die beneden in de scheepsbuik kolen staan te scheppen, dat bestaat niet meer. Maar moderne schepen gebruiken het SS weer met trots omdat ze een nieuwe technologie gebruiken, COGES genaamd: daarbij wordt restwarmte van de eigen stroomvoorziening op het schip naar stoomturbines geleid, heb ik me laten uitleggen, ik begrijp het natuurlijk niet, maar in elk geval neemt de energie-efficiëntie met dit systeem duidelijk toe, er zijn weliswaar geen stokers meer, maar wel stoomturbines. In ieder geval staat SS tegenwoordig voor geavanceerde technologie. En geloof me, geen mens die aan een nazidivisie zal denken.

En de helm? Er was nog steeds geen spoor, niet de minste aanwijzing waar de helm die uit het museum in Wenen was gestolen, zich zou kunnen bevinden, er was niet de geringste gegronde verdenking wie of wat de daders waren. Dat was snel afgehandeld. Óf het toeval komt ons te hulp, zei Starek, óf we sluiten het dossier en dan is het gewoon een verzekeringskwestie.

Misschien ben ik gek, zei Max-Otto, maar ik ben er vrij zeker van dat we aan boord van de SS Skanderbeg op een spoor zullen stuiten. Iedereen voor wie die helm enige betekenis heeft, zal aan boord zijn.

Je bedoelt dat we op een deckchair zullen zitten (ons te vervelen, zei Franz niet) en dan komt er een albatros met de beslissende aanwijzing in zijn snavel?

Lach maar, zei Max-Otto, goeie oefening. We zullen veel te lachen hebben.

Bij alle vriendschap werd Franz Starek niet enthousiast bij het vooruitzicht binnenkort tien dagen op een cruiseschip te zitten. De ss Skanderbeg. En natuurlijk moest hij nou weer aan die Albanese ss-divisie denken. Hij was ervan overtuigd, welhaast obsessief, dat er een verband bestond tussen de gestolen helm van Skanderbeg en de geschiedenis van de ss-divisie. Die divisie was opgericht door een Wener. En de helm, die, zoals historische bronnen aantoonden, op het vaandel van de divisie geborduurd was, bevond zich in Wenen. Het was zelfs goed mogelijk, dacht hij, dat de diefstal door Weners was gepleegd, door neonazi's die een relatie hadden met Skanderbeg, bijvoorbeeld omdat ze nazaten waren van ss-officieren die in Albanië in die divisie hadden gediend, of door Albanezen die in Wenen woonden en een ondergrondse fascistische organisatie hadden opgericht die banden onderhield met fascisten in Albanië en nazi's in Oostenrijk en Duitsland. Volgens hem kwamen alleen zulke malloten in aanmerking als dader. Wie anders kon er belang bij hebben een helm te stelen die je vervolgens niet openbaar kon exposeren? Van fascisten kon je gewoon alles verwachten. Dat stond voor hem als een paal boven water. Hij ergerde zich er vaak aan dat de sociaaldemocraten tegenwoordig geen antwoord meer hadden op antidemocratische en autoritaire ontwikkelingen in Oostenrijk en Europa, ja, in hun naïviteit zelfs de concurrentie aangingen met rechtse populisten. Zijn partij was een spons geworden, poederdroog van het krijtstof nadat ze alles wat ooit een sociaaldemocratisch principe was van het bord hadden gewist. Er waren alleen nog wat vegen over. De partijleiding streed liever tegen vluchtelingen dan tegen nieuwrechts. Starek was een trouw partijlid, maar hij liet zich niet in slaap sussen. Dat was niet alleen partijtrouw, maar familietrouw. Zijn grootvader had hem verteld hoe het was, indertijd toen de fascistische christensocialen het vuur hadden geopend in de gemeenschapshuizen van de arbeiders. Zijn grootvader was toen nog een kind, maar het had hem gevormd. Zijn vader, Stareks overgrootvader dus, een overtuigd socialist, was daarna niet zoals zovelen overgelopen naar de nationaalsocialisten, zoals de vader van tante Hilda bijvoorbeeld, wiens foto hij in de zomervakantie boven het telefoontafeltje van zijn tante had gezien, tot hij oud genoeg was om de geschiedenis van die overgrootoom te onderzoeken. Gelukkig was die meteen aan het begin van zijn 'herrenvolk'-loopbaan doodgeschoten. Starek was er absoluut zeker van dat de man als hij was teruggekeerd niet zou zijn geaccepteerd binnen de familie, het zou de familie hebben verscheurd, en er zouden geen zomers met neef Karl bij tante Hilda zijn geweest.

Ja, het kon gewoon niet anders, alleen de fascisten kwamen in aanmerking, ergens in een kelder, in een rattenhol, waarschijnlijk hier in Wenen zelfs, bevond zich het stormvaandel van de SS-divisie Skanderbeg, én de helm van Skanderbeg. Dat was het enige plausibele spoor volgens Starek. Alleen als je daarvan uitging paste alles in elkaar.

Spoor? Nou, 'n spoor dat zou 'k niet gezegd willen hebben, durfde Huber tegen te werpen. D'r is, met permissie, in verband daarmee geen enkele enigszins tastbare aanwijzing, niet de minste indicatie.

U bent dus van mening, zei Starek geërgerd, dat logisch denken zelfs geen indicatie is? Waar moet dat heen, Huber, als we zeggen dat de logica niet eens deugt als indicatie. Logica is dus gezwam, logica is idioot, of wat? Alles, Huber, absoluut alles bezit een interne logica. Dat is meer dan een indicatie, dat is een evidentie. Alles kan alleen met alles worden verbonden en samenhang vertonen als het aan een logica gehoorzaamt, zoals oorzaak en gevolg, zoals geschiedenis en... en, en wat wat er nu is, hoe zal ik het zeggen, als eigentijdsheid, ja, zoals geschiedenis en eigentijdsheid, zoals leven en dood, of omgekeerd, zoals dood en leven...

Huber keek Starek verbijsterd aan: Ga' we nou filosofisch lopen doen?

Ik heb nog een afspraak buiten de deur, zei Starek.

Hij ging naar Gasthaus Pistauer.

Daar trof hij Prochaska aan. Starek stond paf toen hij zag dat de gepensioneerde leraar over de kruiswoordpuzzel van de *Kronenzeitung* gebogen zat.

Ik wist niet dat u kruiswoordpuzzels oploste.

Soms, antwoordde Prochaska, zelden. Er valt zoveel te puzzelen in ons leven dat het bezig zijn met een kruiswoordpuzzel helpt om je door middel van een puzzel af te leiden van het vele gepuzzel. Maar dit hier, kijk hier eens alstublieft! Dit hier is echt uiterst spannend.

Starek ging tegenover hem zitten. Prochaska schoof de krant naar hem toe en tikte met zijn vinger in het midden van de kruiswoordpuzzel. Dit is echt spannend, zei hij, ik pakte de krant om de tijd wat te doden, en toen ik hem doorbladerde zag ik dat een andere gast de puzzel al had gemaakt.

Meneer Hans bracht ongevraagd een groot bier. Hetzelfde als altijd, majoor? Graag, meneer Hans.

Ik wilde al verder bladeren, zei Prochaska, toen me iets opviel waaraan ik bleef haken. Kijkt u eens naar zeven horizontaal, daar, precies in het midden van de puzzel.

Schrijver van *Misdaad en straf*, zei Starek.

Raskolnikof.

Is dat niet verdomd geestig? Dostojevski en Raskolnikof

hebben hetzelfde aantal letters. En daarom moet die persoon hebben gedacht dat zijn antwoord juist was. Maar daarna moest wel alles eromheen er ook bij passen, kijk hier, vijf verticaal, zeven verticaal en daar! Is dat niet oergeestig? Die persoon was zo geobsedeerd door Raskolnikof dat hij telkens een oplossing vond die paste, ook al klopte die niet. Het is hem gelukt, op drie vakjes na. Hier kijk: Oostenrijkse bestsellerschrijver met zes letters. Simmel zou het juiste antwoord zijn, maar die persoon had vanwege Raskolnikof een K nodig in plaats van een S als eerste letter. En de tweede moest een I zijn. Ki...Ki, en inderdaad vindt die persoon een oplossing: Kishon. Die was weliswaar geen Oostenrijker, maar hij werd vertaald door Friedrich Torberg, en die was Oostenrijker. En hetzelfde aantal letters. Dus juist! Verder! Zo paste hier ook oom, hoewel opa juist was geweest, zelfde aantal letters. En hier: Latijns-Amerikaanse dans. Tango natuurlijk. Maar polka gaat ook, heeft evenveel letters en past. Voor iemand die geobsedeerd is door Raskolnikof moet een polka ineens een Latijns-Amerikaanse dans zijn! Geweldig. Kan zo zijn, als het zo moet zijn. De polka, door emigranten naar Argentinië gebracht! Dus klopt! Verder. Openbaar vervoermiddel. Vier letters: tram natuurlijk. Maar alleen auto past erin. Openbaar vervoermiddel? Auto? Moet je dan niet achterdochtig worden? Niet als je niet meer vraagt naar het waarom van de premisse. Vandaar: auto's zie je overal in het openbaar, dus juist. Bijzonder charmant vind ik overigens zeven verticaal: De J van Dostojevski werd door Raskolnikof een L. En wat is het antwoord op stichter van een religie, vijf letters? Jezus natuurlijk. Maar de eerste letter moest een L zijn. En inderdaad past leven daar. Is dat niet geweldig?

Prochaska giechelde. Maar nu komt de clou, zei hij, en die grenst aan een mirakel. Ziet u die vakjes daar die vet omlijnd zijn? Die moeten, als de kruiswoordpuzzel juist ingevuld is, een woord opleveren. Rooms-Duitse heerser. Zes letters. Als je de puzzel correct invult komt er als juiste oplossing Ludwig te staan. En voor ons genie, dat dacht dat Raskolnikof de schrijver van *Misdaad en straf* is, en voor alles daaromheen een antwoord heeft gevonden, komt er inderdaad ook een oplossing tevoorschijn: Konrad. Ziet u? Dat is natuurlijk fout, maar een meesterlijke prestatie. Voor de O in Konrad had hij een Europese rivier nodig met een O als tweede letter, in plaats van een U voor het juiste antwoord Ludwig. Juist was Fulda geweest, maar hij vulde Donau in, zelfde aantal letters, en zo kwam van het een het ander. In het geval van Fulda was een A de eerste letter geweest voor verticaal, Turkse mannelijke voornaam met drie letters. Ali natuurlijk. Maar vanwege Donau was de eerste letter van het gezochte woord een U, en Udo leek een goede oplossing. Dat Udo niet Turks is deed er niet toe, misschien zijn er Turken die Udo heten, het paste en was daarom juist en bevestigde de premisse. Alles wat fout was, leek logisch, alles.

Starek keek verbaasd op. Meneer Hans merkte dat meteen op en bracht een tweede bier. Schuim. Schuim op vuur.

Fate Vasa pelde een kilo uien en snipperde die. Hij wist hoe je uien moest snijden zonder dat je ogen gingen tranen. Dat was een kwestie van snijtechniek: voorwaarde was natuurlijk een scherp mes dat sneed zonder te kneuzen, maar wat vooral belangrijk was: nooit dwars op de nerf. Bovendien hielp het de gepelde uien van tevoren even in koud water te dompelen. Het was allemaal een kwestie van techniek, die maakte het verschil, net als in de politieke communicatie. Dat was hem volkomen duidelijk. Als je een onderwerp wilde aansnijden dan moest je de basistechnieken kennen, het aansnijden zonder onaangename en onverwachte reacties te veroorzaken, maar vreugde, zoals bij een goede uiensoep, die zonder tranen wordt geserveerd. Fate dacht na. Hij at zijn uiensoep. In feite was alles duidelijk. Als de ZK de helm niet meer kan of wil opzetten in het openbaar, dan is er gezien de hatelijkheid waarmee hij geconfronteerd wordt maar één oplossing. En die zal de stemming doen kantelen.

Ismail Lani moest erkennen dat de ZK bijzonder goed gebrieft was door Fate. Tijdens de persconferentie had de chef binnen enkele minuten de lachers op zijn hand, ieders sympathie en ten slotte, bewondering.

De oppositie, de zogenaamde Democratische Partij voorop, verwijt mij dus dat ik een kopie van de helm van Skanderbeg heb laten maken, begon de ZK, een vervalsing, *Oh kohë e dashur*, ik ben een vervalser, riep hij pathetisch uit en sloeg tegen zijn voorhoofd, ik ga bij mezelf te rade en als ik weer opkijk, wat zie ik dan? Een gigantisch vervalsingsatelier van de Democraten! Waren het niet de Democraten die een kopie van Skanderbegs helm vervaardigden, en een kopie van Skanderbegs zwaard bovendien, en alsof dat niet genoeg was, kopieën van vijfentwintig schilden die Skanderbeg ter bescherming zou hebben gedragen tijdens vijfentwintig veldslagen, die je dus niet eens kopieën kunt noemen, maar simpelweg bedenksels, en nog altijd was het voor de Democraten niet genoeg, ze produceerden ook nog een maliënkolder die ze toeschreven aan Skanderbeg, ja, het vervalsingsatelier van de oppositie was uiterst productief. En dat alles kunt u bezichtigen in het aardige stadje Shoçe, waar Skanderbeg kennelijk ooit een keer een schermutseling heeft uitgevochten, en waar daarom onder een democratische burgemeester een Skanderbegmonument werd opgericht. Het moest een bedevaartsoord voor nationalisten worden *Oh kohë e dashur* – hij lachte. Kent u iemand, ging hij verder, die er een pelgrimstocht naartoe heeft gemaakt? (*Eerste journalisten lachen)* Ik ken iemand, één iemand! Namelijk ikzelf! *(Gelach)*. Ja, ik ben er geweest, heb bekeken wat het beruchte democratische vervalsingsatelier daar tentoongesteld heeft, en *o zot i madh!* Dat moet u gezien hebben! Zo goedkoop, zo primitief! Het ziet eruit als papier-maché. *(Luid gelach).* De grote held van onze natie volkomen onwaardig. Ik weet niet wie de opdracht kreeg tot het vervaardigen van die pijnlijke vervalsing – misschien de zoon van de partijvoorzitter van de Democraten, opdat die een beetje kon bijverdienen, betaald met belastinggeld? *(Gierend gelach)* Lijkt er wel op, tenminste. *(Aanhoudend gelach).* Nee, nee, *zonja dhe zotërinj*, dat kunnen de Democraten mij niet in de schoenen schuiven, dat hebben ze zelf uitgevreten. Maar ik heb, om dat pijnlijke geval glad te strijken, iets heel anders gedaan. Ik heb de beste edelsmid van het land de opdracht gegeven een tot in het kleinste detail getrouwe reproductie van de helm van Skanderbeg te vervaardigen, waar een internationaal publiek versteld van zal staan. Zoals u weet zal op onze nationale feestdag de SS Skanderbeg van stapel lopen, een meesterwerk van Albanese scheepsbouw, de trots van het moderne Albanië, en in het middelpunt van dit geweldige schip, in het atrium van de Skanderbeg, wordt die helm tentoongesteld. In een vitrine van gepantserd glas. Waarom gepantserd glas? Nou, we willen niet dat het ons vergaat als de Weners met hún kopie! (*Gelach.*) De staats- en regeringsleiders van Europa, evenals illustere gasten uit aller heren landen zullen dit grote symbool van Albanese eenheid kunnen bewonderen en...

Ja, Ismail moest toegeven: dat had Fate goed gedaan, de chef kon de stemming laten kantelen en de volgende dag was in alle media de 'trots van Albanië' te zien, de SS Skanderbeg, waar de getrouw naar het origineel vervaardigde helm logischerwijs te zien zou zijn. Het werd geen kopie meer genoemd, en de media noemden het al helemaal geen vervalsing meer, de helm werd alleen nog omschreven als getrouw aan het origineel.

Wat Ismail dwarszat was dat Ylbere niet naar de persconferentie was gekomen. RTSH24 had de man gestuurd die verantwoordelijk was voor cultuur en niet haar, de redactrice binnenlandse politiek. Was dat een beslissing van de hoofdredacteur of had Ylbere deze afspraak zelf overgelaten aan een collega?

Na de persconferentie belde Ismail de omroep. Nee, ze was niet aanwezig. Of hij haar mobiele nummer kon krijgen? Nee, dat was niet mogelijk. Of hij een boodschap voor haar kon achterlaten? Uiteraard. Hij verzocht te worden teruggebeld.

Alsof heel dat intieme weekend er niet was geweest. Op de vroege zondagavond al was het als uitgedoofd nadat Adam dat telefoontje had gekregen, waarna hij het eten liet aanbranden en zonder een woord te zeggen woedend in zijn werkkamer verdween. Dorota had daarna havermoutpap gemaakt voor de kleine Romek en zelf een boterham met kaas gegeten, Adam liet zich niet meer zien. Wilde hij niets meer eten? De steaks had hij laten aanbranden, maar er was nog brood en kaas in huis, en eieren, Dorota zou graag pannenkoeken voor hem hebben gebakken, met sinaasappelmarmelade, daar was Adam dol, 's morgens als ontbijt, 's avonds als dessert en eigenlijk altijd ook als avondeten. Maar hij liet zich niet meer zien. Romek duwde de kleine lepel in de pap en kwakte de pap over de tafel, op de grond, afgelopen, dacht Dorota en bracht het kind naar bed. Hij verzette zich tegen het slapengaan, maar viel uiteindelijk in slaap, en Dorota bleef bij Romek liggen, huilend. Romek zweette, zij huilde. Ze moest het dekbed hebben weggeduwd of weggetrapt, want ergens midden in de nacht merkte ze in haar halfslaap dat Adam er was en haar toedekte. Toen ze 's ochtends opstond was Adam al vertrokken en duwde Romek een stoel door de kamer. Toen Adam 's avonds terugkwam van zijn werk wist ze dat dat verliefde weekend waarschijnlijk niet meer dan een droom was geweest, in de woonkamer zat niet de man van wie ze hield, daar zat de man die haar angst inboezemde. Ze schrok toen ze dat dacht. Misschien was angst het verkeerde woord. Zorgen. Daar zat hij, zijn hoofd in zijn handen, zodat de handpalm het verbrande oor bedekte. Als hij thuiskwam, zijn zoon niet optilde en kuste, niets wilde eten, een fles wodka voor zich neerzette en in het niets keek... wat zag hij dan in dat niets? Er was toch overduidelijk iets gaande met hem, en daar staarde hij naar... als hij daar zo zat, onaanspreekbaar, dan, ja dan zat daar de man die haar angst inboezemde.

Aan de tuinkant had de woonkamer een glaswand. Op warme dagen in de zomer als het niet regende kon je drie van de vier glazen deuren opzijschuiven en de kamer met de tuin verbinden. Het waren gelukkige dagen, als ze thuis waren en tegelijk buiten, de geur van de rozen, de rook van de barbecue, het zoemen van insecten, de vrolijke tere vleugelslagen van de vlinders, het knisperen van ijsblokjes in de kleine kuip van roze plastic waarin blikjes bier en wijnflessen lagen, het lachen van vrienden, Poolse volksmuziek. Wat is dat? Dikanda! Uit Polen! Zet iets anders op! Paolo Conte. Jaaaa! Het zijn beelden die ooit als herinnering sentimenteel zullen stemmen. Ja dat waren mooie dagen, zorgeloze dagen!

En nu. De glazen deuren waren natuurlijk dicht, de regen, die was beginnen te vallen toen Adam thuiskwam, was heviger geworden, het water spatte tegen het glas waarin steeds weer flitsen weerlichtten, harde wind rukte de laatste bladeren van de bomen, opwervelend loof tolde door de tuin, het zwarte wolkendek, geen licht te zien, alleen die bliksemflitsen.

Adam zat naar de glazen wand te staren als naar een terrarium, Dorota zat op de bank, sloeg hem gade. Ze zou nu graag met hem over hun toekomst hebben gepraat, eigenlijk over de vraag of ze het aanbod moest accepteren om als juriste bij de ngo APC, Alliance pour le climat te gaan werken, of moest ze aan het concours proberen mee te doen om Europees ambtenaar te worden. Leren voor het concours kon ze allicht combineren met thuisblijven met Romek, maar nu dacht ze:

misschien moet ik gewoon met Romek teruggaan naar mijn ouders in Italië. En dan... wat? Hier ben ik weer, lieve ouders. Is helaas niet gelukt, mijn leven. En kunnen jullie het kind misschien even van me overnemen, jullie kleinkind.

Nee. Ze huilde. En hij zag het niet. Voor Dorota op de salontafel stond de fruitschaal. Ernaast een bord en een fruitmesje. Ze pakte het mes op.

Ze legde het mes weer neer. Nee, ze wilde nu geen appel.

Adam vroeg zich af hoe je het probleem kon oplossen. Als kind hadden Mateusz en hij een eed gezworen op de strijd, op het verzet, op de compromisloosheid van hun idealen, en op de solidariteit. Die eed hadden ze bezegeld met hun bloed. Die nacht in het seminarie, toen Mateusz ijskoud had gezegd: Wie die eed breekt, moet sterven. Als jij zegt dat de hemel blauw is, moet ik je doden. Hij, hij was degene die dat had gezegd. Adam voelde die kilte in zijn bloed, herinnerde zich hoe hij geschrokken was en had gedacht dat hij zoiets nooit zou kunnen, nooit in staat zou zijn die consequentie te trekken, ik hou van je, had hij destijds immers gedacht, Mateusz, ik hou van je, ik zou je nooit kunnen doden, maar hij had gevoeld dat Mateusz het volstrekt serieus meende en bereid was over lijken te gaan, en dus had hij er alleen maar het zwijgen toe gedaan, een zwijgen dat instemming was, zij het uiteindelijk niet meer dan het verzwijgen van zijn bedenkingen. Maar hij, Adam, was degene die een strijder werd, een soldaat voor de zaak, dat had hij laten zien door zich op de brandende Piotr Szczęsny te storten om diens leven te redden, terwijl Mateusz alleen maar cynische opmerkingen kon maken over hun bloedbroeder. Mateusz heeft ons verraden, onze vaders verraden, de erfenis die ze ons meegegeven hebben, hij heeft onze zaak verraden. In de strijd tegen de staat van beleg waren we dankbaar voor internationale solidariteit, en de dank van regeringsleider Mateusz daarvoor is het meest gruwelijke nationalisme. Wij streden voor de rechtsstaat, voor de scheiding der machten en de rechtsstaat. Mateusz vernietigt de rechtsstaat, negeert het Europese recht. Wat te doen? Hij had het zelf gezegd, indertijd, tijdens die koude nacht in het seminarie.

De regen en de storm sloegen tegen het glas, Adam keek ernaar als naar een video, gedoe dat je kon uitschakelen, het had met hem niks te maken, hij was bijzonder kalm, kil en kalm, zonder enige emotie dacht hij: doodgemoedereerd. Het voelde haast aan als een dode ziel.

In wezen had Mateusz indertijd zijn eigen doodvonnis uitgesproken, dacht Adam. Maar hoe het te voltrekken? De soldaat in hem ging de mogelijkheden na, overwoog de varianten, nog geen van alle bruikbaar, maar de soldaat stond paraat. Het liefst had hij een variant gebruikt die geheel en al onmogelijk was: Mateusz naar de Plac Defilad sleuren en hem daar in brand steken. Was zomaar een fantasie. Maar hij dacht wel degelijk na hoe je in zijn buurt kon komen om hem neer te schieten. Als je de gelofte die ze hadden afgelegd serieus nam, en als je Mateusz' huidige politiek beoordeelde, dan was het volkomen duidelijk: Mateusz moet sterven. Verbazingwekkend wat hij hoorde, in gedachten verzonken als hij was: Ata! Ata!

Adam draaide zich om, zag hoe zijn zoon opstond, ja, hij trok zich op aan een stoel, draaide weg van de stoel, zette een stap, twee stappen, Ata! En Adam zag hoe Romek op hem af liep. Hij haalde het. Met zijn laatste stap viel hij in Adams armen.

Natuurlijk had Adam sinds de geboorte van Romek gedacht en gezegd dat hij nu vader was. In werkelijkheid werd hij dat nu pas. Nu zijn zoon niet langer aan de moeder hing en door haar aan hem werd overhandigd, nu hij niet langer ergens rondkroop, maar zich oprichtte en bewust besloot om op hem af te lopen. Hij was niet ergens heen gekropen waar je hem moest wegtrekken bij een bron van gevaar, hij was juichend in de armen van zijn vader gelopen. De zelfstandige beslissing van een kind dat tot dan toe het wormvormige aanhangsel van zijn moeder was: Kijk, ik kom naar jóú toe, míjn vader!

Adam tilde Romek op, kuste hem, drukte hem tegen zich aan en deed een paar passen die je bij een zo stijve man toch wel als een dansje mocht omschrijven.

Sinds Alessandro Crotone bij het starten van de motor van zijn gepantserde Mercedes de lucht in gejaagd was door een springlading van zulke kracht dat ze erna niet eens zijn Rolex meer teruggevonden hadden, had er in Brindisi niet één spectaculaire maffiamoord meer plaatsgevonden. En het was toch al zes jaar geleden. Dat veranderde op deze maandag begin oktober. In Wenen was Franz Starek in een chagrijnige bui op een dag met 12 graden en miezerregen, in Brussel gaf Adam Prawdower zich over aan zijn duistere gedachten op een grauwe dag met 14 graden en hevige regen met harde windstoten, maar in Brindisi lachte de zon, zoals de beroepshalve opgewekte radiopresentator van Antenna Febea meldde, die tussen de hitjes door steeds weer riep: Geniet van het leven, vrienden! *Godetevi la vita, amici miei!*

Een onbewolkte blauwe hemel, aangename 25 graden, de limousine gleed komend vanuit Paradiso het centrum van Brindisi binnen, Arlind Roshi deed het raam open en zei tegen de chauffeur dat hij de airco kon uitzetten. En de radio wat harder. Antenna draaide Italiaanse hits uit de jaren tachtig, waar Arlind Roshi dol op was, en steeds weer: geniet van het leven!

Arlind Roshi was een magere man. Zijn buikvet was door de welvaart niet toegenomen. Hij had geen ruimtevullend lichaam nodig om in elk vertrek dat hij binnenkwam aanwezig te zijn en respect af te dwingen. Waarschijnlijk kwam dat door zijn gezicht, waaraan je geen emotie kon aflezen, en door zijn eersteklas maatpakken, van Kiton in Napels, twaalfduizend euro per stuk, er werd gefluisterd dat hij er honderd van had. Rood pochet of rode stropdas doen we niet, durfde Antonio, de neef van de legendarische oprichter van naaiatelier Kiton te zeggen om zijn klant richting esthetische perfectie te sturen. Een man als signore Roshi was toch geen stoplicht. Stoplichtkleuren dienden sowieso strikt vermeden te worden. Groen is voor Duitse jagers, en oranje, nou ja, die kleur mogen de volgers van de Bhagwan hebben, nietwaar signore.

Dus droeg Arlind Roshi een licht, zeeblauw pak, een zongele zijden das en van dezelfde zijde een pochet. Hij zag er perfect uit deze maandag, dwong respect af en was onbenaderbaar als altijd. Hij at 's maandags tussen de middag gewoonlijk in trattoria Adriano, ontving daar klanten, en besprak het weekplan met de leiders van de basiscellen. Trattoria Adriano was een eenvoudig, oerdegelijk lokaal met een eerlijke keuken. Hier kookte de nonna van padrone Adriano, die hij wel eens uit de knoei had geholpen toen hij problemen met de belasting had. Maar het belangrijkste was dat het restaurant beschikte over een achterkamer waar Arlind Roshi niet alleen de maaltijd kon nuttigen en ongezien gasten ontvangen, maar ook zijn sigaren kon roken. Als je achter in het restaurant de deur naar het toilet opendeed, kwam je in een kleine gang met drie deuren: mannen, vrouwen en privé. Privé, dat was de achterkamer.

Berat 'Cinguettio' Kumbulla wist dat natuurlijk. Hij was zelf al een paar keer op maandag ontvangen door Arlind Roshi. Hij hoefde geen onderzoek te doen, niet heel veel te plannen. Op maandag zat Roshi vanaf een uur in trattoria Adriano achter de deur met *privé* erop te eten en te roken. Voor de deur stond Myrto, een man trouw als een herdershond en, naar men zei, ook met het abstractievermogen van een herdershond, een man die hield van strakke hemden omdat zijn spierbundels er goed in uitkwamen, die de stof van het hemd zowat deden scheuren. Hij droeg een wapen in een schouderholster, hij was daar erg snel mee, maar hij kon nooit snel genoeg zijn als hij nietsvermoedend verrast werd. Als je na tweeën kwam stond de rook al zo dik in de kamer dat Roshi het wapen in de hand van Kumbulla niet eens meteen zou zien. Maar zelfs dan, het verrassingseffect zou groot genoeg zijn, ook als Roshi een wapen bij zich droeg. De enige onzekerheid bestond erin dat Kumbulla niet kon weten wie er op dat moment bij Roshi was. Het zou kunnen dat het iemand was met wie hij geen probleem had, misschien zelfs iemand uit zijn eigen clan, hij wilde niet iemand doden wiens dood hij niet wenste.

Kumbulla was een opgewekte man. Hij lachte graag. Hij lachte zelfs luidkeels als er grappen over hem gemaakt werden. Over zijn kleine hoofd met die wijkende kin, boksers zouden het lastig hebben tegen hem, zeiden de mensen, omdat ze een microscoop nodig hadden om zijn kin te raken, of: Hij heeft een kop als een vogeltje, wee je gebeente als je zingt, vogeltje! Hij had een hoge stem, wat kwettert het vogeltje, zeiden ze als hij iets zei. Binnen de familie werd hij Cinguettio genoemd, de kwetteraar, en hij lachte mee, dit was familie, het was hartelijk bedoeld, en hij was een zachtaardige kerel, makkelijk in de omgang, toegewijd aan zijn familie. En hij was bereid te doen wat voor de familie moest worden gedaan.

Cinguettio kwam de trattoria binnen, de padrone begroette hem, hij kende hem. Hij bestelde een glas witte wijn. Wil je eten? Nee, dank je, alleen een glas wijn. Hij dronk het langzaam leeg, wachtte of iemand naar achteren ging, of er vandaan kwam. Na een kwartier kwam Fatos naar buiten, hij had hem eerder niet naar het toilet toe zien gaan, dus hij moest wel bij Roshi geweest zijn. Hij groette hem. Cinguettio wachtte nog een paar minuten, niemand ging naar achteren, dus moest Roshi nu alleen zijn. Hij legde vijf euro voor de wijn op tafel en liep naar de deur naar de toiletten. Voor de privédeur stond Myrto. Ciao Cinguettio, zei hij. Het waren zijn laatste woorden. Cinguettio liet het mes vallen, trok zijn revolver, ontgrendelde hem, en duwde de deur open.

Wat Cinguettio verbaasde en bezighield toen hij de zaak uitliep en op zijn Vespa wegreed was dat Roshi hem had aangekeken en geen woord had gezegd, niet eens een afwerende beweging had gemaakt. Hij had een welhaast smalende blik. Hij wist dat hij zou sterven en dat geen enkel woord of beweging daar iets aan kon veranderen. Die blik achtervolgde hem. Hij zag niet hoe Roshi's blik brak, hij drukte drie keer af en zag alleen die smalende koude blik.

Rood zag er op Roshi's pak inderdaad vreselijk uit. Rood stond hem helemaal niet.

Cinguettio kwam naar Roshi's begrafenis, zoals de Kanun voorschreef. Voor de periode van opbaren en afscheid was de bloedwraak opgeschort. Drie dagen erna werd Cinquettio doodgeschoten door Blerim, Roshi's zoon, waarna Cinquettio's broer Gjergj aan de beurt was.

Had de Italiaanse Polizia Investigativa Antimafia de moord op Roshi ingecalculeerd, er wellicht zelfs op gespeculeerd?

Dat denk ik niet, zei Max-Otto Hagenbeck, zeker niet. We werden immers over elke stap geïnformeerd, en nergens was er sprake van dat dit te verwachten viel. Sinds Alessandro Crotone zes jaar geleden werd opgeblazen zijn alle deals om verdere escalatie te voorkomen nageleefd. De 'ndrangheta heeft zich bepaald tot de handel met gifafval in Calabrië, en vooral zaken naar het noorden verplaatst, waar ze voornamelijk in Milaan grootschalig geïnvesteerd heeft, in de bouw en onroerend goed. De Albanese maffia nam het grootste deel van de drugshandel over, waarvoor zij immers over het betere netwerk beschikte: Albanië is de grootste producent van cannabis in Europa, de cannabis komt met speedboten, en deels zelfs met de veerpont, naar Italië en wordt daarvandaan gedistribueerd over Europa. Omgekeerd komt vanuit de havens in de Benelux cocaïne uit Zuid-Amerika via de blauwe bananenroute naar Zuid-Italië, en gaat via de havens van Brindisi en Bari naar Albanië, vanwaar het geleverd wordt aan heel Oost-Europa. Dat is jarenlang zo doorgegaan, en als de 'ndrangheta nog een beetje rotzooide op de drugsmarkt, dan accepteerden de Albanezen dat, mits de zaken binnen een bepaalde omvang bleven. Ze gunden hun als het ware een paar kleine vissen, wat zakgeld, je moet immers niet vergeten dat de Albanezen in Zuid-Italië christenen zijn. Zoals gezegd, het is jarenlang nageleefd.

Ik moet mezelf echter verwijten, zei Max-Otto dat ik aan één aspect geen aandacht heb geschonken, respectievelijk dat ik de Italiaanse collega's daarin blind heb vertrouwd. Er is namelijk een bijzonder zwaarwegend verschil tussen de moord op Crotone indertijd en de moord op Roshi nu. En dat hadden we niet op onze radar. De zaak Crotone vormde het hoogtepunt in een bendeoorlog, daarna sloten de twee organisaties een overeenkomst om te voorkomen dat ze elkaar wederzijds zouden uitroeien. Maar in het geval van Roshi was het een interne Albanese aangelegenheid en dan bestaan er geen deals, dan geldt de Kanun. En er is ook niemand die paal en perk kan stellen omdat de Albanese maffia heel anders georganiseerd is dan de Italiaanse. Als een Italiaanse peetvader tijdens een intern conflict zegt: en nu is het afgelopen, dan is het afgelopen, voor de hele hiërarchische piramide, tot de kleinste loopjongen aan toe. Mochten er een paar zijn die de ring van de peetvader niet kussen dan hebben die een levensverwachting van vierentwintig uur, en daarna is het echt afgelopen. Dat komt dan ook zo goed als nooit voor. De Albanese maffia daarentegen is vlakker georganiseerd, langs lijnen van families, de basiscellen, drie of vier van die basiscellen vormen een clan en die kiezen een hoofd. De hoofden van de afzonderlijke clans vormen samen een raad van hoofden. Er is dus niet één peetvader. Niet die ene die het machtswoord kan spreken. Of andersom: Arlind Roshi dacht dat hij het kon, hij sprak een machtswoord en dat werd zijn doodsvonnis. Roshi was clanhoofd – in het systeem van de Albanese maffia betekent dat iets, zeker. Hij werd hooggeacht, gerespecteerd door mensen die hij een gunst bewees, ze hielden zelfs van hem. Misschien achtte hij zich daardoor onaantastbaar, onkwetsbaar. En Roshi was kwaad toen hij hoorde dat een lid van een familie uit zijn eigen clan door een ordinaire straatroof een of andere kopie van een helm in handen had gekregen die uit een museum was gestolen, en dat die nu een beroemd museum in Wenen probeerde af te persen en losgeld eiste. Roshi zag het als volgt: kunstroof maakte geen deel uit van het werkgebied van zijn organisatie, en straatroof al helemaal niet, en een vervalsing roven was absoluut een no-go. Er viel niks mee te winnen, maar het kon wel degelijk hun hoofdactiviteiten schade berokkenen. Dan wordt het onderzoek namelijk niet gedaan door de regionale politie – die in de zak van de maffia zit – nee, dan wordt de Polizia di Stato ingeschakeld, en Europol, dan wordt er ongecontroleerd in het rond gepookt, en dat kon hij absoluut niet gebruiken. Dus sloot hij een deal met de *anti-mafia*, zoals de maffia dat zo nu en dan ook doet: je offert een kleine vis op, gunt de politie het succes dat die af en toe nodig heeft, en koopt daarmee rust bij je hoofdactiviteiten. Dus leverde Roshi de idioot die dacht dat hij een beetje kon bijverdienen met die helm uit aan de politie, die vervolgens een inval kon doen en een internationaal succes boeken. En Roshi dacht dat hij hiermee binnen zijn eigen clan duidelijk had gemaakt dat zulke nevenactviteiten niet op prijs worden gesteld omdat ze de rustige gang van zaken in de drugshandel in gevaar berengen.

Een onbeduidende kleine mafioso, die, zoals we nu weten, in feite niet meer was dan een koerier die het smeergeld voor de douanebeambten naar de haven bracht, en die waarschijnlijk via familie in Tirana in het bezit van die helm was gekomen, belandde in de gevangenis. Maar waar Roshi noch wij op gerekend hadden was dat de kleine, domme zoon van die man het verraad van zijn vader, die na een paar maanden waarschijnlijk alweer op vrije voeten zou zijn gekomen, per se wilde wreken. Staat dat niet in jouw papieren? Die jongen heet Vogeltje, of Kwetteraar, maar hij was niet degene die zong, hij schoot omdat naar zijn mening Roshi had gezongen. En nu wordt het hardcore. Van een deal kon nu geen sprake meer zijn. Roshi's zoon moest Vogeltje vermoorden, en diens broer daarna Roshi's zoon. De Italiaanse collega's hebben me al laten weten dat Roshi's oom is overgevaren naar Albanië en zich daar ergens verborgen houdt om de bloedwraak te ontlopen. Maar waarschijnlijk krijgen we ergens in de komende weken te horen dat hij dood is. Dit wordt de bloedigste maffiaoorlog sinds de jaren dertig. Het bijzondere is dat hij zich niet afspeelt tussen concurrerende organisaties maar binnen een en dezelfde. Familie tegen familie binnen één clan.

En wat doen jullie nu?

Niets, zei Max-Otto, we denken dat de beste oplossing is het conflict dood te laten bloeden.

Die oom die is ondergedoken, zei Franz, die moet toch te achterhalen zijn. Waarom bieden jullie hem geen nieuwe identiteit aan als hij kroongetuige wordt en alles vertelt wat hij weet? Dat zou hem het leven redden, en de Investigativa Anti Mafia kan de hele clan oppakken en achter slot en grendel zetten.

Een Italiaan zou misschien ingaan op een dergelijk aanbod, zei Max-Otto, maar een Albanees nooit. Ze zijn extreem trouw aan de wet, dat wil zeggen, hun eigen wetten. Hij lachte. Daarin is streng geregeld wanneer ze elkaar moeten doden, maar ook dat ze elkaar nooit mogen verraden.

Het was laat op de avond toen Ismails telefoon overging, dat wil zeggen, niet overging maar 'It's Raining Men' afspeelde. Dat was de beltoon die Ismail op zijn privételefoon had geïnstalleerd.

Hij kende het nummer van de beller niet en nam uiteindelijk op.

Het was Ylbere.

Je hebt een boodschap achtergelaten. Ik moest je bellen.

Ja.

Iets belangrijks?

Ja. Het is heel belangrijk.

...?

Ik moet je zien.

...?

Je was vandaag niet bij de persconferentie. Van jullie was er alleen een vent van cultuur.

...

Waarom was jij er niet? Wilde je mij uit de weg gaan?

Nee, dat was een beslissing van de redactie.

Nee? Dus we kunnen elkaar zien?

Waarom?

Waarom, waarom, ik... (bijna had hij gezegd: verlang. Naar jou. Maar zou dat niet helemaal de waarom-vraag opwerpen? Waarom zo ineens, na al die jaren? En nadat ze zo koel en afstandelijk was geweest toen ze elkaar drie dagen geleden terugzagen – voel je dan verlangen? Serieus? Dat schreeuwt toch om een verklaring. Waarom? Wat kon het anders zijn? Een of andere drang die...)

...?

Hij wist niet wat hij zeggen moest, en zei niets.

Hij hoorde een zachte ademhaling in zijn oor. Maar misschien was dat niet meer dan inbeelding. Misschien was het zijn eigen ademhaling die hij hoorde, zoals hij nu ook zijn eigen hartslag hoorde in zijn oor. Ten slotte zei hij: Het is gewoon, ik moet met je praten. – En voor ze nog een keer waarom kon zeggen, zei hij: Ik neem morgen ontslag. Je ontmoet een vrij... bijna had hij man gezegd, maar zei toen: mens.

Hij was over de muur. Maar er was nog een hindernis. Ze stemde in met een ontmoeting. Ze stelde Bar Radio voor. Ken je die?

Bar Radio lag in Blloku, de wijk die tijdens de heerschappij van de communisten het woongebied van de nomenclatura was geweest. Hier had de Eerste Kameraad een villa, in de Rruga Ismail Quemali, hier had de partijtop huizen, afgeschermd door bewakers en soldaten. Het volk werd hier niet toegelaten. Het was een afgesloten deel van de stad, zoals Wandlitz in Berlijn indertijd, of de *gated communities* in de VS tegenwoordig.

Na de ineenstorting van het stalinistische systeem werd Blloku veroverd door de jeugd van Tirana. De wijk, inmiddels verlaten door de communistische functionarissen, werd de bruisende uitgaanswijk van de stad, in de verlaten villa's vestigden zich restaurants, bars en café's, Blloku werd Tirana's stadsdeel dat nooit slaapt. Een zee van licht, bij de ingang waar het Post-Bllok-monument staat, dat iedereen die het op weg naar de dansvloer wil weten, herinnert aan alle misdaden van de communistische heerschappij. Niemand dus.

Ismail Lani had hier nooit zijn vertier gezocht.

Voor ze van gedachten veranderde, stemde hij toe. Oké, Bar Radio.

Ken je die? Rruga Ismail Quemali, zei ze.

Ja, ik weet waar het is.

Was dat een hindernis die hij kon nemen? Natuurlijk wist hij waar het was. Bar Radio in Blloku bevond zich in zijn ouderlijk huis! Schuin tegenover de villa van de Eerste Kameraad.

Het huis van die gelukkige jeugd waarvan hij zich niets meer herinnerde. Het geluk, bevrijd van de herinnering, het huis waar hij na de terechtstelling van zijn vader en de zelfmoord van zijn moeder werd opgehaald om naar die kerker van een staatsweeshuis te worden gebracht, waar hij voor het eerst leerde belevenissen, ervaringen en beelden op te slaan... het tegenovergestelde van geluk dus, herinneringen.

Was Ylbere zich ervan bewust dat ze hem naar zijn ouderlijk huis liet komen? Opzettelijk? Betekende dat iets? Nee, dat was onzin. Zij kon dat niet weten. Of stelde ze Bar Radio voor omdat die door TripAdvisor werd aangeprezen als *most gay friendly bar in Tirana*? Was het een teken? Onzin. Hij was in een stemming waarin hij tekenen wilde zien, wenken van het lot, maar hij moest toegeven dat er niks te interpreteren viel. De redactie van Radio Tirana bevond zich op slechts een minuut lopen van Bar Radio en op de bovenverdieping van de bar zelf waren opnamestudio's van RTSH gevestigd. De bar was de hipste van Tirana, maar tegelijk ook simpelweg de kantine van de radiojournalisten.

Hij ging op pad. Het viel hem zwaar naar dit huis te gaan. Hij was niet vaak in die bar geweest, nooit meegegaan als vrienden erheen wilden. Hij was er alleen zo nu en dan, wanneer hij in een bepaalde stemming was, in zijn eentje naartoe gegaan, op middagen als er maar weinig te doen was, om een glas bier te drinken en om, zonder afgeleid te worden door de bruisende partystemming, te kijken, gewoon te kijken of hij niet toch iets zou herkennen. Stonden hier nog meubels die van zijn ouders waren geweest en die hij als kind had gezien? Het zou kunnen, want Bar Radio was ingericht met oude meubels uit de communistische tijd, stoelen, banken, kasten, het was allemaal uit de tijd dat zijn ouders hier hadden gewoond. De bakelieten telefoon. Had zijn vader die hoorn tegen zijn oor gedrukt als Nummer Een belde? En zijn moeder, smeltend onder de galante opmerkingen van die grote man die zijn hoed voor haar lichtte en haar hand kuste? Die Triumph-typemachine, kwam die uit de studeerkamer van zijn vader? Wat was daarop getypt en voorzien van het stempel *geheim*? Nu was het retrochic, en voor Ismail, die hier geen geluksmomenten van herkenning kon vieren, niet meer dan levenloze decoratie.

Hij was er eerder dan zij.

Direct voorbij de ingang stond aan de zijkant een ouderwets bureau waarop die typemachine stond. Voor het eerst viel hem op dat er een vel ingedraaid was en dat daar een paar regels op getypt waren. Hij boog voorover – was het een oud document, misschien nog getypt door zijn vader? Een kelner die net langs liep zei opgewekt: Heeft u wel eens geschreven met zo'n ding? U mag het gerust uitproberen.

Ja, dankjewel.

Let op. U moet stevig op de toetsen slaan. Het is geen laptop.

Hij lachte.

En als een regel vol is dan moet u met die hendel hier, ziet u...

Ja, ja.

Veel plezier! Wij vinden het leuk als gasten hier een boodschap voor ons achterlaten.

Ismail las wat een gast als laatste had getypt:

De oude meubels en de in verschillende kleuren geverfde muren doen me denken aan gelukkige dagen op de kleuterschool.

Ismail schrok op. Een hand op zijn rug. Het was Ylbere.

Wilde je juist iets schrijven? Stoor ik?

Nee, nee, fijn dat je gekomen bent.

Ze vonden een vrij tafeltje, Ylbere bestelde bier, Ismail wilde zich daarbij aansluiten, maar zei toen: Wat dat jonge stel aan het tafeltje hiernaast drinkt, wat is dat? Het ziet er erg verleidelijk uit.

Die cocktail? Dat is Haut Les Coeurs.

Wat?

Haut Les Coeurs. Cognac, prosecco, limoen, verse bessen en munt. Uiterst opwekkend.

Ziet er fantastisch uit. Klinkt goed. Die wil ik. Wil jij niet ook zo'n cocktail? Kom, laten we cocktails drinken.

Nee, ik wil bier, zei Ylbere.

Het is een bijzondere dag, zei Ismail, waarom niet om de dag te vieren...

Ik kan heel goed met bier vieren.

De kelner glimlachte. Ging. Zwijgen. Ja, zei Ismail. Het stelletje met de cocktails aan het tafeltje naast hen zat te zoenen. Dus, zei Ismail, fijn dat je bent gekomen. Ze keek hem aan. Hij had de indruk dat haar blik nieuwsgierig was. Maar nu ze met de ontmoeting had ingestemd, waarom zweeg ze dan? Hij had verwacht dat ze zou vragen waarom hij ontslag wilde nemen. Maar ze zweeg. In ieder geval glimlachte ze nu. Waarom bouwde ze die muur, of glazen wand om zichzelf heen? Haar glimlach. Ironisch? Of was dat te veel interpretatie en was die gewoon afwachtend vriendelijk. Wat was er met hem aan de hand? Hij wilde die mond zoenen.

Ben je naar de kapper geweest? vroeg hij uiteindelijk, toen de drankjes kwamen.

Zij nam een grote slok van haar bier, terwijl hij zijn glas heen en weer draaide en keek met welke kant je die cocktail het beste naar je mond kon brengen.

Nee, zei ze.

Wat nee?

Kapper.

Drie dagen geleden had je kort haar, maar nu heb ik de indruk dat het nog korter is.

Ik heb een tondeuse, zei ze. Daarmee kan ik zelf mijn haar...

Maar waarom, het was immers al kort.

Ja, maar ik wil niet dat het langer wordt. Dus gebruik ik altijd die tondeuse.

Ylbere droeg een groflinnen broek en een jasje dat hij kende van oude foto's van Albanese boeren. Ze paste perfect in de retrosfeer van het huis, zelf voelde hij zich hier een fremdkörper, en zelfs dat klopte niet, want fremdkörper kun je alleen zijn als je je lichaam voelt, dat leek hem logisch, maar hij had geen lichaamsgevoel, hij voelde zich als een drukkend paar ogen waaraan een zware ziel hing.

Op dat moment klaarde Ylberes gezicht op, ze lachte, hief het hoofd en zwaaide. Ismail keek haar aan, draaide zich om en zag dat er een vrouw was binnengekomen die om zich heen keek en, toen ze Ylbere zag, lachte en terugzwaaide. Ze had de manen van een leeuwin – dat was niet bepaald een originele formulering, maar Ismail was persvoorlichter, althans vandaag nog, en geen dichter, en in principe was die formulering toepasselijk. Ze had een zwarte pullover aan met een glinsterende broche met stras, en toen ze dichterbij kwam zag Ismail dat de broche een slak voorstelde. Onder haar arm had ze een grote map die ze neerzette om Ylbere te omhelzen en te zoenen.

Wat was Ylbere vrolijk ineens, levendig.

Dit is Admira Pickim, zei Ylbere. Admira is grafisch ontwerpster en affichekunstenaar. Heb je een nieuwe poster bij je?

Het is een reeks, zei Admira, ik hang ze zo meteen op. Redi heeft die muur daar al voor me vrijgemaakt. Is dat jouw bier?

Ze nam een slok uit Ylberes fles en pakte haar map.

Tot zo dan. Ben benieuwd wat je ervan vindt.

Ismail ging zitten, maar Ylbere bleef met haar bier in haar hand staan toekijken hoe Admira haar affiches ophing. Ismail zag nu haar rug en achterste voor zich, hij haalde diep adem en stond eveneens op. Met zijn cocktail, die je niet eenvoudig zomaar kon opdrinken, maar moest leeglepelen, voelde hij zich absurd, hij was hier niet thuis, niet in deze wereld. Maar algauw zou hij zich zeer verbazen.

Eerst plakte Admira een lange strook folie dwars over de muur.

Albanese hoofddeksels
Symbool, Identiteit en Werkelijkheid

Eronder plakte ze een reeks affiches, uitvergrote oude foto's die de aandacht trokken in de zaak. Steeds meer gasten stonden op en liepen ernaartoe om van dichtbij te zien wat daar in wording was, wat dat te betekenen had.

Foto één: Enver Hoxha met een kopie van een *titovka*, de partizanenpet met rode ster die Tito had gedragen. '*Jaren veertig. Joegoslavië belangrijkste bondgenoot van Albanië.*'

Foto twee: Enver Hoxha met een kopie van de uniformpet met klep van Stalin. '*Jaren vijftig, na de breuk met Joegoslavië, Sovjet-Unie beschermende mogendheid van Albanië.*'

Foto drie: Enver Hoxha met een donkere vilten hoed met brede rand. '*Tweede helft jaren vijftig. Na de dood van Stalin hoed in de mode in het Kremlin.*'

Foto vier: Enver Hoxha draagt een kopie van een Chinese pofpet, het handelsmerk van Mao Zedong. '*Jaren zestig. Na de breuk met de Sovjet-Unie. China beschermende mogendheid van Albanië.*'

Foto vijf: Enver Hoxha met een kopie van een klassieke fedora van konijnenvilt zoals hij had gedragen als student in Parijs en Brussel in de jaren dertig. (In de rechterbovenhoek een kleine foto van Enver Hoxha uit zijn studententijd in Brussel. Met dezelfde hoed.) *'Eind jaren zeventig: na de breuk met China. Albanië zonder beschermende mogendheid, nostalgisch.'*

Foto zes: Enver Hoxha met een kopie van een canvashoed van Gucci. *'Jaren tachtig. Albanië beschermt zichzelf: bouw van 750.000 bunkers in de vorm van een canvashoed.'* (Linksonder in de hoek foto's van een bunker en een hoed van Gucci.)

Foto zeven: *Nu.* Een fotomontage waarop de ZK is te zien die besluiteloos voor een tafel staat waarop een Franse hoed, een Chinese pet, een Russische bontmuts en de helm van Skanderbeg liggen. De hand van de ZK zweeft boven de helm. *'Opnieuw zoekt Albanië bondgenoten.'*

De jonge mensen lachten. Ineens was daar een man met een microfoon. Hij interviewde Admira.

Wat was Ylbere vrolijk nu. Admira maakte een gebaar: ik kom zo bij jullie aan tafel! Ze gingen zitten, Ylbere wilde nog een bier, Ismail ging ook over op bier.

Waarom kijk je zo?

Hoe kijk ik? Ik vind het geweldig wat je vriendin heeft gemaakt. Maar ik voel me niet lekker.

...

Het is deze plek. Dat kun jij niet weten, maar ik ben hier...

Jawel. Dat heb je al eens verteld, in het studentenclubje destijds. En toen het weeshuis. En er was een tante...

Tante Xhulieta, ja.

Was ze de zus van je vader of van je moeder?

Van mijn vader.

En ze was ook partijfunctionaris?

Ja.

En je hebt je nooit afgevraagd waarom zij jou uit dat weeshuis kon bevrijden? Dat heb je toch verteld, of niet? Dat ze jou uit het weeshuis heeft bevrijd.

Ja.

Ik geloof je niet, zei Ylbere. Als jouw vader na een politiek proces terechtgesteld werd, dan zou zijn zus op zijn minst in een werkkamp zijn beland, dat ze hoogstwaarschijnlijk niet zou hebben overleefd. Indertijd gold familieverantwoordelijkheid.

Ismail keek haar perplex aan.

Of is ze de bergen in gegaan en heeft ze de wapens opgenomen?

Op dat moment kwam Admira aan tafel. Het lachen, omhelzen, kussen en lachen, en lachen. Je hebt een te gekke broche, zei Ylbere, vind ik mooi.

Ja, zei Admira, die heb ik op de rommelmarkt gevonden, in de Rruga 5 Maji, ze deed me meteen denken aan het gedicht van Fate Vasa.

Welk gedicht?

Je kent het vast. Ongeveer als volgt: *Je moet geduld hebben, vriendin / moet rustig kunnen toezien / hoe een slak een fossiel wordt en dan / eindigt die niet op de mestvaalt der geschiedenis / nee / die eindigt in het archeologie-museum / onwetend bewonderd / door de slakken van nu.*

Ja, dat ken ik, Fate Vasa is geweldig.

Ismail gooide twee biljetten op tafel en vertrok.

Bij de ingang bleef hij staan bij de typemachine. De zin met de 'gelukkige dagen op de kleuterschool' was nog steeds de laatste die getypt was. Hij ging zitten, typte. Ja, je moest echt hard aanslaan, heel hard. Hij had het liefst zijn vuist gebruikt. Ik ken de voorgeschiedenis, schreef hij. Die kleuterschool is het –

Hij wilde schrijven: einde, maar maakte een tikfout en schreef: eden.

Karl Auer opende de mail van Baia Muniq met 'Onderwerp: Skanderbeg.'

Ze had maar één zin geschreven: 'Kom je aan boord?'

# VIERDE DEEL

## Als wat loszit afbladdert van wat radeloos is

Allemaal een kwestie van perspectief.

Afhankelijk van waar je staat, onder welke hoek je kijkt, afhankelijk van wat je wil zien of moet zien of welk belang je hebt, steeds ontstaat er een ander beeld. Dat is een waarheid als een koe, maar het was de basis waarop Gino Trashi werkte. Hij was fotojournalist voor de krant *Shqip*, de man voor bijzondere opdrachten, meester van de beeldmanipulatie zonder enige digitale bewerking, hij werkte alleen met zijn blik, die altijd de hoek vond vanwaaruit politici en beroemdheden die hij moest fotograferen inderdaad afgebeeld werden zoals de opdrachtgever had gevraagd, heroïsch of belachelijk, sympathiek of afstotelijk, als staatsman of klaarblijkelijk incompetent.

Ismail Lani, die tevergeefs had geprobeerd hem uit te sluiten van de persconferentie van de ZK, zei over Gino Trashi: Ze zouden moeten verbieden dat hij dat ding voor op zijn camera een objectief noemt.

Gino Trashi was niet kwaad geworden, niet beledigd, integendeel, hij vond het een grappig bon mot. Hij had een welhaast anarchistisch opgewekte inborst. Als een kind, dat ook nooit aan de consequenties denkt, kon hij verheugd zijn als hij foto's kon maken die een nieuw perspectief toonden, een perspectief dat niet eerder voorgekomen was in de wereld van de fotografie, een verrassend moment dat hij had kunnen vastleggen. Hij beschouwde het als kunst, hij vond sowieso alleen die dingen kunst die een nieuwe zienswijze mogelijk maakten. Hij had een keer een artikel gelezen van Ismail Kadare, zijn lievelingsschrijver, de grootste schrijver van Albanië, het ging over het verschil tussen beschrijven en vertellen. Beschrijven, aldus Kadare, pretendeerde de hoogste graad van objectiviteit, authenticiteit en inzicht, en leverde nochtans niets van dat alles. Het was niet meer dan een tautologische daad waarbij wat de lezer toch al wist en kende, werd getoond. Je kon een bos, maar ook een vlakgum met een extreme graad van precisie en een zakelijke blik beschrijven, tien of zelfs vijftien pagina's lang, er waren auteurs die dat konden en die dat gedurfd en zeer knap vonden, maar uiteindelijk kwam de lezer alleen iets te weten wat nooit een mysterie voor hem was geweest: dit is een bos, of dat is een vlakgum. En als de auteur iets beschreef wat de lezer nog niet kende, de regendans van de Hopi-indianen bijvoorbeeld, of de wetten van de bloedwraak in de Noord-Albanese bergen, dan gold daarvoor hetzelfde oordeel: de beschrijving bevestigde de lezer alleen in wat hij al wist, namelijk dat het beschrevene hem volkomen vreemd was. Wat saai! Een beschrijving, met hoeveel mooie woorden die ook de grootst mogelijke precisie wist te bereiken, bleef hoe dan ook niet meer dan een kleine uitsnede uit de oppervlakkige werkelijkheid, en daarmee was niets gewonnen, ook al ging het om de werkelijke oppervlakte. Alleen pedante mensen die bang waren voor het leven konden genieten van die geveinsde precisie, nee, niet eens genieten, konden haar alleen prijzen. Een verteller daarentegen toonde niet het oppervlak, maar bracht het wezen in beeld, legde niet alleen het moment vast, maar liet het stromen, van de bron naar het effect. Pas met de ambitie van de beschrijving kwam het onbeschrijflijke in de wereld, terwijl we alles kunnen vertellen, uiteindelijk ook het onbeschrijflijke.

Gino Trashi was geen intellectueel, maar hierover kon hij altijd weer uitweiden. Hij had zich meteen aangesproken gevoeld door de tekst van Kadare, die had hem, de fotograaf, de ogen geopend. Trashi had begrepen dat hij een verteller met zijn ogen was. Ismail Kadare beriep zich in zijn kleine essay op een zekere Gotthold Ephraim Lessing, dat was een Duitse schrijver die Gino Trashi niet kende. Nieuwsgierig geworden googelde hij 'Lessing' en het eerste wat oppopte was... een fotograaf!

Erich Lessing namelijk. Die Lessing was een grootheid in de fotografie, hij was lid geweest van Magnum Photos, had gewerkt voor tijdschriften als *Life* en *Paris Match*. Lange tijd bestudeerde Trashi steeds weer foto's van Lessing die hij op het web vond, voor hem vertaalden ze Kadares literaire theorie op voorbeeldige wijze naar de fotografie. En dat het een andere Lessing was dan degene die Kadare citeerde, wel, dat was lotsbeschikking. Trashi had zijn bestemming gevonden. In zijn kamer op de fotoredactie van *Shqip* hing hij een tot posterformaat uitvergrote kopie van Lessings foto 'The big four' op. Zo moest je fotograferen. Zo wilde hij fotograferen. Vier mannen, op vier stoelen. Ze kijken naar boven – waar kijken ze naar? Ieder naar zijn eigen god hoog daarboven. Ze hebben, ieder uit naam van zijn eigen god, de wereld onderling verdeeld, deze foto vertelt hoe het gaat met oude mannen die zoveel macht bezitten, die ze zeggen te hebben ontvangen van een hogere macht, dat naar boven kijken, triomfantelijk, opgewekt, verbaasd of bedremmeld, ieder op zijn eigen manier, dat is geen moment, dat is geschiedenis. Op de officiële persfoto's van die dag kijken de vier mannen daarentegen zeer ernstig als staatsman in het objectief van honderden camera's die honderden identieke beelden vastlegden: dit zijn die vier machtige staatslieden, zo kennen we ze! En?

Objectief! Belachelijk. Alleen Lessings foto vertelt meer dan er te zien is.

Maar telkens weer werd Trashi geconfronteerd met het verwijt dat hij corrupt was, een *gunman* die geen foto's schoot maar met zijn foto's mensen neerschoot in opdracht van machtige politieke en economische belangen. Wat hij vond van dat verwijt maakte hij een keer grijnzend en met provocatieve nonchalance duidelijk vlak voor een persconferentie van de ZK, ten overstaan van meer dan tien journalisten, toen persvoorlichter Ismail Lani hem stevig bij zijn bovenarm greep en zei: Jij kunt beter gaan.

Waarom. Ik heb een accreditatie. Ik ben hier voor *Shqip.*

Het enige wat jij wil is weer een sluipmoordenaarsfoto van de chef maken. We zijn het zat. Jij bent een huurmoordenaar met je camera. Ik verzoek je dringend...

Jij hebt niks te verzoeken. Helemaal niks! – Luister es, riep hij om de aandacht van zijn collega's te trekken, persvoorlichter Lani wil me d'ruit gooien, ik zou niet objectief zijn.

Trashi, die ongewoon lang was en door zijn dichte, dikke bos krullen nog langer leek, keek op Lani neer, schoof diens hand van zijn bovenarm en zei uiterst kalm en onafgebroken glimlachend: Jouw baan is goedpraten wat je chef doet en zegt. Al is het nog zo'n flauwekul, jouw taak is te zeggen dat het geniaal is. Als er bewijs opduikt dat erop wijst dat je chef corrupt is, dan mag jij hier opdraven om te verklaren dat het een intrige is, dat de bewijzen vervalst zijn, uit hun context gehaalde chats, een lastercampagne van de oppositie die de chef alleen maar zwart wil maken, enzovoort. Ben jij overtuigd van wat je zegt? Heb je de feiten gecontroleerd? Nee. Je chef zegt: Ga naar buiten en wijs die beschuldigingen van de hand. En dat doe je. En jíj wil míj uitleggen wat objectiviteit is? Ja, ook ik heb opdrachtgevers. En natuurlijk willen die bepaalde dingen. Maar nu leg ik je het verschil uit!

Meer dan een tiental journalisten was inmiddels om Ismail Lani en Gino Trashi heen komen staan, en Trashi zei glimlachend: Wat jij goedpraat valt uit jouw mond meteen voor je voeten op de grond. Maar wat ik fotografeer is een blijvend beeld. En om het helemaal duidelijk te maken: wat jij zegt is beweerde realiteit, wat ik fotografeer daarentegen is gedocumenteerde realiteit. Als de invalshoek die ik vind mogelijk is, dan is die echt. Objectief.

Hij streek over Lani's bovenarm. Duidelijk?

Hij had de lachers op zijn hand, zelfs de collega's die hem eigenlijk niet mochten vanwege zijn gewetenloosheid of vanwege zijn succes, per slot van rekening had hij al foto's gepubliceerd in de Duitse *Zeit* en vooral in *Paris Match*, in Parijs waren ze dol op hem vanwege *le choc des photos*.

Duidelijk? Had de hoofdredacteur gezegd. Heeft u het begrepen?

Uiteraard was de opdracht Gino Trashi duidelijk. Maar begrijpen kon hij die niet echt. *Shqip* was niet alleen de grootste krant van Albanië, het was een transnationale krant die ook in Kosovo, Noord-Macedonië, in Montenegro en zelfs in Noord-Griekenland werd gelezen. Maar sinds enige tijd was het redactiebeleid om stemming te maken voor de nationalisten en de kleurloze oppositieleider neer te zetten als stralende figuur, en de minister-president juist stelselmatig te bekritiseren. Dat begreep Trashi niet, hij zei bij zichzelf dat hij, nou ja, nu eenmaal geen intellectueel was en politiek misschien een beetje te weinig onderlegd, maar één ding verbaasde hem niettemin: eigenlijk beoefende de socialistische minister-president een politiek die in het belang was van zijn krant, internationaal gericht, voor goede verstandhoudingen met de buurlanden, georiënteerd op Europa, en juist daarover wilde de ZK vandaag iets nieuws aankondigen. Wat stelden de klederdracht- en folklorebijeenkomsten van de conservatieven in vergelijking daarmee voor, en die vele doorzichtige pogingen om binnenlands voor kunstmatige politieke opwinding te zorgen?

De conservatieven eisen een minimumloon, zei de hoofdredacteur, terwijl de socialisten de belangen van de grote Europese concerns vertegenwoordigen – dat is wat onze lezers interesseert. Dat is waar we ons op richten. Duidelijk?

Krijgen we daarom zoveel advertenties van de...

Hup, wegwezen! Je komt te laat bij de manifestatie.

Hij nam een taxi.

Naar het Skanderbegplein!

U gaat naar de manifestatie? Dus Rruga Çamëria, tot daar kan ik komen. Verder niet. Maar vandaar is het nog maar een stukje te voet naar Skanderbeg.

Ja natuurlijk, Rruga Çamëria.

Ik hoorde op de radio dat daar die manifestatie van de socialisten plaatsvindt, zei de taxichauffeur. Iets met Europa.

Trashi zei niks, keek via de achteruitkijkspiegel naar de mond van de chauffeur. De man had mooie volle lippen, maar een slecht gebit. Boven zijn bovenlip de donkere schaduw van baardgroei. Gino Trashi had ooit een foto gemaakt voor een uitgeverij van kalenders, hij moest het beeld voor de maand november leveren. Hij fotografeerde grafstenen, omlijst door plastic bloemen tegen donkere onweerswolken. Waarom schoot hem dat nu te binnen? Nu zag hij dat de chauffeur hem opnam via de achteruitkijkspiegel.

Bent u socialist?

Nee, ik ben journalist.

Is dat een tegenstelling?

Trashi lachte. Nee, ik dacht dat u bedoelde of ik lid van de partij ben. Ik wilde zeggen dat ik naar de manifestatie ga omdat ik journalist ben.

Waarvoor schrijft u?

Ik schrijf niet, ik ben fotojournalist.

Had ik kunnen weten met die tas. Die is te groot voor een pen.

Ik neem aan dat u niet te laat wilt komen! Nu begon hij te slalommen, hij drukte zich er steeds tussen op de rijstrook die op dat moment sneller ging, en sloeg plotseling af. Zo ontwijken we de file. Het is iets langer, maar sneller.

Daar hou ik van, zei Trashi, langer maar sneller.

Net als ons lidmaatschap van de EU, zei de taxichauffeur.

Trashi vond ook dat grappig, maar was er niet zeker van of hij het begreep, het had in elk geval iets verbluffends, en daar hield hij van.

Hoe bedoelt u?

Kijk, de minister-president maakt voortdurend uitwijkende bewegingen, zegt dat we nog hierlangs moeten, en dan moeten we nog daarlangs, hij maakt steeds omwegen en verklaart dan dat dat de kortste weg zou zijn. De weg is weliswaar langer, maar we worden sneller lid, begrijpt u? Maar als ik me op mijn sluipwegen en bij het afsnijden net zo vaak zou vergissen als hij, dan kon ik mijn beroep er wel aan geven.

Waarom denkt u dat hij zich vergist?

Nou ja, zijn we dichter bij het doel gekomen? Heb ik niks van gehoord. Je hoort en ziet alleen hoe hij rondkart.

Wat vindt u van hem?

Heel eerlijk? Nou je kan dat zus zien, of zo!

De taxichauffeur keek in de achteruitkijkspiegel, probeerde zijn passagier te taxeren. Trashi zag zijn ogen in de achteruitkijkspiegel, glimlachend wachtte hij tot de taxichauffeur verderging.

Hij is natuurlijk corrupt.

Waarom denkt u dat?

Omdat ze allemaal corrupt zijn, zei de taxichauffeur. Maar hij is clever, en hij is gestoord, ik bedoel, die heeft me af en toe ideeën – hij schudde zijn hoofd. Hoe zal ik het zeggen?

Gestoord gewoon, maar de anderen komen alleen maar met frasen, steeds weer dezelfde frasen. Hij is anders. En hij doet iets. Ik bedoel, hij doet iets voor ons, voor het volk, en misschien vindt hij ook echt de weg...

Hij remde abrupt af, toeterde woedend.

Zag u dat? Wat een idioot. In ieder geval: misschien vindt hij de weg naar de EU. En daarom zeg ik altijd: als ze toch allemaal corrupt zijn, dan ben ik voor degene die ook iets doet voor óns.

Weer gooide hij het stuur om, schakelde, gaf gas.

Weet u, ging hij verder, ik plet altijd uien, zodat er een beetje sap uit loopt, dan smoor ik de uien in een pan met reuzel, en twee of drie keer in de week smeer ik 's avonds die reuzel in mijn haar, laat het twee uur intrekken, en was het daarna uit. Dat is voor stevige haargroei.

Trashi zag dat de taxichauffeur erg dun haar had, op zijn achterhoofd alleen nog wat zacht dons, de hoofdhuid schemerde er rossigbruin doorheen. De taxichauffeur zag Trashi's blik in de achteruitkijkspiegel, lachte en zei: Uien en vet, mijn vader deed het al zo en die had het van zijn vader. Ik weet wel wat u nu gaat zeggen, dat het blijkbaar niks helpt, dat het niet werkt. Maar wat wil blijkbaar nou helemaal zeggen? Ik heb nog maar heel weinig haar, daarom doe ik het. En je kunt toch ook zeggen: blijkbaar werkt het wel, anders zou ik misschien helemaal geen haar meer hebben. Ziet u, zo is het met de politiek ook. We zien altijd alleen wat we niet hebben, we lachen vaak over hoe het er bij ons voorstaat, maar we weten niet hoe het zou zijn als de kryeministër niet al die dingen zou doen die hij voor ons doet.

Hij toeterde, voetgangers die midden op straat liepen gingen aan de kant, langzaam reed hij langs de partijcentrale van de socialisten in de Rruga Çamëria, een stroom van honderden mensen liep naar het Skanderbegplein, de taxichauffeur stopte. We zijn er.

Ismail Lani woonde in de Rruga Demir Progri, in een kleine villa die schuilging achter een muur van ongeveer twee meter hoog. Als de villa een huisnummer had, dan was dat niet aangebracht. Op de poort in de muur was een schoen geschilderd, of tenminste, de leest van een schoen, in gouden of gele verf die vuil was en afbladderde, en post bereikte Ismail Lani op het adres Rruga Demir Progri, *Vila e këpucarit* – huis van de schoenmaker. Sommigen schreven er ook nog bij: *Pranë mullirit të vjetër* – naast de oude molen – die had er echter al niet meer gestaan toen Ismail Lani hier zes jaar geleden introk. Achter het huis was te zien dat er ooit een molenbeek gestroomd had, maar die was opgedroogd of omgeleid.

Vanaf de straat was achter de muur alleen de kroon van een immense notenboom te zien. Wat je niet zag was het huis zelf, de wilde schoonheid van de tuin met zijn heesters en struiken, het dichte wijnloof op de pergola voor het huis waarin dikke donkerrode druiven hingen, de spalieren waarlangs kiwi's slingerden, met tientallen vruchten.

De villa was gebouwd in de vroege jaren dertig van de vorige eeuw, tijdens de monarchie dus nog, door Skënder Noli, een schoenmaker die een manufactuur had opgericht die laarzen voor het Albanese leger produceerde, voor zover er onder koning Zogu I tenminste sprake was van een leger dat die naam verdiende. In elk geval was er een inkoopcentrale voor het leger, die de door Noli geleverde laarzen doorverkocht en de soldaten in plaats daarvan uitrustte met goedkope viltpantoffels of dikke wollen kousen waaronder zolen van minderwaardig leer waren genaaid. Voor dit corruptieschandaal aan het licht kwam, werd Albanië bezet door Mussolini, en nu produceerde de manufactuur laarzen voor Italiaanse soldaten en lakschoenen voor Italiaanse bestuursambtenaren. Tijdens de Duitse bezetting ten slotte sleepte de werkplaats, met een Duitse officier – Ernst-Wilhelm Hanke – als gevolmachtigde, de opdracht in de wacht om de SS-divisie Skanderbeg van laarzen te voorzien. Langzaamaan werd leer echter schaars, en ook het aantal manschappen van de SS-divisie Skanderbeg nam drastisch af. Ernst-Wilhelm Hanke reisde met een wagonlading vloerkleden die hij had geruild tegen de laatste leervoorraden af naar Duitsland, en de manufactuur staakte haar werkzaamheden. Skënder Noli schijnt in die tijd bedrogen en verslagen door de wereldpolitiek, depressief in dit huis te hebben gezeten, in afwachting van betere tijden. Die maakte hij echter niet meer mee. In 1947 werden manufactuur en huis onteigend door de communisten, de kapitalist Skënder Noli werd veroordeeld tot dwangarbeid in een kopermijn, waar hij na een paar weken op groteske wijze de dood vond: Hij droeg heel goede, rondom doorgestikte schoenen waar een werkopziener hem om benijdde. Die beval hem een paar passen in de richting van de toegangspoort te lopen en schoot hem 'op de vlucht' neer. De schoenen brachten de opziener echter geen geluk. Ze waren hem te klein. Na een paar dagen had hij aan beide hielen en op de bal van zijn grote tenen open blaren. Nu liep de man blootsvoets door het stof en het puin van de mijn. De open blaren raakten ontstoken en etterden. De man stierf al snel aan een bloedvergiftiging. Een tragikomisch mislukte grap als je bedenkt dat boven de toegangspoort van Noli's schoenmakerij in een ruime boog de spreuk stond: *Ju mund zotëria njihet prej këpucëre* (Een heer herken je aan zijn schoenen).

Hoe Ismail dat allemaal wist? Omdat er, niet in de laatste plaats door zijn eigen toedoen, een strijd gaande was over wie de rechtmatige eigenaar van de villa was. Ismail had de verhuurder een bod gedaan op de villa. Daarna bleek dat het huis in de tijd van de communisten aan de grootvader van de verhuurder, een partijfunctionaris, was toegewezen nadat de vorige eigenaar was onteigend. Iemand van de familie Noli moest het hebben overleefd, want een familie Noli uit Brindisi spande een rechtszaak aan voor teruggave van de Vila e këpucarit en erkenning van hun eigendom.

Dus nadat Ismail Lani een aanbod tot koop had gedaan stelde hij vast dat er bij de rechtbank een zaak aanhangig was gemaakt over wiens eigendom de villa was, officieel en gedocumenteerd, en dat in die zaak nog geen vonnis was gewezen. De familie Noli kwam met een lawine aan verhalen die aantoonden hoe belangrijk de villa was in de familiegeschiedenis, en dat zij nooit verkocht was, maar onteigend. De verhuurder, de man die al jaren het vruchtgebruik had, kon daar alleen tegenoverstellen dat zijn familie het eigendomsrecht na meer dan een halve eeuw had 'verworven', terwijl de familie Noli door hun vlucht uit de republiek indertijd, afstand had gedaan van de aanspraak op eigendom en vruchtgebruik daarvan in de republiek Albanië.

Aanvankelijk hadden die verhalen Ismail Lani geïnteresseerd, gefascineerd zelfs, ook al was het ergerlijk dat zijn aanbod het huis te kopen erdoor werd geblokkeerd. Maar algauw verveelde het hem alleen nog, van verdaging naar termijnverlenging, naar vertraging, naar bezwaar, en zo maar verder, daarna werd de rechter tijdens de hervormingen van het rechtssysteem ontslagen wegens aantoonbare corruptie, een nieuwe rechter moest zich eerst inlezen, ja, het interesseerde Ismail niet meer, temeer omdat hij had begrepen dat wie het proces uiteindelijk ook zou winnen, diegene de villa niet aan hem zou verkopen maar aan een van de bouwspeculanten die hier in de rij stonden. Ze kochten niet de villa, het was ze te doen om het perceel, waarvoor ze een veelvoud van de waarde van het huis betaalden, ze wilden de kleine huizen slopen en flatgebouwen, appartementencomplexen en kantoren laten verrijzen. Net als hiernaast en tegenover, of hierachter, in de parallelstraat, overal schoten gebouwen uit de grond die zijn tuin geleidelijk aan in een eeuwige schaduw zetten, binnenkort zullen de druiven niet genoeg zon hebben om te rijpen, tot vroeg of laat ook vanuit deze schaduw de hoogbouw naar het licht toe zal groeien, zo hoog mogelijk. In de tuin, waar voorbijgangers niet in konden kijken, keken nu bouwvakkers vanaf hun steigers, ze zagen een huis dat zich in deze buurt niet alleen klein leek te maken, maar dat al langzaam aan het vervallen was, omdat Ismail onder deze omstandigheden uiteraard niet in onderhoud en renovatie wilde investeren.

Hij zat onder de notenboom, dronk nog een kop koffie voor hij weg moest. Hij keek om zich heen, zag het huis en de tuin, de wilde schoonheid, de brutale menselijk maat, hun boodschap: geloof die hebzuchtige hoogbouw niet, geloof die oplichters niet, met hun belofte van geluk en een mooi uitzicht.

Hij had toen hij politiek geëngageerd begon te raken een idee gehad – en mettertijd geleerd dat dat idee waarschijnlijk tot de eeuwigheid niets anders zou blijven dan precies dat: een idee – onvertaalbaar in bijna alle culturen en talen.

Om zich voor te bereiden op zijn baan als persvoorlichter van de regering, en concreet om ook buitenlandse journalisten van informatie te kunnen voorzien, had hij taalcursussen gevolgd. Om zijn Italiaans en zijn Engels te verbeteren, maar vooral belangrijk – dacht hij – was het om Duits te leren. Duitsland was het gedroomde land voor vele Albanezen, en Albanië, zoals hij later leerde, het gedroomde land voor de Duitse industrie, vanwege zijn koper- en chroomvoorraden. En wat betreft de toetredingsonderhandelingen met de EU was Duitsland, samen met Oostenrijk, een belangrijke pleitbezorger. Hij volgde een cursus aan het Lenz Instituut. Daar leerde hij dat het zinloos was. Tijdens een les conversatie gebruikte professor Lenz een keer het woord 'menschengerecht'. Wat betekent dat woord? *Si thua ti*, hoe zeg je dat? Wat betekent 'menschengerechtes Leben', hoe zeg je dat in het Albanees?

De vertaling luidde *sipas popullit*. 'Passend bij het volk.' Ismail had ijverig verder gestudeerd bij Lenz en ook begrepen dat de uitdrukking 'menschengerecht' uitdrukking gaf aan zijn verlangen, maar 'sipas popullit' was toch iets heel anders, zij het dat ondertussen de politieke pretentie van half Europa 'sipas popullit' was, en daarvoor waren er ook vertalingen, voor 'menschengerecht' niet per se.

Ismail dronk zijn koffie op, staarde in het niets. Ja, in het niets, er was niets meer behalve een ruïne en rotzooi, een braakland van geschiedenis, verval en lelijkheid, als de sporen van een vlakgum op een vel dun papier, dat doorgesleten, gescheurd, beschadigd en verfrommeld was.

Hij zuchtte, stond op. Hij moest een taxi bellen om naar de manifestatie te rijden.

Rruga Çamëria, centrale van de Socialistische Partij alstublieft.

De taxichauffeur knikte en trok zwijgend op.

Een zwijgzame man? Dat was Ismail Lani helemaal niet naar de zin. Dan was die taxirit weggegooid geld!

Normaal gesproken ging hij te voet. Van zijn huis naar het centrum, naar het Skanderbegplein, naar de partijcentrale of een klein stukje verder naar het regeringsgebouw, had hij tussen de dertig en de vijfendertig minuten nodig, een ideale afstand om onderweg naar kantoor zijn gedachten te ordenen, zich voor te bereiden op de dag, of, onderweg naar huis, de dag achter zich te laten. Maar op sommige dagen, zoals deze, wanneer er een partijmanifestatie was, of een partijdag of een grote verkiezingsbijeenkomst nam hij een taxi, niet omdat hij te lui was om te lopen, maar omdat hij de stem van het volk wilde horen, een indruk wilde krijgen hoe de stemming was voordat hij op zou gaan in de goed georganiseerde menigte die de chef bejubelde. Een taxibestuurder was een sample van duizend stemmen, daarvan was Ismail overtuigd. Hij koesterde de verdenking dat in ieder geval sommige opiniepeilers ook niet meer deden dan in een taxi rondrijden en een zekere bandbreedte van meningen interpreteren, al naargelang de betaling van de opdrachtgever. Hij had duidelijke herinneringen aan taxiritten een paar weken voor de parlementsverkiezingen toen de chef voor het eerst lijsttrekker van de partij was. De euforie van de taxichauffeurs, de hoop die ze op de chef hadden gevestigd, het was duidelijk, ze zouden de verkiezingen winnen, ondanks pogingen van de Democraten om stemmen te kopen, wat aan het licht kwam, de taxichauffeurs lachten erom en zeiden: Wat stom, wat idioot, de Democraten kopen hun stemmen uitgerekend in het noorden, waar ze bij de conservatieve bergbewoners sowieso hun machtsbasis hebben, lachend zeiden ze: Als ze zelfs in het noorden stemmen moeten kopen, dan betekent het dat ze al verloren hebben! En zo was het ook, en de chef reageerde heel adequaat toen hij zei: Ja, we weten dat de Democraten stemmen hebben gekocht, maar waarom zou ik verkiezingen aanvechten die ik heb gewonnen?

Kantelde de stemming? Waarom zei de taxichauffeur niets? Hij had toch wel kunnen bedenken dat Ismail naar de manifestatie van de Socialistische Partij wilde toen hij zijn bestemming noemde? Normaal sloegen de taxichauffeurs dan meteen aan het politiseren: Aha, we gaan naar de manifestatie, ik zal eens zeggen wat ik van de socialisten denk! Spreekt de minister-president ook? Ja? Ik zag hem onlangs op de televisie en dacht dat...

Maar hij zei niets. Hij reed, zwijgend.

Ik ga naar de manifestatie, zei Ismail Lani uiteindelijk. Heeft u ervan gehoord? Ja? Ik wil een keer meemaken hoe hij zo is, de zoti kryeministër, wat vindt u van hem? Ze zeggen dat hij iets nieuws gaat meedelen, over Europa, over onze toetreding tot de Europese Unie, ik bedoel dat we binnenkort lid worden, dat hopen we toch, nietwaar?

Ik niet.

U niet? Hoor ik dat goed? U wilt niet dat we we...

Nee, ik ben toch niet gek.

Natuurlijk niet, ik heb immers ook mijn twijfels, haastte Ismail Lani zich te zeggen, natuurlijk, het zou...

Ismail zocht een woord, een woord dat iets uitlokte, dat de chauffeur eindelijk aan het praten zou krijgen, een woord dat instemming betekende en tegelijk uitdaagde, en dat toch alles openliet, dat immers was zijn werk als persvoorlichter, woorden vinden die de situatie goedpraatten en tegelijk begrip leken te hebben voor kritiek op de situatie, dan wel voor de schijn met die kritiek instemden, om het vervolgens goed te praten. Het zou, zei hij dus, een uitdaging...

De chauffeur keek grimmig, Ismail Lani zag zijn ogen in de achteruitkijkspiegel, terwijl de chauffeur via de achteruitkijkspiegel zijn klant monsterde.

Een uitdaging, zei Ismail Lani, misschien een te grote, een gevaar... ziet u daar ook... een gevaar... natuurlijk... zijn er problemen... ziet u dat ook zo?

De chauffeur had een Amerikaanse baseballpet op, hij duwde hem naar achteren en wiste met de rug van zijn hand het zweet van zijn voorhoofd, of wilde hij zijn gedachten wegwissen? Daarna trok hij de klep van de pet weer naar voren.

Gevaar, zei hij, als dat alles was. We zitten toch allang in de val.

Ja, dacht Ismail, hij gaat praten.

U zegt, ging de taxichauffeur verder, dat u onze regeringsleider wilt zien. Onze? Regeringsleider? Ik zeg u: wij hebben geen regeringsleider. Wij hebben een stadhouder van Brussel.

Ja natuurlijk, zei Ismail, en...

Nee, dat is niet natuurlijk, zei de taxichauffeur, helemaal niet. Als wij een regeringsleider hadden zou hij regeren en niet de bevelen uit Brussel uitvoeren. De hervormingen in de rechtspraak bijvoorbeeld. U weet wel, hervorming van de rechtspraak!?

Ja, ja, wat is het probleem?

Het probleem? Wat het probleem is? Wij zijn geen soevereine staat meer, begrijpt u, dat een macht van buiten ons de wet voorschrijft, ons dwingt rechters te ontslaan, ons vertelt wat goed en fout is, wat recht is en wat onrecht, dat is het probleem, meneer.

Maar bent u er dan niet voor dat er een eind wordt gemaakt aan de corruptie?

In de achteruitkijkspiegel een woedende blik terug naar zijn klant. Was Ismail te ver gegaan?

Jazeker, een eind aan de corruptie, maar waarom kunnen die lui in Brussel voor ons bepalen wat corruptie is? Waarom kunnen wij niet zelf bepalen welke rechtspraak we willen? In Amerika worden de sheriffs gekozen. In China worden de rechters benoemd door het volk. Bij ons had je *Bajraktare* die rechtspraken, meer dan vijf eeuwen lang. Ik weet niet of er in Brussel in die tijd überhaupt al een huis stond. Misschien een boer die over zijn akker stond te pissen, het schijnt dat er tegenwoordig een standbeeld voor hem staat. Maar nu moet bij ons het Brusselse recht gelden. Ik zal u eens wat zeggen. Mijn zwager heeft een probleem. Dat was zo'n akkefietje, orde van grootte 30.000 lek, begrijpt u? Dus, met 30.000 lek zou de zaak geregeld zijn geweest. Maar opeens was de rechter weg. Naar het schijnt omdat hij een huis en een auto had die hij zich met zijn inkomen helemaal niet kon veroorloven. Dus was het duidelijk, hij moest wel corrupt zijn. En Brussel zei: weg met hem! Een grote auto, alsjeblieft zeg! Zou u niet ook proberen er het beste van te maken, van uw omstandigheden, uw mogelijkheden? Een gezin van twaalf. Is dat geen verantwoordelijkheid? Heeft hij dan geen huis nodig? Voor een salaris van 100.000 moet hij rechtspreken, maar een huis voor zijn gezin zit er niet in? Hoe dan ook, toen gebeurde er lange tijd niks. Daarna kwam er een nieuwe rechter, opgeleid zoals ze in Brussel willen. Tijdens een snelcursus in Durrës. Weet u hoe die nieuwe rechters genoemd worden? Nee? Strandrechters. Ze spreken strandrecht. Begrijpt u? Omdat ze hun opleiding aan het strand van Durrës... doet er niet toe, in elk geval, mijn zwager hoefde nu weliswaar niet te dokken, maar de beslissing van die nieuwe rechter werd ongedaan gemaakt, vanwege een vormfout, heeft u zoiets al eens gehoord? Hadden we vroeger soms vormfouten? Wat is dat dan, een vormfout? Als de vorm verkeerd is, neem ik aan. Maar wat is dat voor vorm? Die komt uit Brussel. Dus heeft Brussel het bij het verkeerde eind. Maar desondanks beslissen ze over ons. Nee, meneer, daar klopt iets niet, wij zijn geen soevereine staat meer. We zijn een kolonie. Wie uit is op de wereldheerschappij heeft er immers geen belang bij dat wij zelf beslissen hoe we willen leven, en dat we zelf onze wetten maken. Ik ben geen professor meneer, maar ik ben niet achterlijk, ik heb zo mijn informatie.

De EU is uit op wereldheerschappij?

Ach, hou toch op over die EU. Die loopt toch zelf ook aan de leiband. Ik zeg wereldheerschappij! Het begint ermee dat elk continent één geheel wordt en wordt onderworpen. De VS met Canada en Mexico, dan een Unie van Zuid-Amerikaanse Staten, een Unie van Afrikaanse Staten, van gehoord? Ja, die bestaat al, een Unie van Afrikaanse Staten, de Europese Unie enzovoort. Waar komt het op neer? Nou? Ik ben toch niet achterlijk. Waarom denkt u dat onze minister-president was uitgenodigd voor het laatste huwelijksfeest van die Soros? Waarom, ja? Omdat Soros hoopt dat hij een schilderij van onze minister-president cadeau krijgt als huwelijkscadeau? Serieus? Nee, ik zal u eens wat zeggen. Soros en Bill Gates hebben overal stadhouders nodig, de Europese Commissie bijvoorbeeld, maar wij zijn geen lid van de EU, dus hebben ze bij ons een man als de minister-president, die ze vleien en die ze kopen, en die dan de aanwijzingen van de Europese Commissie uitvoert hoewel we helemaal niet bij de EU zitten, en die op die manier al het voorwerk doet, tot wij nog slechts slaven zijn en...

Bill Gates ook?

Natuurlijk. Dat zijn de wereldelites. Waar leeft u? Nooit van gehoord? Leest u *AlbDreamNews* niet? Op internet. Die onthullen dat allemaal. Gelukkig zijn er nog mensen die alles onthullen. Maar ik ben pessimistisch, het volk slaapt. En als het ontwaakt is er geen leven meer dat bij ons past.

Ismail had er spijt van dat hij de taxibestuurder zover gekregen had dat hij praatte. Deze man was een kiezer. Wie politiek tegen zulke mensen bedrijft, wordt bij de verkiezingen afgestraft, maar echt onzalig wordt het pas als je politiek bedrijft die zulke kiezers tevredenstelt. Hij had koppijn, hij had last van winderigheid. Het enige wat hij nog wilde was dat ze er waren, maar ze stonden in de file. Ze stonden stil. Nee, hij wilde er ook niet meer zijn. Het enige wat hij nog wilde was uitstappen.

Bill Gates is gescheiden, zei de taxichauffeur. Verbaasde me toch al dat dat huwelijk zo lang standhield. Maar nu is het officieel. Nu komt het aan het licht!

Wat komt aan het licht?

Dat Bill Gates het gezin wil afschaffen. Hij wil het gezin vernietigen.

Waarom?

Waarom, waarom. Omdat het gezin de kiemcel van de staat is. En hij wil geen staten, en al helemaal niet een staat als de onze, waar het gezin de basis vormt. U moet *AlbDream* lezen. Een wereld zonder gezinnen, zonder staten, zonder grenzen, onder zijn wet.

Maar vertelde u niet dat Soros getrouwd is? Hij is toch ook uit op de wereldheerschappij, en wil desondanks een gezin?

Die oude miljonairs trouwen toch om de haverklap met een of andere dertig, veertig jaar jongere vrouw? Dat heeft niks te maken met een gezin. Dat is niet meer dan een demonstratie van macht.

De auto schoof tien meter op en kwam weer tot stilstand.

Mijn hoop is gevestigd op de Fransen, zei de taxichauffeur, die hebben de Europese grondwet al afgewezen, ze hebben een veto uitgesproken tegen ons lidmaatschap, dat is tenminste nog een natie. En de Engelsen. Die zijn eruit. Geen wonder, die hebben genoeg meegemaakt met Soros.

Ismail Lani smeet tweeduizend lek op de passagiersstoel en stapte uit. In een eerste impuls wilde hij weer naar huis lopen. Daarna zag hij dat hij voor een café stond, Havanna Bar. Hij besloot eerst maar eens iets te drinken en op adem te komen. Hij ging aan een tafeltje voor het café zitten, pakte de kaart en las de lijst van cocktails. Er kwam een ober aan.

Wat is een Albania Libre?

Cola met raki, zei de ober.

De wereld is doorgedraaid, dacht Ismail.

Ismail Lani kwam zwetend aan op het Skanderbegplein, het was ondraaglijk heet, ongewoon heet voor de tijd van het jaar. Er stonden al duizenden mensen achter het monument van Skanderbeg te wachten. Waarom erachter? Het standbeeld stond op een sokkel van grote blokken steen uit de Noord-Albanese Alpen, uit de prefectuur Kruja, waar het vorstengeslacht van de Kastriotis zijn stamburcht had. Aan de voorkant en de zijkant van het monument stonden de blokken perfect aaneengesloten op elkaar, maar aan de achterkant liep de sokkel trapvormig omhoog. Hier kon een spreker vanaf de onderste rij blokken, die het fundament vormde, relatief eenvoudig naar boven klauteren, en met een beetje handigheid ook op de volgende, verder naar achteren gelegen rij blokken, en op die manier stond hij dan op een verhoging, van verre zichtbaar voor het publiek. Ook in symbolische zin stond hij op een verhoging, als onderdeel van dit zo symbolische standbeeld, en dramatischer dan het er op een eenvoudig redenaarspodium zou hebben uitgezien.

Ondanks het gekrioel ontwaarde Ismail meteen Gino Trashi, die een kop boven de menigte uitstak. Het hoofd van Trashi dobberde op de golven van de menigte, nu eens hierheen, dan daarheen, Ismail zag hoe hij een keer aan de zijkant van het monument opdook, toen naar het centrum van de manifestatie bewoog, zich naar voren worstelde, bijna tot aan de voet van het monument, en weer terug om wat afstand te krijgen. Ondertussen vormde Trashi met duimen en wijsvingers steeds weer een beeldkader voor zijn ogen, hij probeerde beelduitsnedes uit.

Nu zag Ismail ook Ylbere, die helemaal vooraan aan de zijkant van het monument stond en een microfoon in de lucht hield, ze nam alvast het bruisen van de menigte op, het gekakel, het gezang, een incidentele roep om de minister-president. Hij zag mannen die televisiecamera's in de aanslag hielden, hij zag hier en daar mensen met vlaggen zwaaien, de bloedrode vlag met de tweekoppige adelaar.

Ismail Lani keek op zijn horloge. Het was al bijna twintig minuten na het aangekondigde aanvangstijdstip. Toen keek hij weer op... waar was Ylbere nu? Waar was ze?

Daar!

Vanaf nu probeerde hij haar niet uit het oog te verliezen, hij moest met haar praten, na de manifestatie. Opeens ging er gemurmel door de menigte.

De manifestatie was een idee van Fate Vasa geweest. Hem was duidelijk dat het verhaal van de helm van Skanderbeg een vervolg moest krijgen. Ze waren nu zover gegaan dat er geen weg terug was. Ze hadden de valstrik ontlopen waardoor ze te kijk zouden hebben gestaan als de opdrachtgevers van diefstal of als vervalsers. Nu moest hij tot de aanval overgaan. Als de chef de helm niet meer op kon zetten, zich niet meer letterlijk met de helm kon kronen, dan moest de helm toch als het ware boven zijn hoofd zweven telkens wanneer zijn naam werd genoemd, wanneer zijn foto in de media verscheen. Dat moesten ze voor elkaar zien te krijgen, dat bij de helm meteen aan hem gedacht werd, en bij hem aan de helm. De helm moest zijn handelsmerk worden, de symbolische betekenis van de helm moest met hem geassocieerd worden.

Moest, moest, moest. Maar de chef deed moeilijk. Wilde niet. Was sceptisch. Hij had het gevoel dat hij op het nippertje ontkomen was aan een blamage, en wilde niks meer met die helmgeschiedenis van doen hebben.

...zei hij, maar in Fates oren snerpten sirenes, getoeter, hij duwde zijn handpalmen tegen zijn oren, verdraaide zijn ogen zo ver, zo hard dat zijn oogspieren pijn deden...

Jij wil dat niet horen, maar... had de chef gezegd, en Fate sperde zijn ogen open, haalde de handen van zijn oren, spreidde zijn armen en zei: Zegerijk het zwaard dat van hand tot hand gaat! Als er iemand sneuvelt, raapt de volgende hand het op, maar nooit sneuvelt de vorst, nooit sterft de idee.

De chef had Fate verbijsterd aangekeken, waarop Ismail zijn hoofd schudde en zonder zijn minachting te verbergen zei: Ik denk dat Fate een revolutionair idee heeft: de chef moet delegeren. Alleen: wat?

Fates grote donkere ogen in zijn grote hoofd, zijn rap door de lucht dansende kleine vingers, als een toverende gnoom. Wat zal er ineens tevoorschijn komen onder die vingers?

We willen van de helm zijn – hij wees naar de chef – handelsmerk maken, aldus Fate, van de symbolische betekenis van de helm zijn politieke kracht...

Zeg jij!

Dan moet toch duidelijk zijn, ging Fate onverstoorbaar verder, dat hij dat handelsmerk niet zelf hoeft te realiseren, hij hoeft er alleen aan te beantwoorden. Het realiseren moeten anderen doen, medestrijders, de ministers in het kabinet, de parlementsleden van onze partij, onze media. Die sturen we eropuit, het slagveld op, de een na de ander en ieder van hen zet symbolisch die helm op jouw hoofd! Jij, zei hij tegen de chef, jij hoeft helemaal niks te doen, dat is de taak van het team. Maar houd je hoofd zo alsof het die helm draagt.

Toen was de chef nieuwsgierig geworden. Hier kon hij iets mee. Algauw was het plan opgevat, in detail doorgesproken, en werd tot de manifestatie besloten. Het openingsevenement van de campagne 'Zoti kryeministër Skanderbeg.' Beginnen met een vrouwelijke en een mannelijke minister. Fate schreef de toespraken voor ze, die de ZK behoorlijk op een voetstuk plaatsten, maar met een verbluffende clou van realpolitik. En dat had potentie.

Dit was de aankondiging: 'Een nieuwe Europapolitiek!'

Intussen had minister Elena Kapo via een kleine ladder de onderste trede van de sokkel van het monument beklommen. Ze spreidde haar armen en riep: Burgers, broeders en zusters!

Het gemurmel verstomde niet.

Wie is dat? Kun jij zien wie dat is? Dat is Elena. De minister. Wat zei ze? Is dat Elena? Ja, dat is Elena Kapo. Waarom spreekt zij? Ik dacht... was niet aangekondigd dat hij zou spreken? De minister-president? Ja, de minister-president. Ik versta het niet. Nu, ja, nu!

Iemand had haar een microfoon aangegeven. Broeders en zusters, schalde het over het plein. Het was niet alleen de microfoon. Niemand had het voor mogelijk gehouden dat die chique, elegante vrouw in een mantelpak van Dior, die eruitzag als de vrouw van een industrieel of als een diplomate of een miljonairserfgename, of wat dan ook, in ieder geval niet als een volkstribuun, niemand had zich kunnen voorstellen dat zij zo kon gillen, schreeuwen, krijsen, zo heen en weer springen op haar hooggehakte pumps, op die grote steenblokken van het fundament van het monument nog wel, in haar linkerhand had ze de microfoon, haar rechterarm schoot steeds weer de lucht in als ze bijval eiste, instemmend gejubel, ze stelde retorische vragen, ze stelde ze niet, ze gilde ze, met overslaande stem, ze gaf tekens en de massa gaf in koor brullend antwoord.

Gino Trashi kende haar natuurlijk van andere gelegenheden, persconferenties, recepties en interviews waar hij als fotograaf had gewerkt. Voor hem was altijd duidelijk geweest dat deze minister een ijskoude, bikkelharde vrouw was, een onberispelijk beleefde cynicus, met een dodelijke charme. Een vrouw die zonder meer mannen om haar vinger kon winden, maar massa's mobiliseren? Het toneelstuk dat ze hier ten beste gaf deed hem versteld staan. En stond hem tegen. Was wat zij hier liet zien ook hoe ze vanbinnen was? Of onderwierp ze zich vol overgave aan het partijbelang?

Ismail Lani was niet verrast, hij wist immers wat het plan was. Verrast was hij hooguit dat Elena het zo 'goed' deed. Hij zag hoe de lange Gino Trashi zich door de menigte worstelde om dichter bij het standbeeld te komen, daarna toch weer een stuk achteruit liep, hij tilde zijn camera de lucht in, maar Ismail had niet de indruk dat Trashi foto's nam, hij was nog zoekende.

De minister had opgesomd wat de minister-president tot dusverre allemaal voor elkaar gekregen had voor alle Albanezen, en ze had bij elk punt bijval geëist en ontvangen, het versterkte elkaar, ze sprak over de trots van Albanië, het zelfbewustzijn dat niemand kon breken, de unieke gastvrijheid van de Albanezen, die in de loop van de geschiedenis hadden laten zien dat ze zich niet boven vreemdelingen, andere volkeren of culturen, verheven voelden, die een open houding hadden tegenover de wereld, maar die openheid moest niet worden opgevat als een open deur voor iedereen die kwam om de Albanezen te onderdrukken, hun cultuur te vernietigen, hun zelfbewustzijn te breken.

Bla, bla, dacht Ismail. Maar het werkte en het bereidde de nieuwe lijn voor die minister Sokol Broja zo meteen zou aankondigen. En nu kwam het beslissende moment in het draaiboek dat Fate Vasa had geschreven:

We staan hier bij het monument voor onze nationale held Skanderbeg. We staan hier niet toevallig.

Elena maakte nu een welhaast hysterische indruk. Ze gilde:

En wie is de nieuwe Skanderbeg? Ik vraag jullie: Wie is de nieuwe Skanderbeg? Is dat onze minister-president?

Ze gooide haar rechterarm naar voren en de menigte antwoordde: Ja!

Ik kan jullie niet horen! Harder! Wie is de nieuwe Skanderbeg?

De massa antwoordde met de naam van de minister-president.

Nog een keer gilde Elena: Wie is de nieuwe Skanderbeg?

Ik hoor jullie niet! Wie is de nieuwe Skanderbeg!

Langgerekt riep ze de voornaam van de ZK en de menigte brulde de achternaam.

Ze stond te glimlachen. Met een zwierige uithaal, zoals je met een zeis zwaait, bewoog ze de microfoon naar voren, hield hem de mensen voor en eiste nog één keer een antwoord: wie is de nieuwe Skanderbeg?

Zo glimlacht de dood, dacht Ismail. Waar was Trashi? Ismail ontdekte hem niet meer in de menigte, ook Ylbere zag hij niet meer.

Elena daalde met grote elegantie de ladder af, ze klom niet, ze daalde af alsof de ladder een trap was, de uitgestoken hand van een beveiliger nam ze aan als een dame die welwillend de uitnodiging van een heer voor de dans accepteert. Nu was minister van Buitenlandse Zaken Sokol aan de beurt. Hij slaagde er tamelijk behendig in een blok hoger te komen, hij stond daar letterlijk op een verhoging, direct onder Skanderbeg op zijn paard, maar, vond Ismail, het was niet indrukwekkend, had geen aura, hij leek klein, daarboven onder het standbeeld, maar hij was dan ook niet de held, alleen diens heraut. Volgens Fates draaiboek moest hij de opgestookte massa nu het hardcorenieuws vertellen en hun jubelende bijval oogsten.

Wat Ismail nu natuurlijk nog niet kon weten: het zou werken. De volgende dag deden alle grote Europese kranten verslag van hetgeen de minister van Buitenlandse Zaken hier had verkondigd, en de dag erna ook de *New York Times*. In de drie dagen erna kreeg het regeringskantoor meer dan zeventig aanvragen voor een interview met de chef.

Skanderbeg verenigde de Albanezen, riep de minister. En wat doet de nieuwe Skanderbeg, kryeministri ynë?

Daarna zei hij het. Onder luider wordend gejuich van de, naar het Ismail scheen, nog in aantal toegenomen menigte. Ismail stond aan de zijkant op een betonnen bank, keek uit over het plein, observeerde en moest toegeven dat Fate Vasa, het grote brein achter dit spektakel, inderdaad iets geniaals had, het was stuitend, het was politiek gevaarlijk, het was cynisch, en het was effectief.

Zoti kryeministër, zei de minister, heeft voorgesteld, en hij schijnt al in onderhandeling te zijn daarover, dat Albanië en Kosovo, waar een Albanese meerderheid woont, een gezamenlijke president moeten kiezen. Het doel daarvan is: alle Albanezen... één stem! Dat is zijn idee, zijn strijd. Eindelijk draagt er weer een Albanees de helm van Skanderbeg!

We willen geen gemeenschappelijke staat! Maar we zeggen: de grenzen moeten verdwijnen. Tussen families mogen er geen grenzen bestaan! Daarom gaan we nog verder: Zoti kryeministër werkt aan een Unie van Balkanstaten. Aarzelt de EU? Houdt de EU ons aan het lijntje? Dan creëren wij ons eigen Schengen. Een Balkan-Schengen. We willen niet alleen de grenzen openen, we willen een gemeenschappelijke economische ruimte, vrij verkeer van personen, goederen, diensten en kapitaal. De EU heeft grote problemen, is alleen met zichzelf bezig, intussen gaan wij voorwaarts, dat is het plan van kryeministri ynë. Onze broeders en zusters in Montenegro, Kosovo, Bosnië-Herzegovina, in Macedonië, allemaal onder één dak, op een stevig, gezamenlijk fundament, dat is het plan van kryeministri ynë, onze minister-president.

Gejuich.

Kan de EU niet besluiten of ze ons moet opnemen? Misschien zullen wij binnenkort onderzoeken of we de EU in onze Unie willen opnemen!

Gejuich.

De minister van Buitenlandse Zaken was er zelf van onder de indruk hoe succesvol hij was in de rol die Fates draaiboek hem had toegedicht. Hij zwol regelrecht op in zijn grijze pak, zette zijn veren op, hij maakte zijn stropdas los en riep: Eindelijk draagt er weer een grote Albanees Skanderbegs helm! Onze premier! Hij draagt Skanderbegs helm!

Dat was de terminologie. Die werd hier getest. Ismail zag met verbazing dat het leek te werken. De menigte hier zag de chef voor haar geestelijk oog gekroond worden met de helm. De fictieve helm werkte. De echte zou belachelijk zijn geweest.

Alles prima, zou Fate dus zeggen. Was hij hier? Hij zou er toch moeten zijn, zijn werk controleren, maar Ismail zag hem nergens. En Ylbere, waar was Ylbere? Hij vond haar niet meer in de deinende massa. En Trashi?

Gino Trashi was op weg terug naar de redactie. De volgende dag zouden zijn foto's verschijnen in *Shqip*.

Het is allemaal perfect gegaan, had Fate gedacht. Hierop kon je voortbouwen. Het moest duidelijk zijn dat iedereen binnen de partij zich nu aan de terminologie moest houden, de ZK als nieuwe Skanderbeg, zijn handelsmerk is de helm van Skanderbeg, waarmee hij nu als het ware denkbeeldig is gekroond. Zoiets moest natuurlijk worden gecoördineerd en gecontroleerd. Het beste door een team op de partijcentrale, pr-professionals die dit beeld van de ZK met alle moderne communicatiemiddelen ingang lieten vinden in de media. Die duffe Ismail, zoveel was Fate duidelijk, kon dat niet meer aan, zoals die de laatste tijd uit zijn ogen keek, het was onduidelijk of het verdriet was, walging, of gewoon apathie. Ze moesten een slagvaardig jong team voor *message control* hebben, dat wilde Fate de chef voorstellen.

Maar toen hij de dag erna het dagblad *Shqip* kocht kreeg hij een woedeaanval. Wat hij daar zag, was – excuseer – een reteslechte verbeelding van zijn plan, letterlijk. Twee foto's van

Gino Trashi die zo achterbaks waren dat je het artikel niet eens meer hoefde te lezen. De ministers hadden hun toespraak aan de achterkant van het monument gehouden, en Trashi had ze zo gefotografeerd dat hun hoofd in de beelduitsnede te zien was pal onder het brede achterste van Skanderbegs paard. Het was een kwestie van perspectief: het zag eruit alsof de sprekers het achterste van het paard op hun hoofd hadden. Onder de foto stond in vette letters: De kont van Skanderbegs paard is voor de socialisten Skanderbegs helm?

Sirenes. Fate drukte zijn handen tegen zijn oren. De sirene hield niet op.

Het was de telefoon.

Het beste aan je idee, zei de chef, was dat ik daar niet zelf hoefde te gaan staan.

De helm werd fictie, in de werkelijkheid bleef hij vermist. Commissaris Franz Starek werkte geroutineerd aan de zaak. Dat wil zeggen, hij wachtte op een toeval. Intussen ergerde hij zich over de papierwinkel. Nu zat hij gebogen over drukproeven. Hij tuurde naar een afbeelding van de helm, las de beschrijving en de gegevens van de politie ('Ontvreemd uit het Kunsthistorische Museum in Wenen op...' 'Vindersloon uitgeloofd: neen.' 'Terzake dienende aanwijzingen naar...', enz.)

Hij vroeg zich af wie van de afdeling Cultuurgoed van het Bundeskriminalamt op het idiote idee was gekomen een catalogus te maken van honderd gestolen kunstwerken uit Oostenrijk. In wezen een catalogus van de hulpeloosheid en het falen. Of zat het ministerie erachter? De minister van Binnenlandse Zaken in hoogsteigen persoon? Die stond immers bekend om zijn voorliefde voor glossy brochures. Maar waarom zou hij? Die wilde toch alleen successen en prestaties etaleren? Nee, het was vast een idee van een of ander gewichtigdoenerig figuur bij het Bundeskriminalamt, die de afdeling Kunstroof een kunstje wilde flikken omdat die elk jaar het percentage opgeloste zaken omlaaghaalde.

Een catalogus die zo elegant en professioneel was dat hij bij een vooraanstaand veilinghuis niet had misstaan. Starek kon zich voorstellen dat helers bij het doorbladeren van die catalogus van gestolen kunstwerken en cultuurgoed het water in de mond liep. De helm van Skanderbeg op een dubbele pagina, vanuit verschillende invalshoeken. Wat moest hij hier controleren? Of de opgegeven afmetingen klopten? Zullen wel kloppen. De naam Skanderbeg was correct gespeld. Hij vond het ongehoord dat hij de drukproef van die catalogus moest corrigeren.

Op dat moment kwam Huber binnen. Hij liep rozig stralend de kamer in. Hij had een klein beetje voortgang geboekt bij zijn onderzoek en hoopte op lof en erkenning van zijn meerdere.

Fritz Hubers rang was die van *Oberstleutnant*, wat officieel wordt afgekort tot obstlt. Huber wist niet dat generaal-majoor Starek hem vanwege zijn flessen pruimenschnaps achter zijn rug om altijd *obstler* noemde, maar hij wist wel dat Starek hem minachtte. Tenminste, anders kon hij diens neerbuigende gedrag tegenover hem niet interpreteren. Hij was gevoelig en kon niet ontkennen dat het hem af en toe pijn deed, maar dan dacht hij weer dat het niets anders was dan chefallures, en niet concreet met hem te maken had. Starek was een oude man, bovenaan zijn carrièreladder gekomen, gedesillusioneerd en, naar Huber had gehoord, ook privé niet gelukkig. Maar hij kon bogen op een paar grote successen, het schilderij van Rubens bijvoorbeeld, dat was indertijd meer dan alleen toeval geweest, de manier waarop Starek het had opgespoord was legendarisch. Ja, Starek mocht hem minachten, of beter gezegd, zijn capaciteiten nog niet goed hebben waargenomen, Huber paste alles wat hij over hem wist als een profiler in elkaar – en had begrip voor hem. Bovendien was hij iemand die de korpsmentaliteit wist te waarderen, en alleen al daarom wilde hij geen conflict aangaan. Sowieso koesterde hij sinds enige tijd hoop op verbetering van hun relatie sinds ze, tot zijn grote verrassing, samen schnaps hadden gedronken, die keer voordat ze samen naar het Kunsthistorische Museum waren gegaan. Het was hem weliswaar een raadsel hoe Starek wist dat hij een fles obstler in zijn bureaula bewaarde, maar het had hem geraakt hoe ze elkaar hadden aangekeken toen ze de schnaps achteroversloegen. En hoe het grimmige gezicht van Starek een beetje ontspande.

Ik heb 'm gevonden, barstte hij los.

Starek keek op en zei: Wat?

De vlag.

Welke vlag?

Nou, die vlag, dat vaandel van de SS-divisie Skanderbeg.

Starek keek Huber aan en knikte. Waar? Wie heeft het?

Het bevindt zich in Moskou, zei Huber. In het Centraal Museum van de Russische Strijdkrachten, het voormalige Museum van het Rode Leger en de Vloot. Het was ooit een van de tweehonderd geselecteerde Duitse troepenvaandels, van de Wehrmacht, de Waffen-SS, de Hitlerjugend en andere nationaalsocialistische organisaties, die meegedragen werden tijdens de overwinningsparade op het Rode Plein in juni 1945, en daar letterlijk in het stof gegooid werden. De meeste staan tegenwoordig tentoongesteld in de vaandelzaal van het Centraal Museum, de meest belangrijke, in allereerste plaats het vaandel van *Leibesstandarte* SS Adolf Hitler. Het troepenvaandel van de SS-divisie Skanderbeg staat niet op zaal, maar heeft wel een inventarisnummer. Hier:

Huber legde een vel papier voor Starek neer, een geprinte e-mail.

Op de plaats waar de Duitse troepenvaandels in het stof hadden gelegen, werd het plein na de parade demonstratief gedesinfecteerd. Een beroemd verhaal, er is veel materiaal over, ook beeldmateriaal uiteraard. Wat denk je, hoe zullen we nu verder te werk gaan?

Niet, zei Starek. Hij haalde zijn schouders op. Ik geloof niet dat een Albanese fascist die misschien de helm in Wenen heeft gestolen, nu ook het vaandel uit het museum in Moskou gaat stelen. En ik geloof ook niet dat Russische agenten de helm in Wenen hebben gestolen zodat ze die in Moskou in het museumdepot bij het vaandel kunnen leggen. Nee, er is blijkbaar toch geen verband tussen de helm en het vaandel.

Hij leunde achterover. We zijn, zei hij, met een pas op de plaats een stap verder.

Hij aarzelde een moment, daarna zei hij: goed werk, Fritz!

Dorota vroeg zich af of Adam door zijn jaren in het priesterseminarie, zijn jaren in het verzet als het ware, schade had opgelopen aan zijn karakter of geest die nu pas, op gevorderde leeftijd, duidelijk aan het licht kwam. Ze schaamde zich voor de gedachte, maar ze probeerde nu eenmaal een verklaring te vinden voor zijn gedrag van de laatste tijd. Bepaalde eigenaardigheden had hij altijd al gehad, niks dramatisch vond zij, kleine grillen zoals ieder mens die in een of andere vorm heeft. Sterker nog, voor haar waren het lange tijd juist die eigenaardigheden die de robuuste man zijn speciale charme verleenden. Hoe gemakkelijk hij sentimenteel werd, of kon wegdromen, en dan weer zo geobsedeerd raken – vroeger zou ze dat betrokkenheid hebben genoemd – bij zijn werk, zijn ideeën. Hij kon zo geweldig teder zijn – wanneer voor het laatst? – en dan ineens met zijn gedachten ergens anders zijn, dan lag hij naast haar en was hij tegelijkertijd elders, en zij had gedacht dat geluk zich nu eenmaal ook kon manifesteren als een trance, en ze was gelukkig geweest met dat vermogen tot gelukkig-zijn dat hem van haar wegvoerde. Tegenwoordig vond ze het vreemd dat ze het als een bevestiging van hun liefde had beschouwd wanneer hij haar helemaal niet waarnam omdat hij met zijn glazige blik elders was.

Zijn ziel is gebroken, dacht ze, en dat moest te maken hebben met zijn seminarietijd in Polen, waar hij steeds weer over begon wanneer hij zo abnormaal commentaar leverde op de Poolse binnenlandse politiek. Ja, abnormaal, zo beschouwde ze het onderhand. Blijkbaar maakte zo'n kindertijd als Adam had gehad je wereldvreemd, en veroorzaakte die tegelijk een neiging tot weltschmerz. Ze leven in zo'n gesloten instituut, die puberende jongens, krijgen niets mee van buiten, doen geen ervaringen op in de buitenwereld, en dromen daarbinnen van een wereld die als ze buiten komen toch niet is zoals ze hadden gedroomd, en ook met de grootst mogelijke bezetenheid is het onmogelijk die wereld samen te laten vallen met hun droom. Daar begint de pijn. Pijn om een wereld die hen tegelijkertijd helemaal niet vertrouwd is. En ook als het er alle schijn van heeft dat ze zich in die wereld weten te bewegen, er een tijdlang zelfs een zekere carrière in kunnen maken, dan alleen omdat ze om te overleven in het internaat alle denkbare vormen van mimicry hebben geleerd, die na enige tijd niet meer werken in de buitenwereld, want ze zoeken er naar authenticiteit, naar mogelijkheden dus om eindelijk zonder mimicry te leven – en daarmee ontstaat het volgende dramatische misverstand. Je kunt, dacht Dorota, je masker niet afleggen zolang je geen ander hebt. Wat is je ware gezicht nou helemaal? Het vreselijke, het ruwe, of zelfs het niets dat je ziet als je het masker afzet?

De schok, die ochtend. Het was begonnen met een dringend verzoek. Dorota had gevreesd dat het tot ruzie zou leiden, maar Adam had alleen maar stilletjes geknikt. Ik moet je dringend verzoeken, had Dorota gezegd om 's morgens niet gewoon de terrasdeur open te zetten en de hond de tuin in te laten lopen. Gisteren ging Romek de tuin in en heeft hij in de hondenpoep getrapt, is hij in de hondenpoep gevállen. Dat gaat zo niet. Je moet met de hond de straat op gaan. Ook al heb je weinig tijd. Jij hebt die hond aangeschaft, je moet je ook om hem bekommeren. Ga met hem naar het park of gewoon naar de bomen boven in de Charles Degroux, maakt mij niet uit, alleen nooit! meer! in onze tuin.

Adam schrok, hij had er niet bij stilgestaan, hij vond het gewoon makkelijk, maar natuurlijk, nu Romek kon lopen en er verassend genoeg weer droge dagen waren gekomen na de langdurige regen, zo warm en droog dat het kind natuurlijk naar buiten wilde, en de hondenstront niet werd weggespoeld door aanhoudende regen, het was de warmste late herfst die hij zich kon herinneren, natuurlijk, hij ging niet in discussie, hij knikte alleen. Hij riep de hond, eigenlijk een vrouwtje, Maladusza, de vermaledijde Maladusza zoals Dorota dacht, maar ze zeiden altijd *hij*, ik ga met *hem* naar het park, zei Adam.

Wat er toen gebeurde? Het was een raadsel. Zeggen dat Dorota zich zorgen maakte zou een understatement zijn. Na ongeveer drie kwartier kwam Adam terug, op de een of andere manier met zijn hoofd ergens anders, hij zei alleen *to ja*, toen Dorota, die in de kinderkamer was, hem hoorde en Adam? riep. Ze kwam met Romek de kamer uit en zag dat Adam iets in zijn tas stopte en vertrok, zijn lelijke pet diep over zijn ogen getrokken, ze haatte die Poolse pet, hij zag er ermee uit als een depressieve werfarbeider, hij knikte alleen naar hen en vertrok.

Hoelang duurde het daarna, tien minuten? een halfuur? tot Dorota merkte dat de hond er niet was, vermaledijde Maladusza, waar was de hond? Hij was niet in huis, hij was niet in de tuin, dat zou ook helemaal fraai geweest zijn, ondi? zei Romek, ondi? Hij was er niet. En Adam was weg, hem kon ze het niet vragen, ze belde hem, maar hij nam niet op, hoorde zijn telefoon waarschijnlijk niet terwijl hij zich met knerpende pas door het Jubelpark haastte, met zijn hoofd ergens anders.

Dorota zat te huilen op de bank terwijl kleine Romek juichend door de kamer liep, boeken van een plank trok, twee boeken in de open haard gooide, een houtblok pakte en het naar Dorota bracht, daar! Dat daar!

Het had niks te betekenen, het kon haar niet schelen, ze huilde, keek toe hoe Romek het zoutvaatje pakte dat nog op tafel stond na het ontbijt, daar lag ook de ochtendkrant, met de bijlage 'Leven', en hij begon het 'Leven' te zouten.

Daarna hoorde ze kloppen op de voordeur, meer een schrapen eigenlijk en slaan, en gejank, ze deed open, daar was de hond, Maladusza.

Hij/zij had alleen de weg naar huis gevonden.

Ze belde Adam op kantoor, een vrouwenstem zei dat hij in bespreking was. Maar ze kon zich wel voorstellen wat er was gebeurd. Hij had de hond in het park vrij laten rondrennen en was op een bank gaan zitten tobben. Toen had hij een gedachte gehad die hem zo in beslag nam dat hij de hond vergat. Daarna ging hij naar huis en ten slotte naar zijn werk, helemaal in zichzelf gekeerd.

Zo legde Adam het Dorota 's avonds inderdaad uit, en hij wilde er niet lang bij stil blijven staan, maar haar opgewonden vertellen over het idee dat hij had gehad.

Maar Dorota onthield van deze dag niet Adams volstrekt idiote idee, onvergetelijk werd het moment dat Adam in elk opzicht afwezig was en zijn hond aan de deur klopte.

Adam wist uiteraard dat het idee dat hij Mateusz moest doden volkomen absurd was, ook al behelsde de eed die ze elkaar als halve kinderen hadden gezworen die belofte: degene die de gemeenschappelijke zaak zou verraden, moest sterven. En ook al was het Mateusz zelf geweest die dat expliciet tijdens die ijzige nacht in het seminarie had geconstateerd: *Als jij zegt dat de hemel blauw is, moet ik je doodschieten!* Hier komt tegelijk ook de onbetrouwbaarheid van het geheugen in detail aan het licht, want misschien was die nacht helemaal niet ijzig, maar zacht, en waren alleen Mateusz' woorden zo ijzig dat de avond in Adams herinnering naar een ander jaargetijde verschoof. En als je toch aan het dateren slaat: het was hoe dan ook een andere tijd. Niet vergelijkbaar met de huidige. Als kind hadden ze heroïsche dromen gekoesterd, maar ook al was hun bloedbroederschap destijds serieuzer, ja, echt existentieel vergeleken met de helden- en avonturenspelletjes van kinderen of jongeren in vrije landen, zij bleven hoe dan ook kinderen. Al verleende het feit dat hun vaders een gewapende strijd voerden hun fantasieën een lading die de spelletjes van kinderen in het vrije Westen niet kónden hebben, het veranderde uiteindelijk niets aan de omstandigheid dat het fantasieën waren, ginds zowel als hier, fantasieën die niet aan de werkelijkheid getoetst hoefden te worden. In elk geval kon je je iemand doden in die tijd nog alleen voorstellen als analoge handeling – al was dat destijds niet de term daarvoor – een handeling waarmee een reële daad verbonden was, en echt bloed, heel anders dan de schimmen die je tegenwoordig afknalt op een beeldscherm – dat wil zeggen, je voorstelling van iemand doden betekende in die tijd dat je je voorstelde daadwerkelijk te doden, en daarom was het voor kinderen niet echt voorstelbaar.

En was *de blauwe hemel* uiteindelijk niet een metafoor, even vaag als de blauwe schemering en even helder als de donderslag bij heldere hemel, maar niettemin een metafoor, verzetspoëzie geschikt voor kinderen van het verzet. En daaruit leidde je nu een aanslag af?

De hond dartelde door het Jubelpark, snuffelde opgewonden hier en daar aan een boom, sprintte dwars door het park en terug, genoot van het loslopen. Toen werd hij afgeblaft door een bulldog, die door een man in leer met overgewicht en een getatoeëerde stierennek bazig aan de lijn werd meegesleurd terwijl die om zich heen keek bij wie die hond hoorde die hier los rondliep. Adam zat op een bank onbeweeglijk toe te kijken, Maladusza nam de staart tussen de benen, hupte achteruit en rende weg. Een Poolse brak was een jachthond, had de verkoper indertijd gezegd, en werd ook aanbevolen als waakhond, maar, dacht Adam, een vechter was het niet. Misschien was hij nog te jong? Maar zou hij dan die aanleg niet toch al moeten tonen, tegenover zo'n belachelijke bulldog die eruitzag alsof hij al honderd keer op zijn bek had gekregen? Adam haalde zijn telefoon uit zijn tas om te kijken hoe laat het was en juist op dat moment popte er een appje op. Van Paulina uit Warschau:

'Vandaag is er weer een jaar verstreken sinds Piotrs dood. En nog steeds staat de tijd stil! Hoe is het met je?'

Adam las het bericht steeds opnieuw, nee, hij keek er minutenlang naar, en al was hij uiterlijk nog zo verstard, hij voelde hoe er in zijn binnenste iets in beweging kwam.

*Ik, de gewone, grijze mens,* had Piotr in zijn manifest geschreven, *klaag aan...* Ik, de gewone grijze mens, dacht Adam, dat ben ik ook, wat is er grijzer dan het grijze gebied, het afgrijzen waar ik uit voortkom, onzichtbaar geweest in het ondergrondse verzet, boven water gekomen als ambtenaar. *Hoor mijn schreeuw!* En Adam hoorde hem, stom. *De schreeuw van een doorsneemens,* is het echt doorsnee? *die zijn eigen vrijheid en de vrijheid van anderen boven alles liefheeft, ik protesteer...* Ik?

Op dat moment kwam er een gedachte in Adam op die hem vreemd toescheen: de dood verandert niets. Hij dacht aan Mateusz. Ideeën moeten sterven, en niet alleen een mens die ze vertegenwoordigt. En Piotr: ideeën moeten leven, in al die grijze, middelmatige mensen, ze komen niet tot leven doordat een enkeling zichzelf er helemaal in z'n eentje voor doodt.

Hem werd duidelijk dat – nieuw bericht van Paulina:

'Ik heb opgeroepen tot een herdenkingsbijeenkomst voor Piotr om 16 uur 35 op de Plac Defilad. Op de plek waar hij is verbrand, op het tijdstip dat hij zichzelf destijds in brand stak. Wat is er met je? Waarom antwoord je niet?'

Hem werd duidelijk dat – zo duidelijk was het toch niet wat hij dacht. Het was gewoon de kiem van een idee. Maar hij wist dat die groeide. Hij schreef aan Paulina:

'Heb jij dat strooibiljet nog dat Piotr indertijd uitdeelde voor hij zichzelf in brand stak?'

Paulina antwoordde snel:

'Dat heb ik toen toch getwitterd, zijn protest tegen de grondwetsschendingen van de regering, de vernietiging van de onafhankelijke rechtspraak enz. het hele strooibiljet!'

'Weet ik, maar ik bedoelde: heb je het origineel nog?'

'Ik denk het wel. Ergens. Waarom?'

'Kijk het even na, alsjeblieft, je moet het vinden, ik heb het nodig.'

'Waarvoor?'

'Een idee, misschien werkt het? Daarvoor heb ik dat strooibiljet nodig.'

Adam sprong overeind en holde naar huis. Het was laat, hij moest naar zijn werk, maar zijn tas stond nog thuis. Mateusz hoefde niet fysiek te sterven, hij moest politiek sterven. Als dat zou lukken dan was hij de eed nagekomen. Daartoe moest Piotr herrijzen. Hoe? Het strooibiljet. Hij had het gevoel dat hij als door een melkglazen ruit de contouren van een oplossing zag.

Thuis greep hij zijn tas, waar hij nog gauw zijn map met aantekeningen in stopte, en haastte zich naar kantoor.

Hij was nog net op tijd voor de 'meeting subj. ss Skanderbeg', waar de deelname van vertegenwoordigers van de Europese Commissie aan de stapelloop van het Albanese cruiseschip werd besproken.

Adam zat erbij zoals men hem kende, met een arm op tafel leunend, de hand tegen zijn verminkte oor, afwezig, maar met grote ogen die niettemin belangstelling en deelname leken te suggereren. Hij dacht na, veel zaken gingen aan hem voorbij.

Directeur Ambroise Bigot was van mening dat het ongehoord was dat zij zich met die zaak bezig moesten houden. Die Balkanezen verzonnen in feite niks dan rotstreken! Hij voelde zich misbruikt als Europeaan als hij moest deelnemen aan een demonstratie van nationale trots, en misschien nog wel op een foto zou opduiken, glimlachend tussen verdachte padrones die zich regeringsleider noemden.

Karl Auer was al lang van mening dat Bigot de verkeerde man was op deze positie. Hij was meer geïnteresseerd in zijn eigen gewichtigheid dan in het gewicht van zijn taak. Karl Auer was niet vergeten op wat voor domme manier Bigot een fout die hij ongetwijfeld zelf had gemaakt, probeerde af te schuiven op Adam, maar Adam had weerwoord geboden, en daaraan had je pas echt kunnen zien hoe schamel zo'n Bigot was. Waarom, dacht Auer moet alles wat formaat heeft steeds weer beschadigd worden door ijdelheid?

Dat was natuurlijk onbillijk, maar juist hier, binnen deze bureaucratie gold de wet dat ook een verkeerde indruk deel uitmaakte van het totaalbeeld, anders zou die indruk niet mogelijk zijn.

Maar mijn handen zijn gebonden, zei Bigot die er als meester van de botsende metaforen aan toevoegde: daarom laat ik jullie de vrije hand.

Auer glimlachte want hij kwam uit een land waar de kanselier, zonder daarvoor te worden uitgelachen, over een voorstel van de vakbond kon zeggen: Dat zijn toch alleen oude hoeden in nieuwe zakken.

Want, zei Bigot, hoe we het ook wenden of keren, de zaak krijgt het gewicht van een informele Balkanconferentie, vlak voor de officiële in Poznań. Natuurlijk een rotstreek, zei hij, maar de regeringsleiders van de zes westelijke Balkanstaten hebben hun deelname al toegezegd, en een paar regeringsleiders van de EU ook, of tenminste de verantwoordelijke vakministers. En onze Commissaris natuurlijk. Hij wil dat wij klaarstaan voor het geval hij inhoudelijke expertise nodig heeft. Daarom...

Adam spitste de oren. Ineens zag hij een toneel voor zich waarop zijn idee...

Daarom zei Ambroise Bigot, stel ik voor...

Dat zou perfect zijn, dacht Adam, als ik op dat schip...

Toen zei Bigot: Adam Prawdower als Advisor Western Balkans Strategy moet natuurlijk aan boord zijn, en daarnaast stel ik voor: David Charlton voor Kosovo en Noord-Macedonië en Karl Auer van D.4 Albanië, Bosnië-Herzegovina.

Melkglas? Nu stond Adam helder voor ogen hoe zijn aanslag moest verlopen.

Dus als u akkoord gaat, zei Bigot, dan zou ik dat graag vastleggen, dus plaatsen voor u reserveren aan boord. En u weet natuurlijk welke positie we tegenover de Balkanstaten dienen te vertegenwoordigen: hoop bevestigen, een positief narratief dus, maar geen tijdpad. Dat is belangrijk: geen tijdpad. Anders stappen de Polen eruit, en Hongarije, en waarschijnlijk ook Oostenrijk, want de populisten daar positioneren zichzelf als verdedigers van het Avondland tegen moslims, of als het zo uitkomt tegen de maffia, en daarna ook Luxemburg, omdat die met hun politiek van belastingparadijs geen grondstoffen nodig hebben, en...

Ja, we begrijpen het, dacht Auer. Zijn kalenderspreuk van die dag was: *Luister met je hart, en je hoort wat waar en juist is.* Niet dat hij dat bijzonder serieus nam maar het schoot hem nu te binnen. Baia had gezegd dat ze met een parlementaire delegatie aan boord van de SS Skanderbeg zou zijn. Nu kon hij antwoorden dat hij ook aan boord zou zijn.

Als verkiezingspresentje gaven we briefopeners weg, als symbool voor onze strijd voor de onschendbaarheid van het briefgeheim. Niemand anders dan de geadresseerde zelf mocht zijn brieven openen.

Adam zat aan zijn bureau te dromen.

Het gevoel van verandering in april 1989. Aan de 'Ronde Tafel' kwamen de regering en Solidarność overeen dat er vrije verkiezingen zouden worden gehouden. En eind april arriveerde de MS Józef Piłsudski op de werf van Gdansk om te worden gesloopt.

Adam speelde met de briefopener, nam hem in zijn rechterhand, daarna in zijn linker, voelde eraan, het harde staal, een miniatuur-Excalibur.

De MS Jósef Piłsudski, het paradeschip van de Volksrepubliek Polen, en een kleine vijftig jaar later niet meer dan schroot, wat een symbool!

De Piłsudski kwam in het droogdok. Eerst werden alle vloeistoffen eruit gepompt, diesel, motorolie, chemicaliën voor brandbestrijding. Daarna werd de aandrijving gedemonteerd en de gehele boorduitrusting, accu's, generatoren en ettelijke kilometers koperen leiding, de elektronische meetinstrumenten op de brug. Het kwam Adam voor als de strijd van mensen tegen een monster, mensen die als mieren over het monster kropen, met sissende en vonken sproeiende wapens. Toen zei de voorman tot Adams verbijstering: Nu gaat de huid eraf!

Adam was nog geen vijftien, vertegenwoordiger van Jong

Solidarność, de net opgerichte jeugdvakbond. Waarom hij? In naam van zijn vader.

Huid?

Zo noemen we het staal dat we moeten loshalen om bij het skelet van het schip te kunnen.

Met snijbranders sneden de arbeiders de stalen huid van het schip in platen die door kranen op lopende banden werden getakeld die naar een loods liepen waar het staal verder werd verwerkt.

Daar werd het idee geboren. Een groep arbeiders sprak af van het staal van de scheepshuid kleine zwaarden te maken, symbolische zwaarden, als uitdrukking van hun bereidheid te strijden – ook voor het briefgeheim – en die gebruikt konden worden als briefopener, omdat alleen *wíj* onze brieven willen openen, niet de censuur, niet de geheime dienst.

Eerst werden ze naar een ontwerp grof uitgezaagd, daarna werd het profiel gefreesd, het onbewerkte ijzer geraspt, gevijld en tot slot gepolijst, heft en lemmet uit één stuk, het heft ovaal, het lemmet plat. Daarna gingen ze naar een pers waar collega's *Solidarność 1989* in het heft stansten.

Adam herinnerde zich dat er ineens geschreeuw was, er waren mannen opgedoken die brulden dat die spelletjes in de loods de sloop van de Piłsudski ophielden, er was een opstopping van nog niet verwerkte stukken huid...

Hoeveel van die briefopeners waren er destijds gemaakt? Adam wist het niet. Een aantal werd uitgedeeld tijdens de begindagen van de verkiezingsbeweging in Gdańsk. Hij had er een. Die lag altijd op zijn bureau. Ook al zag hij hem soms dagen- of wekenlang niet omdat er paperassen bovenop lagen. Hij had al lange tijd geen echte brief meer ontvangen, een die je moest openritsen.

Op dat moment kwam er op zijn telefoon een bericht van Paulina binnen:

'De herdenkingsbijeenkomst voor Piotr wordt op dit moment door de politie uiteengedreven.'

Niet veel later:

'De politie zegt dat dit een bouwplaats is, dat we de bouwwerkzaamheden hinderen!'

Daarna een kort filmpje, opgenomen met haar telefoon, nogal bewogen, je ziet eraan dat Paulina wordt geduwd, er duikt een hand op voor de lens, wil iemand voorkomen dat er wordt gefilmd? Of Paulina zelfs de telefoon uit haar handen rukken? Dan eindigt het filmpje abrupt.

In Adam rijpte het plan.

'Waarom antwoord je niet?'

Dat zag hij niet meer. Hij zat achterovergeleund te piekeren.

# VIJFDE DEEL

De uiteenzetting is de kortste verbinding
tussen twee verdwijnpunten

# I

Kan een mens twee kinderen zijn voor zijn vader, dochter en zoon in één persoon? Een compleet mens? Na de geboorte van Ylbere had Siegfried Lenz graag een zoon gewild, maar zijn vrouw stierf toen Ylbere nog geen twee was, plotsklaps, niks heldere hemel. Ruptuur van een hersenaneurysma. Dagen- of wekenlang kon de meertalige Lenz die uitdrukking niet onthouden: hersenaneurysma. Hij had er nog nooit van gehoord, het had in zijn wereld niet bestaan, het had niet mogen bestaan, het was idioot, de hersenen overspoeld door bloed, het levenssap als doodsoorzaak, in het hoofd, een gedachte, wat was haar laatste gedachte geweest, ineens weggespoeld en verdronken in het bloed, aangezichtsverlamming, hijgen, ze herkende hem niet meer en hij haar niet, coma, en gedaan. En hij alleen met zijn dochter. Hij was niet opnieuw getrouwd, hij had zich om zijn dochter bekommerd en om de taalschool. Hij beschouwde zichzelf niet meer als man die een vrouw begeert of naar haar verlangt, hij wilde alleen nog een goede leraar zijn en voor zijn dochter vader én moeder. In wezen allemaal surrogaat. Het was de tijd dat er van zoveel alleen surrogaat was. Botersurrogaat, koffiesurrogaat, meel vermengd met zaagsel was meelsurrogaat, moedersurrogaat. Hij had het niet gewild, hij kon zichzelf niet verwijten dat hij het opzettelijk of zelfs maar onbewust had gedaan, maar hij merkte dat zijn dochter voor hem ook een surrogaatzoon werd. Ze had de amandelvormige ogen van haar moeder, maar ze keek heel anders de wereld in. Zij zag een mannenwereld en daarin wilde ze zichzelf handhaven. Dat begreep Lenz al heel vroeg, en het verbaasde hem niet. Ze had geen moeder, geen vrouwelijke referentie, geen vrouwelijk voorbeeld. Ze was een knap meisje met bijzondere gelaatstrekken, een innemende glimlach, glanzend zwart haar dat ze helaas nooit liet groeien, ze wilde altijd kortgeknipt haar. En van het ene moment op het andere zag hij in haar een kerel, dat dacht hij: een kerel – die met een vuistslag de neus van een buurjongen brak, op haar twaalfde rookte en voor haar verjaardag een wapen vroeg. Wat voor wapen, waarom? Ik ben te oud voor een zwaard van hout, zei ze. Uiteraard probeerde Lenz haar over te halen tot een pop, liefdevol en hulpeloos accepteerde hij haar zoals ze was, maar een wapen deed hij haar uiteraard niet cadeau. Wat voor wapen? Dus spaarde zij haar zakgeld op tot ze een dolk kon kopen. Ze was toen dertien.

Maar ze werd onzeker. De meisjes op haar school waren populair en werden achternagelopen. Hun namen werden in boomschors gekerfd of, een bijzondere proeve van moed, 's nachts op de muur van een huis gekalkt, niet hun echte naam, maar een koosnaam of schuilnaam, omdat anders iemand de aanbidders, de daders had kunnen dreigen hen te verraden. Steeds weer vonden er verhoren plaats, de schoolleiding en uiteindelijk de Sigurimi dreigden en oefenden druk uit, een ongehoorde spanning maakte zich van hen allemaal meester, de ontluikende seksualiteit in verzet tegen de staatsmacht. Een bewijs van moed van jongens – met wie zij knokte. Zij had geen koosnaam, geen schuilnaam, ze vroeg zich af waarom niemand haar aanbad. Dat was het woord: aanbidden, je moest een *adhurues* hebben, een aanbidder. Toen wisselde ze weer van kamp. Met houtskool kalkte ze op de muur naast de schoolpoort: Ik hou van Lana.

Er zat een Lana in haar klas, ze kon het niet verklaren, maar ze had gedroomd dat ze haar kuste, ze had zo beeldend gedroomd dat ze opgewonden wakker was geworden. Maar ze hield zich niet aan de regels, ze gebruikte geen schuilnaam. Ik hou van Lana. Er vonden verhoren plaats die tot niets leidden, er zaten acht Lana's op school en ze wisten allemaal eerlijk en overtuigend van niks.

Ze stelde zich in op een wereld waarin voor haar geen aanbidder bestond.

Tot het eind van de bovenbouw. Die dag zou Lenz nooit vergeten: na de laatste Duitse les was hij naar boven gegaan en zag hij zijn dochter in de ouderslaapkamer staan, die nog altijd zo heette, voor de spiegel, in een jurk van haar moeder. Hij had de garderobe van zijn overleden vrouw nooit weggedaan, nooit haar kast – hoe had je dat moeten noemen: uitgemest? Hij had het niet gekund, en hij had de kast van zijn vrouw nooit meer opengedaan.

Ylbere merkte niet dat haar vader in de deuropening stond, ze stond heen en weer te draaien voor de spiegel in de jurk van haar moeder, en Lenz was geschrokken, in verwarring, klam, en kon tegelijkertijd niet ontkennen hoe mooi hij zijn dochter vond in de blauw met gele jurk van zijn vrouw. Hij had zelfs plotseling het gevoel, was er welhaast zeker van, dat zij dat zag, dat zijn dode vrouw, Ylberes moeder, zichzelf zag, dat zij de spiegel was waar Ylbere voor stond.

Lenz deed een stap achteruit om niet gezien te worden, zag hoe zijn dochter de jurk uittrok, hij gleed op de grond, ze stapte uit de jurk, liep naar de kast en...

Lenz was een zwakke man. Misschien niet een zwakke man, maar in elk geval een zwakke vader. Hij zag nu hoe Ylbere de trouwjurk van haar moeder uit de kast pakte en hij reageerde niet. Hij dacht: nee! Maar hij reageerde niet. Ylbere hield de kleerhanger met de jurk voor zich, bekeek hem, drukte hem voor de spiegel tegen haar lichaam en trok hem ten slotte aan.

Ze deed dat op de een of andere manier plechtig, tenminste, dat was de indruk van de vader, of de indruk die hij wilde hebben – en toen ze daar stond in de trouwjurk, van links naar rechts draaiend voor de spiegel, trok Lenz zich terug omdat hij niet wist of hij moest ingrijpen, hij dacht dat hij dat moest, maar wist niet hoe, en wat te zeggen. Hij wilde geen pathos, geen kitsch, hij zei bij zichzelf dat de grafrust van zijn vrouw niet verstoord werd als hun dochter haar trouwjurk paste, integendeel misschien, voor het eerst had hij het gevoel dat zijn vrouw er was en toekeek. Alleen al daarvoor was hij zijn dochter dankbaar, ook al snoerde wat hij zag hem de keel dicht.

Vanuit de woonkamer zag hij daarna dat zijn dochter het huis uit liep, in de trouwjurk, het onweer in, maar het was geen onweer, dat daveren en donderen en die flitsen, en ze was heel snel terug.

Ze had een jongeman willen behagen – die haar met een kalasjnikov in de hand naar huis stuurde. Hij schoot in de lucht en schreeuwde: ga naar huis, dit is geen tijd voor liefde.

Dat was in maart 1997. De stad bulderde van de machinegeweersalvo's, ze rende en rende en betreurde dat ze haar wapen niet bij zich had, haar dolk, ze rende en trok de jurk op om onder het rennen niet op de zoom te trappen en te vallen, wat was er aan de hand, een volksopstand, en zij als een vrouwtje er middenin, een man trok haar tegen de grond, sleurde haar naar een portiek, toen er iets explodeerde, precies daar waar ze zo-even nog had gestaan en om zich heen had gekeken, en ze rende verder, de jurk scheurde, en Lenz die nog steeds, of weer, voor het raam stond, zag haar binnenkomen, hij liep de voordeur van de woning uit, zij kwam hijgend de trap op en hij omhelsde haar, ze omhelsden elkaar langdurig.

Ben je boos op me?

Waarom?

De pofmouwen van de trouwjurk trilden, het was duidelijk

wat ze bedoelde, en hij was de vader van de ontbrekende woorden.

Daarna trok Ylbere nooit meer een jurk aan, alleen nog broeken en mannenschoenen, maar als ze lachte, echt hartelijk lachte, dan zag Lenz de lach van zijn vrouw, hij zag de ogen van zijn vrouw, hij zei Ylbere, dacht Ylbere en had met haar een dochter én een zoon.

Vanwege de onlusten in de stad gingen de Duitse lessen in Instituut Lenz wekenlang niet door. De leerlingen meldden zich de een na de ander af, het was te gevaarlijk om de straat op te gaan. De opstandelingen hadden militaire kazernes en politiebureaus bestormd, zich van munitie en wapens voorzien, er vonden schietpartijen plaats op straat, de woede van de mensen richtte zich tegen alle staatsinstellingen, bibliotheken, theaters, archieven, scholen, hotels, ze plunderden supermarkten, maar ook kleine kruidenierswinkels, ze schoten op de sloten van de rolluiken, sloegen etalageruiten in. Auto's werden in brand gestoken, elke dag zag Lenz vanuit zijn raam de rook boven de huizen, 's nachts het schijnsel van vlammen. En onafgebroken hoorde je geknetter en gebulder. Hij was bang. Hij herinnerde zich hoe zijn vader op een gegeven moment, laat, als oude man met uitgedroogde traanzakken, eindelijk kon vertellen hoe gewapende mannen in 1943 over de grens met Kosovo waren gekomen, naar het dorp Sose, waar hij, de vluchteling zich verstopt hield, de angst, de schrik als de soldaten zomaar wat in de lucht knalden. Zijn vader was destijds even oud geweest als zijn dochter nu.

Manmoedig ging Ylbere telkens weer de deur uit, de stad in, om te kopen wat ze nodig hadden voor hun levensonderhoud, basisvoedsel, medicijnen voor haar vader, wc-papier. Lenz wist niet hoe ze dat deed, welke bronnen ze had, hoe ze zich erdoorheen sloeg. Haar dolk droeg ze aan haar riem.

Aan die dagen en weken moest Lenz nu terugdenken, aan haar onverschrokkenheid, haar moed en niet in de laatste plaats aan haar talent zelfs zulke gelegenheden bij de kladden te grijpen, waar een ander niet eens kladden had gezien.

Er reden geen bussen meer. Ze liep naar haar schoolvriendin Amira wier vader een oude, robuuste Mercedes had. Ze wist dat die in een garage stond en dus redelijk zeker nog niet door vandalen in brand gestoken was. Omdat hij wekenlang niet was gebruikt had de auto met een beetje geluk een volle tank. Ze vertelde dat er in de haven van Durrës een loods was waar grote hoeveelheden bananen opgeslagen lagen die niet konden worden uitgeleverd omdat de markten en winkels in Tirana geplunderd, uitgebrand, vernield en dicht waren. De bananen zouden bruin worden en rotten, en binnen afzienbare tijd sowieso niet meer verhandeld kunnen worden. Niemand zou hen tegenhouden als ze er een kofferbak vol van gingen halen en...

Hoe weet je dat, vroeg Amira's vader wiens gezichtsuitdrukking afwisselend twijfel en hebzucht uitdrukte.

Mijn oom is havenarbeider in Durrës, zei ze.

Ze lachte toen ze het haar vader vertelde.

Maar welke oom, ik heb geen broer en je moeder had geen broer, jij hebt geen oom in Durrës, zei Lenz.

Ze lachte nog harder, haast hysterisch. Ik héb een oom in Durrës, papa, verzonnen! Begrijp je dat niet? Verzonnen! Ik moet toch op de een of ander manier naar Durrës komen.

Maar waarom? Hoe wist je dan van die bananen in Durrës?

Papa! Denk eens na! Er komen onafgebroken containers vol bananen aan in Durrës. Die waren al onderweg toen de opstand hier begon. Ze komen aan en kunnen niet doorgeleverd worden. Dus moeten ze ergens in de haven worden opgeslagen. Is toch logisch. En voor ze daar wegrotten moeten we ze ophalen, toch?

Een kofferbak vol bananen, zei Ylbere, daarvan kunnen allebei onze gezinnen een week lang leven, en een deel verkopen, weet u wat een banaan in Tirana kost vandaag de dag?

We gaan, zei Amira's vader en tegen Amira zei hij: Jij blijft hier, het is te gevaarlijk. En hij reed weg, op de passagiersstoel Ylbere met haar dolk.

In Durrës aangekomen vroeg meneer Arian, Amira's vader: Nou, waar is je oom?

Ja, waar was hij? Honderden mensen hadden blijkbaar hetzelfde idee gehad als dit kind, zo'n kinderlijk eenvoudig idee, alleen waren de loodsen in de haven niet zo makkelijk te bestormen als een winkel in de stad. De menigte bewoog heen en weer over de kade en rond de loodsen, elk mens een verfspat, een steentje in een immense caleidoscoop die voortdurend van patroon veranderde, maar tegelijkertijd hetzelfde totaalbeeld opleverde; vloeiende, schokkerige, huppende, zich schijnbaar ordenende, van elkaar weg stromende en weer samenkomende patronen. Maar dat was vanuit de lucht gezien. Ertussen of er middenin was het één groot tumult, nee, ook dat is een te abstract begrip, dat voelde Ylbere toen meneer Arian zei: Tumult! En waar is je oom in dit tumult?

Ze zag geen bos, ze zag bomen, ze zei: zoveel mensen!

Ze was radeloos. Ze liet het niet merken. Ze zei: rijdt u verder, rijdt u tot aan die poort daar.

Ze baanden zich een weg door de menigte, stapvoets, toeterend, mensen sloegen met hun vuisten op de auto, dat maakte meneer Arian behoorlijk nerveus, zijn mooie Mercedes!

Voor een grote grijs geverfde poort stopten ze, er stonden twee mannen met een kalasjnikov die de menigte enigszins op afstand hielden. Ylbere stapte uit, liep op een van de mannen af, haar hand op haar dolk, zodat hij het zag, en zei: *unë ju përshëndes*, ik groet u met respect oom! We komen de bananen halen voor de familie.

Dat had heel erg fout kunnen gaan, ze zag de wantrouwende en angstige blik van meneer Arian, ze zag de wantrouwende blik van een ander, de collega van de man die ze had aangesproken. Ze was een kind, ze was amper veertien, families waren groot, de man wilde tegenover zijn collega niet laten merken dat hij een nicht niet herkende, familie was iets heiligs. Algauw lag de kofferbak vol met kisten bananen, en werd hun vertrek gegarandeerd door kalasjnikovs.

Pas achteraf, op de weg terug werd Ylbere bang, ze kon het trillen van haar benen niet beheersen, ze zette de autoradio harder – mag ik? – en leek op de muziek te huppen.

Maar daarna, in de garage van meneer Arian: ze waren de bananenkisten aan het uitladen toen Ylbere vroeg of meneer Arian de helft ervan naar hun huis wilde brengen. Hij zei met een strak gezicht dat dat te gevaarlijk was, neem maar wat je dragen kunt. Hij stopte bananen in haar rugzak, het was maar een fractie van de lading en ze zei: dat is te weinig, hij zei: Ga, ga maar naar huis en zorg dat ze je de rugzak niet afnemen!

Ze probeerde meer bananen in haar rugzak te proppen en zag ineens dat onder de bananen in de kist doorzichtige zakjes lagen waarin een wit poeder geseald was.

Wat is dat?

Maak dat je wegkomt, schreeuwde meneer Arian, ga nou eindelijk, breng je bananen naar huis!

Plotseling was ook Amira er, Ylberes schoolvriendin, en haar vader gilde, ga naar je moeder, en tegen Ylbere nog een keer: Ga naar huis, en vlug wat!

Daarin was Ylbere naïef, ze begreep het niet en vertrok. Haar vader vertelde ze niet over het tafereel omdat ze het nu eenmaal niet begreep, alleen het achteraf grappige verhaal hoe ze aan die rugzak vol bananen was gekomen. Dat stokoude verhaal herinnerde Lenz zich nu met liefde en trots, terwijl hij in de 'Stufa e gjyshes' in de nieuwe bazaar op zijn volwassen kind zat te wachten, met wie hij had afgesproken voor de lunch.

Hij was niet bang dat haar iets zou overkomen, maar maakte zich niettemin zorgen. Daarom wilde hij met haar praten, nadat ze aan de telefoon had verteld dat ze een tijd verlof nam bij de radio en naar het noorden wilde reizen, naar de rreth Tropoja – zij het dat Siegfried Lenz niet rreth zei, maar het oude woord voor prefectuur gebuikte: *bajrak*, zoals hij van zijn ouders had gehoord. Bajrak, Ylbere moest daar altijd fijntjes om lachen, een begrip uit de Osmaanse tijd, die in de bergen tot de tweede helft van de twintigste eeuw had voortgeduurd. Ze verbeterde hem niet, het deed er immers niet toe, het was een moedervlek op haar voorgeschiedenis, die haar vader helemaal niet meer kon vertellen. Tegelijkertijd was het haar juist daarom te doen: haar voorgeschiedenis.

Ze bestelden een schaal voorgerechten, Siegfried nam karnemelk erbij, Ylbere raki. En hierna... zei Ylbere.

We hebben toch altijd na de voorgerechten al genoeg, zei Lenz.

Ik heb al voor de voorgerechten genoeg, ik heb altijd genoeg, ik heb zo genoeg dat ik zou willen kotsen, ik moet zoveel slikken dat mijn maag in opstand komt, luister, babai, ik wil mijn maag nu kalmeren met iets waarvan ik kan genieten, we gaan hiervan genieten, toch? Dus nemen we erna een *Tavë Elbasani*, dat moet, we zijn er allebei dol op. En bier. Je kunt mij niet voor de gek houden met je karnemelk. Ik weet hoeveel je drinkt. Ontspan! Dus, Tavë Elbasani en bier, alsjeblieft.

De voorgerechten. Dat zijn hapjes voordat het menens wordt. Lenz keek naar haar, zag hoe bazig ze in de gegrilde paprika en courgette prikte, de ingelegde groenten, hoe ze het platbrood scheurde, hij dacht dat hij haar kwijtgeraakt was. Hij had graag haar hand gepakt, zonder iets te zeggen, maar hij kneep alleen in zijn servet, verfrommelde het en wist dat er nu iets gezegd moest worden. Niet meteen. Zo meteen.

Waarom, zei hij ten slotte, wil je naar de Bajrak Tropoja en...

Ja, en vandaar helemaal naar de grens met Kosovo, naar Sose. Het dorp is tijdens de oorlog deels verwoest, maar het bestaat nog, er wonen daar nog mensen. Ik wil het zien.

Maar waarom? Vakantie? Het is geen vakantiegebied.

Babai, wij komen ervandaan.

Komen we niet. Jij bent geboren in Tirana en je bent nooit ergens anders geweest, hooguit aan de kust, op vakantie, je bent in de zomer een keer in Ksamil geweest, je vertelde over stranden waar zelfs het drijfhout van schrik wegdrijft voor de plasticsoep, je was blij dat je weer in Tirana was, weet je nog?

Herinner je je dat we uit de bergen komen? Het is heel simpel. Ik wil Sose zien, het dorp waar mijn grootouders vandaan kwamen. Ik wil weten of het huis er nog is, of er nog familie is, ik wil de lucht daar inademen en kijken wat dat met me doet.

Er is geen huis meer, en geen familie, je grootouders zijn er na hun verhuizing naar Tirana nooit meer geweest, ze hadden geluk dat ze het hadden overleefd en weggekomen waren daar, en ik en ook je moeder zijn er nooit geweest. Wie hadden we er ook moeten opzoeken? Er is geen verhaal.

Babai! Het verhaal is dat grootvader alleen heeft overleefd omdat daar in de bergen de Kanun nog wet was. Omdat de gast dus onder alle omstandigheden beschermd moet worden. Daarom moest de broer van oma de dood in gestuurd worden, om het leven van de vluchteling in huis te redden. Maar waar ik naartoe wil...

De dood in, dat weten we niet. Hij werd meegenomen door een ss-brigade en...

Nee, hou je mond!

Maar...

Hou! Alsjeblieft! Je mond! Luister! Als jij serieus denkt dat hij het mogelijk heeft overleefd, waarom heb je je dan nooit afgevraagd wat er van hem terechtgekomen is, waarom hebben mijn grootouders het niet uitgezocht, waarom heb jij die vraag nooit gesteld? Ik ben geen historicus maar als journalist heb ik geleerd onderzoek te doen. Die paar joden of vermeende joden die de ss-divisie Skanderbeg heeft afgevoerd werden naar concentratiekamp Bergen-Belsen gebracht. Daar is onderzoek naar gedaan. Wat een lange reis naar de dood. Nu zijn er twee mogelijkheden: of hij is onderweg gestorven, dan komt zijn naam op geen enkele lijst voor. Of hij is aangekomen in het concentratiekamp en werd daar vermoord, dan staat zijn naam op een lijst of op een overlijdensverklaring. Daarin waren de nazi's onvoorstelbaar precies. Toen de Britse en Canadese troepen het kamp naderden hebben de nazi's weliswaar geprobeerd nog snel dossiers en documenten te verbranden, maar er kon heel wat worden gered, of met behulp van overlevenden gereconstrueerd. Er is een gedenkplaats die een databank heeft. Daar kunnen nabestaanden van slachtoffers navraag doen. Wat was de meisjesnaam van grootmoeder?

Dat weet je toch, Baxhaku.

En hoe heette haar broer?

Agan.

Precies. Agan Baxhaku is dus wat?

Wat bedoel je?

Nou, wat ik bedoel? Wat is hij? Mijn oudoom. Ik ben nabestaande, ik heb informatie gekregen.

Vader Lenz hoorde dat ze de mannelijke vorm gebuikte en niet de vrouwelijke, maar hij hoorde het terloops, als het knakken van iets wat breekt op de achtergrond.

Daar kwam de Tavë Elbasani. Hij keek naar de dampende pan en zei: ik kan niet meer eten.

Luister: het is de 28ste november.

Wat? Wat is daarmee? Dat is onze nationale feestdag.

Nee, babai, het is geen feestdag. Het is de sterfdag. Op 28 november van het jaar 1944, het jaar dat hij door de ss-bergdivisie Skanderbeg werd afgevoerd, stierf Agan Baxhaku, de broer van je moeder, jouw oom, mijn oudoom in het concentratiekamp Bergen-Belsen, volgens de overlijdensverklaring aan een hartstilstand.

Ze keek haar vader aan die zijn servet verfrommelde, het losliet, over de tafel heen haar hand beetpakte en daarbij met zijn onderarm tegen de hete pan aankwam. Een korte, onderdrukte pijnkreet – niks aan de hand, zei hij snel, alles goed, niks aan de hand.

Ze nam zijn hand, trok zijn arm naar zich toe en drukte haar koude bierglas op de plek waar hij zich had gebrand.

Hartstilstand?

De dood treedt altijd in met een hartstilstand. We weten dus niet echt hoe hij gestorven is. Gemarteld en vermoord, van uitputting door de slavenarbeid, van honger, kou, ziekte, we weten het niet. En jouw moeder is later getrouwd met de verstopte en geredde jood die eigenlijk haar surrogaatbroer was. Maar waar ik heen wilde: waarom heb je je nooit afgevraagd of er nog leden van de familie Baxhaku zijn? Families waren groot, in de bergen waren er geen moeder-vader-kindgezinnen. Wat vertellen ze? Hoe is het ze vergaan? Zou de *kulla* nog bestaan, hun huis?

# 2

Soms vinden twee mensen elkaar die weliswaar al enige tijd met elkaar omgingen, maar zonder dat er tekenen waren dat ze voor elkaar voorbestemd waren. Het grootste geluk is misschien als niet Amor, maar Fortuna, de godin van het lot en het toeval, de pijl in het hart van mensen schiet die elkaar al die tijd niet begeerden, niet verlangden naar de ander, maar die ineens, in een onverwachte situatie, het gevoel hebben dat ze toch bij elkaar horen en elkaar moeten vasthouden. Als Ylbere daarover nadacht, raakte ze er zelfs van overtuigd dat Amor niet bestond, dat alleen Fortuna de lotgevallen van de mens, geluk en tegenslag stuurde. Haar familiegeschiedenis bewees het. Geen God, geen Enige, nergens, alles is slechts toeval en speling van het lot. Dat wij Gods Wegen beschouwen als ondoorgrondelijk betekent alleen maar dat we niet in staat zijn het feit dat we geen God kennen die op ons neerziet te accepteren als bewijs dat hij niet bestaat. Daar was Ylbere van overtuigd. Ze was een kind van de enige staat die niet de vrijheid van geloof maar de bevrijding van het geloof, het atheïsme, in zijn grondwet had staan. Maar als ze dan toch in een metafysische kracht geloofde dan was dat een godin, Fortuna. Hoe dan ook, ze had nooit voor mogelijk gehouden dat ze op een dag van Ismail Lani zou houden.

Het was drie dagen voor Ylberes vertrek naar het noorden. Ze had de reportage over de manifestatie van de socialisten op het Skanderbegplein gemonteerd, eerst een versie van één minuut twintig seconden voor het avondjournaal en daarna een acht minuten durende versie voor het magazine *Reportage* de volgende dag. En tot slot had ze een interview met Luigi Soriano afgeleverd, de ambassadeur van de Europese Unie in Albanië. Wat hij, respectievelijk de EU vond van het idee van de minister-president dat Albanië en Kosovo samen één president moesten kiezen. Die bijdrage werd vijf keer uitgezonden, dat was Ylberes grootste succes in lange tijd. De hoofdredacteur van de nieuwsredactie was enthousiast over hoe ambassadeur Soriana na Ylberes vraag een galmende lach liet horen en heel lang nadacht, haast vijftien seconden, wat voor een radio-uitzending heel veel is, bijna een eeuwigheid. Ylbere had er tijdens het monteren lang over nagedacht of het zou werken, of de staatsradio überhaupt in staat zou zijn zich die anarchistische brutaliteit te permitteren, en ze besloot het te proberen. Toen stopte Soriano abrupt met lachen en zei: Nonsens. Alleen dat ene woord. Na een volgende gevoelsmatige eeuwigheid, vier seconden van zwijgen, zei hij: Maar als symboolpolitiek geniaal. Ylbere sloot de uitzending van het interview af met de woorden: Dus de vertegenwoordiger van de EU in Albanië heeft begrepen wat wij al generaties lang begrijpen: de Balkan is verscheurd. Op het gebied van realpolitik op zijn best lachwekkend, maar als onzinnige symboolpolitiek meesterlijk.

Fate Vasa, van de staf van de minister-president, belde naar de omroep om zijn beklag te doen over die bijdrage, hij bracht in herinnering dat de staatsomroep van belastinggeld... en dat die financiering op elk willekeurig moment geëvalueerd kon worden... het bereikte niet eens druppelsgewijs het oor van de redacteur, die zijn telefoon naast zich neergelegd had. Ylbere hoorde daar allemaal niets meer over, zij had al afscheid genomen voor haar onbetaalde verlof. Ze bereidde haar reis voor, kocht functioneel ondergoed, een windjack met fleecevest, stevige bergschoenen, alles wat ze als stadskind niet had, maar haar noodzakelijk leek voor de bergen. Ze kocht een wegenkaart van Noord-Albanië en een wandelkaart voor de regio Kukësi waar de prefectuur Tropoja deel van uitmaakte, en toen schoot haar nog te binnen: een thermosfles, reisapotheek, sigaretten! Ze had geleerd dat als je in Noord-Albanië met iemand in gesprek wilde komen, je ter begroeting een sigaret moest aanbieden, maakte niet uit of je rookte of niet.

Toen ze alles wat ze mee wilde nemen uitspreidde op haar bed, constateerde ze dat haar rugzak te klein was. Ze moest hem ruilen voor een grotere. Bij die gelegenheid kocht ze ook nog een hoofdlamp voor het geval ze in de bergen werd verrast door de invallende duisternis, en op aanraden van de verkoper een waterdichte zak voor de droge kleren in de rugzak, die gegarandeerd ook droog bleven als hevige regen de rugzak volledig had doorweekt. Dat leek haar zeer verstandig.

's Avonds ging ze weer eens naar Bar Radio, de laatste keer voor een hele tijd, dacht ze.

Aan de bar zaten twee mannen die meteen haar nieuwsgierigheid wekten. Dit had ze toch echt niet verwacht, deze avond, laat staan dat het haar bedoeling was om meteen weer aan werk te denken. Wat kon de binnenlandse politiek haar nog schelen nu ze net om privéredenen verlof had genomen? Ze herkende de gezichten, registreerde de stand van het hoofd en de lichaamstaal van de mannen en koesterde een verdenking, de journalist in haar was weer aan het werk.

Achter de bar stond Redi Panarati, de eigenaar en barman, een cocktail te mixen. Ylbere bleef achter de rug van de mannen staan, wenkte Redi en gebaarde dat hij hier moest komen. Hij keek vragend in haar richting en zij gebaarde nog een keer: kom hier!

Hij serveerde de cocktail en kwam naar Ylbere toe. Hi! Wat is er?

Redi Panarati had steeds weer nieuwe ideeën om de sfeer te verhogen en klanten aan zijn zaak te binden: hij moedigde gasten bijvoorbeeld aan hun oude vinylplaten mee te brengen en die hier te draaien, of hij gaf jonge muzikanten de kans om hier voor het eerst op te treden, of hij organiseerde avonden waarop dichters hun werk voordroegen begeleid door jazz, een van de eersten was overigens Fate Vasa, nadat zijn bundel *Sirenen* was verschenen. Korte tijd geleden was hij de actie 'barman/-woman for one night' begonnen, voor gasten die eens wilden ervaren hoe het was om aan de andere kant van de bar te staan. Ylbere had dat grappig gevonden en een keer als barwoman for one night gewerkt, dat was nog geen drie weken geleden. Daarbij had ze een interessante ervaring opgedaan, welhaast een ontdekking: als mensen aan de bar staan te praten keren ze hun gezicht naar elkaar toe. Tot zover logisch. Je kijkt elkaar aan als je met elkaar praat. Maar, en het is een grote maar: als ze iets bespreken wat erg vertrouwelijk is, als ze samenzweerderig praten, dan verandert de houding van hun lichaam en hoofd subiet. Dat gebeurt niet bewust, ze doen dat intuïtief. Wat je tegen iemand zegt naar wie je toegekeerd staat, bereikt immers niet alleen diens oor, maar is natuurlijkerwijs ook te verstaan voor degene die zich direct naast die persoon bevindt. Wanneer nu aan de bar twee mensen met elkaar praten die niet willen dat wat ze zeggen wordt gehoord door degene die ernaast staat, dan keren ze zich van elkaar af en praten niet gezicht naar gezicht, maar hoofd naast hoofd, over de toog heen, zodat het geluid niet degene ernaast bereikt. Wat ze vergeten is dat aan de andere kant van de bar weliswaar geen gasten staan – maar wel een barman. Wat andere gasten niet mogen horen, hoort hij nu. Als hij dat merkt gaat hij aan zijn kant van de toog tegenover het tweetal met gebogen hoofd glazen staan poleren, onschuldig, en scherp luisterend.

Kan ik een uur of twee als barwoman werken?

Natuurlijk, als je dat wil. Maar waarom zo geheimzinnig, dat had je me toch meteen kunnen vragen...

Ik wilde niet dat die twee daar zouden zien dat ik je dat vraag.

Het moet er heel vanzelfsprekend uitzien dat ik nu achter de bar kom staan en barwoman ben.

Wat voer je in je schild!?

Zij zei niets en hij keek naar de twee mannen, hij had ze vast ook herkend, zeker een van hen, die zo nu en dan in het tv-journaal te zien was. Hij glimlachte, liep met haar achter de bar en zei: wisseling van de wacht.

Eerst moest Ylbere erachter komen of ze herkend werd. Want een van de mannen was de bureauchef van de oppositieleider, hem was ze wel eens tegengekomen tijdens persconferenties, zij het te midden van een roedel andere journalisten. De ander, een bekende zakenman, rijk geworden met de 'export van landbouwproducten', oprichter van de AFEX Sphk ('Albanian Farmer Export Association b.v.'), werd in verband gebracht met de drugshandel, wat echter niet konden worden aangetoond. Misschien genoot hij gewoon machtige politieke protectie. Dat wist Ylbere. De laatste zaak tegen hem was geseponeerd nadat de rechter-commissaris was ontslagen, maar na de massale ontslaggolf van corrupte rechters in het kader van EU conforme juridische hervormingen kon je moeilijk beweren dat er extra politieke druk was uitgevoerd ten gunste van hem. Een kennis van Ylbere, medewerker van de ngo 'MJAFT!' ('Genoeg!'), had de zaak onderzocht maar dat werk meteen laten rusten zodra zijn vrouw zwanger werd. Hij zal zijn redenen wel hebben gehad.

Kan ik nog iets betekenen voor de heren?

Ze keken op en schudden nee. Ylbere was niet herkend. Snel vroeg ze nu ook de andere gasten of ze nog iets kon betekenen, daarna veegde ze de toog schoon en begon ze glazen te poleren, haar gezicht van de mannen afgewend, haar oor naar hen toegekeerd. Het was duidelijk dat het tweetal wilde voorkomen dat de gasten naast hen iets opvingen, dus spraken ze over de toog heen – ze praatten zachtjes, maar dus wel in Ylberes richting.

Nee, zei de zakenman, strekte zijn armen en trok de manchetten van zijn overhemd een stukje uit de mouwen van zijn jasje, Ylbere zag het vanuit haar ooghoeken, ze dacht bijna dat hij haar probeerde te grijpen, maar het ging heel snel en toen stutte hij zijn ellebogen alweer op de tapkast. Nee, herhaalde hij, onder geen beding. Dat kan de hoofdcommissaris niet maken.

Maar Endrit heeft die baan aan ons te danken, hij is loyaal. Hij zou dat zeker doen.

Onmogelijk. Hij kan toch die gestolen helm niet presenteren, de politie prijzen dat die hem heeft opgespoord, en er dan geen dader bij leveren. Als hij de helm presenteert, moet hij ook een dader kunnen opvoeren.

Ja, tuurlijk, daar hebben we in de club ook discussie over gehad. Maar dat is makkelijk op te lossen. Endrit kent toch dieven zat met een lang strafblad. We schieten er een neer, Endrit maakt bekend dat die tijdens de inval het vuur opende en door agenten werd neergeschoten. Dan hebben we een dader, helaas is hij dood.

Vergeet het. Geloof me. Het is onzin. Geen enkele dief in Tirana met een lang strafblad krijgt een kunstroof in Wenen voor elkaar. Geen mens die dat gelooft. Alles wat jij een oplossing noemt, maar zó ongeloofwaardig is dat er weer nader onderzoek wordt gedaan, zij het door journalisten, zij het door Europol, is geen oplossing maar een risico. Daar kan ik je niet bij helpen.

Maar... wacht, wil jij er ook nog een?

Ja, tuurlijk.

Nog twee whisky sour, *djalë* alsjeblieft. Met Whistle Pig!

Ylbere deed eerst alsof ze het niet gehoord had. De man herhaalde zijn bestelling, harder dit keer.

Hoe je een whisky sour moest maken wist Ylbere, maar 'Whistle Pig', als ze het al goed verstaan had, bracht haar in verwarring, wat bedoelde hij daarmee? Het whiskymerk. Whistle Pig Straight Rye. Ja natuurlijk. Gehaast schoot haar blik langs de flessen op de planken achter de bar, hiervandaan kon ze het gesprek niet verder volgen, maar de mannen spraken helemaal niet verder, ze keken toe hoe ze de fles zocht, uiteindelijk riep een van hen: Daar! Nee, verder naar rechts, ja, nog verder, nee, nu omhoog, ja, nog een stuk omhoog, precies, daar, die fles met groot vijftien erop, precies, dat betekent vijftien jaar oud, djalë.

Ze keken hoe Ylbere de drankjes bereidde, daarna pas spraken ze verder.

*Cheers, Miku im!* Goed, wat ik wilde zeggen. Het plan is idioot. Geen oplossing. En bovendien: ik wil die helm ook niet langer bij mij hebben. Ik heb jullie geholpen de helm te pakken te krijgen, maar...

Ja, ja, eeuwig dankbaar, maar wie had kunnen weten dat...

Ja, tuurlijk, helder, maar nu is het zo dat jullie niks meer aan dat ding hebben, en wij ervan af moeten. Ik wil ervan af.

Ze dronken.

En ik zeg je meteen, ik ga dat niet organiseren, dat die helm teruggebracht wordt naar Wenen. Misschien wel in luiers gewikkeld voor de deur van het museum achtergelaten.

De ander lachte. Daarna viel hij stil en zei: Wacht even, dat zou toch...

Nee. Vergeet het. Geen denken aan!

Ze dronken, keken voor zich uit. Ylbere werd geroepen. Gelukkig alleen twee bier. Dat ging snel. Terug naar het tweetal, met een nieuwe mand uit de vaatwasser, vol dampende glazen die ze bedachtzaam voor zich neerzette en begon te poleren.

Maar als je dat met Endrit niet wil, wat stel jij dan voor? Op de een of andere manier moeten we...

Luister! Dat is toch helder! De oplossing voor een probleem kan nooit zijn dat je een verdenking op de een of andere manier van jezelf afleidt, maar daarmee een nieuwe verdenking creëert die weer op jou terugslaat. De juiste oplossing is ervoor te zorgen dat de verdenking meteen op iemand anders valt.

Ja, en?

Jij werkt in de politiek maar je denkt niet politiek, ongelooflijk! Dit is jullie probleem. Dus, heel langzaam: Jullie hebben een probleem met die helm. Die willen jullie van het toneel hebben, om wat voor reden dan ook. Zodat hij niet in handen komt van de kryeministër, weet ik veel. Dat was voorbarig, ondoordacht, in elk geval: nu hebben we dat ding aan onze kont hangen en moeten we op de blaren zitten. Moeten we het in zee dumpen? Nee, geen oplossing. Er zullen eeuwig mensen zijn die zich afvragen waar die helm is gebleven. Er zal altijd iemand zijn die denkt dat hij onderzoek moet doen, die er nog een keer over begint. Nooit zal er rust zijn, en wel steeds een verband met mij, en met jullie. Daar doe ik niet aan mee. Dus...

Dus?

We overhandigen de helm, en daarmee het probleem, aan de kryeministër.

Dat meen je niet!

Bijna had Ylbere zich nu verraden. Omdat ze het tweetal gespannen, vol nieuwsgierige verwachting aankeek, haar blik trof die van de zakenman, die haar verbaasd aankeek, zijn linkerarm een stukje naar voren liet schieten om het manchet van zijn hemd een stukje uit zijn mouw te trekken.

Of ze nog iets kon betekenen, vroeg Ylbere snel. De twee mannen schudden het hoofd en zij trok zich een stukje terug. Zover dat ze nog net verstond:

Zei hij niet dat hij de getrouwe – hij maakte aanhalingstekens met zijn vingertoppen – kopie van de helm wil presenteren tijdens de tewaterlating van de ss Skanderbeg, voor de ogen van de hele wereld? Heeft hij dat niet aangekondigd?

Ja.

En? Waarom ben je zo traag van begrip? Kom jij weer aan met die achterlijke Endrit. De beste oplossing is toch: we brengen de Weense helm de dag ervoor naar het schip, leggen hem in de vitrine, verruilen hem voor de kopie die de kryeministër heeft laten maken – die we dan overigens best in zee kunnen dumpen! En als dan op de grote dag ten overstaan van de politieke elite uit heel Europa het doek wordt weggetrokken, wat komt er dan tevoorschijn? De gestolen originele helm. En wie heeft die gepresenteerd? De kryeministër. En wat heeft hij nu wel en wij niet meer? Het probleem!

Op dat moment kwam Ismail de zaak binnen. Hij zag Ylbere achter de bar staan en zwaaide naar haar. Had ze hem niet gezien of keek ze de andere kant op?

En jij kunt, ik bedoel...

Ik heb mannen die dat kunnen, als jij...

Hoi, Ylbere!

Ze liep om de bar heen op hem af en trok hem mee, daar was Redi, de baas, tegen hem zei ze: Neem jij het weer over! Ze trok Ismail verder mee, helemaal naar achteren, naar de overdekte tuin waar je kon roken. Ze duwde hem op een stoel, steunde op de tafel, boog voorover en zei fel: Gil alsjeblieft niet mijn naam, begrijp je, gil niet mijn naam door heel de tent! Er zijn mensen, die... ik wil niet dat die mijn naam kennen.

Nu ging ze naast hem zitten, haalde diep adem, keek hem aan – en lachte. Vergeleken bij de droge, gecontroleerde manier van doen die Ismail van haar kende, maakte die lach een bijna hysterische indruk. Ze leunde naar achteren, liet haar hoofd achteroverzakken, en ademde diep in en uit. Ismail wilde natuurlijk vragen, weten... Ze zei alleen: Wacht. Wacht nog even.

Hoelang zaten ze daar zo? Eeuwig. Even onverdraaglijk lang als een minuut zwijgen op de radio. Ylbere trok een pakje sigaretten uit het borstzakje van haar Lumberjack en stak er een op. Daarna stond ze op, liep naar het trapje dat toegang gaf tot de bar, keek en kwam weer terug. Na een poosje herhaalde ze dat. Ze keek even naar de tapkast, kwam terug en zei: Ze zijn weg.

Op dat moment werden ze handlangers. Ylbere was dat meteen duidelijk en Ismail begreep het toen ze hem vertelde wat ze zojuist had afgeluisterd.

En nu? Aangifte doen had geen zin, ze hadden geen enkel bewijs in handen. Zelfs het feit dat ze nu wisten wie de gestolen helm in zijn bezit had was van geen enkel nut omdat ze niet wisten waar die helm zich bevond. Hoofdcommissaris van politie Endrit Cufaj zou niet eens proberen rechterlijke toestemming voor een huiszoeking te krijgen. Afgezien van het feit dat die onbetrouwbare AFEX-man de helm vast niet in zijn villa aan de kapstok had hangen, en wie zei dat de helm in een van zijn vastgoedobjecten in Albanië was, hij kon net zo goed in Italië verstopt zijn.

Op dit moment kunnen we helemaal niks doen, zei Ismail.

Eén ding móéten we doen, zei Ylbere. We moeten de minister-president informeren, waarschuwen. Dat moet jij morgen meteen doen!

Ik werk niet meer voor hem, zei Ismail.

Wat?

Dat wilde ik je laatst al vertellen. Het gaat niet meer. We hebben mijn contract in goed overleg ontbonden. Waarom? Dat is een lang verhaal, het smeulde al een tijd. Wil je het echt horen?

Je hebt twéé minuut twintig live ter beschikking, dan wil ik het verhaal begrepen hebben.

Oké. Je kent Fate. Hij wil het hele communicatiesysteem op het regeringskantoor ondersteboven gooien. Moderniseren, zegt hij. De chef vertrouwt hem en heeft hem de vrije hand gegeven. Fate stelt een zogeheten Media & Message Group samen, alleen maar jonge mensen die zijn opgegroeid met sociale netwerken.

Neem me niet kwalijk, maar dat is toch idioot. Het gedrag van de chef is zo opvallend origineel, om niet te zeggen geniaal, dat hij in zijn eentje toch veel meer aandacht krijgt dan door een groepje nerds dat...

Ja, vind ik ook, maar misschien hebben ze gelijk. De chef besluit iets, ik als woordvoerder deel het mee en leg het uit – dat is vintage zeggen zij. Maar eigenlijk gaat het om iets anders. Het gaat om controle. Alles wat naar buiten komt moet gecontroleerd in de media terechtkomen. Er zijn vele manieren, maar zo'n klassieke kennisgevingsspreekbuis als ik, dat kan niet. Herinner je je nog de berichtgeving over de manifestatie op het Skanderbegplein? Ik heb dat niet zien aankomen, en ik had het ook niet kunnen voorkomen. En daar gaat het om: controle.

Hij keek op zijn horloge en zei ironisch: ik heb nog vijfentwintig seconden. Dus: dit is allemaal vooral zo idioot omdat Fate, die op deze manier de controle terug wil krijgen, er juist schuldig aan is dat die controle ons is ontglipt. Dat idee met die helm was immers van hem afkomstig, compleet idioot, en zonder hem zaten we nu niet in deze verknipte positie. Oké. Cut. Duidelijk?

Ylbere keek hem nadenkend aan en zei: Ja, het is idioot. Maar het is wat het is. Je hebt toch vast nog toegang tot de kryeministër, ga morgen naar hem toe en vertel hem wat wij weten, je moet hem waarschuwen.

En wat moet hij dan doen? Hij heeft toch evenmin als wij iets in de hand, geen bewijs of niks.

Dat moet hij dan met zijn adviseurs bespreken. Dat is jouw taak niet meer. Ik kan me voorstellen dat hij als regeringsleider de politie kan opdragen om de helm te bewaken, ik bedoel, zijn helm, die hij heeft laten maken. Als er iemand binnendringt die de helmen wil omruilen, houden ze hem aan.

Maar dan zijn er nog steeds twee helmen aan boord, en als de chef of een van zijn nieuwe woordvoerders, uitlegt dat een man in een neopreen pak de gestolen helm in het holst van de nacht aan boord heeft gebracht, dat klinkt zo idioot, dat gelooft niemand.

Luister, dat is hun pakkie-an. Zei je niet dat het specialisten voor message control zijn? Belangrijk is alleen, en dat is ook het enige wat wij kunnen doen, dat de kryeministër te horen krijgt wat er bekokstoofd wordt. Dus ga jij morgen naar het regeringskantoor.

Ja. En hoe leg ik uit hoe ik te weten ben gekomen wat ik daar allemaal vertel?

Zeg dat je je bronnen hebt. Dat maakt jou ook meteen weer

belangrijker. En nu ga ik een drankje voor ons halen. Wat denk je van whisky?

In whisky ben ik niet thuis. Liever bier.

Jammer, de Whistle Pig schijnt erg goed te zijn. Zeer opwekkend.

Ze glimlachte.

Maar je hebt gelijk. Ik haal bier.

De handlangers. Ze zaten naast elkaar, tegen elkaar aangeleund bier te drinken en te roken.

Bel me als je terug bent van het regeringskantoor, ja?

Nee, dat is niet iets voor over de telefoon. We spreken af!

Oké, waar?

Café Opera. Ik laat het je weten als ik met de ZK heb gesproken en onderweg ben.

Ik zal klaarstaan.

Ismail streelde Ylberes onderarm en zei: Is dat niet overdreven patriottisch?

Wat?

Nou, je jack, rood-zwart.

Ze porde met haar elleboog zachtjes in zijn zij.

## 3

De volgende ochtend arriveerde Ismail Lani om tien uur in het regeringskantoor. In de foyer stond een man van security, een van de oortjesmensen, zoals Ismail ze noemde. Hij wilde langs hem lopen, maar de oortjesman ging voor hem staan.

Ja? Wat wenst u?

Ismail had die man nog nooit gezien en op zijn beurt leek de man Ismail ook niet te kennen. Dat was verbazingwekkend. Had die man jarenlang geen krant gelezen? Was hij analfabeet? Hoe was het mogelijk dat hij hem, tot enkele dagen geleden de regeringswoordvoerder, niet kende? Ismail zag dat de oortjesman aan de zijkant van zijn hals, waar het snoer van zijn oortje onder de hemdskraag verdween een tatoeage had, vier Chinese karakters.

Ismail wees naar de overeenkomstige plek in zijn hals en vroeg: Neem me niet kwalijk, wat betekent dat?

Ismail had niet in het minst zin om een spelletje te spelen: wat hij kwam doen, hij wilde de premier spreken, of hij een afspraak had, nee, hij had geen afspraak, maar het was belangrijk, helaas, zonder afspraak was een gesprek met de premier onmogelijk, dat wist hij, maar dit was een bijzonder geval, dat begreep hij, maar elk geval was een bijzonder geval en uitzonderingen waren niet mogelijk, hij kon om een afspraak vragen, maar daar was geen tijd voor, het ging om een zaak van zulk dringend belang en...

Ach wat, Ismail wist dat elke discussie zinloos was. Maar hij wist ook dat hij degene was die op dit moment belangrijk was voor de veiligheid van de staatsleider, en niet die man met een snoertje en een Chinese tattoo.

Ho chi peng xi ping zedong, zei hij, dat had geen enkele betekenis, Ismail ontleende voor de eerste keer sinds zijn studententijd genoegen aan het antiautoritaire, de oortjesman keek hem perplex aan en zei: Pardon?

Ik dacht dat u Chinees verstond, zei Ismail, en wees naar zijn hals. Hij maakte gebruik van de verwarring van de man en liep snel om hem heen naar de ontvangstbalie, ook al leek die niet bemenst te zijn.

Halt, riep de man, maar toen was Ismail al bij de balie, hij boog eroverheen en riep, hallo Gulivër!

Gulivër, de man van de receptie, dook op.
Meneer Ismail!
*Do të jetosh gjatë*, beste vriend. Hoe ver ben je met je push-ups?
Vier reeksen van twaalf, zoti Ismail.
Geweldig, je maakt vorderingen. Binnenkort zul je die vent daar kunnen vervangen.
Wat aardig dat u me hoop geeft, zoti Ismail.

Ismail voelde de hand van de oortjesman op zijn bovenarm, hij zei snel: Gulivër, bel gauw even naar Mercedes boven, ik moet met de chef praten, het is erg belangrijk en heel dringend.
Daarna draaide hij zich om, slingerde met zijn arm om de greep van de man af te schudden en viel tegen hem uit dat het speeksel in het rond vloog: Tjing peng po!!!
Ja, meteen, zei Gulivër, en daarna: u weet de weg zoti Ismail.

De securityman deinsde achteruit, en dat was goed, want Ismail had zin om het snoertje af te rukken, maar nee, dat zou hij natuurlijk nooit hebben gedaan, de gedachte, die hem amuseerde, was genoeg, en hij glimlachte.

Vergadering ZK met Ismail Lani. Aanwezig: Mercedes, Fate Vasa en het nieuwe hoofd communicatie Valon Bajrami.
Ismail bracht verslag uit. Toen hij klaar was bleef het stil. Toen zei Fate Vasa: hoe weet je dat?
Ik heb mijn bronnen.
De ZK: Hoe betrouwbaar zijn jouw bronnen?
Honderd procent. Ik heb het niet over geruchten, maar over een concreet plan.
Wie zijn je bronnen?
Honderd procent betrouwbaar.
Wie?

Ismail stond op. Dit is wat ik jullie kon vertellen. En jullie moeten dat serieus nemen. Toen vertrok hij. Hij stuurde Ylbere een bericht, slenterde over het Skanderbegplein naar Café Opera, het mocht helemaal niet zo heet zijn in deze tijd van het jaar, de hitte zinderde, er stak een wind op die de hitte in zijn gezicht blies, hij had het gevoel dat hij koorts had, jonge mensen op skateboards kwamen hem tegemoet, ze rolden links en rechts langs hem heen, hij benijdde ze, al wist hij niet waarom, een groep Chinese toeristen vroeg hem een foto van ze te maken voor het Skanderbegmonument, maar zeker, uiteraard, maar hij had hem nog niet gemaakt of een andere Chinees sprong op hem af, alstublieft ook nog een foto met zijn telefoon, en toen de volgende, allemaal wilden ze een foto van de groep op hun eigen telefoon, zeven of acht keer wisselde hij van toestel en ging de groep opnieuw klaarstaan, het waren vreemde foto's, mensen met mondkapjes op bij de sokkel van de man met de helm op, *you are welcome*, hij liep verder, toen hij een dode rat zag liggen. Waarom zag hij die? Omdat hij zijn blik op de grond gericht hield. Hij ging rechtop lopen. Het waren nog maar een paar passen naar Café Opera.

Twee dagen later probeerden de nieuwe, Valon Bajrami, en Fate en ten slotte zelfs de ZK persoonlijk, Ismail te bereiken. Er moesten nog een paar dingen worden opgehelderd. Maar Ismails telefoon was dood.

Ismail was verdwenen. Maar dat kon toch niet. Waar was hij? Hij was verdwenen.

## 4

Toen het weer gebeurde dacht Dorota dat het gewoon een hallucinatie was. Het schrapen bij de deur, het kloppen, respectievelijk bonken, alsof iemand zich steeds opnieuw tegen de deur aan wierp. Het kon toch niet waar zijn dat Dorota treurde om de hond, en dat een sentimentaliteit waarvan ze niet wilde weten een spel met haar zintuigen speelde. Zij was immers degene die Adam had gedwongen de vermaledijde Maladusza naar het dierenasiel te brengen. Jij speelt met levens, had ze tegen Adam gezegd, dat is onverantwoord, koopt in een opwelling een dier, lacht omdat die pup zo schattig is, vervolgens bekommer je je er niet om, laat mij het vieze werk opknappen als de hond in huis piest, hij is nog niet zindelijk of je laat hem in de tuin kakken, en dan vergeet je hem in het park. Het is een levend wezen, begrijp je, breng hem alsjeblieft naar mensen die respect hebben voor dat leven.

Adam was op het vloerkleed gaan liggen, kom Maladusza, kom hier, kom bij mij, Dorota moest toegeven dat Adams droevige ogen haar nu ontroerden, zijn duistere blik, die hij van haar afwendde, kom. En de hond sprong boven op de liggende Adam, die zich op zijn rug draaide en de hond nu in zijn armen geklemd tegen zijn borst drukte terwijl hij heen en weer draaide, de hond kronkelde, sloeg met zijn poten alsof hij probeerde te zwemmen, Adam tilde hem de lucht in, drukte hem weer tegen zich aan, en de hond likte aan Adams verbrande oor. Nee, zei Adam, gaf hem een tik, de hond rende weg, kwam opgewonden terugrennen, intussen was Adam opgestaan, hij tilde de hond op en zei: oké.

Zijn duistere blik.

Hij bracht Maladusza naar Le refuge de Veeweyde. Dierenasiel Sans Collier zou dichterbij geweest zijn, maar daar had niemand de telefoon opgenomen toen hij belde om te vragen hoe dat ging, of je een hond gewoon kon komen brengen en daar laten. Le refuge dus.

Is het dier ziek? Nee. Door een dierenarts gezien, ingeënt? Ja. Getraumatiseerd? Wat, hoezo getraumatiseerd? Nee, ik weet niet. Ik bedoel of het dier is geslagen. Nee. Is het ondervoed? Nee. Is het agressief? Nee. Was het dier een cadeau, maar had u er geen passende plaats voor? Ja, precies, dat is de reden.

Adam trok zijn jack aan, zette zijn pet op – die heb je niet nodig, zei Dorota. Nee? Kijk eens hoe warm het vandaag is! – duwde de hond in de auto en reed naar Le refuge, bracht de auto terug naar huis, nam zijn tas, kuste Dorota, het was een verzoeningskus, meer nog een kus van onderwerping, en ging te voet naar kantoor. Respect voor het leven dacht hij terwijl hij zich door het Jubelpark haastte, de woorden van Dorota hadden hem geraakt, absurd, dacht hij, behalve dat was hij niet tot enige gedachte in staat, alleen 'absurd' op het ritme van zijn passen, ab! surd! ab! surd! ab! surd! En daarna: Het! moet! Het! moet! Het! moet!

Drie dagen lang had kleine Romek de hond gezocht, hem steeds weer geroepen, huilend en snotterend naar hem gevraagd. Het deed Dorota pijn, ze had het gevoel dat deze dagen haar nog meer blauwe plekken op haar ziel bezorgden. Haar zwangerschapsverlof liep over minder dan twee maanden af en ze had nog steeds niet besloten waar ze daarna haar professionele loopbaan weer zou kunnen of willen oppakken. En haar huwelijk maakte haar niet gelukkig, maar ook niet ongelukkig genóég. Het kind was ongelukkig. Zijn ongeluk kon je misschien makkelijker verzachten. Cagnolino, zei hij, tenminste, zo verstond ze de klanken die Romek sniffend uitstiet. Ze was begonnen hem op het potje te laten gaan, wat hij echter weigerde, of nog niet begreep. Haar yogaoefeningen. Moest ze weer eens doen. Ze rolde haar matje uit, ging erop liggen, deed echter geen oefeningen, maar bleef gewoon op haar rug naar het plafond liggen staren zolang Romek haar met rust liet. Ze belde met een vriendin, nou ja, vriendin, de moeder van een kind dat even oud was. Met een klein kind raakte je ineens bevriend met mensen die je zonder kind nooit als vrienden zou hebben beschouwd. Als ik in de spiegel kijk, zei Dorota, dan herken ik mezelf niet. Dan heb je een nieuwe spiegel nodig, zei de vriendin.

Dorota vond haar opgewektheid troosteloos.

Cagnolino. Haar kind moest gelukkig zijn. Misschien, dacht ze, zou het toch goed zijn als Romek opgroeide met een huisdier. Een kat, dacht ze, een kat zou een oplossing kunnen zijn. Katten zijn ongecompliceerder dan honden, zelfstandiger, schoner, ze hoeven niet uitgelaten te worden, ze doen het in de kattenbak. En voor kinderen zijn ze misschien veel knuffelbaarder, en met een kat zou Romek de hond snel vergeten.

Toen de werkster kwam liet ze Romek achter onder haar hoede, googelde dierenwinkels, las beoordelingen en reed ten slotte naar Boutique Chien-Chat in de Rue Rollebeek, dat was niet ver, ze was zo terug.

Ze wilde de zwarte kat niet, en niet de witte met die heel dikke vacht, ze nam de honingkleurige met het zwarte oor, alle andere katten buitelden door de kist, maar deze keek haar aan. Dat was iets magisch waarover ze nu niet wilde nadenken, ze liet zich adviseren, kocht een kattenbak en wat er verder allemaal bijhoort, kattenvoer en een vervoersbox, en reed naar huis.

Ze haalde de kat uit de vervoersbox, zette haar midden in de kamer op het vloerkleed. De kat keek om zich heen, rekte zich uit en bleef daarna onbeweeglijk staan. Romek was verbaasd, verroerde zich niet. Dorota vroeg zich af of – toen liep de kat op Romek af en ging op haar rug liggen. Romek greep haar, hij streelde, een beetje onhandig, maar hij streelde de kat op haar buik en de kat snorde en Romek juichte.

Tja, dacht Dorota. En: Wat zal Adam zeggen?

Adam vond alles best wat de gezinsvrede bewaarde, sterker nog, alles wat het gezin zo bezighield dat hij in zijn kamer kon gaan zitten dromen en piekeren. Bovendien was hij vandaag bijzonder ontspannen, welhaast opgewekt. De Commissie had eindelijk het besluit genomen een procedure te starten tegen Polen, sancties op te leggen. Dat de Poolse regering onafgebroken en systematisch het Europese recht schond was eenvoudigweg niet langer acceptabel. Naast het grote principiële probleem, het Poolse justitieschandaal, waren er inmiddels heel veel kleine, symptomatische voorvallen die het laatste voorbehoud van de verantwoordelijke Commissieambtenaren hadden doen verdampen. De Europeanen binnen de institutie verloren hun geduld. Dat de herdenkingsbijeenkomst voor Piotr Szczęsny door de politie uiteengedreven was, dat mensen die alleen maar kaarsen in hun handen hielden, met de wapenstok uiteengedreven werden. Dat naast het Internationale Ontmoetings- en Holocaustonderzoekscentrum in Auschwitz een nieuw bombastisch museum zou worden gebouwd dat uitsluitend gewijd zou zijn aan Poolse slachtoffers. Dat de Poolse regering het Duitse ministerie van Buitenlandse Zaken het legobouwwerk 'KZ Auschwitz' van de Poolse kunstenaar Zbigniew Libera had gestuurd, 'als aansporing om het kamp in Duitsland weder op te bouwen, aangezien het immers van de Duitsers was en niet van de Polen', en het op die manier van Pools grondgebied kon verdwijnen. Daarnaast waren er zorgwekkende ingrepen in de vrijheid van pers en media: de Poolse regering had blijkbaar druk uitgeoefend op de eigenaren van de *Gazeta Wyborcza* om de hoofdredacteur te ontslaan en hem te vervangen door een die meegaander was. Dat vond Adam helemaal grotesk, hij was van mening dat de *Gazeta* al veel eerder veel te braaf was geworden. Hij dacht aan het protest van Piotr, die indertijd de lafheid van de *Gazeta* al had bekritiseerd – had hij zich kunnen voorstellen hoeveel erger het nog zou worden? Ja, hij had het voorzien.

Nu werd het zó duidelijk dat de Commissie wel moest reageren. Er kwam iets in beweging. Paulina had Adam via de post het originele pamflet gestuurd dat Piotr voor zijn dood had uitgedeeld op de Plac Defilad. Het was vandaag aangekomen. Het lag voor hem op zijn bureau en Adam wist heel goed wat hij moest doen om zijn eed gestand te doen. De voorbereidingen waren gauw getroffen, en daarna was het enkel nog wachten op de dag die hij had uitgekozen: 28 november.

Tijdens een koffiepauze had hij Karl Auer ontmoet, de collega die altijd met allerlei betekenisvolle uitspraken kwam aanzetten. Adam wist niet meer in welk verband, maar in ieder geval zei Auer: 'Wachten betekent niets weten. De wetende bepaalt het tijdstip!' Was waarschijnlijk de spreuk van de dag van zijn scheurkalender, iedereen op de etage glimlachte om die gril van Auer, maar verdomd, dacht Adam, in dit geval had hij gelijk.

Die middag, een uur of drie, vier voor Adam goedgemutst thuiskwam, hoorde Dorota weer die geluiden bij de deur. Gekrab, kloppen, bonken. Dat kan niet, dacht ze, ze deed haar ogen dicht en haalde diep adem. Ze dacht dat ze een delirium had, gek werd, elke dag alleen thuis met het kind en nu ook nog een kat, al was die weinig veeleisend, ook een weinig veeleisende kat had voer nodig, en dat was me een stress geweest, met Romek die niet in de kinderwagen wilde en toen ook niet wilde lopen, maar gedragen wilde worden toen ze kattenvoer moest kopen, want het voer dat ze bij het kopen van de kat had meegekregen was op. Toen ze in de supermarkt een schap met kattenvoer had gevonden, liet Romek een piramide van pakken met bbq-aansteekblokjes instorten, terwijl zij de ingrediëntenlijst op de blikken kattenvoer las en zich afvroeg wat arginine en methionine was, en sowieso: E620 en E650, ze had het gevoel dat ze puur gif kocht als ze die blikken met zogenaamd lamsragout of kabeljauw – Romek gilde als een speenvarken toen zij juist Kitty's fit&fun sticks onderzocht. Waarom was er voor katten lam, maar geen muis, dat had ze logischer gevonden, en vertrouwenwekkender, en Romek brulde en rolde over de grond, ze gooide in het wilde weg een paar blikken in het winkelkarretje, sleurde Romek overeind en kocht een lolly met talloos veel E-nummers voor hem, zodat hij rustig zou worden. En dus zat ze uitgeput thuis toen ze dat geklop op de deur hoorde. Omdat het niet ophield, liep ze er ten slotte naartoe, deed de deur open en daar was Maladusza, de vermaledijde Maladusza, die jankend, huilend, welhaast zingend tegen Dorota opsprong en langs haar heen het huis in rende.

De hond was terug en nu was daar de kat. Langzaam en met het gevoel dat ze niets meer in de hand had, met het soort apathie dat anderen voor godsvertrouwen aanzien, liep ze de woonkamer in en zag de hond kwispelstaartend naast de snorrende kat liggen en Romek die kwam aanlopen, zich op Maladusza stortte en can jo of iets van dien aard riep. Zo lagen ze bij elkaar, toen stond Romek op en zette een paar stappen, en de twee dieren achter hem aan.

En de leeuw zal liggen bij het lam, schoot Dorota te binnen, en, hoe stond het in het boek Jesaja, een kleine jongen zal kalveren en leeuwen samen hoeden, of iets dergelijks, de terugkeer naar het paradijs, de jongen die dieren verzoent, de leeuw en de wolf zullen gras eten met de koe en het lam, dat schoot Dorota nu te binnen, fragmenten van verhalen die zij als half Italiaanse, half Poolse, als dubbele katholiek dus, als kind had gehoord, van grootvaders die net zo naar tabak roken als die mannen in hun zwarte soutane, die sprookjesvertellers aan wie jij tijdens de biecht sprookjes vertelde.

Paradijs? Wat zal Adam zeggen? Nu zijn we herenigd. Hoe had Maladusza kunnen vluchten uit het dierenasiel en daarna de weg naar huis kunnen vinden?

De Poolse brak is een intelligent ras, zei Adam. Je kunt ze niet opsluiten.

## 5

Toen commissaris Franz Starek van de routine op kantoor thuiskwam in de routine van de avond, vond hij op de keukentafel een in vershoudfolie gewikkelde homp en een kleine fles met een kurk, erbij lag een ansichtkaart van Skopje waarop mevrouw Bessa had geschreven: 'Heeft zwager mee van thuis kostelijkheden moet u proveren. Doet groeten Bessa'.

Het zwarte ding was iets gerookts, bijzonder vet spek. Starek had altijd een zakmes bij zich, een klassieke 'Feitl', die in zijn tijd haast elke Oostenrijkse jongen kreeg rond zijn tiende, twaalfde jaar, een simpel houten heft, meestal groen, soms rood of blauw gelazuurd, met een spleet waarin een eenvoudig ijzeren lemmet zat dat je zonder enige zekering of 'klik' kon uitklappen. Starek wist niet of die 'Jungvolk-feitls' vandaag de dag nog bestonden en of de huidige tabletjeugd er überhaupt in geïnteresseerd was, maar hij had de zijne sinds die zomerweken op het land met zijn neef Karl Auer in ere gehouden en bewaard, altijd in zijn broekzak. Een keer had hij hem vergeten toen hij met zijn vrouw in de zomer naar Split wilde vliegen en vandaar met de veerboot naar Hvar voor een strandvakantie, en daar stond hij dan op de luchthaven bij de security met zijn zakmes in zijn broek. Hij had het moeten afgeven, wat betekende dat het weggegooid zou worden, maar hij had geweigerd, er volgde een scène met zijn vrouw, die inbond omdat ze hem te goed kende: zij vloog vooruit, hij bracht zijn Feitl naar huis en kwam met de avondvlucht na. Dat kostte minstens zoveel als driehonderd van zulke zakmessen, als je ze tenminste nog kon krijgen, maar zijn Feitl was heilig voor hem.

Hij haalde dus niet een mes uit de keukenla, maar sneed met zijn zakmes een stuk van dat zwarte gerookte af, stopte het in zijn mond, kauwde, voorzichtig aanvankelijk, wantrouwend, toen euforisch: het was verrukkelijk. Hij ontkurkte de fles, nam een slok, het was een onbehouwen destillaat. Snel nam hij nog een stuk spek. Hij was ontroerd door Bessa, maar dit was geen avondprogramma, hij zat daar, rookte een sigaret, er veranderde niets, hij veegde het lemmet van zijn Feitl af, klapte hem dicht, stopte hem weg en ging op weg naar Gasthaus Pistauer.

Hij was verbaasd dat hij Prochaska niet aantrof. Die was hier toch elke namiddag en avond. Ja, zei de waard, hij wist het ook niet, het was voor het eerst sinds zijn prostaatoperatie dat meneer niet was verschenen, er zou toch niks gebeurd zijn?

Of hij het telefoonnummer van Prochaska had? Misschien moesten ze even navraag doen.

Nee, zei de waard, wat moet ik met het telefoonnummer van iemand die er sowieso elke dag is?

De volgende avond was Starek te moe. Maar de avond erna ging hij weer naar Pistauer om te zien of Prochaska was teruggekomen of dat er tenminste nieuwe informatie was.

Hij stond voor een dichte deur, waarop met plakband een briefje was aangebracht: 'Tot nader bericht wegens ziekte gesloten!'

## 6

Ismail Lani had zich nooit aangetrokken gevoeld tot vrouwen, nooit verlangen gevoeld naar een vrouw. Maar hij had het geprobeerd en zichzelf van tijd tot tijd de begeerte als het ware voorgeschreven. Ooit had hij zeer veel moeite gedaan voor een veel jonger meisje, een scholiere van amper zeventien die hem met haar naïeve volwassenwording, haar toekomstblinde opgewektheid en haar grote emoties met een kleine aanleiding dan maar eens moest betoveren als ze dat kon. Het werkte niet. Als hij aan haar dacht voelde hij in zijn hart een warmte als van een kachel die niet goed trekt. Steeds weer steek je hem aan en steeds weer stikt het vuur. Als hij over haar vertelde maakte hij een verliefde indruk. Dat stond vast. Anderen geloofden hem eerder dan hij zichzelf. Hij had gedacht dat het meisje en hij iets gemeen hadden: hun onervarenheid, hun onschuld. En dat ze daarop hun saamhorigheid konden bouwen, op een fundament van gezamenlijke ervaringen. Maar in tegenstelling tot hem wist zij wel wat ze wilde: ooit een man, zeker, maar niet nu, en zeker niet meteen deze. Ze wilde uitproberen, een beetje spelen. Maar voor hem was het geen spel, het was existentieel. Als hij normaal was moest hij toch verliefd kunnen worden op een meisje, zeker als dat meisje zo knap was dat de jongens zich naar haar omdraaiden als ze samen een café binnengingen.

Zij raakte haar onschuld niet kwijt, maar hij maakte zich wel schuldig. In die tijd als jonge student begon hij juist politiek betrokken te raken, en haar naïviteit maakte hem razend, cynisch en agressief. Zij begon zich op te maken, experimenteerde ermee, en misschien overdreef ze een beetje. Hij maakte haar belachelijk, ook tegenover anderen, zei dat het eruitzag als de oorlogsbeschildering van een primitieve indianenstam, aan wie had ze de oorlog verklaard? Zij had zich mooi willen maken voor hem, zei ze, maar dat gaf hem niet te denken. Het was verbazingwekkend dat ze nog een poos geduld met hem had, een vriend vertelde hem dat het geen geduld was maar dat ze er nog even van wilde genieten dat haar klasgenoten haar bewonderden omdat ze mee uitgenomen werd door een oudere jongen. Maar als ze elkaar ontmoetten sloeg ze altijd haar ogen neer en werd haar glimlach angstig. Zo bezien had hij haar toch van haar onschuld beroofd, tenminste bijna. Niet veel later had ze er genoeg van. En toen het uit was, voelde Ismail geen liefdesverdriet maar alleen een licht narcistische krenking.

Hij probeerde het met een oudere, aanzienlijk oudere vrouw. Hij merkte dat hij een zeker effect had op vrouwen die zijn moeder konden zijn. Hij vroeg zich niet af waarom dat zo was, of waarom hij de indruk maakte een uit zijn nest gevallen reuzenbaby te zijn, wat bij sommige vrouwen meteen het verlangen naar bemoederingsorgies wekte. Als hij zo'n moeite had met begeren en verleiden, dan gaf hij zich maar over aan hun begeerte en verleiding. Misschien dat passief lukte waar hij actief faalde.

Het werkte niet. Ook al dacht hij kortstondig dat hij het wél met vrouwen kon, dat hij iets losmaakte bij vrouwen, dat hij welhaast een ladiesman was – hij gedroeg zich niet als een man, maar inderdaad als een kind. Hij woonde enkele weken bij een vrouw die hem met liefdevolle strengheid aan haar borst nam. Haar man was jong gestorven door een ongeluk op het werk, haar zoon een jaar geleden het huis uitgegaan. Nam hij de plaats in van haar man of van haar zoon? Ismail had heel jong zijn moeder verloren, preciezer geformuleerd: ze had zich uit de voeten gemaakt, en nu keerde ze terug in de gedaante van deze vrouw, iets waarvan hij in eerste instantie genoot, maar wat hem algauw woedend en agressief maakte. Het was belachelijk, dacht hij, primitief en leugenachtig. Dat jaar verschenen in Albanië de eerste vertalingen van Sigmund Freud, waarover in studentenkringen natuurlijk gediscussieerd werd, en hij kwam zichzelf voor als een karikatuur van die simplistische debatten over de betekenis van de kinderjaren voor de seksualiteit, hij maakte er grappen over, maar dan was er tijdens de werkgroep altijd wel zo'n bolleboos die Freuds studie over humor en de relatie met het onbewuste al in het Frans had gelezen, en die Ismails grappen gebruikte om hem als pijnlijk exemplarisch geval te kijk te zetten. Niemand anders had het gelezen, en het beste wat je over die tijd kon zeggen was dat degenen die het gelezen hadden zich boven anderen verheven konden voelen – hoe onterecht dat ook was. Ismail ging tekeer, het was alsof hij in het bed van zijn surrogaatmoeder zijn puberteit inhaalde. En hij walgde ervan: dat bed. Hij vond dat het zweet van de vrouw veel te zoet smaakte, niet zo wrang als mannenzweet. Misschien was het ook het mengsel van zweet en parfum, goedkoop parfum met opschepperige namen als *Pomme d'or du paradis*, en toen zij een keer vanwege de wel erg benauwde lucht in de kamer het raam opendeed, naar buiten leunde en diep ademhaalde, dacht hij: Spring! Maar hij liep naar haar toe, omhelsde haar van achteren en trok haar zachtjes mee terug terwijl zij met haar achterste langs zijn lendenen wreef. Het was leugenachtig. Dat moest hij toegeven. Ook aan dit experiment was een einde gekomen.

Het verbaasde hem zelf, en daarom had hij er ook lange tijd niets van willen weten: hij kon zich niet aangetrokken voelen tot mannen, want hij had zijn tijd in het weeshuis, toen hij alleen maar jongens en mannen om zich heen had, als zo walgelijk, afstotelijk en bedreigend ervaren dat hij de voorstelling dat hij van een man zou kunnen houden, of tederheid zou kunnen ontvangen van een man, volkomen absurd vond. Toen ze in het tehuis in de puberteit kwamen en de seksuele noden van de jongens lastig werden, had hij alleen maar geprobeerd zich te beschermen, en niet lang daarna was hij bevrijd door tante Xhulieta. Evenmin als hij met de andere kinderen in het tehuis had willen vechten, wilde hij zich op welke manier dan ook anders voelen. Aan de andere kant, en dat was waarschijnlijk een oorzaak voor zijn verwarring, was hij meer geïnteresseerd in mannen, in mannenvriendschappen sowieso, omdat hij, bij alle onaangename zaken, toch het gevoel had dat hij mannen begreep, hij had immers niks anders geleerd. Tegelijk droomde hij van jonge mannen, hij kuste ze, en ze kleedden zich uit en dan waren het plotseling vrouwen, of hij droomde dat hij in de armen lag van een mooie vrouw, niet zo'n vrouwelijke met talloos veel rondingen, maar een slanke, atletische vrouw met lange spieren, en zijn hand gleed in haar broekje en daar was ze een man, en wat voor man! Daarbij vergeleken was hij geen man, kon hij aan zichzelf trekken en rukken tot hij een ons woog.

Pas bij Ylbere kwam hij op het idee dat er inderdaad iets anders mogelijk was dan de duidelijke indeling man of vrouw, dan het duidelijke verlangen naar een man of een vrouw, dan het overzichtelijke geluk het een te zijn en in het andere je vervulling te vinden, tot aan de scheiding. Hij, de voormalig regeringswoordvoerder, formulerings- en frasenmeester, die iedere aalgladde dubbelheid van de ZK kon uitleggen, had er geen woorden voor, maar een sterk gevoel dat Ylbere en hij elkaar op de een of andere manier spiegelden en voor elkaar bestemd waren.

Dat begreep hij, en al was het geen afdoende verklaring, of een al te triviale, het was een verklaring die hem verder hielp, en een betere heb je dan niet nodig: hij was bang voor mannen omdat hij in het tehuis had meegemaakt hoe die kunnen zijn, omdat hij daar geleerd had hoe ze tikken, en hij had in zijn kussen gehuild omdat hij niet zo was en niet zo kon zijn; en voor vrouwen was hij bang omdat hij gedurende die vormende jaren van opgroeien geen vrouwen had gekend, want er waren geen vrouwen, hij kon er geen ervaring mee opdoen, en had daarom geen idee hoe zij tikten, en daarom kwamen ze hem even geheimzinnig en bovenaards voor als figuren uit een sage, vreemd als een Egyptische sfinx, iets wat wel deel uitmaakte van de lesstof, maar niet tot ervaring leidde. Ze leerden immers ook over Albanese heldinnen, sprookjesachtige figuren als Sneeuwwitje, of Partizanenrood, die als koerier werkten voor de helden van het verzet tegen de fascisten. Dat was dus hoe vrouwen moesten zijn, en toen werd hij, die sinds de dood van zijn moeder niet één vrouw had gezien (behalve de zwijgzame soldate die de soldaat vergezelde die hem naar het tehuis had gebracht), pas echt bang.

De angst had hem gekneveld en de angst had hem gedreven. Zijn politieke engagement, dat zag hij nu heel helder, werd gedreven door het verlangen zichzelf te vóélen. Ergens te gaan staan, zijn hemd open te rukken, zijn borst te ontbloten en te roepen: schiet op mij! Sterker kan een lichaam dat niet begeerd wordt zichzelf niet voelen. In het begin was dat zo, hij had zichzelf gevoeld, maar van zichzelf gehouden had hij niet, en het verlangen ernaar had hij in die tijd vergeten. Iemand als hij was uitverkoren om te vechten voor een grotere, gemeenschappelijke, algemene zaak: hij had niets te verliezen, maar een hoge positie binnen de nieuwe staat te winnen. Maar de erkenning die hij kreeg was geen liefde. Hij deed een verbazingwekkende ontdekking. Zelfs als hij het eens was met wat hij in naam van de ZK moest communiceren voelde hij zich misbruikt.

Er had een legendarische scène plaatsgevonden, ongeveer een jaar geleden in de partijcentrale. Fate Vasa had een nieuw gedicht gepubliceerd en Ismail en god weet wie nog meer een link gestuurd naar de krant waar je dat gedicht kon lezen. Het eindigde met de regels: 'Hoop verbranden? Gooi nog wat op! / Ik heb jullie brand nodig, jullie gloed/ om mijn woorden te smeden'. Voor een Albanese dichter kon dat er nog mee door, maar daarna kwam de regel: 'Jullie spreken zonder woorden slechts bij toeval mijn taal.'

Ismail was die dag voor een vergadering in de partijcentrale, zag Fate en gaf hem zonder enig commentaar een klinkende oorvijg. Niet helemaal zonder commentaar, want na een moment van schrik bij alle aanwezigen en het verwarde schommelen van Fates kop, zei Ismail: Dit is niet toevallig de taal die jij hopelijk verstaat!

Toen begon al duidelijk te worden dat het allemaal niet meer klopte voor hem, de angsten, de volgzaamheid, het genot dat je je voelde leven door je bloot te geven, maar ook de bescheiden bevrediging dat je in de antichambre van de politieke macht zat. Dat vertelde hij Ylbere in Café Opera, nadat hij verslag had gedaan van de bespreking in het regeringskantoor. Ze dronken wijn, en nog meer wijn, en kaas erbij, nog meer wijn en hij vertelde, en merkte dat hij dronken werd, stopte en Ylbere zei: Dat ligt allemaal achter je.

En wat ligt er voor me?

## 7

Ylbere en Ismail waren nu handlangers. Daardoor verandert de manier waarop je je koppen bij elkaar steekt. Ze hadden besloten de minister-president te waarschuwen, een laatste daad van respect voor hun politieke idealen misschien. Want allebei hadden ze al eerder hun steun en trouw aan de minister-president opgezegd omdat ze zijn politiek – ja wat? Voor een idealist lijkt politiek pragmatisme algauw op de poel van verderf die van politiek uiteindelijk een vuil spel maakt, maar ook voor mensen die heus wel begrip kunnen opbrengen voor politiek pragmatisme, nadert showpolitiek toch bedenkelijk dicht de grens met list en bedrog, en zelfs wie begrijpt dat de wil om politiek iets te bereiken niet zonder een behoorlijk aandeel show en symboolpolitiek kan, wil het succes hebben, zal ondanks al dat begrip ooit teleurgesteld raken, want hij ziet alleen nog een vliegwiel dat door een team van deskundigen steeds opnieuw in beweging wordt gezet, maar dat geen meter vooruitkomt, een wiel dat geen vooruitgang boekt.

Daar hadden ze het vaak over. Iets waarop zij kritiek had, probeerde hij met informatie uit intieme kring te verklaren, en als hij uit de school klapte, vond zij het 'krankjorum' dat daar nooit iets over in de openbaarheid was gekomen. Ze hoorde over groteske zaken waar ze niets van wist, bijvoorbeeld dat de ZK als hij bezoek ontving in zijn werkkamer, vooral als het vertegenwoordigers van de EU betrof, maar soms ook bij staatsbezoeken, een tekenblok op zijn bureau neerlegde, net alsof het bezoek hem had gestoord bij zijn creatieve werk als kunstenaar. De dossiers die hij als regeringsleider moest doornemen schoof hij aan de kant, of parkeerde hij zelfs tijdelijk op het bureau van Mercedes in de voorkamer. Opvallend in zijn werkkamer was ook het behang. Dat had hij toen hij minister-president werd zelf ontworpen en laten produceren. Ismail moest bij de vele kleine kleurrijke tekeningen die het patroon van het behang vormden altijd aan een kinderkamer denken. Je moest er met je neus bovenop gaan staan om de grap van die tekeningen te kunnen zien, wat gasten dan ook steeds weer deden. Nu ben ik zo'n vreedzame, geweldloze man, had de ZK een keer gezegd, en toch zie ik in mijn kamer steeds weer mannen die de indruk wekken dat ik ze tegen de muur heb gezet!

Ismail vertelde over het interview met de Franse journaliste, en over de buitensporigheden met de basketbal tijdens vergaderingen, Ylbere lachte, stootte Ismail aan en zei: Is niet waar!? En hij hoorde over de reacties buiten zijn bubbel, reacties op zijn werk als regeringswoordvoerder. Ismail Lani kon het niet bevatten toen Ylbere vertelde dat ze mensen kende, studenten vooral, die het neologisme 'laniseren' gebruikten of 'een Lani doen' in de betekenis van 'iets goedpraten', bijvoorbeeld:

Laniseer dat niet! wanneer er een probleem is en iemand dat bagatelliseert, maar ook: Doe alsjeblieft geen Lani voor me, in de betekenis van: zit niet tegen me te liegen.

Nee!

Jawel!

Ismail Lani lachte, maar het deed pijn. Tegelijk bevestigde het hem in zijn beslissing de boel de boel te laten, en misschien lachte hij ook van opluchting: Ze zullen een nieuw woord moeten bedenken, zei hij, want ik ben weg.

Wat ga je nu doen, wat is je plan?

Weet ik nog niet. Mijn koffers staan klaar. Ik moet ook mijn huis uit.

Waarom?

Wordt verkocht. Aan een bouwspeculant.

Hoeveel koffers?

Ik heb niet veel, ik heb nooit veel bezit gewild. Een koffer met boeken. Twee koffers met kleren en schoenen. En een heel klein koffertje met verscheidene aandenkens.

En meubels?

Het meeste stond er al. Het enige wat ik heb gekocht en wat enige waarde heeft is het bed.

Een goed bed?

Ja, Frans met binnenveringmatras.

Dat wil ik hebben, zei Ylbere, ik heb een slecht bed en wil al heel lang een beter kopen. Geef het aan mij en jij kunt in je eigen bed blijven slapen.

?

Breng je koffers en het bed naar mijn woning. Daar kun je tot nader order wonen. Ik ga morgen op reis. Voor onbepaalde tijd.

?

Ylbere vertelde over haar plan om naar het noorden te reizen, naar de grens met Kosovo waar haar grootmoeder vandaan kwam, de clan van haar grootmoeder, ze legde haar motieven uit, en ook waarom ze alles open wilde laten. En toen gebeurde er iets wat ook Ylbere verraste. Ismail zei: Ik ga mee. En na een seconde van schrik: Mag ik mee?

Ze keek hem aan en hij zei: Neem je me mee? Dat wilde ik zeggen: Neem je me mee?

Ylbere moest bij zichzelf toegeven dat ze niet verrast had hoeven zijn – had er tussen haar woorden niet een uitnodiging verborgen gezeten? Was dat niet wat ze stiekem had gehoopt, ook al wist ze niet waarom? In haar eentje zou ze onderweg volkomen onafhankelijk zijn, met niets en niemand rekening hoeven houden, met niemand misschien wel moeizaam tot overeenstemming hoeven komen. Zou hij een blok aan haar been zijn? Of juist een handlanger – en langzaam kreeg die term de betekenis van: deel van mij.

Toen ze Ismail aankeek, nam ze zichzelf van buitenaf waar, als een bewakingscamera, ze knikte langzaam, en zei heel traag oké.

De volgende dag was Ismail gestrest. Hij moest zijn bed en zijn koffers naar Ylbere brengen, Ylberes oude bed wegbrengen – het verbaasde hem dat ze op dat oude bed uit de Hoxha-tijd met zijn stalen buizen en uitgerekte ijzeren spiraalveren waarop een doorgelegen matras met paardenhaar lag, kon slapen, en wakker worden zonder pijn. En hij dacht nog iets: als ze een minnaar had zou ze een ander bed hebben. Een domme gedachte, dacht hij, terwijl hij het hoofdeinde van de lange delen probeerde los te schroeven. Hoe konden schroeven in een bed nou roesten? Hij haalde een hamer, sloeg op het bedframe achter de schroeven, hij werd woedend, sloeg harder –

Waarom sla je het bed in elkaar, riep Ylbere die de klappen op het metaal had gehoord en de slaapkamer binnenkwam – toen vielen de delen van het bed eindelijk uit elkaar. Daarna belde hij Fadil op, die kende hij sinds de eerste verkiezingscampagne voor de chef, hij was destijds een van de 'mensen uit het volk' geweest die een zin uitsprak in de verkiezingsspotjes op tv, een handelaar in oud ijzer. (Het was uiteraard een zin uit de pen van Fate Vasa, over de noodzaak om ook in de politiek oud ijzer op te ruimen). Fadil had een mobiele telefoon en een houten kar die werd getrokken door een muildier, daarmee kwam hij aanrijden om het bedframe op te halen, vervolgens haalde hij Ismails bed op en bracht dat naar Ylberes woning.

Daarna moest Ismail op zijn minst een basisuitrusting voor zijn reis naar de bergen kopen, maar hij overdreef natuurlijk en kocht zelfs een bivakzak en een nooddeken. Ylbere zei dat hij die terug moest brengen, we gaan naar de Albanese Alpen, niet naar de Mount Everest. Hij was nog net voor sluitingstijd bij de winkel, Ujku i malit, maar daar wilden ze hem geen geld teruggeven, dus kocht hij nog drie sets thermo-ondergoed, twintig energie- en proteïnerepen en voor het restbedrag een cadeaubon, in de wetenschap dat hij die nooit zou inwisselen.

Thuis – dat zou hij graag hebben gedacht: thuis – maar het voelde vreemd, hij was bij Ylbere – terug bij Ylbere dus pakte hij zijn rugzak in, zette hem op de gang naast de hare, en daar stonden de twee rugzakken tegen elkaar geleund, barstensvol, vertrouwd en toch vreemd.

Hij was uitgeput toen hij eindelijk in bed viel. In zijn bed. Maar niet bij hem, niet bij hem thuis. De eerste nacht met Ylbere, bij haar thuis. In alle vroegte zei ze dat ze het goed vond dat ze alleen tegen elkaar aan gelegen hadden. Dat ze dankbaar was dat hij niet meteen –

Ismail was nog slaapdronken, rekte zich uit, geeuwde, vlijde zich tegen haar aan. Daarna zei hij verbaasd dat hij een heel heftige droom had gehad.

Wat droomde je?

De droom heb ik vergeten, zei Ismail. Sinds die Sigmund Freud-discussies indertijd aan de universiteit vond hij het navertellen en duiden van dromen even zinvol als handlezen. Maar toen zei hij toch:

Ik weet alleen dat er heel veel licht was, fel licht, en: Ik was heel erg gelukkig.

## 8

Die ochtend was de stad in rep en roer.

Tirana was een zeer dynamische, pulserende stad, maar Ismail had de indruk dat er iets bijzonders moest zijn gebeurd, want de stad leek veel hectischer en nerveuzer te ontwaken dan anders. Hij hoorde sirenes van politievoertuigen, het knetteren van helikopters, hij keek uit het raam en meende dat de mensen sneller bewogen dan anders, sommige renden, wat wisten ze, of waarvoor renden ze weg? Maar er zaten ook al mensen op terrasjes, recht tegenover Ylberes woning, Ismail keek uit het raam en zijn hart bonkte, die mannen zaten daar, ze renden niet en toch pasten ze in het plaatje, hij dacht dat de mannen in het café er gespannener bij zaten dan anders, nerveus, door angst verlamd misschien?

Hij drukte een vlakke hand tegen zijn borst. Het was zijn hart. Al die onrust, die opwinding, die angst, het was zijn hevig bonkende hart.

Ze ontbeten met yoghurt en bananen. Beneden op straat zat altijd een bananenverkoper, die niets anders verkocht dan bananen. Er waren veel van zulke mannen, ze zaten met een paar dozen bananen op de stoep, ze maakten deel uit van het straatbeeld, het was zo normaal dat alleen toeristen zich verbaasd afvroegen waar al die bananen vandaan kwamen die hier op dekens uitgestald verkocht werden, goedkoper dan in de supermarkt. Het was Ismail al twee of drie keer gevraagd, hoe ze dat deden, waar die overduidelijk armlastige mannen die bananen vandaan hadden, die ze goedkoper verkochten dan de supermarkt? Hij wist het niet, hij kon alleen zijn schouders ophalen, zo was het nu eenmaal, geen idee. Ylbere zei dat ze altijd bananen kocht bij die man daarbeneden, hij was ermee geholpen en zij hield van bananen. Voor haar was het de smaak van de redding.

Van de redding?

Ja. Zolang je nog aan bananen kunt komen, is niet alles verloren.

Ze lachte. En Ismail wist niet of het een toespeling was die hij niet begreep, een bizarre grap, of de inleiding voor het verhaal dat zou volgen en alles zou verklaren, maar nee, ze lepelde met genoegen haar yoghurt met banaan op en zei niets meer. Ismail glimlachte begripvol, zo reageerde hij vaak als hij het pijnlijk vond de indruk te wekken dat hij iets niet begreep. Maar meteen kreeg hij het gevoel dat hij een knellend masker droeg, en hij zette zijn glimlachmasker weer af.

En met die vrouw gaat hij op reis. Naar een ander leven. Met een plastic zak met een stuk of tien bananen die ze bij die man daarbeneden heeft gekocht. Wat viel daaraan meer te weten of te begrijpen dan: voldoende proviand.

De tegen elkaar geleunde rugzakken. Ylbere hees haar rugzak op, slingerde hem op haar rug, en Ismails rugzak viel om. We gaan, zei ze.

Ze had de reis heel zorgvuldig gepland. Nadat ze ermee had ingestemd dat Ismail haar vergezelde wilde ze meteen duidelijk maken dat er niets aan haar plan zou veranderen. Geen sightseeing, geen rondreis. Maar een reis door de tijd, de kortste weg naar haar geschiedenis.

Het was duidelijk dat ze in de bergen een auto met vierwielaandrijving nodig hadden. Maar die hoefde je niet meteen in Tirana te huren als je met de bus voor een luizige 540 lek vlot en gerieflijk naar Shkodra kon rijden, wat ongeveer halverwege was. In Shkodra had ze bij een autoverhuur een Jeep Compass 4x4 gereserveerd.

Vandaar rijden we door naar Koman, waar we overnachten. Om negen uur 's ochtends vertrekt de veerpont van Koman naar Fierza, een kleine drie uur over het stuwmeer in de Drini. Daar rijden we met de auto verder naar Tropoja, waar we makkelijk 's middags kunnen zijn. We kunnen er overnachten, ons wassen en uitslapen –

Wassen? Hoe bedoel je, wassen. Is dat iets bijzonders daar, waarom?

Wat ik met wassen bedoel? Ik bedoel wassen. Eerder hebben we daar geen gelegenheid voor. Van Shkodra rijden we meteen door naar Koman. We slapen op de parkeerplaats bij de aanlegsteiger van de veerpont. Dat wil zeggen, we slapen in de auto. Die auto kan veel, maar een badkamer heeft-ie niet. Verder is er niet veel in Koman, er is een camping. Daar zouden we ook in de auto moeten slapen. Dus gaan we maar meteen naar de parkeerplaats, dan kunnen we de volgende dag zeker een plek op de veerpont bemachtigen. Hoe dan ook, vanuit Tropoja zijn we in ongeveer twee uur bij de grens. Google Maps geeft niet aan hoelang het daarvandaan naar Sose is. Blijkbaar gaat daar geen weg naartoe waar auto's kunnen rijden, dat zoeken we daar dan wel uit. We komen binnen minder dan tweeënzeventig uur aan.

Iets klopte er niet in de stad. De bus naar het busstation was zo vol dat ze er niet meer bij konden, al helemaal niet met hun grote rugzak. Ook de volgende bus was zo vol dat mensen zich zelfs vastklampten aan de buitenkant van de deuren. Om de bus van 10 uur 15 naar Shkodra niet te missen, besloten ze een taxi te nemen. Juist nu was er wijd en zijd geen taxi te bekennen. Ze liepen de straat uit, richting het centrum, er kwam geen taxi langs.

Als we de bus van 10 uur 15 missen, wanneer gaat de volgende dan?

Een uur later.

Dan hoeven we dus niet te stressen.

Jawel, zei Ylbere, want de bus van een uur later doet er bijna drie uur langer over, ik wil de snelbus halen, ik heb afgesproken bij de autoverhuur en dan wil ik meteen door naar Koman. Dus...

Toen stopte er een taxi voor een rood stoplicht.

Ze haalden nog net de bus van 10 uur 15.

## 9

De bus reed de stad uit, Ismail keek uit het raam, zag de geschonden achterkant van zijn mooie stad Tirana, vol striemen, wonden en littekens. Tankstations, zoveel tankstations, ertussen autohandels en autokerkhoven, industrieterreinen waar nooit in gebruik genomen, of allang weer verlaten loodsen stonden, burchten van spookappartementen op uitdrogende grasvelden, half afgebouwde huizen, skeletten van huizen waar de betonwapening uitstak, betonnen rechthoeken zonder herkenbare functie, casino's die op zand gebouwd waren, met vaal knipperend neon. Zo meteen komt de tuinderij, dacht hij. Telkens wanneer hij onderweg was op deze uitvalsweg had hij plotseling de indruk dat hij een fata morgana zag – daar was het: het weggedoken houten gebouw met de kassen erachter, de zon fonkelend in de daken, en ervoor dat schouwspel van honderden palmen in houten kuipen, een palmbos in de woestijn. Nu in de aanbieding. Vervolgens nog meer gebouwen van beton en glas, de gevels onder de zwarte vegen, de ramen dof. En nog meer tankstations.

Eindelijk kwamen ze buiten de stad, lieten haar achter zich, Ismail zag dat Ylbere haar hoofd achterover had geleund en haar ogen dichtgedaan, maar ze moest hebben gevoeld dat hij naar haar keek, ze deed haar ogen open, glimlachte. Verheug je je?

Ja, zei hij.

Waarop?

Daar was ze weer, die onzekerheid hoe hij moest reageren. Terwijl hij toch wilde, of dacht, dat ze al...

Verheug je je op Tropoja?

Wat moest hij zeggen? Ja, zei hij.

Waarom?

Waarom? Omdat wij samen...

Nee. Wacht. Weet je wat ik vreemd vind?

?

Je tante, de zus van je vader...

Tante Xhulieta, ja, wat is er met haar?

Het is echt vreemd dat jij je nooit hebt afgevraagd hoe het mogelijk is dat zij het overleefd heeft en jou uit het weeshuis kon halen.

Ik was een kind.

Maar je bent geen kind gebleven. Je bent net mijn vader.

Die heeft zichzelf ook nooit iets afgevraagd. We hebben het overleefd. Al het andere is begraven. En dan weten ze niet eens waar het graf is.

Tante Xhulieta is dood. Haar kan ik niets meer vragen.

Je moet het ook niet aan de doden vragen, je moet het jezelf vragen.

?

Op de armleuning legde ze haar hand op zijn hand. Ik heb geleerd research te doen, zei ze. En waar ik binnen de kortste keren achter kwam, had jij allang te weten kunnen komen.

?

Jouw vader was vicevoorzitter van de ministerraad en minister van Onderwijs.

Ja, en?

Over mannen als hij is er een heleboel materiaal in het Nationale Archief te vinden. Maar ook als je niet op het idee komt zijn dossier op te vragen, jouw vader had zo'n prominente positie dat je hem kunt googelen. En op Wikipedia heb je meteen een voltreffer.

Ze glimlachte. Ironisch? Liefdevol?

Maar de vader van je vader, je grootvader dus...

...die ik nooit heb gekend. Dus ik herinner me niets van hem...

...zat bij de partizanen, strijdkameraad van Enver.

Oké. Dat werd verteld.

Dat wil zeggen dat hij partijadel was. Daarom kon je vader daarna ook zo hoog opklimmen. En waar kwam de partizaan Spiro Lani, jouw grootvader, vandaan?

Wat bedoel je, waar hij vandaan kwam? Uit Tirana, we hebben altijd in Tirana gewoond.

Nee schat. Hij is geboren in Tropoja. Verheug je je?

?

Overmorgen overnachten we in Tropoja. Misschien dat je daar dan een paar vragen wilt stellen?

Achter de ruit van de bus schoof de woestijn langs.

Goed. En dan nu over je tante Xhulieta. Wanneer heeft die jou uit het weeshuis gehaald?

In mei 1985.

Een paar weken na de dood van Enver Hoxha dus. En waar is ze geweest tussen de arrestatie van je vader en de dood van Enver?

Waar?

Ongelooflijk. Heb je je dat nooit afgevraagd?! Je bent echt net mijn vader. Dat is toch duidelijk: ze moet ondergedoken hebben gezeten. Op haar Wiki-lemma ontbreken de jaren tussen haar laatste functie binnen de partij in de BGSH, het verbond van Albanese vrouwen, en haar dood. En naar mijn mening was er maar één plaats waar ze een kans maakte: Tropoja, waar haar clan woonde, in de bergen, ergens in de qark Kukës.

Daar heeft ze nooit over verteld, zei Ismail. Daarna zweeg hij een hele tijd. Dacht hij na? Hij dacht dat hij nadacht. Het was alsof hij voor een muur stond en dacht dat hij daar tegenop en overheen moest klimmen. Maar dat je het bedacht betekende nog niet dat je ook klom.

Hij pakte Ylberes hand alsof zij zijn opstapje kon zijn. Nee. Hij liet haar los, keek uit het raam. Een uitgedroogde rivierbedding naast de weg, wit puin dat glinsterde in de zon. Stenen schuim dat kookte in de zon. Schoonheid die nergens toe diende.

Hoe kan ik je opmonteren? vroeg Ylbere uiteindelijk. Dit wilde ik je nog vertellen, en het is echt maf. Jouw ouders woonden, zolang ze nog bij de dictator in de gunst stonden, in de villa in Blloku waar tegenwoordig Bar Radio is, nietwaar? Het deed me trouwens erg veel toen je dat vertelde, en dat je geen herinneringen hebt aan die tijd, maar telkens als je in Bar Radio komt, probeert er iets te herkennen of iets te zien wat alsnog je geheugen aanzwengelt. Iets uit die tijd moet op zijn minst in je onbewuste begraven liggen, maar jij hebt geen talent voor het openen van graven. Maar hoe dan ook, Blloku, luister! Dat weet tegenwoordig haast niemand meer, of mensen weten het maar verdringen het: het nieuwe Tirana is ontworpen en gebouwd in de tijd van de bezetting door fascistisch Italië. Het oude Tirana was een dorp met kronkelige straatjes, in het wilde weg gebouwde hutten en kleine huizen, sommige werden dwars over de weg neergezet, zodat er talloze doodlopende stegen ontstonden. Maar het nieuwe Tirana moest een metropool worden, hoofdstad van de weer bij het Romeinse Rijk ingelijfde provincie. Het oude Tirana liet men links liggen, en het nieuwe werd ontworpen aan de tekentafel. Mussolini was persoonlijk geïnteresseerd in het nieuwe stadsplan. Luister! Het was de tijd van de eerste vliegtuigen. Het vliegtuig opende ook een nieuw perspectief op de architectuur. Mussolini had het idee dat Nieuw-Tirana van boven gezien de vorm van een lictorenbundel moest hebben. Van hét symbool van de fascistische macht. Een roedenbundel, waarin een bijl is vervat.

Stel je voor, zei Ylbere, dat je boven Tirana vliegt, je kijkt naar beneden en wat zie je? De Boulevard met zijn boomrijen, volkomen buitenproportioneel, vandaag net als toen, indertijd heette hij Viale Dell' Impero, hij moest de door roeden omvatte steel van de bijl voorstellen. De stompe kant van de bijl wordt gevormd door de drie gebouwen aan het zuidelijke uiteinde van de Boulevard, het Casa del Fascio, tegenwoordig de Polytechnische Universiteit, het fascistische Centrum voor Kunst- en Communicatie, tegenwoordig de Kunstacademie, en het fascistische Centrum voor Sport en Jeugd, tegenwoordig het Archeologisch Museum. Zoveel wit marmer dat de bijl glinstert. Het voetbalstadion, een ovaal, stelt de kling van de bijl voor. En aan het uiteinde, door groenstroken die er vanboven uitzien als uitgestrekte vingers gescheiden van de bijl, ligt Blloku. En dat betekent?

Ismail grijnsde, hij kon zich voorstellen wat zou volgen, en dat vond hij echt komisch, of tragikomisch.

Dat wil zeggen dat de communistische nomenclatura al die tijd naast de fascistische bijl woonde, van bovenaf gezien hield zij de steel van de lictorenbundel in haar hand.

Gelukkig groeit de stad tegenwoordig weer in het wilde weg. Ik geloof dat er van Mussolini's stadsplan niets meer te zien is.

Of wie weet, misschien toch. We zouden moeten kunnen vliegen.

## 10

De nacht in de auto was gruwelijk, een marteling. Door haar oude bed was Ylbere zeker gewend aan nachten vol marteling dacht Ismail, want de volgende ochtend maakte ze een frisse en opgewekte indruk. Je kon de rugleuningen van de jeep weliswaar ver achteroverklappen, maar niet helemaal platleggen, en hoe hij ook draaide en schoof, voortdurend werd er ergens in zijn lichaam iets uitgerekt of aangespannen, een druk of verrekking die hij niet kon negeren. Af en toe kon hij wat doezelen, maar slapen was onmogelijk. Midden in de nacht werd het zo koud dat hij de auto moest starten om met draaiende motor de verwarming in werking te kunnen stellen. Dan werd het weer zo benauwd dat hij het portierraam moest opendoen, en hij merkte op dat op de parkeerplaats een concert van auto's met draaiende motor gaande was. Ylbere was helemaal niet onder de indruk van dat alles. Hij werd warm, zette de motor weer af, deed het raam open, deed het dicht, warmde op, stelde zich voor dat die autostoel een hangmat was waarin hij kon wegzinken, in een hangmat lag je immers ook niet plat en kon je toch slapen, hij vond een houding die zijn rug enigszins ontlastte, maar dan drukte de neksteun onuitstaanbaar tegen zijn oog, neus en jukbeen. Hij zette de verwarming aan, stapte weer uit, deed een paar passen, Ylbere leek er niks van te merken. Het ontroerde hem dat ze zachtjes snurkte. Hij had in zijn rugzak een zakflacon met raki, alsof hij een situatie als deze had voorzien, hij haalde hem tevoorschijn en dronk in de hoop dat hij het bewustzijn zou verliezen.

In elk geval was de vraag of ze deze tweede gezamenlijk doorgebrachte nacht een stap verder moesten gaan, of dat hij dat moest proberen, niet aan de orde. Je kon niet eens tegen elkaar aan liggen.

Eindelijk werd het dag, Ismail hing in de passagiersstoel, Ylbere zorgde voor koffie. Als ontbijt aten ze bananen.

De man van de autoverhuur in Shkodra had de kleur van de auto met een genoegzame glimlach 'nachtblauw' genoemd, waarom schoot hem dat nu te binnen? Doorwaakte nacht, doorwaaktenachtblauw.

Daarna konden ze eindelijk de buik van de veerpont binnenrijden. Hij haalde in de scheepsbar nog een dubbele espresso en ging aan dek zitten, hij huiverde van de kou, daarna dronk hij zijn zakflacon leeg.

De tocht over de afgedamde Drini was fantastisch. Een

surreële dagdroom na een slapeloze nacht. De steil oprijzende rotswanden links en rechts, een kloof die smaller en smaller werd, de boeg van het schip die erdoorheen gleed, het witte schuim bij de boeg, de groene bergweiden voor hen, waar de flanken van de kloof elkaar naderden. Ismail keek en wreef in zijn handen, die langzaam warmer werden.

In Fierza gingen ze aan land. Vervolgens de rit naar Tropoja. Die duurde niet zo lang als verwacht. Dit tracé moest pas geleden zijn verbreed tot snelweg, met fondsen van de Europese Unie, zoals borden met het EU-logo duidelijk maakten. Ze zoefden zowat naar Tropoja, op de radio zong Florian zijn hit 'Eja'. Ylbere zette hem harder, zong vrolijk het refrein mee, *nuk du tjera / eja bejb ti eja*, ze jubelde vrolijk: *eja bejb ti eja*.

Vond ze dát leuk? Zo'n jonge vent die de macho uithing? Daarna kwam de schelle opgewekte stem van de dj die de volgende hit aankondigde.

Ismail had koppijn. Kun je dat alsjeblieft uitzetten?

Wat zeg je?

Toen was Sinan Hoxha al aan het zingen, *bomba, bomba / sexy bomba /*

Of je dat kunt uitzetten. Alsjeblieft.

Jazeker, dit is echt niet te harden.

*Bomba bomba*. Ze zette het geluid zachter. Daar was de afslag al.

Ze kwamen aan in Tropoja. Ze kwamen terecht in een oorlog.

## II

Bij de ingang van het dorp, ongeveer honderdvijftig meter van het centrale plein, werden ze tegengehouden door een soldaat, hij droeg een uniform met camouflagedessin, in zijn rechterhand een machinepistool, hij stond midden op straat en met zijn uitgestrekte linkerhand gebaarde hij: Stop!

Achter hem een open groene legerjeep waarin twee mannen in uniform zaten.

Ylbere stopte, deed het portierraam open, maar de man kwam niet naar haar toe, gebaarde alleen dat ze daar moest blijven staan wachten. Op dat moment hoorden ze een explosie als na een bominslag, schoten, het ratelen van machinegeweren. Een helikopter vloog zo laag over dat Ismail in de auto zijn hoofd introk. Tegelijk gleed hij over zijn stoel naar voren en maakte zich klein.

Niet te geloven, zei Ylbere, deed het portier open en sprong uit de auto.

Wat...? Wat moet...?

De man in uniform gebaarde dat ze weer moest instappen, hij riep iets wat ze niet verstonden, maar hij bracht tenminste zijn geweer niet in de aanslag, hij gebaarde alleen maar steeds weer met zijn arm dat ze terug moest naar de auto. Daarna maakte hij bewegingen met zijn vlakke hand die leken te betekenen: Wachten!

Ylbere stapte in en weer waren er schoten te horen. Toen knetterde er een groene militaire vrachtwagen langs, met meer dan een tiental soldaten in de achterbak, jonge kerels die lachten.

Ze rijden lachend de dood in, zei Ismail. Alsjeblieft, zei hij, je moet keren, we moeten maken dat we wegkomen.

Dit geloof ik niet, zei Ylbere, het is niet waar.

Keer om, zei Ismail, we zitten in de verkeerde film, keer! eindelijk! om!

Hoezo verkeerde, zei Ylbere en haalde een sigaret uit haar borstzak.

Viel je iets op aan die vrachtwagen met soldaten, zei ze,

of kijk eens naar die jeep. Nou, valt je iets op?

Machinegeweersalvo's.

Ismail maakte zich klein op zijn stoel en zweeg. Ylbere zei: ze hebben geen nummerbord. Kijk dan! Die jeep daar, geen nummerbord.

Je bent gestoord, zei Ismail, die nu een eigenaardig hoge, haast krijsende stem had. Zijn kogels soms niet dodelijk als de soldaten geen nummerbord hebben of zo?

Jij bent een idioot. Weet je dat dan niet? Tijdens de Kosovo-oorlog bracht de NAVO voertuigen naar dit grensgebied, maar zonder nummerborden, omdat de missie niet officieel was.

En jij weet dat?

Een mens kan dat weten. Dus weet ik het. Maar het is geschiedenis! Wat moet dat dan nu? Nu? Vandaag!

Ze nam een trek van haar sigaret, stapte uit, gooide de sigaret op de grond, smeet de autodeur achter zich dicht en liep op de soldaat af. Ze steekt niet eens haar handen omhoog, dacht Ismail.

Hij zag hoe ze praatte met een van de soldaten. Toen klonk er een enorme explosie en hij kromp ineen. Toen hij weer opdook achter de voorruit zag hij dat die twee daar nog steeds met elkaar stonden te praten, alsof er niets gebeurd was. Toen stak de soldaat zijn MP in de lucht en vuurde een salvo af, en ze lachten allebei. De mannen in de jeep lachten ook. De soldaat zei iets, zij knikte en kwam terug naar de auto. Door een windvlaag viel haar jack open en Ismail zag dat Ylbere het leren foedraal met dolk weer aan haar riem droeg.

Ze stapte in, startte de auto.

Ze maken filmopnames, zei ze. We kunnen daarginds linksaf en dan achter het plein langs. Aan de kopse kant van het plein is het hotel.

Ze maken filmopnames?

Ja, liefde en heldendom aan het begin van de Kosovo-oorlog. Het halve dorp speelt erin mee, speelt zichzelf. Er zijn zelfs een paar jonge mannen die allang weg zijn uit het dorp en in Tirana wonen, ze zijn teruggekomen om een paar dagen een UÇK-uniform aan te trekken en een beetje in het rond te knallen. Ze hoeven niet eens de figurantenvergoeding. Ze doen het voor de lol en uit ijdelheid. Zoals dat warhoofd met wie ik zojuist sprak. Ze maken selfies in uniform en zetten de foto's online of appen ze naar hun liefje in de stad.

Toen hij daarstraks... zo... in de lucht... schoot... dus dat waren dus losse flodders?

Precies. Ik denk dat we daar in moeten, en – ja, daarginds, zie je? Daar staat 'Aste Guesthouse'. Dat is het. Het enige hotel in het dorp. Nu waarschijnlijk het hoofdkwartier van de UÇK!

Ze lachte. Hij begreep niet hoe ze zo vrolijk kon zijn. Hij voelde de shock nog in zijn ledematen. Maar tegelijk moest hij erkennen dat hij graag zou zijn zoals zij.

Ze hesen hun rugzak uit de kofferbak. Het hotel, of guesthouse, zoals het heette, bestond uit een klein oud stenen huis dat de indruk maakte aan de kant te zijn geschoven door de dubbel zo brede en drie keer zo hoge nieuwe aanbouw, het eigenlijke hotel. Het stenen huis was waarschijnlijk het ouderlijk huis van de hoteleigenaar, het zag er niet onbewoond uit, maar was wel in verval. Boven de ramen van het hotel hingen van die buiteninstallaties van airco's. Die waren in de oude stenen huizen niet nodig geweest. Op de begane grond imiteerde het hotel de stenen gevel van het kleine huis, goedkope nep, geen hele stenen, maar dunne steenstrips die op de gevel geplakt waren. De twee etages daarboven waren glad en wit gestuukt. Daardoor zag het eruit alsof de aanbouw een huis was waar een ander huis bovenop stond.

Kijk niet zo! Kom! zei Ylbere.

In de lobby zaten filmsoldaten in enorme clubfauteuils van kunstleer met tafels van rookglas ervoor waarop talloze bierflessen stonden en uitpuilende asbakken. Sommige dutten, andere lachten bulderend als de woordvoerder iets zei. De enige man zonder uniform haastte zich naar zijn plaats achter de receptiebalie.

Ik heb gereserveerd, zei Ylbere, en zei haar naam. De kamer met balkon.

Die is helaas bezet, zei de receptionist.

Maar mijn reservering is bevestigd.

Zeker. We hebben ons best gedaan en we hebben ook een kamer voor u. Maar de kamer met balkon konden we helaas niet voor u vrijhouden.

Hard gelach achter Ylbere en Ismail.

Wie heeft de kamer dan in beslag genomen? Opperbevelhebber Hashim Thaçi? Is hij hier. De heldenacteur?

Ze draaide zich om en riep: He *gjarpër*! Waar ben je, slang die je bent?

Geschreeuw en gelach. Was dat voor haar bedoeld?

De receptionist glimlachte als een boer die kiespijn heeft. Ismail Lani vond het vervelend dat ze zoveel opzien baarde. Uitgerekend hij. Had hij vroeger niet zelf vanuit een opstandige reflex tegenover gewichtige mannetjes, uit minachting voor onderkruipers, uit cynisme tegenover opgewekte meelopers, maar ook uit jaloezie op ogenschijnlijk onschuldig gelukkige mensen, op gewone mensen, die gewoon gelukkig waren, zijn psychische brouwsel gemixt dat maakte dat hij steeds weer explodeerde, net als Ylbere nu? Jezelf voelen betekende dat je stampvoette. Later doofde het vuur dan weer, alsof er een deken over werd gegooid, een dikke deken van schaamte. Waarom? Uitgerekend Ylbere zou hem later die nacht, toen zij boven lag en hij onder, een wenk geven die hem tot nadenken stemde. Dat weeshuis, zei ze, was voor jou een lijkenhuis, en toen je eruit kwam wilde je voelen dat je leefde. Dat zei je toch, of niet? Dat kan ik begrijpen. Je was bang dat je ziel was afgestorven, gebroken. Dus gooide je je ziel in het vuur, ze moest branden opdat jij haar kon voelen. En wat voelde je? Dat dit niets anders was dan de keerzijde van het weeshuis. In het tehuis had je littekens opgelopen, en nu liep je weer littekens op. En toen begreep je, al was het maar intuïtief, dat je gewoon iemand wil die van je houdt. Je wil niet het aapje zijn dat opleeft door de aandacht die het krijgt, terwijl het eigenlijk uitgelachen wordt, bespot zelfs. Nee, nu gaat het om liefde. Dat is wat je wilt voelen. Het verlangen verschuilt zich nog achter je schaamte, angstig, en wacht af...

En jij? Wil jij niet dat iemand van je houdt?

Niet de hele wereld, zei Ylbere. Ik voel me niet onbemind als niet iedereen van me houdt.

Maar dat was later. Eerst gebeurde er iets wat Ismail nog meer verwarde. De receptionist vulde het inschrijfformulier in. Toen Ismail zijn naam noemde viel hem op hoe aandachtig Ylbere de receptionist gadesloeg. Daarna herhaalde zij zijn naam, dat was helemaal idioot. Lani, zei ze, en wachtte blijkbaar op een reactie. Maar de man keek niet eens op, hij noteerde. Er is hier toch een familie Lani, zei ze. Het dorp is zo klein, u kent vast de familie Lani wel.

Nu keek de man op. En uw naam, zei hij, ach ja, die heb ik hier natuurlijk in de reservering staan...

Lenz, zei Ylbere, Lenz, met een z op het eind.

Waarom deed je dat? vroeg Ismail toen ze de trap naar hun kamer op liepen. Ik vond dat vervelend.

Wat?

Dat jij mijn naam zo benadrukte en hem vroeg of...

Hij vond het vervelend, zei ze, hij! Merkte je dat niet? Ik vraag me af waarom.

Ze hoorden schoten, machinegeweersalvo's.

Een kleine kamer met een stapelbed. Maar de douche was oké. Jij mag eerst, zei Ismail. Later, zei ze. Ik wil naar het plein, kijken wat daar gaande is. Dan zoeken we een plek waar we iets warms kunnen eten. En dan douchen en bijslapen.

Ze ging de badkamer binnen, gooide aan de wastafel wat water in haar gezicht en zei toen: Kom! Wat is er? Kom! Ik ben nieuwsgierig.

Ze hoorden schoten en kreten toen ze het guesthouse uit kwamen. In de korte doorgang naar het plein werden ze tegengehouden door een geüniformeerde man. Een moment, zei de man, wacht u even!

Ze gluurden om de hoek en zagen – hoe moest je zoiets noemen? Een wapenbazaar. Over het hele plein waren vloerkleden uitgespreid waarop allerlei vuurwapens lagen, tientallen mensen defileerden langs het aanbod, namen pistolen en kalasjnikovs onderzoekend in hun handen, vuurden bij wijze van test in de lucht, geschreeuw, gescheld, gemarchandeer om prijzen, en dwars door het tafereel heen lagen rails waarover een lorrie reed waarop een man met een camera zat. Het lawaai stierf weg. Nog een keer. De lorrie reed terug, begon opnieuw. Het werd weer luidruchtig, geschreeuw, schoten. De man die Ylbere en Ismail tegenhield communiceerde via een walkietalkie, ten slotte zei hij: oké, jullie kunnen doorlopen. Het is pauze. Waar willen jullie naartoe?

Alleen maar kijken.

Daarginds zien jullie Café Bar Tropoja, daar kunnen jullie

koffie of bier krijgen en kunnen jullie alles goed zien.

*Faleminderit!*

Ze staken het plein over, de zo-even nog opgewonden mannen zaten nu op de kleden tussen de wapens, er werd nog steeds geroepen, maar vooral gelachen. Voor Café Tropoja stonden een paar tafeltjes maar er was er niet een vrij. Een man spoot *rrofte Kosova e lire* op de muur, lang leve vrij Kosovo, daaronder het logo van de UÇK, waarna iedereen opsprong om selfies te maken met de graffiti als achtergrond. Ismail en Ylbere maakten van de gelegenheid gebruik en gingen aan een tafeltje zitten.

Bier?

Ja, en raki.

Ismail ging het halen.

Er kwam een oudere man bij hen zitten, hij vroeg niets, knikte alleen en zat daar maar. Hij bood sigaretten aan. Zo raakten ze aan de praat. Een paar frasen, waar komen jullie vandaan, waar willen jullie naartoe, dat was snel afgehandeld. Toen kwam Ylbere weer met de vraag naar de familie Lani op de proppen. Waarom deed ze zoiets? Ismail keek haar aan en schudde zijn hoofd. De man, die zich had voorgesteld als meneer Fadil, zei niks, nam een slok van zijn bier en keek voor zich uit alsof er plotseling iets interessants te zien was op het plein. Ismail had altijd grote sympathie voor dit soort mannen, een gezicht als een landkaart, of beter een schatkaart, waar de elkaar kruisende lijnen op het voorhoofd aanduidden waar de schat begraven lag, geen grammetje vet, zodat de broek en het tot op de draad versleten hemd uit de tijd van de honger hem nog pasten, het aardkleurige dikke vest van schapenwol, de duistere voldoening in zijn ogen als hij de raki achteroversloeg.

Zoti Fadil, zei Ismail, bent u op enige wijze betrokken bij de film die ze daar draaien?

Nee, hij was alleen toeschouwer. Maar hij moest zeggen dat hij verrast was hoe realistisch en historisch correct de film kennelijk werd.

Zo was het precies, zei hij, tot in detail.

Ylbere stond op en ging het café binnen om meer bier en raki te halen.

Ik heb het meegemaakt indertijd, zei zoti Fadil. Toen de oorlog uitbrak ontstond er meteen een wapenbazaar hier. Niet alleen wapenhandelaren, maar ook gewone burgers die twee jaar eerder tijdens de opstand de kazernes en politiebureaus hadden overvallen en wapens geplunderd, spreidden hier een kleed uit om kalasjnikovs en alle mogelijke vuurwapens te verkopen. Ik was toen een jonge vent, ik zat hier, precies hier waar ik nu zit, en ik zag het, het was precies zo, het geschreeuw, het gemarchandeer, het schieten in de lucht. Wat natuurlijk niet te zien is, is hoeveel mensen gewond raakten door dat geschiet.

Maar ze schoten toch niet op elkaar?

Luister! Hoe was uw naam ook weer? Ismail? Dus, zoti Ismail, denk even na: een kogel die ik in de lucht afvuur, moet ook weer naar beneden komen, of niet? En door de hoogte vanwaar hij naar beneden valt, krijgt hij ook een zekere snelheid, kracht dus. Dat kan zwaar letsel toebrengen. Daar denkt niemand aan. Meer dan een derde van de mannen in Tropoja heeft kwetsuren, sommige ernstig, opgelopen door kogels die ze in de lucht afvuurden.

Hij glimlachte, dronk.

En u?

Ik zat hier, exact hier, alleen maar toe te kijken. Ik was erg jong, maar ik was de enige man in huis, met grootmoeder, moeder en twee zussen. Ik kon dus niet deelnemen aan de oorlog. Ik had geen kalasjnikov nodig. En een buks om mijn huis te verdedigen had ik al. Hij peinsde. Ylbere kwam terug en zette de drankjes op tafel.

Meneer Fadil ging verder: Het is ongelooflijk, die beelden, het is... net als toen. Ja, zo was het. Elk detail, de jeeps en vrachtwagens zonder nummerbord...

Ylbere keek Ismail aan.

En de vele jonge mannen die amper of slecht Albanees spraken, dat hebben ze hier echt goed gedaan, zo ging het echt toen.

Welke jonge mannen, zei Ismail, en hoezo spraken ze slecht Albanees?

Heeft u dat niet gehoord, daarstraks toen ze die scène opnamen? De mannen moeten heel slecht Albanees spreken, een paar woorden maar, heel primitief. Echt, ze doen dat heel goed, zo ging het echt toen.

Maar waarom.

Weet u dat niet, zoti Ismail? Toen de oorlog uitbrak en de Serviërs de Albanezen overvielen, kwamen er binnen de kortste keren Albanezen van over de hele wereld om te helpen, om met de UÇK te vechten tegen de Serviërs. Ze kwamen uit Duitsland, Italië, Zwitserland, Engeland. Zelfs uit Canada. Nou ja, Albanezen! Het waren jonge jongens, tweede of derde generatie emigranten, die daar waar ze opgegroeid waren amper Albanees hadden geleerd. Stel je voor je stapt in Berlijn of in Rome of Zürich in een vliegtuig en twee uur later zit je in een oorlog. Omdat je voorouders hebt gehad in het oorlogsgebied. Hier kochten ze wapens en dan verder, zie je die bergketen daarginds, nog geen zes kilometer, hoe mooi die is in het avondlicht, bloedrood, daar in de bergen kregen ze drie dagen basistraining van UÇK-veteranen, daarna de grens over, de gevechten tegemoet, en een paar dagen later waren ze dood. Sommige mensen hier zijn rijk geworden van die wapenhandel en de kinderen van emigranten gingen met die wapens de dood tegemoet. Ja, mijn zoon, zo is dat. Zo ging dat.

Gaat u tijdens uw rondreis ook naar het martelarenkerkhof van de UÇK? Ginds in Koshare, niet ver hiervandaan. U zult daar verbaasd staan welke namen u aantreft onder de doden. Giuseppe, Paulo, William, Philip, Jean-Paul, Alfred, Franz-Josef, Lothar-Matthäus, er ligt daar zelfs een Siegfried, een Siegfried Hoxha...

Hij schudde zijn hoofd.

Onvoorstelbaar nietwaar? Siegfried Hoxha!

We zijn niet op rondreis, zei Ylbere snel.

Maar meneer Fadil praatte verder, meer tegen zichzelf inmiddels. Alleen maar kleinkinderen van emigranten, zei hij, die volledig geïntegreerd waren in het land waar ze zijn geboren en opgegroeid. Begraven in een land dat ze niet kenden, na hun dood getooid met een 'Skanderbegorde' als 'Martelaar voor het vaderland'. De dichter Fate Vasa schreef: 'Vol met bodemschatten/ het gebeente van onze helden/ ligt onze Albanese aarde.'

Op het plein werden de wapens in tassen en koffers gepakt of in dekens gerold, er kwamen auto's voorrijden, langzaam verdween de hele wapenbazaar in hun kofferbak, de mannen stonden nu in dichte drommen voor de bar te drinken, ze praatten luidruchtig en goedgeluimd, sommige droegen nog een pistool achter hun broekband, haalden het tevoorschijn en schoten het magazijn met losse flodders leeg, ze lachten. De bar werd door zoveel mannen belegerd dat het lang duurde om aan een volgende ronde drankjes te komen. Toen Ylbere erin geslaagd was door te dringen tot de barman, bestelde ze in één keer zes flessen bier en een hele fles raki, zette alles op tafel neer en schonk raki in. Meneer Fadil zat zwijgend te roken, Ylbere begreep niet waarom Ismail hem gewoon liet zwijgen, niks vroeg, de man moest na alles wat ze hadden gedronken toch een losse tong hebben, je hoefde hem alleen maar een duwtje te geven en hij zou praten. Dus sprak ze hem nog een keer aan over de familie Lani, dat hij die toch moest kennen. Ineens keek meneer Fadil verbaasd op.

Er was een man die zijn aandacht trok: hij was ongeveer dertig en hinkte op een eigenaardige manier: hij deed een stap met zijn linkerbeen en daarna gooide hij het rechterbeen met een zwaai vanuit de heup naar voren. Zo kwam hij het café uit, ook Ismail viel hij meteen op, ook de onthutste, sombere gezichtsuitdrukking. Ylbere zat met haar rug naar het café toe en zag hem niet.

De man had een van de spuitbussen gepakt waarmee eerder die UÇK-graffiti op de muur was gespoten en hield die voor zich uit als een wapen, hij pakte de bus met beide handen beet en zwaaide ermee alsof hij iedereen met een machinegeweer wilde neermaaien, hij wilde ruimte, Ismail begreep niet wat hij zei, maar de mensen gingen opzij en hij begon op de muur naast de ingang van het café te spuiten.

*Lufta është babai, atdheu është nëna dhe unë jam jetim.*

Een dronken man die zo-even nog had staan brullen, sloeg een arm om de schouder van de man, drukte hem tegen zich aan en woelde door zijn haar. Een ander hield hem een glas raki voor, dat hij aannam en achteroversloeg, daarna liep hij langzaam weg met zijn hinkzwaaistap.

Ylbere had ondertussen gemerkt dat er iets gaande was achter haar rug, ze zag dat Ismail en meneer Fadil keken, iets gadesloegen, ze draaide zich om, zag de man die net de laatste woorden spoot en las:

*De oorlog is de vader, het vaderland de moeder, en ik ben de wees.*

## 13

Boven of beneden?

Maakt mij niet uit.

Dan neem ik het bovenste bed, zei Ylbere.

Ze hadden geen gelegenheid gevonden waar ze een warme maaltijd konden krijgen, maar in het hotel mochten ze wat nemen van het buffet voor de filmcrew. Daarna naar de kamer, ze douchten uitgebreid, Ismail zat al bloot gereed op het onderste bed, wachtte tot Ylbere klaar was, maar ze douchte zo lang dat hij het koud kreeg, hij vroeg zich af of hij niet gewoon bij haar in de douchecabine moest stappen, ze konden elkaar inzepen, speels, verliefd en onbekommerd, maar waar moest dat gevoel dan zo ineens vandaan komen: onbekommerdheid. Bovendien, heel praktisch: de douchecabine was zo klein dat...

Op dat moment kwam Ylbere uit de badkamer, een handdoek om haar lichaam, haar gezicht vrolijk en rood van de damp, haar stugge haar nat en warrig.

Ook hij douchte lang, genoot van het klateren van warm water en van zijn handen die over zijn lichaam gingen. Toen werd de douchestraal ineens koud. Geen warm water meer! IJskoud. Hij sprong de cabine uit, gooide een handdoek om zijn schouders. Hij stond voor de wastafel, de spiegel was beslagen, hij wreef er een keer over met zijn hand, precies ter hoogte van zijn oogpartij.

Nu zag hij in de spiegel een diffuus, door stoom en lichtreflecties vaag schimmig wezen, alleen de ogen staken scherp af, hij zag zichzelf als een geest, een immaterieel wezen dat vanuit een andere bestaansvorm naar hem terugkeek.

Daar was het weer, dat hevige bonken van zijn hart.

Snel wiste hij met zijn handdoek over de spiegel heen en weer en op en neer, hij wiste het beeld uit – en kwam zelf tevoorschijn. Ook nu, met scherpe contouren in de spiegel een sponzige, weke man.

Hij was niet gek. Dat begreep hij best: als hij een zo dramatische gewaarwording kreeg in een zo doodgewone situatie, dan was dat een symptoom. Hij wist alleen niet van wat.

Hij kwam terug de kamer in, zag dat Ylbere al boven in het stapelbed lag, de deken tot aan haar kin. Hij vroeg zich af of ze bloot was onder de deken of een pyjama... toen schoot hem te binnen dat hij er niet aan had gedacht een pyjama in te pakken. Het was fris in de kamer, hij legde een hand op de radiator onder het raam, die niet echt warm was, maar ook niet koud, het was niet duidelijk of de verwarming het deed. Dus haalde Ismail een set thermo-ondergoed uit zijn rugzak, trok die aan en ging in bed liggen.

Wat een genot, die douche, zei hij, alleen om iets te zeggen. Om het ijs te breken. In thermo-ondergoed. Toen sprong Ylbere van het bovenste bed. En wie doet het licht uit, zei ze, repte zich die twee stappen naar de schakelaar naast de deur. In het korte ogenblik voor het donker werd, zag Ismail dat ze bloot was. Daarna kwam ze terug naar het bed, niet meer dan een grijze schim, was het haar platte buik die hij zag toen ze pal voor hem bij het bed stond? Hij had niet eens de tijd om te wensen dat ze tenminste naar hem toe zou buigen om hem een kus te geven, of ze had zich alweer bovenop geslingerd.

Het stapelbed, dacht hij, maakte in elk geval de vraag overbodig of hij tijdens hun derde nacht samen een stap verder kon gaan. Hij moest toegeven dat hij zelfs opgelucht was. Ondanks het verlangen. Nee, hij was gedeprimeerd omdat hij opgelucht was. Het zou geen seks moeten heten, dacht hij, en hij begreep zelf niet wat die gedachte betekende. Daarna fantaseerde hij een dialoog: Ylbere, het was mooi hoe we de nacht voor ons vertrek tegen elkaar aangedrukt lagen, weet je nog?

Ja, dat was mooi. Ja... kom hierboven bij me liggen.

Maar is het bed niet te smal?

We moeten gewoon heel dicht tegen elkaar aangedrukt liggen.

Toen hoorde hij haar stem van boven: Ik begrijp jou niet. Ben je nog wakker? Nou, ik begrijp jou echt niet. Wij zijn hier in Tropoja en jou interesseert het blijkbaar niet of iemand hier iets over je tante weet, of ze hier...

Luister, riep hij. Herinner je je wat je in Bar Radio tegen me zei?

Wat bedoel je?

Ik vertelde over vroeger. En jij zei: Dat ligt allemaal achter je! Dat was troostrijk. Ik vatte dat op als: sluit het af, laat het rusten. En ik zei: En wat ligt er voor me?

En?

Dat is de vraag. En ik vind het vreselijk als jij iedereen hier vraagt of hij mijn familie kent, van de hotelportier tot vreemde mannen in het café. Dat is een inmenging, aanmatigend, daartoe heb je het recht niet. Mijn vermeende familie. Dat ligt achter me, dat gaat jou niks aan.

Ismail gloeide. Hij worstelde zich uit zijn ondergoed.

En nog iets, zodat dat duidelijk is! Jij zei dat je hebt geleerd research te doen. Maar ik heb iets anders geleerd: noem het goedpraten. Fictie maken van elementen uit de werkelijkheid, en van fictie een betere werkelijkheid. Een betere...

Nu was Ismail bloot.

## 14

Hij was bloot toen tante Xhulieta hem kwam halen.

Ze stond voor hem en zei: Ik ben je tante Xhulieta. Hij zou

haar niet hebben herkend. Hij keek naar haar op, langzaam dook ze op uit het duister van het geheugen. Ze rook vreemd. Hij had gehoord dat voorname dames iets gebruiken wat parfum heet. Dat had een andere pupil verteld. Het komt uit Parijs, de mooiste stad ter wereld, had hij op samenzweerderige toon gezegd, alsof hij een geheim prijsgaf. Ze wisten niets over het leven buiten. Wie iets wist of gehoord had of van iemand anders gehoord had die iets gehoord had, vertelde dat, en de wereld buiten werd in de fantasie van de kinderen steeds geheimzinniger, vol met nobele mensen die dingen deden of bezaten die hun fantasie deden ontbranden en tegelijk te boven gingen. Die geur van zijn tante, was het dat? Parfum? Het was scherp en op de een of andere manier – hij dacht: iets wat aan het bederven is. Dat kende hij: bederf. Maar hij deed zijn best de geur van zijn tante aangenaam te vinden, als het inderdaad parfum was tenminste. Dan kon hij aan de anderen vertellen dat hij nu wist hoe het rook. Als ze 's nachts in de slaapzaal lagen, in hun piepende bed met stalen frame, op matrassen die roken naar generaties van in bed plassende, van angst zwetende en masturberende pupillen.

Het was geen warme meimaand, maar het was mei, ze zouden niet bevriezen, bloot op de binnenplaats. Ze moesten hun kleren uittrekken voor ze naar buiten de ontdooide modder in mochten, hun kleren konden toch niet elke dag gewassen worden? Wat hadden ze nou helemaal? Geen garderobe. Dat was ook zo'n woord uit de verhalen: dat de mensen buiten een garderobe hadden. Wat dat was? Iets wat eruitzag als wat hun geliefde vader Enver Hoxha aanhad op de foto's die overal in het tehuis hingen, en ook mooier was dan de kleding van hun opvoeders.

De jongens stoeiden, duwden elkaar in de modder, de ouderen masturbeerden, pronkten met hun erectie. Niemand die er zich iets van aantrok.

Ismail was oud genoeg om te beseffen dat hij bloot was. Hij stond voor zijn tante met die parfumgeur en hield zijn handen voor zijn geslacht. Korsten van bloed en modder op zijn huid, die rood was, met kippenvel van de kou.

Een opvoeder gaf hem een klap tegen zijn achterhoofd: Wegwezen jij, wassen!

Zo kwam hij daar weg, als een dier, niet als bewonderd aapje, maar als dier dat onder de korsten zat, een modderdier.

Hij was zijn tante dankbaar. Hij vroeg niet wat ze hiervoor had gedaan, wat er gebeurd was sinds de dood van zijn moeder. En zij praatte er niet over. Nooit. Vertelde niks. Ze was er, had hem bevrijd en zorgde voor hem. Ze was geen surrogaatmoeder, ze had waarschijnlijk niet eens de pretentie te doen wat een moeder doet: haar kind tegen zich aandrukken, het over zijn hoofd aaien, troosten, proberen zich in te leven in zijn ziel. Of het aan het lachen maken. Ze kietelde hem nooit. Ze lachte nooit om een onhandigheid van hem, en als hij pijn had troostte ze hem met de zin: Het gaat over. Steeds weer: Het gaat over. Ze kon voor hem zorgen. Dat deed ze. En Ismail leefde met het gevoel dat alles overgaat. In wezen was dat destijds zijn levensgevoel: afgestompt in een wachtkamer zitten.

Hij vroeg niet hoe ze aan het kleine appartement in Lapraka was gekomen, in het 11de arrondissement, een arbeiderswijk van Tirana, ver buiten de ring. De villa in Blloku kon hij zich niet meer herinneren, het leven in het weeshuis was voorbijgegaan, en nu woonde hij dus in dit appartement in de Rruga Mati Logoreci, niet ver van de textielfabriek waar zijn tante werkte. Daar werkte ze in de ververij, bij het verfbad, ze ging om met gevaarlijke chemicaliën, zonder mondkapje, zonder handschoenen. Haar geur kwam door haar werk, door de chemische stoffen en het loog die in de fabriek gebruikt werden, die geur vrat zich in haar huid, haar haren, ze raakte hem niet meer kwijt.

Dat was het parfum van de nobele dame. En zijn garderobe. Ze bracht stof mee uit de fabriek en naaide daarvan twee broeken en een jack voor hem. Blauw. Ze zorgde voor hem.

Zijn gevoel was: ook dit gaat over. Het leven in het appartementencomplex uit de jaren vijftig dat al uit elkaar begon te vallen, de houten buitenjaloezieën, die scheef voor het raam hingen, de niet-gestuukte gevel en de afbrokkelende bakstenen. Ernaast was een sportveld, een met hoge hekken omgeven kooi met een grove betonnen vloer waar al scheuten van planten doorheen kwamen, er speelden zelden kinderen, er waren geen kinderen, er waren alleen maar mensen van uiteenlopende leeftijd die wanhopig probeerden geld te verdienen, en niemand was daarvoor te jong. Voor de kooi stonden afvalcontainers waarvan het deksel was afgebroken, en die hemeltergend stonken, of tenminste de derde verdieping tergend, waar hun appartement was.

Op school had hij het een en ander in te halen, en tante Xhulieta zag daarop toe. Dat was de liefde die ze kon bieden, de plicht die ze wilde vervullen. Hij zat gebogen boven oude schoolboeken waarin zijn tante met krachtige arceringen de huldebetuigingen aan de gestorven dictator doorhaalde. Hij bestudeerde ze zoals hij veel later in een wachtkamer een rondslingerend tijdschrift zou lezen. Hij dacht, het gaat over, net als het hevige bloeden van zijn tandvlees.

Hij was erg mager. Ze hadden niet veel te eten. Uien, rijst en bananen waren er altijd. Brood: platbrood, soms *qiqra*. Achter het huis verbouwden de vrouwen groenten die ze inmaakten voor de winter. Tante Xhulieta stuurde hem naar beneden om ze water te geven, hij gehoorzaamde en dacht ondertussen dat dit niet zijn leven was, nog steeds niet. Maar wat was het dan? Het moest een geheel andere betekenis hebben. Die kon hij niet tot uitdrukking brengen, maar hij voelde haar als hij lethargisch de plantjes water gaf, die groeiden, dan bloeiden, en dan ontsproot uit de bloem een kleine bult die een augurk werd, die groeide, en dan in een pot belandde waar ze, zo-even nog groen en knapperig, in de pekel geelgroen en zacht werd, hij benoemde dat niet, interpreteerde niets, hij voelde alleen dat alles altijd tot iets anders leidde.

Zijn latere vriend en daarna vijand Fate Vasa zei ooit tegen hem dat de creatieve geest betekenis voelt in het ogenschijnlijk betekenisloze, een essentie van het leven, waar anderen gewoon zeggen: Zo is het leven.

Dat had indruk op hem gemaakt. Later werd hem duidelijk dat zulke uitspraken, die typerend waren voor Fate, je reinste charlatanerie waren.

Soms kon zijn tante een paar meter stof uit de fabriek ruilen tegen een soepkip, soms alleen tegen een geitenkop, die ze uitkookte. Hij had in die tijd klasgenoten die daarvan gruwden, die zoiets niet aten, maar hij at het, even achteloos als hij later in een bar nootjes at terwijl hij op iemand zat te wachten.

Als hij later, of nu, terugdacht aan die tijd – waarom eigenlijk? Die tijd lag achter hem – dan schoot hem een tafereel te binnen dat hij kenmerkend vond en waarvoor hij zich tegelijkertijd schaamde: hij zat met tante Xhulieta aan de keukentafel. Keukentafel! Hoe dat klinkt. Ze hadden geen andere tafel, naast de keuken lag de kamer waarin twee bedden stonden en twee donkere kasten. Hoe dan ook, ze zaten aan de kleine tafel in de keuken, en zijn tante, die zojuist moe thuisgekomen was van haar werk, moe, maar vandaag opmerkelijk vrolijk, haalde uit haar zak iets wat in krantenpapier gewikkeld was, ze maakte een gelukkige indruk toen ze zei: Kijk eens wat ik hier heb, heb ik van een vriendin gekregen, een collega. Op het opengevouwen krantenpapier lag iets wits, iets kleiner dan een pakje sigaretten, aan een lange zijde brokkelde het een beetje af, daarlangs was het waarschijnlijk van een groter stuk afgesneden, maar blijkbaar kon je dit ding niet netjes doormidden snijden, en ze zei: Dit is kokoszeep, stel je voor kokoszeep, als ik daar elke dag mijn handen mee was, gaan de barsten en kloofjes weg, ze zei dat het een wondermiddel is, je zult zien, deze zeep maakt mijn handen weer helemaal glad. En zijn tante was zo gelukkig, Ismail had er iets bij moeten voelen, hij had zijn tante in geen tijden zo gelukkig gezien, wanneer had ze voor het laatst gelachen? Het was een bijzonder moment. Vanwege een stuk zeep. Hij zag dat witte ding, ernaast die gemaltraiteerde handen, roodblauw, vol kloven, hij keek op en zag haar gelukkige gezicht, en toen verduisterde zijn blik, en dat was de verduistering van zijn ziel, hij voelde niets. Geen empathie, geen begrip voor die vrolijkheid in al haar ellende, hij kon het niet, hij wachtte op iets heel anders.

Nu schaamde hij zich ervoor dat hij zijn schouders had opgehaald, niet echt, alleen van binnen, en daarna had weggekeken tot ze het kostbare stukje zeep weer in het krantenpapier had gewikkeld. Waarom kon hij niet blij zijn voor haar, waarom kon hij niet van haar houden, op de manier zoals hij nu dacht dat hij van haar gehouden had en zoals hij op elk moment zou beweren dat hij van haar gehouden had, achteraf.

Die handen vol kloven, die, als ze hem hadden gestreeld, gestreeld zouden hebben als een rasp, zag hij nu duidelijk voor zich, hun ellendige toestand, hun ellendige schroom om te strelen.

Toen ze ziek werd, toen in haar longen van diezelfde barsten en kloofjes ontstonden als die zich eerst op haar handen hadden gemanifesteerd, begon ze alsnog te vertellen. Niet veel, maar op sommige avonden barstte ze los, dromerig, sentimenteel, dan weer cynisch of zelfs van haat vervuld. Het ging altijd over de tijd in Blloku, nooit om de tijd daarna. Wat had ze toen doorgemaakt? In de bergen? Als Ismail het weeshuis ter sprake bracht zei ze botweg: Jouw tehuis was geen kamp! Was dat een aanwijzing? Ze vertelde over de gelukkige tijd en zei verbitterd dat iedereen in die tijd bedrogen was. Ze vertelde over dat bedrog, waarvan ze had genoten. Hij, híj! had zijn hoed voor haar afgenomen, haar hand gekust. Haar hand! Kijk naar die hand. En jij was zo schattig, aapje.

Het ging over. Dit was niet het soort sentimentaliteit dat ze wilde cultiveren.

De *Lumi i Tiranës*, de Tiranarivier die de grens vormde van de wijk Lapraka was diepblauw. Ismail wist niet meer waarom hij met tante Xhulieta langs de rivier liep. Had hij haar opgehaald op haar werk? Waarom? De hemel, kleurloos na dagenlange regenval, leek leeggelopen, het hemelsblauw stroomde weg via de Tirana.

Ze zou erdoor sterven. Door dat blauw waarmee zij onbeschermd werkte, en dat als afvalwater in de rivier werd geloosd die net zo diepblauw kleurde als de stroken textiel die zij door het verfbad haalde en in de wringer schoof.

Hij was toegelaten tot de universiteit. Hij was euforisch, zag een nooduitgang naar de vrijheid. Nu was zij degene die kil bleef. Ze keek naar de rivier en zei: Hier is ze mooi blauw, wat is ze mooi blauw, en dat blauw is een leugen. Wanneer de rivier in het centrum is aangekomen, in het kanaal, na alles wat erin is geloosd, is ze een riool, en dat is de waarheid.

Ze lachte. Haar lachen ging over in happen naar adem, ze legde een hand op Ismails schouder, hijgde, en toen ze gekalmeerd was zei hij: Ik krijg een beurs.

Ze reageerde niet, liep langzaam verder.

Voor hem was het van de Rruga Mati Logoreci naar de Universiteit van Tirana te voet een klein uur. En een uur terug. Elke dag. En hij dacht: ook dat gaat over. Op het eind, dat wil zeggen, het laatste kwart van de weg naar de universiteit, liep hij langs Blloku, zonder emotie, zonder herinnering. De wijk was niet meer afgesloten, niettemin gingen er amper mensen heen. Enver was dood, maar het regime nog niet gevallen, ook al liep het op zijn laatste benen.

Voor het eerst dacht hij dat hij iets moest doen. Het was de tijd dat hij op de universiteit in opstand kwam. Anderen zeiden: rotzooi trapte.

Als ik niet bijdraag aan een betere wereld, dan wordt de wereld niet beter. Dat werd zijn credo. En hij begon te voelen dat hij leefde.

En tante Xhulieta ging dood. Door de blauwe verf. Haar parfum. Haar kloofjes.

Ismail kon niet slapen. Hij lag wakker en die beelden gingen door zijn hoofd. Het lag achter hem. Laat los. Hij keek naar de hemel, het bed boven hem. Van boven hoorde hij zacht gesnurk.

## 15

Haar laatste woorden. Seh ffah se hf falh...

Ismail is in geen drie dagen naar de universiteit geweest, Xhulieta verkeerde in een toestand waarin hij haar niet langer alleen kon laten. Door het open raam drong lawaai binnen, wat het nog lastiger maakte te verstaan wat ze fluisterde, ze eigenlijk alleen nog ademde.

Wat zei je, tante?

Ze had haar ogen wijd open, maar Ismail had niet de indruk dat ze iets zag, en als ze iets zag dan zag ze niet hem, niet het plafond van de kamer, dan zag ze iets heel anders, een andere plaats.

Wat zei je tante?

Geschreeuw op straat. Het was meer dan het geschreeuw van een paar mensen beneden, het was de stad, zij brulde, vrij en voorbij, en ineenstorting en val, en wij en wij, wij zijn... wij, woordflarden die opstegen uit de storm van spreekkoren die door de straten joeg en in deze kamer tegelijkertijd werd verstikt door het verstikkende leven.

Tante!

Hij boog over haar heen, zijn oor vlak boven haar mond, zo dichtbij dat hij heel even haar ruwe lippen tegen zijn oor voelde, toen richtte hij zich nog een keer op, smeerde een kleine lepel yoghurt op haar lippen, depte het zweet van haar voorhoofd. Op dat moment merkte hij dat ze nog een keer probeerde te spreken, ze vertrok haar yoghurtwitte lippen tot – een glimlach? Een clownslach, dacht hij, dat mocht hij niet denken, dacht hij, en hij bracht zijn oor weer tot boven haar mond. Ikh...hlss... en toen begreep hij het, begreep hij de zwaarmoedige grap die ze maakte, de clowneske indruk van haar mond was niet helemaal verkeerd.

Ze had hem dat verhaal ooit verteld tijdens het avondeten, in de tijd dat ze eindelijk over de oude tijd was begonnen te praten. Toen Enver Hoxha een volledig verbod op religie uitvaardigde, eiste hij van de Universiteit van Tirana, ter ondersteuning van de claim van het wetenschappelijk socialisme, het bewijs dat er geen god was. Die bewijsvoering diende niet ideologiekritisch, maar streng wetenschappelijk te zijn. De beste natuurkundigen gingen aan de slag. Tante Xhulieta lachte toen ze het vertelde. Ze kon zich nog goed herinneren, zei ze, dat de professoren doodsangsten uitstonden. Als er geen sluitend bewijs geleverd kon worden zouden zij ontmaskerd worden als incompetent, of zelfs als agenten van de clericaalfascisten of de islamitische Kilidsch-broederschap, die plannen had voor een heilige oorlog tegen het goddeloze socialisme. Dat zou natuurlijk hebben geleid tot strafkamp of zelfs de doodstraf. Een professor voor experimentele fysica, die al menige ideologische ommekeer had meegemaakt, vreesde de dood niet. Integendeel, hij stelde zich in dienst van de dood. Dat was Nikolla Tupe, naar wie nog steeds een straat in de buurt van de universiteit is vernoemd. Wat had tante Xhulieta gelachen toen ze het verhaal vertelde. Professor Tupe argumenteerde als volgt: Zoals we weten is het bestaan van god niet aan te tonen. Maar dat alleen sluit nog niet uit dat Hij toch bestaat. Zijn bestaan definitief uitsluiten is alleen mogelijk als je een natuurwetenschappelijk bewijs kunt leveren voor het niet-bestaan van de ziel. Want de ziel wordt door alle religies beschouwd als Gods adem, als Zijn substantie in de door Hem geschapen wereld, als het reëel bestaande dus van iets waar je in moet geloven als het absoluut bestaande. Nu was het onmogelijk het niet-bestaan van iets in de onmetelijkheid van de kosmos te bewijzen, maar een bewijs van het niet-bestaan van de substantie daarvan hier op aarde was natuurwetenschappelijk wel mogelijk.

Professor Nikolla Tupe ontwikkelde een precisieweegschaal die tot op de nanogram precies was, en die weegschaal bouwde hij in een bed in, met een ingewikkeld systeem van sensoren in een elektrisch veld, mij moet je het niet vragen, vertelde tante Xhulieta, maar het klonk in elk geval vreselijk wetenschappelijk. Daarna liet professor Tupe stervenden aanvoeren, die hij in dat bed legde. Er werden ingewikkelde statistieken opgesteld met inachtneming van het gewichtsverlies van de stervende door het verlies van water omdat hij zweette, of gewichtstoename door het toedienen van vloeistof of voedsel, daaruit werden statistische gemiddelden afgeleid, grafieken getekend, totdat aan het eind, vlak voor het intreden van de dood, het objectieve laatste levende gewicht inclusief ziel vaststond. Daarna trad de dood in. Religies beweren dat op het moment van intreden van de dood de ziel het menselijk lichaam verlaat en opstijgt naar God. Iets wat zich in een menselijk lichaam bevindt én dat lichaam kan verlaten moet materie zijn, dus massa bezitten, aangezien zelfs lucht bestaat uit moleculen met een bepaalde massa. Maar als de precisieweegschaal van professor Tupe bij de doden nog geen nanogram verlies aangeeft, dan is er niets wat het lichaam heeft verlaten, ergo: de ziel bestaat niet. De beweerde substantie van God bestaat niet, God bestaat niet. Dat was bewijsbaar.

Nadat hij zo'n honderd stervenden op zijn weegschaal had gehad, met telkens hetzelfde resultaat, presenteerde hij zijn bewijs aan Enver Hoxha en een vreselijk nerveuze groep collega's. Toen Enver applaudisseerde, brak er gejuich los en daarna liet Enver het atheïsme vastleggen in de Albanese grondwet, Albanië werd de eerste atheïstische staat ter wereld.

Ik heb professor Tupe gekend, vertelde zijn tante, hij was een enorm sluwe vos, een cynicus die elke krankzinnige ommekeer binnen de Partij overleefde. Hij kreeg zelfs een huis in Blloku en was ook een paar keer bij jouw ouders te gast. Als iemand in ongenade viel en verdween, dan noemde Nikolla hem een goede ziel. Zo heeft hij vast ook jouw vader genoemd, nadat die opgehaald was, een goede ziel.

Geloof jij in God, had Ismail daarna gevraagd.

Tante Xhulieta haalde haar schouders op. In elk geval geloof ik niet dat mijn ziel na het einde zal opstijgen naar God, zei ze. Als ze bestaat, dan zal ze vallen, en vallen, diep vallen, in de onderwereld, of de hel of het niets – weer haalde ze haar schouders op. Ze zal vallen. Dat had ze destijds gezegd.

Nu verstond hij haar laatste woorden toen hij zijn oor heel dicht bij haar mond hield, en hij begreep dat ze wilde dat hij het verstond, ze ademde zwaar, elk woord een ademstoot en een ademteug, ze zei:

Seh valth. Valth, ikh laath seh vallen vallen...

Hij verstond het. Hij glimlachte. Kuste de vrouw die nog warm was en dood.

## 16

Toen Ismail wakker werd was hij alleen in de kamer. Hij had het koud. Hij wilde niet eens weten of er weer warm water was. Snel kleedde hij zich aan. Hij ging naar beneden en zag Ylbere bij de receptie, waar ze samen met de jonge man van het hotel over een wegenkaart gebogen stond.

De lobby stond vol met tassen en koffers, kisten, camera's, statieven, de apparatuur van de filmcrew, die op het punt stond te vertrekken.

Ismail liep het hotel uit, een paar passen verder de hoek om en keek uit over het plein. Er was geen mens te bekennen. Toen kwam er uit de straat tegenover een oude Mercedes aanrijden die een rondje over het plein maakte en weer wegreed. Ismail zag nog net dat de bestuurder van de Mercedes een zonnebril droeg, maar er was geen zon, het was een donkergrijze ochtend.

De geschiedenis was bezworen, het materiaal in tassen verpakt, en dat was het dan.

Hij liep terug naar het guesthouse, Ylbere vouwde juist haar kaart op, zag Ismail en zwaaide. Ontbijt. Ik denk dat ik nu de weg weet, zei ze.

Ze ontbeet met smaak, kaas, yoghurt, platbrood, zure augurken.

Eet! zei ze, wie weet wanneer we weer iets krijgen.

Eten, dacht hij, krijgen we makkelijker dan een bed. Er was vast en zeker geen guesthouse in Sose, de dichtstbijzijnde herberg bevond zich waarschijnlijk in Sylbica, dat vanuit Sose alleen te voet te bereiken was, een tocht van anderhalf uur. Het was sneller om met de auto terug te rijden naar Tropoja. Hij vreesde dat het zou uitdraaien op nog een nacht in de auto.

Ze namen de weg over de Morinapas. Het was een goed aangelegde weg, maar Ylbere reed heel langzaam, haast tergend langzaam, vond Ismail. Ze legde uit dat er zo meteen, nog voor de grensovergang, een afslag naar links moest komen, een onverharde weg die je makkelijk over het hoofd kon zien.

De hemel scheurde open, de wolken jaagden alsof ze wilden vluchten.

Hier! Volgens de beschrijving zou het deze hier moeten zijn, zei Ylbere en sloeg af. Ze waren er allebei niet zeker van of het echt de weg was die ze zochten. Aarde en stenen, na korte tijd ging de rijweg over in een holle weg van steenslag, links en rechts beboste bermen. Ze hadden de indruk dat ze met de jeep door een droge rivierbedding kropen, was dit echt een weg? Moesten ze omkeren? Hoe? Waar? De rivierbedding, als het er al een was, was veel te smal, ze konden helemaal niets anders dan langzaam verder rijden. Ze hobbelden over de stenen, ze werden door elkaar geschud en gerammeld tot Ismail vroeg om te stoppen.

Ik stap uit, zei hij.

Wat?

We rijden stapvoets, stukken langzamer dan stapvoets. Dan kan ik net goed gaan lopen, dan word ik niet zo door elkaar geschud. En als jij straks een stuk wil lopen, dan wisselen we elkaar af.

Aanvankelijk liep of struikelde hij achter de auto aan, haalde hem ten slotte in om geen opwaaiend stof en uitlaatgassen te hoeven inademen, hij liep rustig, stap voor stap, een poosje zelfs iets sneller dan Ylbere met de auto. Dan bleef hij staan, haalde diep adem en liep verder. Het was heet, hij zweette, hij vroeg zich af of hij koorts had of dat het objectief heet was. Als het echt heet was, dan was dat voor de tijd van het jaar en zeker voor de bergen extreem ongebruikelijk, maar wat wist hij er nou van wat hier normaal was? Liep hij soms niet door een uitgedroogde rivierbedding? De lucht was blauw, de zon bewoog van schuin rechts voor langs de hemel omhoog, hij zette stap na stap en dacht: het gaat over. Ook dit gaat over.

Nu zag hij dat achter de linkerberm het terrein steil afliep naar een smal, diep dal, terwijl aan de rechterkant de bergrug steeds dichterbij kwam, een gebergte met spleten en kloven die er in geslagen leken door klappen met de zijkant van de hand van een onvoorstelbare macht. Hij had sowieso het gevoel dat de berg bewoog, dat die hem te lijf wilde, hij liep zo langzaam dat hij het gevoel had helemaal niet vooruit te komen, het leek eerder alsof de rotswanden op hem af kwamen, hem de kloof in wilden duwen. Zo langzaam lopen was niet echt vermoeiend, niettemin hijgde hij, het was de hitte en het waren de stenen. De witte steenslag in de zon verblindde hem, de bloedrode steile helling van het bergmassief verwarde hem. Hoezo zaten er van die grote rode vlekken op de berg?

Hij bleef staan.

Ylbere deed het raam open. Wat is er?

Ik begrijp nu waarom deze streek *Bjeshkët e Namuna* wordt genoemd, zei Ismail, *Vervloekte Berg*.

Hij wordt *betoverde* berg genoemd, zei Ylbere. Maar vervloekt is ook goed. Ben je moe? Wil je weer instappen?

Nee.

Wie heeft hem dan vervloekt? Overheersers van ver weg. Osmanen, Habsburgers, nazi's en ten slotte communisten. Geen enkele mogendheid heeft zich hier echt blijvend kunnen handhaven. De eerste grootmacht die dat gaat lukken is het toerisme, zei ze en lachte. Is het niet prachtig hier?

Ja.

Ismail stapte toch weer in de auto, reed twintig minuten mee, kon het gehobbel niet langer verdragen, stapte uit, ging te voet verder. Daarna liep de holle weg in een langgerekte lus bergop, aanvankelijk heel steil, later licht stijgend tot aan de volgende haarspeldbocht. Ylbere gaf gas om tegen de helling op te komen, de auto slingerde, van onder de banden spatten de kiezels weg, de auto leek te zwemmen in de droge rivierbedding, Ismail beeldde zich in dat hij door de voorruit de lichte paniek op haar gezicht kon lezen, aan de bestuurderskant viel het terrein achter een paar heesters steil bergaf, hing één wiel al over de rand? Ismail holde achter de wagen aan, onnodig in paniek, de auto stond daarginds gewoon stil, er was niets gebeurd. Maar hij had haar al zien vallen. In die blikken doos die een auto is. Diep zien vallen.

Toen hij bij de auto kwam zat ze met geopend portier achter het stuur te roken. Het kan niet meer ver zijn, zei ze.

Als het de juiste weg is, zei Ismail.

Als het niet de juiste weg is leidt hij ook ergens heen.

Ze zat er uiterst kalm bij, ze rookte, dronk water, gaf hem de waterfles, en Ismail zei: Daar komen we gauw genoeg achter.

De weg liep in lange lussen steeds verder bergop. Ismail zag nu waarom de hellingen zo'n rode gloed hadden. Het waren enorme vlaktes met wilde blauwebessenstruiken waarvan de bladeren in de herfst rood kleurden.

De zon brandde genadeloos, Ylbere had een baseballpet op, Ismail had er natuurlijk niet aan gedacht een hoofddeksel mee te nemen. Hij maakte een tulband van zijn onderhemd, voelde zich er belachelijk mee, en dacht bij elke stap: het gaat over.

Ze werden steeds onzekerder. De weg voerde steeds verder omhoog, het Gjakovagebergte in, door kloven zonder leven, tegen hellingen waarachter Kosovo al begon. Er klopte iets niet.

Toen kwamen ze bij een splitsing in de weg. Langs de smallere weg van de splitsing stond een paal met een houten wegwijzer: 'Banja e Princit'.

De weg was zo smal en er groeiden zoveel wortels dat je met de auto niet verder kwam. Ze lieten hem staan.

Maar op die wegwijzer stond niet Sose, zei Ismail.

Maakt niet uit, zei Ylbere, ik wil dat Banja zien.

Het gaat over, dacht Ismail. Na ongeveer een halfuur lopen kwamen ze bij een waterval die in een door rotsen omgeven natuurlijk bassin stortte. Het water in het bekken was textielfabriekblauw, op het oppervlak flakkerden duizenden lichtsterretjes, getooid met wit schuim waar de waterval in het bekken klaterde. Tegen de rotswand langs de waterval stonden vreemd vergroeide grove dennen te sidderden naast dit natuurgeweld.

Ze stonden met open mond, pakten elkaars hand.

Ineens kleedde Ylbere zich uit.

Voor het eerst zag hij haar echt bloot.

Raakte haar aan. In het diepblauwe water van het Banja e Princit.

En daarna toen ze elkaar om de beurt afdroogden.

Terug bij de auto, opgefrist, maar meteen ook weer onzeker waar de weg waarop ze nu verder reden heen leidde. Hun telefoon had geen bereik, nog afgezien van het feit dat Sose niet eens ingetekend stond op Google Maps.

Ze kropen ongeveer twintig minuten verder, toen ze een houten huis zagen. Op een bank voor het huis zat een man, zilvergrijs haar, ingevallen wangen, snor, een blauw vest over een uitgewassen blauw hemd. Ismail was opgelucht: een mens! Tegelijk was hij verbaasd, zijn eerste indruk: een vest! Bij deze hitte! Pas toen zag hij dat naast de man op de bank een buks lag.

De man was juist een sigaret aan het draaien, hij zag de auto, het stel dat uitstapte en op hem toeliep, hij legde zijn tabak weg, stond op, groette met zijn hand op zijn hart: *A jeni mirë, burra! Për ku jeni nis? Ju qoftë rruga e mbarë.* Hoe gaat het mannen! Waarheen voert de weg, moge het een goede weg zijn! En met een uitnodigende handbeweging bood hij hun aan te gaan zitten.

Ismail moest glimlachen. Hij had *mannen* tegen hen gezegd! Er stond een houten bank tegen de muur van het huis, de houten tafel ervoor was een plank die op twee boomstronken was gespijkerd, aan weerszijden ervan een doorgezakte campingstoel. Terwijl de houten bank verweerde, toonden de campingstoelen het verval van wat ooit een goedkope toekomstbelofte was.

Ylbere bood de man een sigaret aan. Hij bedankte haar, nam de buks en ging het huis binnen. Hij bracht raki mee, een kan water, yoghurt, kaas en brood.

De man was een herder die vanwege het warme weer het naar beneden brengen van de schapen nog wat uitstelde.

Ze aten en dronken. Ismail was dankbaar voor de raki en de kaas! Hij wilde niet om meer vragen, dit was immers geen herberg waar je gewoon iets kon bestellen, maar hij hield zijn rakiglas zo smekend vast dat de man niet alleen bijschonk, maar terwijl hij haar neerzette naar de fles wees en duidelijk maakte dat Ismail zelf kon bijschenken wanneer hij maar wilde.

De yoghurt. We hebben genoeg, zei de man, die Bardhok heette. Na de derde of vierde raki die hij, sceptisch gadegeslagen door Ylbere, achteroversloeg, voelde Ismail een heel andere warmte, niet langer het genadeloze branden van de zon, maar de genade van een warme ziel. Hij voelde dat er iets was in de landkaart die het gezicht van deze man was, dat ingevallen gezicht vol rimpels die rond het bosje van zijn snor een web vormden waarin de twee roodaangelopen traanzakken hingen.

Ismail bood hem een sigaret aan en zei: mag ik vragen hoe oud u bent?

Eenenzeventig, zei zoti Bardhok. En ik ben de laatste, zei hij.

Wat? Hoe bedoelt u?

Hij haalde zijn schouders op. Hij wilde er niet over praten. Hij wilde er wel over praten.

Hij schonk raki bij.

Alle jonge mannen hier gaan immers weg, zei hij. Naar Shkodra, naar Tirana of Durrës. Of meteen naar Duitsland of Italië. Als u hier jonge mannen ziet, dan zijn die terug uit Duitsland. Met het geld dat ze daar hebben verdiend verbouwen ze hun huis tot hotel. En er komen Duitsers om hier te wandelen, en die zijn blij dat de man van het hotel Duits spreekt. Het is ongelooflijk hoe graag Duitsers hier wandelen. Ze komen in groepen. Hele bataljons, als je het zo zeggen mag. Vanuit Kosovo ginds en weer terug, maar –

Hij schonk raki bij. Wilt u koffie, vroeg hij. Ylbere zei ja, Ismail zei: Nee, dank u.

Hij verdween in het huis. Pas je op, zei Ylbere. Ismail keek langs de helling naar de weide beneden waar de schapen liepen.

Zoti Bardhok kwam terug en zette een cezve en een mokkakopje voor Ylbere neer.

U zei dat u de laatste bent, hoe bedoelt u dat?

Dat het huis verder leeft. Niet als hotel. Als familiehuis. Met eer en waardigheid. Maar ik kan niks meer doorgeven.

Al vijfenvijftig jaar breng ik hier de schapen naar boven en drijf ze aan het eind van de herfst weer naar het dal. En drieënvijftig jaar geleden ben ik getrouwd met de vrouw die voor mij bestemd was. Ze werd me gebracht vanuit Shtatë Barinj bij Tropoja. Ze was eerbaar en sterk, we hebben elkaar gevonden.

Zo zou ik mijn leven graag vertellen, als een mooie hartenklop in het leven van generaties.

Ismail schonk zich raki bij, zoti Bardhok knikte.

Maar het mocht niet zo zijn. In het jaar negentienhonderddrieëntachtig kreeg ik een zoon. Negentienhonderddrieëntachtig! We hadden niets. We mochten geen dieren houden. We mochten geen land bezitten, geen gereedschappen, Chinese tractoren, rijp voor de sloop, reden over de weiden, braken hun ploegscharen op de stenen, nog jaren later vond ik stukken tractor, en ook botten. We hadden niks. Wat we verdienden was nog niet genoeg voor drie liter melk, en we hadden vijftig liter en meer gehad toen we onze dieren nog hadden. Ik kreeg een zoon. Hij stierf toen hij acht maanden oud was. De dorpsbewoners, de clan, iedereen kwam om te condoleren. Ze vroegen, zoals gebruik is: Hoe groot is je pijn?

Hij stak een sigaret op, leunde achterover, keek op naar de smetteloos blauwe hemel, schudde zijn hoofd en ging verder:

En wat zei ik? Het kind zou een grote man zijn geworden als het had overleefd. Dat maakt me trots. Dat zei ik. Maar wat me oneindig verdrietig maakt is dat ik nog niet eens een volle lepel yoghurt had om op de lippen van mijn zoon te smeren voor hij stierf.

## 17

En uw vrouw?

Die was daarna onvruchtbaar, ze heeft geen kinderen meer gekregen.

Een paar jaar later dachten we dat we weer vrij waren, en ons leven konden leiden zoals het hoorde. We kregen ons land terug. En ik ging weer met de schapen de berg op. Maar in de zomer van 1998 kwamen ze de grens over, doodden mijn schapen, sloegen mij met geweerkolven in elkaar, bonden me vast en ik moest toekijken hoe ze mijn vrouw...

Ik kneep mijn ogen dicht. Steeds weer werd er op mijn hoofd geslagen, ze gilden: Doe je ogen open! Daarna lieten ze me achter, ze dachten dat ik dood was.

De naam van de aanvoerder is in mijn geheugen gebrand. Die naam viel steeds weer. Hij schreeuwde tegen zijn mannen: Noem me niet bij mijn naam. Maar toen wist ik die al. Ante Matic.

Hij komt terug. Of ik vind hem aan de overkant. Ik heb daar familie. Die waarschuwen me. Ik zal hem vinden.

Ze zwegen. Ten slotte vroeg zoti Bardhok: waar willen jullie heen?

Naar Sose.

Naar Sose? Waarom?

Ismail was verbaasd dat Ylbere daar geen antwoord op wilde geven. Ze zweeg, hij zei niets, Bardhok wachtte af en zei toen: Het is niet ver, anderhalf uur lopen. Als jullie een stukje verder de weg af rijden, dan komt er een pad dat links afbuigt en afdaalt naar het gat. En daar, de laatste huizen voor de grens, dat is Sose.

Naar het gat?

Zo heet het smalle dal, eigenlijk niet meer dan een hoefijzervormige kloof, Lugina e vrimës, wij zeggen altijd alleen maar vrimë, het gat. Daarvandaan gaat het dan weer een paar honderd meter bergop naar de Shtegu i dhive, dat is de pas naar Kosovo, die is niet met de auto begaanbaar. Daar kwamen ze vandaan...

## 18

Eeuwenlang was die pas een verbindingsweg, als een ader die het levensbloed transporteert, een weg naar familieleden, die hun dieren weidden aan de overkant. Je zag schapen, geiten en koeien. De wolven maakten we af. Als er een conflict was dan hadden we de bajraktaren die onze oude wetten kenden. De besa was heilig voor ons, de eed van trouw, tegenover de gemeenschap, familie en gasten. We staken de grens over om te feesten, verwelkomden familie van de overkant om huwelijken en geboortes te vieren. Daarna volgden de vervloekte decennia, een mensenleven, het was maar één mensenleven lang, als je je oude dag tenminste haalde. En in plaats van een verbindingsweg werd de pas een bedreiging. Er werd alleen nog bloed vergoten. En dat kwam niet door de wet van de bloedwraak. Het was wetteloosheid. In uniformen kwamen ze de pas over, schoten mensen dood die hen niks hadden gedaan, hun eer was de haat. En het aantal wolven nam toe. Sindsdien zijn er hier meer wolven dan ooit tevoren. Er zijn zelfs al bruine beren gezien. Tegen wilde zwijnen heb ik niks, dat worden er ook steeds meer, maar dat vind ik best. Als ze dichtbij komen, schiet ik ze af met mijn buks. Het spek rook ik hier. Het vlees stuur ik altijd naar het dal, ik kom uit het dorp Valguri. Dat ligt onder Sose.

Maar u kent vast de families in Sose zei Ylbere. Families? Het is een kleine clan, het overblijfsel van een ooit machtige clan. De Abrashi's. Arlind Abrashi zat in zaken. Ik kan daar niks over zeggen. Hij heeft het grootste huis. Hij heeft zijn ouderlijk huis verbouwd tot een kasteel. Zijn garage is groter dan mijn huis. Amir Abrashi voetbalt in het buitenland. Hij stuurt geld. En Albian Abrashi heeft jarenlang in Engeland gewerkt en gespaard. Sinds hij terug is, zet hij zich in voor het dorp. Hij heeft aanzien, en hij wil dat er vreemdelingen komen. Maar hebben wij ooit geluk gehad met vreemdelingen?

Kent u een familie Baxhaku in Sose? vroeg Ylbere.

Baxhaku? Nee. Of wacht! Er waren hier ooit Baxhaku's, maar of die uit Sose kwamen? Ik weet het niet, ze moeten al heel lang geleden zijn vertrokken. Zoveel mensen gingen weg. Nu ken ik in ieder geval niemand met die naam. En zeker niet in Sose. Daar zitten de Abrashi's en hun kinderen. En een paar oude Brahimi's zonder nageslacht.

## 19

Eerst wil je niet over je familie in Sose praten, zei Ismail toen ze met de wagen slippend en stuiterend het pad naar het Gat afdaalden, en dan vraag je er toch naar.

Ylbere antwoordde niet meteen, ze stuurde uiterst geconcentreerd, haar voet bijna permanent op de rem, af en toe haalde ze hem er even af, remde meteen weer, en zo slibberde de jeep het steenslagpad af, tot ze na een bocht dwars op de helling op een wegdek van zand en klei kwamen.

Ik wilde hem eerst laten praten, zei ze.

En ineens: Kijk! Dat moet het zijn!

Voor zich zagen ze een oude wals, vier mannen, en een paar kinderen. Erachter oude stenen huizen.

Ze stopten, stapten uit. De man die de wals bestuurde stapte uit en riep *Welcome!* Zijn tanden blikkerden, het was de breedste lach die Ismail, de droevige man, ooit had gezien. Hij had een rood shirt zonder mouwen aan, op zijn rechterbovenarm stond *You'll Never Walk Alone* getatoeëerd.

Hij balde ter begroeting zijn vuist, op de welving van zijn biceps kwam het *Never* groter naar voren.

We zijn Albanezen, zei Ismail, we spreken Albanees.
*Mirë se se erdhe! Nga jeni?*
Uit Tirana.
En op weg waarheen?
Ismail keek Ylbere aan. Daarop moest zij antwoord geven.
Ze zei niks, en uiteindelijk: is dit Sose?
Ja, u bent in Sose. *Mirë se erdhe!*
De kinderen stelden zich op achter de man in het rode shirt, ze keken nieuwsgierig, de mannen hupten dichterbij, het zag er spookachtig uit, Ylbere en Ismail keken sprakeloos toe hoe de mannen kwamen aandansen.

Een man met één been met een kruk, zijn tweede broekspijp omgeslagen en vastgespeld, een man met een beenprothese die hij naar voren gooide om vervolgens met zijn gezonde been naar voren te springen, een man met een schop in zijn rechterhand, die hij gebruikte als kruk, aan de linkerkant had hij alleen nog een stomp onder zijn elleboog, en hoewel hij twee benen had, liep hij slecht, blijkbaar was zijn linkerbeen verlamd. En de vierde, die leek – hoe moest je dat zeggen? Normaal? Ongeschonden? Hij kwam met verende tred aanlopen, slingerde met beide armen, en pas op dat moment zag Ismail dat de man geen handen had. Daarna kwam er nog iemand aanzetten die rende en vreemde klanken uitstootte, zijn kaak bestond alleen uit vlees met littekens, zijn mond een woekergezwel met een schuine spleet erin die open- en dichtging als de muil van een reptiel.

Op dat moment gebeurde er iets met Ismail. De verwondering, de verbazing, meer nog de ontsteltenis tegenover de onbegrijpelijke dingen die hij zag – hij wilde ze niet begrijpen, hij wilde ze bij zich vandaan houden, hij was op zoek naar zichzelf en niet op een puzzeltocht, en ook al vergezelde hij Ylbere op haar reis, hij had toch verwacht dat ze tegelijk zijn metgezel zou zijn op zíjn reis naar zichzelf, hun gemene deler zou de liefde zijn, pathetisch uitgedrukt, maar dit hier, *Ta marrë dregi*, had niks met hem te maken, absoluut niks en hij kon niet eens denken: het gaat over. Niets gaat over in dit spookachtige gat. En de liefde? Zelfs die voelde niet als een belofte toen Ylbere zijn hand pakte, een moment lang stonden ze hand in hand tegenover die vrolijke, getatoeëerde spierbonk en al die invaliden, maar toen liet Ylbere zijn hand alweer los en legde de hare op de knop van de dolk die ze op haar heup droeg.

Hij wilde weg. Hij wilde alleen nog maar weg.

## 20

*My name is Albian.* O ja, ik ben Albian, wat brengt jullie hiernaartoe?

Ylbere zei niets. Ismail keek Ylbere aan. Ylbere keek Albian aan, de groep invaliden en kinderen die zich om hen heen had gevormd. Iedereen lachte, het was een verwarrende vrolijkheid. Ineens begon de wals te rijden, ze rolde op de helling naast de weg af. Albian sprintte haar achterna, blijkbaar had hij de motor niet uitgezet of de handrem niet aangetrokken, hij rende en sprong op de machine als een held in een Amerikaanse wereldreddersfilm, remde en zette haar uit.

De regering had jaren geleden beloofd hier een weg aan te leggen. Er was niets gebeurd. Nu had Albian Abrashi zich over de zaak ontfermd, ze legden die weg zelf aan. Zijn broer had de wals geregeld. Iedereen werkte mee. Ieder naargelang zijn vaardigheden en mogelijkheden.

Hoe kon je vragen waarom bijna iedere inwoner hier lichaamsdelen miste, kon je dat direct ter sprake brengen, of moest je beleefd net doen alsof je het niet zag, maar dat was toch eigenlijk onmogelijk?

Vrij snel begonnen de mannen er zelf over.

Ze kwamen de grens over, tot hier, en nog een stukje verder, ongeveer tien kilometer op Albanees grondgebied. Jonge mannen die in staat waren om wapens te dragen, namen ze mee, voerden ze af, we hebben nooit meer iets van ze gehoord. Baby's schoten ze dood in hun wieg.

Het waren Servische ordetroepen. Echt, ze noemden zichzelf ordetroepen. Wij vluchtten weg, verstopten ons, we kenden de bergen. Waren we laf? Het zou onze dood hebben betekend. Toen we terugkeerden zagen we bloed en lijken. We groeven graven. Toen begon er een nieuw leven. Onze familieleden kwamen van over de grens, uit Kosovo, op de vlucht voor Servische eenheden, ze kwamen met hun vee, met alles wat ze hadden. Daarnaast kwamen er nog tientallen jonge mannen uit alle mogelijke landen die dienst namen bij de UÇK om de Albanezen te verdedigen. We waren met nog geen honderd mensen in het dorp en moesten meer dan vijfhonderd mensen de kost geven. Om de veestapel te ontzien, gingen we op jacht. We hoorden voortdurend het geluid van gevechten, schotenwisselingen. Maar wij kenden de bergen. Wat we niet wisten was dat de Serviërs mijnen hadden gelegd aan onze kant, om te voorkomen dat de UÇK de pas over zou trekken. Heel kleine mijnen. Zo groot als een balpen of een poederdoos. Ze wilden niemand doden. O nee, ze wilden niemand doden. Ze wilden verwonden. Een dode strijder is één man minder. Een gewonde is drie man minder. Omdat twee man hem moeten wegbrengen. Dat was hun redenering. Maar wat heet strijders! Kinderen verloren armen of benen, jagers die voor voedsel moesten zorgen raakten verminkt en moeten tegenwoordig bedelen.

De invaliden knikten en riepen *Po! Po!...! Po tamam!*

Ik weet natuurlijk niet wat onze mensen aan de overkant hebben uitgehaald, maar het kan niet iets zijn geweest wat rechtvaardigde wat hier gebeurde. Een jaar lang hebben we hier vijfhonderd mensen de kost gegeven. Toen ze teruggingen met hun huisraad en hun dieren troffen ze ginds afgebrande huizen aan. En wij waren een dorp van invaliden. En pensioen is er niet. Omdat het kinderen en jongeren waren die nog niet werkten. Nou, wel werkten dus, maar niet formeel. Dus zonder recht op pensioen. In dat opzicht is de staat uiterst correct.

Albian Abrashi bracht ze naar de school die hij had laten herbouwen.

Waarom hebben de Serviërs ook de school verwoest? vroeg Ismail. Nee, dat waren geen Serviërs, dat waren onze eigen mensen. Begrijp ik niet. Welnu, dat gebeurde toen het regime viel. De woede van de mensen tegenover de communisten was zo groot dat ze alles verwoestten wat van de communisten afkomstig was of te maken had met de staat. Daarom werd de school die Enver had laten bouwen in brand gestoken, de mensen hebben zelfs de fruitbomen omgehakt die hier door de staatscoöperaties aangeplant waren. En met de stenen van de school hebben ze de kerk weer opgebouwd die gedurende de Enver-tijd in verval was geraakt. De kerk? Ja, het zijn christenen. De Osmanen hebben het Gat en de dalen hieromheen nooit volledig weten te onderwerpen. Gaat u naar de kerk. Kijk naar het schilderij van de gekruisigde boven het altaar! Ernaast staat een Romeinse soldaat – en die heeft de helm van Skanderbeg op zijn hoofd! Met de geitenkop! Daar wordt eeuwen vooruitgekeken, en worden millennia met terugwerkende kracht geïnterpreteerd. Het is een symbool van de geest van verzet, volslagen gek. Maar hoe overleeft een uitzichtsloze geest van verzet als hij niet gek is?

Ismail stond voor de school te roken, binnen stak de meester een verhaal af, nee, niet de meester, de weldoener, de heilige Albian. Nee, Ismail was niet fair, de inzet van Albian Abrashi was bewonderenswaardig, de chef in Tirana had er vast geen idee van. Hij keek naar de sterrenhemel boven hem, het was een stralende koepel. Toen zag hij een ster die snel door de koepel vloog, hij was ontroerd. Was het een komeet die langs de hemel scheerde? Meteen daarna weer: een vallende ster die oplichtte en knipperend langs het firmament raasde – betekende dat geluk, mocht hij een wens doen? Toen begreep hij dat het vliegtuigen waren, ze vlogen van Tirana naar Frankfurt, Wenen, Rome of Madrid.

Er viel niets te wensen wat hij niet zelf kon beslissen. Hij wilde terug, hij wilde hier weg. Wie zichzelf wil vinden, moet zichzelf vinden in zijn eigen wereld en niet in die van een ander. Dat was zijn gedachte. Kan een mens zichzelf op Mars leren kennen? Hij wist dat Fate die vraag met ja zou beantwoorden. Als de mens op zijn grenzen stuit... hij wilde niet op zijn grenzen stuiten, maar op zijn innerlijk. En dat bevond zich vast en zeker niet in dit Gat.

Albian Abrashi bood hun een gastenkamer aan. Op de vloer verscheidene matrassen. Maar als jullie aparte kamers willen, dan bel ik mijn broer en –

Nee, nee, doe geen moeite, zei Ismail, dat komt wel goed.

De vierde nacht.

Liefde kan soms als een aangenaam warme deken zijn die te klein is. Ze houdt je warm, maar je hebt het toch koud omdat ze niet alles bedekt. Je trekt de deken heen en weer, maar ze is te klein. Terwijl de een zweet, is de rug van de ander koud. 's Ochtends kus je elkaar slaapdronken, maar springt dan snel op en wast onder de douche alles weg, de kou en het zweet van de ander.

## 21

Albians vrouw Dorina serveerde het ontbijt. Brood, boter, yoghurt, kaas en honing, allemaal zelfgemaakt, zoals ze benadrukte, en Albian vertelde over zijn plannen, hoe hij van dit spookdorp een bloeiende gemeenschap wilde maken waar je niet hoefde te vluchten, niet hoefde te vertrekken. De weg was belangrijk, en het herbouwen van de school, want alleen als er een school was zouden gezinnen met kinderen hier blijven. We hebben hier de beste honing, proef maar! Neem! En uitstekende kaas – wat vindt u van die kaas? Nou? Wilt u hierna nog kaas uit Gjirokastra? Hij had een plan om de landbouwproducten uit de streek gezamenlijk te promoten, daarvoor bestonden steunfondsen van de EU, dat was hij allemaal aan het opzetten. En bovendien, zei hij, als we eenmaal lid zijn van de EU, nemen de kansen toe, moest je je realiseren. Zijn ouderlijk huis wilde hij verbouwen tot een guesthouse, al naargelang konden hier drie guesthouses worden gebouwd. We bevinden ons te midden van een netwerk van Europese langeafstandswandelroutes, dat biedt kansen, heren, dat biedt kansen. Ik reken erop, zei hij, dat de jonge mannen die zijn weggetrokken om in de stad of in het buitenland te werken, met hun gezinnen terug zullen keren, want hier zal werk zijn en een bevredigend bestaan in zelfbeschikking.

En de clou, zei hij en lachte zijn enorme lach met de vele tanden, is het volgende idee. Dat heb ik geleerd toen ik in Zwitserland op bezoek was bij mijn broer, die daar zijn geld verdient als voetballer: wachten op wandelaars die hier een keer overnachten is niet genoeg, we hebben ook gasten nodig die langer blijven. Het idee is om een sanatorium te bouwen, een kuurhotel. Voor berglucht, de *burra*, die wij voor niks krijgen, zullen de gasten betalen. Ik kan jullie rondleiden en jullie laten zien waar de weiden overgaan in karstgebergte en beukenbossen, berglucht en boslucht, zo'n combinatie kun je toch verkopen?

Hij straalde.

Ismail voelde dat hij heel even werd aangeraakt, alsof een berggeest zijn ziel een duwtje had gegeven om haar romantisch te doen ontvlammen, wat mooi, zo dicht bij de natuur – het gevoel stierf meteen weer weg. De ziel bestond niet. Niet hier. Tenzij je de geest van het rendement een ziel wilde noemen. Natuurlijk had de man gelijk, wandelaars zijn geen soldaten, geld is geen lood en zijn idee van een bestaan als gastheer maakte hem niemands onderdaan. Ze hadden twee jaar geleden Etrit Uzuni hierheen moeten sturen, de door de ZK ontslagen vroegere minister van Economie. Hij had voor die plannen van Albian met gemak een paar miljoen steun vrijgemaakt, twintig procent smeergeld, en iedereen zou tevreden zijn geweest.

Wat een incorrecte gedachte. Ismail stond versteld van zichzelf. Ondertussen hoorde hij het gesprek tussen Albian en Ylbere gedempt, alsof hij watten in zijn oren had. Een betere wereld, hij wist niet meer wat dat zou moeten zijn, en zijn bijdrage eraan, hij wist niet meer hoe die eruit zou kunnen zien, wat moest je doen? Hij wilde zijn borst niet meer ontbloten en niet meer belachelijk gemaakt worden, hij wilde niet meer dat mensen *een Lani doen* zeiden wanneer hij in een roes loskwam van de aarde en praatte over een toekomst die de mensen hierbeneden helemaal niet willen, omdat ze zich de toekomst alleen kunnen voorstellen als die lijkt op wat ze gewend zijn, maar dan technisch beter toegerust en lucratiever. En alsof het niet erg genoeg was dat hij amper nog iets hoorde behalve een steeds lager wordende brom, zag hij de bewegingen van Albian, Dorina en Ylbere nu ook vertraagd, steeds langzamer, alsof het tafereel tot stilstand kwam en wilde bevriezen.

Hij merkte dat hij moest oppassen, hij mocht zich niet laten vallen.

Ylbere tegen Albian: Zegt de naam Baxhaku u iets? Weet u welk huis dat was?

Ik ken de naam, zei Albian, maar hier in Sose zijn geen Baxhaku's.

Waar kent u de naam van, wie kent u?

Ginds, over de grens met Kosovo, ik meen in Gjeravica, is of was er een familie met die naam. Voor de oorlog zijn ze hiernaartoe gevlucht voor de Serviërs, ze zijn hier bijna een jaar geweest, ik was toen bijna vijftien, ze hadden een zoon van mijn leeftijd. Maar ze zijn teruggegaan. Er waren hier zoveel vluchtelingen, we hebben niet met iedereen contact gehouden. Die zoon heette Agan. Een stevige jongen. Hij bewerkte hout. Hij ging elke dag naar het bos. Hij kon alles maken met hout. Niet alleen brandhout, dat zo belangrijk was. Houtsnijden. Meubels maken. Daken herstellen, dakspanen vervangen, u weet wel. Meer weet ik ook niet. Ik heb nooit meer iets van hem of zijn familie gehoord.

Mijn grootmoeder was een Baxhaku. Van hier. Mijn grootouders hebben het huis in 1950 verkocht en zijn naar Tirana verhuisd. We hoeven eigenlijk alleen maar alle huizen af te gaan en te vragen welke familie zijn huis pas sinds 1950 bezit.

Dat weet ik niet, ik was in 1950 nog lang niet geboren. Toen ik opgroeide kende ik alle families en huizen. Ik zou nooit op het idee zijn gekomen te vragen sinds wanneer wonen jullie in dit huis?

Ylbere! zei Ismail.

Sinds wanneer is uw familie bijvoorbeeld in het bezit van dit huis?

Ylbere!

Albian haalde zijn schouders op, stond op. Sinds de tijd van Skanderbeg? Begrijpt u hoe diepgeworteld wij hier zijn?

Zijn vrouw ruimde de ontbijttafel af. Albian stond voor de tafel, hij klopte op het tafelblad en zei: Misschien heeft Agan

Baxhaku deze tafel wel voor mijn ouders gemaakt. Weet ik veel? Maar ik denk het niet, ik denk dat deze tafel ouder is.

Hij glimlachte.

Dit huis is uw huis. Het huis van een Albanees is van God en van zijn gast.

Ismail had nog honing aan zijn vingers, hij likte aan zijn wijsvinger, zoog aan zijn duim, ten slotte zei hij: Ik ga niet met je mee als jij als de engel van een straffende God alle huizen afgaat.

Ylbere keek hem aan. Hoezo straffende God?

Wij leiden een ander leven, zei Ismail.

Welk leven?

Ismail keek haar aan.

Ze gingen naar buiten. Het rood van de ochtendzon stroomde weg achter de bergen, daarna begon het beukenbos te gloeien, de blauwebesssenstruiken vlamden rood op, de witte steenslag blikkerde en Ismail merkte dat Ylbere het mooi vond.

Op dat moment ging de telefoon in Ylberes broekzak over. Hij rinkelde en trilde, ze reageerde niet.

Ik leid een ander leven, zei hij, ik weet ook niet precies welk leven, maar één ding weet ik heel zeker: dat ik dat hier niet vind.

Waar dan? Op Mars?

Als jij Tirana zo wil noemen!?

En?

Lang zwijgen, zoeken naar woorden.

Weer Ylberes telefoon.

Alsof die hem wakker had gemaakt, zei hij: Ik wil terug.

Ylbere keek hem lang aan, knikte en zei: Neem de auto.

Heb je die dan niet meer nodig? Wil dat zeggen dat je hier wilt blijven?

Ze haalde haar schouders op.

Nee, zei hij, jij hebt de auto gehuurd, jij moet hem terugbrengen. Ik heb er niet voor getekend. Ik ga te voet. Er zijn wandelpaden naar Theth, naar Valbona of terug naar Tropoja, ik kijk het nog eens na op de kaart. En daarvandaan moeten er toch ergens bussen gaan. Denk ik.

Wat Ismail niet aanvoelde, niet zag en niet begreep: dat Ylbere inmiddels verliefd op hem was geworden. En als dat een te groot woord was, en dat was het waarschijnlijk, dan was er in haar ziel in ieder geval langzaamaan iets gegroeid wat met hem verbonden was. Hij was niet echt een man, zij was niet echt een vrouw, ze hadden een tamelijk groot avontuur voor de boeg, zij had gedacht dat ze samen de wijde wereld in konden trekken, en tot hier waren ze gekomen.

Haar telefoon. Ze negeerde hem, maar hij versterkte haar alarmtoestand.

Ze draaide zich om, liep terug naar het huis, wat doet ze nou, dacht Ismail, zij zei: Kom! Hij volgde haar naar binnen, daar stonden hun rugzakken, tegen elkaar aangeleund. Ze pakte de hare op, de zijne viel om. Uit een zijvak haalde ze de sleutel van haar woning, drukte hem Ismail in de hand en zei: Hier!

Ze zei alleen maar : Hier! En liep naar buiten, dat rare Sose in, tussen het ruige karstgebergte en het lieflijke beukenbos aan het einde van het dal.

Ismail hees de rugzak op zijn schouders, legde tweeduizend lek voor de overnachting en het ontbijt op de tafel die misschien was gemaakt door een Baxhaku-zoon, maar waarschijnlijk niet, en vertrok.

Het wordt een lange weg, dacht hij.

## 22

Toen Ismail weg was trilde Ylberes telefoon weer. Ze wilde er niets van weten. Eigenlijk wilde ze de telefoon al in de beerput smijten, maar de nieuwsgierigheid won: wie was zo vasthoudend? Waarom? Of was er soms iets met haar oude vader?

Drie telefoontjes in haar afwezigheid, drie WhatsAppberichten.

*Waar hang je uit? Ik kan je niet bereiken. Neem op, bel me!*

Het was de hoofdredacteur van de nieuwsredactie van de radio.

Wat had hij ermee te maken waar ze was? Ze was met onbetaald verlof.

*Bel me! Ik heb je nodig!*

Waarom? Ze reageerde niet.

*Weet je niet wat er op de 28ste is? Ik heb je nodig. Bel me!*

Toen schreef ze terug:

*De sterfdag van mijn oudoom. Waar heb je me voor nodig dan?*

*Oudoom? Gecondoleerd. De 28ste is de nationale feestdag, en de maidentrip van de ss Skanderbeg. Het pronkschip van de staat. Met hoogwaardigheidsbekleders uit heel Europa.*

*En?*

De telefoon ging over. De hoofdredacteur had blijkbaar geen zin meer om te tikken, en belde. Ylbere nam het gesprek niet aan. Meteen daarna het volgende WhatsAppbericht:

*Ik stuur drie mensen. Het wordt een groot verhaal. Maar jou heb ik nodig voor de interviews. Jij kent ze allemaal. Jij kunt ze krijgen.*

Ylbere nam de tijd, rookte een sigaret, keek toe hoe de man zonder handen voetbalde met twee kinderen terwijl Albian verderop met de wals heen en weer reed. Daarna schreef ze:

*Een politicus die wil praten, praat tegen elke microfoon.*

Na een paar minuten het antwoord:

*De Poolse minister-president zei vandaag dat hij gehoor geeft aan de uitnodiging vanwege de vriendschap tussen de twee staten, en hij had het ook over solidariteit. En daarna: dat hij politiek geen reden zag om zelfs maar over het weer te praten. – Wat zeg je daarvan? Wat zou jij hem nu vragen? Ik herinner me jouw interview met hem twee jaar geleden, de verjaardag van de oprichting van Solidarność.*

*Het was niet de verjaardag van de oprichting maar de verjaardag van de erkenning.*

*Oké, dat is ongeveer hetzelfde, en jouw vragen waren geweldig! Zou Solidarność niet ook een concept voor de Balkan kunnen zijn? Wat zou dat betekenen voor orthodoxen, moslims, katholieken? Werkt de geschiedenis door, vroeg jij, en hij: jazeker, daarnaar verwijzen we, en jij: De Kroatische katholieken waren fascisten, de orthodoxe Serviërs hebben geprobeerd de moslims uit te roeien – hoe werkt dat door? En waarop zou na dat alles solidariteit gebaseerd kunnen zijn?*

En meteen daarna: *Dat is wat ik van jou wil, alleen jij kan dat. De EU-commissaris voor Uitbreiding komt ook. Alleen jij kan dat!*

*Laat me met rust!*

*Ik wil dat je de 26ste terug bent. Jij moet het doen. Aansluitend betaald verlof, oké? Maar kom nu terug, waar je ook mag zijn.*

En vijf minuten later: *Antwoord!*

Vijf minuten later: *Ik plan je in.*

## 23

Nadat Ylbere het dorp doorgelopen was, wat niet lang had geduurd, ging ze op een bank voor Albians huis zitten, stak knipperend tegen de zon een sigaret op.

Een zandpad, nog geen driehonderd meter lang, slechts ten dele verhard, als je een paar ingegraven stenen en oude scherven verharding kunt noemen, en meteen na het laatste huis gaat het over in een bospad dat flauw oploopt en later steiler wordt. Een paar huizen, tussen de huizen trappen naar de hogergelegen huizen erachter. Het waren oude stenen huizen, drie ervan waren ongetwijfeld niet bewoond. Een huis, direct bij de ingang van het dorp, was omgeven door een hoge muur, een brede ijzeren poort, erachter zag je een nieuw dak, roodglanzend alsof het gelakt was, en immens, vergeleken bij de afmetingen van de andere huizen hier.

Ze voelde zich – hoe? Ze geneerde zich voor zichzelf, ze voelde zich vreemder dan ooit tevoren. Niets wat wortels heeft, heeft die wortels ergens ver weg. Dan zouden bomen massaal omvallen, dat zou een mooie bende worden! Ze merkte dat de mannen die langsliepen haar buitengewoon respectvol groetten. Omdat ze te gast was in het huis van Albian, die ongetwijfeld de grote man was in het dorp? Misschien stamde hij zelfs uit een bajraktar-familie, het ambt bestond weliswaar niet meer, maar het respect dat het had genoten, was overerfbaar. Of had het ermee te maken dat ze mannenkleren en een wapen droeg, en dat ze rookte? Ze vond de invaliden ondanks haar medelijden eng, die dans van prothesen deprimeerde haar, de hulpeloosheid, de eigenzinnigheid, ja, eigenzinnigheid, om ondanks alles te hopen op beter tijden, er bestaat geen alternatief voor hoop. Het plotselinge vertrek van Ismail was als een klap in haar gezicht, waarom had ze niks gezegd, niet geprobeerd er met hem over te praten? Misschien zou ze dan nu samen met hem terugrijden. Als hij maar het geduld had gehad om dat kwartiertje met haar door het dorp te lopen. Die vijftien minuten hadden voor haar alles veranderd. Het was uitzichtloos. Als het enorme huis achter de muur het voormalige huis van de Baxhaku's was, dan was er van het oorspronkelijke huis amper nog een steen over. Of was het een van die drie onbewoonde huizen? Niemand die ze het kon vragen. Het was uitzichtloos. Ze had tegen Ismail gezegd dat ze geleerd had research te doen. En de hoofdredacteur schreef haar dat zij de beste interviewster was. Maar nu zat ze hier, alleen, en dacht dat geen antwoorden soms beter is dan goede vragen. Of was dat onzin? Ze was in de war. Ze stak nog een sigaret op. Een invalide kwam langs. De eenbenige man met de schoffel. Hij groette uiterst beleefd. Ze bood hem een sigaret aan. Hij nam hem aan, ging naast haar zitten, ze vond het plezierig dat hij niks zei. Ze zaten naast elkaar op de bank met hun ogen dicht te roken, de warmte van de zon op hun gezicht, hun schouders beroerden elkaar zachtjes.

## 24

Ismail koos voor de route via de pas voorbij Sose, richting Kosovo. Op de kaart zag hij dat nog voor de grens een pad via de bergrug en de bergweiden naar de Morinapas leidde, waar weer auto's reden, en bussen.

Vijfenhalf uur. Hoe was dat berekend? Gingen ze ervan uit dat je zo langzaam en bedachtzaam omhoogklom als hij nu? Of gold die tijdsaanduiding voor geoefende wandelaars die ongetwijfeld sneller liepen? Hij was nog geen twee kilometer onderweg toen hij nerveus werd. Als hij te langzaam was zou hij door het donker worden overvallen, ergens op die rotsachtige paden met hun ravijnen, geen teken van beschaving wijd en zijd, misschien niet eens een herdershut in de buurt, wat dan? Het vervloekte gebergte.

Hij probeerde sneller te lopen. De rugzak. Hij had het gevoel dat hij een enorme steen op zijn rug droeg. Kon hij hem maar afwerpen! Nee, ook al hinderde de rugzak hem, het was zijn levensverzekering. Daar zat alles in wat hij nodig zou hebben mocht hij inderdaad verrast worden door de nacht. Van de hoofdlamp tot de waterafstotende en thermische deken, en al zijn proteïnerepen – de repen! Hij bleef staan, deed de rugzak af, ging op de stam van een omgevallen boom zitten, haalde een energiereep uit zijn rugzak en at. Had hij nu meer energie? In ieder geval had hij weer tijd verloren. Hij sprintte verder, raakte snel buiten adem. De rugzak. Zijn levensverzekering. Hij dacht na wat hij eruit kon halen en achterlaten omdat hij het niet nodig zou hebben voor een voettocht van vijf uur. Hij wierp de rugzak af, ging op een steen zitten en rookte een sigaret. Dat maakte het niet beter, maar hij had tenminste het gevoel dat hij nadacht, zijn situatie overdacht. Zijn inschatting veranderde niet. Hij sjorde de rugzak weer omhoog, hing hem om zijn schouders en marcheerde verder. Daarna kwam er een open plek. Hij liet het bos achter zich. Voor hem een zacht glooiende akker, rode struiken, witte stenen, het altijd groene harde gras. Links stond een houten huis, bonte kleuren bewogen in de zachte wind, een vrouw was was aan het ophangen, ze zag hem, zwaaide, hij zwaaide terug. Hij overwoog even of hij hier onderdak moest zoeken, nee dat was belachelijk, het was pas net middag. Hij zwaaide nog eens en stapte verder.

Na een uur zag hij voor zich een streep aan het einde van de helling, een horizon die hem voorkwam als het einde van de wereld. Erboven de hemel. Ervoor de resten van een vervallen stenen gebouw, dwars over de helling liepen greppels. Loopgraven? Was dit een vervallen militaire installatie? Een verlaten grenspost? Hij spoedde zich eraan voorbij, hij voelde zijn krachten weer toenemen, zijn energie, zijn optimisme. Dit was het einde van een etappe. En daarboven, bij die streep naar rechts, zou het makkelijker worden, richting de Morinapas, hoger werd het niet meer, hij had geen klim meer voor de boeg, het moeilijkste stuk had hij achter de rug.

Hij bereikte de bergkam die verrassend smal was, het was inderdaad een streep op de horizon. Bovenlangs liep er een platgetreden pad, over de kam, amper drie meter verderop liep de berg steil af, twee-, driehonderd meter?

Uitzicht op een zee van steen. Toppen, heuvels, spitsen, ravijnen, dalen. Een stuk verderop aan zijn rechterhand zag hij een pad dat met haarspeldbochten langs een minder steil deel afdaalde naar een dal dat wellicht al in Kosovo lag. Over die pas kon je niet met de auto. Alleen te voet. Daar waren ze de grens overgekomen, hadden ze die moeizame klim alleen ondernomen om hier mensen af te voeren, of meteen af te knallen? Steeds weer. Wie waren ze? Het waren die-van-dit-moment in het steeds-weer-opnieuw.

Ismail boog voorover, staarde langs de steilte omlaag. Hij was niet van plan de stap in het niets te zetten. Hoewel hij zich op dit moment welhaast magnetisch aangetrokken voelde door de diepte waarin hij keek, die duizelingwekkende diepte, een vreemd trekkend gevoel steeg op van zijn ballen naar zijn middenrif, hij voelde een flauwte in zijn maag, het brandde, het was een afschuwelijke angst die tegelijk lust was, zolang hij de veilige grond kon voelen. Hij speelde niet met de gedachte te springen, hij speelde alleen met de vraag hoe het zou zijn om te vallen. Zou je tijdens je vrije val nog een laatste gedachte hebben, een zin, pregnant en wijs, een balans van het leven waarmee je aanklopt op de valpoort van het andere leven? Of zou je van paniek meteen het bewustzijn verliezen? Niks oplichtende flits voor de eeuwige nacht?

Tijdens die stomme Sigmund Freud-discussies aan de universiteit had hij geleerd waarom je wel kunt dromen dat je een vrije val maakt, zelfs honderden meters, eeuwig in vrije val, maar nooit droomt dat je neerkomt op de grond. Iedereen heeft wel eens van die vrije val gedroomd, maar niemand heeft ooit kunnen dromen dat hij te pletter slaat, dat alle botten breken, organen geplet worden, de ruggengraat met al zijn levenszenuwen breekt. Waarom is dat? Ieder mens is wel eens van een meter hoogte ergens van af gesprongen, van een borstwering of uit een boom. Die ervaring, die een honderdste of duizendste seconde duurt, kun je in een droom eindeloos vermenigvuldigen en verlengen. Vandaar dat je in een droom eeuwig kunt vallen. Maar je kunt in een droom nooit te pletter slaan omdat je de dood door te pletter slaan vanaf grote hoogte niet een beetje kunt beleven en het daarna in een droom vermenigvuldigen.

Hij had nog nooit in een zo duizelingwekkende diepte gekeken. Hoe hoog was het hoogste gebouw van Tirana, de TID-tower? Vijfentachtig, negentig meter? Daar kon niet eens een raam open om naar buiten te leunen en naar beneden te kijken. En dan dit gevoel te hebben. Dat mensen mieren lijken, ja, dat had hem geamuseerd, hun bedrijvigheid, maar je kon niet zeggen dat ze hem de diepte in riepen. Maar dit – hij zocht naar een woord, boog nog iets verder voorover, niet veel, net genoeg om door zijn rugzak topzwaar te worden en met het hoofd vooruit mee te worden gesleurd.

Een man van vijfentachtig kilo valt bij een hoogte van tweehonderd meter 7,28 seconden lang. Dat is heel lang. Ook al kun je er vanwege de versnelling door de rugzak een goede kwartseconde van aftrekken. Het is eeuwig.

En hij viel en viel en viel. Hij verloor het bewustzijn en viel secondenlang. Diep en eeuwig.

## 25

Overal waren de voorbereidingen voor 28 november aan de gang. De hoofdredacteur van RTSH24 roosterde de interviewafspraken van Ylbere in.

Karl Auer liet een smoking en een dinnerjacket maken, dat vereiste de dresscode voor de ontvangst door de kapitein in het avondrestaurant, en voor de zekerheid ook nog een nachtblauw pak voor theater- of barbezoek aan boord. Overdreven? Juist tijdens deze reis wilde hij onder geen beding een grijze muis zijn. Nog maar een paar dagen geleden had hij een vel van zijn kalender gescheurd met de spreuk: *Zonder stijl geen zelfbewustzijn*.

Adam Prawdower haalde bij de drukkerij de strooibiljetten op die hij had laten maken. Getrouwe facsimiles van het strooibiljet van Piotr Szczęsny, met op de achterkant tien punten waarin Adam zelf opsomde hoe ondubbelzinnig de kritiek van Piotr bevestigd werd. Van de vernietiging van de onafhankelijke rechtspraak en de vrije media tot het staatsantisemitisme aan toe. Het strooibiljet van de man die zich uit protest tegen de minachting voor Europese waarden en solidariteit in brand had gestoken, zou een schok teweegbrengen onder de Europese staatsleiders, en Mateusz politiek isoleren. Hij kon het zich niet anders voorstellen. En het plan was om het moment van zijn 'aanslag', bij zichzelf noemde hij het inderdaad zo, bijzonder theatraal te ensceneren.

Max-Otto liet alle Europol-dossiers verzamelen die betrekking hadden op de diefstal van de helm in Wenen, en stuurde die als zip-bestand door aan zijn vriend commissaris Starek in

Wenen, om er zeker van te zijn dat ze allebei over dezelfde informatie beschikten. Ergens moest er nog een aanwijzing in verborgen zitten die ze over het hoofd hadden gezien. Hij was er in ieder geval van overtuigd dat hij op het schip op een spoor zou stuiten. Hij vond dat het logisch was dat het raadsel van de helm opgelost zou worden wanneer de 'getrouwe replica' werd onthuld.

Fate Vasa zat met de nieuwe Message Control Group gebogen over de toespraak die de ZK zou houden als hij de helm onthulde. Hij was er niet meer zeker van of dat met die groep nou echt zo'n goed idee was geweest. Jonge mannen en vrouwen die dachten dat zij de communicatietechniek hadden uitgevonden, kwamen met tegenwerpingen als hij een formulering voorstelde! Tegenwerpingen! Als hij!

Hoofdcommissaris van politie Endrit Cufaj koos de mannen die moesten zorgen voor de beveiliging van de staatsgasten, vijftig man, dagenlang was hij in touw om ze een voor een te instrueren, dat wil zeggen: uit te kafferen. Hij was ervan overtuigd dat alleen een vernederde spierbonk bereid is zijn vernederde, lachwekkende leven in geval van nood voor het lichaam van een staatsleider te werpen om diens leven te redden.

Baia Muniq vatte het werk van de parlementaire commissie voor Justitie samen en formuleerde open vragen en voorstellen die ze tijdens de onderhandelingen op de SS Skanderbeg ter sprake wilde brengen. En ze stuurde mails aan Karl Auer, koele, ironische mails met onduidelijke toespelingen. Ze wilde niet in de problemen komen als haar chats om de een of andere reden openbaar werden, en Karl wist ze te duiden. Zij schreef: *Dank u voor uw bericht. Ik zie onze uitwisseling met veel plezier tegemoet.*

Hij dacht aan de uitwisseling van lichaamssappen en hoopte dat zij dat zo had bedoeld. Jazeker.

De Poolse minister-president belde met zijn collega's in Hongarije en Tsjechië om afspraken te maken, terwijl de ZK met vertegenwoordigers van Kosovo, Montenegro en Noord-Macedonië een communiqué voorbereidde waarmee ze de vertegenwoordigers van de EU onder druk wilden zetten. Dat varieerde van de ontginningsrechten voor Albanees koper en de Chinese belangstelling daarvoor, tot het vergezicht dat een transnationale president de nieuwe democratisch gelegitimeerde onderhandelingspartner voor alle Albanezen in drie staten zou zijn, met meer politiek gewicht dan de drie regeringsleiders van de kleine staten afzonderlijk. Er werd geschaafd en gevijld, aan beide kanten, aan stuurboord en bakboord als het ware, ter voorbereiding van de politieke cruise werd er nu al over de reling gekotst, werd er gevist en werd de bijvangst teruggegooid, realpolitik als voorbereiding op een zee waar ze geen schattige dolfijnen konden verwachten, maar een heleboel haaien.

En er was die man die stiekem aan boord moest gaan vóór 28 november, hij bereidde zich nauwgezet voor, bestudeerde de plattegrond van het schip, hij moest er voor alle eventualiteiten de weg weten alsof het zijn eigen huis was, belangrijk was de kortste weg van bakboord, waar hij zou opduiken en aan boord gaan, naar de foyer van het cruiseschip waarvan de ingang aan stuurboord lag, of van het vrachtruim naar de lobby, hij broedde op zijn plan. Vooral het contact met het dienstdoende hoofd beveiliging die nacht moest goed gaan, die was omgekocht, maar was hij ook te vertrouwen? Het hoofd had een zoon van negentien die regelmatig trainde in de Palestra Perfect Fitnessclub in de Rruga Pjetër Budi. Risico: voor de club bevond zich een doorgaans goedbezocht caféterras. Maar met slecht weer zat daar niemand. Dat wil zeggen: geen getuigen, geen problemen met idioten die de held wilden uithangen. De zoon werd twee dagen voor de missie, op een regenachtige dag, bij het verlaten van de club beleefd staande gehouden en met een op hem gericht wapen uitgenodigd plaats te nemen in een limousine, en naar een hok gebracht in een al jaren leegstaande fabriekshal in Lapraka. De man dacht dat dit zijn verzekering was: om het leven van zijn zoon niet in gevaar te brengen zou het hoofd beveiliging het wel uit zijn hoofd laten over te lopen. En hij mocht hem dankbaar zijn bovendien: want drie dagen zonder anabolen zouden ook de gezondheid van zijn zoon goeddoen.

En de ZK? Die zat er geheel ontspannen breeduit bij, in genoeglijke afwachting. Hij van zijn kant had alle voorbereidingen getroffen wat de helm betrof. Als de informatie van Ismail klopte dan zou er vannacht aan boord van de SS Skanderbeg een val dichtklappen.

En ondertussen? Over een paar minuten zou de live-uitzending van Albanië-Polen voor de kwalificatie van het Europees Kampioenschap Basketbal beginnen. Als minister-president en basketballegende had hij een welkomstvideo gemaakt. Hij dronk Franse rode wijn en wachtte. Zo meteen zou hij op het beeldscherm verschijnen.

De dag was voorbij. Nog niet helemaal. De hoofdredacteur stuurde nog een – naar hij meende – opmonterend bericht aan Ylbere:

*Wij gaan geschiedenis schrijven.*

Daar wilde ze niet op antwoorden. Maar toen, om middernacht, kreeg hij toch antwoord: *Geschiedenis is de grootste historische vergissing.*

# ZESDE DEEL

## Code Alpha

# I

Dat er tijdens het plechtige afscheid van de s s Skanderbeg in de haven paniek zou uitbreken had Leon Kongoli niet verwacht. Aanvankelijk was hij helemaal niet van plan geweest naar Durrës te rijden om erbij te zijn als zijn dochter Baia Muniq aan boord ging. Er zouden massa's mensen zijn en heel veel politie, afzettingen vanwege de officiële gasten, en waarschijnlijk zou hij haar in het gewoel niet eens kunnen ontdekken.

Als ik je nu zelf naar de haven had kunnen brengen, dat was natuurlijk iets anders geweest, had hij tegen haar gezegd, als ik je had kunnen omhelzen voor je over de gangway aan boord ging, en na had kunnen kijken, en zwaaien...

Maar toen hij hoorde dat Baia samen met de andere afgevaardigden van het parlement in een busje naar de haven zou worden gebracht, besloot hij de dag ervoor al afscheid van haar te nemen.

Ze spraken af in Café Posta aan de Sheshi Shtraus, het Franz-Josef Straußplein in de wijk Xhamlliku. Het was zijn lievelingscafé. Dat hij hier dagelijks dromerig naar het doen en laten op het plein zat te kijken, had echter niet te maken met zijn nostalgische liefde voor Beieren, maar met het toeval dat hij, nadat hij was teruggekeerd van zijn studieverblijf in München en een gezin had gesticht, een woning toegewezen kreeg in een prefabblok hier om de hoek. Dat was lang voordat het plein vernoemd werd naar Franz-Josef Strauß. Maar hij vond het uiteraard een zinvol, zo niet zelfs door het lot gewild toeval, dat uitgerekend dit plein in 1984 de naam van de Beierse minister-president kreeg, als dank voor het feit dat die als eerste westerse politicus de communistische dictator had bezocht en hem zelfs royaal kredieten had verschaft. Voor de oude Kongoli was '1984' dan ook niet verbonden met George Orwell, maar met Franz-Josef Strauß.

Hij hield ervan hier te zitten, koffie te drinken, daarna bier, en uit te kijken over het plein, naar de dubbele rij bloedpruimenbomen waarvan het donkerrode loof zo goed paste bij de schaduw van de levensavond, die de gepensioneerden onder de bomen doorbrachten met schaken, kaarten of boccia spelen. Allemaal waren ze als jonge arbeider indertijd hiernaartoe verhuisd, toen de prefabblokken in Xhamlliku werden gebouwd, ze hadden hoop gekoesterd, kinderen opgevoed, teleurstellingen en gebrek overwonnen, ze hadden echtgenotes en familieleden verloren, het einde meegemaakt van de dictatuur die een labyrint was waar ze de weg wisten, de crises erna, en de kansen die zich aandienden, niet meer voor hen, maar wel voor kinderen en kleinkinderen. Die moesten het nu zien te rooien, terwijl zijzelf speelden in de schaduw van de bloedpruimenbomen.

Vader Kongoli dronk een import Schneider Weisse, Baia een Tirana, hij proostte met zijn dochter en legde haar uit waarom hij de volgende dag niet naar de haven zou komen.

Dat is oké, babai. Ik begrijp het, we zouden elkaar daar echt niet kunnen zien om afscheid te nemen.

Ik ben trots op je Baia. Herinner je je dat we in de haven van Durrës waren, destijds toen de Vlora werd bestormd, en –

Babai, je weet toch dat ik me dat niet kan herinneren, ik was nog geen twee –

En ik had je op mijn schouders, er waren tienduizenden mensen, die allemaal aan boord van het schip wilden, om weg te komen uit Albanië, het was één groot gedrang en gestamp, we stonden doodsangsten uit –

Jíj stond doodsangsten uit, ik begreep er natuurlijk niks van!

Ieder kind begrijpt een dergelijke dreigende situatie en jij gilde en klampte je aan me vast en je had me bijna een oor afgerukt en een oog uitgedrukt met je kleine vingers op mijn hoofd, in mijn gezicht. En ik gilde natuurlijk ook, ik wilde weg met jou, weg uit die massale paniek. Ja, de Vlora –

Hij dronk met smaak een slok bier.

De bestorming van de Vlora was het symbool voor een falende staat. En morgen ben jij eregast op de ss Skanderbeg, en die, mijn kind, staat symbool voor een geslaagde staat en voor de toekomst. Geen schip met vluchtelingen, maar een regeringsschip dat Europese staatslieden te gast heeft.

Maar ik ben geen gast, babai, ik ben voetvolk.

Alsjeblieft, je bent toch niet aan boord als stoker of als stewardess. Laat me nou trots zijn. Vertel! Wat gaan jullie doen aan boord, wat moet je precies doen?

Onderhandelingen voeren, zei ze, met ambtenaren uit Brussel. Notulen maken, verslagen, memo's, die dan naar de etage boven ons worden gestuurd. Ik geloof dat je op een schip niet etage maar dek zegt.

Mooi kind van me, je zult aan de tafel van de kapitein zitten en –

Ach, babai!

Hij keek haar aan, zijn ogen glansden vochtig, wat hij onder controle probeerde te krijgen door een paar keer snel met zijn oogleden te knipperen. Hij wendde zijn blik af, keek naar het plein. De schakers onder de bloedpruimen.

Maar de volgende dag hield hij het thuis niet uit. Hoewel hij wist dat de scheepsdoop en het uitzwaaien van de ss Skanderbeg werd uitgezonden door de staatstelevisie en hij zelfs alles had kunnen volgen op de flatscreen-tv van Café Posta, samen met de stamgasten, wilde hij er toch heen, dichtbij zijn als zijn dochter aan boord ging en stond te zwaaien bij de reling, hij wilde alle beroemdheden en hoogwaardigheidsbekleders zien die aangekondigd waren. Hoe had hij ooit op de gedachte kunnen komen dat hij niet bij dat volksfeest hoefde te zijn, alleen omdat het toch maar een onoverzichtelijk rommeltje zou zijn? Hij, de vader van mr. Baia Muniq Kongoli, voorzitster van de commissie voor rechtshervorming van het parlement, die op de rode loper voor de gangway gefotografeerd zal worden alsof ze Kate Winslet is, hoe kwam hij nu uitgerekend op Kate Winslet? Het was een associatie. Of alsof ze Uschi Glas is, dacht hij, die had hij in zijn Münchense tijd bewonderd in een Winnetou-film, en daarna op een rode loper toen ze een filmprijs had gekregen. Het waren gewoon rodeloperbeelden van zijn fantasie, en dat terwijl hij niet eens wist of er in Durrës een rode loper zou liggen voor de prominenten en sterren.

Die lag er. Maar het tafereel van staatslieden die over de rode loper van de check-in-tent naar de gangway slenterden, met alle theater van dien, van steeds weer blijven staan om zich te laten fotograferen of een paar zinnen in een bos microfoons te spreken, miste hij.

Ook de scheepsdoop miste hij. Die werd voltrokken door zuster Prema, de opvolgster van Moeder Teresa, de beroemdste dochter van Albanië, naar wie de luchthaven van Tirana is vernoemd. Zuster Prema was weliswaar Duitse, maar zoals Fate Vasa, van wie dit idee natuurlijk afkomstig was, de ZK uitlegde: Voor de Albanezen is ze als opvolgster van Moeder Teresa als het ware de incarnatie van het heilige Albanezendom, tegelijkertijd verwijst ze naar Duitsland, de machtige bondgenoot van Albanië in zijn ambitie om toe te treden tot de

EU, en bovendien is de katholieke ordezuster een signaal aan alle EU-landen die bang zijn om een in meerderheid islamitisch land binnen de EU te halen.

Slim, heel slim, had de ZK gezegd.

Bovendien, aldus Fate Vasa, moest een scheepsdoop worden uitgevoerd door een vrouw. Dat was een eeuwenoud gebruik. Dus was het uitgesloten dat de ZK, zoals hij aanvankelijk van plan was, zelf de doop zou voltrekken. Die vrouw mocht, volgens de traditie, geen rood haar hebben en tijdens de doopplechtigheid geen groen dragen. Zuster Prema had zeker geen rood haar, waarschijnlijk wit, voor zover er onder haar hoofdkapje een sliertje haar te ontdekken viel, en haar ordekleed was blauw en wit. Zondigen tegen de traditie zou door ervaren zeelui als een slecht voorteken worden opgevat.

Slechte voortekenen kunnen we helemaal niet gebruiken, had de ZK gezegd.

Zuster Prema gaf inderdaad gehoor aan de uitnodiging, vloog van Calcutta, of Kolkata, zoals het tegenwoordig heette, naar de luchthaven Moeder Teresa in Tirana, ze wilde, zo liet haar staf weten, in de geest van Moeder Teresa heel graag een bijdrage leveren aan de vrede op de Balkan.

Hoe slim en kundig Fates voorbereidingen ook waren geweest, een ongelukje is blijkbaar nooit helemaal te voorkomen. De schrik dat er ten overstaan van de internationale camera's meteen bij de scheepsdoop iets gebeurde wat geïnterpreteerd had kunnen worden als slecht voorteken, hield nog geen twee seconden aan en werd perfect versluierd dankzij de tegenwoordigheid van geest van hoofdcommissaris van politie Endrit Cufaj, die samen met de ZK, zuster Prema, de minister van Europese Zaken, de burgemeester van Tirana – en op de tweede rij een aantal niet duidelijk herkenbare maar ongetwijfeld eveneens belangrijke persoonlijkheden – op het hoog oprijzende platform stond, dat ongelukkigerwijze aan een wachttoren deed denken, waarvandaan de champagnefles tegen de scheepsromp moest worden geslingerd. Zuster Prema gaf de fles geen zetje. Ze zei met heel hoge stem, maar in behoorlijk goed Albanees, dat ze te danken had aan haar lerares Moeder Teresa (wat het Albanese publiek, zoals Fate Vasa had voorspeld, sterkte in de gedachte haar als Albanese te zien): 'Ik doop dit schip met de naam SS Skanderbeg uit Tirana. Dat het de idee van vrede en barmhartigheid als vracht moge meenemen naar alle havens waar het aanlegt, moge het alle mensen in nood en in de stormen van dit aardse tranendal op de boot van de Mensenvisser brengen, in rustige wateren en veilige havens...'

Op dat moment werd de ZK al ongeduldig, hij had gehoopt dat de oude vrouw iets over Skanderbeg en zijn betekenis voor Albanië en Europa zou zeggen, maar ze sloot af met de woorden: 'In de naam van Petrus, Andreas en onze heer Jezus Christus...' Ja, ja, zei de ZK en gebaarde dat ze eindelijk die fles moest gooien, en zij, geschrokken, liet de fles gewoon los, gaf haar geen zetje, verminderde de slingerbeweging zelfs doordat ze vooroverboog en de fles gewoon losliet, waardoor ze richting de boeg zwaaide, maar niet brak en onbeschadigd voor de boot in het water dreigde te plonzen.

Hoofdcommissaris Endrit zag de dreigende catastrofe als eerste. Zo dronken kon hij helemaal niet worden dat een wapengek als hij een magnumfles Dom Perignon niet vanaf een meter of zeven, acht zou kunnen raken. De fles versplinterde, het volk op de pier had het schot, als het dat al had gehoord, opgevat als begeleidend vuurwerk en barstte uit in gejuich. De ZK applaudisseerde met een goedkeurende en dankbare blik op Endrit, die besloot maar niet langs de loop te blazen, maar het wapen meteen te laten verdwijnen. Hij sloot niet uit dat die volstrekt wereldvreemde oude vrouw in haar blauw-witte om haar lichaam gewikkelde linnen doek de kruitdamp aanzag voor wierook, zo verzaligd glimlachte ze. Endrit bekeek met weerzin haar damesbaard en vroeg zich af of onthouding tot dat derde geslacht leidde waarover je de laatste tijd zoveel hoorde spreken. Maar wat interesseerde hem dat, hij wachtte op het moment dat de magnumfles die achter hem in een ijsemmer stond, werd opengemaakt, en er zou worden getoost op de scheepsdoop.

Dat miste Leon Kongoli dus. Maar hij miste ook het moment waarop zijn dochter Baia aan boord ging. Durrës had nog geen haventerminal waar cruisepassagiers konden inchecken en hun koffers afgeven. Voor de gelegenheid was er een grote tent neergezet. Nu wilden de kijklustigen natuurlijk de limousines zien voorrijden en de beroemdheden die uitstapten. Ze moesten achter de afzetting van primitieve bouwhekken langs de toerit naar de tent blijven. Maar vervolgens wilden ze natuurlijk ook zien hoe de vips aan de andere kant de tent weer uit kwamen en zich over de rode loper naar de gangway begaven. Daarvoor moesten ze langs de lange zijde naar de andere kant van de tent lopen. Hierdoor ontstond er achter de hekken een gedrang dat steeds riskanter werd naarmate de menigte aanzwol.

Journalisten stonden niet áchter de bouwhekken, maar ervoor, zij het achter een koord langs de rode loper, ze staken hun microfoon met lange stelen uit naar de defilerende, glimlachende en voor foto's halt houdende staatsleiders, blèrden hun vragen, *Monsieur le Président! Monsieur le Président! S'il vous plaît! Soutenez-vous désormais l'adhésion de l'Albanie à l'UE? Signor Ministro! L'Italia è un alleato dell'Albania? L'Albania fa parte dell'alleanza mediterranea che sta pianificando? Mi Magyarország állá spontja a balkáni kérdésben? Panie premierze! Dlaczego 40 milionów polskich katolików boi się miliona albańskich muzułmanów? Czy plotka, że sprzeciwiasz się wejściu Albanii do* UE, *jest prawdziwa?* Enzovoort, geschreeuw en hectiek, bijna niemand bleef staan, 'De Duitse kanselier uit plichtsbesef, de Oostenrijkse minister van Buitenlandse Zaken uit eigendunk', schreef de correspondent van een Duits tijdschrift. Ze zagen de noodzaak niet, dit was gewoon een catwalk, ze glimlachten naar de camera's, en haastten zich naar het schip. Ze wisten dat daar de geaccrediteerde journalisten wachtten.

Dat miste Leon Kongoli allemaal. Hij had het verkeer onderschat dat vastliep op weg naar de haven, daarna de controles, een bottleneck, waar de falanx van mensen een voor een werd doorgelaten omdat er gecontroleerd werd op wapens. Leon Kongoli verloor zijn geduld en probeerde voor te dringen, hij schreeuwde: Mijn dochter is eregast op dat schip, ik moet –

Hij werd alleen maar verder teruggedrongen, ten slotte streng vermaand en bijzonder grondig gefouilleerd.

Toen hij eindelijk aankwam bij de pier, zag hij alleen hoofden, zwaaiende handen, een deinende menigte waarin velen probeerden een betere positie te veroveren, dichterbij of vanuit een gunstiger hoek, sommigen vielen en gilden, maar alles en iedereen juichte en helemaal vooraan zag hij het schip dat hoog oprees, hij zag mensen die dicht opeengedrukt bij de reling stonden te zwaaien, ze zagen er heel klein uit van deze afstand, natuurlijk kon hij zijn dochter niet herkennen daarboven, en misschien was ze nog helemaal niet aan boord? Hij moest dichter bij de plek komen waar de passagiers van de inchecktent over de rode loper naar de gangway liepen, daar liepen immers nog steeds mensen, hij drong naar voren, probeerde plaats te maken voor zichzelf.

Hij had indertijd de Titanic-film met Kate Winslet en Leonardo DiCaprio gezien – en nu herinnerde de situatie hem sterk aan de openingsscène van de film, niet de eerste scène dus met de robots die naar het gezonken wrak duiken, maar de scène van het scheepgaan, de belangrijke passagiers, het volk dat zich vergaapte, de hectiek, de algehele opwinding... en ineens had hij het gevoel dat hij in een rampenfilm terechtgekomen was, maar dan in het echt. Hij raakte in paniek, dit gaat niet goed, er gaat iets vreselijks gebeuren, dat wist hij nu, het werd aangekondigd in deze scène waar iedereen euforisch juicht, zodat de tragedie later des te groter is, zo was het in dat draaiboek, en zo leek het nu in het echt te gaan. En hij gilde, wilde zijn dochter toeschreeuwen: Ga niet aan boord, blijf hier!

Baia stond al aan de reling, keek naar de mensenmassa beneden, waartussen ze haar vader niet zag, ze had immers ook niet verwacht dat hij hier zou zijn. En hij zag haar niet tussen al die passagiers die daarboven aan de reling stonden te zwaaien en rollen wc-papier omlaaggooiden, zodat er lange papierserpentines ontstonden.

Tegelijkertijd vermengde zijn waarneming zich met herinneringen aan de massale paniek tijdens de bestorming van de Vlora, de strijd van wanhopige mensen die sjorden en vochten om op het vluchtschip te komen, toen hij en zijn kleine Baia bijna onder de voet gelopen waren. Die beklemming en angst die maken dat je reageert als een vluchtend dier. Paniek! Zo hevig dat hij niet begreep dat hier alleen hij in paniek was.

Hoe harder hij schreeuwde, hoe meer hij een deel werd van de schreeuwende en zwaaiende menigte, zijn paniekerige gegil ging op in het jubelen van de menigte.

Het schip zette zich langzaam in beweging, nog steeds werden vanaf de reling rollen wc-papier in de richting van de pier gegooid. Baia vroeg verbaasd wat dat te betekenen had. Dat was een oud, zij het niet meer vaak voorkomend gebruik: de serpentines van wc-papier verbeeldden voor de laatste keer de band tussen de scheepspassagiers en het vasteland dat ze achter zich lieten.

Matrozen reden steeds weer honderden rollen wc-papier naar de buitendekken, en mensen die de volgende dag weer brave ambtenaren waren, joelden en gooiden en leerden steeds beter zó te gooien dat er lange serpentines ontstonden.

Het schip gleed langzaam weg en volgde een sleepboot naar open zee.

De passagiers kwamen van de gangway meteen in de lobby van het schip, eerst de hooggeplaatste gasten, die werden verwelkomd door de kapitein en de ZK. Daarna volgden de hogere ambtenaren, de kabinetsleden, de adviseurs en deskundigen, en vertegenwoordigers van belangrijke Europese instituties zoals het Europese Hof van Justitie, Europol, de EER en hoe ze allemaal mochten heten. De uitvoerende ambtenaren werden begroet door ontvangstofficieren en beleefd verwezen naar de receptie aan de voorkant van de lobby, waar ze de sleutelkaart voor hun hut en een informatiefolder kregen, en hun handbagage konden afgeven, die naar hun hut gebracht zou worden. Voor de hogere gasten was dat al eerder geregeld.

De lobby van dek 4 – er lagen drie dekken onder, waarvan twee met een vrij gangboord – was een atrium dat naar boven toe vier dekken hoog was en aan de bovenkant overdekt met glas. Vier glazen liften, twee aan elke kant, gingen naar de hogergelegen dekken waar de hutten waren, één lift was voorbehouden aan de politici die een suite hadden op dek 8. Vanuit de lobby gaven schitterende houten deuren van Noord-Albanees beuken met inlegwerk van bloedpruimenhout toegang tot de belangrijke gemeenschappelijke ruimtes en het grote algemene restaurant (op dek 6 en 7 bevonden zich nog kleinere specialiteitenrestaurants en bars, en op dek 8 een internationaal restaurant dat was voorbehouden aan leden van de regering en de staatsgasten), en tot het theater, de grote dansbar, de rokerslounge, en het buitendek met het grote zwembad bij de achtersteven. Een tweede, exclusief zwembad was er natuurlijk op de achtste etage van de achtersteven.

Vanaf elke verdieping kon je over de balustrade in de lobby kijken – dat had Adam al tijdens zijn voorbereidingen ontdekt, en dat speelde een bepalende rol in zijn plan.

De lobby diende als verzamelplek en meetingpoint voor iedereen die had afgesproken om bijvoorbeeld voor ze aan tafel gingen een aperitief te drinken op een van de deckchairs. Op de deckchairs lagen plaids met traditionele Albanese motieven gereed, kleurrijk en aangenaam zacht, maar die zouden amper nodig zijn als je de weersverwachting mocht geloven: het was de warmste november sinds het begin van de metingen, en het zonnige warme weer zou de komende dagen aanhouden. We hebben geluk met het weer, had Fate Vasa gezegd.

In het midden van de lobby bevond zich een kast van twee meter hoog en tachtig centimeter breed en diep, waaroverheen een grote rode doek was geworpen waarop aan weerszijden de Albanese adelaar prijkte. Het moest een kast zijn want dat deden de contouren vermoeden die zich aftekenden onder het doek. Wat kon het anders zijn? Een blok steen? Het was omgeven door een rood koord op vier messing staanders.

Dat blok stond behoorlijk in de weg nu alle driehonderdtweeënvijftig passagiers in de lobby verzameld waren, hun welkomstchampagne dronken, smalltalk bedreven, en afwachtten. Bij de inscheping was hen verzocht nog niet naar hun hut te gaan. Steeds weer kwamen mensen te dicht bij het koord, of stootten bijna tegen de verhulde constructie aan, drongen er bij vandaan en moesten met een glas in hun hand oppassen dat ze een ander niet aanstootten of zelfs met champagne overgoten.

Wat moet dat ding daar?

Misschien is het die helm die hier onthuld moet worden.

Die kan toch niet zo enorm groot zijn!

Nou ja, hij zal wel in een vitrine liggen.

Het staat in de weg. Het is gewoon pesterij.

Ik vind het schip sympathiek, zei Max-Otto, het is gigantisch, maar niet megalomaan, en ik vind de esthetiek grappig.

Hoe bedoel je? vroeg Starek, die net een duwtje in zijn rug kreeg en een kleine plens champagne over de stropdas van Max-Otto morste.

Max-Otto veegde over de das. Geeft geen vlekken, zei hij. Maar wat ik bedoelde: is het niet grappig, die mengeling van Titanic-elegantie, Albanese folklore en Guggenheim-moderniteit? De minister-president heeft zich er vast persoonlijk mee bemoeid.

Hij wees naar het personeel: mannen in Albanese klederdracht met witte viltpet, wijd wit hemd, een sjerp, bontgekleurde wollen kousen en opanka's, en vrouwen met een hoofddoek, stijf zwart jakje en bontgekleurd schort, serveerden een nieuwe ronde champagne op zilveren dienbladen, gedirigeerd door een paar klassieke oberkelners in zwarte smoking.

Die klederdrachten zijn zeker niet authentiek, dit is een spel met signalen, met verwachtingen. Net als bij jullie in Oostenrijk.

Hoe bedoel je?

Herinner je je nog onze vakantie in Salzburg? Die vrouwen in bontgekleurde dirndljurken in het hotel die ons begroetten met een welkomstcocktail? Echte folklore, tot we hoorden dat die dirndls waren ontworpen door een hippe modeontwerper, vroeger bestonden die helemaal niet. En de vrouwen die die dirndls droegen had een Thürings accent.

Starek grijnsde. Proost. Jij gaat echt alles aan het licht brengen!

Adam Prawdower stond naast het verhulde blok, keek op naar het open plafond en de balustrades van de hogere dekken, toen hij werd aangesproken:

Indrukwekkend, nietwaar? Bent u al eens eerder op zo'n schip geweest?

Ik heb meegeholpen toen een veel groter schip werd ontmanteld en gesloopt, zei hij niet. Hij schudde alleen zijn hoofd, hief zijn glas en sloop weg naar de zijkant, naar een van die vreemde bontgekleurde obers om zijn lege glas voor een vol te ruilen.

Er schijnt een programmaonderdeel te komen, weet u wat ons nog te wachten staat?

Sorry?

*Do you know, what else awaits us?*

*Sorry, no idea.*

Sorry.

*You are welcome.*

Baia Muniq ging telkens weer even op haar tenen staan om de situatie te overzien en Karl Auer te vinden.

Haar tenen werden moe, ze rekte zich nog een keer uit, de tenen gaven mee, ze wankelde en viel in de armen van een man die haar toen ze weer vaste voet had gevonden met een buiging losliet. Een Chinees!

*Më falni*, zei ze, sorry, sorry, en de Chinees zei: oké?

Oké! Ze trok zich met een stevige hoofdknik terug en verdween achter het rood omwikkelde blok.

Blijft die geit eigenlijk aan boord, meneer?
Hoe bedoelt u? Welke geit?

Nu werd er geapplaudisseerd, de kapitein stond voor de balie van de receptie, tikte tegen een microfoon die eerst niet reageerde, daarna galmend dubb, dubb deed, ja, dus, dames en heren, mag ik –
Maar er klonk nog geroezemoes, zij het afnemend.
Mag ik alstublieft –

Welke geit?
Nou, tijdens het inschepen was er toch een kapel aan boord met hoempapa. De grote trom op een karretje werd getrokken door een geit.
Ja, dat heb ik gezien.

*Ladies and gentlemen*, mag ik... dubb, dubb.

En? Is die geit daarna van boord gehaald?
Geen idee.

Pst, pst. Stilte alstublieft.

Dan is ze dus nog aan boord?!
Pst. Geen idee.
Dan is ze dus –

Pst! Stilte alstublieft!
Mag ik even uw aandacht? Dank u wel!

De kapitein informeerde het geachte publiek dat hij hen helaas even moest lastigvallen met een onaangename kleinigheid. Maar het was wettelijk voorschrift. De verplichte reddingsoefening op zee aan het begin van een cruise namelijk. Anders dan de veiligheidsinstructies bij het begin van een vlucht, waarbij je niets hoefde te doen, niet eens hoefde te luisteren, was je aan boord van een schip verplicht tot een zekere mate van actieve deelname. Daarom verzocht hij alle passagiers zich naar het dek te begeven waar hun hut zich bevond en zich daar op het buitendek op te stellen in rotten...

In wat?

– in rijen van vijf, dus alstublieft opstellen in rijen van vijf, aan bak- of stuurboord, al naargelang de ligging van uw hut. Daar krijgt u van ons nadere instructies.

Is dat echt nodig?

In rijen van vijf. Heb ik sinds mijn militaire dienst niet meer gedaan.

Wordt u nou nostalgisch?

En waar laat ik mijn glas? *Waiter!*

*Why can't I use this elevator? The other ones have such long lines. Oh, I see. Sorry.*

*On doit aller là-bas. On ne peut pas monter ici.*

*Gdzie mam zostawiç szklankę?*

Zet je glas toch daar neer!

Wat? Hier?

Iemand zal zich er wel om bekommeren.

Reddingsoefening! Echt! Het is vervelend en even overbodig als in een vliegtuig.

Zal wel nodig zijn. Dit schip geldt niet als onzinkbaar, het is niet de Titanic.

U maakt een grapje!

*Velünk együtt megtehetik. Nincs tisztelet!*

Arme Skanderbeg. Nu stond er niet alleen een geitenkop op zijn helm, maar ook nog een tiental champagneglazen. Dat zag natuurlijk niemand omdat de glazen waren neergezet op het doek dat over de vitrine met de helm was gegooid, niettemin ergerde het Fate Vasa. Hij beschouwde het als respectloos, als cultuurloos, als westerse arrogantie.

Die blasé Fransoos monsieur le professeur Gustave du Bois-Veretout! Fate wist dat hij deel uitmaakte van de adviesstaf van de Franse president, hij hoorde hoe hij tegen Baia Muniq zei: Wij – en het was duidelijk dat hij met dat 'wij' niet alleen met genoeglijke ijdelheid het Elysée bedoelde, en ook niet 'wij Fransen', maar meteen heel West-Europa, alle romaanse landen – Wij, zei hij, hebben natuurlijk niet echt belang bij weer een uitbreiding van de EU naar het oosten. Weet u, zei hij, voor ons is dat geen interessante invloedssfeer. Waar wij aan werken is een Middellandse Zee-unie en...

Fate ergerde zich ook aan Baia omdat ze voortdurend zo raar omhoogwipte, maar het deed hem genoegen toen ze antwoordde: In de traditie van de Franse koloniale geschiedenis dus?

Op dat moment zette monsieur le professeur Du Bois-Veretout achteloos zijn glas bij de andere glazen boven op Skanderbeg. Natuurlijk, dacht Fate, hij kon niet weten dat zich onder die rode doek een nationaal heiligdom bevond. Maar hij had zich niet eens afgevraagd of dat vierkante ding daar misschien een betekenis had omdat het er even centraal en geheimzinnig bij stond als de Kaaba in Mekka – maar precies dat was het probleem: dat mannen als die Franse aristocraat niet begrepen dat je ook met verfijnde omgangsvormen een cultuurbarbaar kunt zijn, dat ze een elegantie celebreren die alleen hun eigen ijdelheid streelt.

*Je le regrette beaucoup*, zei Baia, want weet u, iedere Albanees bewondert Frankrijk, bij ons geniet het de allerhoogste faam in Frankrijk te hebben gestudeerd –

Uw Enver Hoxha heeft in Frankrijk gestudeerd, dat weet

ik. En Khomeini. En Pol Pot heeft in Frankrijk gestudeerd. Heeft niet ook Che Guevara in Parijs...? Doet er niet toe, ik zou er geruster op zijn als uw vrijheidshelden niet in Frankrijk zouden studeren, waar ze blijkbaar alles verkeerd begrijpen.

Baia Muniq was onthutst, maar op dat moment begonnen de bontgekleurde kelners de glazen discreet van de Skanderbegvitrine te halen.

Een stem: Naar de liften alstublieft, begeeft u zich alstublieft naar uw dek.

Het was een oefening waaraan ook de staatslieden op het gesloten dek 8 zich niet konden onttrekken. In de regel hoorde je gedurende de reis op de lagergelegen dekken niks over wat zich op dek 8 afspeelde, niets over de gesprekken die er werden gevoerd, geen geruchten van gewoonlijk welingelichte kringen, geen roddel, niks pikants. Dat het verhaal van de pijnlijke situatie die scheen te zijn ontstaan tijdens de reddingsoefening op dek 8 zich wel over het hele schip verspreidde, was de grote uitzondering. Het was de kapitein persoonlijk die de oefening leidde, maar hij was boven elke verdenking van indiscretie verheven. Waarschijnlijk had een van de securitymannen er tijdens het bemanningseten op dek 3 tot algemene hilariteit verslag van gedaan, wat vervolgens een van de butlers om zich belangrijk te maken met ironische terughoudendheid maar niet mis te verstaan toevertrouwde aan een hoge ambtenaar op dek 6, die zich daarna aan tafel na een paar toespelingen gretig liet overhalen iets te vertellen wat eigenlijk top secret was, waarna de pijnlijke geschiedenis van het verloop van de reddingsoefening op dek 8 zich op fluistertoon vanuit de grote eetzaal en de rokerslounge uiteindelijk over het hele schip verspreidde.

Daar stond de Europese politieke elite in rijen van vijf, wat een heel andere indruk maakte dan de groepsfoto's tijdens topontmoetingen. Hier deden ze denken aan brave pupillen op een streng internaat.

De zwemvesten werden uitgedeeld, enorme oranje gevallen met erop gestikte sixpacks aan de voor- en achterkant, en lange riemen waarmee je ze rond je lichaam kon bevestigen. Die riemen moesten ze omdoen, wat ingewikkeld was, sommigen negeerden de uitleg en lieten de riemen gewoon loshangen. Nu gaf de kapitein aanwijzingen wat te doen in welk geval en in welke situatie, in feite kwam het steeds op hetzelfde neer: rustig blijven.

Ze werden vertrouwd gemaakt met de manier waarop ze in de tenderboten moesten stappen.

De oefening zelf bespaar ik u, en ik volsta met de aanwijzingen die u in het geval dat moet opvolgen, zei de kapitein. Nooit alleen instappen, zonder een hand van een bemanningslid, niet springen. Het is niet te voorkomen dat de boot zachtjes begint te slingeren. Dan is het belangrijk op het volgende te letten: u moet opletten wanneer de rand waar u op moet stappen naar boven toe beweegt. Dat is het moment. Dan stapt u op de rand en vandaar in de boot. U moet voorkomen dat u op de rand stapt juist op het moment dat die begint te dalen, en vooral, heel belangrijk, stapt u nooit direct in de boot. Dat is een enorme stap omlaag en leidt meestal tot een valpartij waarmee u zichzelf, en ook degenen die zich al in de boot bevinden, in gevaar brengt.

De hooggeplaatste personen stonden daar met die belachelijk dikke zwemvesten aan, waardoor ze op oranje Michelinmannetjes leken, en begonnen ongeduldig te worden.

Maar dat was niet het verhaal waarom het ging. Als volgende legde de kapitein het codesysteem aan boord uit. Dat was overigens het onderdeel van de oefening, op alle dekken, bij alle oranje blokken, dat de grootste nieuwsgierigheid deed ontbranden en tot de meeste vragen leidde, die echter niet allemaal beantwoord konden worden.

Het codesysteem. Het kan gebeuren, zei de kapitein, dat tijdens een omroepbericht op het schip een code wordt genoemd. Wordt aan het begin van een bericht bijvoorbeeld code Orange gezegd, attentie, code Orange, of code Charly, of code Alpha, wat dan ook, telkens wanneer er een code wordt genoemd is die bedoeld voor de crew, delen van de crew of voor bepaalde officieren, waar die zich op dat moment ook bevinden. En u, geachte dames en heren, u als passagier hoeft daar geen acht op te slaan, u hoeft zich daar verder niet om te bekommeren, u hoeft niet te vragen wat het te betekenen heeft en wat u nu moet doen. Duidelijk?

De Hongaarse minister van Buitenlandse Zaken Janos Cap vroeg door: *Yes I únderstand*, maar wat betekenen die codes?

De kapitein legde uit dat officieren en bemanning onderling communiceerden met codes die de passagiers niet hoefden te kennen omdat het er alleen maar om ging dat de bemanningsleden wisten wat ze te doen stond.

Hij zei er niet bij dat het er vooral om ging om dingen te kunnen omroepen zonder paniek te veroorzaken onder de passagiers. Als ze 'code orange, attentie code orange' horen, zal dat niemand verontrusten. Zou er echter een duidelijke boodschap worden omgeroepen: 'Attentie, brand aan boord!' dan werden niet alleen degenen gealarmeerd die verantwoordelijk waren voor de bestrijding van een kleine brand, die ze ongemerkt en zonder veel gevaar voor het schip onder controle zouden kunnen krijgen, maar ontstond er ook nog massale paniek aan boord. Misschien vanwege een vergeten strijkijzer. Of 'code Charly' vanwege een veiligheidsprobleem. In feite ging het er bij het codesysteem enkel om dat de bemanning op een situatie kon reageren zonder paniek te veroorzaken onder de passagiers.

Ik dank u voor uw aandacht, zei de kapitein.

Toen gebeurde het.

De Franse president, opgelucht dat het vervelende gedoe waarop men hem niet had voorbereid achter de rug was, draaide zich om en wilde zo snel mogelijk weg uit die blokformatie, maar hij stapte daarbij op de bungelende riemen van het reddingsvest van de Noord-Macedonische minister van Buitenlandse Zaken, die naar achteren getrokken werd, wankelde, zijn evenwicht verloor en daarbij de Hongaarse minister-president omvertrok, die zich wilde vasthouden aan de schouder van de Roemeense president voor hem, maar hem daarmee ten val bracht, zodat – aan het eind van het verhaal zoals dat van dek naar dek werd doorverteld – de leidinggevende elite van Europa op de grond lag, en hulpeloos op de rug heen en weer rollend in die reddingsvesten, die eruitzagen als het pantser van een op zijn rug liggende kever, weer probeerde op te staan. De francofiele versie luidde dat uiteindelijk alleen de Franse president erin was geslaagd overeind te blijven en met uitgestoken hand half Europa overeind hielp, maar een andere, meer geloofwaardige versie, berichtte dat ze allemaal plat op hun rug lagen en dat alleen de Duitse kanselier zat, waardoor zij het overzicht behield.

2

De plechtige onthulling van de helm van Skanderbeg stond gepland voor 18 uur, aansluitend galadiner.

Maar eerst was er nog een programmaonderdeel dat niet vermeld stond in het *time schedule* dat alle passagiers met hun informatiemap hadden ontvangen. Fate Vasa had het plan met het nieuwe communicatieteam ontwikkeld en de benodigde organisatorische voorbereidingen gecoördineerd. Dit heeft een omvang, dit is van een nieuwe dimensie, aldus Fate tegen de ZK, dat had die goeie ouwe Ismail niet meer kunnen bijbenen.

À propos Ismail, aldus de ZK, heb je iets van hem gehoord? Hoe gaat het met hem? Wat doet hij nu?

Geen idee, zei Fate. In elk geval is alles voorbereid, het wordt een signaalmoment.

Ze zaten bij het zwembad van dek 8. Een butler bracht champagne rond.

Oké, zei de ZK. Het is belangrijk dat bij de onthulling alles soepel verloopt. Dat vind ik het belangrijkst.

Maak je geen zorgen, zei Fate. Beide helmen staan op hun plaats, de film staat klaar.

En heb je hem gecontroleerd? Is alles te zien? Die bewakingscamera's hebben immers –

We hadden goede camera's. Alles is duidelijk herkenbaar.

Goed. Maar we moeten Ismail dankbaar zijn. Als alles lukt. Hij was per slot van rekening degene die ons heeft gewaarschuwd.

Fate glimlachte. Hij hief zijn glas en zei: Het wordt een dag van triomf vandaag. Dit gaat deining veroorzaken. Jij brengt Europa in beweging!

De ZK keek peinzend naar het zwembad. Op het wateroppervlak schitterden vlekjes zonlicht, ze sprongen op de zachte, minuscule bewegingen van de waterspiegel heen en weer. Hij pakte zijn glas van het bijzettafeltje, zag hoe de champagne door die beweging heen en weer zwalpte. Daarna keek hij weer naar het zwembad. De flakkerende sterretjes op het wateroppervlak hadden iets meditatiefs. Hij dronk. Hij vroeg zich af of bij een onrustige zee het water in het zwembad niet ook heen en weer zou zwalpen en bij heel hoge zeegang zelfs golven zou slaan, grote golven. Zou, als het schip in turbulente wateren kwam, het oergeweld van de zee zich niet ook tonen in dit exclusieve luxe zwembad? En wat zou dat heen en weer slaande water betekenen voor de statica van het schip?

Wat zei je?

Ik zei dat ik naar mijn hut ga, zei Fate, om je tekst voor Brindisi af te maken, oké?

De ZK dronk en besloot niet meer te drinken. Daar kwam de heer – hoe heette hij ook weer? De ZK legde zijn hand op zijn voorhoofd. Ik moet oppassen, dacht hij. Is dat niet – Sontheimer, Otto Sontheimer liep langs, de Duitse ambassadeur in Albanië, een hoogst ontwikkelde, uiterst belezen man. Slungelig, met grijsblond haar dat zijn demonstratieve vastberadenheid toonde om elke haar te krenken die zich niet correct voegde. De ZK herinnerde zich dat hij tijdens een diplomatieke receptie te midden van alle saaie smalltalkroutine met de heer Sontheimer een interessant gesprek had gevoerd over Fatos Lubonja, een belangrijke Albanese intellectueel die na zijn boek over zijn gevangenschap in een strafkamp tijdens de Hoxha-tijd ook wel de Albanese Solzjenitsyn werd genoemd. Maar al was Lubonja in Albanië nog zo belangrijk, het was verrassend dat de Duitse ambassadeur hem had gelezen. Sontheimer was echt een intelligente man, niet alleen belezen, maar ook kunstgek, privé had hij een schilderij van de ZK gekocht.

Hij wankelde. Zijne excellentie Otto Sontheimer waggelde langs het zwembad, of danste hij? Ondertussen zong hij, een zacht spreekgezang dat de indruk maakte van een zelfgesprek, of een telefoongesprek, hij had draadloze oortjes in.

*Yo ho ho and a bottle of rum. Fifteen men on a dead men's chest, yo ho ho and a bottle of rum!*

Hij bleef even staan, spreidde zijn armen uit om zijn evenwicht te hervinden. *Drink and the devil had done with the rest!*

Hij zag de ZK, knikte hem toe en zei: *I am... I feel... so...* oké, oké, daarna weer tegen zichzelf, of tegen wie dan ook als hij inderdaad aan het bellen was: *...Will not reach Treasure Island... victim of Israel Hands?*

Hij richtte zich op, liep stijfjes en voorzichtig verder, yoho, ho, en verdween.

De ZK keek hem na, verwonderd, ten slotte geamuseerd. Hij dacht dat zijne excellentie wellicht nu al te veel gedronken had. Dat was erg ongewoon. Maar wat was hier wel gewoon? Later zouden geschiedschrijvers zich precies dat afvragen: hoe was die cruise mogelijk?

Het onaangekondigde programmaonderdeel, het door Fate zo genoemde 'Brindisi-signaalmoment', kwam dichterbij. Om 17 uur zouden ze de haven van Brindisi binnenlopen. Fate had gedacht: waarom voor anker gaan in Brindisi zonder munt te slaan uit die situatie? Zijn idee was om hier, nog voor de onthulling van de helm, ten overstaan van al die aan boord verzamelde vertegenwoordigers van EU-lidstaten een demonstratie te geven van de grootsheid en betekenis van Albanië binnen Europa. Italië is lid van de EU en hier konden ze voorbeeldig laten zien hoeveel Albanië er al was binnen de EU.

De enige buiten het bureau van de ZK die was ingewijd in het plan was de burgemeester van Brindisi. Hij stond voor de keuze het spel mee te spelen en ook organisatorisch behulpzaam te zijn en dan geprezen te worden, of voor gek te staan als het gebeurde en dan mogelijk in paniek een verkeerde beslissing te nemen die wellicht politie-ingrijpen noodzakelijk maakte.

Hij koos voor geprezen worden. En voor de stemmen van de Arberësh, de Italiaanse nazaten van Albanese immigranten.

Fate en zijn team hadden met behulp van invloedrijke Albanese clans mensen gemobiliseerd. In Zuid-Italië woonden meer dan tweehonderdduizend Arberësh en Albanese gastarbeiders. Al kwam maar tien procent van hen naar de haven van Brindisi om de Albanese minister-president toe te juichen, dan was dat precies het 'signaalmoment' dat Fate voor ogen stond.

Fates plan: aanleggen in de haven van Brindisi, en niemand van boord. De burgemeester van Brindisi komt aan boord, BM en de ZK vertonen zich aan de reling, korte toespraak over Albanië als onderdeel van Europa. Een enthousiaste, onafzienbare menigte op de kade. Op de open dekken van de Skanderbeg worden de toppolitici en topambtenaren van Europa evenals de geaccrediteerde journalisten van Europese media getuige van de gebeurtenis.

Daarna pas, volgens tijdschema, en nog onder de indruk van het gejuich in de haven, in de lobby de plechtige onthulling van de 'schitterende kopie van de helm van de *Europese held* en naamgever van het schip, Skanderbeg' zoals het heet in de officiële aankondiging. Verder varen naar de noordelijke Adriatische Zee, aankomst in Porto Montenegro op 29 november om 9 uur 30.

3

Adam Prawdower zat in z'n eentje in de rokerslounge een sjekkie te roken, gooide het in de asbak, leunde achterover en deed een oefening die hij indertijd als jonge jongen in het verzet had geleerd wanneer er een opdracht aanstaande was die de hoogst mogelijke concentratie vereiste en gevaarlijk kon worden. Met zijn rechterhand zocht hij de hartslag in zijn linkerpols, sperde zijn ogen zo wijd mogelijk open en ademde langzaam diep in en uit. In en uit. In en uit. Nooit met de ogen dicht! Een strijder was geen yogi die aan de wereld wil ontsnappen naar een of ander nirwana, integendeel. De wijd opengesperde ogen moesten een manifestatie zijn van de wil van de strijder om alles in het oog te houden, geen detail van de werkelijkheid te missen, het was als het ware de wisseling van het standaardobjectief naar een groothoeklens. De ogen laten rollen, dwalen, van links naar rechts naar links en diep in- en uitademen. Daardoor daalt de rustpols van gemiddeld zeventig slagen per minuut naar minder dan zestig, dat was het moment waarop kilte en helderheid hun intrede deden. In en uit, ogen rechts, ogen links, pols controleren – Adam werd onzeker. Hij vocht tegen het dichtvallen van zijn ogen, en zijn pols wilde niet tot onder de tachtig zakken. Hij had het gevoel dat zijn voorhoofd warm was. Wat was er aan de hand? Omdat hij had gerookt? Dat kon het niet zijn. Hij rookte niet veel, maar als hij het deed dan bevorderde dat altijd zijn innerlijke rust en concentratie.

Hij moest toegeven dat hij niet zeker was van zijn plan. Zijn idee was geweest om om 18 uur, dat was al over minder dan twee uur, wanneer heel Europa bij elkaar kwam voor de onthulling van dat vreemde staatsheiligdom, vanaf de balustrade van dek 5 de facsimile's van de strooibiljetten van Piotr Szczęsny naar beneden te gooien op dek 4. Hij had daar een enscenering bij bedacht die het effect nog dramatischer moest maken: hij wilde sterretjes aansteken op de balustrade en een rookbom in de lobby laten vallen zodat de mensen die het strooibiljet lazen meteen een idee zouden krijgen, een symbolische indruk, van Piotrs wanhopige zelfverbranding, een milde schok, een oproep tot empathie. Na rijp beraad had hij daarna echter zelf afstand genomen van de rookbom, dat zou vast paniek veroorzaken en de mensen zouden alle kanten op vluchten, de staatsleiders zouden door de beveiliging worden weggevoerd, afgeschermd en in veiligheid gebracht, en niemand die het strooibiljet nog las. En de sterretjes waren bij het inchecken uit zijn koffer gehaald, het was verboden brandbare materialen mee aan boord te nemen. Die had hij nodig voor de viering van een verjaardag van een collega aan boord, voor de taart. De man zei dat de keuken zou zorgen voor alles wat nodig was voor een verjaardagstaart.

Nu had Adam dus alleen nog de strooibiljetten. Maar dat

moest volstaan, de herinnering aan Piotrs kritiek en op de achterkant van het originele strooibiljet die opsomming van de anti-Europese vergrijpen van de Poolse regering, die de stoutste verwachtingen overtroffen van de man die zichzelf uit protest in brand had gestoken – dat zou genoeg indruk maken. Hj had nog veel meer ideeën gehad die hij vervolgens weer had verworpen. Bijvoorbeeld om een zak legostenen in de lobby om te kiepen als herinnering aan het vreemd genoeg onopgemerkt gebleven schandaal dat de Poolse regering een kunstwerk had aangekocht, een met LEGO nagebouwd vernietigingskamp Auschwitz, en een set Auschwitz-LEGO naar de Duitse kanselarij had gestuurd. Adam wilde de legostenen naar beneden gooien en roepen: Is dat waar het Poolse antisemitisme naar streeft? Auschwitz nabouwen?

Ook dat idee had hij verworpen. Het strooibiljet van Piotr moest centraal staan, dat was bepalend, dat was het schokkende, daarvan mocht niets afleiden. Het strooibiljet van de man die zichzelf in brand had gestoken uit protest tegen een ontwikkeling die inmiddels tot een crisis in de Unie als geheel had geleid – hoezo liep er niemand meer warm voor Europa? Hoezo vond niemand meer geestdriftige woorden? Hoezo werd zelfs de gloed van de idee Europa niet meer gekoesterd?

Anderzijds. Hij probeerde het nog een keer. Ogen wijd opengesperd, hand om de pols, diep in- en uitademen. Nu bedroeg zijn pols vijfennegentig. Hoe kon dat? Aan de andere kant was het ook niet zo makkelijk om de strooibiljetten over de balustrade heen in de lobby te laten dwarrelen. Op het moment van de onthulling van dat nationale ding, monument of heiligdom of wat het ook was. Een Albanese staatsplechtigheid verstoren zou een schandaal zijn dat op hem terug zou slaan, hij zou de boosdoener zijn en niet Mateusz, waarom had hij daar niet veel eerder aan gedacht? Omdat hij alleen oog had gehad voor het moment waarop iedereen op één plek bijeen zou zijn. Zou er zich nog een vergelijkbaar gunstige gelegenheid aandienen? Misschien twee dagen later, in het theater waneer de Albanese stertenor Saimir Pirgu aria's uit Vivaldi's opera 'Scanderbeg' ten beste zou geven. Maar zal daarbij echt iedereen, echt iedereen aanwezig zijn? Mateusz kennende, die niet eens de moeite had genomen naar een plechtigheid te komen voor de winnares van de Nobelprijs, Olga Tokarczuk, zou hij waarschijnlijk ook bij dit evenement wegblijven.

Als hij iedereen op één plaats bijeen wilde hebben dan moest het vandaag gebeuren. Maar was het raadzaam een Albanese staatsplechtigheid te verstoren? Anders dan de Poolse minister-president was die van Albanië immers volledig pro-Europa, hij zwoer bij de Europese waarden, dus ook bij die van Piotr Szczęsny. Adam wilde dat door zijn signaal zijn trouweloze bloedbroeder Mateusz in twijfel zou worden getrokken door de politieke elite van Europa, en niet de Albanese toetredingsambities. Het idee was dat Mateusz er niet onderuit zou kunnen de confrontatie aan te gaan met zijn vergrijpen, er elke dag op aangesproken zou worden op een plaats waar hij niet weg kon: dit schip namelijk. Maar aan de andere kant alweer – en zo piekerde Adam voor zich uit in een clubfauteuil in de rokerslounge, zijn linkerarm steunde op de linkerleuning en met zijn linkerhand streek hij steeds weer over de littekens bij zijn oor. Hij wilde nog een sigaret roken en stond op.

Op dat moment kwam er een vrouw de lounge binnen, was het een vrouw? Even verkeerde Adam in onzekerheid. Ze was heel jongensachtig, het haar extreem kortgeknipt, maar het was een vrouw, Adam knikte ter begroeting, zij knikte glimlachend terug. Ze had een telefoon aan haar oor, maar praatte niet, ze hield de telefoon bij haar oor en wachtte en wachtte, uiteindelijk stopte ze hem in haar zak en stak ze een sigaret op.

Ylbere begreep niet waarom ze Ismail niet kon bereiken. Toen hij terug wilde naar Tirana had ze hem de sleutel van haar woning gegeven. Hij was er niet toen ze zelf thuiskwam. Urenlang zat ze in het trappenhuis voor ze besloot iemand te laten komen die de voordeur kon openmaken en het slot vervangen. In de woning vond ze geen enkel spoor, geen teken dat Ismail er in de tussentijd was geweest. Ze ging naar zijn oude adres. Het huis was er niet meer. Vrachtwagens voerden containers met puin van de sloop af. Ook de muur langs de straat was afgebroken, een baggermachine hapte in het puin en spuugde het uit in containers. Het was duidelijk dat het geen zin had te vragen of iemand hier iets over Ismail wist. Waar was hij? Wat deed hij? Ze stak een sigaret op en zag – met verbazing en meteen gealarmeerd – hoe de man midden in het vertrek in zijn broekzak stond te wroeten, Ylbere dacht: te roeren. Dat was het meest milde woord dat haar te binnen schoot.

Op dat moment merkte Adam wat voor misverstand hij hier op het punt stond te veroorzaken en haastte zich zijn gedrag te verklaren. Spreekt u Engels? Ja, oké. Ik was in gedachten verzonken, zei hij en –

Hij haalde een sigaret uit zijn broekzak.

Hier. Kijk! zei hij. Het zit zo: tijdens mijn jaren in het verzet, als jongen, heb ik van de ouderen geleerd hoe je staand een sigaret kunt draaien in je broekzak. We hadden zoveel rituelen, dit was er een, als je dit beheerste was je een man die erbij hoorde. Ik dacht juist aan die tijd en –

Verzet? Waar?

Ylbere merkte het mismaakte oor op, het litteken eronder.

Ylbere vroeg of hij bereid was een interview te geven.

Ja, graag, zei Adam. Morgen. Als u dan nog wilt, vandaag wordt lastig.

Geen stress, zei Ylbere, we zitten hier nog drie dagen in afzondering.

Adam knikte en leunde achterover. Hij wist nog steeds niet, ja steeds minder, wat hij nou moest doen. De bijeenkomst in de lobby voor de onthulling van de helm begon over anderhalf uur. Dan was iedereen in de lobby bijeen – en daarna misschien nooit meer. Dan trekken ze zich terug in de exclusiviteit van dek 8.

Anderzijds.

Daarop had hij niet gerekend: zoveel anderzijdsen op het laatste moment.

Hoe dan ook, hij moest naar zijn hut gaan, zich omkleden. En de tas met strooibiljetten halen, als hij die tenminste – anderzijds.

Toen kwam het omroepbericht: We lopen de haven van Brindisi binnen. We verzoeken alle passagiers zich naar het buitendek aan bakboordzijde te begeven. Niemand gaat aan land. Er volgt een toespraak van de minister-president. Ik herhaal: Alle passagiers alstublieft naar het buitendek aan bakboordzijde.

Ylbere zag dat het omroepbericht de man, Adam, hij had zich voorgesteld als Adam, verraste en nerveus maakte. Hij sprong overeind en zei: Waarom? Ik dacht...

Hij zwaaide even en liep naar buiten. Dat bevreemdde Ylbere, tegelijk dacht ze dat ze dat ook graag zou kunnen: een sigaret draaien in je broekzak. Ze stak een sigaret op, belde Ismail nog een keer, meteen zei een computerstem dat het nummer niet bereikbaar was, probeert u het later nog eens.

De aankomst in Brindisi was inderdaad een triomf. De ZK zwaaide vanaf de reling van dek 4 naar een golvende zee van Albanese vlaggen – waren er vijfduizend mensen? Tienduizend?

In het persbericht zetten we dertigduizend, zei Fate.

De meegereisde journalisten en persfotografen maakten foto's, bijna iedereen aan boord, behalve op dek 8, haalde zijn telefoon tevoorschijn, stak hem in de hoogte en bewoog hem heen en weer om een invalshoek te zoeken vanwaaruit de omvang van het tafereel enigszins te vangen was, het was onmogelijk. Het lukte nog het beste in de videostand. Een fotograaf uit het team van Fate maakte de zogenaamde officiële opnamen.

De gangway werd uitgelegd. De Polizia Municipale, ondersteund door een ordedienst, mannen in zwarte hemden met rode armbanden, spleten de menigte op de kade om een zwarte limousine toegang te verlenen die stapvoets kwam aanrijden, waarna de menigte zich erachter weer sloot.

Wat een chaos, zei de ZK, waarom hebben ze de doorgang voor de burgemeester niet van tevoren afgezet?

Dan zouden wij deze beelden niet hebben, zei Fate.

Een beetje als Mozes die de Rode Zee splijt.

Rode Zee is goed, zei Fate en keek genoeglijk naar de zee van rode Albanese vlaggen. Hij glimlachte en zei vanuit zijn mondhoek: Vergeet niet te zwaaien!

Intussen was de gangway vastgemaakt. Opeens zag Fate er een man overheen lopen. Wat – wat moet dat? Hij vloekte en riep: niemand aan land! Niemand mag het schip verlaten!

Maar de man was al beneden op de kade, en Fate zag dat het Gino Trashi was, die verdomde Gino Trashi.

Trashi, hé, wat moet dat!

Maar Trashi hoorde hem niet, hij keek doodkalm naar de zwaaiende ZK daarboven, zocht in zijn tas een bepaald objectief dat hij op zijn camera bevestigde, hij stond er wijdbeens bij, ongehinderd door het geduw en getrek, maakte twee drie foto's en controleerde ze op het display. Daarna deed hij een paar passen achteruit, tussen de menigte, keek, zocht zijn ideale invalshoek.

Typisch iets voor hem. Alle geaccrediteerde fotojournalisten aan boord zouden min of meer dezelfde foto maken: van bovenaf. Maar krantenlezers hadden het omgekeerde perspectief: van onderaf, dus dat zocht je op. Straks zou hij de enige zijn met een foto waarop de ZK heel klein daarboven achter de reling te zien is, en op de voorgrond een paar grote achterhoofden waar hij overheen fotografeerde.

Fate was woedend. Tegelijkertijd nerveus, zijn hart klopte sneller, hij haalde diep adem, het klonk als een zucht. Hij voelde druk achter zijn voorhoofd, zijn gezicht werd warm, en dan dat flakkeren voor zijn ogen, net als daarstraks in zijn hut. Een flakkerende rode streep, het beangstigde hem. Hij had ervaring, om niet te zeggen routine, met terugkerende momenten van ziekte, al sinds zijn kinderjaren, maar dit was anders, het kwam in golven. Vanochtend heel licht, daarna, in zijn hut, was het ineens weer weg, en nu was het er weer. Onzin, dacht hij, ik sta hier in de felle zon. Dat is alles. Hij deed een paar stappen opzij naar de schaduw van de ingang van de lobby en belde Endrit, de hoofdcommissaris, die aan boord de veiligheidsmaatregelen voor de ZK coördineerde.

Hallo Endrit, ik heb je nodig, de chef heeft je nodig, twee of drie van je mensen. Je kent Gino Trashi, toch? Die heeft zonder toestemming het schip verlaten, hij voert iets in zijn schild. Ja. Dus. Vraag van de chef: zorg ervoor dat hij niet terugkeert op het schip. Dat moet worden verhinderd. Ik versta je niet, wat zei je?

Fate had weer last van zijn tinnitus. De sirenes in zijn oor. Wat zei je?

Hij zette een paar stappen naar de reling, zag dat de auto van de burgemeester bijna bij het schip was aangekomen, maar tussen de limousine en de gangway stond nog een grote groep mensen in de weg, een politieagent zette de sirene van zijn motor aan om de mensen uiteen te drijven.

Oké, zei Fate, ik reken op je. Die vent komt niet meer aan boord. Als het niet anders kan dan duw hem maar de haven in, hij zal wel kunnen zwemmen. Dan kan hij nadenken waar hij heen wil zwemmen. Wat? Ik versta je niet. Dus. De chef rekent op je!

Hij stond weer naast de chef bij de reling, wiste het zweet van zijn voorhoofd, keek toe hoe twee rijen politieagenten die elkaars hand vasthielden een haag vormden om de kortste weg van de limousine naar de gangway vrij te houden. De burgemeester van Brindisi liep tussen hen door de gangway op waar hij bij de ingang van de lobby werd begroet door de kapitein. Fate gaf een teken aan een medewerker die aan kwam hollen met een microfoon, daarna haalde hij een vel papier uit de zak van zijn jasje en gaf dat aan de chef: Een paar zinnen voor de eeuwigheid!

Op dat moment kwam de burgemeester het buitendek op en liep op de ZK af, ze schudden elkaars hand, daarna omhelsde hij de ZK, klopte op zijn rug, en nog eens en nog eens, de burgemeester wilde versmelten met de liefde van de Arberësh voor hun nieuwe Skanderbeg, vier maanden voor de lokale verkiezingen.

Ze gingen naast elkaar staan en zwaaiden. De ZK kreeg de microfoon overhandigd, hij gaf hem door aan de burgemeester.

Gelukkig zijn de tijden van de stalinistische persoonsverheerlijking voorbij, zei Starek.

Max-Otto grijnsde. Er is een groot verschil, zei hij, en dat is voor jou van groot belang. Jij wordt niet gearresteerd en vermoord als je daar een grapje over maakt!

Dat klopt. Ik word niet vermoord. Maar je zou kunnen sterven van schaamte.

Dit zou een gelegenheid zijn om de geit weer aan land te brengen, denkt u ook niet? *Excuse me. I didn't understand.*

*Oh, sorry, I said: the goat! We have a goat on board, you know? Now would be a good time to bring it ashore.*

*A goat?*

*Yes, sir.*

*You mean the helmet? There's a goat sitting on it. You can see that in the photo, can't you? But the helmet is not to be brought ashore, I suppose.*

*The goat is sitting on a helmet? I didn't know that. That's very strange.*

*I heard it's an old tradition.*

*Oh!*

*Vous voyez ce chinois là, à quelques mètres du Premier ministre?*

*Oui.*

*Qui est-ce ? Vous le savez?*

*Non, je ne sais pas.*

*Est-ce que c'est un envoyé du gouvernement chinois?*

*Je ne sais pas.*

Ylbere maakte een paar foto's en stuurde die via WhatsApp naar Ismail. Ze schreef erbij: Moet je eens zien wat hier loos is. Je chef laat zich bejubelen. Maar ik wacht alleen maar op de onthulling van de helm. Hebben ze je waarschuwing serieus genomen? Wat is er met je? Waarom neem je niet op. Heb ik iets verkeerd gedaan? Bel alsjeblieft!

En een minuut later schreef ze, tot haar eigen verbazing: Ik hou van je!

Ze aarzelde en aarzelde, en toen ze nee! dacht was het haar vinger die, alsof hij die beslissing zelfstandig nam, op het versturen-icoontje tikte. Heel licht. Het bericht vloog weg als een veertje.

Eindelijk hadden Baia Muniq en Karl Auer elkaar gevonden, op dek 6 toen ze naar de reling liepen om het spektakel te aanschouwen.

Telkens wanneer hij aan haar had gedacht was hem dit beeld voor ogen gekomen: zij in haar kleine zwarte jurkje, net als destijds toen ze hem had afgehaald van de luchthaven Moeder Teresa in Tirana. Hij was verbijsterd hoe ze nu tegenover hem stond: in een jongensachtig broekpak, het haar streng naar achteren gekamd, zonder lippenstift, en ook verder zó terughoudend opgemaakt dat je het ook onopgemaakt zou kunnen noemen. Karl Auer had de indruk dat ze wilde verbergen wat ze was: een vrouw met een krachtige erotische uitstraling. Maar dat stralende, dat gelukzalig stemmende in haar blik – hij spreidde zijn armen uit, een klein beetje maar, ergens tussen impuls en aarzeling, verlangen en onzekerheid in, toen zij hem stevig omhelsde, zijn hoofd tegen haar schouder aan drukte en in zijn oor fluisterde: Ik ben zwanger.

Ze hield hem vast, een stevige houdgreep en zei: Ik heb er lang over nagedacht. Alles spreekt ertegen.

Donderend gejuich. Ze hield hem heel stevig vast.

Opnieuw barstte er gejuich los toen de burgemeester de microfoon aan de ZK overhandigde. Maar die was nu in verwarring. Tijdens de toespraak van de burgemeester (Italiaans-Albanese vriendschap, de betekenis van de verbinding tussen de zusterhavens Brindisi en Durrës, een hele reeks van zulke frasen) had de ZK zijn blik over het vel met de toespraak laten gaan die Fate voor hem had voorbereid. Het was volstrekt onbegrijpelijke onzin. Hij vroeg zich af of Fate ziek was en een delirium had. Bloemrijke formuleringen, een lyrische toon, ongebruikelijke metaforen, dat was hij allemaal van hem gewend, en dat maakte zijn politieke toespraken en slogans ook zo buitengewoon, maar deze tekst was volslagen idioot, in elk geval onbruikbaar. Een hertenkop en een geitenkop, en boven beide koppen zweeft een dubbelkoppige adelaar – wat heeft dat in hemelsnaam te betekenen? Brindisi heette ten tijde van de Romeinen Brundisium, wat afgeleid is van brunda, hertenkop, vanwege de V-vorm van de haven *I mallkuar!* Je schrijft geen geschiedenis door geschiedenisles te geven! De hertenkop staat voor de zeemacht en de uitwisseling tussen beide kanten van de Adriatische Zee. De geitenkop op de helm van Skanderbeg op zijn beurt staat symbool voor de eenheid van het vasteland, de verdediging van het Europese grondgebied. En beide gaan op in de twee koppen van de Albanese adelaar, die – nee, dat is volslagen idioot! Een toespraak als deze kun je misschien houden bij een vereniging voor de legalisering van cannabis, maar toch niet hier. De ZK snoof – en had ineens de microfoon in zijn hand, en Fate zei: Nu!

Alle Albanezen verenigd binnen een verenigd Europa! Dat was de zin die hem in de gauwigheid te binnen schoot, en die hier na de frasen van de burgemeester heus wel zou volstaan. Hij verfrommelde Fates papier in de zak van zijn jasje en riep: Alle...

Maar kon niet boven het koor van mensen op de pier uitkomen, ze scandeerden zijn naam en daarna Skan!-der!-beg! Skan!-der!-beg! De ZK riep alstublieft! Riep onafgebroken *Ju luttem! Ju luttem!* En toen eindelijk de zin: Alle Albanezen verenigd binnen een verenigd Europa! Dat is onze toekomst en –

Skan!-der!-beg! Skan!-der!-beg!

Hij trok zich zwaaiend terug.

## 4

Ylbere deelde een hut met Edita Manaj, een jonge journaliste van *Albania Today*, een gratis Engelstalige krant voor toeristen die in alle betere hotels in Albanië lag, en die ook door diplomaten en buitenlandse correspondenten werd gelezen. In de branche werd *Albania Today* ook wel *Albanian Pravda* genoemd, maar dat was niet terecht. De krant was geen regeringsorgaan, het was een proefballon van de regering. Iemand van de tweede of derde garnituur geeft bijvoorbeeld een interview over een kwestie de buitenlandse politiek betreffend. Volgen daarop bezorgde of kritische reacties vanuit de diplomatieke vertegenwoordigingen of de internationale pers, dan was dit een niet ter zake doende privéopvatting van een onbelangrijk persoon geweest, maar bleef alles rustig, dan werkte men in regeringskringen verder in die richting.

*'That's the way how it works today'* was dan ook begrijpelijkerwijs het motto van *Albania Today*.

Edita was jong en naïef. En niemand zou hebben tegengesproken dat ze lief was. Ylbere was het om het even aan welke oom ze haar baan te danken had, ze zaten – Ylbere stokte even toen ze hier op dit schip die gedachte had – in hetzelfde schuitje. Hoe onbelangrijk die gratis krant voor hotelgasten, maar ook de cultuurradio, werd gevonden, zag je alleen al aan het feit dat ze een hut moesten delen.

Ylbere stond voor de spiegel, bloot op een slipje en een strakke band om haar borst na.

Edita stond achter haar. In de spiegel zag Ylbere Edita's grote ogen.

Eerst stapte Ylbere in een *tirq*, sjorde die omhoog, hupte een paar keer tot ze de superstrakke broek in haar taille kon dichtknopen.

Is het niet grappig, zei Edita, in Noord-Albanië is een tirq een traditionele broek voor mannen, in West-Europa zou het een legging voor vrouwen zijn.

Nu trok Ylbere het klassieke boerenhemd van grof linnen aan, dat je niet in je broek stopte. Daarna bond ze de *brez* om haar heupen, een sjerp die de kleren bij elkaar moest houden, en vooral bedoeld was ter vervanging van zakken. Achter de sjerp stopte je horloges, sigaretten, lepels, wapens en patronen. Maar niet meer in Albania today, grapte Edita.

Nu moet je me helpen, zei Ylbere.

Edita pakte een stijf jasje van het kledingrek en hielp Ylbere erin.

Het is niet te geloven, zei Edith, als jij die oude mannenspullen aantrekt ziet het eruit als het nieuwste van het nieuwste, als design, coole mode.

Nu nog de zwarte armband. Help je me alsjeblieft?

Edita legde de brede strook zwarte stof rond Ylberes linkerbovenarm en maakte hem vast met drie rijgsteken.

Waarom een rouwband? Wie is er dood? vroeg Edita.

Vandaag is de sterfdag van mijn oudoom.

Uitgerekend vandaag, op de nationale feestdag!

Ja, uitgerekend vandaag.

Hield je veel van je oom?

Ik heb hem nooit gekend. Maar hij was erg belangrijk voor mijn familie, voor mij.

Er schoten Edita meteen drie of vier vraagwoorden te binnen, maar, zoals ze bij zichzelf moest erkennen, niet een complete vraag. Dus knikte ze alleen maar, plukte aan Ylberes rouwband en zei: Moge het leven je vele troostrijke uren schenken.

Dankjewel, zei Ylbere, pakte haar telefoon, drukte op nummerherhaling, nog eens en nog eens. Uw gesprekspartner is niet bereikbaar.

## 5

Adam Prawdower trok zijn dinerjacket aan en bevestigde op de rechterrevers zijn oude rood-witte Solidarność-speldje.

Daarna de vlinderdas. Hij wist dat orthodoxe dresscodeaanhangers vonden dat bij een dinerjacket een zwarte vlinderdas voorgeschreven was, maar daar deed hij niet aan mee. Hij vond dat zwarte dassen behoorden tot de werkoutfit van obers in Straatsburg, of Weense kelners. Een poos geleden had hij in de souvenirwinkel van de Commissie een vlinderdas in het blauw van de Europese vlag gevonden, met een bescheiden kleine gouden ring van sterren op de rechtervleugel van de vlinder. En je hoefde hem niet met veel moeite te strikken, hij was voorgestrikt, je hoefde alleen in je nek een elastiek dicht te haken dat schuilging onder je kraag. Het blauw stond goed bij het witte jacket dat in zijn geval uiteraard gebroken wit was, de verkoper had het 'eierschaal' genoemd, eronder een zwarte broek, zij het in zijn geval een zwarte spijkerbroek. Dat was zijn compromis met de voorgeschreven dresscode. Je kon niet zeggen dat Adam niet compromisbereid was. Tegelijkertijd herinnerde dit moment hem aan de avond dat hij voor het eerst een camouflagepak had gepast.

Vreemd hoe associaties werkten, hoe het brein verbanden legde.

Een oefening in het bos – wat waren Mateusz en hij opgewonden! Piotr, de oudere en meer ervaren strijder had er een eind aan gemaakt, hij had gezegd: Laat die kinderen met rust, die behoren te slapen, trek die spullen uit, kinderen, het is geen carnaval! Teleurgesteld waren ze teruggeslopen naar het klooster. Later hoorden ze dat de oefening verraden was. Drie doden. Van de vijf arrestanten stierf er een tijdens het voorarrest, waarschijnlijk als gevolg van martelingen. Dat was volkomen zinloos, een paar weken later bond het regime in en begonnen de onderhandelingen aan de Ronde Tafel. Maar je kon zeggen dat Piotr destijds waarschijnlijk hun leven had gered.

Nu was Mateusz het regime en stond Adam voor de spiegel in zijn camouflagepak: dinerjacket, vlinderdas en zwarte broek.

6

Zo-even had Franz Starek nog van het leven genoten. Minutenlang. Onder de warme straal van de douche. Hij had van 'regular' naar 'massage' geschakeld en daarna naar 'gentle rain', ten slotte had hij ook de sproeikoppen aan de zijkant geactiveerd. Hij probeerde het allemaal uit, en wel met de nodige zelfironie: ik ben een kind.

Na het douchen glipte hij in de zachte rode frotté badjas met een gestileerde geborduurde helm van Skanderbeg op de borst en daaronder de naam van het schip. Zo stijlvol, zo luxueus, zo aangenaam!

Daarna pakte hij de föhn en keek in de spiegel. Hij schrok.

Hij zag de dood.

Hij had de indruk dat hij het dodenmasker van een hoogbejaarde zag.

Een vaal gipsen gezicht vol rimpels.

Toen hij de badkamer uit kwam stond Max-Otto, met wie hij de hut deelde, voor hem, geheel in het zwart, als een begrafenisondernemer.

Max-Otto droeg een smoking. Hij zei: Waarom zou ik een dinerjacket kopen als ik een smoking heb. Bovendien staat wit mij niet. Ik ben al blij dat je niet meer in het wit hoeft te tennissen. Haast je, over twintig minuten is het zover.

Franz Starek had natuurlijk speciaal een dinerjacket aangeschaft, daarbij een zwarte broek en een zwarte vlinderdas, bij Teller in de Landstraße, het grote kledingwarenhuis dat voordelige 'tijdloze mode' verkocht voor mensen als hij, die niet geïnteresseerd waren in mode maar in tijdloosheid, waarmee bedoeld werd dat kleren lang meegingen. Lievelingsuitdrukkingen in het overtuigingsvocabulaire van de verkopers waren dan ook 'onverslijtbaar' en 'dankbaar'. Stof die dankbaar kon zijn, dat had Franz als kind al gefascineerd. Jij kocht een broek en die bedankte jou daarvoor door onverwoestbaar te zijn. Voor een kind het liefst twee maten te groot, 'op de groei', waardoor hij pas echt zijn dankbaarheid kon bewijzen door lang mee te gaan. Franz had er zijn eerste lange broek gekregen, een aankoop waarvoor zijn vader – 'We gaan naar Teller!' – speciaal zijn zondagse pak had aangetrokken. Dat was hem weer te binnen geschoten toen hij zichzelf bij Teller in dat stomme dinerjacket bekeek in de mooie ouderwetse driedelige spiegel. Want bij Teller kocht je ook de kleren waarvan de aanschaf pijn deed omdat je wist dat je ze maar één keer of heel zelden nodig had. Maar als, dan bij Teller. In elk geval zou Franz Starek nooit naar Knize op de Graben gaan, maar ook niet naar die modieuze Peek&Cloppenburg in de Mariahilferstraße, hij kocht het ding bij Teller, en voor de spiegel had hij ontroerende en beklemmende herinneringen gehad.

Hij trok zijn 'verkleedspullen' snel aan, waarbij opnieuw een herinnering opkwam: hoe hij jaren geleden, hij werkte nog in de buitendienst, tijdens een undercoveroperatie als schouwrager naar de villa van een heler werd gestuurd – nu moest hij lachen. Als ik jou in je smoking zie, moet ik aan een schouwrager denken, zei hij.

Wat is dat, ach zo, een schoorsteenveger. Kom, ga verder alsjeblieft, het uur der waarheid breekt aan!

Even stonden ze naast elkaar voor de spiegel. Zwart en wit.

Max-Otto Hagenbeck in opperbeste stemming, Franz Starek in ieder geval klaar om zich te laten opmonteren. Hij glimlachte toen hem te binnen schoot wat Bessa had gezegd voor hij vertrok: Zwager heeft gemaakt cruise, Adriatische Zee, hij zei: eerlijk om te zeggen, was een ervaring, maar saai. Veel kijken. Leuk was goochelaar.

## 7

Terwijl Adam een eigen hut had, moesten Karl Auer en David Charlton, in de hiërarchie een treetje lager, een hut delen.

David werkte hem op de zenuwen. Maar Karl liet niks merken. Hij zou, waarschijnlijk vannacht al, verhuizen naar de hut van Baia Muniq. Hij vroeg zich af of, en zo ja, hoe hij dat aan David moest uitleggen. Maar was hij hem rekenschap verschuldigd? Hij merkte het wel, en dan dacht hij maar wat hij wilde. Natuurlijk was de situatie veranderd door Baia's zwangerschap. Hij zal de relatie officieel moeten maken. Echt? Had zij niet gezegd dat alles ertegen sprak? En hij zal zich moeten afvragen of hij dat kind wil. Met haar. Of zij degene is met wie – zo niet dan wordt het kort dag, ja, hij wilde, voor het eerst was hij ervan overtuigd dat... Bijna. Ja. Maar. Daar moet hij het eerst nog over hebben. Met haar. In elk geval zag hij geen reden om daarover, of over haar, met David te praten.

David interpreteerde de dresscode voor het galadiner erg vrij. Hij trok een groene blazer aan met een wapen op het borstzakje, het clubjasje van de Cork Golf Club, legde hij uit. Sinds hij dankzij een Ierse grootvader Ier had kunnen worden en EU-*citizen* blijven, demonstreerde hij bij elke gelegenheid zijn '*Irishness*'. Karl dacht dat David een cynicus was, maar Nathalie had tijdens een rookpauze op de brandtrap een keer gezegd: *Le pauvre cochon souffre de suradaptation*. Maar Karl geloofde niet dat de arme kerel aan overassimilatie leed, daarvoor was hij veel te weinig serieus. *Have a look*, zei David lachend, hier, zie je? Het wapen! Wat zie je? Het is het jasje van mijn golfclub, maar op het wapen van de club staat een schip! Is dat niet curieus? Maar het past bij vandaag, of niet?

Waarom voert een golfclub een schip in zijn wapen? De Cork Golf Club is gelegen op een eiland voor de stad Cork, zei David. Was vroeger alleen per boot te bereiken. Vandaar dat wapen. Een heel oude club. Niet eenvoudig daar lid te worden.

Karl trok zijn muisgrijze pak uit, stapte in zijn zwarte broek en deed het dinerjacket aan, hij droeg het met de onverschilligheid van een man die het om het even was wat hij aan had zolang hij niet in de spiegel keek.

## 8

Karl Auer had zich al niet lekker gevoeld toen hij aan boord ging, hij had gedacht dat hij gewoon overwerkt was en te weinig slaap had gehad, daarom was hij in de hut meteen even gaan liggen, voor een powernap, had hij gedacht, maar het waren drie uur geworden, waarna hij bezweet wakker werd. Dus had hij de reddingsoefening gemist en zodoende Baia pas gezien toen ze aankwamen in Brindisi, en zijn neef Franz Starek had hij nog helemaal niet gezien. Nu stuurde hij een appje en kreeg meteen antwoord. Waar hang je uit? Kom naar de bar op dek 6. Meteen nog een bericht: let op, er zijn daar twee bars. Ik zit in de 'Ismail Qemali bar.' Als je boven komt richting achtersteven.

Franz Starek omhelsde zijn neef, daarna stelde hij hem voor aan Max-Otto Hagenbeck, collega van Europol.

Europol? Bent u hier op jacht naar de helm?

Max-Otto Hagenbeck glimlachte.

Er schijnt zo meteen een helm te worden onthuld. Is dat soms de gestolen helm?

Nee, mijn beste, zei Franz. Natuurlijk niet. Maar aangezien straks alles om die helm zal draaien, zijn geschiedenis, zijn betekenis, vangen wij misschien iets op, een aanwijzing, informatie, iets wat we nog niet weten, een aspect dat ons verder helpt. Dat – hij haalde even zijn schouders op – hoopt Max tenminste.

De belangstelling voor de helm is erg groot, zei Max-Otto, maar we weten nog niet precies wie er héél erg veel belangstelling voor heeft, en waarom. Dat komt dadelijk misschien ter sprake.

À propos, zei Franz, we moeten zo meteen naar beneden, naar de lobby. Maar laten we nog snel een glas wijn drinken.

Hij wenkte de barman.

Deze bar is sensationeel, zei Franz, ze hebben hier zelfs Oostenrijkse wijn, ze hebben wijn uit elk land waaruit een passagier aan boord is.

Dat kan niet, zei Karl, ik deel de hut met een collega uit Ierland en –

En? Heeft u Ierse wijn?

*Yes sir*, zei de barman. Van Vineyard Thomas Walk, Zuid-Ierland. Ik heb een uiterst rijke, complexe rode van de amurensis-druif, wilt u een glas? Geur en smaak doen denken aan zwarte kersen en bramen en –

Stop! Oké! Nee, nee, geeft u ons die Grüne Veltliner, die ik eerder ook had.

En tegen Karl: Nou, wat zeg je daarvan? Maar vertel eens, hoe gaat het met jou? Is er nieuws? Word je vader?

Karl keek Franz perplex aan. Hoe wist hij dat? Hij was de geboren politieman, rechercheur beter gezegd, dat was duidelijk sinds de kwestie met de foto van oma's vader, maar dat hij hem wist te vertellen wat hij zelf pas net te weten was gekomen, verbijsterde hem. Hoe deed Franz dat? Wat waren zijn bronnen?

Hoe weet jij –

Franz lachte. Een slag in de lucht, zei hij. Mijn dochter is volwassen. Tenminste bijna. En jij wilde immers ook altijd een kind. Maar als je nu niet gauw vader wordt, dan is het te laat. Dus, heb ik gelijk?

Nee, nee.

Maar jij zei: Hoe weet je dat?

Nee. Ik wilde zeggen: Hoe kom je daarbij?

Heren, zei Max-Otto, beneden wacht de helm, onze baby. Als ik dat zo mag zeggen. We moeten – ik vrees dat er niet genoeg tijd meer is voor wijn.

Tijdens het diner zit jij bij ons aan tafel, begrepen? En dan vertel je –

Ja, natuurlijk, zei Karl Auer.

Bij de lift stond een man te wachten, een Chinees, wat Karl Auer verbaasde. Het zou hier de komende dagen om de westelijke Balkan gaan, en ook al wist hij dat China daar belangen had, hij kon zich toch niet voorstellen dat de Albanese minister-president bij besprekingen met vertegenwoordigers en afgevaardigden van de EU ook een afgevaardigde uit China zou uitnodigen. Anderzijds: misschien juist daarom? Of misschien, dacht Karl, is hij geen Chinees maar een Europeaan met een migratieachtergrond. Als hij dacht aan de veelkleurigheid van Brussel... je wist nooit... het deed er ook niet toe... hij had Indiers leren kennen die Engels waren, Japanners die Schot waren of zwarte Portugezen met grootouders uit Angola, dus. Dat sprak toch vanzelf.

Maar hier. Hier had de aanwezigheid van een Chinees een andere betekenis. Beter gezegd: een betekenis.

Toen de liftdeur openging liet de Chinees hen beleefd voorgaan, met iets gebogen hoofd en uitgestrekte hand.

Karl Auer keek hem aan, hij wilde zien of er in zijn fysionomie tekenen van een mix te zien waren, een Europees aandeel, een aandeel Europese ouder, maar dat kon hij niet zien. Geen halfbloed dus – en meteen dacht hij: ik sta mezelf niet toe dat ik dit zojuist gedacht heb. Zelfs niet wanneer er een correcte formulering voor zou bestaan. Hij at graag chinees, in die nieuwe luxe zaken, niet met zo'n kinderachtig folkloristisch rood-gouden draken- en lampionneninterieur. Zijn lievelingschinees in Brussel was een Koreaan. Dus, echt, wat deed het ertoe? Niettemin, hier vond hij het vreemd, een Chinees!

Je hebt een rooie kop, zei Franz, en je bent warm, broeder, dat viel me al op toen ik je omhelsde. Gaat het goed?

Ze gingen naar beneden.

Alles goed, zei Karl, hij schaamde zich.

Ze kwamen beneden in de lobby aan, de liftdeur ging open, er was zoveel rumoer en beweging, er waren bewakers en leden van de bemanning die iets riepen, Karl Auer bleef besluiteloos staan, zag dat de Chinees op een man afliep, hem begroette, iets zei – wie was die man? Dat was toch...?

Wie is dat?

Wie?

Met wie die Chinees daar staat te praten.

Waar? Wie? zei Starek.

Karl Auer wilde zeggen: daar! – Maar toen zag hij de Chinees niet meer.

Gentlemen, mag ik u verzoeken hierlangs verder te lopen, zei een bewaker, hier, hartelijk dank.

## 9

Adam had nog snel een Spotify-playlist aangemaakt. Met maar twee liedjes: 'Kocham wolność' ('Ik hou van de vrijheid'), het lied dat Piotr op zijn gettoblaster had afgespeeld toen hij zichzelf in brand stak, en 'Mury' ('Muren'), het officieuze volkslied van Solidarność. Beide songs wilde hij zo hard als maar mogelijk was op zijn telefoon afspelen terwijl hij de strooibiljetten van boven de lobby in liet dwarrelen.

Hij probeerde het uit, toen er werd gebeld.

Het was Dorota.

Hoe gaat het met je?

Goed.

En?

Wat en?

Wil je niet weten hoe het met ons gaat?

Hoe gaat het met jullie?

Luister. Ik wil je aan één ding herinneren. Je hebt een eed gezworen.

Ja, daarvan ben ik me bewust.

Ik bedoel een eed als ambtenaar.

?

Als jij je jongenseed uit die verzetsspelletjes van je serieuzer neemt, dan moet je twee dingen doen.

Wat?

Ontslag nemen bij de Commissie. En in een scheiding toestemmen.

?

Waarom zeg je niks?

Wat moet ik zeggen?

Hoe serieus je het meent.

Wat?

Dat is juist wat ik wil weten.

*Kocham wolność!*

*Anch'io*. Ik heb die baan bij die klimaat-ngo gekregen. Ik begin al over tien dagen. En Romek gaat naar de crèche.

Goed. Heel goed.

Het kan zijn dat het koud is in huis als je thuiskomt.

Adam staarde naar de telefoon, er was niks meer te zeggen. Tenminste niet nu. Hij zal zijn opdracht vervullen. En daarna zullen ze praten.

Hij keek op zijn horloge. Nu. Hij pakte de tas met strooibiljetten, ging naar de lift en klom naar dek 5. Hij liep naar de balustrade, keek de lobby in – en was verbijsterd. In verwarring. Werd volkomen onzeker. Dit had hij niet verwacht.

## 10

De mensen die de een na de ander uit de lift kwamen of, omdat de liften natuurlijk voortdurend bezet waren, via de trappen de lobby binnenstroomden, verzamelden zich beneden niet rond het rode blok (de Albanese Kaaba – wie had die grap gemaakt? Deed er niet toe, op dit moment vond Adam niets grappig), maar werden door leden van de crew en bewakers doorgestuurd. Talloze uitgestoken en doorlopen zwaaiende handen wezen de weg naar het theater. Het theater!

De lobby was een tussenstation, wat was er aan de hand? Adam zette de tas met strooibiljetten neer. Had Security lucht gekregen van zijn plan? Dat was onmogelijk. Adam boog zich verder over de balustrade, keek zoekend naar beneden om erachter te komen wat er aan de hand was, maar hij zag alleen maar mensen die de lobby binnenkwamen, doorgestuurd werden, en in de entree van het theater verdwenen.

Van dek 8 kwamen ook de vips, de een na de ander, met hun exclusieve lift. Daar! de Franse minister van Buitenlandse Zaken. Daar! Dat was Mateusz! Vijf mannen in zwart pak om hem heen, zijn bodyguards. En nog twee mannen in dinerjacket, leden van zijn kabinet? Ze bewogen van de lift naar het theater als een wandelende druiventros. Adam wilde al roepen: Mateusz, voor jou heb ik... – maar toen waren ze alweer in het theater verdwenen, waarom ging iedereen naar het theater terwijl de helm in de lobby onthuld zou worden?

Een paar minuten later was er geen mens meer in de lobby.

Adam ademde diep in en uit. Wat te doen? Omdat hij geen idee had waarom de situatie totaal anders was dan hij had verwacht, wist hij ook niet hoe het nu verderging. Moest hij wachten tot iedereen het theater weer uit kwam? Maar hij wist ook niet wat er in het theater stond te gebeuren en hoelang dat zou duren. En of ze zich daarna zouden verzamelen in de lobby of meteen naar het restaurant zouden gaan voor het diner. Wachten? Wachten betekent niks weten. Of wachten op een andere gelegenheid op een andere dag? Wachten betekent niks weten. Tijdens de scholing van Strijdend Solidarność had hij geleerd: Als je door een actie in een onvoorziene situatie belandt die je plan ondermijnt, moet je je meteen terugtrekken. Waarbij je, indien mogelijk een symbolische handeling kunt verrichten, ten teken dat je bereid zou zijn geweest.

Hij pakte zijn telefoon, drukte op play en speelde zo hard als het kon 'Kocham wolność' af, maar in het atrium dat naar boven toe drie verdiepingen open was, ging de energieke stem van de vrijheidsliefde verloren. Hij pakte de tas met de strooibiljetten op en kiepte die zonder veel nadenken, als van afstand bestuurd, over de balustrade leeg. Het verbaasde hem dat de velletjes niet zoals verwacht heen en weer schommelend naar beneden zweefden, maar als één pak naar omlaag vielen, een enkel blad slechts zeilde, een keer in- en uitademen en alles lag al beneden op de grond.

Hij keek naar beneden, de strooibiljetten waren een beetje over de vloer van de lobby verspreid, nou ja, misschien dat een paar mensen als ze het theater uitkomen zich afvragen wat daar op de grond ligt, een blad oppakken en het lezen. Mocht hij dat hopen?

Nu klonk 'Mury', het strijdlied van Solidarność en Adams ogen werden vochtig, maar niet uit sentimentaliteit. Hij herinnerde zich die middag in Warschau toen hij met Mateusz bij het raam stond en er beneden op straat een massademonstratie langskwam. En Mateusz zei: Vergeet je idealen (hij kon het zich niet letterlijk herinneren, maar zoiets ongeveer:) Nu gillen ze dat ze persvrijheid willen, en vervolgens zijn ze blij met achterlijke roddelpers en pornoblaadjes.

Het lied was afgelopen. Hij keek naar zijn telefoon, Spotify interpreteerde zijn muzieksmaak en deed een nieuwe suggestie, en daar stond warempel 'No Nations'. En 'Easy Living'.

Hij deed zijn ogen dicht. Hij zocht naar een gedachte. Hij had een gedachte nodig die als het ware het beschermheerschap van zijn handelen op zich kon nemen. Maar het bleef zwart achter zijn voorhoofd. Zwart op zwart: de weg naar de toekomst loopt niet via de terugkeer naar oude idealen. Anders zouden die idealen niet oud zijn. In het donker hoorde hij Mateusz lachen: Waarvoor wij hebben gestreden had politiek of maatschappelijk uiteindelijk deze of een andere gedaante kunnen aannemen. Want wat wij als doel formuleerden bestond uit niets dan abstracte begrippen. Nu is het zoals het is. Jij mag dat verraad noemen. Ik noem het een concreet resultaat. Jij verwart droom met trouw. Ik ben trouw aan het haalbare.

Hij sperde zijn ogen open, het was als een ontsnapping uit een nachtmerrie. Wat deed hij hier? Het was belachelijk. Hij liep terug naar zijn hut en belde Dorota. Ze nam niet op. Hij stuurde haar een bericht: In de volgende haven ga ik van boord en kom ik naar huis. Ik hou van je.

Wat Adam niet meer zag: vijf mannen, gedirigeerd door de directeur die verantwoordelijk was voor de schoonmaak en het onderhoud aan boord, schoven met brede bezems de strooibiljetten die in de lobby op de grond lagen bij elkaar en voerden ze af in grote rode vuilniszakken. Het duurde nog geen drie minuten of de onschuld was hersteld.

## 11

Het was een hoogst ongebruikelijk situatie. Zoveel Europese toppolitici, hooggeplaatste functionarissen en ambtenaren op één plek bij elkaar, in een theater, aan boord van een schip. Ylbere, die op de achterste rij helemaal aan de buitenkant zat, overzag het tafereel en dacht dat het volslagen idioot was, als een koortsdroom waarin je een toneelstuk bij elkaar fantaseerde waar de hoofdpersonen in de zaal zaten, en dat op zwalkende planken op zee. En ze zegden teksten op die je niet kon verstaan omdat ze fluisterden en smoesden. Op het toneel stond de Albanese minister-president, hij zei nog niets, waardoor hij de indruk maakte dat hij de enige toeschouwer van dit stuk was. Dat beviel hem kennelijk. Hij glimlachte.

Inderdaad was het podium verdwenen want achter de ZK was een filmdoek neergelaten. Daarop was een stilstaand beeld geprojecteerd, een tekening van de ZK waarop een gespierde man te zien was in de stijl van socialistische helden- en soldatenmonumenten, een Titan die op zijn schouders de aardbol droeg in de vorm van een enorme basketbal. Het schilderij heette, als je de titel rechtsonder kon ontcijferen 'Albanese Atlas'.

Ik had altijd al de indruk dat die man geneigd is tot het onserieuze.

*Vous avez absolument raison, mon président*, fluisterde Gustave du Bois-Veretout.

*Meravigliosa, quest'ironia.*

*È vero.* Maar achter zijn grappen verstopt hij keiharde belangen.

Vindt u dat hij ze verstopt? Daarstraks *lo spettacolo nel porto*, dat was geen verstoppertje!

Ik denk dat meneer de minister-president niet echt vertrouwd is met de Europese mythologie, nietwaar?

Zeker, staat u me echter toe erop te wijzen dat hij degene is die bepaalt wie de ontginningsrechten voor het Albanese koper krijgt.

Hij zal zich nu toch niet als een Jan Klaassen willen presenteren, of wel? Wat denkt u directeur-generaal?

Ik denk eerder, minister, dat hij van ons Jan Klaassens wil maken, als ik zo vrij mag zijn dat te zeggen.

Wel, we wachten het af. Ik zal eens met de Duitsers praten, wat die ervan vinden.

*Velünk, magyarokkal bármit megtehetsz!*

Dat bespreken we dan wel met de Poolse delegatie.

Wat is dit? vroeg Max-Otto.

Ik denk dat ik een vermoeden heb wat dit is, zei Franz Starek en overhandigde hem zijn telefoon. Kijk wat ik net voor nieuws uit Wenen krijg!

Max-Otto las het en zei hoofdschuddend: Dat is... echt...? Hoe?

Hoe? Dat zullen we zo horen, vermoed ik.

Er kwam nog een man het podium op en nam plaats naast de ZK, die om stilte vroeg, zijn keel schraapte en zei: Excellenties, geachte dames en heren! Hoofdcommissaris van politie Endrit Cufaj – hij wees met uitgestrekte hand naar de man – en ik willen u graag een korte film laten zien voordat u aansluitend de vitrine met daarin de helm van onze nationale held Skanderbeg kunt bekijken. U verwachtte vast een vlotte ceremonie, gewoon een doek wegtrekken, onder begeleiding van beleefd applaus, en dan eindelijk het galadiner met een voortreffelijk menu van onze meesterchef Bledar Kola. Ik verzoek om uw begrip dat we uw geduld nog een klein beetje op de proef moeten stellen, maar over een paar minuten zult u begrijpen dat we daar een gegronde reden voor hebben, een sensatie van internationale betekenis, dat is niet te veel gezegd, en ik waag te voorspellen dat uw applaus steviger dan alleen maar beleefd zal zijn. Ik zal de film van begeleidend commentaar voorzien en het een en ander toelichten. Dus, start de film!

Het werd donker en de ZK tikte theatraal op zijn telefoon.

De geüniformeerde man die u hier ziet in de foyer, zei hij, is de officier die gisteren belast was met de beveiliging. Nu komt er een man uit de lift die door de officier wordt begroet. In de opname van de bewakingscamera ziet u het tijdstip afgebeeld. Het is een uur tweeëndertig 's nachts. Let u op het pakje dat hij onder zijn linkerarm heeft. Halftwee 's nachts. Op dat tijdstip kon niemand aan boord komen, de gangway was ingetrokken. Zo. En nu –

Hij zette de film stop –

Moet u het volgende weten: Die man is gistermiddag al aan boord gekomen, hier, ziet u –

De film ging verder na een knip –

We schakelen terug naar de middag, hier ziet u diezelfde man, een eenvoudige arbeider zou je denken, hier ziet u hoe hij met een steekwagen naar het laadperron loopt, hij leverde vijfduizend eieren van de firma AFEX af. Over die firma kan ik later nog het een en ander vertellen. Hier ziet u hoe zijn papieren worden gecontroleerd, de levering wordt bevestigd, hoe hij het laadruim binnenrijdt. Allemaal in orde. Zover. Alleen:

Hij zette de film stop.

Er zijn geen beelden waarop te zien is dat hij het schip daarna weer heeft verlaten. Pas om halftwee 's nachts duikt hij weer op. Dus heeft hij zich verstopt in de laadruimte of in een vrije hut die de beveiligingsofficier hem ter beschikking heeft gesteld, tot hij 's nachts dus weer door onze camera's werd opgepikt.

Laten we verdergaan. Terug naar de lobby om halftwee 's nachts. U ziet hoe de twee mannen het doek wegtrekken en de glasvitrine openmaken. Het interessante hierbij is dat de vitrine niet uit pantserglas bestaat, maar, mede met het oog op pogingen haar te openen, met een code is beveiligd. Die code kende de veiligheidsofficier. Hier ziet u hoe in het licht van de hoofdlamp van de zogenaamde eierleverancier de helm in de vitrine oplicht, hij haalt hem eruit, zet hem op de grond en nu, opgelet! Zo meteen! Nu! Ziedaar!

Hij zette de film stop.

Wat ziet u hier, wat haalt hij uit die doos die hij bij zich heeft?

Hij zapte beeld voor beeld verder tot hij tevreden was met de still.

Hier ziet u het heel duidelijk: nog een helm! Hij houdt hem

omhoog, welhaast triomfantelijk, in het licht van zijn hoofdlamp, wat voor helm mag dat wel zijn? Laten we verdergaan. Hier legt hij de meegebrachte helm in de vitrine, de officier doet haar op slot, de man stopt de andere helm in zijn doos, en nu –

Hij zette de film stop. Zei: Dames en heren, ik ben zeer trots op het werk van mijn hoofdcommissaris van politie Endrit Cufaj die door zijn integere en consequente onderzoek voorbereid was op exact dit moment. Ziedaar: de arrestatie van het tweetal. En nu, dames en heren, laten wij u zien –

Knip.

Wat ik daar in mijn handen heb en in de vitrine terugleg is de hoogwaardig gesmede, tot in het kleinste detail aan het origineel getrouwe helm van Skanderbeg die ik in opdracht heb laten maken voor dit schip, dat zijn naam draagt. En hier, de helm in de doos die hoofdcommissaris Cufaj voor de camera houdt, dat is – de verrassing. Dat is – de sensatie. Dat is de helm die gestolen werd in Wenen.

Beeld stopt.

Als we morgen aanleggen in Montenegro, worden de twee mannen aan land gebracht en naar Tirana gevlogen, waar ze in voorarrest komen. In de tussentijd worden ze aan boord in een binnenhut in verzekerde bewaring gehouden. De Weense helm wordt, begeleid door twee Albanese elitesoldaten en de Oostenrijkse ambassadeur, teruggevlogen naar Wenen. Excellenties, dames en heren, wij hebben een misdrijf opgehelderd en het belangrijkste object van dit schip gered, en –

Fate Vasa, die op de eerste rij zat, sprong op en applaudisseerde, de Albanese parlementariërs volgden hem en gaandeweg kwam iedereen overeind om te klappen, bijna iedereen, de ZK maakte sussende gebaren en zei door het wegebbende applaus heen dat iedereen de helm, niet de gestolene, maar de getrouwe kopie, bij het verlaten van het theater kon bewonderen in de foyer. Hij had de onthulling van een helm aangekondigd, dit was het. En hij nodigde iedereen uit, ook uit naam van de kapitein, voor het galadiner in restaurant Valet e detit, recht tegenover op hetzelfde dek.

Zei hij nou dat de Albanese politie onderzoek had gedaan?

Ja.

En wij zijn incompetent of zo?

Ja.

En zei hij opgehelderd? Dat zij de zaak hebben opgehelderd?

Ja, dat zei hij.

Maar heeft hij gezegd wie de helm in Wenen heeft gestolen? En wat het motief was?

Nee.

Maar in feite had jij gelijk.

Maar op een heel andere manier dan ik dacht.

Nou dan. Smakelijk.

## 12

De onthulling was natuurlijk hét onderwerp van gesprek tijdens het diner, tenminste tijdens de eerste twee gangen. Zij het dat er meer verwarring dan bewondering doorklonk. Want heel veel ambtenaren en politici uit verscheidene landen hadden helemaal geen weet gehad van de diefstal van de helm van Skanderbeg in Wenen. Wat in de Oostenrijkse en Albanese media voor de grootst mogelijke opwinding had gezorgd, had in Nederland of Griekenland, in Frankrijk en andere landen hooguit tot een kort bericht geleid, en was daarom aan de aandacht van velen ontsnapt. Voor hen had het verhaal over de twee helmen dat de ZK zojuist had gepresenteerd iets hoogst surrealistisch. De ene was gestolen maar werd op raadselachtige wijze 's nachts aan boord van dit schip gebracht waar hij moest worden verwisseld met een andere helm, die er precies hetzelfde uitzag en als getrouwe kopie van het origineel werd omschreven. Was de gestolen helm dan geen getrouwe kopie? Waarom was hij dan gestolen, en waarom moest hij worden vervangen door een getrouwe kopie van het origineel? De man die de gestolen helm terugbracht zou wel niet de dief van de helm zijn, want waarom zou hij een helm stelen en hem dan weer terugbrengen? Als hij de dief de helm afhandig heeft gemaakt, waarom brengt hij hem dan stiekem midden in de nacht terug en niet in het volle licht van de schijnwerpers, als een held, die daar waarschijnlijk nog een beloning voor zou hebben gekregen ook. Maar hoe het ook zij, waarom wordt een man die een gestolen helm terugbrengt gearresteerd?

Degenen die wel op de hoogte waren, legden uit welke grote symbolische betekenis de helm had voor de Albanezen.

Het gaat als het ware om windmolens, zei Ewout van Langen, hooggeplaatst ambtenaar van het Nederlandse ministerie van Buitenlandse Zaken.

Nee, het gaat om Skanderbeg, niet om Don Quichot, hoe komt u bij windmolens?

U zei toch symbool? Zoals de windmolens voor Nederland, toch?

Dat heeft u verkeerd begrepen. Windmolens zijn een Nederlands clichébeeld, maar niet een symbool voor vrijheidsstrijd of nationale eenwording.

O jawel, mijnheer, windmolens speelden een belangrijke rol in de vrijheidsstrijd van de Nederlanders tegen de Spanjaarden: met de stand van de wieken werden boodschappen doorgegeven.

Ik begrijp het allemaal niet echt. U zei dat Skanderbeg het christelijke Europa heeft verdedigd tegen de Osmanen. Dan zou hij voor christelijke Europeanen toch een grotere betekenis moeten hebben dan voor Albanese moslims.

Hij was de eerste die de Albanese stammen verenigde. Vandaar de grote symbolische betekenis van zijn helm, begrijpt u?

Ik vond die helm uiterst interessant. Die geitenkop boven op de helm! Hebben geiten een speciale symbolische betekenis in Albanië? Weet u dat toevallig? Is er daarom een geit aan boord gebracht?

Hoe bedoelt u geit aan boord gebracht? Waar is een geit aan boord?

Heeft u dat niet gezien? Hoe die geit aan boord werd gebracht?

Nee, ik heb geen geit gezien. Heeft iemand een geit gezien? Nee, niemand heeft een geit gezien.

Ze kwam met de dikke trom.

Met de trom. Tuurlijk.

Op kantoor heb ik een scheurkalender. Op elk vel staat een spreuk van de dag. Weet je wat gek is? Gisteren, voor ik vertrok stond er een zin die raadselachtig was, maar op de een of andere manier, als ware het een speling van het lot, toch paste bij het feit dat ik aan boord van een schip zou gaan en jou terugzien.

Wat?

Er stond: *Tijdens een storm ziet het bollende zeil zich als de oorzaak zelf.*

Waarom vertel je me dit?

We wilden er toch over praten of we de situatie juist inschatten. Het kind en –

Erg charmant, die kapitein. Het spel dat aan de kapiteinstafel gespeeld werd – heeft u dat meegekregen?

Nee, vertel!

Hij deelde briefjes uit en stelde voor dat iedereen aan tafel zou opschrijven welke eigendommen belangrijk voor hem zijn, waarvan hij onder geen beding afstand wil doen. Iemand vroeg of er een limiet aan was, drie belangrijke dingen slechts, of vijf, en de kapitein zei, nee geen beperking, wie twintig of vijftig dingen had waarvan hij geen afstand kon doen, kon er twintig of vijftig op de lijst zetten. Er was nog meer papier.

En? Wat is daaraan zo interessant? Ik kan me wel voorstellen wat iedereen opgeschreven heeft. Huis, auto, sieraden, wie wil daar nou afstand van doen, en dan verder tot het fotoalbum aan toe, en misschien nog het horloge van opa enzovoort. Ik begrijp niet wat het spel moet zijn.

De kapitein glimlachte zo charmant en geamuseerd dat ik meteen doorhad dat er een clou zou komen. En inderdaad. Iedereen las voor wat hij had opgesomd en –

Ik sta altijd weer versteld dat er mensen zijn die aan zulke stomme spelletjes meedoen, de geboren slachtoffers van animators. Stom, maar als die slachtoffers politici zijn –

Nee, wacht, dat is niet fair. Het was echt leerzaam. De kapitein hoorde het allemaal aan, het waren lange lijsten, toen zei hij: Op een schip leer je heel anders te denken, namelijk dat alleen die eigendommen belangrijk zijn die je kunt redden als je schipbreuk lijdt. Slim nietwaar? En toen zei hij dat we met dat in het achterhoofd moesten nadenken wat we van onze lijst konden schrappen. Is dat niet leerzaam? Het gaf me echt te denken. We hangen te veel aan –

Excuseert u mij.

Weet u wat me razend maakt, signore? Vanaf morgen vinden er gesprekken plaats over de toekomst van de EU, en zijn er werkgroepen over de westelijke Balkanlanden, in verband met de uitbreiding. En, ziet u, daarginds, twee tafels verderop, die man in zijn nachtblauwe pak, die zich niet eens aan de dresscode houdt, weet u wie dat is? De Poolse minister-president. Hij komt naar een EU-congres, oké op dit schip is het informeel, maar toch, en gisteren nog zei hij in een interview: De EU heeft voor elkaar gekregen wat Adolf Hitler niet is gelukt. Omdat de Duitsers de EU veranderen in een Vierde Rijk. Is dat niet idioot?

Idioot? U spreekt erg goed Italiaans, signore.

Mijn vrouw is Italiaanse.

*Va bene*. Dan begrijpt u wat ik u nu zeg. *Ci sono paesi che hanno la loro mafia, ma in Polonia la mafia ha il suo paese.* Het is niet idioot zolang de realpolitik het als realiteit erkent en het als uitgangspunt neemt.

Wilt u dat echt weten? Ik zou daar uren over kunnen vertellen.

We zijn nog niet eens bij het dessert.

Ik wilde lid worden van de Partij, en ik wilde afgevaardigde worden omdat ik het land op zijn kop wilde zetten. Alle corrupte zwijnen achter de tralies, dat wilde ik. Ik ben opgegroeid in Noord-Albanië, in het Gat, dat is nog voorbij Tropoja. Mijn oom heeft in Duitsland gewerkt, hij kwam thuis op vakantie en nam een voetbal voor me mee, een echte officiële Duitse voetbal. Ik was de enige in mijn dorp met een echte voetbal, ook in het buurdorp had niemand er een. De kinderen van twee dorpen hadden slechts deze ene bal. We waren aan het spelen, toen de politie kwam. We moesten ons in een rij opstellen en onze armen uitstrekken. Dat was niet in de tijd van Hoxha. Zie ik er zo oud uit? Nee, dat was na het einde van het communisme. Een politieagent ging de rij langs en sloeg elk kind met zijn knuppel op zijn handen. Daarna vertrokken ze weer. En de bal namen ze mee. Dat Albanië wilde ik veranderen. Het Albanië waar de politie een bal steelt van kinderen, en dat tegelijk lid van de EU wil worden. Begrijpt u? Die gestolen helm laat me koud, maar die gejatte bal laat me tot op de dag van vandaag niet koud.

Is het niet volslagen idioot? Polen is lid van de EU en overtreedt stelselmatig het Europese recht, Albanië is geen lid van de EU en voert juridische hervormingen door, precies zoals de EU het wil –

Ik vraag me wel eens af of een EU van niet-leden niet de betere EU zou zijn.

Wat kunnen we eraan doen?

Ik breng dat morgen ter sprake.

Soms zou ik willen dat de EU uiteenvalt.

U bent gek! Waarom?

Dan zou er zoveel ellende zijn in Europa dat de mensen zouden zeggen: dat mag nooit meer gebeuren. En dan zou alles van voren af aan beginnen, maar beter, en dankbaar.

U bent gek, maar jullie Engelsen –

Nee, niks Engelsen! Ier, alstublieft!

Die demonstratie hier in de haven van Brindisi verraste me zeer. Het was ongelooflijk. Ik had niet gedacht dat zoveel mensen in Italië de Albanese minister-president –

Wat dacht u dan? Italianen zijn in wezen toch niks anders dan Albanezen in een Versace-kloffie.

Wie kan ik vragen of die geit nog aan boord is? Iemand moet daar toch verantwoordelijk voor zijn?

Weet u of die Chinees daar een vertegenwoordiger van China is of voor een Europese instelling –

Welke Chinees?

Daar! Dus. Wacht! Vreemd. Nu zie ik hem niet meer. Zoeven zat hij nog daar – maakt niet uit.

Op dat moment klonk dwars door het geroddel, het geslurp en het gekonkelefoes heen schel uit de luidspreker: Attentie, code Alpha. Code Alpha.

En daarna nog een paar gecodeerde woorden.

Code Alpha.

Twee mannen en een vrouw sprongen overeind en holden de eetzaal uit. Alle anderen bleven rustig, keken alleen even op en gingen door met eten en roddelen. Dat hadden ze onthouden. Een omroepbericht met 'code' ging hun niks aan.

## 13

Code Alpha betekende: medisch noodgeval. En er wordt in code aan toegevoegd waar het noodgeval plaatsgevonden heeft, op welk dek en waar precies, of het in een hut is, bij het zwembad of waar dan ook. Hierdoor wordt de scheepsarts gealarmeerd die zich er snel naartoe begeeft, én wordt de ziekenboeg aan boord in staat van paraatheid gebracht, assistent-arts, verpleegsters.

Het noodgeval betrof de Duitse ambassadeur Sontheimer die op het toilet van zijn suite een toeval had gekregen. Gevonden was hij door de butler van het suitedek, die, terwijl de passagiers aan het diner zaten, de turndown service verzorgde: gordijnen dichttrekken, bedden gereedmaken voor de nachtrust, badkamer en kamer nog een keer opruimen, een sluimersnoepje op het hoofdkussen leggen.

Het zag er vreselijk uit in de badkamer vertelde hij later tijdens het eten met de bemanning, meer kon hij er niet over zeggen, hij moest uiterste discretie in acht nemen.

Ondertussen werd het dessert geserveerd, *oshaf*, een pudding van vijgen en schapenmelk, een typisch nagerecht uit Gjirokastra, ‘opnieuw geïnterpreteerd’ door chef Bledar Kola, aldus de menukaart. Men genoot van het eten, maar niet speciaal van de nieuwe interpretatie, aangezien niemand bekend was met de oude versie. Waarbij ‘niemand’ niet helemaal klopte. Een parlementslid van de socialistische partij van Albanië, lid van de commissie voor Justitie, hij heette Jonas of Junus of Jonuz, zo goed had Karl Auer zijn naam niet verstaan, deed vreselijk zijn best de betekenis van die nieuwe interpretatie uit te leggen. Weet u, zei hij, Enver Hoxha kwam uit Gjirokastra en in zijn autobiografie schreef hij dat oshaf zijn lievelingskostje was, vooral als hij troost zocht, maar ook als hij kracht nodig had, maakte zijn moeder oshaf voor hem. Schreef hij. Dat leidde tot een dilemma: oud-communisten posten op 16 oktober, de verjaardag van Enver Hoxha, op de sociale media altijd: Vandaag eten we oshaf, zonder zijn naam te noemen. En zo is die pudding verbonden met Enver Hoxha, en daardoor eigenlijk in diskrediet geraakt. Maar hij is zo typisch, zo traditioneel en zo heerlijk, dat je toch moeilijk omwille van politieke correctheid kunt besluiten hem nooit meer te eten. Dat is hetzelfde als wanneer in Duitsland niemand meer zuurkool zou eten omdat Hitler van zuurkool hield.

Hield Hitler van zuurkool?

Bij mijn weten hield hij van eiernoedels.

En? Eet u eiernoedels.

Ik hou niet van eiernoedels, maar niet om politieke redenen.

Hoe dan ook, het was een enorme prestatie van Bledar Kola dat hij ons door zijn herinterpretatie de oshaf heeft teruggegeven, ervoor heeft gezorgd dat hij ons weer smaakt, zo u wilt.

Ja, hij is erg lekker. Zeer interessant, Dank u!

U spreekt overigens voortreffelijk Duits, heeft u Duits gestudeerd?

Ja. En ik heb ook een beurs voor Duitsland gehad. 1986, na de dood van Hoxha. Dat was een spannende tijd. Ik zou daar veel over kunnen vertellen. Maar weet u wat grappig is? Toen ik terugkwam in Tirana geloofde niemand wat ik vertelde.

Hoezo?

Ja, dat was ongelooflijk. Bijvoorbeeld dat er in Duitsland geen bananen waren. Dat kon niemand in Tirana zich voorstellen. Hier vond en vind je immers bananen op elke straathoek.

Waar heeft u gestudeerd?

In Leipzig.

Ik moet zeggen dat dat mij ook is opgevallen, zei Karl Auer. De vele bananenverkopers in Tirana. En goedkoper dan in de supermarkt.

Zo komt de cocaïne het land binnen, zei Max-Otto, verstopt in bananendozen. Die bananen hebben de drugsbarons niet nodig, ze halen de cocaïne uit de zending en geven de bananen aan arme mannen die een beetje geld kunnen verdienen met de verkoop ervan. De bananen zijn goedkoper dan in de supermarkt omdat ze ze gratis hebben gekregen. Hiervandaan wordt de cocaïne verspreid over heel Oost-Europa, terwijl de Albanezen zich misselijk eten aan bananen.

Ik ga naar bed, zei Baia Muniq.

Ze stond achter haar stoel en zei: fijne avond verder. Karl Auer schrok. Moest hij nu, ten overstaan van de anderen zeggen: ik ga mee? Hij keek naar haar met demonstratief verlangen, opdat ze hem een teken zou geven – dat hij haar na een zekere tijd achterna moest komen, of dat ze naar een van de bars op hun dek zou gaan en daar op hem wachten, maar hij kon geen aanwijzingen aflezen van haar gezicht, ze keek hem niet eens aan. Wat hield hij toch van haar – dat gevoel was, in woorden gevat, een staccato van steken in zijn middenrif. Haar vlot geknipte zwarte haar, de donkere ogen, de markante jukbeenderen, de volle lippen, zo bezien een orgie van clichés, maar in zijn ogen iets unieks, eenmaligs. Hij had iets verkeerd gedaan. Wat? Hij keek haar na. Aan tafel had hij niet vertrouwelijk met haar kunnen praten, later, had hij gedacht, in een bar of zelfs in haar hut. Had ze zich verveeld, pudding, en bananen? Dan had ze toch een teken kunnen geven.

## 14

De volgende ochtend kwam de Skanderbeg aan in Montenegro. Daar lag het schip twee uur op de rede. In een tenderboot werden de twee arrestanten onder begeleiding van vier agenten aan land gebracht, in een andere boot de zorgvuldig ingepakte originele helm, begeleid door twee elitesoldaten. Er stonden maar weinig passagiers aan de reling te kijken hoe de twee zwart-rode tenderboten te water werden gelaten en richting Porto Montenegro schommelden. In restaurants en cafés op de verschillende dekken werd ontbeten, om tien uur zouden de meetings van de werkgroepen beginnen. De vips bleven, samen met hun adviseurs en tolken, onder elkaar op dek 8. Of ook zij formele onderhandelingsrondes hadden of gewoon informeel gesprekken voerden in het restaurant, een bar of op een dekchair, wist niemand. Vroeg in de middag pas kwamen er geruchten en vermoedens, die afgeleid werden uit het soort documenten en informatie waarom ze hun medewerkers op de werkafdelingen op dek 5 en 6 vroegen.

Op dek 4 was een perscentrum ingericht. Hier konden de meereizende journalisten – *embedded journalists* – zei Ylbere, informatiemappen krijgen van de verschillende delegaties, mits je zin had hollefrasenexegese en legehulzenhermeneutica te bedrijven. Maar je kon hier ook een verzoek indienen voor een antwoord op specifieke vragen, en het belangrijkste: aanvragen indienen voor interviews. Je gaf op wie je wilde interviewen en kreeg dan later een bevestiging met tijdstip en plaats.

Of niet.

Ylbere had een aanvraag ingediend voor een interview met de Franse president. Dat werd afgewezen. Een medewerker van de president opperde vriendelijk dat ze de vragen schriftelijk zou stellen, dan zou ze schriftelijk antwoord krijgen.

Schriftelijk antwoord, dat is een erg interessant aanbod voor een radiojournalist, zei Ylbere. Daarna dacht ze: oké, schriftelijke antwoorden zou ze kunnen becommentariëren, ze zou ze kunnen citeren en elk citaat kunnen bewijzen. Ze zou de holle frasen die ze schriftelijk kreeg live verscheuren, er de draak mee steken, ze zou ze tegenover informatie uit andere bronnen plaatsen, en ze zou het allemaal kunnen onderbouwen, zwart op wit, op officieel papier met de gouden opdruk van het Elysée. De ware reden voor het Franse veto tegen toetreding van Albanië zal ze niet te weten komen, en ze zal ook geen duidelijke uitleg krijgen waarom dat veto zo snel werd ingetrokken, wat een unicum was in de geschiedenis van de EU. Maar ze zal die frasen bewerken tot er scheurtjes in komen en het systeem erachter zichtbaar wordt, ach wat, systeem! Dat systeem bestaat in wezen uit twee speelkaarten die tegen elkaar aanleunen en die allebei van mening zijn dat je op die basis een kaartenhuis kunt bouwen, waar jij dan de huisbaas zult zijn. Hier is de kaart van de Romaanse landen, die geen belang hebben bij een uitbreiding naar het oosten, dat wordt te duur en het zuiden is failliet, en met de steunmaatregelen voor elk nieuw lid, of zelfs voor de gehele Balkan, wordt de steun voor de landen in het zuiden met hun financiële problemen lager. Dat zien de landen met groeiende hebzucht natuurlijk anders, daarbij gesteund door landen die, anders dan het zuiden, immense economische belangen hebben in het oosten, de Duitse industrie bijvoorbeeld of de Oostenrijkse banken. Daarnaast zijn er eigenaardige psychologische redenen: Frankrijk ziet zichzelf graag als leider van een Middellandse Zee-unie, terwijl Oostenrijk zich belangrijker voelt wanneer het opkomt voor de Balkan, uit nostalgie, in de overtuiging dat het om historische redenen bijzonder populair is op de Balkan. De Oostenrijkse SPAR-supermarkten zijn in Albanië inderdaad populair.

Op het punt waar de twee kaarten tegen elkaar leunen, bevinden zich de bodemschatten. Al het andere, voor zover het het openbare deel van het debat betreft, is gezwets, populisme hier, populisme daar. Intussen zit de voorzitster in het Berlaymont in Brussel en spuit weerbestendige Taft-haarlak op haar gouden helm, want ze heeft de Romaanse landen nodig, ze heeft de midden-Europese landen nodig, en voor de zekerheid ook de populisten, om herbenoemd te worden.

Die innerlijke tegenstrijdigheden zullen de EU, zoals die nu in elkaar zit, niet verscheuren. Want de tegenstrijdigheden leunen tegen elkaar aan, ondersteunen elkaar. Nu kun je zeggen, dat is juist het nieuwe, het innovatieve, en dat is toch mooi. Je kunt echter ook zeggen: als je één kaart beweegt, stort het hele huis in.

Ja, Ylbere had veel vragen die monsieur le Président, en ook anderen op haar lijst, wellicht nog nooit hadden gehoord. Maar nu kreeg ze alleen gelegenheid haar vragen schriftelijk in te dienen. Goed dan. Maar ze wilde meteen duidelijk maken dat ze niet bereid was om met de gebruikelijke frasen met een vraagteken erachter te vragen naar de gebruikelijke frasen met een punt erachter. Daarom schreef ze in de bijlage van het aanvraagformulier bij het punt *explanatory note*: ik accepteer de procedure waarbij ik mijn vragen alleen schriftelijk kan stellen, en verzoek u te accepteren dat ik aanvankelijk maar één vraag stel zodat ik met mijn volgende vraag kan reageren op het eerste antwoord. Een goed interview moet het niet alleen hebben van vragen en antwoorden, maar van doorvragen op antwoorden. Ik hoop dat we op deze manier dit formulier een paar keer heen en weer kunnen sturen. *Avec mes salutations distinguées*, Ylbere Lenz.

Daarna schreef ze haar eerste vraag op het formulier:

Monsieur le Président, u schreef uw doctoraalscriptie over Macchiavelli. Welke lering heeft u uit de intensieve studie van Macchiavelli getrokken met betrekking tot uw ambities in de Europese politiek?

Terwijl ze dit allemaal afhandelde in het perscentrum, en wachtte op het antwoord van dek 8, raakte ze in gesprek met een man van middelbare leeftijd, vroeg grijs, een beetje paffe-rig, maar met een brede glimlach die iets innemends had, of die tenminste, dacht Ylbere even later, de zekerheid uitstraalde dat daarmee altijd iets te winnen viel.

Van welk medium bent u? vroeg hij in het Engels, met een zwaar accent dat eigenaardig melodieus klonk en dat Ylbere meteen sympathiek vond.

Van de Albanese cultuurradio, en u?

Ik werk voor *Metropol*, is Hongaarse krant.

Heeft u ook problemen met de inwilliging van interviews?

Nee, ik kreeg zojuist informatie dat interview bevestigd is.

Heeft u de vragen van tevoren moeten indienen?

Nee.

De man lachte. Mijn minister-president spreekt iets voor me in op band, de vragen voeg ik dan toe voor het ter perse gaan.

Ylbere keek hem verbijsterd aan.

Wat moest ze zeggen? Op dat moment kreeg ze van de *service agent* van het perscentrum de bevestiging dat haar aan-vraag gegund was.

Dat betekent?

Dat u antwoord krijgt.

Ze bedankte hem en zei dat ze meteen ook een interview wilde aanvragen met de Poolse minister-president. Ze vulde het formulier in, keurde de Hongaarse collega geen blik meer waardig en was blij toen hij vertrok.

Ze formuleerde haar vraag: Waarom had de Poolse minister-president een week voor deze gesprekken over een uitbreiding van de EU naar de westelijke Balkan, hooggeplaatste vertegenwoordigers van rechtse partijen uit Europa uitgenodigd in Warschau, van het Franse Rassemblement National en het Spaanse Vox tot het extreemrechtse Vlaams Belang, en natuurlijk de Hongaarse minister-president met zijn Fidesz, die Polen in elke ruzie met de EU steunde. Waarom dus maakte hij vlak voor de gesprekken over uitbreiding afspraken met de tegenstanders van die uitbreiding?

Ze ondertekende en op dat moment klonk uit de luidsprekers: Code Alpha! Code Alpha!

Als ze het had geweten, als Karl Auer het had begrepen, en Baia Muniq, als Franz en Max-Otto en Adam het hadden begrepen, dan zouden ze allemaal in Montenegro van boord gegaan zijn.

Het geval van Adam was tragisch. Hij was immers van plan van boord te gaan en terug te vliegen naar Brussel, maar hij zat te ontbijten en had de gelegenheid verzuimd. Toen waren de tenderboten terug en lag het schip weer op koers.

Code Alpha! Code Alpha!

## 15

Een paar mensen hieven het hoofd bij het omroepbericht en gingen meteen weer verder met wat ze aan het doen waren.

Het zoemen en brommen en geroezemoes in het perscentrum was maar heel even overstemd.

In de lobby viel Ylberes oog op de vitrine met de helm van Skanderbeg. Ze stopte abrupt, had een idee, en liep terug naar het perscentrum. Het duurde een poos voor ze weer aan de beurt was, ze luisterde naar wat er voor haar werd gevraagd, waarover om haar heen werd gediscussieerd, en ze werd verdrietig. Een vlaag van verdriet omdat het haar niet gegeven was cynisch te zijn. Dit waren louter mensen van internationale media die er genoegen in schepten de realpolitik te begrijpen, in termen van realpolitik te denken, trots dat ze over informatie beschikten, of toegang hadden tot informatie, die ze dan voor hun eigen medium als puzzelstukjes aan elkaar voegden tot een beeld. Hoe verschillend die beelden ook waren, al naargelang de belangen van het medium en die van het land waar het verscheen, steeds pasten de puzzelstukjes aan elkaar! Maar dat kon alleen omdat elk stukje een vierkantje was. Zo kon je altijd makkelijk iets aanleggen, zij het dat er dan een surrealistisch beeld ontstond. Het mogelijke. Realpolitik. Als de grondleggers van de Europese eenwording aan realpolitik hadden gedaan, zou de EU niet bestaan.

Toen ze aan de beurt was vroeg ze of het mogelijk was met één formulier een vraag aan alle politieke vertegenwoordigers op dek 8 tegelijk te stellen.

Dat was voor zover zij wist niet mogelijk, zei de jonge vrouw aan de desk, je moest op een formulier immers de naam van de persoon invullen aan wie de vraag werd gesteld.

En als ik in het naamvak gewoon Aan allen! invul?

De vrouw schrok, tenminste ze sperde haar ogen open.

Ylbere keek haar aan, deze ongetwijfeld ontwikkelde, polyglotte vrouw, die vijf of zes talen sprak en bang was een fout te maken, en ze zei: Niemand zal het u aanrekenen als ik het probeer.

Ze pakte het formulier, vulde in Aan allen! En de vraag: De helm van Skanderbeg is het symbool voor het verenigde Albanië. Wat is het symbool voor het verenigde Europa?

Geen angst, zei ze. Laten we afwachten wat er gebeurt.

Code Alpha! Attentie code Alpha!

Was dat een herhaling van het vorige omroepbericht? Of een nieuw? Ylbere keek om zich heen, niemand scheen zich erom te bekommeren.

## 16

Baia Muniq tijdens de eerste gespreksronde van haar werkgroep.

Tot haar verrassing stond als eerste punt 'Marokko' op de agenda.

Marokko!?

Op de agenda die zij in haar map had, stond niks over Marokko, daar stond als eerste punt 'Perspectieven westelijke Balkan'.

Ik begrijp niet... zei ze.

Wij hebben op korte termijn besloten –

Wie is wij?

Op verzoek van de Fransen zijn we het erover eens geworden dat we... *well*, de kwestie is immers deze: Marokko heeft een officieel verzoek ingediend om lid te worden van de EU, zei David Charlton, en dat is natuurlijk van groot belang voor de lidstaten die een Middellandse Zee-unie willen vormen, of niet? Het gaat bij uitbreiding toch niet alleen om de Balkan. Daarom moeten we ook –

Pardon, maar is er ook maar de minste kans dat Marokko binnen afzienbare tijd een kandidaatstatus krijgt?

Natuurlijk niet.

Dan is dit punt dus afgehandeld!?

Zo eenvoudig is dat niet. We moeten ons er wel degelijk mee bezighouden hoe we daar politiek mee omgaan. Als gezegd, er zijn belangen, en die zijn u bekend, neem ik aan.

Ik heb me voorbereid op vragen betreffende de toetreding van Albanië en niet op het verlangen van een paar EU-leden om een club binnen de club, een Unie binnen de Unie op te richten.

Beste mevrouw, dat met de Unie binnen de Unie of naast de Unie is zo'n ding. Als uw minister-president van mening is dat het bevorderlijk is om met andere Balkanstaten een Balkan-Unie op te richten, dan kan hij er toch vast en zeker begrip voor opbrengen dat er in het zuiden ook een paar landen een belangengemeenschap nastreven, of niet?

De Open Balkans Union is een poging van aspirant-toetreders om zich gezamenlijk voor te bereiden op toetreding tot de EU en gezamenlijk de vooraf vereiste inspanningen te leveren, zoals afschaffing van roamingkosten bijvoorbeeld, wederzijdse erkenning van diploma's, visavrijstelling enzovoort, en het is zeker niet een plan om binnen de Unie een eigen kleine Unie te vormen die in tegenspraak is met de Unie als geheel.

Ach, glimlachte David Charlton, wie is niet in tegenspraak met het geheel? Ik als Ier bijvoorbeeld –

Luister! Ik moet u verzoeken u aan de officiële agenda te houden en –

Moeilijk, heel moeilijk, zei David. Zoals u weet is de commissaris voor Buitenlandse Zaken op dit moment een Spanjaard. Dat dat niet goed is voor de Balkanstaten, is me duidelijk. Wat weten Spanjaarden van de Balkan? Die denken dat die in Wenen begint.

Hij glimlachte.

Hoe dan ook, ik moet hier voor een zeker evenwicht zorgen, wij moeten in onze gesprekken tot een standpunt komen dat ik dan in deze complexe situatie kan overbrengen en –

Baia, die taaie, correcte Baia betrapte zich erop dat ze helemaal niet meer luisterde. Ze vermande zich en zei: Zei u nou ons standpunt? Kent u dat niet? Vijf Balkanlanden willen toetreden tot de Europese Unie. Ik vertegenwoordig Albanië, concreet de parlementaire commissie voor Justitie die alle rechtshervormingen doorvoert die de EU wenst. Ik weet niet welke eisen Frankrijk of Spanje aan Marokko stellen, maar ik ben van mening dat we daarover niet ook nog eens een, zoals u dat noemt, standpunt moeten innemen.

Ze keek geschrokken naar haar linkerhand. Van opwinding had ze steeds weer met haar balpen op de rug van haar hand getikt en diepe blauwe punten op de huid gemaakt, het deed zeer. En ze was kotsmisselijk. Ze sprong overeind, was bang dat ze moest spugen en zei: Neem me niet kwalijk, en liep naar buiten.

Voor de lift kwam ze Karl tegen. Hij keek haar strak aan – was hij boos vanwege gisteravond? Ik voel me slecht, zei ze, ik voel me zo slecht.

Ik ook, zei Karl.

Dat was niet het antwoord dat ze wilde horen. Waarom moeten vrouwen met zwangerschapsklachten medelijden hebben met de pijntjes van mannen? Maar op dat moment zag ze hoe bleek hij was en dat er zweetdruppels op zijn voorhoofd stonden, hij wankelde toen de liftdeur openging en hij een stap achteruit deed.

Kom, zei ze.

Ze wist dat hij een hut deelde met die David Charlton en die had ze zojuist leren kennen. Ze nam Karl mee naar haar hut, waar hij meteen op bed viel.

Wil je slapen?

Hij mompelde iets.

Zonder je uit te kleden?

Ze verstond niet wat hij mompelde.

Ze ging naar de badkamer, plensde wat water in haar gezicht, spoelde haar mond, leunde op de wastafel en bekeek zichzelf in de spiegel.

Ze dacht dat ze te jong was om zichzelf niet meer te herkennen. Maar ze wist dat wat ze ook zou beslissen, alles anders zou worden, en zij een andere vrouw.

Ze hoefde niet meer over te geven, de aandrang was verdwenen.

Ze liep terug naar het bed, keek naar Karl. Moest ze de scheepsarts roepen? Ze ging in haar kleren naast hem liggen. Wat mompelde hij? Hij ademde zwaar, steunde en kreunde steeds weer.

Oma kon kippen hypnotiseren. Ze deed het hem voor. Wat was dat avontuurlijk, opwindend en toch vertrouwd, want het was zijn wereld, zijn oma. Ze stak haar wijsvinger uit, maakte lokgeluiden, bukte zich en bracht de wijsvinger naar de snavel van de kip die ze had uitgekozen. Lokgeluidjes, geruststellend, zacht, langzaam naderde de vinger de snavel, de kip staarde naar de vinger die nu langs de snavel langzaam in de richting van de ogen bewoog, en de kip begon te loensen en bleef onbeweeglijk staan. Oma greep de kip met een energieke beweging bij haar poten, ze wilde fladderen, maar kalmeerde onmiddellijk toen oma haar tegen haar buik drukte en haar vinger weer op haar snavel legde. Weet je, als ze loensen dan verstarren ze en dan kun je ze makkelijk kalmeren. Hij bewonderde oma, hij was er zeker van dat niet iedereen dit kon, maar zij was een heks, ze kon met planten en met dieren praten. Bepraten noemde ze dat, je moet dieren en planten bepraten.

Maar toen. Op het hakblok, kop eraf, en hij gilde, geschrokken liet oma de kip los die zonder kop door de tuin fladderde, en zij twee erachteraan. Hij kreeg haar te pakken! Hij hield haar vast en gaf haar aan oma. Geschokt. Hijgend. Kun je leven zonder kop?

Velen kunnen dat, maar onze kippetjes niet.

Later zat hij op een kruk naast zijn oma die de kip in een teil met bijna kokend water doopte, haar in het water heen en weer bewoog, eruit haalde en haar met haar vingertoppen plukte, de kip steeds weer onderdompelend, steeds weer haar vingers bewegend vanwege het hete water, en de veren vlogen in het rond, zwarte veren die omhoogwervelden en de hemel verduisterden, en hij zat naast zijn oma, gebiologeerd, een gelukzalig kind, verbaasd namelijk, en zij sprak toverspreuken, althans, zinnen die hij niet begreep, en toen toch: Ze was van de leg, maar ze was braaf, wij zijn dankbaar, maar de duivel wil haar hebben, daarom is het water zo heet, en de pennen, die zitten zo vast, duivel, duivel neem je klauwen weg, en het water zo heet...

Het water zo heet, het water... zo heet...

Baia vlijde zich tegen hem aan, veegde het zweet van zijn voorhoofd.

Duivel neem je klauwen weg!

Ze drukte zich tegen hem aan, ze verstond niet wat hij zei, ze wist niet wat hij droomde, maar ze wilde zijn droom delen, ze drukte zich tegen hem aan alsof ze zo samen konden dromen.

## 17

Er kwamen niet veel mensen naar het lunchbuffet in het centrale restaurant op dek 4. Maar niemand die zich daarover verbaasde, er waren immers verscheidene restaurants aan boord en ook de bars boden snacks aan. Kennelijk verspreidde men zich.

Toen Ylbere het restaurant binnenkwam waren er heel veel tafels vrij, maar ze wilde niet alleen aan tafel zitten en was daarom dankbaar toen ze de uitnodigend uitgestoken hand van een scheepsofficier zag die haar aan een tafel noodde waar al een paar passagiers zaten.

De officier stelde zich voor als dokter Schumann, scheepsarts. Ik hoop, zei hij, dat ik nog rustig een glas kan drinken zonder dat ik meteen weer weggeroepen word.

Zijn er zoveel zieken aan boord?

Hij glimlachte zwaarmoedig, zei niks. Daarna stelde hij de gasten voor die aan tafel zaten, Ylbere onthield geen namen, ze was gefascineerd door de zachte, melodieuze manier waarop de arts Engels sprak.

U heet Schumann? Spreekt u Duits? Maar – u bent geen Duitser, toch?

Ik kom uit Wenen, zei de arts.

Dr. Schumann had decennialang op cruiseschepen gewerkt, op het laatst jarenlang op de MS Europa, hij stond binnen de branche bekend als een ervaren scheepsarts en hij had de uitnodiging voor de relatief kleine SS Skanderbeg aangenomen om in rust zijn laatste jaar door te brengen. Het viel Ylbere op hoe snel hij dronk, maar dat maakte niet de indruk ongecontroleerd te zijn, hooguit chronisch melancholiek.

Ze wilde niet naar het buffet lopen en vroeg de ober een bord met voorgerechten voor haar te maken, en een klein glas bier erbij. Dr. Schumann maakte van de gelegenheid gebruik om meteen ook nog een fles rode wijn te bestellen – die krijgen we hier samen nog wel op, zei hij en keek de kring van water-, cola- en bierdrinkers rond.

Er zat blijkbaar nog een Oostenrijker aan tafel, hij maakte zich kenbaar doordat hij opmerkte dat dr. Schumann zulk mooi Schönbrunner Duits sprak, dat melodieuze nasale – niet verkeerd opvatten alstublieft! – hoe dan ook, heel mooi, hij had dat al lang niet meer gehoord...

Dr. Schumann glimlachte, hief zijn glas. Op uw gezondheid, ik hoop dat u van de reis kunt genieten.

Een man in een driedelig pak, het vestje strakgespannen, een krans van grijs haar van oor tot oor, nam het woord. We kunnen dus Duits praten, geweldig. Weet u wat mij zou interesseren? Hoe het kan dat een christen de nationale held van een islamitisch land is. Heel eigenaardig. Dat Albanië is heel raar. Ik heb ook gehoord dat er in de oorlog veel joden zijn gered. Heel raar.

Wat vindt u raar?

Nou, dat moslims joden redden.

Misschien redden moslims geen joden, maar redden mensen mensen, zei dr. Schumann.

Wilt u daarmee zeggen dat iemand geen mens is als hij geen joden redt? Ik heb als gedelegeerde voor de handel herhaaldelijk met joden te maken, en dan heb ik het gevoel dat ik mezelf moet redden.

Als u medische hulp nodig heeft, zei dr. Schumann, dan sta ik ter beschikking.

*I did not understand, I do not speak German.*

En daar klonk alweer het omroepbericht: Code Alpha! Code Alpha!

Dr. Schumann stond op en zei: Ik vraag uw begrip, ik moet gaan. De plicht roept.

Hij glimlachte en maakte de aanzet van een buiging.

*I did not understand. What is the problem?*

Ylbere keek dr. Schumann na, eigenaardig geraakt door zijn melancholieke uitstraling, en het begon haar te dagen dat er een verband moest zijn tussen code Alpha en de verplichtingen van de scheepsarts.

## 18

Dr. Schumann was niet in staat te schreeuwen, laat staan te brullen. Dat had hij wel moeten doen. Maar alles wat hij te zeggen had, zei hij beleefd alsof hij de vraag beantwoordde hoe laat het was, en tegelijk droevig, alsof het hem speet dat het later was dan gedacht.

We hebben nu vier gevallen, zei hij, en we hebben aan boord een ziekenboeg met vier bedden. Het gaat ongetwijfeld om een virus, en het moet hoogst besmettelijk en agressief zijn. De symptomen zouden kunnen wijzen op het norovirus, maar ze zijn heviger dan ik ooit heb gezien, en er zijn bijkomende symptomen die eigenlijk niet bij het norovirus passen, namelijk aantasting van de longen, ademnood, angst te stikken, en veel hogere koorts. Ik moet toegeven dat ik niet weet waarmee we te maken hebben. Maar zelfs al is het alleen maar het norovirus, dan nog weet u wat ons nu te doen staat.

De kapitein keek de arts met een strak gezicht aan. Uitgesloten, zei hij.

We zijn verplicht het schip meteen onder quarantaine te stellen en de autoriteiten in de havens die we aandoen op de hoogte te brengen.

Er zijn vier onduidelijke ziektegevallen, zei de kapitein, ernstige gevallen blijkbaar, maar slechts vier. Ik kan daarom toch niet de politieke elite van Europa in quarantaine –

Toen ging de telefoon van de kapitein. Hij nam het gesprek aan, luisterde zwijgend naar de beller, knikte en zei: Nog maar drie gevallen. En een dode.

19

Adam wist niet dat hij vliegen kon. Hij stond met Piotr bij de balustrade, ze keken naar de lobby beneden, daar stond de vitrine met een getrouwe kopie van Auschwitz, gebouwd met LEGO, en Mateusz legde onder bijval uit dat het origineel hem gestolen kon worden, dat mochten de joden zelf houden, applaus.

Piotr legde zijn hand op de littekens van Adams oor, Adam legde een vinger op de mond van Piotr, die op dat moment tot as verging. Toen stapte Adam over de balustrade, de mensen daarbeneden moesten weten dat... ze moesten weten dat... en hij viel niet, hij zeilde als een vel papier naar beneden, schommelend in de wind, in de stijgende wind, naar links en naar rechts, het was geen vallen, het was vliegen, zeilen, de mensen beneden keken naar hem op en zongen 'Kocham wolność'. En Mateusz zag er opeens uit als Piotr, hij veinsde, hij was een vervalsing, maar getrouw aan het origineel, toen werd Adam even wakker, schokkend, zodat hij op de boxspringmatras schommelde alsof hij nog steeds vloog.

20

Twee doden.

Kapitein, we zijn ter hoogte van Corfu. We moeten de havenautoriteiten op de hoogte brengen en –

Aanleggen op Corfu is niet ingepland. Bij deze haven zouden we op de rede liggen. En als we nu doden naar het eiland tenderen, dan hebben we een schandaal. Die ziektegevallen zijn betreurenswaardig, maar de cruise gaat verder. Hier aan boord wordt geschiedenis geschreven. Ik wil niet de geschiedenis ingaan als de man die van de Europese politiek een lazaret heeft gemaakt.

Kapitein, met alle respect, u staat op het punt van de Europese politiek een Vliegende Hollander te maken.

Dokter! Ik heb de eerste officier gesproken, hij is het helemaal met me eens. De cruise gaat verder.

## 21

Dr. Schumann verzorgde de zieken in hun hut. Dat was ingewikkeld, want de meeste hadden een infuus nodig of zuurstof, waarvoor ze beter naar de ziekenboeg konden, maar die lag helemaal vol, hun luiers moesten regelmatig worden verschoond, maar daarvoor was er niet voldoende verplegend personeel.

De hevige diarree waaraan ondertussen de meerderheid van de passagiers leed, leidde tot een verbruik van wc-papier dat niet was ingecalculeerd.

Hoeveel rollen hadden ze bij de afvaart niet vrolijk overboord gegooid, dacht dr. Schumann, nu worden die node gemist.

Zes doden. Nu was ook de voor sterfgevallen voorziene koelruimte aan boord helemaal vol.

Natuurlijk wist de kapitein dat hij een riskant spel speelde. Maar hij had geen informatie, laat staan aanwijzingen van dek 8.

Er sijpelde niks door vanaf dek 8.

Werd daarboven Europa opnieuw verdeeld, terwijl er in de koelruimte lijken lagen?

De kapitein keek dr. Schumann aan en zei: U heeft een morbide fantasie.

Ik vraag u nog een keer te verordenen dat niemand zijn hut mag verlaten en –

Hoe stelt u zich dat voor? Dat we drie keer per dag eten voor de deur van elke hut neerzetten? Heeft u enig idee van de logistieke inspanningen? En heeft u iets gehoord van dek 8? Daar wordt gewerkt!

## 22

Nog een dode. De koelruimte was vol. Waarheen met hem? Er was nog een koelruimte. Die voor levensmiddelen. Kunnen we hem daar neerleggen?

Dat was het moment waarop de kapitein toegaf. We lopen de dichtstbijzijnde haven aan! Dat was ter hoogte van Crotone. Toen de ss Skanderbeg via de radio meldde dat ze zeven lijken aan boord had, vermoedelijk slachtoffers van een epidemie aan boord, kreeg ze een afmeerverbod. Het quarantaineschip moest maar terugkeren naar zijn thuishaven.

De volgende mogelijkheid, bij het aanbreken van de volgende dag al, Catania. Eveneens een afmeerverbod. Het quarantaineschip moest maar terugkeren naar zijn thuishaven.

En toen vond de grootste catastrofe plaats die op dat moment denkbaar was: code Echo.

## 23

Code Echo betekende dat het schip onbestuurbaar op zee dobberde.

De uitval door ziekte van scheepsofficieren, technici en sectorhoofden had geleid tot de ineenstorting van de moderne aandrijftechnologie, de stroom viel uit, niets deed het nog, geen water, geen licht, geen toiletten, mensen zaten vast in de liften, de motor viel uit en het schip raakte zonder aandrijving simpelweg op drift. Met code Echo werd iedereen opgeroepen die op de een of andere manier kon meewerken aan het verhelpen van de schade, ze werkten koortsachtig, het was een klein team van zwetende mannen.

Geen reactie van dek 8.

Het schip rolde. In de zwembaden klotste het water heen en weer.

## 24

De Skanderbeg dobberde op de Ionische Zee. Toen de turbines weer aansloegen, besloot de kapitein koers te zetten naar Malta. Dat was dichterbij dan zeg maar Durrës.

Er was weer elektriciteit, dat wil zeggen: licht. En wat in dat licht te zien was, stonk als de hel. Het deel van het personeel dat nog inzetbaar was, holde van hut naar hut, haalde luiers op, beddengoed, deelde rantsoenen wc-papier uit.

Levensmiddelen werden overboord gekieperd om plaats te maken voor lijken.

Malta weigerde hen te laten afmeren.

## 25

Dr. Schumann zat in zijn eentje in het restaurant dat nog slechts bemand werd door één ober, een oudere heer die eveneens gedacht had dat hij hier op routine en zonder stress zijn laatste jaar kon uitdienen, monsieur Henry, eveneens overgekomen van de MS Europa.

Monsieur Henry, zei dr. Schumann, heeft u een gezin?

Was me niet gegeven, dokter.

We zitten dus in hetzelfde schuitje. We laten niets na.

Ziet er helemaal naar uit, dokter.

Maar als u een kind had, wat zou u het dan nu mee willen geven?

Ik zou tegen een fictief kind zeggen: Kom niet ter wereld. Nog een glas rode wijn, dokter?

Kunt u zich niet voorstellen dat een nieuwe generatie –

O, ik kan me veel voorstellen. Weet u hoeveel je je kunt voorstellen als je meer dan veertig jaar hebt gehoord wat mensen allemaal zeggen als ze eten en drinken? Op uw gezondheid, dokter.

Wat?

Henry haalde zijn schouders op. Weet u, mijn vader heeft mij ook iets meegegeven, en ik durf te zeggen dat hij het bij het verkeerde eind had.

Wat zei hij?

Hij zei: Als je een steen tegen een berg op rolt, rolt hij terug over jou heen. Ik denk dat mijn leven anders verlopen zou zijn als hij had gezegd: Als er een steen op je weg ligt, moet je hem vermorzelen.

Ja, zei dr. Schumann, vermorzelen, maar ik geloof ook dat je alleen maar hoeft te wachten tot alles vanzelf uit elkaar valt. En dat wat versteend leek als eerste. Komt u bij me zitten, laten we een glas drinken, dat mag, er is niet één passagier.

Code Alpha! Code Alpha!

## 26

Catania weigerde hun te laten afmeren. Een schip in quarantaine was verplicht terug te keren naar zijn thuishaven. Maar het op drift geraakte schip was de Straat van Sicilië in gezogen en nu de turbines weer aansloegen, lag het meer voor de hand koers te zetten naar Tunis dan helemaal terug naar Durrës.

Derde dag. Wat was er aan de hand op dek 8? Geen informatie.

Toch wel. Baia Muniq kreeg een bericht van het bureau van de ZK. Waarom ze discussieerde over Marokko?

En Ylbere kreeg een eerste antwoord op haar aan-allen-vraag wat het symbool was van Europese eenheid. Van het Duitse kabinet. Antwoord: De Europese waarden.

## 27

Nu lag het schip voor Tunis. Geen toestemming af te meren. Algiers, geen toestemming.

Geen wc-papier meer aan boord. Twaalf lijken in de koelcel voor levensmiddelen.

En ineens een nieuw probleem.

Er is een geit aan boord, kapitein.

Dokter Schumann zegt dat hij geen dierenarts is.

De technici in de machinekamer geven haar eten, op dek -2.

Maar door de vele zieken is er geen controle meer, het dier loopt nu vrij rond.

Hoe vrij?

Het is met de lift naar de lobby gekomen.

Wat doet het daar?

Het vreet papier.
Ik regel het, zei de kapitein en deed zijn ogen dicht.

Algiers. Geen toestemming af te meren.

28

Karl Auer sliep nu zo rustig dat Baia rechtop ging zitten en opstond, ze had honger. Ze was met zijn tweeën, moest ook het kind in haar buik voeden. Ze wankelde, haalde diep adem, en ging naar het restaurant. Aan de tafels zat niemand, maar een paar passagiers zaten op de grond, voor hen stonden wijnflessen, lagen lege flessen, er lag brood en kaas, de kaas hadden ze zelf uit de schappen in de koelruimte gehaald, meteen achter de lijken, en daar lagen ook nog oesters, maar ze hadden geen oestermes, en wie weet of ze de stroomuitval hadden doorstaan. De kaas was oké.

Ze ging ook op de grond zitten, wat kon ze anders doen, brak een stuk van het brood en hapte gulzig in een kaas, ze betrapte zich erop dat ze het brood en de kaas vasthield alsof ze haar rantsoen moest verdedigen tegen anderen.

In wezen is het lichaam een omhulsel vol drek. De drek in de darmen, de drek in de ziel.

Je vergeet de drek in de kop.

Ja, precies, de drek in de kop.

Dat is erg hardvochtig, en niet terecht. Ik heb mannen gezien die hun laatste adem uitbliezen en om hun moeder riepen.

En?

Dat is geen drek. Er bestaat een geest van liefde die dat wat jij omhulsel noemt, helemaal vult, verlangen, wanhoop, rouw, dat is geen drek. Drek dat is de dood.

Hou op, zeg! Diezelfde mannen die stervend om hun moeder roepen, zouden, als ze niet gestorven waren, twintig, dertig jaar later hun moeder in een bejaarden- of verpleeghuis hebben gestopt. En als de moeders roepen om hun zoon, dan komen die niet omdat ze o zo onmisbaar opgesloten zitten in hun leven.

En als de moeder meerdere kinderen heeft, dan breekt de oorlog om de erfenis uit nog voor ze dood is.

Als er iets te erven valt.

Er valt altijd iets te erven.

Je kunt een erfenis ook niet accepteren.

Ach, kom me nou niet met politiek aan! Dat maken we onszelf wijs, dat we de erfenis niet hebben geaccepteerd. Maar we hebben ervan geprofiteerd. Niet geaccepteerd, maar geprofiteerd.

We moeten afscheid nemen voor we sterven.

Waarvan?

Van die drek!

We moeten afscheid nemen van de vele verschillende mensen die ieder van ons is geweest.

Dat gaat me boven de pet.

We moeten kunnen vergeven.

Ik kan mezelf niet vergeven.

Anderen!

Ik kan ook de anderen die ik ben geweest niet vergeven. Zoals ook anderen de anderen die ik vroeger ben geweest niet kunnen vergeven.

U bent dronken.

Luister! Een familielid van me werd ernstig ziek. Twintig jaar geleden. Hij was nog jong. De symptomen pasten op de een of andere manier niet bij elkaar, ze leverden geen eenduidig ziektebeeld op. Sommige symptomen pasten bij de ene, andere symptomen bij een andere ziekte. De symptomen werden behandeld, maar dat hielp niet omdat de behandeling van bepaalde symptomen andere symptomen juist versterkte. Wat hier werd gestabiliseerd, leidde daar tot een crisis van formaat. Het raadselachtige was dat hij helemaal onderzocht werd, in hart en nieren, van onder tot boven, en dat geen enkele detaildiagnose enige aanwijzing opleverde. Hart, longen, lever enzovoort hadden allemaal min of meer normale waarden. Ook werd er niet een of ander carcinoom gevonden dat zich ergens verborg en zijn levensenergie opvrat. Dat verre familielid, Adrian, was een tamelijk beroemde schilder. New Tate en Guggenheim hebben werk van hem. Hij hield er een ongemeen symbiotische opvatting over leven en wereld op na. Ik denk dat hij nooit iets anders geschilderd heeft dan symbiose, vereniging en versmelting, abstract, maar het deed denken aan, of riep associaties op met het figuratieve: Zijn dat copulerende lichamen, of is dat de natuur die stenen overwoekert, die zich om de menselijke beschaving slingert, of slaan daar golven om geliefden heen, omhult de nacht een ziel en zien wij de duisternis alleen door haar versmelting met de kern van licht? Kortom: Adrian was ervan bezeten, die eenheid van het leven. Alles moest met alles verstrengeld en versmolten zijn. Toen hij ziek werd, maar nog niet precies wist hóé ziek hij was, begon hij heel anders te schilderen, hij verbluftte en verwarde zijn verzamelaars en de curatoren van de musea die in hem geïnteresseerd waren. Ineens schilderde hij welhaast fotorealistisch figuratief, menselijke lichamen die opengingen, waarna de organen alle kanten op wegvlogen, hij schilderde een avondhemel waarin in plaats van sterren, menselijke organen blonken, hart, lever, nieren, longen enzovoort, zonder dat die met elkaar verbonden waren, integendeel, ze leken van elkaar weg te bewegen als na een oerknal. Zijn man vroeg hem waarom hij dat deed, hoe hij erop gekomen was, dat hij met alles brak wat hij tot dusverre had geschilderd en wat hem erkenning had opgeleverd. Hij schijnt te hebben gezegd dat hij het niet wist. Het wilde zo zijn.

Daarna dus die ernstige ziekte, de radeloosheid van de artsen, zijn snelle dood. Omdat het allemaal zo raadselachtig was werd er tot sectie besloten, waarvoor uiteindelijk een van de grootste coryfeeën werd aangezocht. Was de dood veroorzaakt door een zeldzaam gif? De pathologen en anatomieassistenten stonden paf toen ze Adrians lichaam openmaakten. De dode was een min of meer gezonde man.

Dit is toch kul!

Luister! Lever, nieren, hart, pancreas enzovoort, alles in goede staat, passend bij zijn leeftijd. En toen ontdekte een professor wat de doodsoorzaak was, hij had erover gelezen in een vakblad; een extreem zeldzame ziekte die in dat artikel voor het eerst was beschreven. In wezen gezonde organen, beëindigden de onderlinge communicatie. Ieder afzonderlijk orgaan had 'normale waarden' maar het schortte de samenwerking met de andere op. Korte tijd ging dat goed, het hart pompte, de lever ontgiftte, de longen probeerden zuurstof naar het bloed te transporteren, maar ineens weigerde elk orgaan zijn functie met betrekking tot de andere te vervullen. Je verzwakt, stort in, komt in het ziekenhuis, check-ups vinden geen enkele afwijking in de organen, en dat betekent je dood. Je moet je dat als volgt voorstellen: als door een of andere onvoorstelbare rotatie vliegen de organen alle kanten op, en verliezen het onderlinge contact. De artsen zagen het pas tijdens de sectie, maar Adrian had het in de laatste weken voor hij in het ziekenhuis belandde al op groot formaat geschilderd. Er zijn in de wereld zo weinig mensen die deze ziekte hebben, dat geen enkel farmaceutisch concern investeert in onderzoek ernaar. Alles wat we bezitten aan aanschouwelijk materiaal zijn Adrians schilderijen.

Wat wilt u daarmee zeggen? Dat het exclusiever is te sterven aan een verdomd zeldzame ziekte dan aan een epidemie?

Dat was niet wat ik bedoelde.

Ik wil niet sterven.

Die wens is niet heel zeldzaam.

U bent een schijtcynicus.

Ik heb dorst.

Ik ook.

Zo ver is het gekomen. Wij kruisen voor Afrika, bedelend om water.

## 29

*Wat dromen matrozen?*

Franz Starek zat in de Ismail Qemali bar op Max-Otto te wachten. Hij was alleen, er was niet één andere gast, en ook geen bediening. Hij belde Max-Otto. Niet bereikbaar. Probeert u het later nog eens. Hij wachtte. Uiteindelijk liep hij achter de bar en pakte een fles veltliner uit de wijnkoelkast. Daar bevond zich ook een display waarmee je de muzak kon bedienen. Hij tikte erop en hoorde zachtjes een diepe stem, tragische tonen uit een wereld die nog in orde was: *Wat dromen matrozen op hoge zee? Matrozen op hoge zee? Ze dromen over meisjes waarmee...*

Het was idioot. Wat deed hij hier? Het grootste wateroppervlak dat hij ooit had gezien was de Alt-Donau, thuis in Wenen, het 22ste district. Daar had hij haar zijn aanzoek gedaan, in de 'Alte Kaisermühle' vlak bij de oever, ribbetjes met patat hadden ze gegeten. Mooi is het, zo pal aan het water, had ze gezegd, en hij had zijn afgekloven ribbetje neergelegd en gevraagd of ze zijn vrouw wilde worden en het altijd zo mooi wilde hebben met hem. Daarna namen ze een roeiboot en hij sloofde zich flink uit, een sterke jongeman was hij, maar hij had wel al snel gedacht dat het niets voor hem was dat roeien. Maar hij deed het omwille van de romantiek. Daarna kwam het kind. Zijn Bienchen. Ze huilde veel, de tranen kwamen heel makkelijk bij haar. We hebben haar te dicht bij het water gemaakt, zei zijn vrouw, nee hoor, klopt niet, zei hij, dat was toen we alweer thuis waren, in Simmering. Toen lachte ze, en Bienchen werd een sterke jonge vrouw met een groot hart. Het was echt wel een mooie tijd, jammer dat de tijd niet werkt als een zandloper, dat je hem gewoon kunt omdraaien. *Dat is de liefde van matrozen*, waar blijft Max-Otto, hij moest hem misschien nog een keer bellen, moest. Nog een glas wijn. Alles draaide. Voor zijn ogen. Zou Karl vader worden? Een schot in het duister, de duistere zee. Moeilijk, een kind, zeker tegenwoordig. Romantisch, vrolijk en onberispelijk moest het leven zijn, maar nu?

Er kwam een Chinees binnen, keek om zich heen en trok zich weer terug.

*Daarvan wordt een zeeman toch niet bang.*

Waar blijft –

## 30

Ylbere ging naar het perscentrum. Daar was het erg stil, er zat een handvol journalisten te wachten, ze lagen meer in hun stoel dan ze zaten.

De jonge vrouw aan de balie zweette hevig. Het was benauwd warm in het vertrek. Geen airco meer, uitgevallen, *no climate*, zei ze, *no climate control.*

Is er nieuws van dek 8? vroeg Ylbere.

Het laatste dat van boven kwam, zei ze, is wat ik u al gegeven heb: De Europese waarden.

De lucht was niet te harden. Ylbere liep het buitendek op.

31

De haven van Nador. Om deze haven binnen te varen had de ss Skanderbeg een loods nodig.

We sturen geen loods!

Geen toestemming om af te meren.

Maar de havenautoriteiten verklaarden zich bereid medicijnen en levensmiddelen te brengen.

Absoluut een mijl afstand houden tot de haven.

Over.

Komen alstublieft, komen. Dringend nodig: wc-papier en luiers. Wc-papier en luiers! Over.

Begrepen. Over.

32

Ylbere met dr. Schumann aan de reling. Aan de horizon een dunne streep. Afrika.

Is dat een plek van verlangen?

Casablanca.

Zullen we daar kunnen aanleggen?

Volgens de laatste informatie niet. Maar we krijgen medicijnen. Nador wordt bestuurd door de havenautoriteit van Casablanca. Daar kwam de bevestiging vandaan. We krijgen luiers en opiaten.

Voor stront en voor dromen, zei Ylbere. Neem me niet kwalijk.

Geeft niet.

Vertelt u me iets over uzelf. U heeft vast veel ervaring.

Ik heb maar twee ervaringen. Met de wereld waarin ik opgroeide, en daarna hoe het voelt als je uit die wereld valt. Ik kom uit een gezin waar thuis nog muziek werd gemaakt. En waar je vader je nog vanzelfsprekend kon helpen als je op het gymnasium als huiswerk een oud-Griekse tekst moest vertalen.

Ze zagen hoe er twee boten naderden.

Daar komen de dromen, zei dr. Schumann.

In ieder geval, zei hij, dat was de wereld. Daarover zou je veel kunnen vertellen.

?

Weet u, en dat viel me pas veel later op: mij is nooit voorgehouden dat ik een goed mens moest zijn.

?

Ja, een goed mens. Vreemd. Ik moest een goede dokter worden. En als ik getrouwd zou zijn, een goede huisvader. Maar wat is een goed mens? Fatsoen was belangrijk. Ik heb vaak te horen gekregen dat ik fatsoenlijk moest zijn. Ik heb nooit te horen gekregen dat ik een goed mens moest zijn. Nou ja, en toen ben ik op de een of andere manier uit de wereld gevallen. Als in mijn milieu tegenwoordig minachtend wordt gesproken over 'gutmenschen' dan is dat omdat ze denken dat ze zelf iets beters zijn. En links bedoelt met goed zijn dat moraal voldoende is. Maar ik maak me er niet druk om.

Waar maakt ú zich druk om?

Dr. Schumann haalde zijn schouders op. Mijn lethargie? Maar als je lethargisch bent, kun je je dan druk maken over je lethargie? Scheepsarts was voor mij het ideale beroep. Uitzonderingstoestand als routine. En je hebt geen haven van bestemming, die hebben alleen de passagiers.

Er is al lang geen code Alpha meer omgeroepen.

Omdat ze dat dan elke tien minuten zouden moeten doen.

Ik ga weer eens mijn ronde lopen. Ik verzoek u beleefd mij te verontschuldigen.

33

Meteen snelheid terugnemen! Een rubberboot minder dan een halve mijl voor de boeg in de vaarrichting!

Wat ziet u, officier?

Ik schat circa honderd mensen. Mannen, vrouwen, kinderen in een kleine rubberboot.

De kapitein pakte zijn verrekijker.

Een vluchtelingenboot.

In nood. Bij deze zeegang zal het – o, nee, daar! De boot is omgeslagen.

Kijk nou! En paar mannen kunnen zich nog vastklampen aan de boot, maar de meeste dobberen in zee. Vrouwen tillen hun kind omhoog terwijl ze zelf ondergaan. We moeten meteen –

Wacht! We moeten? We kunnen niet. We mogen geen mensen aan boord halen als er een epidemie heerst op het schip.

Dit zijn mensen in nood op zee. We zijn verplicht –

Ja, we zijn het verplicht en tegelijk is het verboden! Hoe wilt u daar uitkomen? En ik zeg u nog iets, in alle duidelijkheid: die mensen sterven, wat wij nu ook beslissen. We hebben volgens dokter Schumann een hoogst besmettelijk virus aan boord, we hebben weinig levensmiddelen, we hebben de zieken verdeeld over alle dekken, en we krijgen nergens toestemming om aan te meren. Die vluchtelingen zijn volkomen uitgeput. Die zijn weerloos tegen dat virus. Wij hebben geen medicijnen voor ze. Wat we hebben gaat naar boven, naar dek 8. In feite moeten wij hier beslissen of die mensen in zee sterven of aan boord. Hoe dan ook hebben we de wet overtreden.

We kunnen ze isoleren, er zijn vrije hutten.
Honderd?
Nee.

De kapitein knikte en de eerste officier interpreteerde dat knikken als een bevel. Redding op zee. Hij salueerde en gaf meteen de aanwijzingen door. De kapitein liet het allemaal gebeuren. Zijn gezicht was star als een masker. Hij zou voor elke beslissing de verantwoordelijkheid hebben genomen. En wat zou dan het ware gezicht moeten zijn, dacht de eerste officier, soms wordt het ware masker zichtbaar.

## 34

Ylbere stond te kijken hoe de reddingsboten te water werden gelaten en op het water schommelden, het was spookachtig: reddingsboten zonder bemanning.

Ze hadden ze automatisch laten zakken, zonder na te gaan of er genoeg matrozen beschikbaar waren. Er waren maar twee boten bemand. Ze keek toe hoe de mannen in die twee boten probeerden mensen in de boot te hijsen, terwijl drie lege reddingsboten afdreven, ze zag toe hoe schipbreukelingen via touwladders aan boord kwamen, ze zag een gillende vrouw die uit de reddingsboot sprong, een man sprong haar achterna, probeerde haar terug te trekken, ze gilde en sloeg om zich heen. Ze zag dr. Schumann die bij gebrek aan een deken een baby in zijn colbertje wikkelde. Ze zag de dikke man in zijn driedelige pak, hij kwam aanlopen met een thermoskan, maar hij had geen bekers, hij stond hulpeloos met de thermoskan te zwaaien. Ze zag monsieur Henry met een mand vol brood, ze zag een officier die bij een kind geknield zat en steeds weer op diens borst drukte, ze zag een jongeman die nog één schoen aanhad, die uittrok en hem met een wijde boog in zee wierp, ze zag een man en een vrouw die elkaar omhelsden en op de grond zakten en erbij lagen als een sculptuur van maansteen, bruin en glanzend, ze zag mensen in het water drijven, en zinken, ze zag krijsende kinderen en apathische mannen, en ze zag een vrouw in een reddingsvest die woedend haar vuist opstak naar de hemel, zo interpreteerde Ylbere het, naar de goede God die niet wilde kijken, niet wilde antwoorden.

## 35

Ylbere ging naar het perscentrum.
Is er nieuws van dek 8?
Nee. Het laatste was: Europese waarden.

## 36

Land! Ziet u? Land!
Dat is Gibraltar. Maar Tanger geeft geen toestemming om aan te meren.

Boven het schip fladderden en bromden drie helikopters.

De zon ging bloedrood onder. Uit alle luidsprekers op het dek klonk de aria 'S'a voi penso, o Luci belle' uit Vivaldi's opera *Scanderbeg*.

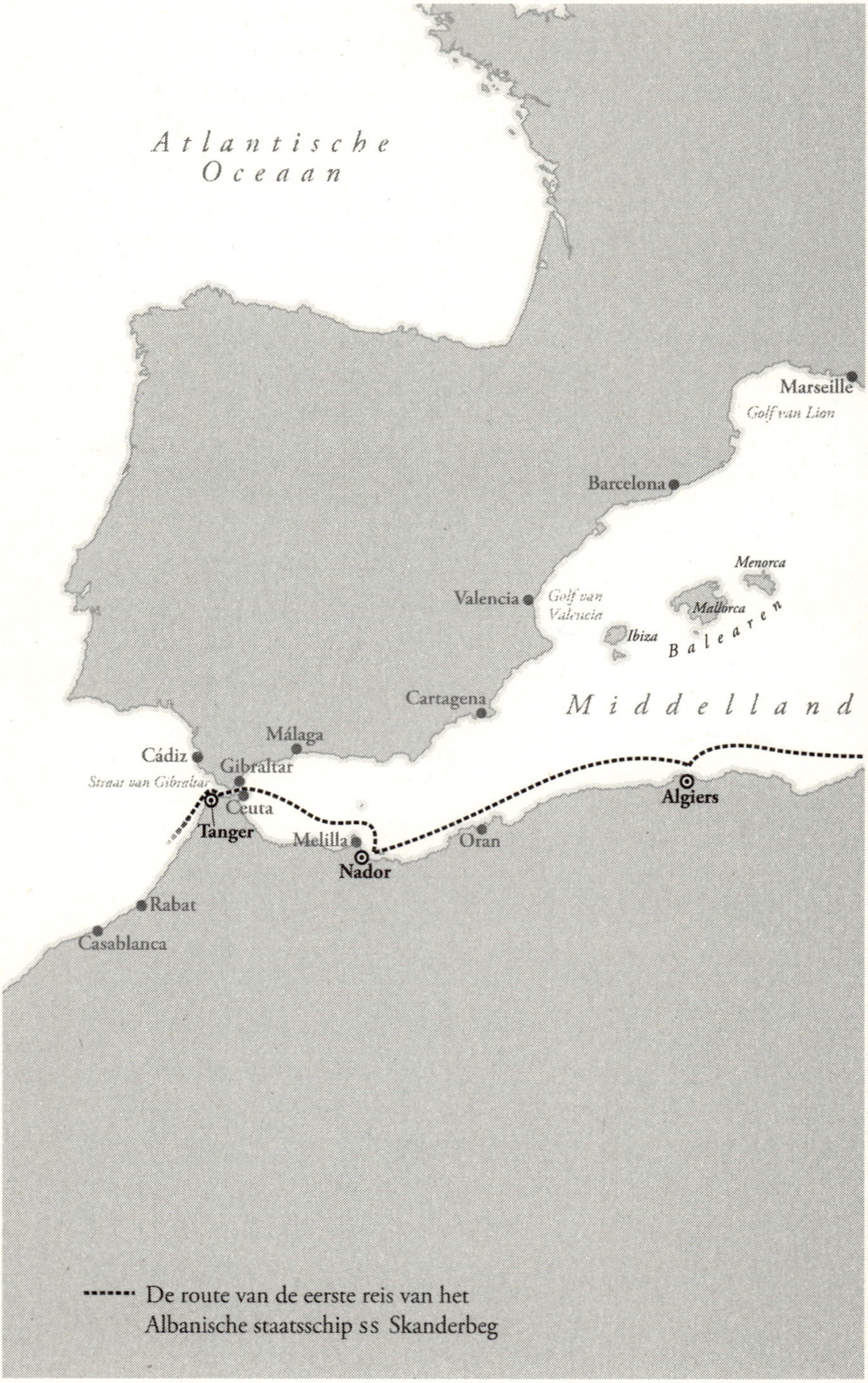
Atlantische
Oceaan
Marseille
Golf van Lion
Barcelona
Menorca
Valencia
Golf van
Valencia
Mallorca
Ibiza
Balearen
Cartagena
Middelland
Málaga
Cádiz
Gibraltar
Straat van Gibraltar
Ceuta
Tanger
Melilla
Nador
Oran
Algiers
Rabat
Casablanca
De route van de eerste reis van het
Albanische staatsschip ss Skanderbeg

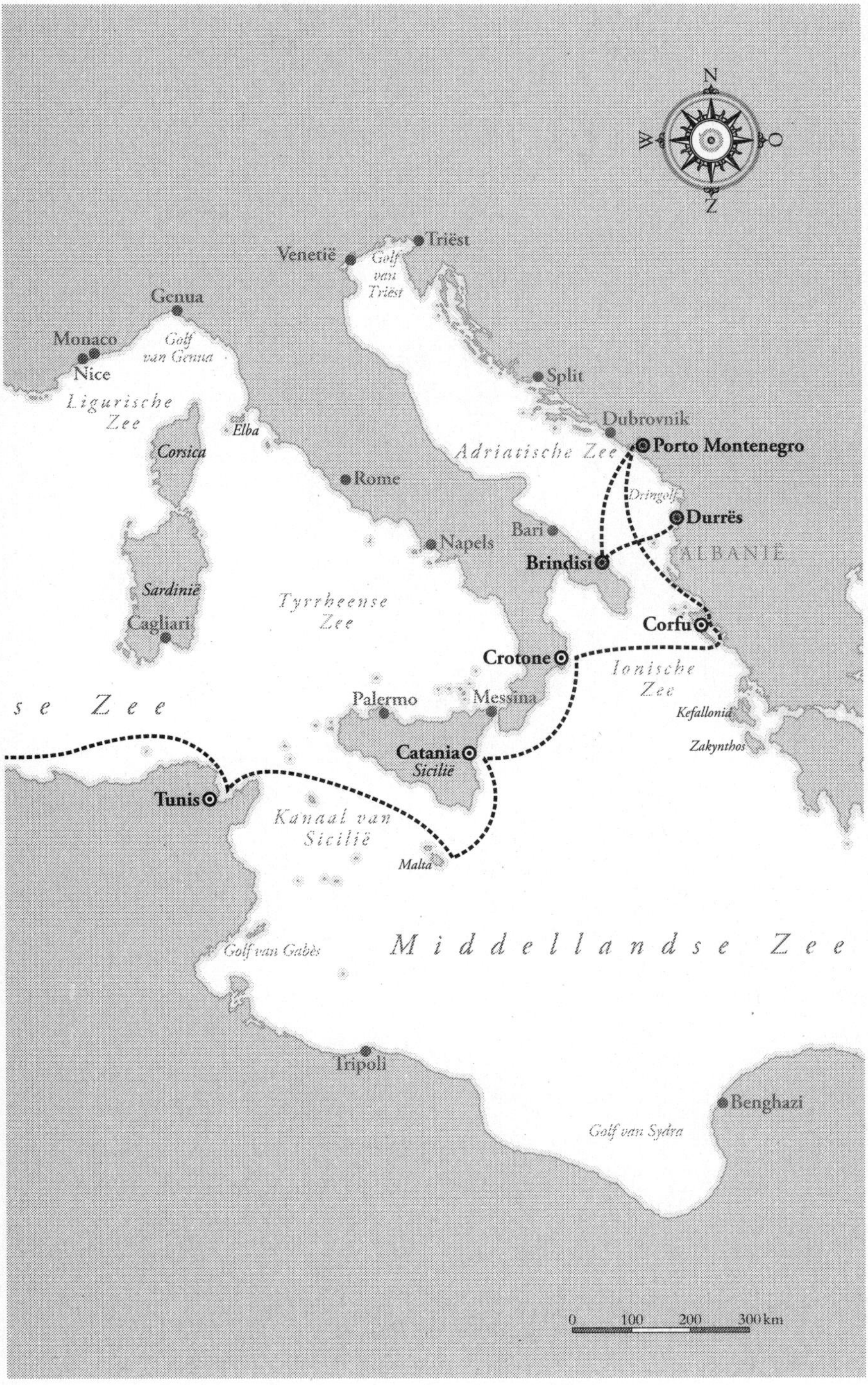

N
W
O
Z
Venetië
Triëst
Golf van Triëst
Genua
Monaco
Nice
Golf van Genua
Ligurische Zee
Elba
Corsica
Split
Dubrovnik
Porto Montenegro
Adriatische Zee
Rome
Dringolf
Durrës
Bari
Napels
Brindisi
ALBANIË
Sardinië
Tyrrheense Zee
Cagliari
Corfu
Crotone
Ionische Zee
se Zee
Palermo
Messina
Kefallonia
Catania
Sicilië
Zakynthos
Tunis
Kanaal van Sicilië
Malta
Golf van Gabès
Middellandse Zee
Tripoli
Benghazi
Golf van Sydra
0
100
200
300 km

Van Robert Menasse verschenen eerder bij Uitgeverij De Arbeiderspers, vertaald door Paul Beers:

*Zalige tijden, breekbare wereld*
*Bar Hopeloos*
*Kentering*
*De verdrijving uit de hel*
*Don Juan de la Mancha*
*De Europese koerier* (essay)
*De hoofdstad*
*De Amerikaanse bril* (verhalen)